2025 中财传媒版

年度全国会计专业技术资格考试辅导系列丛书 · *注定会赢*®

经济法基础
过关一本通

财政部中国财经出版传媒集团　组织编写

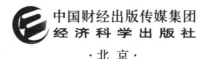

中国财经出版传媒集团

经济科学出版社

·北京·

图书在版编目（CIP）数据

经济法基础过关一本通／财政部中国财经出版传媒
集团组织编写. -- 北京 ：经济科学出版社，2024. 12.
(中财传媒版 2025 年度全国会计专业技术资格考试辅导系
列丛书). -- ISBN 978 - 7 - 5218 - 6541 - 7

Ⅰ. D922. 290. 4

中国国家版本馆 CIP 数据核字第 2024JC7818 号

责任校对：刘　娅　易　超
责任印制：张佳裕　邱　天

经济法基础过关一本通

JINGJIFA JICHU GUOGUAN YIBENTONG

财政部中国财经出版传媒集团　组织编写
经济科学出版社出版、发行　新华书店经销
社址：北京市海淀区阜成路甲 28 号　邮编：100142
总编部电话：010 - 88191217　发行部电话：010 - 88191522
天猫网店：经济科学出版社旗舰店
网址：http：//jjkxcbs. tmall. com
北京季蜂印刷有限公司印装
787 × 1092　16 开　24.5 印张　720000 字
2024 年 12 月第 1 版　2024 年 12 月第 1 次印刷
ISBN 978 - 7 - 5218 - 6541 - 7　定价：78.00 元
（图书出现印装问题，本社负责调换。电话：010 - 88191545）
（打击盗版举报热线：010 - 88191661，QQ：2242791300）

前　　言

2025 年度全国会计专业技术初级资格考试大纲已经公布，辅导教材也已正式出版发行。与 2024 年度相比，新考试大纲及辅导教材的内容都有所变化。为了帮助考生准确理解和掌握新大纲和新教材的内容、顺利通过考试，中国财经出版传媒集团本着为广大考生服务的态度，严格按照新大纲和新教材内容，组织编写了中财传媒版 2025 年度全国会计专业技术资格考试辅导"注定会赢"系列丛书。

该系列丛书包含 5 个子系列，共 9 本图书，具有重点把握精准、难点分析到位、题型题量丰富、模拟演练逼真等特点。本书属于"过关一本通"子系列，包括三部分，第一部分考点精讲，突出对教材变化及知识点的解读，并配以例题点津；第二部分习题演练，精选典型习题，配有答案与解析；第三部分模拟测试，含三套模拟试题，帮助考生模拟演练，提高应试能力。

中国财经出版传媒集团旗下"中财云知"App 为购买本书的考生提供线上增值服务。考生使用微信扫描封面下方的防伪码并激活下载 App 后，可免费享有课程讲解、题库练习、学习答疑、每日一练等增值服务。

全国会计专业技术资格考试是我国评价选拔会计人才、促进会计人员成长的重要渠道，是中国式现代化人才战略的重要组成部分。希望广大考生在认真学习教材内容的基础上，结合本丛书准确理解和全面掌握应试知识点内容，顺利通过 2025 年会计资格考试，在会计事业发展中不断取得更大进步，为中国式现代化建设贡献更多力量！

书中如有疏漏和不当之处，敬请批评指正。

财政部中国财经出版传媒集团

2024 年 12 月

目 录

第一部分 考点精讲

第二部分 习题演练

第五章　所得税法律制度

第六章　财产和行为税法律制度

第七章　税收征收管理法律制度

第八章　劳动合同与社会保险法律制度

第三部分　模拟测试

第一部分　考点精讲

第一章 总 论

教材变化

2025 年本章教材内容变动不大，仅针对法律新修订相应内容作了调整。

考情分析

本章所占比重较小，难度系数不高，分值保持在 5 ~ 8 分。题型一般为单项选择题、多项选择题和判断题，通常不涉及大题。

请考生重点复习法的本质与特征、法的分类和渊源、法的效力范围、法人的分类、自然人的民事行为能力和刑事责任能力以及法律责任的分类等知识点。

本章考点框架

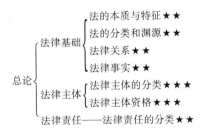

考点解读

第一单元　法 律 基 础

✿ 考点1　法的本质与特征★★

一、考点解读

（一）法的本质

法是统治阶级的国家意志的体现：

1. 法所体现的是统治阶级的意志，是由统治阶级的物质生活条件决定的，是社会客观需要的反映。

2. 法体现的是统治阶级的"整体意志"和"根本利益"。

3. 法体现的不是统治阶级的一般意志，而是被奉为法律的统治阶级意志，即统治阶级的国家意志。

（二）法的特征

1. 国家意志性——经过国家制定或者认可才得以形成的规范。

解释 制定和认可是国家创制法的两种方式，也是统治阶级把自己的意志变为国家意志的两条途径。

2. 国家强制性——凭借国家强制力的保证而获得普遍遵守的效力。

解释 国家强制力是以国家的强制机构（军队、警察、法庭、监狱）作为后盾，和国家制裁相联系，表现为对违法者采取国家强制措施。

3. 规范性——确定人们在社会关系中的权利和义务的行为规范。

4. 明确公开性和普遍约束性——是明确而普遍适用的规范。

二、例题点津

【例题1·单选题】下列关于法的特征的表述中，错误的是（　　）。

A. 法是由国家制定或认可的规范

B. 法具有绝对的稳定性

C. 法凭借国家强制力的保证而获得普遍遵守的效力，具有国家强制性

D. 法以权利义务为主要内容

【答案】B

【解析】法律的特征包括国家意志性、强制性、规范性、明确公开性和普遍约束性，但法律并不具有绝对的稳定性。法律会随着社会的发展和变化而进行调整和修改，因此选项B是错误的。

【例题2·多选题】根据规定，法的特征包括（　　）。

A. 国家强制性　　　　B. 规范性

C. 明确公开性　　　　D. 国家意志性

【答案】ABCD

【解析】法的特征主要有以下四个方面：（1）法是经过国家制定或者认可才得以形成的规范，具有国家意志性；（2）法是凭借国家强制力的保证而获得普遍遵行的效力，具有强制性；（3）法是确定人们在社会关系中的权利和义务的行为规范，具有规范性；（4）法是明确而普遍适用的规范，具有明确公开性和普遍约束性。

✿ **考点 2 法的分类和渊源** ★★

一、考点解读

（一）法的分类（见表 1－1）

表 1－1

法的分类	划分标准
根本法和普通法	根据法的内容、效力和制定程序所作的分类
一般法和特别法	根据法的空间效力、时间效力或对人的效力所作的分类
实体法和程序法	根据法的内容所作的分类
国际法和国内法	根据法的主体、调整对象和渊源所作的分类
公法和私法	根据法律运用的目的所作的分类；也有学者认为是按法律所调整的社会关系的状况所作的分类
成文法和不成文法	根据法的创制方式和表现形式所作的分类

（二）法的渊源（见表 1－2）

表 1－2

渊源	制定机关	效力等级
宪法	全国人大	具有最高的法律效力
法律	全国人大及其常委会	效力和地位仅次于宪法
	解释 下列事项只能制定法律：（1）国家主权的事项；（2）各级人大、人民政府、监察委员会、人民法院和人民检察院的产生、组织和职权；（3）民族区域自治制度、特别行政区制度、基层群众自治制度；（4）犯罪和刑罚；（5）对公民政治权利的剥夺、限制人身自由的强制措施和处罚；（6）税种的设立、税率的确定和税收征收管理等税收基本制度；（7）对非国有财产的征收、征用；（8）民事基本制度；（9）基本经济制度以及财政、海关、金融和外贸的基本制度；（10）诉讼制度和仲裁基本制度；（11）必须由全国人大及其常委会制定法律的其他事项	
行政法规	国务院	仅次于宪法和法律
地方性法规、自治条例和单行条例	地方人大及其常委会	本辖区
	解释1 设区的市的人大及其常委会根据本市的具体情况和实际需要，在不同宪法、法律、行政法规和本省、自治区的地方性法规相抵触的前提下，可以对城乡建设与管理、生态文明建设、历史文化保护、基层治理等方面的事项制定地方性法规。设区的市的地方性法规须报省、自治区的人大常委会批准后施行。	
	解释2 经济特区所在地的省、市的人大及其常委会根据全国人大的授权决定，制定法规，在经济特区范围内实施。上海市人大及其常委会根据全国人大常委会的授权决定，制定浦东新区法规，在浦东新区实施。海南省人大及其常委会根据法律规定，制定海南自由贸易港法规，在海南自由贸易港范围内实施。	

续表

渊源	制定机关	效力等级
地方性法规、自治条例和单行条例	解释3 自治条例和单行条例可以依照当地民族的特点，对法律和行政法规的规定作出变通规定，但不得违背法律或者行政法规的基本原则，不得对宪法和民族区域自治法的规定以及其他有关法律、行政法规专门就民族自治地方所作的规定作出变通规定	
特别行政区的法	全国人大（制定基本法）及特别行政区立法机关（制定规范性法律文件）	本辖区
规章	国务院各部、委员会、中国人民银行、审计署和具有行政管理职能的直属机构	本部门
	解释 没有法律或者国务院的行政法规、决定、命令的依据，部门规章不得设定减损公民、法人和其他组织权利或者增加其义务的规范，不得增加本部门的权力或者减少本部门的法定职责	
	地方政府	本辖区
	解释 没有法律、行政法规、地方性法规的依据，地方政府规章不得设定减损公民、法人和其他组织权利或者增加其义务的规范	
国际条约	国际条约属于国际法而不属于国内法的范畴，但我国缔结和参加的国际条约对于我国的国家机关、社会团体、企业、事业单位和公民也有约束力。因此，这些条约也是我国法的渊源之一	

（三）法的效力范围

法的效力范围也称法的生效范围，是指法在什么时间和什么空间对什么人有效。

1. 法的时间效力，是指法的效力的起始和终止的时限以及对其实施以前的事件和行为有无溯及力（见表 1-3）。

表 1-3

法的时间效力	具体内容
生效期限方式	明确规定一个具体生效时间
	规定具备何种条件后开始生效
终止方式	明示终止：直接用语言文字表示法的终止时间
	默示终止：不用明文规定该法终止生效的时间，而是在实践中新法优于旧法的原则，从而使旧法在事实上被废止

续表

法的时间效力	具体内容
我国法的终止方式	新法取代旧法
	有的法在完成一定的历史任务后不再适用
	由有权的国家机关发布专门的决议、决定，废除某些法律
	同一国家机关制定的法，虽然名称不同，在内容上旧法与新法发生冲突或相互抵触时，以新法为准，旧法中的有关条款自动终止效力
法的溯及力	又称法的溯及既往的效力，是指新法对其生效前发生的行为和事件是否适用。如果不适用，就没有溯及力；如果适用，就具有溯及力。我国法律采用的是从旧兼从轻原则，就是说原则上新法无溯及力，对行为人适用旧法，但新法对行为人的处罚较轻时则适用新法

2. 法的空间效力，是指法在哪些空间范围

或地域范围内发生效力。法的空间效力与国家主权直接相关，法直接体现国家主权，它适用于该国主权所及一切领域，包括领陆、领水及其底土和领空；也包括延伸意义的领土，如驻外使馆；还包括在境外的飞行器和停泊在境外的船舶。当然，由于法的制定机关和内容不同，其效力范围也有区别，一般分为域内效力与域外效力两个方面（见表1－4）。

表1－4

法的空间效力	具体内容
我国法的域内效力	在全国范围内有效：在我国，由全国人大及其常委会、国务院制定的规范性法律文件，如宪法、法律、行政法规，除法律有特别规定的外，均在全国范围内有效
	在我国局部地区有效：我国地方人大及其常委会、人民政府依法制定的地方性法规及地方政府规章，民族自治地方制定的自治条例与单行条例，在其管辖范围内有效
我国法的域外效力	我国在互相尊重领土主权的基础上，本着保护本国利益和公民权益的精神和原则，也规定了某些法律或某些法律条款具有域外效力

3. 法的对人效力，也称法的对象效力，是指法适用于哪些人或法适用主体的范围（见表1－5）。

表1－5

法的对人效力	具体内容
我国法律对人效力	结合主义原则，即以属地主义为主，但又结合属人主义与保护主义的一项原则
我国法律对中国公民的效力	凡是中华人民共和国的公民，在中国领域内一律适用中国法律，平等地享有法律权利和承担法律义务。中国公民在国外的，仍然受中国法律的保护，也有遵守中国法律的义务
我国法律对外国人的效力	我国法律既保护外国人的合法权益，又依法查处其违法犯罪行为。这实际上是国家主权在法律领域的体现。凡在中国领域内的外国人均应遵守中国法律

4. 解决法的效力冲突的一般原则（见表1－6）。

表1－6

一般原则	具体内容
根本法优于普通法	在成文宪法国家，宪法是国家根本法，具有最高法律效力，普通法必须以宪法为依据，不得同宪法相抵触
上位法优于下位法	不同位阶的法之间发生冲突，遵循上位法优于下位法的原则，适用上位法
新法优于旧法	同一国家机关在不同时期颁布的法产生冲突时，遵循新法优于旧法的原则
特别法优于一般法	这一原则的适用是有条件的，这就是要求必须是同一国家机关制定的法，并包括以下两种情况：一是指在适用对象上，对特定主体和特定事项的法，优于对一般主体和一般事项的法；二是指在适用空间上，对特定时间和特定区域的法，优于平时和一般地区的法

5. 解决法的效力冲突的特殊方式（见表1－7）。

表1－7

冲突类型	裁定机关
法律之间对同一事项的新的一般规定与旧的特别规定不一致，不能确定如何适用时	由全国人大常委会裁决
行政法规之间对同一事项的新的一般规定与旧的特别规定不一致，不能确定如何适用时	由国务院裁决
地方性法规、规章之间不一致时	由有关机关依照规定的权限作出裁决
同一机关制定的新的一般规定与旧的特别规定不一致时	由制定机关裁决

续表

冲突类型	裁定机关
地方性法规与部门规章之间对同一事项的规定不一致，不能确定如何适用时	由国务院提出意见，国务院认为应当适用地方性法规的，应当决定在该地方适用地方性法规的规定，认为应当适用部门规章的，应当提请全国人大常委会裁决
部门规章之间、部门规章与地方政府规章之间对同一事项的规定不一致时	由国务院裁决
根据授权制定的法规与法律规定不一致时	由全国人大常委会裁决

二、例题点津

【例题1·单选题】以下不是法的空间效力范围的是（　　）。

A. 领陆

B. 领水及其底土

C. 领空

D. 国际公海

【答案】D

【解析】法的空间效力适用于国家主权所及的一切领域，包括领陆、领水及其底土和领空，但不包括国际公海。

【例题2·单选题】在法的分类中，将法划分为成文法和不成文法的划分标准是（　　）。

A. 创制方式和表现形式

B. 主体、调整对象和渊源

C. 内容、效力和制定程序

D. 法律运用的目的

【答案】A

【解析】将法分为成文法和不成文法是以法的创制形式和表现形式为标准进行的分类。

【例题3·单选题】甲公司财务部门在讨论某项业务的税务处理依据时，列举了以下四部规范性文件，其中属于法律的是（　　）。

A. 《中华人民共和国增值税暂行条例实施细则》

B. 《中华人民共和国企业所得税法》

C. 《中华人民共和国增值税暂行条例》

D. 《中华人民共和国个人所得税法实施条例》

【答案】B

【解析】选项A属于规章；选项C、D属于行政法规。

【例题4·单选题】行政法规是由（　　）制定的。

A. 全国人大

B. 全国人大常委会

C. 国务院

D. 最高人民法院

【答案】C。

【解析】行政法规是由国家最高行政机关即国务院制定。

【例题5·多选题】我国法的终止方式主要有（　　）。

A. 新法取代旧法

B. 完成一定的历史任务后不再适用

C. 发布专门的决议、决定废除某些法律

D. 旧法与新法发生冲突时，以新法为准

【答案】ABCD

【解析】以上四种情况均是我国法的终止方式。

【例题6·多选题】下列选项中，属于设区的市制定地方性法规时可以规范的事项有（　　）。

A. 城乡建设与管理

B. 生态文明建设

C. 历史文化保护

D. 基层治理

【答案】ABCD

【解析】设区的市的人大及其常委会根据本市的具体情况和实际需要，在不同宪法、法律、行政法规和本省、自治区的地方性法规相抵触的前提下，可以对城乡建设与管理、生态文明建设、历史文化保护、基层治理等方面的事项制定地方性法规。

【例题7·判断题】监察委员会的产生组织和职权由国务院制定的行政法规规定。（　　）

【答案】×

【解析】《立法法》规定：各级人民代表大会、人民政府、监察委员会、人民法院和人民检察院的产生、组织和职权只能制定法律规定。

【例题8·判断题】我国法律对人效力只采用属地主义原则。（ ）

【答案】×

【解析】我国法律对人效力采用的是结合主义原则，即以属地主义为主，但又结合属人主义与保护主义的一项原则。

【例题9·判断题】国际条约不属于我国法的渊源。（ ）

【答案】×

【解析】我国缔结和参加的国际条约对于我国的国家机关、社会团体、企业、事业单位和公民也有约束力，因此也是我国法的渊源之一。

✵ 考点3 法律关系 ★★

一、考点解读

（一）法律关系综述

1. 法律关系是法律规范在调整人们的行为过程中所形成的一种特殊的社会关系，即法律上的权利与义务关系。

2. 法律关系由主体、内容和客体三个要素构成。

【举例】公司采购办公用品，与商家形成办公用品买卖合同法律关系，公司作为买方，承担支付货款的义务，享有收取办公用品的权利；相应地，商家承担交付办公用品的义务，享有取得货款的权利。

本例买卖法律关系的主体：公司与商家。客体：办公用品。内容：公司履行支付货款的义务而获得办公用品的权利；已取得货款的权利并承担交付办公用品的义务。该买卖法律关系的发生原因（法律事实）是基于公司与商家之间签订的办公用品买卖合同的行为。

（二）法律关系主体

法律关系主体，又称法律主体，是指参加法律关系，依法享有权利和承担义务的当事人。

（三）法律关系内容

法律关系的内容是指法律关系主体所享有的权利和承担的义务。

1. 法律权利是指法律关系主体依法享有的权益，表现为权利享有者依照法律规定有权自主决定作出或者不作出某种行为、要求他人作出或者不作出某种行为和一旦被侵犯，有权请求国家予以法律保护。

2. 法律义务是指法律关系主体依照法律规定所担负的必须作出某种行为或者不得作出某种行为的负担或约束。依法承担义务的主体称为义务主体或义务人。

（四）法律关系客体

法律关系客体是指法律关系主体的权利和义务所指向的对象。客体是确立权利与义务关系性质和具体内容的依据，也是确定权利行使与否和义务是否履行的客观标准（见表1-8）。

表1-8

种类		举 例
物	自然物	河流、山川、森林、矿藏
	人造物	建筑、机械、设备、各种产品
	货币及有价证券	支票、股票、债券
	有体物	固定形态：汽车、建筑
		无固定形态：天然气、电力
	无体物	数据信息、权利
人身、人格		人身和人格是生命权、身体权、健康权、姓名权、肖像权、名誉权、荣誉权、隐私权、婚姻自主权等人身权指向的客体

续表

种类	举　例
人身、人格	人身和人格又是禁止非法拘禁他人、禁止对犯罪嫌疑人刑讯逼供、禁止侮辱或诽谤他人、禁止卖身为奴等法律义务所指向的客体 **提示**（1）人的整体只能是法律关系的主体，不能作为法律关系的客体； （2）人的部分是可以作为客体的"物"，如当人的头发、血液、骨髓、精子和其他器官从身体中分离出去，成为与身体相分的外部之物时，在某些情况下也可视为法律上的"物"
智力成果	智力成果是指人们通过脑力劳动创造的能够带来经济价值的精神财富，主要是知识产权的客体。如作品、发明、实用新型、外观设计、商标等 智力成果通常有物质载体，如书籍、图册、录像、录音等，但其价值并不在于物质载体本身，而在于物质载体中所包含的信息、知识、技术、标识和其他精神因素
信息、数据、网络虚拟财产	矿产情报、产业情报、国家机密、商业秘密、个人隐私
行为	生产经营行为、经济管理行为、完成一定工作的行为、提供一定劳务的行为

二、例题点津

【例题1·单选题】 以下不属于法律关系主体的特点的是（　　）。

A. 必须是具有法律地位的实体

B. 可以是自然人、法人或其他组织

C. 必须具有完全民事行为能力

D. 可以依法享有权利和承担义务

【答案】 C

【解析】 法律关系主体可以是自然人、法人或其他组织，不一定要具有完全民事行为能力，例如未成年人和限制行为能力人也可以成为法律关系的主体。

【例题2·多选题】 以下属于法律关系主体的权利有（　　）。

A. 请求他人履行合同

B. 要求国家保护其知识产权

C. 支付违约金

D. 遵守法律规定

【答案】 AB

【解析】 支付违约金和遵守法律规定属于法律关系主体的义务，而不是权利。

✲ 考点4　法律事实★★

一、考点解读

法律事实是法律关系发生、变更和消灭的直接原因。按照是否以当事人的意志为转移作标准，可以将法律事实划分为：法律事件、法律行为和事实行为。

（一）法律事件

法律事件是不以当事人的主观意志为转移的，能够引起法律关系发生、变更和消灭的法定情况或者现象。

（二）法律行为

法律行为是法律关系主体通过意思表示设立、变更、终止法律关系的行为，例如签订合同、行政许可等。

（三）事实行为

与法律关系主体的意思表示无关，由法律直接规定法律后果的行为（见表1-9）。

表 1-9

分类		举 例
法律事件	自然现象（绝对事件）	台风、地震、洪水、生老病死、意外事故等
	社会现象（相对事件）	战争、重大政策的改变等
法律行为	根据行为的法律性质分为	合法行为与违法行为 单位建账；单位销毁保管期未满的账册
	根据行为的表现形式分为	积极行为与消极行为 纳税行为；不按期支付劳动报酬行为
	根据行为人取得权利是否需要支付对价分为	有偿行为与无偿行为 买卖；赠与
	根据主体意思表示的形式分为	单方行为与多方行为 立遗嘱；签订租赁合同
	根据行为是否需要特定形式或实质要件分为	要式行为与非要式行为 签发票据；买卖合同
	根据主体实际参与行为的状态分为	自主行为与代理行为 自主购买；代理诉讼
事实行为		无因管理行为、正当防卫行为、紧急避险行为、侵权行为、违约行为、遗失物的拾得行为及埋藏物的发现行为等

二、例题点津

【例题1·单选题】以下属于法律事件中的自然事件的是（   ）。

A. 签订合同　　　　B. 爆发战争

C. 地震　　　　　　D. 购买虚假发票

【答案】C

【解析】地震是不以当事人的意志为转移的自然现象，属于法律事件中的自然事件。

【例题2·单选题】下列选项中属于单方行为的是（   ）。

A. 签订合同　　　　B. 遗嘱

C. 租赁　　　　　　D. 合伙协议

【答案】B

【解析】单方行为是由法律主体一方的意思表示即可成立的法律行为，遗嘱是一种单方行为。

【例题3·单选题】张某从赵某开设的网店购买一件手工玩具，因对玩具质量不满意，委托朋友孙某处理退货退款事宜。孙某与赵某协商达成协议，张某不退货，赵某退还货款100元，随后赵某将100元退还张某，关于该事件的下列表述中，不正确的是（   ）。

A. 孙某受张某委托与赵某达成协议的行为是代理行为

B. 张某委托朋友孙某处理该事件是积极行为

C. 赵某退还给张某100元货款的行为是自主行为

D. 张某购买赵某手工玩具的行为是单方行为

【答案】D

【解析】单方行为，是指由法律主体一方的意思表示即可成立的法律行为，如遗嘱、行政命令等；多方行为，是指由两个或两个以上的法律主体意思表示一致而成立的法律行为，如合同行为等。选项D张某找赵某购买的行为，需要双方意思表示一致，一方愿意买，一方愿意卖，属于多方行为。

【例题4·多选题】下列各项中，属于法律事实的有（　　）。

A. 山体滑坡　　　　B. 纵火

C. 寒潮来袭　　　　D. 发行债券

【答案】ABCD

【解析】法律事实包含法律事件、法律行为和事实行为。选项A、C属于法律事件；选项B、

D属于法律行为。

【例题5·判断题】法律关系发生、变更和消灭的直接原因是法律规范。（　　）

【答案】×

【解析】法律规范和法律主体只是法律关系产生的抽象的、一般的前提，法律事实是法律关系发生、变更和消灭的直接原因。

第二单元　法　律　主　体

✿ 考点1　法律主体的分类★★★

法律主体，也称法律关系主体，是指参加法律关系，依法享有权利和承担义务的当事人。什么人或者组织可以成为法律主体，是由一国法律规定和确认的。根据我国法律规定，能够参与法律关系的主体包括：自然人、法人、非法人组织和国家。

一、考点解读

（一）自然人

1. 自然人，是指具有生命的个体的人，即生物学上的人，是基于出生而取得主体资格的人。解释：自然人既包括中国公民，也包括居住在中国境内或在境内活动的外国公民和无国籍人。

公民是各国法律关系的基本主体之一，是指具有一国国籍的自然人。公民是各国法律关系的基本主体之一，是指具有一国国籍的自然人。

2. 自然人的出生时间和死亡时间，以出生证明、死亡证明记载的时间为准；没有出生证明、死亡证明的，以户籍登记或者其他有效身份登记记载的时间为准。

自然人在出生之前也可以成为特殊法律关系的主体，如涉及遗产继承、接受赠与等胎儿利益保护的，胎儿视为具有民事权利能力，但是胎儿娩出时为死体的，其民事权利能力自始不存在。

3. 自然人的住所以户籍登记或者其他有效身份登记记载的居所为住所；经常居所与住所不一致的，经常居所视为住所。

（二）法人

法人制度是指法律赋予符合条件的团体以法律人格，使团体的人格与成员的人格独立开来，从而使这些团体成为独立的民事主体。法人是具有民事权利能力和民事行为能力，依法独立享有民事权利和承担民事义务的组织。法人应当依法成立，应当有自己的名称、组织机构、住所、财产或者经费（见表1-10）。

表1-10

法人的分类	营利法人	营利法人的分类	公司制营利法人	有限责任公司
				股份有限公司
			非公司制营利法人	全民所有制企业
				集体所有制企业等
		营利法人的组织机构	设立营利法人应当依法制定法人章程，设权力机构、执行机构、监事会或者监事等监督机构	

法人的分类	营利法人	营利法人的出资人	营利法人的出资人不得滥用出资人权利损害法人或者其他出资人的利益；不得滥用法人独立地位和出资人有限责任损害法人和债权人的利益；营利法人的控股出资人、实际控制人、董事、监事、高级管理人员不得利用其关联关系损害法人的利益
	非营利法人		包括事业单位、社会团体、基金会、社会服务机构、捐助法人和宗教活动场所法人等
	特别法人		主要包括机关法人、农村集体经济组织法人、城镇农村的合作经济组织法人、基层群众性自治组织法人
法人的法定代表人			法定代表人以法人名义从事的民事活动，其法律后果由法人承受
法人设立中的责任承担			设立人为设立法人从事的民事活动，其法律后果由法人承受；法人未成立的，其法律后果由设立人承受，设立人为二人以上的，享有连带债权，承担连带债务。设立人为设立法人以自己的名义从事民事活动产生的民事责任，第三人有权选择请求法人或者设立人承担
法人的合并和分立			法人合并的，其权利和义务由合并后的法人享有和承担。法人分立的，其权利和义务由分立后的法人享有连带债权，承担连带债务，但是债权人和债务人另有约定的除外
法人解散和终止	法人解散的法定情形		1. 法人章程规定的存续期间届满或者法人章程规定的其他解散事由出现； 2. 法人的权力机构决议解散； 3. 因法人合并或者分立需要解散； 4. 法人依法被吊销营业执照、登记证书，被责令关闭或者被撤销； 5. 法律规定的其他情形
	法人终止的法定情形		有下列原因之一并依法完成清算、注销登记的，法人终止： （1）法人解散； （2）法人被宣告破产； （3）法律规定的其他原因。 该规定明确将法人终止和法人解散区分开来，将法人解散作为法人终止的原因之一
法人的清算			法人解散的，除合并或者分立的情形外，清算义务人应当及时组成清算组进行清算。法人的董事、理事等执行机构或者决策机构的成员为清算义务人。法律、行政法规另有规定的，依照其规定。清算义务人未及时履行清算义务，造成损害的，应当承担民事责任；主管机关或者利害关系人可以申请人民法院指定有关人员组成清算组进行清算。清算期间法人存续，但是不得从事与清算无关的活动。法人清算后的剩余财产，按照法人章程的规定或者法人权力机构的决议处理。法律另有规定的，依照其规定。清算结束并完成法人注销登记时，法人终止；依法不需要办理法人登记的，清算结束时，法人终止。法人被宣告破产的，依法进行破产清算并完成法人注销登记时，法人终止
法人的分支机构			法人可以依法设立分支机构，分支机构以自己的名义从事民事活动，产生的民事责任由法人承担；也可以先以该分支机构管理的财产承担，不足以承担的，由法人承担

（三）非法人组织

非法人组织是指不具有法人资格，但能够依法以自己的名义从事民事活动的组织（见表1-11）。

表 1-11

非法人组织	
非法人组织的分类	个人独资企业
	合伙企业
	不具有法人资格的专业服务机构等
非法人组织的财产不足以清偿债务的，其出资人或者设立人承担无限责任。法律另有规定的，依照其规定	
非法人组织的代表	非法人组织可以确定一人或者数人代表该组织从事民事活动
非法人组织的解散	有下列情形之一的，非法人组织解散： （1）章程规定的存续期间届满或者章程规定的其他解散事由出现； （2）出资人或者设立人决定解散； （3）法律规定的其他情形。 非法人组织解散的，应当依法进行清算

（四）国家

解释 在特殊情况下，国家可以作为一个整体成为法律主体。如在国内，国家是国家财产所有权唯一和统一的主体；在国际上，国家作为主权者，是国际公法关系的主体，也可以成为对外贸易关系中的债权人或债务人。

二、例题点津

【例题1·单选题】下列主体中，属于非法人组织的是（　　）。

　　A. 合伙企业　　　　B. 有限责任公司

　　C. 基金会　　　　　D. 农村集体经济组织

【答案】A

【解析】非法人组织是指不具有法人资格，但是能够依法以自己的名义从事民事活动的组织，包括个人独资企业、合伙企业、不具法人资格的专业服务机构等。选项 B 属于营利法人；选项 C 属于非营利法人；选项 D 属于特别法人。

【例题2·单选题】甲公司因业务需要设立了分支机构乙分公司，下列关于乙分公司的表述中，正确的是（　　）。

　　A. 甲公司设立分支机构一律不需要登记

　　B. 乙分公司属于特别法人

　　C. 乙分公司应以甲公司的名义从事民事活动

　　D. 乙分公司产生的民事责任，可先以其管理的财产承担，不足以承担的，由甲公司承担

【答案】D

【解析】法人可以依法设立分支机构，法律、行政法规规定分支机构应当登记的，依照其规定，选项 A 错误。特别法人，主要包括机关法人，农村集体经济组织法人，城镇农村的合作经济组织法人以及基层群众性自治组织法人，选项 B 错误。分支机构以自己的名义从事民事活动，产生的民事责任由法人承担，也可以先以该分支机构管理的财产承担，不足以承担的，由法人承担，选项 C 错误、选项 D 正确。

【例题3·多选题】根据我国法律规定，下列选项中可以成为法律关系主体的有（　　）。

　　A. 外国人　　　　B. 事业单位

　　C. 商品　　　　　D. 国家

【答案】ABD

【解析】根据我国法律规定，能够参与法律关系的主体包括自然人、法人、非法人组织和国家四类。本题中选项 C 商品是法律关系客体。

【例题4·判断题】法人的分支机构以自己的名义从事民事活动，产生的民事责任由法人承担。（　　）

【答案】√

【解析】分支机构以自己的名义从事民事活动，产生的民事责任由法人承担。

✲ 考点2　法律主体资格★★★

一、考点解读

法律主体资格包括权利能力和行为能力两个方面。

（一）权利能力

解释 权利能力，是指法律主体能够参加某种法律关系，依法享有一定权利和承担一定义务的法律资格。或者说，权利能力就是自然人或组织能够成为法律主体的资格。它是任何自然人或组织参加法律关系的前提条件。

1. 自然人从出生时起到死亡时止，具有民事权利能力，依法享有民事权利，承担民事义务。自然人的民事权利能力一律平等。

2. 法人权利能力的范围由法人成立的宗旨

和业务范围决定，自法人成立时产生，至法人终止时消灭。

（二）行为能力

1. 自然人的民事行为能力

我国法律将自然人按其民事行为能力划分为三类（见表1-12）。

表1-12

分类	标准
完全民事行为能力人	18周岁以上（≥18周岁）的自然人是成年人，具有完全民事行为能力
	16周岁以上（≥16周岁）的未成年人，以自己的劳动收入为主要生活来源的，视为完全民事行为能力人

续表

分类	标准
限制民事行为能力人	8周岁以上的未成年人（8周岁≤人≤18周岁）、不能完全辨认自己行为的成年人（≥18周岁）为限制民事行为能力人
无民事行为能力人	不满8周岁（<8周岁）的未成年人、8周岁以上的不能辨认自己行为的未成年人，以及不能辨认自己行为的成年人为无民事行为能力人

2. 自然人的刑事责任能力

自然人的刑事责任能力是指行为人构成犯罪和承担刑事责任所必须具备的刑法意义上辨认和控制自己行为的能力（见表1-13）。

表1-13

分类	刑事责任
已满16周岁的人犯罪（≥16周岁）	应当负刑事责任
已满14周岁不满16周岁的人（14岁≤人<16周岁）	犯故意杀人、故意伤害致人重伤或者死亡、强奸、抢劫、贩卖毒品、放火、爆炸、投放危险物质罪的，应当负刑事责任
已满12周岁不满14周岁的人（12岁≤人<14周岁）	犯故意杀人、故意伤害罪，致人死亡或者以特别残忍手段致人重伤造成严重残疾，情节恶劣，经最高人民检察院核准追诉的，应当负刑事责任
已满12周岁不满18周岁的人犯罪（12周岁≤人<18周岁）	应当从轻或者减轻处罚
因不满16周岁不予刑事处罚的（<16周岁）	责令其父母或者其他监护人加以管教；在必要的时候，依法进行专门矫治教育
已满75周岁的人（≥75周岁）	故意犯罪的，可以从轻或者减轻处罚 过失犯罪的，应当从轻或者减轻处罚
精神病人在不能辨认或者不能控制自己行为的时候造成危害结果	经法定程序鉴定确认的不负刑事责任，但是应当责令他的家属或者监护人严加看管和医疗；在必要的时候，由政府强制医疗。 **提示** 间歇性的精神病人在精神正常的时候犯罪，应当负刑事责任。尚未完全丧失辨认或者控制自己行为能力的精神病人犯罪的，应当负刑事责任，但是可以从轻或者减轻处罚
醉酒的人犯罪	应当负刑事责任
又聋又哑的人或者盲人犯罪	可以从轻、减轻或者免除处罚

3. 法人的行为能力。

法人的行为能力和权利能力是一致的，同时产生、同时消灭。

二、例题点津

【例题1·多选题】下列关于自然人民事行

为能力的表述中，正确的有（　　）。

A. 18 周岁的周某，能够完全辨认自己的行为，是完全民事行为能力人

B. 32 周岁的张某，不能辨认自己的行为，是无民事行为能力人

C. 7 周岁的郑某，不能完全辨认自己的行为，是限制民事行为能力人

D. 14 周岁的王某，以自己的劳动收入为主要生活来源，视为完全民事行为能力人

【答案】AB

【解析】选项 A，周某年满 18 周岁且能够完全辨认自己的行为，是完全民事行为能力人。选项 B，张某"不能辨认自己的行为"，无论年龄多大，均为无民事行为能力人。选项 C，不满 8 周岁的郑某是未成年人，无论精神状态如何，均为无民事行为能力人。选项 D，视为完全民事行为能力人应当满足两个条件：18 周岁以上的成年

人或者 16 周岁以上的未成年人；以自己的劳动收入为主要生活来源的，视为完全民事行为能力人，所以 14 周岁的王某是限制民事行为能力人。

【例题 2·判断题】8 周岁以上的未成年人都是限制民事行为能力人。（　　）

【答案】×

【解析】8 周岁以上的未成年人是限制民事行为能力人，但 8 周岁以上的不能辨认自己行为的未成年人是无民事行为能力人。

【例题 3·判断题】已满 12 周岁不满 14 周岁的人，犯故意杀人罪，情节恶劣，经最高人民检察院核准追诉的，应当负刑事责任。（　　）

【答案】√

【解析】已满 12 周岁不满 14 周岁的人，犯故意杀人、故意伤害罪，致人死亡或者以特别残忍手段致人重伤造成严重残疾，情节恶劣，经最高人民检察院核准追诉的，应当负刑事责任。

第三单元　法律责任

✱ 考点1　法律责任的分类★★

一、考点解读

（一）民事责任

民事责任主要包括：停止侵害；排除妨碍；消除危险；返还财产；恢复原状；修理、重作、更换；继续履行；赔偿损失；支付违约金；消除影响、恢复名誉；赔礼道歉。

提示 以上承担民事责任的方式，可以单独适用，也可以合并适用。

（二）行政责任

1. 行政处罚：警告、通报批评；罚款、没收违法所得、没收非法财物；暂扣许可证件、降低资质等级、吊销许可证件；限制开展生产经营活动、责令停产停业、责令关闭、限制从业；行政拘留；法律、行政法规规定的其他行政处罚。

2. 行政处分：警告；记过；记大过；降级；撤职；开除。

（三）刑事责任

刑事责任主要通过刑罚而实现，刑罚分为主刑和附加刑两类（见表 1 - 14）。

表 1 - 14

种类	期限内容
主刑	管制：是对犯罪分子不实行关押，但是限制其一定的人身自由，交由公安机关管束和监督的刑罚，期限为 3 个月以上 2 年以下
	拘役：是剥夺犯罪分子短期人身自由，就近拘禁并强制劳动的刑罚，期限为 1 个月以上 6 个月以下
	有期徒刑：是剥夺犯罪分子一定期限的人身自由，实行劳动改造的刑罚，期限为 6 个月以上 15 年以下
	无期徒刑：是剥夺犯罪分子终身自由，实行劳动改造的刑罚

续表

种类	期限内容
主刑	死刑：是剥夺犯罪分子生命的刑罚，对于应当判处死刑的犯罪分子，如果不是必须立即执行的，可以判处死刑同时宣告缓期2年执行
附加刑	1. 罚金：这是强制犯罪分子或者犯罪的单位向国家缴纳一定数额金钱的刑罚。 2. 剥夺政治权利：这是剥夺犯罪分子参加国家管理和政治活动权利的刑罚。剥夺的政治权利包括：选举权和被选举权；言论、出版、集会、结社、游行、示威自由的权利；担任国家机关职务的权利；担任国有公司、企业、事业单位和人民团体领导职务的权利。 3. 没收财产：这是将犯罪分子个人所有财产的一部分或者全部，强制无偿地收归国有的刑罚。 4. 驱逐出境：这是强迫犯罪的外国人离开中国国（边）境的刑罚。 提示 附加刑既可以作为主刑的补充同主刑一起使用，也可以独立适用
数罪并罚	判决宣告前一人犯数罪的，除判处死刑和无期徒刑的以外，应当在总和刑期以下、数刑中最高刑期以上，酌情决定执行的刑期。但是管制最高不能超过3年；拘役最高不能超过1年；有期徒刑总和刑期不满35年的，最高不能超过20年；总和刑期在35年以上的，最高不能超过25年。数罪中有判处附加刑的，附加刑仍须执行，其中附加刑种类相同的，合并执行，种类不同的，分别执行

关联提示 请注意区分罚款属于行政责任，罚金属于刑事责任。没收财产属于刑事责任，没收违法所得、没收非法财物属于行政责任。

二、例题点津

【例题1·单选题】 下列属于行政处罚的是（　　）。

A. 没收违法所得

B. 警告

C. 没收财产

D. 返还财产

【答案】 A

【解析】 行政处罚包括：（1）警告、通报批评。（2）罚款、没收违法所得、没收非法财物。（3）暂扣许可证件、降低资质等级、吊销许可证件。（4）限制开展生产经营活动、责令停产停业、责令关闭、限制从业。（5）行政拘留。（6）法律、行政法规规定的其他行政处罚。选项B属于行政处分；选项C属于刑罚中的附加刑；选项D属于民事责任的内容。

【例题2·多选题】 下列法律责任形式中，属于民事责任的有（　　）。

A. 罚款

B. 赔偿损失

C. 赔礼道歉

D. 没收财产

【答案】 BC

【解析】 承担民事责任的主要形式有：停止侵害、排除妨碍、消除危险、返还财产、恢复原状、修理重作更换、赔偿损失、支付违约金、消除影响恢复名誉、赔礼道歉等。选项A属于行政责任；选项D属于刑事责任。

【例题3·多选题】 下列犯罪主体中，刑事处罚可以从轻的有（　　）。

A. 又聋又哑的人

B. 尚未完全丧失辨认自己行为能力的精神病人

C. 醉酒的人

D. 故意犯罪的已满75周岁的人

【答案】 ABD

【解析】 选项A，又聋又哑的人或者盲人犯罪，可以从轻、减轻或者免除处罚；选项B，尚未完全丧失辨认或者控制自己行为能力的精神病人犯罪的，应当负刑事责任，但是可以从轻或者减轻处罚；选项C，醉酒的人犯罪，应当负刑事责任；选项D，已满75周岁的人故意犯罪的，可以从轻或者减轻处罚；过失犯罪的，应当从轻或者减轻处罚。

第二章 会计法律制度

教材变化

2025 年本章教材内容与 2024 年相比，整体框架基本一致，在具体内容方面根据新修改的《会计法》作出较大修改：

（1）变造会计凭证和变造会计账簿的手段，将原来的"涂改、挖补等手段"改为"涂改、拼接、挖补等手段"。

（2）会计核算的内容，将原来的"款项和有价证券的收付"改为"资产的增减和使用"；删除了"财物的收发、增减和使用"；原来的"债权、债务的发生和结算"改为"负债的增减"；原来的"资本、基金的增减"改为"净资产（所有者权益）的增减"。

（3）原始凭证的基本要求中新增"职工公出借款凭据"相关内容。

（4）记账凭证的基本要求中新增"记账凭证填制完经济业务事项后空行处理"相关内容。

（5）结账要求中新增相关要求。

（6）对财产清查的概念作出修改。

（7）特殊情况下的会计档案处理中新增"单位因撤销、解散、破产或其他原因终止时会计档案处置"相关内容。

（8）对单位内部控制制度相关内容作出修改。

（9）删除审计报告种类相关内容。

（10）新增对"代理记账从业人员管理"相关内容。

（11）对会计法律责任的相关内容作出全面修改。

考情分析

本章知识点较为零散，需要记忆的内容较多，整体难度不大，考生在学习中应注重对相关内容的准确理解，重点掌握会计凭证、会计账簿、会计监督及会计人员等知识点。本章在考试中分值为 8 ~ 10 分，考试题型主要包括单项选择题、多项选择题、判断题和不定项选择题。

本章考点框架

会计法律制度 {
- 会计法律制度概述 {
  - 会计法律制度的概念与适用范围★
  - 会计工作管理体制★
- 会计核算与监督 {
  - 会计核算基础★★★
  - 会计凭证★★★
  - 会计账簿★★★
  - 财务会计报告★★★
  - 账务核对和财产清查★★★
  - 会计档案管理★★★
  - 会计监督★★★
- 会计机构和会计人员 {
  - 会计机构和代理记账★★★
  - 会计岗位★★★
  - 会计人员★★★
  - 会计工作交接★★★
- 违反会计法律制度的法律责任 {
  - 违反国家统一的会计制度行为的法律责任★★
  - 伪造、变造会计凭证、会计账簿，编制虚假财务会计报告，隐匿或者故意销毁会计资料的法律责任★★
  - 授意、指使、强令会计机构及人员从事会计违法行为的法律责任★★
  - 单位负责人打击报复会计人员的法律责任★★
  - 财政部门及有关行政部门工作人员职务违法的法律责任★★
}

考点解读

第一单元　会计法律制度概述

✿ 考点1　会计法律制度的概念与适用范围★

一、考点解读

（一）会计法律制度的概念

会计法律制度是指国家权力机关和行政机关制定的调整会计关系的法律规范的总称。

在一个单位，会计关系的**主体**为会计机构和会计人员，**客体**为与会计工作相关的具体事务。

（二）《会计法》的适用范围

《会计法》的适用范围为国家机关、社会团体、公司、企业、事业单位和其他组织（以下统称单位）的会计事务。

提示《会计法》规定，国家实行统一的会计制度。国务院财政部门根据《会计法》制定并公布关于会计核算、会计监督、会计机构和会计人员以及会计工作管理的制度。

二、例题点津

【例题1·单选题】会计法律制度是调整（　　）的法律规范。

A. 经济关系　　　　B. 会计关系

C. 社会关系　　　　D. 财产关系

【答案】B

【解析】会计法律制度是指国家权力机关和行政机关制定的调整会计关系的法律规范的总称。

【例题2·判断题】外资企业在特殊情况下，

可以不使用统一的会计制度。(   )

【答案】×

【解析】《会计法》规定，国家实行统一的会计制度。国家机关、社会团体、公司、企业、事业单位和其他组织办理会计事务必须依照《会计法》规定。

❇ 考点2　会计工作管理体制 ★

一、考点解读

会计工作管理体制包括会计工作行政管理和单位内部的会计工作管理，详细内容见表2-1。

表2-1　会计工作管理体制

管理体制	具体内容
会计工作行政管理	1. 国务院财政部门主管全国的会计工作。 2. 县级以上地方各级人民政府财政部门管理本行政区域内的会计工作
单位内部的会计工作管理	1. 单位负责人对本单位的会计工作和会计资料的真实性、完整性负责。 2. 单位负责人应当保证会计机构、会计人员依法履行职责，不得授意、指使、强令会计机构、会计人员违法办理会计事项

二、例题点津

【例题1·单选题】根据《会计法》的规定，单位内部的会计工作管理的责任主体是(   )。

A. 总会计师

B. 单位会计机构负责人

C. 单位分管会计工作的领导

D. 单位负责人

【答案】D

【解析】单位负责人应当保证会计机构、会计人员依法履行职责，不得授意、指使、强令会计机构、会计人员违法办理会计事项。

【例题2·单选题】下列选项中，对本单位会计工作和会计资料的真实性、完整性负责的是(   )。

A. 单位负责人

B. 单位分管会计工作的领导

C. 会计机构负责人

D. 总会计师

【答案】A

【解析】单位负责人对本单位会计工作和会计资料的真实性、完整性负责。

第二单元　会计核算与监督

❇ 考点1　会计核算基础 ★★★

一、考点解读

（一）会计核算的基本要求

会计核算的基本要求的具体内容见表2-2。

表2-2　　　　　　　　　　　　　　　　会计核算的基本要求

基本要求	具体内容
依法建账	1. 按照《会计法》和国家统一的会计制度规定建立会计账册，进行会计核算。 2. 各单位发生的各项经济业务事项应当在依法设置的会计账簿上统一进行登记、核算，不得违反规定私设会计账簿进行登记、核算

续表

基本要求	具体内容
根据实际发生的经济业务进行会计核算	根据实际发生的经济业务进行会计核算，填制会计凭证，登记账簿，编制财务会计报告，形成符合质量标准的会计资料（会计信息）
保证会计资料的真实和完整	1. 会计资料是在会计核算过程中形成的，记录和反映实际发生的经济业务事项的会计专业资料。 2. 会计资料的真实性，主要是指会计资料所反映的内容和结果，应当同单位实际发生的经济业务的内容及其结果相一致。 3. 会计资料的完整性，主要是指构成会计资料的各项要素都必须齐全，能够如实、全面地记录和反映经济业务发生情况。 提示（1）会计资料的真实性和完整性，是会计资料最基本的质量要求，是会计工作的生命。 （2）任何单位不得以虚假的经济业务事项或者资料进行会计核算。 （3）任何单位和个人不得伪造、变造会计凭证、会计账簿及其他会计资料，不得提供虚假的财务会计报告
正确采用会计处理方法	会计核算应当按照规定的会计处理方法进行，保证会计指标的口径一致、相互可比和会计处理方法的前后各期相一致，不得随意变更；确有必要变更的，应当按照国家统一的会计制度的规定变更，并将变更的原因、情况及影响在财务会计报告中说明
正确使用会计记录文字	1. 会计记录的文字应当使用中文。 2. 在民族自治地方，会计记录可以同时使用当地通用的一种民族文字。 3. 在中华人民共和国境内的外商投资企业、外国企业和其他外国组织的会计记录可以同时使用一种外国文字
使用电子计算机进行会计核算必须符合法律规定	使用电子计算机进行会计核算的，其软件及其生成的会计凭证、会计账簿、财务会计报告和其他会计资料，也必须符合国家统一的会计制度的规定

（二）会计核算的主要内容

会计核算的内容，是指应当进行会计核算的经济业务事项。具体内容见表2-3。

表2-3　　　　　　　　会计核算的内容

经济业务事项	核算内容
资产的增减和使用	资产的增减和使用，包括现金、银行存款等货币资金的收入、转存、付出、结存，以及存货、固定资产、无形资产、投资等的购入、自行建造、无偿取得、债务重组取得、融资租入、接受捐赠、出售、转让、抵债、无偿调出、捐赠、减值等
负债的增减	负债的增减，包括短期借款、应付票据、应付账款、预收账款、合同负债、应付利息、应付股利、其他应付款、应付职工薪酬、应交税费、长期借款、应付债券、长期应付款等的取得、出具、发生、发行、计提、偿还、支付、转销等
净资产（所有者权益）的增减	主要包括实收资本（股本）、资本公积、盈余公积、基金等的增减变动

续表

经济业务事项	核算内容
收入、支出、费用、成本的增减	1. 收入的计算。 （1）主营业务收入：商品销售收入、提供劳务收入、让渡资产使用权收入等； （2）其他业务收入：材料销售收入，代购、代销、代加工、代管、代修收入和出租收入等； （3）营业外收入：投资收益、补贴收入、固定资产盘盈、处置固定资产净收益、出售无形资产收益、罚款收益等； （4）以前年度损益调整等的确认与结转。 2. 支出、费用、成本的计算。 （1）生产成本的汇集、分配与结转； （2）销售费用、管理费用和财务费用等的汇集与结转； （3）主营业务税金及附加、出售无形资产损失、债务重组损失、计提的固定资产减值准备、捐赠支出等的确认与结转
财务成果的计算和处理	1. 将收入和相配比的成本、费用、支出转入本年利润，计算利润总额； 2. 将所得税转入本年利润，计算净利润； 3. 年终结转本年利润； 4. 所得税的计提、缴纳、返还和余额结转，递延税款的余额调整等
需要办理会计手续、进行会计核算的其他事项	

（三）会计年度

根据《会计法》的规定，我国以公历年度为会计年度，即以每年公历的1月1日起至12月31日止为一个会计年度。每一个会计年度还可以按照公历日期具体划分为半年度、季度和月度。

（四）记账本位币

《会计法》规定，会计核算以人民币为记账本位币。

业务收支以人民币以外的货币为主的单位，可以选定其中一种货币作为记账本位币，但是编报的财务会计报告应当折算为人民币。

二、例题点津

【例题1·单选题】 下列关于会计核算要求的说法中，正确的是（　）。

A. 我国的会计年度为阴历的1月1日至12月31日

B. 业务收支以人民币以外的货币为主的单位，可以选择其中一种外币作为记账本位币来编制财务会计报告

C. 在民族自治地方，会计记录可以仅使用当地通用的一种民族文字

D. 使用电子计算机进行会计核算的，其使用的会计核算软件也必须符合国家统一的会计制度的规定

【答案】D

【解析】选项A，我国的会计年度为公历的1月1日至12月31日；选项B，业务收支以人民币以外的货币为主的单位，可以选择其中一种外币作为记账本位币，但是编制财务会计报告时必须折算为人民币；选项C，在民族自治地方，会计记录在使用中文的前提下可以同时使用当地通用的一种民族文字。

【例题2·多选题】 下列经济业务事项中，应办理会计手续，进行会计核算的有（　）。

A. 资产的增减和使用

B. 负债的增减

C. 财物的收发、增减和使用

D. 净资产（所有者权益）的增减

【答案】ABD

【解析】会计核算的内容包括：资产的增减和使用，负债的增减，净资产（所有者权益）的增减，收入、支出、费用、成本的增减，财务成果的计算和处理，需要办理会计手续、进行会计核算的其他事项。

【例题3·判断题】 一个质量可靠的会计软件可以生成真实、完整的会计资料，因此对于实行会计电算化的单位生成的会计资料不再作特别

要求。（　　）

【答案】×

【解析】使用电子计算机进行会计核算的，其软件及其生成的会计凭证、会计账簿、财务会计报告和其他会计资料，也必须符合国家统一的会计制度的规定。

✳ 考点2　会计凭证★★★

一、考点解读

会计凭证，是指具有一定格式、用以记录经济业务事项发生和完成情况，明确经济责任，并作为记账凭证的书面证明，是会计核算的重要会计资料。会计凭证按其来源和用途，分为原始凭证和记账凭证两种。

（一）原始凭证

原始凭证，又称单据，是指在经济业务发生时，由业务经办人员直接取得或者填制，用以表明某项经济业务已经发生或完成情况，并明确有关经济责任的一种原始凭据。原始凭证所包含的具体内容见表2-4。

表2-4　　　　　　　　　　　原始凭证的内容

项目	内　　容
种类	有单位外部的，也有单位自制的。 （1）外来原始凭证：职工出差的火车票、飞机票等。 （2）单位自制原始凭证：领料单、产品入库单等
必备内容	1. 凭证的名称。 2. 填制凭证的日期。 3. 填制凭证单位名称或者填制人姓名。 4. 经办人员的签名或者盖章。 5. 接受凭证单位名称。 6. 经济业务内容。 7. 数量、单价和金额
填制要求	1. 从外单位取得的原始凭证，必须盖有填制单位的公章；从个人取得的原始凭证，必须有填制人员的签名或者盖章。 2. 自制原始凭证必须有经办单位领导人或者其指定的人员签名或者盖章。 3. 对外开出的原始凭证，必须加盖本单位公章。 4. 凡填有大写和小写金额的原始凭证，大写与小写金额必须相符。 5. 购买实物的原始凭证，必须有验收证明。 6. 支付款项的原始凭证，必须有收款单位和收款人的收款证明。 7. 一式几联的原始凭证，应当注明各联的用途，只能以一联作为报销凭证。 8. 一式几联的发票和收据，必须用双面复写纸套写，并连续编号。作废时加盖"作废"戳记，连同存根一起保存，不得撕毁。 9. 职工公出借款凭据，必须附在记账凭证之后。收回借款时，应另开收据或退还借据副本，不得退还原借款收据。 10. 发生销货退回的，除填制退货发票外，还必须有退货验收证明；退款时，必须取得对方的收款收据或者汇款银行的凭证，不得以退货发票代替收据。 11. 经上级有关部门批准的经济业务，应当将批准文件作为原始凭证附件。如果批准文件需要单独归档的，应当在凭证上注明批准机关名称、日期和文件字号
审核	1. 对不真实、不合法的原始凭证有权不予接受，并向单位负责人报告；对记载不准确、不完整的原始凭证予以退回，并要求按照国家统一的会计制度的规定更正、补充。 2. 原始凭证记载的各项内容均不得涂改；原始凭证有错误的，应当由出具单位重开或者更正，更正处应当加盖出具单位印章。原始凭证金额有错误的，应当由出具单位重开，不得在原始凭证上更正

（二）记账凭证

记账凭证也称传票，是指对经济业务事项按其性质加以归类，确定会计分录，并据以登记会计账簿的凭证。其作用为分类归纳原始凭证和满足登记会计账簿需要。

提示 记账凭证应当根据经过审核的原始凭证及有关资料编制。

记账凭证及填制要求等内容见表2-5。

表2-5　　　　　　　　　　　记账凭证的内容

项目	内　　容
种类	分为收款凭证、付款凭证和转账凭证，也可以使用通用记账凭证
必备内容	1. 填制凭证的日期。 2. 凭证编号。 3. 经济业务摘要。 4. 会计科目。 5. 金额。 6. 所附原始凭证张数。 7. 填制凭证人员、稽核人员、记账人员、会计机构负责人（会计主管人员）签名或者盖章。 提示 (1) 收款和付款记账凭证还应当由出纳人员签名或者盖章； (2) 实行会计电算化的单位，打印出的机制记账凭证要加盖制单人员、审核人员、记账人员及会计机构负责人（会计主管人员）印章或者签字
填制要求	1. 记账凭证应当进行连续编号。一笔经济业务需要填制两张以上记账凭证的，可以采用分数编号法编号。 2. 不得将不同内容和类别的原始凭证汇总填制在一张记账凭证上。 3. 除结账和更正错误的记账凭证可以不附原始凭证外，其他记账凭证必须附有原始凭证。如果一张原始凭证涉及几张记账凭证，可以把原始凭证附在一张主要的记账凭证后面，并在其他记账凭证上注明附有该原始凭证的记账凭证的编号或者附原始凭证复印件。一张原始凭证所列支出需要几个单位共同负担的，应当将其他单位负担的部分，开给对方原始凭证分割单，进行结算。 4. 如有空行，应自金额栏最后一笔金额数字下的空行处至合计数上的空行处划线注销
更正方法	1. 填制记账凭证时发生错误，应当重新填制。 2. 已经登记入账的记账凭证，在当年内发现填写错误时，可以用红字填写一张与原内容相同的记账凭证，在摘要栏注明"注销某月某日某号凭证"字样，同时再用蓝字重新填制一张正确的记账凭证，注明"订正某月某日某号"凭证字样。 3. 如果会计科目没有错误，只是金额错误，也可以将正确数字与错误数字之间的差额，另编一张调整的记账凭证，调增金额用蓝字，调减金额用红字。 4. 发现以前年度记账凭证有错误的，应当用蓝字填制一张更正的记账凭证

（三）会计凭证的保管

会计凭证登记完毕后，应当按照分类和编号顺序保管，不得散乱丢失。具体保管要求见表2-6。

表2-6　　　　　　　　　　　会计凭证的保管要求

项目	内　　容
基本要求	1. 会计凭证登记完毕后，应当按照分类和编号顺序保管。 2. 记账凭证应当连同所附的原始凭证或者原始凭证汇总表，按照编号顺序，折叠整齐，按期装订成册，并加具封面，注明单位名称、年度、月份和起讫日期、凭证种类、起讫号码，由装订人在装订线封签外签名或者盖章
数量过多的原始凭证的保管要求	1. 可以单独装订保管，在封面上注明记账凭证日期、编号、种类，同时在记账凭证上注明"附件另订"和原始凭证名称及编号。 2. 各种经济合同、存出保证金收据以及涉外文件等重要原始凭证，应当另编目录，单独登记保管，并在有关的记账凭证和原始凭证上相互注明日期和编号

续表

项目	内　　容
原始凭证外借的规定	1. 原始凭证不得外借，其他单位如因特殊原因需要使用原始凭证时，经本单位会计机构负责人、会计主管人员批准，可以复制。 2. 向外单位提供的原始凭证复制件，应当在专设的登记簿上登记，并由提供人员和收取人员共同签名或者盖章
从外单位取得的原始凭证	1. 如有遗失，应当取得原开出单位盖有公章的证明，并注明原来凭证的号码、金额和内容等，由经办单位会计机构负责人、会计主管人员和单位领导人批准后，才能代作原始凭证。 2. 如果确实无法取得证明的，如火车票、轮船票、飞机票等凭证，由当事人写出详细情况，由经办单位会计机构负责人、会计主管人员和单位领导人批准后，代作原始凭证

二、例题点津

【例题 1·单选题】 下列说法中，不符合原始凭证填制要求的是（　　）。

A. 从个人取得的原始凭证，必须有填制人员的签名或盖章

B. 对外开出的原始凭证，必须加盖本单位财务专用章

C. 大写和小写金额必须相等

D. 支付款项必须有收款单位和收款人的收款证明

【答案】 B

【解析】 对外开出的原始凭证，必须加盖的是本单位公章，而不是财务专用章。

【例题 2·单选题】 关于会计凭证的保管，下列说法不正确的是（　　）。

A. 对于数量过多的原始凭证，可以单独保管

B. 对于经济合同，应当另编目录单独登记保管

C. 外来原始凭证如有遗失，不得补开

D. 原始凭证不得外借，其他单位如确实需要使用时，经本单位会计机构负责人、会计主管批准，可以复制

【答案】 C

【解析】 选项 C 错误，从外单位取得的原始凭证如有遗失，应当取得原开出单位盖有公章的证明，并注明原来凭证的号码、金额和内容等，由经办单位会计机构负责人、会计主管人员和单位领导人批准后，才能代作原始凭证。如果确实无法取得证明的，由当事人写出详细情况，由经办单位会计机构负责人、会计主管人员和单位领导人批准后，代作原始凭证。

【例题 3·多选题】 原始凭证是会计核算的原始依据，其必备内容包括（　　）。

A. 会计科目

B. 原始凭证填制单位的名称或者填制人的姓名

C. 原始凭证经济业务的内容

D. 凭证编号

【答案】 BC

【解析】 选项 A、D 不属于原始凭证的必备内容。

【例题 4·多选题】 下列关于原始凭证的说法中，正确的有（　　）。

A. 一式几联的原始凭证，应当注明各联的用途，只能以一联作为报销凭证

B. 一式几联的发票和收据，必须用双面复写纸（发票和收据本身具备复写纸功能的除外）套写并连续编号

C. 一式几联的发票和收据，作废时可直接撕毁

D. 发生销货退回的，除填制退货发票外，还必须有退货验收证明

【答案】 ABD

【解析】 选项 C 不正确，一式几联的发票和收据，必须用双面复写纸（发票和收据本身具备复写纸功能的除外）套写，并连续编号。作废时应当加盖"作废"戳记，连同存根一起保存，不得撕毁。该知识点为 2025 年教材新增。

【例题 5·多选题】 下列关于记账凭证填制要求的表述，正确的有（　　）。

A. 记账凭证应连续编号

B. 记账凭证必须附有原始凭证

C. 两张以上记账凭证可采用分数编号法编号

D. 不同内容和类别的原始凭证可汇总填制在一张记账凭证上

【答案】AC

【解析】记账凭证应进行连续编号,选项 A 正确;除结账和更正错误的记账凭证可以不附原始凭证外,其他记账凭证必须附有原始凭证,选项 B 错误;一笔经济业务需要填制两张以上记账凭证的,可以采用分数编号法编号,选项 C 正确;不得将不同内容和类别的原始凭证汇总填制在一张记账凭证上,选项 D 错误。

【例题 6·判断题】职工公出借款凭据,必须附在记账凭证之后。收回借款时,退还原借款收据。(　　)

【答案】×

【解析】职工公出借款凭据,必须附在记账凭证之后。收回借款时,应当另开收据或者退还借据副本,不得退还原借款收据,故本题说法不正确。该知识点为 2025 年教材新增。

【例题 7·判断题】记账凭证填制完经济业务事项后,如有空行,应当自金额栏第一笔金额数字下的空行处至最后一笔金额数字下的空行处划线注销。(　　)

【答案】×

【解析】记账凭证填制完经济业务事项后,如有空行,应当自金额栏最后一笔金额数字下的空行处至合计数上的空行处划线注销,故本题说法不正确。该知识点为 2025 年教材新增。

❋ 考点 3　会计账簿 ★★★

一、考点解读

会计账簿,是指全面记录和反映一个单位经济业务事项,把大量分散的数据或者资料进行归类整理,逐步加工成有用会计信息的簿籍,是编制财务会计报告的重要依据。会计账簿所包含的具体内容见表 2-7。

表 2-7　会计账簿的内容

项目		具体内容
种类	总账	也称总分类账,是根据会计科目开设的账簿,一般有订本账和活页账两种
	明细账	也称明细分类账,是根据总账科目所属的明细科目设置的,通常使用活页账
	日记账	是一种特殊的序时明细账,它是按照经济业务事项发生的时间先后顺序,逐日逐笔地进行登记的账簿,包括现金日记账和银行存款日记账。 提示 (1) 现金日记账和银行存款日记账必须采用订本式账簿。 (2) 不得用银行对账单或者其他方法代替日记账
	其他辅助账簿	也称备查账簿,是为备忘备查而设置的,主要包括各种租借设备、物资的辅助登记或有关应收、应付款项的备查簿,担保、抵押备查簿等
启用账簿的基本要求		1. 应在账簿封面上写明单位名称和账簿名称,在账簿扉页上附启用表。 2. 启用订本式账簿,应当从第一页到最后一页顺序编定页数,不得跳页、缺号。 3. 使用活页式账页,应当按账户顺序编号,并须定期装订成册。装订后再按实际使用的账页顺序编定页码。另加目录,记明每个账户的名称和页次
登记账簿的基本要求		1. 登记会计账簿时,应当将会计凭证日期、编号、业务内容摘要、金额和其他有关资料逐项记入账内,做到数字准确、摘要清楚、登记及时、字迹工整。 2. 登记完毕后,要在记账凭证上签名或者盖章,并注明已经登账的符号,表示已经记账。 3. 账簿中书写的文字和数字上面要留有适当空格,不要写满格;一般应占格距的二分之一。 4. 登记账簿要用蓝黑墨水或者碳素墨水书写,不得使用圆珠笔(银行的复写账簿除外)或者铅笔书写。可用红色墨水记账的情况: (1) 按照红字冲账的记账凭证,冲销错误记录; (2) 在不设借贷等栏的多栏式账页中,登记减少数; (3) 在三栏式账户的余额栏前,如未印明余额方向的,在余额栏内登记负数余额; (4) 根据国家统一会计制度的规定可以用红字登记的其他会计记录。 5. 各种账簿按页次顺序连续登记,不得跳行、隔页。如果发生跳行、隔页,应当将空行、空页划线注销,或者注明"此行空白""此页空白"字样,并由记账人员签名或者盖章

续表

项目	具体内容
登记账簿的基本要求	6. 凡需要结出余额的账户，结出余额后，应当在"借或贷"等栏内写明"借"或者"贷"等字样。没有余额的账户，应当在"借或贷"等栏内写"平"字，并在余额栏内用"θ"表示。 提示 现金日记账和银行存款日记账必须逐日结出余额。 7. 每一账页登记完毕结转下页时，应当结出本页合计数及余额，写在本页最后一行和下页第一行有关栏内，并在摘要栏内注明"过次页"和"承前页"字样；也可以将本页合计数及金额只写在下页第一行有关栏内，并在摘要栏内注明"承前页"字样。 8. 对需要结计本月发生额的账户，结计"过次页"的本页合计数应当为自本月初起至本页末止的发生额合计数；对需要结计本年累计发生额的账户，结计"过次页"的本页合计数应当为自年初起至本页末止的累计数；对既不需要结计本月发生额也不需要结计本年累计发生额的账户，可以只将每页末的余额结转次页。 9. 实行会计电算化的单位，用计算机打印的会计账簿必须连续编号，经审核无误后装订成册，并由记账人员和会计机构负责人、会计主管人员签字或者盖章
错账更正方法	1. 登记账簿时发生错误，应当将错误的文字或者数字划红线注销，但必须使原有字迹仍可辨认；然后在划线上方填写正确的文字或者数字，并由记账人员在更正处盖章。对于错误的数字，应当全部划红线更正，不得只更正其中的错误数字。对于文字错误，可只划去错误的部分。 2. 由于记账凭证错误而使账簿记录发生错误，应当按更正的记账凭证登记账簿。 提示 账簿记录发生错误，不准涂改、挖补、刮擦或者用药水消除字迹，不准重新抄写
结账	1. 结账前，必须将本期内所发生的各项经济业务全部登记入账。 2. 结账时，应当结出每个账户的期末余额。 3. 需要结出当月发生额的，应当在摘要栏内注明"本月合计"字样，并在下面通栏划单红线。 4. 需要结出本年累计发生额的，应当在摘要栏内注明"本年累计"字样，并在下面通栏划单红线。 5. 12月末的"本年累计"就是全年累计发生额。 6. 全年累计发生额下面应当通栏划双红线。 7. 年度终了结账时，所有总账账户都应当结出全年发生额和年末余额

二、例题点津

【例题1·单选题】 下列关于结账的说法中，不正确的是（　　）。

A. 结账前，必须将本期内所发生的各项经济业务全部登记入账

B. 12月末的"本年累计"就是全年累计发生额

C. 全年累计发生额下面应当通栏划单红线

D. 年度终了结账时，所有总账账户都应当结出全年发生额和年末余额

【答案】 C

【解析】 选项C不正确，全年累计发生额下面应当通栏划双红线。该知识点为2025年教材新增。

【例题2·多选题】 下列关于登记账簿错误的更正，表述正确的有（　　）。

A. 登记账簿错误的，记账人员不准涂改、挖补、刮擦

B. 对于文字错误，记账人员更正时可以只划去错误的部分，由记账人员在更正处盖章

C. 对于数字错误，记账人员更正时只需更正其中的错误数字，由记账人员在更正处盖章

D. 由于记账凭证错误而使账簿记录发生错误，应当按更正的记账凭证登记账簿

【答案】 ABD

【解析】 选项C，登记账簿时发生错误，应当将错误的文字或者数字划红线注销，并在划线上方填写正确的文字或者数字，由记账人员在更正处盖章。对于错误的数字，应当全部划红线更正，不得只更正其中的错误数字。对于文字错误，可只划去错误的部分。

【例题3·多选题】 启用会计账簿时应在封面主要标明（　　）。

A. 账簿名称

B. 单位名称

C. 会计年度

D. 会计人员姓名和签章

【答案】 AB

【解析】启用会计账簿时，应在账簿封面上写明单位名称和账簿名称。

【例题4·判断题】 备查账簿又称序时账簿，是按照经济业务发生时间的先后顺序，逐日、逐笔登记的账簿。（ ）

【答案】×

【解析】日记账又称序时账簿，是按照经济业务发生时间的先后顺序，逐日、逐笔登记的账簿。

【例题5·判断题】 会计账簿应按照连续编号的页码顺序登记。（ ）

【答案】√

【解析】题干表述正确。

✲ 考点4　财务会计报告★★★

一、考点解读

财务会计报告也称财务报告，是指单位对外提供的、反映单位某一特定日期财务状况和某一会计期间经营成果、现金流量等会计信息的文件。

（一）财务会计报告的含义及构成（见表2-8）

表2-8　财务会计报告的含义及构成

项目	内容
基本含义	1. 财务会计报告是指单位对外提供的、反映单位某一特定日期财务状况和某一会计期间经营成果、现金流量等会计信息的文件。 2. 编制财务会计报告，是对单位会计核算工作的全面总结，也是及时提供真实、完整会计资料的重要环节
主要构成	1. 财务会计报告由会计报表、会计报表附注和财务情况说明书组成。 2. 财务会计报告按编制时间分为年度、半年度、季度和月度财务会计报告。 3. 年度、半年度财务会计报告应当包括会计报表、会计报表附注、财务情况说明书。会计报表应当包括资产负债表、利润表、现金流量表及相关附表。 4. 季度、月度财务会计报告通常仅指会计报表，会计报表至少应当包括资产负债表和利润表

（二）财务会计报告的对外提供

1. 向不同的会计资料使用者提供的财务会计报告，其编制依据应当一致。

2. 有关法律、行政法规规定会计报表、会计报表附注和财务情况说明书须经注册会计师审计的，注册会计师及其所在的会计师事务所出具的审计报告应当随同财务会计报告一并提供。

3. 对外报送的财务会计报告，应当依次编写页码，加具封面，装订成册，加盖公章。财务会计报告应当由单位负责人和主管会计工作的负责人、会计机构负责人（会计主管人员）签名并盖章；设置总会计师的单位，还须由总会计师签名并盖章。单位负责人应当保证财务会计报告真实、完整。

4. 国有企业、国有控股的或者占主导地位的企业，应当至少每年一次向本企业的职工代表大会公布财务会计报告，并重点说明下列事项：

（1）反映与职工利益密切相关的信息；

（2）内部审计发现的问题及纠正情况；

（3）注册会计师审计的情况；

（4）国家审计机关发现的问题及纠正情况；

（5）重大的投资、融资和资产处置决策及其原因的说明；

（6）需要说明的其他重要事项。

提示 接受企业财务会计报告的组织或者个人，在企业财务会计报告未正式对外披露前，应当对其内容保密。

二、例题点津

【例题1·多选题】 下列财务会计报告中应包括会计报表、会计报表附注、财务情况说明书的有（ ）。

A. 月度财务会计报告

B. 年度财务会计报告

C. 半年度财务会计报告

D. 季度财务会计报告

【答案】BC

【解析】年度、半年度财务会计报告应当包括会计报表、会计报表附注、财务情况说明书，选项B、C正确；季度、月度财务会计报告通常仅指会计报表，会计报表至少应当包括资产负债表和利润表，选项A、D错误。

【例题2·多选题】 下列各项中，属于企业财务会计报告组成部分的有（ ）。

A. 年度财务预算　　B. 财务情况说明书

C. 会计报表附注　　D. 会计报表

【答案】BCD

【解析】财务会计报告由会计报表、会计报表附注和财务情况说明书组成。

【例题3·判断题】对外报送的财务会计报告，应由单位领导人、总会计师、会计机构负责人、会计主管人员签名或者盖章。（ ）

【答案】×

【解析】财务会计报告应当由单位负责人和主管会计工作的负责人、会计机构负责人（会计主管人员）签名并盖章；设置总会计师的单位，还须由总会计师签名并盖章。单位负责人应当保证财务会计报告真实、完整。

✦ 考点5 账务核对和财产清查★★★

一、考点解读

（一）账务核对

账务核对又称对账，是保证会计账簿记录质量的重要程序，包括账证相符、账账相符、账实相符、账表相符。对账工作每年至少进行一次。

1. 账证核对。核对会计账簿记录与原始凭证、记账凭证的时间、凭证字号、内容、金额是否一致，记账方向是否相符。

2. 账账核对。核对不同会计账簿之间的账簿记录是否相符，包括总账有关账户的余额核对、总账与明细账核对、总账与日记账核对、会计部门的财产物资明细账与财产物资保管和使用部门的有关明细账核对等。

3. 账实核对。核对会计账簿记录与财产等实有数额是否相符。包括：现金日记账账面余额与现金实际库存数相核对；银行存款日记账账面余额定期与银行对账单相核对；各种财物明细账账面余额与财物实有数额相核对；各种应收、应付款明细账账面余额与有关债务、债权单位或者个人账核对等。

4. 账表核对。核对会计账簿记录与会计报表有关内容是否相符，包括会计报表中某些数字是否与总分类账的期末余额相符，会计报表中某些数字是否与有关明细分类账的期末余额相等，会计报表中某些数字是否与有关明细分类账的发生额相符等。

（二）财产清查

1. 财产清查是对各项财产物资进行实物盘点、账面核对以及对各项往来款项进行查询、核对，以保证账账、账实相符的一种专门方法，是会计核算工作的一项重要程序。通过财产清查，可以确定各项财产的实存数、实存数与账面数是否相符，发现财产管理工作中存在的问题，以便查清原因，制定相应措施，做到账实相符，保证会计资料的真实性。

2. 在编制年度财务会计报告之前，必须进行财产清查，并对账实不符等问题根据国家统一的会计制度的规定进行会计处理，以保证财务会计报告反映的会计信息真实、完整。

3. 各单位应当建立财产清查制度。主要内容包括：财产清查的范围、财产清查的组织、财产清查的期限和方法、对财产清查中发现问题的处理办法、对财产管理人员的奖惩办法。

二、例题点津

【例题1·单选题】下列内容中，账账核对不包括的是（ ）。

A. 总账各账户余额核对
B. 总账与明细账之间的核对
C. 总账与备查账之间的核对
D. 总账与日记账的核对

【答案】C

【解析】账账核对主要包括总账有关账户的余额核对、总账与明细账核对、总账与日记账核对、会计部门的财产物资明细账与财产物资保管和使用部门的有关明细账核对等。

【例题2·多选题】账证核对是指核对账簿记录与原始凭证、记账凭证的（ ）是否一致，记账方向是否相符。

A. 时间　　　　B. 凭证字号
C. 方式　　　　D. 内容

【答案】ABD

【解析】账证核对是指核对账簿记录与原始凭证、记账凭证的时间、凭证字号、内容、金额是否一致，记账方向是否相符。

【例题3·多选题】下列各项中，属于财产清查制度内容的有（ ）。

A. 财产清查的范围
B. 财产清查的组织
C. 财产清查的期限

D. 财产清查的方法

【答案】ABCD

【解析】四个选项均正确。财产清查制度的主要内容包括：财产清查的范围、财产清查的组织、财产清查的期限和方法、对财产清查中发现问题的处理办法、对财产管理人员的奖惩办法。该知识点为2025年教材新增。

✴ 考点6　会计档案管理★★★

一、考点解读

（一）会计档案的概念

1. 会计档案是指单位在进行会计核算等过程中接收或形成的，记录和反映单位经济业务事项的，具有保存价值的文字、图表等各种形式的会计资料。

2. 会计档案包括通过计算机等电子设备形成、传输和存储的电子会计档案。

3. 会计档案是记录和反映经济业务事项的**重要史料和证据**。单位应当加强会计档案管理工作，建立和完善会计档案的收集、整理、保管、利用和鉴定销毁等管理制度，采取可靠的安全防护技术和措施，保证会计档案的真实、完整、可用、安全。

提示 各单位的预算、计划、制度等文件材料属于文书档案，不属于会计档案。

（二）会计档案的归档（见表2-9）

表2-9　　会计档案的归档

项目	具体内容	
归档范围	会计凭证类，包括原始凭证、记账凭证	
	会计账簿类，包括总账、明细账、日记账、固定资产卡片及其他辅助性账簿	
	财务会计报告类，包括月度、季度、半年度财务会计报告和年度财务会计报告	
	其他会计资料，包括银行存款余额调节表、银行对账单、纳税申报表、会计档案移交清册、会计档案保管清册、会计档案销毁清册、会计档案鉴定意见书及其他具有保存价值的会计资料	
电子档案归档	单位可以利用计算机、网络通信等信息技术手段管理会计档案	
	条件	1. 单位内部形成的属于归档范围的电子会计资料可仅以电子形式保存，形成电子会计档案。 2. 单位从外部接收的电子会计资料附有符合《中华人民共和国电子签名法》规定的电子签名的，可仅以电子形式归档保存，形成电子会计档案
	同时满足下列条件的	1. 形成的电子会计资料来源真实有效，由计算机等电子设备形成和传输。 2. 使用的会计核算系统能够准确、完整、有效接收和读取电子会计资料，能够输出符合国家标准归档格式的会计凭证、会计账簿、财务会计报表等会计资料，设定了经办、审核、审批等必要的审签程序。 3. 使用的电子档案管理系统能够有效接收、管理、利用电子会计档案，符合电子档案的长期保管要求，并建立了电子会计档案与相关联的其他纸质会计档案的检索关系。 4. 采取有效措施，防止电子会计档案被篡改。 5. 建立电子会计档案备份制度，能够有效防范自然灾害、意外事故和人为破坏的影响。 6. 形成的电子会计资料不属于具有永久保存价值或者其他重要保存价值的会计档案
责任人	单位的会计机构或会计人员所属机构（以下统称"单位会计管理机构"）按照归档范围和归档要求，负责定期将应当归档的会计资料整理立卷，编制会计档案保管清册	
归档时间	当年形成的会计档案，在会计年度终了后，可由单位会计管理机构临时保管1年，再移交单位档案管理机构保管	
	因工作需要确需推迟移交的，应当经单位档案管理机构同意。单位会计管理机构临时保管会计档案最长不超过3年	
	临时保管期间，会计档案的保管应当符合国家档案管理的有关规定，且出纳人员不得兼管会计档案	

（三）会计档案的移交和利用

1. 会计档案的移交。

（1）单位会计管理机构在办理会计档案移交时，应当编制会计档案移交清册，并按照国家档案管理的有关规定办理移交手续。

（2）纸质会计档案移交时应当保持原卷的封装。

（3）电子会计档案移交时应当将电子会计档案及其元数据一并移交，且文件格式应当符合国家档案管理的有关规定。

（4）特殊格式的电子会计档案应当与其读取平台一并移交。

（5）单位档案管理机构接收电子会计档案时，应当对电子会计档案的准确性、完整性、可用性、安全性进行检测，符合要求的才能接收。

2. 会计档案的利用。

（1）单位应当严格按照相关制度利用会计档案，在进行会计档案查阅、复制、借出时须履行登记手续，严禁篡改和损坏。

（2）单位保存的会计档案一般不得对外借出。确因工作需要且根据国家有关规定必须借出的，应当严格按照规定办理相关手续。

（3）会计档案借用单位应当妥善保管和利用借入的会计档案，确保借入会计档案的安全完整，并在规定时间内归还。

（四）会计档案的保管期限

会计档案保管期限分为永久、定期两类。

会计档案的保管期限是从会计年度终了后的第一天算起。

永久，即是指会计档案须永久保存；定期，是指会计档案保存应达到法定的时间，定期保管期限一般分为 10 年和 30 年。

《会计档案管理办法》规定的会计档案保管期限为最低保管期限。

单位会计档案的具体名称如有与《会计档案管理办法》附表所列档案名称不相符的，应当比照类似档案的保管期限办理。

企业和其他组织会计档案保管期限（见表 2 – 10）。

表 2 – 10　　企业和其他组织会计档案保管期限

保管期	种类
10 年期	月度、季度、半年度财务会计报告
	银行存款余额调节表
	银行对账单
	纳税申报表
30 年期	原始凭证
	记账凭证
	总账
	明细账
	日记账
	其他辅助性账簿
	会计档案移交清册
永久	年度财务报告
	会计档案保管清册
	会计档案销毁清册
	会计档案鉴定意见书

（五）会计档案的鉴定和销毁

1. 会计档案的鉴定。

（1）单位应当定期对已到保管期限的会计档案进行鉴定，并形成会计档案鉴定意见书。

（2）经鉴定，仍需继续保存的会计档案，应当重新划定保管期限；对保管期满，确无保存价值的会计档案，可以销毁。

2. 会计档案的销毁（见表 2 – 11）。

表 2 – 11　　　　　　　　　　　　会计档案的销毁

项目	具体内容
销毁的基本程序和要求	1. 单位档案管理机构编制会计档案销毁清册，列明拟销毁会计档案的名称、卷号、册数、起止年度、档案编号、应保管期限、已保管期限和销毁时间等内容。 2. 单位负责人、档案管理机构负责人、会计管理机构负责人、档案管理机构经办人、会计管理机构经办人在会计档案销毁清册上签署意见。 3. 单位档案管理机构负责组织会计档案销毁工作，并与会计管理机构共同派员监销

续表

项目	具体内容
不得销毁的会计档案	1. 保管期满但未结清的债权债务会计凭证和涉及其他未了事项的会计凭证不得销毁，纸质会计档案应当单独抽出立卷，电子会计档案单独转存，保管到未了事项完结时为止。 2. 单独抽出立卷或转存的会计档案，应当在会计档案鉴定意见书、会计档案销毁清册和会计档案保管清册中列明

（六）特殊情况下的会计档案处置（见表2-12）

表2-12   特殊情况下的会计档案处置

项目		具体内容
单位分立	单位分立后原单位存续的	会计档案应当由分立后的存续方统一保管，其他方可以查阅、复制与其业务相关的会计档案
	单位分立后原单位解散的	会计档案应当经各方协商后由其中一方代管或按照国家档案管理的有关规定处置，各方可以查阅、复制与其业务相关的会计档案
	单位分立中未结清的会计事项所涉及的会计凭证	应当单独抽出由业务相关方保存，并按照规定办理交接手续
	单位因业务移交其他单位办理所涉及的会计档案	应当由原单位保管，承接业务单位可以查阅、复制与其业务相关的会计档案。对其中未结清的会计事项所涉及的会计凭证，应当单独抽出由承接业务单位保存，并按照规定办理交接手续
单位合并	合并后原各单位解散或者一方存续其他方解散的	原各单位的会计档案应当由合并后的单位统一保管
	合并后原各单位仍存续的	会计档案仍应当由原各单位保管
建设单位项目建设期间会计档案的交接		建设单位在项目建设期间形成的会计档案，需要移交给建设项目接受单位的，应当在办理竣工财务决算后及时移交，并按照规定办理交接手续
单位之间交接会计档案的手续		单位之间交接会计档案时，交接双方应当办理会计档案交接手续： （1）移交会计档案的单位，应当编制会计档案移交清册，列明应当移交的会计档案名称、卷号、册数、起止年度、档案编号、应保管期限和已保管期限等内容。 （2）交接会计档案时，交接双方应当按照会计档案移交清册所列内容逐项交接，并由交接双方的单位有关负责人负责监督。 （3）交接完毕后，交接双方经办人和监督人应当在会计档案移交清册上签名或盖章。 （4）电子会计档案应当与其元数据一并移交，特殊格式的电子会计档案应当与其读取平台一并移交。 （5）档案接受单位应当对保存电子会计档案的载体及其技术环境进行检验，确保所接收电子会计档案的准确、完整、可用和安全
单位因撤销、解散、破产或其他原因终止时会计档案处置		单位因撤销、解散、破产或其他原因而终止的，在终止或办理注销登记手续之前形成的会计档案，按照国家档案管理的有关规定处置

二、例题点津

【例题1·单选题】单位在进行会计核算等过程中接收或形成的,记录和反映单位经济业务事项的,具有保存价值的文字、图表等各种形式的会计资料是指（　　）。

A. 会计凭证　　　　B. 会计账簿
C. 会计档案　　　　D. 财务会计报告

【答案】C

【解析】会计档案是指单位在进行会计核算等过程中接收或形成的,记录和反映单位经济业务事项的,具有保存价值的文字、图表等各种形式的会计资料,包括通过计算机等电子设备形成、传输和存储的电子会计档案。

【例题2·单选题】下列会计档案中,最低保管期限为10年的是（　　）。

A. 银行对账单
B. 原始凭证
C. 会计档案保管清册
D. 年度财务报告

【答案】A

【解析】选项A正确,根据会计档案管理有关规定,银行对账单最低保管期限为10年,原始凭证最低保管期限为30年,会计档案保管清册和年度财务报告保管期限为永久。

【例题3·多选题】下列选项中,表述正确的有（　　）。

A. 单位分立后原单位存续的,会计档案应当由分立后的存续方统一保管
B. 单位分立后原单位存续的,会计档案应当经各方协商后由其中一方代管

C. 单位分立后原单位解散的,会计档案应当经各方协商后由其中一方代管
D. 单位分立后原单位解散的,会计档案应当按照国家档案管理的有关规定处置

【答案】ACD

【解析】选项B错误,单位分立后原单位存续的,会计档案应当由分立后的存续方统一保管。

【例题4·判断题】单位因撤销、解散、破产或其他原因而终止的,在终止或办理注销登记手续之前形成的会计档案,按照国家档案管理的有关规定处置。（　　）

【答案】√

【解析】单位因撤销、解散、破产或其他原因而终止的,在终止或办理注销登记手续之前形成的会计档案,按照国家档案管理的有关规定处置。该知识点为2025年教材新增。

✦ 考点7　会计监督★★★

一、考点解读

（一）概念及分类（见表2-13）

表2-13　　　会计监督的概念及分类

项目	具体内容
概念	会计监督是会计的基本职能之一,是对单位的经济活动进行检查监督,借以控制经济活动,使经济活动能够根据一定的方向、目标、计划,遵循一定的原则正常进行
分类	会计监督可分为单位内部监督、社会监督和政府监督

（二）单位内部会计监督（见表2-14）

表2-14　　　　　　　　　　　　　单位内部会计监督

项目		具体内容
单位内部会计监督	概念	1. 会计监督是会计的基本职能之一,是通过控制、审核、检查等方式,对单位的经济活动的合法性、合理性和会计资料的真实性、完善性以及本单位内部预算执行情况进行监督,确保经济活动能够根据一定的方向、目标、计划,遵循一定的原则正常进行。 2. 目前,我国实行的是单位内部监督、政府监督和社会监督"三位一体"的会计监督体系

续表

项目		具体内容
单位内部会计监督	要求	1. 各单位应当建立、健全本单位内部会计监督制度，并将其纳入本单位内部控制制度； 2. 记账人员与经济业务事项和会计事项的审批人员、经办人员、财物保管人员的职责权限应当明确，并相互分离、相互制约； 3. 重大对外投资、资产处置、资金调度和其他重要经济业务事项的决策和执行的相互监督、相互制约程序应当明确； 4. 财产清查的范围、期限和组织程序应当明确； 5. 对会计资料定期进行内部审计的办法和程序应当明确； 6. 国务院财政部门规定的其他要求 提示（1）会计机构、会计人员对违反《会计法》和国家统一的会计制度规定的会计事项，有权拒绝办理或者按照职权予以纠正。 （2）发现会计账簿记录与实物、款项及有关资料不相符的，按照国家统一的会计制度的规定有权自行处理的，应当及时处理；无权处理的，应当立即向单位负责人报告，请求查明原因，作出处理。 （3）单位负责人应当保证会计机构、会计人员依法履行职责，不得授意、指使、强令会计机构、会计人员违法办理会计事项
单位内部控制制度	概念	是指单位为实现控制目标，通过制定制度、实施措施和执行程序，对经济活动的风险进行防范和管控
	应遵循的原则	1. 单位：（1）全面性原则；（2）重要性原则；（3）制衡性原则；（4）适应性原则；（5）成本效益原则。 2. 小企业：（1）风险导向原则；（2）适应性原则；（3）实质重于形式原则；（4）成本效益原则
	企业内部控制措施	1. 不相容职务分离控制； 2. 授权审批控制，企业各级管理人员应当在授权范围内行使职权和承担责任； 3. 会计系统控制，企业应当依法设置会计机构，配备会计从业人员； 4. 财产保护控制，企业应当严格限制未经授权的人员接触和处置财产； 5. 预算控制； 6. 运营分析控制； 7. 绩效考评控制
	行政事业单位内部控制方法	1. 不相容岗位相互分离； 2. 内部授权审批控制； 3. 归口管理； 4. 预算控制； 5. 财产保护控制； 6. 会计控制； 7. 单据控制； 8. 信息内部公开

（三）会计工作的社会监督（见表 2-15）

表 2-15　　　　　　　　　会计工作的社会监督

项目	具体内容
概念	主要是指由注册会计师及其所在的会计师事务所等中介机构接受委托，依法对单位的经济活动进行审计，出具审计报告，发表审计意见的一种监督制度。 提示 任何单位或者个人不得以任何方式要求或者示意注册会计师及其所在的会计师事务所出具不实或者不当的审计报告

续表

项目			具体内容
审计报告	概念		是指注册会计师根据审计准则的规定，在执行审计工作的基础上，对被审计单位财务报表发表审计意见的书面文件
	要素		1. 标题；2. 收件人；3. 审计意见；4. 形成审计意见的基础；5. 管理层对财务报表的责任；6. 注册会计师对财务报表审计的责任；7. 按照相关法律法规的要求报告的事项（如适用）；8. 注册会计师的签名和盖章；9. 会计师事务所的名称、地址和盖章；10. 报告日期
	审计意见的类型	无保留意见	是指当注册会计师认为财务报表在所有重大方面按照适用的财务报告编制基础的规定编制并实现公允反映时发表的审计意见
		非无保留意见 / 保留意见	存在下列情形之一时，注册会计师应当发表保留意见：（1）在获取充分、适当的审计证据后，注册会计师认为错报单独或汇总起来对财务报表影响重大，但不具有广泛性；（2）注册会计师无法获取充分、适当的审计证据以作为形成审计意见的基础，但认为未发现的错报（如存在）对财务报表可能产生的影响重大，但不具有广泛性
		非无保留意见 / 否定意见	在获取充分、适当的审计证据后，如果认为错报单独或汇总起来对财务报表的影响重大且具有广泛性，注册会计师应当发表否定意见
		非无保留意见 / 无法表示意见	1. 如果无法获取充分、适当的审计证据以作为形成审计意见的基础，但认为未发现的错报（如存在）对财务报表可能产生的影响重大且具有广泛性，注册会计师应当发表无法表示意见。 2. 在极少数情况下，可能存在多个不确定事项。尽管注册会计师对每个单独的不确定事项获取了充分、适当的审计证据，但由于不确定事项之间可能存在相互影响，以及可能对财务报表产生累积影响，注册会计师不可能对财务报表形成审计意见。在这种情况下，注册会计师应当发表无法表示意见

（四）会计工作的政府监督（见表2－16）

表 2－16　　　　　　　　会计工作的政府监督

项目	具体内容
会计工作政府监督的概念	主要是指财政部门代表国家对各单位和单位中相关人员的会计行为实施的监督检查，以及对发现的会计违法行为实施行政处罚
主体与对象	1. 这里所说的财政部门，是指国务院财政部门、省级以上人民政府财政部门派出机构和县级以上人民政府财政部门。 2. 除财政部门外，审计、税务、金融管理等部门依照有关法律、行政法规规定的职责，可以对有关单位的会计资料实施监督检查并出具检查结论
财政部门会计监督的主要内容	1. 是否依法设置会计账簿。 2. 会计凭证、会计账簿、财务会计报告和其他会计资料是否真实、完整。 3. 会计核算是否符合《会计法》和国家统一的会计制度的规定。 4. 从事会计工作的人员是否具备专业能力、遵守职业道德。 在对各单位会计凭证、会计账簿、财务会计报告和其他会计资料的真实性、完整性实施监督，发现重大违法嫌疑时，国务院财政部门及其派出机构可以向与被监督单位有经济业务往来的单位和在被监督单位开立账户的金融机构查询有关情况，有关单位和金融机构应当给予支持。 提示 依法对有关单位的会计资料实施监督检查的部门及其工作人员对在监督检查中知悉的国家秘密、工作秘密、商业秘密、个人隐私、个人信息负有保密义务

二、例题点津

【例题1·多选题】下列属于会计工作政府监督主体的有（　　　）。

A. 县级以上人民政府财政部门

B. 中国人民银行

C. 单位负责人

D. 税务机关

【答案】ABD

【解析】县级以上人民政府财政部门为各单位会计工作的监督检查部门，对各单位会计工作行使监督权，对违法会计行为实施行政处罚。审计、税务、金融管理等部门依照有关法律、行政法规规定的职责，可以对有关单位的会计资料实施监督检查，并出具检查结论。

【例题2·多选题】对企业而言，内部控制的措施包括（　　）。

A. 授权审批控制

B. 不相容职务分离控制

C. 财产保护控制

D. 预算控制

【答案】ABCD

【解析】对企业而言，控制措施一般包括不相容职务分离控制、授权审批控制、会计系统控制、财产保护控制、预算控制、运营分析控制和绩效考评控制等。

【例题3·多选题】小企业建立与实施内部控制，应当遵循的原则有（　　）。

A. 全面性原则

B. 风险导向原则

C. 实质重于形式原则

D. 制衡性原则

【答案】BC

【解析】小企业建立与实施内部控制，应当遵循四项原则：（1）风险导向原则；（2）适应性原则；（3）实质重于形式原则；（4）成本效益原则。

【例题4·多选题】下列各项中，表述正确的有（　　）。

A. 在获取充分、适当的审计证据后，注册会计师认为错报单独或汇总起来对财务报表影响重大，但不具有广泛性，注册会计师应当发表保留意见

B. 在获取充分、适当的审计证据后，如果认为错报单独或汇总起来对财务报表的影响重大且具有广泛性，注册会计师应当发表否定意见

C. 如果无法获取充分、适当的审计证据以作为形成审计意见的基础，但认为未发现的错报（如存在）对财务报表可能产生的影响重大且具有广泛性，注册会计师应当发表无法表示意见

D. 当注册会计师认为财务报表在所有重大方面按照适用的财务报告编制基础的规定编制并实现公允反映时，发表保留意见

【答案】ABC

【解析】选项D不正确，当注册会计师认为财务报表在所有重大方面按照适用的财务报告编制基础的规定编制并实现公允反映时，应发表无保留意见。

【例题5·多选题】下列各项中，属于财政部门实施会计监督检查的内容有（　　）。

A. 从事会计工作的人员是否具备专业能力、遵守职业道德等

B. 会计凭证、会计账簿、财务会计报告和其他会计资料是否真实、完整

C. 会计核算是否符合会计法和国家统一的会计制度的规定

D. 是否按照税法的规定按时足额纳税

【答案】ABC

【解析】选项D不属于财政部门实施会计监督检查的内容，而是属于税务检查的内容。

第三单元　会计机构和会计人员

✿ 考点1　会计机构和代理记账★★★

一、考点解读

（一）会计机构

1. 各单位应当根据会计业务的需要，依法采取下列一种方式组织本单位的会计工作：设置会计机构；在有关机构中设置会计岗位并指定会计主管人员；委托经批准设立从事会计代理记账业务的中介机构代理记账；国务院财政部门规定的其他方式。

2. 国有的和国有资本占控股地位或者主导

地位的大、中型企业必须设置总会计师。总会计师的任职资格、任免程序、职责权限由国务院规定。

（二）代理记账（见表2-17）

表2-17 代理记账

项目	具体内容
代理记账机构的审批	除会计师事务所以外的机构从事代理记账业务，应当经县级以上人民政府财政部门（以下简称"审批机关"）批准，领取由财政部统一规定样式的代理记账许可证书。会计师事务所及其分所可以依法从事代理记账业务。 申请代理记账资格的机构应当同时具备以下条件： （1）为依法设立的企业。 （2）专职从业人员不少于3名。 （3）主管代理记账业务的负责人具有会计师以上专业技术职务资格或者从事会计工作不少于3年，且为专职从业人员。 （4）有健全的代理记账业务内部规范。 代理记账机构从业人员应当具有会计类专业基础知识和业务技能，能够独立处理基本会计业务，并由代理记账机构自主评价认定。上述专职从业人员是指在一个代理记账机构从事代理记账业务的人员
代理记账的业务范围	1. 根据委托人提供的原始凭证和其他相关资料，按照国家统一的会计制度的规定进行会计核算，包括审核原始凭证、填制记账凭证、登记会计账簿、编制财务会计报告等。 2. 对外提供财务会计报告。 3. 向税务机关提供税务资料。 4. 委托人委托的其他会计业务

（三）委托人、代理记账机构及其从业人员各自的义务（见表2-18）

表2-18 委托人、代理记账机构及其从业人员各自的义务

项目	具体内容
委托合同的内容	委托合同除应具备法律规定的基本条款外，应当明确下列内容： （1）双方对会计资料真实性、完整性各自应当承担的责任。 （2）会计资料传递程序和签收手续。 （3）编制和提供财务会计报告的要求。 （4）会计档案的保管要求及相应的责任。 （5）终止委托合同应当办理的会计业务交接事宜。 除应符合有关法律法规的一般性规定外，至少还应包括以下内容： （1）委托业务范围及其他预期目标。（2）会计资料传递程序和签收手续，终止委托合同应当办理的会计业务交接事宜，包括使用信息系统交付财务数据的约定。（3）双方对会计资料真实性、完整性、合法性各自应当承担的责任，会计档案的保管要求及相应的责任。（4）委托业务的收费。（5）委托合同的有效期间。（6）签约时间。（7）违约责任。（8）解决争议的方法。（9）签约双方认为应约定的其他事项
委托人应履行的义务	1. 对本单位发生的经济业务事项，应当填制或者取得符合国家统一的会计制度规定的原始凭证。 2. 应当配备专人负责日常货币收支和保管。 3. 及时向代理记账机构提供真实、完整的原始凭证和其他相关资料。 4. 对于代理记账机构退回的，要求按照国家统一的会计制度规定进行更正、补充的原始凭证，应当及时予以更正、补充
代理记账机构及其从业人员应履行的义务	1. 遵守有关法律、法规和国家统一会计制度的规定，按照委托合同办理代理记账业务。 2. 对在执行业务中知悉的商业秘密予以保密。 3. 对委托人要求其作出不当的会计处理，提供不实的会计资料，以及其他不符合法律、法规和国家统一会计制度行为的，予以拒绝。 4. 对委托人提出的有关会计处理相关问题予以解释

（四）对代理记账机构及从业人员的管理（见表 2 – 19）

表 2 – 19　　　　　　　　对代理记账机构及从业人员的管理

项目		具体内容
对代理机构的管理		1. 代理记账机构应当于每年 4 月 30 日之前，向审批机关报送下列材料：（1）代理记账机构基本情况表。（2）专职从业人员变动情况。代理记账机构设立分支机构的，分支机构应当于每年 4 月 30 日之前向其所在地的审批机关报送上述材料。 2. 县级以上人民政府财政部门对代理记账机构及其从事代理记账业务情况实施监督，随机抽取检查对象、随机派遣执法检查人员，并将抽查情况及查处结果依法及时向社会公开。 3. 代理记账机构有下列情形之一的，审批机关应当办理注销手续，收回代理记账许可证书并予以公告：（1）代理记账机构依法终止的；（2）代理记账资格被依法撤销或撤回的；（3）法律、法规规定的应当注销的其他情形
对从业人员的管理	资质要求	1. 具有会计类专业基础知识和业务技能，能够独立处理基本会计业务。 2. 熟悉国家财经、税收法律、法规、规章和方针、政策，掌握本行业业务管理的有关知识。 3. 恪守会计人员职业道德规范。 4.《代理记账管理办法》等规定的其他执业要求
	工作原则	1. 遵守法律法规等有关规定，严格按照委托合同开展代理记账业务。 2. 对工作中知悉的商业秘密、个人信息予以保密。 3. 对委托人要求其作出不当的会计处理，提供不实的会计资料，以及其他违法违规行为的，应当拒绝办理。 4. 依法向财政部门报告委托人的违法违规行为
	处理处罚	1. 遵守法律法规等有关规定，严格按照委托合同开展代理记账业务。 2. 对工作中知悉的商业秘密、个人信息予以保密。 3. 对委托人要求其作出不当的会计处理，提供不实的会计资料，以及其他违法违规行为的，应当拒绝办理。 4. 依法向财政部门报告委托人的违法违规行为

二、例题点津

【例题 1 · 单选题】下列关于代理记账机构的表述错误的是（　　）。

A. 代理记账机构应当经县级以上地方人民政府财政部门批准，领取由财政部统一规定样式的代理记账许可证书方可取得代理记账资格

B. 对代理记账机构实施监督的主体是县级以上人民政府财政部门

C. 对代理记账机构的例行检查实行随机抽取检查对象、随机选派执法检查人员，并将抽查情况及查处结果依法及时向社会公开的制度

D. 对委托代理记账的企业因违反财税法律、法规受到处理处罚的，县级以上政府财政部门应当将其委托的代理记账机构列入重点检查对象

【答案】A

【解析】除会计师事务所以外的机构从事代理记账业务，应当经县级以上人民政府财政部门批准，领取由财政部统一规定样式的代理记账许可证书，故选项 A 错误。

【例题 2 · 单选题】2024 年 12 月甲公司成立，依规定其经济业务需要委托代理记账。下列各项中，甲公司可以委托其办理代理记账业务的是（　　）。

A. M 会计师事务所

B. 会计专业在校生李某

C. N 公司会计宋某

D. 退休会计人员徐某

【答案】A

【解析】（1）会计师事务所及其分所可以依法从事代理记账业务。（2）除会计师事务所以外的机构从事代理记账业务，应当经县级以上人

民政府财政部门批准，领取由财政部统一规定样式的代理记账许可证书。

【例题3·多选题】下列属于代理记账从业人员工作原则的有（　　）。

A. 依法向财政部门报告委托人的违法违规行为

B. 对委托人要求其提供不实的会计资料应当拒绝办理

C. 严格按照委托合同开展代理记账业务

D. 对工作中知悉的商业秘密予以保密

【答案】ABCD

【解析】四个选项均正确。代理记账从业人员的工作原则包括：遵守法律法规等有关规定，严格按照委托合同开展代理记账业务；对工作中知悉的商业秘密、个人信息予以保密；对委托人要求其作出不当的会计处理，提供不实的会计资料，以及其他违法违规行为的，应当拒绝办理；依法向财政部门报告委托人的违法违规行为。该知识点为2025年教材新增。

✿ 考点2　会计岗位★★★

一、考点解读

（一）会计工作岗位设置要求（见表2-20）

表2-20　会计工作岗位设置要求

项目	具体内容
岗位设置基本要求	会计工作岗位一般可分为会计机构负责人或者会计主管人员、出纳、财产物资核算、工资核算、成本费用核算、财务成果核算、资金核算、往来结算、总账报表、稽核、档案管理等
开展会计电算化和管理会计的单位	根据需要设置相应工作岗位，也可以与其他工作岗位相结合
岗位设置要求	1. 会计工作岗位，可以一人一岗、一人多岗或者一岗多人。 2. 出纳人员不得兼管稽核、会计档案保管和收入、支出、费用、债权债务账目的登记工作。 3. 会计人员的工作岗位应当有计划地进行轮换。 4. 档案管理部门的人员管理会计档案，不属于会计岗位

（二）会计人员回避制度（见表2-21）

表2-21　会计人员回避制度

项目	具体内容
单位领导人的直系亲属	不得担任本单位的会计机构负责人、会计主管人员
会计机构负责人、会计主管人员的直系亲属	不得在本单位会计机构中担任出纳工作
需要回避的亲属	夫妻关系、直系血亲关系、三代以内旁系血亲以及姻亲关系

二、例题点津

【例题1·单选题】下列各项中，不属于会计岗位的是（　　）。

A. 会计机构内档案管理岗位

B. 单位内部审计岗位

C. 财产物资收发、增减核算岗位

D. 总账岗位

【答案】B

【解析】会计工作岗位一般可分为：会计机构负责人或者会计主管人员、出纳、财产物资核算、工资核算、成本费用核算、财务成果核算、资金核算、往来结算、总账报表、稽核、档案管理等。单位内部审计岗位不属于会计岗位。

【例题2·多选题】某档案馆设有以下岗位，其中属于会计工作岗位的有（　　）。

A. 财产物资的收发、增减核算岗位

B. 档案部门档案管理岗位

C. 工资核算岗位

D. 单位内部审计岗位

【答案】AC

【解析】选项B，会计机构内会计档案管理岗位属于会计岗位；选项D，单位内部审计、社会审计、政府审计工作不属于会计岗位。

✿ 考点3　会计人员★★★

一、考点解读

（一）会计人员的概念和范围（见表2-22）

表 2 – 22　　　　　　　　　　　会计人员的概念和范围

项目	具体内容
概念	是指根据《会计法》的规定，在国家机关、社会团体、企业、事业单位和其他组织中从事会计核算、实行会计监督等会计工作的人员
范围	1. 出纳；2. 稽核；3. 资产、负债和所有者权益（净资产）的核算；4. 收入、费用（支出）的核算；5. 财务成果（政府预算执行结果）的核算；6. 财务会计报告（决算报告）编制；7. 会计监督；8. 会计机构内会计档案管理；9. 其他会计工作。 提示 担任单位会计机构负责人（会计主管人员）、总会计师的人员，属于会计人员

（二）对会计人员的基本要求（见表 2 – 23）

表 2 – 23　　　　　　　　　　　对会计人员的基本要求

项目	具体内容
基本要求	1. 遵守《会计法》和国家统一的会计制度等法律法规； 2. 具备良好的职业道德； 3. 按照国家有关规定参加继续教育； 4. 具备从事会计工作所需要的专业能力
对会计机构负责人或会计主管人员的要求	1. 坚持原则，廉洁奉公；2. 具备会计师以上专业技术职务资格或者从事会计工作不少于 3 年；3. 熟悉国家财经法律、法规、规章和方针、政策，掌握本行业业务管理的有关知识；4. 有较强的组织能力；5. 身体状况能够适应本职工作的要求

（三）会计工作的禁入规定

1. 因有提供虚假财务会计报告，做假账，隐匿或者故意销毁会计凭证、会计账簿、财务会计报告，贪污，挪用公款，职务侵占等与会计职务有关的违法行为被依法追究刑事责任的人员，不得再从事会计工作。

2. 会计人员伪造、变造会计凭证、会计账簿，编制虚假财务会计报告，隐匿或者故意销毁依法应当保存的会计凭证、会计账簿、财务会计报告的，5 年内不得从事会计工作。

3. 会计人员具有违反国家统一的会计制度的一般违法行为，情节严重的，5 年内不得从事会计工作。

（四）会计专业职务与会计专业技术资格

1. 会计专业职务（见表 2 – 24）。

表 2 – 24　　　　　　　　　　　会计专业职务

项目	具体内容
职称层级	初级、中级、副高级和正高级
职称名称	助理会计师、会计师、高级会计师和正高级会计师
助理会计师应具备的条件	1. 基本掌握会计基础知识和业务技能。 2. 能正确理解并执行财政政策、会计法律法规和规章制度。 3. 能独立处理一个方面或某个重要岗位的会计工作。 4. 具备国家教育部门认可的高中毕业（含高中、中专、职高、技校）以上学历

续表

项目	具体内容
会计师应具备的条件	1. 系统掌握会计基础知识和业务技能。 2. 掌握并能正确执行财经政策、会计法律法规和规章制度。 3. 具有扎实的专业判断和分析能力，能独立负责某领域会计工作。 4. 具备博士学位，或具备硕士学位，从事会计工作满1年；或具备第二学士学位或研究生班毕业，从事会计工作满2年；或具备大学本科学历或学士学位，从事会计工作满4年；或具备大学专科学历，从事会计工作满5年
高级会计师应具备以下条件	1. 系统掌握和应用经济与管理理论、财务会计理论与实务。 2. 具有较高的政策水平和丰富的会计工作经验，能独立负责某领域或一个单位的财务会计管理工作。 3. 工作业绩较为突出，有效提高了会计管理水平或经济效益。 4. 有较强的科研能力，取得一定的会计相关理论研究成果，或主持完成会计相关研究课题、调研报告、管理方法或制度创新等。 5. 具备博士学位，取得会计师职称后，从事与会计师职责相关工作满2年；或具备硕士学位，或第二学士学位或研究生班毕业，或大学本科学历或学士学位，取得会计师职称后，从事与会计师职责相关工作满5年；或具备大学专科学历，取得会计师职称后，从事与会计师职责相关工作满10年
正高级会计师应具备以下条件	1. 系统掌握和应用经济与管理理论、财务会计理论与实务，把握工作规律。 2. 政策水平高，工作经验丰富，能积极参与一个单位的生产经营决策。 3. 工作业绩突出，主持完成会计相关领域重大项目，解决重大会计相关疑难问题或关键业务问题，提高单位管理效率或经济效益。 4. 科研能力强，取得重大会计相关理论研究成果，或其他创造性会计相关研究成果，推动会计行业发展。 5. 一般应具有大学本科及以上学历或学士以上学位，取得高级会计师职称后，从事与高级会计师职责相关工作满5年

2. 会计专业技术资格。

会计专业技术资格，是指担任会计专业职务的任职资格，简称会计资格。具体内容见表2–25。

表2–25 会计专业技术资格

资格级别	任职资格	资格获得方式
初级资格	初级会计职称	实行全国统一考试制度
中级资格	中级会计职称	实行全国统一考试制度

续表

资格级别	任职资格	资格获得方式
高级资格	高级会计职称	实行考试与评审相结合制度

（五）会计人员继续教育

用人单位应当保障本单位会计专业技术人员参加继续教育的权利。会计人员继续教育的内容和具体要求见表2–26。

表2–26 会计人员继续教育

项目	具体内容
要求	1. 具有会计专业技术资格的人员应当自取得会计专业技术资格的次年开始参加继续教育，并在规定时间内取得规定学分。 2. 不具有会计专业技术资格但从事会计工作的人员应当自从事会计工作的次年开始参加继续教育，并在规定时间内取得规定学分

续表

项目	具体内容
内容	1. 公需科目：包括专业技术人员应当普遍掌握的法律法规、政策理论、职业道德、技术信息等基本知识。 2. 专业科目：包括会计专业技术人员从事会计工作应当掌握的财务会计、管理会计、财务管理、内部控制与风险管理、会计信息化、会计职业道德、财税金融、会计法律法规等相关专业知识
管理	1. 会计专业技术人员参加继续教育实行学分制管理。 2. 每年参加继续教育取得的学分不少于90学分，其中，专业科目一般不少于总学分的三分之二。 3. 会计专业技术人员参加继续教育取得的学分，在全国范围内当年度有效，不得结转以后年度。 4. 对会计专业技术人员参加继续教育情况实行登记管理。 提示 会计专业技术人员参加继续教育情况，应当作为聘任会计专业技术职务或者申报评定上一级资格的重要条件

（六）总会计师

总会计师是主管本单位会计工作的行政领导，是单位行政领导成员，协助单位主要行政领导人工作，直接对单位主要行政领导人负责。总会计师的设置要求和职责具体内容见表2-27。

表2-27　　　　　　　　　　　总会计师的设置要求和职责

项目	具体内容
设置	1. 国有的和国有资产占控股地位或者主导地位的大、中型企业必须设置总会计师。 2.《会计基础工作规范》要求：大中型企业、事业单位、业务主管部门应当根据法律和国家有关规定设置总会计师。 3.《总会计师条例》要求：事业单位和业务主管部门根据需要，经批准可以设置总会计师。 4. 其他单位可以根据业务需要，自行决定是否设置总会计师。 提示（1）总会计师由具有会计师以上专业技术资格的人员担任。 （2）凡设置总会计师的单位，在单位行政领导成员中，不设与总会计师职权重叠的副职
职责	组织领导本单位的财务管理、成本管理、预算管理、会计核算和会计监督等方面的工作，参与本单位重要经济问题的分析和决策

二、例题点津

【例题1·单选题】担任单位会计机构负责人的，应当具备会计师以上专业技术职务资格或者从事会计工作（　　）以上经历。

A. 1年　　　　　　　B. 3年

C. 5年　　　　　　　D. 不限

【答案】B

【解析】担任单位会计机构负责人（会计主管人员）的，应当具备会计师以上专业技术职务资格或者从事会计工作3年以上经历。

【例题2·单选题】会计人员具有违反国家统一的会计制度的一般违法行为，情节严重的，（　　）内不得从事会计工作。

A. 1年　　　　　　　B. 3年

C. 5年　　　　　　　D. 不限

【答案】C

【解析】会计人员具有违反国家统一的会计制度的一般违法行为，情节严重的，5年内不得从事会计工作。

【例题 3·多选题】根据《会计法》的规定，必须设置总会计师的单位有（   ）。

A. 业务主管部门

B. 国有资产占控股地位的大、中型企业

C. 国有资产占主导地位的大、中型企业

D. 事业单位

【答案】BC

【解析】《会计法》规定，必须设置总会计师的单位是国有的和国有资产占控股地位或者主导地位的大、中型企业。

【例题 4·判断题】因有与会计职务有关的违法行为被依法追究刑事责任的人员，5 年内不得从事会计工作。（   ）

【答案】×

【解析】因提供虚假财务会计报告，做假账，隐匿或者故意销毁会计凭证、会计账簿、财务会计报告，贪污，挪用公款，职务侵占等与会计职务有关的违法行为被依法追究刑事责任的人员，不得再从事会计工作。

【例题 5·判断题】专业技术人员参加继续教育，每年累计不少于 90 学分，其中，专业科目一般不少于总学分的三分之一。（   ）

【答案】×

【解析】专业技术人员参加继续教育实行学分制管理，每年累计不少于 90 学分，其中，专业科目一般不少于总学分的三分之二。

✳ 考点 4 会计工作交接 ★★★

一、考点解读

（一）会计工作交接的概念与责任（见表 2－28）

表 2－28　　　　　　　　会计工作交接的概念与责任

项目	具体内容
概念	是指会计人员工作调动或因故离职时，与接管人员办理交接手续的一种工作程序
责任	1. 会计人员工作调动或者因故离职，必须将本人所经管的会计工作全部移交给接替人员。没有办清交接手续的，不得调动或者离职。接替人员应当认真接管移交工作，并继续办理移交的未了事项。移交人员对所移交的会计凭证、会计账簿、会计报表和其他有关资料的合法性、真实性承担法律责任。 2. 会计人员临时离职或者因病不能工作且需要接替或者代理的，会计机构负责人（会计主管人员）或者单位领导人必须指定有关人员接替或者代理，并办理交接手续。临时离职或者因病不能工作的会计人员恢复工作的，应当与接替或者代理人员办理交接手续。移交人员因病或者其他特殊原因不能亲自办理移交的，经单位领导人批准，可由移交人员委托他人代办移交，但委托人应当承担对所移交的会计凭证、会计账簿、会计报表和其他有关资料的合法性、真实性的法律责任。 3. 单位撤销时，必须留有必要的会计人员，会同有关人员办理清理工作，编制决算。未移交前，不得离职

（二）会计工作移交前的准备工作

会计人员办理移交手续前，必须及时做好以下工作：

1. 已经受理的经济业务尚未填制会计凭证的，应当填制完毕。

2. 尚未登记的账目，应当登记完毕，并在最后一笔余额后加盖经办人员印章。

3. 整理应该移交的各项资料，对未了事项写出书面材料。

4. 编制移交清册，列明应当移交的会计凭证、会计账簿、会计报表、印章、现金、有价证券、支票簿、发票、文件、其他会计资料和物品等内容；实行会计电算化的单位，从事该项工作的移交人员还应当在移交清册中列明会计软件及密码、会计软件数据磁盘（磁带等）及有关资料、实物等内容。

（三）会计工作交接与监交

会计人员办理交接手续，必须有监交人负责监交。具体内容见表 2－29。

表2-29　会计工作交接与监交

项目	具体内容
监交	1. 一般会计人员办理交接手续，由会计机构负责人（会计主管人员）监交。 2. 会计机构负责人（会计主管人员）办理交接手续，由单位负责人监交，必要时主管单位可以派人会同监交
移交	要按移交清册逐项移交；接替人员要逐项核对点收。 1. 现金、有价证券要根据会计账簿有关记录进行点交。 提示 库存现金、有价证券必须与会计账簿记录保持一致。不一致时，移交人员必须限期查清。 2. 会计凭证、会计账簿、会计报表和其他会计资料必须完整无缺。 提示 如有短缺，必须查清原因，并在移交清册中注明，由移交人员负责。 3. 银行存款账户余额要与银行对账单核对，如不一致，应当编制银行存款余额调节表调节相符，各种财产物资和债权债务的明细账户余额要与总账有关账户余额核对相符；必要时，要抽查个别账户的余额，与实物核对相符，或者与往来单位、个人核对清楚。 4. 移交人员经管的票据、印章和其他实物等，必须交接清楚；移交人员从事会计电算化工作的，要对有关电子数据在实际操作状态下进行交接。 5. 会计机构负责人（会计主管人员）移交时，还必须将全部财务会计工作、重大财务收支和会计人员的情况等，向接替人员详细介绍。 提示 对需要移交的遗留问题，应当写出书面材料
交接完毕	1. 交接双方和监交人要在移交清册上签名或者盖章。 2. 移交清册一般应当填制一式三份，交接双方各执一份，存档一份。 提示 接替人员应当继续使用移交的会计账簿，不得自行另立新账，以保持会计记录的连续性

二、例题点津

【例题1·单选题】对所移交的会计凭证、会计账簿、会计报表和其他有关资料的合法性、真实性承担法律责任的是（　　）。

A. 接替人员

B. 会计机构负责人

C. 移交人员

D. 单位负责人

【答案】C

【解析】移交人员对所移交的会计凭证、会计账簿、会计报表和其他有关资料的合法性、真实性承担法律责任。接替人员应当认真接管移交工作，并继续办理移交的未了事项。

【例题2·多选题】下列关于办理移交的表述，正确的有（　　）。

A. 现金要根据会计账簿有关记录进行点交

B. 库存现金如与会计账簿记录不一致，接替人员必须限期查清

C. 会计资料必须完整无缺

D. 移交人员经管的票据、印章必须交接清楚

【答案】ACD

【解析】现金、有价证券要根据会计账簿有关记录进行点交。库存现金、有价证券必须与会计账簿记录保持一致，不一致时，移交人员必须限期查清。会计凭证、会计账簿、会计报表和其他会计资料必须完整无缺。移交人员经管的票据、印章和其他实物等，必须交接清楚；移交人员从事会计电算化工作的，要对有关电子数据在实际操作状态下进行交接。

第四单元　违反会计法律制度的法律责任

✱ 考点1　违反国家统一的会计制度行为的法律责任 ★★

一、考点解读

（一）违反国家统一的会计制度的行为

1. 不依法设置会计账簿的；

2. 私设会计账簿的；

3. 未按照规定填制、取得原始凭证或者填制、取得的原始凭证不符合规定的；

4. 以未经审核的会计凭证为依据登记会计账簿或者登记会计账簿不符合规定的；

5. 随意变更会计处理方法的；

6. 向不同的会计资料使用者提供的财务会计报告编制依据不一致的；

7. 未按照规定使用会计记录文字或者记账本位币的；

8. 未按照规定保管会计资料，致使会计资料毁损、灭失的；

9. 未按照规定建立并实施单位内部会计监督制度或者拒绝依法实施的监督或者不如实提供有关会计资料及有关情况的；

10. 任用会计人员不符合《会计法》规定的。

提示　会计人员有上述所列行为之一，情节严重的，5 年内不得从事会计工作。

（二）违反国家统一的会计制度行为的责任

1. 由县级以上人民政府财政部门责令限期改正，给予警告、通报批评。

2. 对单位可以并处 20 万元以下的罚款；对其直接负责的主管人员和其他直接责任人员可以处 5 万元以下的罚款。

3. 情节严重的，对单位可以并处 20 万元以上 100 万元以下的罚款，对其直接负责的主管人员和其他直接责任人员可以处 5 万元以上 50 万元以下的罚款。

4. 属于公职人员的，还应当依法给予处分。

5. 构成犯罪的，依法追究刑事责任。

二、例题点津

【例题·多选题】某公司将库房的租金收入另设账簿进行核算，以给职工解决福利问题。该相关人员应承担的法律责任有（　　）。

A. 责令限期改正

B. 直接责任人处 5 万元以下的罚款

C. 对单位并处 20 万元以下的罚款

D. 直接责任人处 5 万元以下的罚款

【答案】ABC

【解析】违反国家统一会计制度，由县级以上人民政府财政部门责令限期改正，给予警告、通报批评；对单位可以并处 20 万元以下的罚款；对其直接负责的主管人员和其他直接责任人员可以处 5 万元以下的罚款；情节严重的，对单位可以并处 20 万元以上 100 万元以下的罚款，对其直接负责的主管人员和其他直接责任人员可以处 5 万元以上 50 万元以下的罚款；属于公职人员的，还应当依法给予处分；构成犯罪的，依法追究刑事责任。该考点内容在 2025 年教材中已作出全面修改，考生应重点关注。

✱ 考点2　伪造、变造会计凭证、会计账簿，编制虚假财务会计报告，隐匿或者故意销毁会计资料的法律责任 ★★

一、考点解读

1. 伪造、变造会计凭证、会计账簿，编制虚假财务会计报告，隐匿或者故意销毁依法应当保存的会计凭证、会计账簿、财务会计报告的，由县级以上人民政府财政部门责令限期改正，给予警告、通报批评，没收违法所得。

2. 违法所得 20 万元以上的，对单位可以并处违法所得 1 倍以上 10 倍以下的罚款。

3. 没有违法所得或者违法所得不足 20 万元的，可以对单位并处 20 万元以上 200 万元以下的罚款；对其直接负责的主管人员和其他直接责任人员可以处 10 万元以上 50 万元以下的罚款。

4. 情节严重的，可以处 50 万元以上 200 万元以下的罚款。

5. 属于公职人员的，还应当依法给予处分；其中的会计人员，5 年内不得从事会计工作。

6. 构成犯罪的，依法追究刑事责任。

二、例题点津

【例题 1·多选题】 对于伪造、变造会计凭证尚不构成犯罪的，下列对其承担行政罚款的表述中，不正确的有（　　）。

A. 违法所得 20 万元以上的，对单位并处违法所得 1 倍以上 10 倍以下的罚款

B. 没有违法所得的，对单位并处 20 万元以上 100 万元以下罚款

C. 违法所得不足 20 万元的，对其直接负责的主管处 10 万元以上 50 万元以下罚款

D. 没有违法所得的，对其直接负责的主管人员处 20 万元以上 50 万元以下的罚款

【答案】 BD

【解析】 伪造、变造会计凭证、会计账簿，编制虚假财务会计报告，隐匿或者故意销毁依法应当保存的会计凭证、会计账簿、财务会计报告的，由县级以上人民政府财政部门责令限期改正，给予警告、通报批评，没收违法所得。违法所得 20 万元以上的，对单位可以并处违法所得 1 倍以上 10 倍以下的罚款，没有违法所得或者违法所得不足 20 万元的，可以并处 20 万元以上 200 万元以下的罚款；对其直接负责的主管人员和其他直接责任人员可以处 10 万元以上 50 万元以下的罚款。情节严重的，可以处 50 万元以上 200 万元以下的罚款。属于公职人员的，还应当依法给予处分；其中的会计人员，5 年内不得从事会计工作。构成犯罪的，依法追究刑事责任。该考点内容在 2025 年教材中已作出全面修改，考生应重点关注。

【例题 2·多选题】 根据《会计法》的有关规定，单位发生（　　）行为，没有违法所得且尚不构成犯罪的，县级以上人民政府财政部门可对单位处以 20 万元以上 200 万元以下的罚款。

A. 伪造、变造会计凭证、会计账簿

B. 隐匿依法应当保存的财务会计报告

C. 故意销毁依法应当保存的会计凭证

D. 编制虚假财务会计报告

【答案】 ABCD

【解析】 上述选项均属于违反《会计法》规定，没有违法所得且尚不构成犯罪的，由县级以上人民政府财政部门对单位并处 20 万元以上 200 万元以下的罚款。

✳ 考点 3　授意、指使、强令会计机构及人员从事会计违法行为的法律责任★★

一、考点解读

1. 授意、指使、强令会计机构、会计人员及其他人员伪造、变造会计凭证、会计账簿，编制虚假财务会计报告或者隐匿、故意销毁依法应当保存的会计凭证、会计账簿、财务会计报告的，由县级以上人民政府财政部门给予警告、通报批评，可以并处 20 万元以上 100 万元以下的罚款。

2. 情节严重的，可以并处 100 万元以上 500 万元以下的罚款。

3. 属于公职人员的，还应当依法给予处分。

4. 构成犯罪的，依法追究刑事责任。

二、例题点津

【例题·判断题】 授意、指使、强令会计机构、会计人员编制虚假财务会计报告的，可以并处 20 万元以上 50 万元以下的罚款。（　　）

【答案】 ×

【解析】 授意、指使、强令会计机构、会计人员及其他人员伪造、变造会计凭证、会计账簿，编制虚假财务会计报告或者隐匿、故意销毁依法应当保存的会计凭证、会计账簿、财务会计报告的，由县级以上人民政府财政部门给予警告、通报批评，可以并处 20 万元以上 100 万元以下的罚款。该考点内容在 2025 年教材中已作出全面修改，考生应重点关注。

✳ 考点 4　单位负责人打击报复会计人员的法律责任★★

一、考点解读

1. 单位负责人对依法履行职责、抵制违反

《会计法》规定行为的会计人员以降级、撤职、调离工作岗位、解聘或者开除等方式实行打击报复的，依法给予处分。

2. 构成犯罪的，依法追究刑事责任。

3. 对受打击报复的会计人员，应当恢复其名誉和原有职务、级别。

二、例题点津

【例题·多选题】对受打击报复的会计人员，应当（　　）。

A. 升职

B. 恢复其名誉

C. 恢复其原有职务

D. 恢复其原有级别

【答案】BCD

【解析】对受打击报复的会计人员，应当恢复其名誉和原有职务、级别。该考点内容在2025年教材中已作出全面修改，考生应重点关注。

✳ 考点5　财政部门及有关行政部门工作人员职务违法的法律责任★★

一、考点解读

1. 财政部门及有关行政部门的工作人员在实施监督管理中滥用职权、玩忽职守、徇私舞弊或者泄露国家秘密、工作秘密、商业秘密、个人隐私、个人信息的，依法给予处分。

2. 构成犯罪的，依法追究刑事责任。

二、例题点津

【例题·判断题】财政部门工作人员在实施监督管理中泄露工作秘密的应依法给予处分。（　　）

【答案】√

【解析】财政部门及有关行政部门的工作人员在实施监督管理中滥用职权、玩忽职守、徇私舞弊或者泄露国家秘密、工作秘密、商业秘密、个人隐私、个人信息的，依法给予处分。

第三章 支付结算法律制度

教材变化

2025 年本章内容无实质性变化。

考情分析

本章属于历年考试的重点章节，考核分值在 15 分左右。从题型看，单项选择题、多项选择题、判断题和不定项选择题均会涉及。考生在复习过程中，除了要重点掌握和理解支付结算的基本要求和票据的一般规定外，也要掌握各种支付方式的具体应用要求。

本章考点框架

支付结算法律制度
- 支付结算概述
  - 支付结算概念与工具★
  - 支付结算的基本要求★
- 银行结算账户
  - 银行结算账户的概念和种类★★★
  - 银行结算账户的开立、变更和撤销★
  - 各类银行结算账户的开立、使用★★
  - 银行结算账户的管理★
- 银行非现金支付业务
  - 票据的概念和分类★
  - 票据当事人★★
  - 票据行为★★★
  - 票据权利与责任★★★
  - 银行汇票★★
  - 商业汇票★★★
  - 银行本票★★
  - 支票★
  - 汇兑★★
  - 委托收款★★
  - 银行卡★★
  - 银行电子支付★
- 支付机构非现金支付业务
  - 网络支付★
  - 预付卡★★
- 支付结算纪律和法律责任
  - 支付结算纪律★
  - 违反支付结算法律制度的法律责任★★

考点解读

第一单元　支付结算概述

✳ 考点1　支付结算概念与工具★

一、考点解读

（一）支付结算的概念

支付结算是指单位、个人在社会经济活动中使用票据、银行卡和汇兑、委托收款、托收承付及电子支付等结算工具或方式进行货币给付及其资金结算的行为。

（二）支付结算的工具

目前，我国已形成了以票据和银行卡为主体、以电子支付为发展方向的非现金支付工具体系。

1. 传统的人民币非现金支付工具主要包括

"三票一卡"和结算方式。"三票一卡"是指**汇票、本票、支票和银行卡**；结算方式是指**汇兑、托收承付和委托收款**。随着互联网技术的发展，网上银行、条码支付、网络支付等电子支付方式得到快速发展。

2. 票据和汇兑是我国经济活动中不可或缺的重要支付工具及方式，被广大单位和个人广泛使用，并在大额支付中占据主导地位。银行卡收单、网络支付、预付卡、条码支付等在小额支付中占据主导地位。

二、例题点津

【例题1·单选题】 下列非现金支付工具中不属于"三票一卡"的是（　　）。

A. 本票　　　　　B. 汇票

C. 股票　　　　　D. 支票

【答案】 C

【解析】 "三票一卡"是指汇票、本票、支票和银行卡。

【例题2·判断题】 随着互联网技术的发展，网上银行、条码支付、网络支付等电子支付方式得到快速发展并在大额支付中占据主导地位。（　　）

【答案】 ×

【解析】 银行卡收单、网络支付、预付卡、条码支付等在小额支付中占据主导地位。在大额支付中占据主导地位的是票据和汇兑。

✳ 考点2　支付结算的基本要求 ★

一、考点解读

（一）支付结算的原则

1. 恪守信用，履约付款原则。

2. 谁的钱进谁的账，由谁支配。

3. 银行不垫款原则。

（二）支付结算的要求

1. 单位、个人和银行办理支付结算，必须使用按中国人民银行统一规定印制的票据和结算凭证。

2. 票据和结算凭证上的签章和其他记载事项应当真实，不得伪造、变造。

（1）**出票金额、出票日期、收款人名称**不得更改，更改的票据无效；更改的结算凭证，银

行不予受理。对票据和结算凭证上的其他记载事项，原记载人可以更改，更改时应当由原记载人在更改处签章证明。

（2）票据和结算凭证上的签章，为签名、盖章或者签名加盖章。单位、银行在票据上的签章和单位在结算凭证上的签章，为该单位、银行的盖章加其法定代表人或其授权的代理人的签名或盖章。个人在票据和结算凭证上的签章，应为该个人本人的签名或盖章（公章指法人行政印章和财务专用章的统称）。

> **解释** 区分票据的"伪造"与"变造"：
>
> "伪造"是指无权限人假冒他人或虚构他人名义"签章"的行为；
>
> "变造"是指无权更改票据内容的人，对票据上"签章以外"的记载事项加以改变的行为。

3. 填写票据和各种结算凭证应当规范。

（1）基本规范要求填写票据和结算凭证，必须做到要素齐全、数字正确、字迹清晰、不错漏、不潦草，防止涂改。

（2）收款人名称。单位和银行的名称应当记载全称或者规范化简称。

（3）出票日期。票据的出票日期必须使用中文大写（见表3-1）。

表3-1　出票日期的特殊规定

单位	内容	修改
月	"壹""贰"和"壹拾"	前加"零"
日	"壹"至"玖"和"壹拾""贰拾""叁拾"	前加"零"
	"拾壹"至"拾玖"	前加"壹"

（4）金额。票据和结算凭证金额以中文大写和阿拉伯数码同时记载，二者必须一致，二者不一致的票据无效；二者不一致的结算凭证，银行不予受理。

二、例题点津

【例题1·单选题】 某票据的出票日期为"2024年10月20日"，其规范写法是（　　）。

A. 贰零贰肆年零拾月贰拾日

B. 贰零贰肆年拾月零贰拾日

C. 贰零贰肆年零拾月零贰拾日

D. 贰零贰肆年拾月贰拾日

【答案】B

【解析】本题考核办理支付结算的基本要求。为防止变造票据的出票日期，在填写月、日时，月为"壹""贰"和"壹拾"的，日为"壹"至"玖"和"壹拾""贰拾""叁拾"的，应在其前加"零"；日为"拾壹"至"拾玖"的，应在其前加"壹"。

【例题2·单选题】根据支付结算法律制度的规定，下列票据欺诈行为中，属于伪造票据行为的是（　　）。

A. 假冒出票人在票据上签章

B. 涂改票据上的到期日

C. 对票据金额进行挖补篡改

D. 修改票据密押

【答案】A

【解析】票据的伪造，是指无权限人假冒他人或虚构他人名义签章的行为，例如伪造出票签章、背书签章、承兑签章和保证签章等。

第二单元　银行结算账户

✿ 考点1　银行结算账户的概念和种类★★★

一、考点解读

（一）银行结算账户的概念

银行结算账户是银行为存款人开立的办理资金收付结算的活期存款账户。

提示 银行"储蓄"账户，可以是定制存款账户，但银行"结算"账户是活期存款账户。

（二）银行结算账户的种类

银行结算账户按存款人不同分为单位银行结算账户和个人银行结算账户（见表3－2）。

表3－2　　　　　　　　银行结算账户的分类

单位银行结算账户	基本存款账户（前置账户）	日常转账结算和现金收付需要开立的银行结算账户；存款人的主办账户；工资、资金和现金的支取（只能开一个）
	一般存款账户	1. 借款式其他结算需要；2. 办理现金缴存但不得办理支取；3. 须在基本户开户行以外的银行开立（例如，基本户在建行，一般户在农行）
	专用存款账户	按照法律、行政法规和规章，对其特定用途资金进行专项管理和使用而开立的银行结算账户
	临时存款账户	因临时需要并在规定期限内使用而开立的银行结算账户（2年）
	解释 个体工商户凭营业执照以字号或经营者姓名开立的银行结算账户纳入单位银行结算账户管理	
预算单位零余额账户	按基本存款账户或专用存款账户管理	财政部门为实行财政国库集中支付的预算单位在商业银行开设的零余额账户
异地银行结算账户	异地基本存款账户、异地一般存款账户、异地专用存款账户、异地临时存款账户、异地个人存款账户	
个人银行结算账户	凭个人身份证件以自然人名称开立的银行结算账户	

二、例题点津

【例题·单选题】甲公司因办理日常转账结算和现金收付需要开立的银行结算账户是（　　）。

A. 基本存款账户

B. 一般存款账户

C. 专用存款账户

D. 临时存款账户

【答案】A

【解析】基本存款账户是单位用来办理日常转账结算和现金收付的账户。

✳ 考点2　银行结算账户的开立、变更和撤销★

一、考点解读

（一）银行结算账户的开立（见表3－3）

表3－3　　　　　　　　　　银行结算账户的开立

申请	存款人申请开立银行结算账户时，应填制开立银行结算账户申请书。 单位：公章＋法定代表人或授权代理人的签名或盖章。 个人：本人的签章			
	提示 银行账户的管理——实名制			
	银行应对存款人的开户申请书填写的事项和证明文件的真实性、完整性、合规性进行审查			
审核	报送并核准	中国人民银行当地分支机构应于2个工作日内对核准类账户的合规性予以审核。符合条件的予以核准，办理开户许可证。不符合条件的签署意见退回	核准类账户	1. 基本存款账户（企业除外）； 2. 临时存款账户（因注册验资和增资验资开立的除外）； 3. 预算单位专用存款账户； 4. QFII专用存款账户
	备案	银行应办理开户手续，并向中国人民银行当地分支机构备案。银行完成企业基本存款账户信息备案后，账户管理系统生成基本存款账户编号	备案类账户	基本存款账户（企业）、一般存款账户
				临时存款账户、其他专用存款账户
				个人存款账户
协议	开立账户银行应与存款人签订银行结算账户管理协议			
预留签章	存款人申请开立账户的名称应与预留签章一致			
	因注册验资开立的临时存款账户可以是约定名称			
何时可以使用	存款人开立单位银行结算账户，自正式开立之日起3个工作日后方可使用该账户办理付款业务，但是注册验资的临时存款账户转为基本存款账户、因借款转存开立的一般存款账户除外（非企业单位）。 企业银行结算账户自开立之日即可办理收付款业务。 核准类正式开立之日：中国人民银行当地分支机构的核准日期。 非核准类正式开立之日：开户行为存款人办理开户手续的日期			

解释 企业是指在境内设立的企业法人、非法人企业和个体工商户。

（二）银行结算账户的变更

1. 银行账户变更基本要求。

（1）银行发现企业名称、法定代表人或者单位负责人发生变更（换名、换人）。

（2）企业营业执照、法定代表人或者单位

负责人有效身份证件有效期到期的。

2. 存款人更改名称，但不改变开户银行及账户的，应于5个工作日内向开户银行提出银行结算账户的变更申请，并出具有关部门的证明文件。

3. 单位的法定代表人或主要负责人、住址以及其他开户资料发生变更时，应于5个工作日内书面通知开户银行并提供有关证明。

4. 变更开户许可证记载事项的，存款人办理变更手续时应交回开户许可证，由中国人民银行当地分支行换发新的开户许可证。对企业名称、法定代表人或者单位负责人变更的，账户管理系统重新生成新的基本存款账户编号，银行应当打印《基本存款账户信息》并交付企业。企业可向基本存款账户开户银行申请打印《基本存款账户信息》。

（三）银行结算账户的撤销（见表3-4）

表3-4　　　　　　　　　　　银行结算账户的撤销

情形		程序
申请撤销		银行在收到存款人撤销银行结算账户的申请后，对于符合销户条件的，应在2个工作日内办理撤销手续	必须与开户银行核对银行结算账户存款余额，交回各种重要空白票据及结算凭证和开户许可证（不含取消企业银行账户许可之后无开户许可证的企业），银行核对无误后方可办理销户手续
应当撤销	被撤并、解散、宣告破产或关闭的	因该项原因撤销账户的，应于5个工作日内向银行提出撤销账户的申请	撤销顺序：多个银行结算账户的，最后撤销基本存款户
	注销、被吊销营业执照的		
	因迁址需要变更开户银行的	因该项原因撤销基本存款账户后，需要重新开立基本存款账户的，应当在撤销其原基本存款账户后10日内申请重新开立基本存款账户	
	其他原因需要撤销银行结算账户的		
不得撤销		存款人尚未结清其开户银行债务的，不得申请撤销银行结算账户	
其他规定		对于按规定应撤销而未办理销户手续的单位银行结算账户，银行通知该单位银行结算账户的存款人自发出通知之日起30日内办理销户手续，逾期视同自愿销户，未划款项列入久悬未取专户管理	

二、例题点津

【例题·单选题】甲餐厅因经营不善关闭，下列关于撤销基本存款账户手续的表述中，不正确的是（　　）。

A. 甲餐厅申请撤销银行结算账户时，应填写撤销银行结算账户申请书

B. 甲餐厅应将各种重要空白结算凭证、票据和开户许可证交回银行

C. 甲餐厅应先撤销在银行开立的一般存款账户

D. 银行在收到甲餐厅撤销银行结算账户的申请后，对于符合销户条件的，应在5个工作日内办理撤销手续

【答案】D

【解析】选项D，甲餐厅属于自愿销户，银行在收到存款人撤销银行结算账户的申请后，对于符合销户条件的，应在2个工作日内办理撤销手续。

✱ 考点3　各类银行结算账户的开立、使用★★

一、考点解读

（一）基本存款账户

基本存款账户是存款人因办理日常转账结算和现金收付需要开立的银行结算账户，也是存款人的主办账户。

1. 下列存款人可以申请开立基本存款账户：

（1）企业法人；

（2）非法人企业；

（3）机关、事业单位；

（4）团级（含）以上军队、武警部队及分散执勤的支（分）队；

（5）社会团体；

（6）民办非企业组织；

（7）异地常设机构；

（8）外国驻华机构；

（9）个体工商户；

（10）居民委员会、村民委员会、社区委员会；

（11）单位设立的独立核算的附属机构，包括食堂、招待所、幼儿园；

（12）其他组织（如业主委员会、村民小组等）；

（13）境外机构。

2. 开立及用途。

一个单位只能开立一个基本存款账户。

存款人日常经营活动的资金收付及其工资、奖金和现金的支取，应通过基本存款账户办理。

3. 开立基本存款账户需要提供的文件。

（1）营业执照；

（2）税务登记证正本（提供了加载法人和其他组织统一社会信用代码营业执照的，不必提供）；

（3）法定代表人身份证件；

（4）法定代表人授权书、代办人员身份证件（如委托办理）。

开户时，应出具法定代表人或单位负责人有效身份证件。法定代表人或单位负责人授权他人办理的，还应出具法定代表人或单位负责人的授权书以及被授权人的有效身份证件。

（二）一般存款账户

一般存款账户是存款人因借款或其他结算需要，在基本存款账户开户银行以外的银行营业机构开立的银行结算账户。

1. 开立。

存款人申请开立一般存款账户，应向银行出具其开立基本存款账户规定的证明文件、基本存款账户开户许可证或企业基本存款账户编号和其他有关证明。

2. 使用。

一般存款账户用于办理存款人借款转存、借款归还和其他结算的资金收付。一般存款账户可以办理现金缴存，但不得办理现金支取。

（三）专用存款账户

专用存款账户是存款人按照法律、行政法规和规章，对其特定用途资金进行专项管理和使用而开立的银行结算账户（见表3-5）。

表3-5　专用存款账户

适用范围	现金的使用
基本建设资金	对应专用存款账户需要支取现金的，应在开户时报中国人民银行当地分支机构批准
更新改造资金	
政策性房地产开发资金	
证券交易结算资金	对应专用存款账户不得支取现金
期货交易保证金	
信托基金	
粮、棉、油收购资金	对应专用存款账户支取现金应按照国家现金管理的规定办理
住房基金	
社会保障基金	
党、团、工会经费等	

适用范围	现金的使用
收入汇缴资金	收入汇缴账户除向其基本存款账户或者预算外资金财政专用存款账户划缴款项外，只收不付，不得支取现金
业务支出资金	业务支出账户除从其基本存款账户拨入款项外，只付不收，其现金支取必须按照国家现金管理的规定办理

（四）预算单位零余额账户

1. 预算单位零余额账户是指预算单位经财政部门批准，在国库集中支付代理银行和非税收入收缴代理银行开立的，用于办理国库集中收付业务的银行结算账户。

预算单位零余额账户的性质为基本存款账户或专用存款账户。

2. 一个基层预算单位开设一个零余额账户。

3. 使用。

（1）预算单位零余额账户用于财政授权支付；

（2）可以办理转账、提取现金等结算业务；

（3）可以向本单位按账户管理规定保留的相应账户划拨工会经费、住房公积金及提租补贴，以及财政部门批准的特殊款项；

（4）不得违反规定向本单位其他账户和上级主管单位、所属下级单位账户划拨资金。

（五）临时存款账户

1. 临时存款账户是指存款人因临时需要并在规定期限内使用而开立的银行结算账户。

2. 适用范围。

（1）设立临时机构；

（2）异地临时经营活动；

（3）注册验资、增资；

（4）军队、武警单位承担基本建设或者异地执行作战、演习、抢险救灾、应对突发事件等临时任务。

3. 使用。

（1）临时存款账户用于办理临时机构以及存款人临时经营活动发生的资金收付；

（2）临时存款账户有效期限最长不得超过2年；

（3）临时存款账户支取现金，应按照国家现金管理的规定办理；

（4）注册验资的临时存款账户在验资期间只收不付。

（六）个人银行结算账户

1. 个人银行结算账户的概念及种类。

个人银行结算账户是指存款人因投资、消费、结算等需要而凭个人身份证件以自然人名称开立的银行结算账户。

个人银行账户分为Ⅰ类银行账户、Ⅱ类银行账户和Ⅲ类银行账户（见表3-6）。

表3-6　　　　　　　　　　个人银行账户分类

类别	可办理业务内容	经审核可增业务	限制	备注
Ⅰ类银行账户	存款、购买投资理财产品等金融产品、转账、消费和缴费支付、支取现金等服务	—	—	—
Ⅱ类银行账户	存款、购买投资理财产品等金融产品、限额消费和缴费、限额向非绑定账户转出资金业务	存取现金、非绑定账户资金转入业务，非绑定账户转入资金	日累计限额合计为1万元，年累计限额合计为20万元	可以配发银行卡实体卡片
		消费和缴费、向非绑定账户转出资金、取出现金		

续表

类别	可办理业务内容	经审核可增业务	限制	备注
Ⅲ类银行账户	限额消费和缴费、限额向非绑定账户转出资金业务	非绑定账户资金转入	—	Ⅲ类账户任一时点账户余额不得超过2 000元

2. 开户方式及证明文件。

（1）个人银行结算账户的开户方式包括柜面开户、自助机开户以及电子渠道开户。

（2）根据个人银行账户实名制的要求，存款人申请开立个人银行账户时，应向银行出具本人有效身份证件，银行通过有效身份证件仍无法准确判断开户申请人身份的，应要求其出具辅助身份证明材料。

3. 使用。

个人银行结算账户用于办理个人转账收付和现金存取。

（1）下列款项可以转入个人银行结算账户：

①工资、奖金收入；②稿费、演出费等劳务收入；③债券、期货、信托等投资的本金和收益；④个人债权或产权转让收益；⑤个人贷款转存；⑥证券交易结算资金和期货交易保证金；⑦继承、赠与款项；⑧保险理赔、保费退还等款项；⑨纳税退还；⑩农、副、矿产品销售收入；⑪其他合法款项等。

（2）单位向个人银行结算账户付款的要求：

①单位从其银行结算账户支付给个人银行结算账户的款项，每笔超过5万元（不包含5万元）的，应向其开户银行提供相应的付款依据，但付款单位若在付款用途栏或备注栏注明事由，可不再另行出具付款依据，但付款单位应对支付款项事由的真实性、合法性负责。

②从单位银行结算账户支付给个人银行结算账户的款项应纳税的，税收代扣单位付款时应向其开户银行提供完税证明。

③当个人持出票人为单位的支票向开户银行委托收款，将款项转入其个人银行结算账户的，或者个人持申请人为单位的银行汇票和银行本票向开户银行提示付款，将款项转入其个人银行结算账户的，个人应当出具有关收款依据。存款人应对其提供的收款依据或付款依据的正确性、合法性负责。

4. 拒绝支付的情况。

具有下列一种或多种特征的可疑交易时，银行应关闭单位银行结算账户的网上银行转账功能，要求存款人到银行网点柜台办理转账业务，并出具书面付款依据或相关证明文件。如存款人未提供相关依据或相关依据不符合规定的，银行应拒绝办理转账业务。

（1）账户资金集中转入，分散转出，跨区域交易；

（2）账户资金快进快出，不留余额或者留下一定比例余额后转出，过渡性质明显；

（3）拆分交易，故意规避交易限额；

（4）账户资金金额较大，对外收付金额与单位经营规模、经营活动明显不符；

（5）其他可疑情形。

（七）异地银行结算账户

1. 开立。

存款人应在注册地或者住所地开立银行结算账户，符合异地开户条件的，也可以在异地开立银行结算账户。

2. 适用范围。

（1）营业执照注册地与经营地不在同一行政区域（跨省、市、县）需要开立基本存款账户的；

（2）办理异地借款和其他结算需要开立一般存款账户的；

（3）存款人因附属的非独立核算单位或派出机构发生的收入汇缴或业务支出需要开立专用存款账户的；

（4）异地临时经营活动需要开立临时存款账户的；

（5）自然人根据需要在异地开立个人银行结算账户的。

二、例题点津

【例题1·单选题】根据《人民币银行结算账户管理办法》的规定，下列各项中，存款人因借款或者其他结算需要，在基本存款账户开户银行以外的银行营业机构开立的银行结算账户是（　　）。

A. 基本存款账户　　B. 一般存款账户

C. 专用存款账户　　D. 临时存款账户

【答案】B

【解析】一般存款账户用于办理存款人借款转存、借款归还和其他结算的资金收付。一般存款账户可以办理现金缴存，但不得办理现金支取。

【例题2·单选题】根据支付结算法律制度的规定，预算单位应向（　　）申请开立零余额账户。

A. 中国人民银行　　B. 财政部门

C. 上级主管部门　　D. 社保部门

【答案】B

【解析】预算单位使用财政性资金，应当按照规定的程序和要求，向财政部门提出设立零余额账户的申请，财政部门同意预算单位开设零余额账户后通知代理银行。

【例题3·单选题】根据支付结算法律制度的规定，存款人更改名称，但不改变开户银行及账号的，应于一定期限向其开户银行提出银行结算账户的变更申请，该期限是（　　）。

A. 5个工作日内　　B. 3个工作日内

C. 3日内　　　　　D. 5日内

【答案】A

【解析】存款人更改名称，但不改变开户银行及账号的，应于5个工作日内向开户银行提出银行结算账户的变更申请。

【例题4·多选题】根据支付结算法律制度的规定，下列关于公司开立基本存款账户、一般存款账户的说法中，正确的有（　　）。

A. 公司可以根据需要开立两个以上的基本存款账户

B. 公司可以根据需要开立两个以上的一般存款账户

C. 公司的工资、奖金的支取，只能通过基本存款账户办理

D. 公司可以通过其依法开立的一般存款账户，支取工资、奖金

【答案】BC

【解析】一个单位只能开立一个基本存款账户，但可以开立多个一般存款账户；存款人的工资、奖金的支取，只能通过基本存款账户办理，一般存款账户不能支取现金。

【例题5·多选题】企业法人申请开立基本存款账户需要提供的开户证明文件有（　　）。

A. 法定代表人身份证件

B. 政府主管部门的批文

C. 企业法人营业执照

D. 政府财政部门批文

【答案】AC

【解析】企业法人申请开立基本存款账户的，应当提供：（1）企业法人营业执照；（2）法定代表人身份证件；（3）法定代表人授权书、代办人员身份证件（如果委托办理）。

【例题6·多选题】公司撤销基本存款账户需要办理的手续有（　　）。

A. 先将在银行开立的一般存款账户撤销

B. 将在银行开立的一般存款账户的账户资金转入基本存款账户

C. 交回各种重要空白票据及结算凭证和开户许可证

D. 与开户银行核对银行结算账户存款余额

【答案】ABCD

【解析】（1）选项A、B，撤销银行结算账户时，应先撤销一般存款账户、专用存款账户、临时存款账户，将账户资金转入基本存款账户后，方可办理基本存款账户的撤销；（2）选项C、D，存款人撤销银行结算账户，必须与开户银行核对银行结算账户存款余额，交回各种重要空白票据及结算凭证和开户许可证，银行核对无误后方可办理销户手续。

【例题7·多选题】根据支付结算法律制度的规定，关于基本存款账户的下列表述中，正确的有（　　）。

A. 基本存款账户可以办理现金支取业务

B. 单位设立的独立核算账户的附属机构不得开立基本存款账户

C. 一个单位只能开立一个基本存款账户

D. 基本存款账户是存款人的主办账户

【答案】ACD

【解析】单位设立的独立核算的附属机构，包括食堂、招待所、幼儿园，可以申请开立基本存款账户。

【例题8·多选题】根据支付结算法律制度的规定，下列关于预算单位零余额账户使用的表述中，不正确的有（　　）。

A. 可以向本单位按账户管理规定保留的相应账户划拨工会经费

B. 可以向所属下级单位账户划拨资金

C. 可以向上级主管单位账户划拨资金

D. 不得支取现金

【答案】BCD

【解析】预算单位零余额账户用于财政授权支付，可以办理转账、提取现金等结算业务，可以向本单位按账户管理规定保留的相应账户划拨工会经费、住房公积金及提租补贴，以及财政部门批准的特殊款项，不得违反规定向本单位其他账户和上级主管单位、所属下级单位账户划拨资金。

【例题9·多选题】根据支付结算法律制度的规定，下列款项中，可以转入个人银行结算账户的有（　　）。

A. 工资、奖金收入

B. 证券交易结算资金

C. 个人劳务报酬

D. 期货投资的收益

【答案】ABCD

【解析】个人合法收入均可以转入个人银行结算账户。

【例题10·多选题】根据支付结算法律制度的规定，下列情形中，存款人应向开户银行提出撤销银行结算账户申请的有（　　）。

A. 存款人被宣告破产的

B. 存款人因迁址需要变更开户银行的

C. 存款人被吊销营业执照的

D. 存款人被撤并的

【答案】ABCD

【解析】本题的考点是应当撤销银行结算账户的情形。

【例题11·判断题】一般存款账户既可办理现金缴存，也可办理现金支取。（　　）

【答案】×

【解析】根据规定，一般存款账户只能办理现金缴存，不得办理现金支取。

✳ 考点4　银行结算账户的管理 ★

一、考点解读

（一）实名制管理

存款人应以实名开立银行结算账户，并对其出具的开户（变更、撤销）申请资料实质内容的真实性负责，法律法规另有规定的除外。

存款人应按照账户管理规定使用银行结算账户办理结算业务，不得出租、出借银行结算账户，不得利用银行结算账户套取银行信用或进行洗钱活动。

（二）银行结算账户资金的管理

1. 在银行开立存款账户的单位和个人办理支付结算，账户内须有足够的资金保证支付。

2. 银行依法为单位、个人在银行开立的存款账户内的存款保密，维护其资金的自主支配权。

3. 除国家法律、行政法规另有规定外，银行不得为任何单位或者个人查询账户情况，不得为任何单位或者个人冻结、扣划款项，不得停止单位、个人存款的正常支付。

（三）银行结算账户变更事项的管理

存款人申请临时存款账户展期，变更、撤销单位银行结算账户以及补（换）发开户许可证时，可由法定代表人或单位负责人直接办理，也可授权他人办理。

（四）存款人预留银行签章的管理

单位更换预留银行签章和更换个人预留银行签章的应向开户银行出具经签名确认的书面申请，并提供相关证明文件。

（五）银行结算账户的对账管理

银行结算账户的存款人应与银行按规定核对账务。存款人收到对账单或对账信息后，应及时核对账务并在规定期限内向银行发出对账回单或确认信息。

二、例题点津

【例题·单选题】关于存款人银行结算账户管

理的下列表述中，不符合法律规定的是（　　）。

A. 存款人应以实名开立银行结算账户

B. 存款人不得出租银行结算账户

C. 存款人可以出借银行结算账户

D. 存款人不得利用银行结算账户套取银行信用

【答案】C

【解析】根据规定，存款人不得出租和出借银行存款账户。

第三单元　银行非现金支付业务

❄ 考点1　票据的概念和分类 ★

一、考点解读

（一）票据的概念

票据是由出票人签发的、约定自己或者委托付款人在见票时或指定的日期向收款人或持票人无条件支付一定金额的有价证券。

（二）票据的分类（见表3-7）

表3-7　票据的分类

汇票	银行汇票	
	商业汇票	银行承兑汇票
		商业承兑汇票
本票	银行本票	
支票	现金支票	
	转账支票	
	普通支票	

二、例题点津

【例题·单选题】下列票据中，不属于《票据法》调整范围的是（　　）。

A. 汇票　B. 本票　C. 支票　D. 发票

【答案】D

【解析】根据规定，我国《票据法》的调整范围包括汇票、本票和支票。选项D不属于《票据法》的调整范围。

❄ 考点2　票据当事人 ★★

一、考点解读

票据当事人可分为基本当事人和非基本当事人。

基本当事人 { 汇票、支票：出票人、付款人、收款人
　　　　　　　银行本票：出票人、收款人 }

非基本当事人：承兑人（主债务人）、背书人、被背书人、保证人等

（一）票据基本当事人

票据基本当事人是指在票据作成和交付时（出票）就已经存在的当事人，包括出票人、付款人、收款人。

【举例】汇票、支票（见图3-1）。

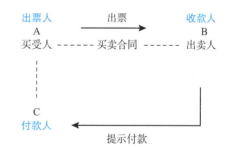

图3-1　汇票、支票举例

【举例】银行本票（见图3-2）。

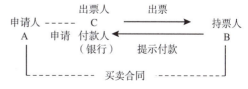

图3-2　银行本票举例

解释

（1）出票人：银行汇票的出票人为银行。商业汇票的出票人为银行以外的企业或其他组

织。银行本票的出票人为出票银行。支票的出票人为在银行开立支票存款账户的企业、其他组织和个人。

(2)收款人：是指票据正面记载的到期后有权收取票据所载金额的人。

(3)付款人：商业承兑汇票的付款人是合同中应给付款项的一方当事人，也是该汇票的承兑人。银行承兑汇票的付款人是承兑银行，支票的付款人是出票人的开户银行。

(二)非基本当事人

票据的非基本当事人是指在票据作成并交付后，通过一定的票据行为（背书、承兑、保证）加入票据关系而享有一定权利、承担一定义务的当事人，包括承兑人、背书人、被背书人与保证人。

【举例】银行承兑汇票（见图3-3）。

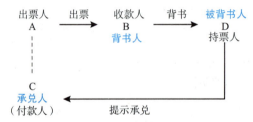

图3-3　银行承兑汇票举例

解释

(1)承兑人：是指接受汇票出票人的付款委托，同意承担支付票款义务的人，是汇票的主债务人。

(2)背书人与被背书人：背书人是指在转让票据时，在票据背面或粘单上签字或盖章，并将票据交付给受让人的票据收款人或持有人。被背书人是指被记名受让票据或接受票据转让的人。背书后被背书人成为票据新的持有人，享有票据的所有权。

(3)保证人：是指为票据债务提供担保的人，由票据债务人以外的第三人担当。保证人在被保证人不能履行票据责任时，以自己的资金履行票据责任，然后取得持票人的权利，向票据债务人追索。

(三)票据当事人的判断依据

票据当事人的判断依据是根据票据法律行为而在票据上有真实签章的主体。

例如，甲出票给乙，乙背书给丙，丙背书给丁，丙请张某和李某提供保证，张某在票据上签章作为票据的保证人，李某与丁签署了一份保证合同。张某因为保证行为而在票据上签章，是票据的非基本当事人。李某没有在票据上签章，不是票据当事人。

二、例题点津

【例题1·单选题】接受汇票出票人的付款委托，同意承担支付票款义务的人，是指（　　）。

A. 被背书人　　　　B. 背书人
C. 承兑人　　　　　D. 保证人

【答案】C

【解析】承兑人，是指接受汇票出票人的付款委托，同意承担支付票款义务的人，是汇票的主债务人。

【例题2·多选题】下列各项中，属于票据基本当事人的有（　　）。

A. 出票人　　　　　B. 收款人
C. 付款人　　　　　D. 保证人

【答案】ABC

【解析】票据的基本当事人包括出票人、付款人和收款人。

✳ 考点3　票据行为★★★

一、考点解读

票据行为是票据当事人以发生票据债务为目的的、以在票据上签名或盖章为权利义务成立要件的法律行为。票据行为包括出票、背书、承兑和保证。

(一)出票

1. 出票的概念。

出票是出票人签发票据并将其交付给收款人的票据行为。

出票包括两个行为：(1)出票人依照《票据法》的规定作成票据；(2)交付票据。

解释　产生票据基本当事人，出票人、付款人、收款人。

2. 出票的要求。

出票人必须与付款人具有真实的委托付款关系，并且具有支付票据金额的可靠资金来源。

3. 出票的记载事项。

票据记载事项分为必须记载事项、相对记载事项、任意记载事项和记载不产生票据法上的效力的事项等。

解释 各类票据必须记载事项如表3-8所示（如不记载，出票行为即为无效）。

表3-8　　　　各类票据必须记载事项

绝对记载事项	银行汇票	商业汇票	本票	支票
票据种类	√	√	√	√
无条件支付的委托	√	√	√	√
出票金额	√	√	√	可授权补记
付款人名称	√	√	√	√
收款人名称	√	√	√	可授权补记
出票人签章	√	√	√	√
出票日期	√	√	√	√

4. 出票的效力。

出票人签发票据后，即承担该票据承兑或付款的责任。出票人在票据得不到承兑或者付款时，应当向持票人清偿法定金额和费用。

提示 注意追索权的运用。

（二）背书

1. 背书的概念。

背书是在票据背面或者粘单上记载有关事项并签章的行为。

2. 背书的种类（见表3-9）。

表3-9　　背书的种类

转让背书	转让票据权利	
非转让背书	委托收款背书	被背书人有权代背书人行使被委托的票据权利，但被背书人不得再背书转让票据权利
	质押背书	为担保债务而在票据上设定质权，被背书人依法实现其质权时，可以行使票据权利

3. 背书记载事项。

（1）必须记载事项（未记载背书行为无

效）：背书人签章。委托收款背书和质押背书还应当记载"委托收款""质押"字样。

（2）相对记载事项（未记载适用法律推定）：背书日期。背书未记载日期的，视为在票据到期日前背书。

（3）可以补记事项：被背书人名称。背书人未记载被背书人名称即将票据交付他人的，持票人在票据被背书人栏内记载自己的名称与背书人记载具有同等法律效力。

（4）背书连续。所谓"背书连续"，是指票据上第一背书人为票据收款人，最后持票人为最后背书的被背书人，中间的背书人为前手背书的被背书人（前一个转让背书的被背书人是后一个转让背书的背书人），即在票据转让中，转让票据的背书人与受让票据的被背书人在票据上的签章依次前后衔接。

以背书转让的票据，背书应当连续；持票人以背书的连续，证明其票据权利；非经背书转让而以其他合法方式取得票据的，依法举证，证明其票据权利。

解释 背书连续。

假设A、B、D、E为企业、事业单位，C仅指银行。以支票为例（见图3-4）。

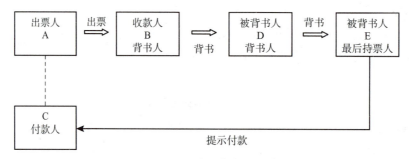

图 3 – 4   支票背书举例

4. 粘单使用。

票据凭证不能满足背书人记载事项的需要，可以加附粘单，粘附于票据凭证上；粘单上的第一记载人，应当在票据和粘单的粘接处签章。

5. 附条件背书。

背书不得附有条件，背书时附有条件的，所附条件不具有票据上的效力（背书依然是有效的）。

【举例】以图 3 – 4 为例，收款人 B 转让票据给被背书人 D 时，在票据上记载"收到货物后付款"的字样，即为附条件。依据上述规定，背书附条件的，所附条件不产生票据上的效力，但该背书转让行为有效。

6. 部分背书。

部分背书是指将票据金额的一部分转让的背书或者将票据金额分别转让给两人以上的背书；部分背书属于无效背书。

7. 禁转背书（记载了"不得转让"字样的背书）。

（1）初始禁转背书：出票人记载"不得转让"的，票据不得背书转让；

（2）中途禁转背书：背书人在票据上记载"不得转让"字样，其后手再背书转让的，原背书人对后手的被背书人不承担保证责任。

8. 期后背书。

票据被拒绝承兑、被拒绝付款或者超过付款提示期限的，不得背书转让；背书转让的背书人应当承担票据责任。

解释 产生票据非基本当事人，背书人、被背书人。

（三）承兑

1. 付款人对向其提示承兑的汇票，应当自收到提示承兑的汇票之日起 3 日内承兑或者拒绝承兑。承兑仅限于商业汇票。

解释 产生票据非基本当事人，承兑人。

2. 承兑程序，包括提示承兑、受理承兑、记载承兑事项等。

（1）提示承兑期限。

①见票即付的票据，无须提示承兑。

②定日付款或者出票后定期付款的汇票，在到期日前提示承兑。

③见票后定期付款的汇票，自出票之日起 1 个月内提示承兑。

④逾期提示承兑的，丧失对前手的追索权，但不丧失对出票人的票据权利。

（2）受理承兑。付款人对向其提示承兑的汇票，应当自收到提示承兑的汇票之日起 3 日内承兑或者拒绝承兑。

（3）承兑行为的记载事项。

①必须记载事项："承兑"字样、签章；

②相对记载事项：承兑日期，汇票上未记载承兑日期的，应当以收到提示承兑的汇票之日起 3 日内的最后一日为承兑日期；

③见票后定期付款的汇票，应当在承兑时记载付款日期。

3. 附条件承兑。

付款人承兑汇票，不能附有条件；承兑附有条件的，视为拒绝承兑。

4. 承兑的效力。

付款人承兑汇票后，应当承担到期付款的责任。

（四）保证

1. 概念。

保证是票据债务人以外的人，为担保特定债

务人履行票据债务而在票据上记载有关事项并签章的行为。

解释 产生非基本当事人，保证人。

2. 保证人。

（1）国家机关、以公益为目的的事业单位、社会团体作为票据保证人的，票据保证无效，但经国务院批准为使用外国政府或者国际经济组织贷款进行转贷，国家机关提供票据保证的除外。

（2）企业法人的职能部门作为票据保证人的，票据保证无效。

（3）企业法人的分支机构在法人书面授权范围内提供的票据保证有效。

3. 票据保证行为的记载事项。

（1）必须记载事项："保证"字样、保证人签章。保证人未在票据或者粘单上记载"保证"字样而另行签订保证合同或者保证条款的，不属于票据保证。

（2）相对记载事项。

①保证人在票据或者粘单上未记载"被保证人名称"的，已承兑的票据，承兑人为被保证人；未承兑的票据，出票人为被保证人。

②保证人在票据或者粘单上未记载"保证日期"的，出票日期为保证日期。

4. 保证责任的承担。

被保证的票据，保证人应当与被保证人对持票人承担连带责任。票据到期后得不到付款的，持票人有权向保证人请求付款，保证人应当足额付款。保证人为两人以上的，保证人之间承担连带责任。

5. 保证效力。

保证人对合法取得票据的持票人所享有的票据权利，承担保证责任，但被保证人的债务因票据记载事项欠缺而无效的除外。

6. 附条件保证。

保证不得附条件，附条件的，不影响对票据的保证责任（即所附条件无效，保证有效）。

提示 背书不得附有条件，背书时附有条件的，所附条件不具有票据上的效力（背书依然是有效的）。

付款人承兑汇票，不能附有条件；承兑附有条件的，视为拒绝承兑。

7. 保证人的追索权。

保证人清偿票据债务后，可以行使持票人对被保证人及其前手的追索权。

提示 4种票据行为日期的性质和效果对比（见表3-10）。

表3-10   票据行为日期的性质和效果

未记载的情形	性质	效果
出票日期	必须记载事项	票据无效
背书日期	相对记载事项	视为到期前背书
承兑日期	相对记载事项	收到提示承兑的第三天的最后一天
保证日期	相对记载事项	出票日期为保证日期

二、例题点津

【例题1·单选题】下列各项中，属于票据行为的是（   ）。

A. 付款   B. 追索

C. 承兑   D. 挂失

【答案】C

【解析】票据行为包括出票、背书、承兑和保证。

【例题2·单选题】甲公司为结算货款向乙公司签发一张商业汇票。在签发的汇票上甲公司记载了"不得转让"字样，该记载事项是（   ）。

A. 必须记载事项

B. 相对记载事项

C. 无效记载事项

D. 任意记载事项

【答案】D

【解析】出票人在汇票记载"不得转让"字样的，汇票不得转让，其中的"不得转让"事项即为任意记载事项。

【例题3·单选题】根据票据法律制度的规定，下列关于票据背书的表述中，正确的是（   ）。

A. 以背书转让的票据，背书应当连续

B. 背书时附有条件的，背书无效

C. 委托收款背书的被背书人可再以背书转让票据权利

D. 票据上第一背书人为出票人

【答案】A

【解析】选项B，背书时附有条件的，所附条件不具有票据上的效力，背书有效。选项C，委托收款背书是背书人委托被背书人行使票据权利的背书，被背书人不得再以背书转让票据权利。选项D，票据上的第一背书人为票据收款人。

【例题4·单选题】见票后定期付款汇票的持票人应在法定期限内提示承兑，该期限是（　　）。

A. 自出票日起10日内

B. 自出票日起1个月内

C. 自出票日起2个月内

D. 自出票日起3个月内

【答案】B

【解析】见票后定期付款的汇票，持票人应当自出票日起1个月内向付款人提示承兑。

【例题5·多选题】甲公司将一张银行承兑汇票转让给乙公司，乙公司以质押背书方式向W银行取得贷款。贷款到期，乙公司偿还贷款，收回汇票并转让给丙公司。票据到期后，丙公司作成委托收款背书，委托开户银行提示付款。根据票据法律制度的规定，下列背书中，属于非转让背书的有（　　）。

A. 甲公司背书给乙公司

B. 乙公司质押背书给W银行

C. 乙公司背书给丙公司

D. 丙公司委托收款背书

【答案】BD

【解析】非转让背书包括委托收款背书和质押背书。

【例题6·多选题】根据票据法律制度的规定，关于票据保证的下列表述中，正确的有（　　）。

A. 票据上未记载保证日期的，以被保证人的背书日期为保证日期

B. 保证人未在票据或粘单上记载被保证人名称的已承兑票据，承兑人为被保证人

C. 保证人为两人以上的，保证人之间承担

连带责任

D. 保证人清偿票据债务后，可以对被保证人及其前手行使追索权

【答案】BCD

【解析】选项A，票据上未记载保证日期的，以出票日期为保证日期。

【例题7·判断题】甲公司收到乙公司签发的一张支票，该支票记载了"不得转让"字样。该记载事项不影响甲公司将该支票背书转让。（　　）

【答案】×

【解析】"不得转让"属于任意记载事项，未记载时不影响票据效力，记载时则产生票据效力。出票人记载"不得转让"的，票据不得背书转让。

✖ 考点4　票据权利与责任★★★

一、考点解读

（一）票据权利

1. 票据权利的概念。

票据权利是指票据持票人向票据债务人请求支付票据金额的权利，包括付款请求权和追索权。

2. 付款请求权。

付款请求权是持票人向汇票的承兑人、本票的出票人、支票的付款人出示票据要求付款的权利，是第一顺序权利。行使付款请求权的持票人可以是票据记载的收款人或最后的被背书人；担负付款义务的主要是主债务人。

解释　付款请求权。

假设：A、B、D、E为企业、事业单位，C仅指银行。

A、B公司签订标的额为10万元的买卖合同，A公司收到货物后，为结算货款向B公司签发一张票面金额为10万元的支票，票面付款人为A公司的开户C银行。该支票几经转让，E作为最后一个持票人在票据到期前向付款人C提示付款，为付款请求权（见图3-5）。

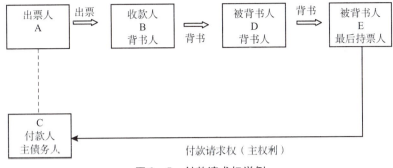

图 3-5 付款请求权举例

3. 票据追索权。

票据追索权是票据当事人行使付款请求权遭到拒绝或有其他法定原因存在时，向其前手请求偿还票据金额及其他法定费用的权利，是**第二顺序权利**。行使追索权的当事人除票据记载的收款人和最后被背书人外，还可能是代为清偿票据债务的保证人、背书人。

解释 假设：A、B、D、E 为企业、事业单位，C 仅指银行。

A、B 公司签订标的额为 10 万元的买卖合同，A 公司收到货物后，为结算货款向 B 公司签发一张票面金额为 10 万元的支票，票面付款人为 A 公司的开户 C 银行。该支票几经转让，E 作为最后一个持票人在票据到期前向付款人 C 提示付款，为付款请求权。

若该支票记载事项有瑕疵，付款人 C 拒绝付款，根据上述规定，E 可以向其前手（A、B、D）请求支付票款本金、利息和有关费用，即追索权（见图 3-6）。

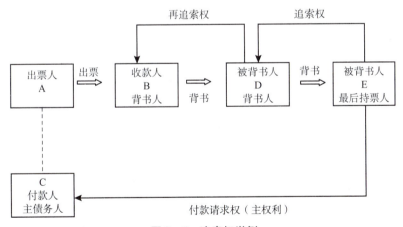

图 3-6 追索权举例

（1）追索的情形。

①到期后追索：票据到期被拒绝付款的，持票人对背书人、出票人以及票据的其他债务人行使的追索。

②到期前追索：在票据到期日前，有下列情况之一的，持票人可以行使追索权：汇票被拒绝承兑的；承兑人或者付款人死亡、逃匿的；承兑人或者付款人被依法宣告破产的；承兑人或者付款人因违法被责令终止业务活动的。

（2）追索对象及追索顺序。

①可以作为追索对象的包括：出票人、背书人、承兑人和保证人。

②追索顺序：不分先后，可以同时向多人追索。

a. 票据债务人对持票人承担连带责任。

b. 持票人行使追索权，可以不按照票据债务人的先后顺序，对其中任何一人、数人或者全体行使追索权。

c. 持票人对票据债务人中的一人或者数人已经进行追索的，对其他票据债务人仍可以行使追索权。

（3）追索金额。

①持票人行使（首次）追索权，可以请求被追索人支付下列金额和费用：

a. 被拒绝付款的票据金额；

b. 票据金额自到期日或者提示付款日起至清偿日止，按照中国人民银行规定的利率计算的利息；

c. 取得有关拒绝证明和发出通知书的费用。

②持票人行使再追索权，可以请求其他票据债务人支付下列金额和费用：

a. 已清偿的全部金额；

b. 前项金额自清偿日起至再追索清偿日止，按照中国人民银行规定的利率计算的利息；

c. 发出通知书的费用。

（4）追索权的行使程序。

①获得有关证明。持票人行使追索权时，应当提供相关证明（包括拒绝证明，承兑人或付款人的死亡、逃匿证明，司法文书等）；持票人不能出示相关证明的，将丧失对其前手的追索权，但是承兑人或者付款人仍应当对持票人承担责任。

②追索通知。

a. 持票人应当自收到被拒绝承兑或者被拒绝付款的有关证明之日起 3 日内，将被拒绝事由书面通知其前手；其前手应当自收到通知之日起 3 日内书面通知其再前手。

b. 持票人未按照规定期限（3 日）发出追索通知的，持票人仍可以行使追索权。因延期通知给其前手或者出票人造成损失的，由其承担该损失的赔偿责任，但所赔偿的金额以汇票金额为限。

（5）追索权的效力。被追索人依照规定清偿债务后，其责任解除，与持票人享有同一权利。

解释 付款请求权与追索权的比较（见表 3-11）。

表 3-11　付款请求权与追索权的比较

事项	付款请求权	追索权
行使顺序不同	第一顺序	第二顺序
行使对象不同	向主债务人（付款人）	向次债务人（前手）
权利内容不同	本金	本金、利息、费用

4. 票据权利的取得。

（1）签发、取得和转让票据，应当遵守诚实信用的原则，具有真实的交易关系和债权债务关系。

（2）票据的取得，必须给付对价，即应当给付票据双方当事人认可的相对应的代价。但有例外的情形，即如果是因税收、继承、赠与可以依法无偿取得票据的，则不受给付对价的限制，但是所享有的票据权利不得优于其前手的权利。

（3）取得票据但不享有票据权利的情形。

①以欺诈、偷盗或者胁迫等手段取得票据的，或者明知有前列情形，出于恶意取得票据的；

②持票人因重大过失取得不符合《票据法》规定的票据的。

5. 票据权利的行使与保全。

（1）按规定期限提示。

（2）依法出示证明。持票人不能出示拒绝证明、退票理由书或者未按照规定期限提供其他合法证明的，丧失对其前手的追索权。

（3）持票人对票据债务人行使票据权利，或者保全票据权利，应当在票据当事人的营业场所和营业时间内进行，票据当事人无营业场所的，应当在其住所进行。

6. 票据丧失的补救。

票据权利人因某种原因丧失对票据的实际占有，并不意味着权利的丧失。票据法提供了特别的法律救济。包括挂失止付、公示催告和民事诉讼。这三种救济措施彼此独立且平行，没有前后顺序的要求。

（1）挂失止付。

挂失止付是指失票人将丧失票据的情况通知付款人或代理付款人，由接受通知的付款人或代理付款人审查后暂停支付的一种方式。防止可能发生的损害，保护自己的票据权利。

①失票人：一般来说，失票人为票据的持有者即持票人。

②相对人：挂失止付的相对人应为丧失的票据上记载的付款人或代理付款人。所以无法确定付款人或代理付款人的票据，无法挂失止付。

③效力：挂失止付使收到止付通知的付款人承担暂停票据付款的义务。所以，付款人在接到止付通知后，应停止对票据的付款。否则，无论其善意与否，都应该承担赔偿责任。

但挂失止付只是失票人丧失票据后可以采取的一种临时补救措施，只有3天的有效期，以防止所失票据被他人冒领。票据本身并不因挂失止付而无效，失票人的票据责任并不因此免除，失票人的票据权利也不能因挂失止付得到最终的恢复。另外，挂失止付也不是公示催告程序和诉讼程序的必经程序。

④可以挂失止付的票据：已承兑的商业汇票、支票、填明"现金"字样和代理付款人的银行汇票以及填明"现金"字样的银行本票。

（2）公示催告。

①公示催告是指在票据丧失后由失票人向人民法院提出申请，请求人民法院以公告方式通知不确定的利害关系人限期申报权利，逾期未申报者，则权利失效，而由法院通过除权判决宣告所丧失的票据无效的制度或程序。

②失票人应当在通知挂失止付后的3日内，也可以在票据丧失后，依法向票据支付地人民法院申请公示催告。

③申请公示催告的主体必须是可以背书转让的票据的最后持票人。

④人民法院决定受理公示催告申请，应当同时通知付款人及代理付款人停止支付，并自立案之日起3日内发出公告，催促利害关系人申报权利。付款人或者代理付款人收到人民法院的止付通知后，应当立即停止支付，直至公示催告程序终结。非经发出止付通知的人民法院许可，擅自解付的，不得免除票据责任。

⑤公示催告的期间，国内票据自公告发布之日起60日，涉外票据可以根据具体情况适当延长，但最长不得超过90日。

⑥在公示催告期间，转让票据权利的行为无效。

⑦以公示催告的票据贴现、质押，因贴现、质押而接受该票据的持票人主张票据权利的，人民法院不予支持，但公示催告期间届满以后人民法院作出除权判决以前取得该票据的除外。

⑧申报债权与除权判决。利害关系人应当在公示催告期间向人民法院申报。

人民法院收到利害关系人的申报后，应当裁定终结公示催告程序，并通知申请人和支付人（票找到了）。

公示催告期间届满，没有人申报权利的，人民法院应当根据申请人的申请，作出除权判决，宣告票据无效（票没找到）。判决应当公告并通知支付人。自判决公告之日起，申请人有权向支付人请求支付。

利害关系人因正当理由不能在判决前向人民法院申报的，自知道或者应当知道判决公告之日起1年内，可以向作出判决的人民法院起诉。

（3）普通诉讼。

普通诉讼，是指丧失票据的人为原告，以承兑人或出票人为被告，请求法院判决其向失票人付款的诉讼活动；如果与票据上的权利有利害关系的人是明确的，无须公示催告，可按一般票据纠纷向法院提起诉讼。

7. 票据权利时效。

（1）持票人对票据的出票人和承兑人的权利自票据到期日起2年。见票即付的汇票、本票自出票起2年。

（2）持票人对支票出票人的权利，自出票日起6个月。

（3）持票人对前手的追索权，在被拒绝承兑或者被拒绝付款之日起6个月。

（4）持票人对前手的再追索权，自清偿日或者被提起诉讼之日起3个月。

解释 票据权利在下列期限内不行使而消灭（见表3-12）。

表 3 - 12　　　　　　　　　　　　持票人票据权利时效

票据种类	对出票人的权利	对承兑人的权利	对前手的追索权	对前手的再追索权
支票	自出票日起 6 个月	×	被拒绝付款日起 6 个月	自清偿日或提起诉讼之日起 3 个月
银行汇票	自出票日起 2 年	×	被拒绝付款日起 6 个月	
银行本票	自出票日起 2 年	×	被拒绝付款日起 6 个月	
商业汇票	自票据到期日起 2 年	自票据到期日起 2 年	被拒绝承兑或被拒绝付款日起 6 个月	

（二）票据责任

票据责任是票据债务人向持票人支付票据金额的义务。

1. 票据债务人承担票据义务的情形。

（1）汇票承兑人因承兑而应承担付款义务；

（2）本票出票人因出票而承担自己付款的义务；

（3）支票付款人在与出票人有资金关系时承担付款义务；

（4）汇票、本票、支票的背书人，汇票、支票的出票人、保证人，在票据不获承兑或不获付款时承担付款清偿义务。

2. 票据抗辩。

（1）票据债务人可以对不履行约定义务的与自己有"直接"债权债务关系的持票人，进行抗辩。

（2）票据债务人不得以自己与出票人之间的抗辩事由对抗持票人。

（3）票据债务人不得以自己与持票人的前手之间的抗辩事由对抗持票人，持票人明知存在抗辩事由而取得票据的除外。

3. 票据付款人依法足额付款后，全体票据债务人的责任解除。

二、例题点津

【例题 1·单选题】 根据票据法律制度的规定，下列关于票据追索的表述，不正确的是（　　）。

A. 票据追索适用于两种情形，分别为到期后追索和到期前追索

B. 汇票被拒绝承兑的，持票人对前手的追索权为被拒绝付款日起 6 个月

C. 持票人对票据债务人中的一人已经进行追索的，就不能再对其他票据债务人行使追索权

D. 票据的出票人、背书人、承兑人和保证人对持票人承担连带责任，持票人行使追索权利时，可以不按照票据债务人先后顺序，对其中任何一人、数人或全体行使追索权

【答案】 C

【解析】 持票人对票据债务人中的一人已经进行追索的，对其他票据债务人仍可行使追索权。

【例题 2·单选题】 根据票据法律制度的规定，票据到期前持票人可以行使追索权的情形是（　　）。

A. 票据被拒绝承兑

B. 票据被拒绝付款

C. 票据保证人破产

D. 票据丢失

【答案】 A

【解析】 选项 A，在票据到期日前，有下列情况之一的，持票人可以行使追索权：（1）汇票被拒绝承兑的；（2）承兑人或者付款人死亡、逃匿的；（3）承兑人或者付款人被依法宣告破产的；（4）承兑人或者付款人因违法被责令终止业务活动的。选项 B，票据到期被拒绝付款的，持票人对背书人、出票人以及票据的其他债务人行使的追索是票据到期后的追索。承兑仅适用于商业汇票。

【例题 3·多选题】 根据票据法律制度的规定，下列关于票据权利的表述中，正确的有（　　）。

A. 持票人以欺诈、偷盗、胁迫手段取得票据的，不享有票据权利

B. 票据的取得通常应当给付对价

C. 持票人因继承取得票据，因未付对价，故不享有票据权利

D. 持票人明知前手偷盗取得票据而接受赠与的，不享有票据权利

【答案】ABD

【解析】如果因为税收继承、赠与可以依法无偿取得票据的，则不受给付对价的限制，但享有的票据权利不得优于其前手的权利。

【例题4·多选题】根据票据法律制度的规定，下列有关票据权利时效的表述中，正确的有（　　）。

A. 对支票出票人的权利，自出票日起6个月不行使而消灭

B. 对支票出票人的权利，自出票日起2年不行使而消灭

C. 持票人对前手的再追索权，自清偿日或者被提起诉讼之日起3个月不行使而消灭

D. 对银行本票的出票人的权利自票据出票日起2年不行使而消灭

【答案】ACD

【解析】持票人对支票出票人的权利，自出票日起6个月不行使而消灭。

【例题5·多选题】根据票据法律制度的规定，下列各项中，票据持票人行使首次追索权时，可以请求被追索人支付的金额和费用有（　　）。

A. 因汇票资金到位不及时，给持票人造成的税收滞纳金损失

B. 取得有关拒绝证明和发出通知书的费用

C. 票据金额自到期日或者提示付款日起至清偿日止，按规定的利率计算的利息

D. 被拒绝付款的票据金额

【答案】BCD

【解析】选项A，属于间接损失，不得列入追索金额。

【例题6·多选题】根据票据法律制度的规定，持票人丧失票据后，可以采取的补救形式有（　　）。

A. 民事仲裁　　　　B. 挂失止付

C. 公示催告　　　　D. 普通诉讼

【答案】BCD

【解析】选项B、C、D，票据丧失后，可以采取挂失止付、公示催告和普通诉讼三种形式进行补救。

✦ 考点5　银行汇票 ★★

一、考点解读

银行汇票是出票银行签发的，由其在见票时按照实际结算金额无条件支付给收款人或者持票人的票据。

（一）银行汇票的适用范围

1. 银行汇票可以用于转账，填明"现金"字样的银行汇票也可以用于支取现金；现金银行汇票的申请人和收款人应当均为个人。

提示 现金银行汇票不得转让背书。

2. 单位和个人的各种款项结算，均可使用银行汇票。

（二）银行汇票的出票

申请人使用银行汇票，应向出票银行填写申请书，记载有关事项并签章。

出票银行受理银行汇票申请书，收妥款项后签发银行汇票，将银行汇票和解讫通知一并交给申请人。

申请人应将银行汇票和解讫通知一并交付给汇票上记明的收款人。

（三）填写实际结算金额

1. 银行汇票的实际结算金额低于出票金额的，银行应按照实际结算金额办理结算，多余金额由出票银行退交申请人。

2. 未填明实际结算金额和多余金额或者实际结算金额超过出票金额的，银行不予受理。

3. 实际结算金额一经填写不得更改，更改实际结算金额的银行汇票无效。

4. 银行汇票的背书转让以不超过出票金额的实际结算金额为准。未填写实际结算金额或者实际结算金额超过出票金额的银行汇票不得背书转让。

（四）银行汇票提示付款

1. 银行汇票的提示付款期限自出票日起1个月，持票人超过付款期限提示付款的，代理付款银行不予受理。

2. 持票人向银行提示付款时，必须同时提交银行汇票和解讫通知，缺少任何一联，银行不

予受理。

3. 持票人超过付款期限向"代理付款银行"提示付款被拒绝付款的，必须在票据权利时效（2年）内向出票银行作出说明，并提供本人身份证件或者单位证明，持银行汇票和解讫通知向"出票银行"请求付款。

（五）银行汇票退款和丧失

1. 申请人因银行汇票超过付款提示期限或其他原因要求退款时，应将银行汇票和解讫通知同时提交到出票银行。申请人缺少解讫通知要求退款的，出票银行应于银行汇票付款期满1个月后办理。

2. 银行汇票丧失，失票人可以凭人民法院出具的其享有票据权利的证明（除权判决书），向出票银行请求付款或退款。

二、例题点津

【例题1·单选题】根据票据法律制度的规定，下列关于银行汇票出票金额和实际结算金额的表述中，正确的是（　　）。

A. 如果出票金额低于实际结算金额，银行应按出票金额办理结算

B. 如果出票金额低于实际结算金额，银行应按实际结算金额办理结算

C. 如果出票金额高于实际结算金额，银行应按出票金额办理结算

D. 如果出票金额高于实际结算金额，银行应按实际结算金额办理结算

【答案】D

【解析】选项A、B，实际结算金额超过出票金额的，银行不予受理。选项C、D，实际结算金额低于出票金额的，银行应按照实际结算金额办理结算，多余金额由出票银行退交申请人。

【例题2·单选题】可以使用填明"现金"字样的银行汇票是（　　）。

A. 甲公司向乙公司支付材料款

B. 杨某向丁公司支付装修款

C. 钱某向孙某支付购房款

D. 丙公司向王某支付劳务费

【答案】C

【解析】申请人或者收款人为单位的，不得

使用填明"现金"字样的银行汇票。申请人和收款人均为个人，可以使用填明"现金"字样的银行汇票。

【例题3·判断题】未填明实际结算金额和多余金额或者实际结算金额超过出票金额的银行汇票，银行应予受理。（　　）

【答案】×

【解析】实际金额不明或超过出票金额的银行汇票，银行不予受理。

✦ 考点6　商业汇票 ★★★

一、考点解读

商业汇票是出票人签发的，委托付款人在指定日期无条件支付确定的金额给收款人或者持票人的票据。

（一）商业汇票的种类

$$商业汇票 \xrightarrow[\text{不同}]{\text{承兑人}} \begin{cases} 银行承兑汇票（银行付款） \\ 商业承兑汇票（单位付款） \end{cases}$$

解释　商业承兑汇票是指由收款人签发，经付款人承兑，或由付款人签发并承兑的票据。银行承兑汇票是指由收款人或承兑申请人签发，并由承兑申请人向开户银行申请，经银行审查同意承兑的票据。

（二）适用范围

在银行开立存款账户的法人以及其他组织之间，必须具有真实的交易关系或债权债务关系，才能使用商业汇票。出票人和收款人只能是单位，个人不能使用商业汇票结算。

（三）商业汇票的付款期限

商业汇票的付款期限应当与真实交易履行期限相匹配，自出票日起至到期日止，最长不得超过6个月。

（四）商业汇票的承兑

商业汇票可在出票时向付款人提示承兑后使用，也可在出票后先使用再向付款人提示承兑。付款人拒绝承兑的，必须出具拒绝承兑证明。

关联提示　有关承兑的规则见前述票据行为中的相关介绍。

（五）商业汇票的到期处理

1. 商业汇票的提示付款期限，自汇票到期

日起 10 日（见表 3-13）。

表 3-13　　票据的提示承兑期限
和提示付款期限

票据种类	提示承兑期限		提示付款期限
支票	×		自出票日起 10 日
银行汇票	×		自出票日起 1 个月
银行本票	×		自出票日起最长不超过 2 个月
商业汇票	定日付款 出票后定期	已知到期日	自票据到期日起 10 日
	见票后定期	未知到期日	

2. 持票人应在提示付款期限内向付款人提示付款。

3. 商业承兑汇票的付款人开户银行收到通过委托收款寄来的商业承兑汇票，将汇票留存并通知付款人。付款人收到开户银行的付款通知，应在当日通知银行付款。付款人在接到通知日的次日起 3 日内（遇法定休假日顺延）未通知银行付款的，视同付款人承诺付款。

4. 银行承兑汇票的出票人应于汇票到期前将票款足额交存其开户银行，银行承兑汇票的出票人于汇票到期日未能足额缴存票款时，承兑银行付款后，对出票人尚未支付的汇票金额按照每天万分之五计收利息。

5. 付款人存在合法抗辩事由拒绝付款的，应自接到通知的次日起 3 日内，作成拒绝付款证明送交开户银行，银行将拒绝付款证明和商业承兑汇票邮寄持票人开户银行转交持票人。

（六）贴现按照交易方式分为买断式和回购式

贴现是指票据持票人在票据未到期前为获得现金向银行贴付一定利息而发生的票据转让行为。

1. 贴现条件。

（1）票据未到期；

（2）票据未记载"不得转让"事项；

（3）持票人是在银行开立存款账户的企业法人以及其他组织；

（4）持票人与出票人或者直接前手之间具有真实的商品交易关系；

（5）电子商业汇票贴现必须记载：贴出人名称；贴入人名称；贴现日期；贴现类型；贴现利率；实付金额；贴出人签章。

2. 贴现利息的计算。

贴现的期限从其贴现之日起至汇票到期日止。

（1）实付贴现金额按票面金额扣除贴现日至汇票到期前一日的利息计算。

（2）承兑人在异地的纸质商业汇票，贴现的期限以及贴现利息的计算应另加 3 天的划款日期。

【举例】甲公司向乙企业购买一批原材料，开出一张票面金额为 30 万元的银行承兑汇票，出票日期为 2 月 10 日，到期日为 5 月 10 日。4 月 6 日，乙企业持此汇票及有关发票和原材料发运单据复印件向银行办理了贴现。已知同期银行年贴现率为 3.6%，一年按 360 天计算，贴现银行与承兑银行在同一城市。根据法律制度的规定，银行应付乙企业贴现金额为多少元？

【答案】贴现日（4 月 6 日）至汇票到期前 1 日（5 月 9 日）共计 34 天，由于贴现银行与承兑银行在同一城市，无须另加 3 天，贴现金额 = 300 000 - 300 000 × 3.6% × (34 ÷ 360) = 298 980（元）。

3. 贴现的收款。

（1）贴现到期，贴现银行应向付款人收取票款。不获付款的，贴现银行应向其前手追索票款。

（2）贴现银行追索票款时可从申请人的存款账户直接收取票款。

（3）办理电子商业汇票贴现以及提示付款业务，可选择票款对付方式或同城票据交换、通存通兑、汇兑等方式清算票据资金。

（4）电子商业汇票当事人在办理回购式贴现业务时，应明确赎回开放日、赎回截止日。

电子商业汇票回购式贴现赎回应作成背书，并记载原贴出人名称、原贴入人名称、赎回日期、赎回利率、赎回金额、原贴入人签章。

4. 贴现方式。

贴现人办理纸质票据贴现时，应当通过票据

市场基础设施查询票据承兑信息，并在确认纸质票据必须记载事项与已登记承兑信息一致后，为贴现申请人办理贴现，贴现申请人无须提供合同、发票等资料；信息不存在或者纸质票据必须记载事项与已登记承兑信息不一致的，不得办理贴现。

贴现人可以按市场化原则选择商业银行对纸质票据进行保证增信。

纸质票据贴现后，其保管人可以向承兑人发起付款确认。付款确认可以采用实物确认或者影像确认，两者具有同等效力。

承兑人收到票据影像确认请求或者票据实物后，应当在3个工作日内作出或者委托其开户行作出同意或者拒绝到期付款的应答。

电子商业汇票一经承兑即视同承兑人已进行付款确认。

二、例题点津

【例题1·单选题】 下列票据中，付款人或承兑人是银行以外的一般单位的是（　　）。

A. 银行汇票　　　　B. 商业承兑汇票

C. 银行本票　　　　D. 支票

【答案】 B

【解析】 商业承兑汇票的出票人为在银行开立存款账户的法人以及其他组织。

【例题2·多选题】 下列关于商业汇票贴现条件的论述，正确的有（　　）。

A. 票据应未到期

B. 票据未记载"不得转让"事项

C. 贴现方必须是在银行开立存款账户的企业法人以及其他组织

D. 贴现人与出票人或者直接前手之间具有真实的商品交易关系

【答案】 ABCD

【解析】 商业汇票的持票人向银行办理贴现必须具备下列条件：票据未到期；票据未记载"不得转让"事项；在银行开立存款账户的企业法人以及其他组织；与出票人或者直接前手之间具有真实的商品交易关系。

【例题3·多选题】 电子商业汇票贴现必须记载的事项包括（　　）。

A. 贴出人名称；贴入人名称

B. 贴现日期

C. 贴现类型

D. 贴现银行签章

【答案】 ABC

【解析】 电子商业汇票贴现必须记载：贴出人名称；贴入人名称；贴现日期；贴现类型；贴现利率；实付金额；贴出人签章。

【例题4·多选题】 根据支付结算法律制度的规定，下列关于商业汇票贴现的表述中，正确的有（　　）。

A. 贴现是一种非票据转让行为

B. 贴现申请人与出票人或者直接前手之间具有真实的商品交易关系

C. 贴现申请人是在银行开立存款账户的企业法人以及其他组织

D. 贴现到期不获付款的，贴现银行可从贴现申请人的存款账户直接收取票款

【答案】 BCD

【解析】 选项A，贴现是指票据持票人在票据未到期前为获得现金向银行贴付一定利息而发生的票据转让行为。

✦ 考点7　银行本票 ★★

一、考点解读

（一）银行本票的概念

本票是指出票人签发的，承诺自己在见票时无条件支付确定的金额给收款人或者持票人的票据。在我国，本票仅限于银行本票。

（二）银行本票的适用范围

银行本票可用于转账，注明"现金"字样的银行本票可以支取现金。

单位和个人在同一票据交换区域需要支付各种款项，均可以使用银行本票。

（三）银行本票的出票

申请人使用银行本票，应向银行填写"银行本票申请书"，记载有关事项并签章。

出票银行受理银行本票申请书，收妥款项，签发银行本票。

签发银行本票必须记载相关事项。

申请人应将银行本票交付给本票上记明的收款人。

申请人或者收款人为单位的，银行不得为其签发现金银行本票。

（四）银行本票的付款

1. 银行本票的提示付款期限自出票日起最长不得超过2个月。

2. 持票人超过提示付款期限不获付款的，在票据权利时效内向出票银行作出说明，并提供本人身份证件或者单位证明，可持银行本票向出票银行请求付款。

3. 银行本票的持票人未按照规定期限提示付款的，将丧失对"出票人"以外的前手的追索权。

（五）银行本票的退款和丧失

申请人因银行本票超过提示付款期限或其他原因要求退款时，应将银行本票提交到出票银行。

银行本票丧失，失票人可以凭人民法院出具的其享有票据权利的证明，向出票银行请求付款或退款。

二、例题点津

【例题1·单选题】根据支付结算法律制度的规定，如果本票的持票人未在法定期限内提示付款的，则丧失对特定票据债务人以外的其他债务人的追索权。该特定票据债务人是（　　）。

A. 出票人　　　　B. 保证人

C. 背书人　　　　D. 被背书人

【答案】A

【解析】银行本票的持票人未按照期限提示付款的，将丧失对"出票人"以外的前手的追索权。

【例题2·单选题】下列关于银行本票性质的表述中，错误的是（　　）。

A. 银行本票的付款人见票时必须无条件付款给持票人

B. 持票人超过提示付款期限不获付款的，可向出票银行请求付款

C. 银行本票不可以背书转让

D. 注明"现金"字样的银行本票可以用于支取现金

【答案】C

【解析】银行本票可以背书转让。

【例题3·多选题】根据支付结算法律制度的规定，下列关于银行本票的表述，正确的有（　　）。

A. 单位和个人在同一票据交换区域内支付的各种款项，均可以使用银行本票

B. 申请人或收款人为单位的，银行不得为其签发现金银行本票

C. 出票银行必须具有支付本票金额的可靠资金来源，并保证支付

D. 银行本票的提示付款期限自出票日起最长不得超过1个月

【答案】ABC

【解析】银行本票的提示付款期限自出票日起最长不得超过2个月。

【例题4·判断题】银行本票的出票人和付款人均为银行。（　　）

【答案】√

【解析】在本票、支票、汇票中，银行本票的出票人和付款人均为银行。

�֍ 考点8　支票★

一、考点解读

支票是出票人签发的，委托办理支票存款业务的银行或者其他金融机构在见票时无条件支付确定的金额给收款人或者持票人的票据。

（一）支票的种类和适用范围

支票分为现金支票、转账支票和普通支票。

单位和个人在同一票据交换区域的各种款项结算，均可以使用支票。

（二）支票的出票

1. 支票必须记载相关事项。

2. 禁止签发空头支票。出票人签发的支票金额超过其付款时在付款人处实有的存款金额的，为空头支票。

3. 支票的出票人不得签发与其预留本名的签名式样或者印鉴不符的支票。

4. 支票的"金额""收款人名称"，可以由出票人授权补记。未补记前，不得背书转让和提示付款。

解释 只有支票的"金额""收款人名称"可由出票人授权补记；汇票、本票的"金额"

"收款人名称"是绝对必要记载事项，不能由出票人授权补记（见表3－14）。

表3－14 支票种类与特点比较

种类	特点
现金支票	印有"现金"字样，只能用于支取现金
转账支票	印有"转账"字样，只能用于转账
普通支票	未印有"现金""转账"，既可用于支取现金，也可用于转账

（三）支票付款

1. 持票人应当自出票日起10日内提示付款。持票人可以委托开户银行收款或直接向付款人提示付款。

2. 出票人在付款人处的存款足以支付支票金额时，付款人应当在当日足额付款。

3. 付款人依法支付支票金额的，对出票人不再承担受委托付款的责任，对持票人不再承担付款的责任。但付款人以恶意或者有重大过失付款的除外。

二、例题点津

【例题1·单选题】根据《票据法》的规定，支票的提示付款期限为（　　）。

A. 自出票日起10日内
B. 自出票日起1个月内
C. 自出票日起2个月内
D. 自出票日起6个月内

【答案】A

【解析】根据规定，支票的提示付款期限为自出票日起10日内。

【例题2·单选题】根据支付结算法律制度的规定，下列关于票据提示付款期限的表述中，错误的是（　　）。

A. 银行汇票的提示付款期限为自出票日起1个月
B. 商业汇票的提示付款期限为自出票日起10日
C. 银行本票的提示付款期限为自出票日起最长不得超过2个月
D. 支票的提示付款期限为自出票日起10日

【答案】B

【解析】商业汇票的提示付款期限为自汇票到期日起10日。

【例题3·多选题】根据《票据法》的规定，支票的（　　）可以由出票人授权补记。未补记前，不得背书转让和提示付款。

A. 支票金额
B. 出票日期
C. 付款人名称
D. 收款人名称

【答案】AD

【解析】支票的金额、收款人名称，可以由出票人授权补记。未补记前，不得背书转让。

✱ 考点9 汇兑★★

一、考点解读

汇兑是汇款人委托银行将其款项支付给收款人的结算方式。

（一）汇兑的种类

汇兑分为信汇、电汇两种。

（二）汇兑的适用范围

单位和个人各种款项的结算，均可使用汇兑结算方式。

（三）汇款回单只能作为汇出银行受理汇款的依据，不能作为该笔汇款已经转入收款人账户的证明

（四）收账通知是银行将款项确已收入收款人账户的凭据

（五）汇兑的撤销与退汇

1. 汇款人对汇出银行尚未汇出的款项可以申请撤销。

2. 汇入银行对于收款人拒绝接受的汇款，应立即办理退汇。

3. 汇入银行对于向收款人发出取款通知，经过2个月无法交付的汇款，应主动办理退汇。

二、例题点津

【例题·多选题】根据支付结算法律制度的规定，下列关于办理汇兑业务的表述中，正确的有（　　）。

A. 汇款回单可以作为该笔汇款已转入收款人账户的证明
B. 汇款回单是汇出银行受理汇款的依据

C. 汇兑凭证记载的汇款人、收款人在银行开立存款账户的，必须记载其账号

D. 收账通知是银行将款项确已转入收款人账户的凭证

【答案】BCD

【解析】汇款回单只能作为汇出银行受理汇款的依据，不能作为该笔汇款已转入收款人账户的证明；收账通知是银行将款项确已收入收款人账户的凭证。

考点10　委托收款★★

一、考点解读

委托收款是收款人委托银行向付款人收取款项的结算方式。

（一）适用范围

1. 单位和个人凭已承兑的商业汇票、债券、存单等付款人债务证明办理款项的结算，均可以使用委托收款结算方式。

2. 委托收款在同城、异地均可使用。

（二）必须记载的事项

1. 表明"委托收款"的字样；

2. 确定的金额；

3. 付款人名称；

4. 收款人名称；

5. 委托收款凭证名称及附寄单证张数；

6. 委托日期；

7. 收款人签章。

欠缺记载上列事项之一的，银行不予受理。

（三）付款

1. 委托收款以"银行"为付款人的，银行应当在当日将款项主动支付给收款人。

2. 委托收款以"单位"为付款人的，银行应当及时通知付款人，需要将有关债务证明交给付款人的应当交给付款人。付款人应于接到通知的当日书面通知银行付款，付款人未在接到通知的次日起3日内通知银行付款的，视同付款人同意付款，银行应于付款人接到通知日的次日起第4日上午开始营业时，将款项划给收款人。

二、例题点津

【例题·单选题】下列关于委托收款的特征的表述中，不符合法律规定的是（　　）。

A. 委托收款在同城、异地均可以使用

B. 办理委托收款应向银行提交委托收款凭证和有关的债务证明

C. 以单位为付款人的，银行应当在当日将款项主动支付给收款人

D. 付款人审查有关债务证明后，需要拒绝付款的，可以办理拒绝付款

【答案】C

【解析】以付款银行为付款人的，银行应当在当日将款项主动支付给收款人；以单位为付款人的，付款银行应及时通知付款人，付款人应于接到通知的当日书面通知银行付款。

考点11　银行卡★★

一、考点解读

（一）银行卡的概念与分类

银行卡是经批准由商业银行向社会发行的具有消费信用、转账结算、存取现金等全部或部分功能的信用支付工具。

1. 按是否具有透支功能分：信用卡和借记卡。

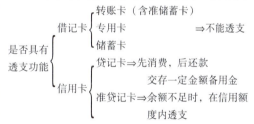

联名（认同）卡，是商业银行与营利性机构/非营利性机构合作发行的银行卡附属产品，其所依附的银行卡品种必须是经批准的品种，并应当遵守相应品种的业务章程或管理办法。

2. 按币种不同分：人民币卡和外币卡。

3. 按发行对象不同分：单位卡（商务卡）和个人卡。

4. 按信息载体不同分：磁条卡、芯片（IC）卡。

（二）银行卡账户和交易

1. 银行卡申领、注销和丧失。

（1）银行卡及其账户只限经发卡银行批准的持卡人本人使用，不得出租和转借。

（2）个人贷记卡申请的条件：

①年满 18 周岁，有固定职业和稳定收入，工作单位和户口在常住地的城乡居民。

②填写申请表，并亲笔签字。

③提供身份证及复印件。

（3）银行卡销户：

①持卡人在还清全部交易款项、透支本息和有关费用后，可申请办理销户。

②发卡行受理注销申请之日起 45 日后，被注销信用卡账户方能清户。

2. 银行卡交易的基本规定。

（1）信用卡预借现金业务：

①现金提取是指持卡人通过柜面和自动柜员机等自助机具，以现钞形式获得信用卡预借现金额度内资金。

②现金转账是指持卡人将信用卡预借现金额度内资金划转到本人银行结算账户。

③现金充值是指持卡人将信用卡预借现金额度内资金划转到本人在非银行支付机构开立的支付账户。

④信用卡持卡人通过 ATM 等自助机具办理现金提取业务，每卡每日累计不得超过人民币 1 万元（借记卡，每日每卡累计不得超过 2 万元人民币）；持卡人通过柜面办理现金提取业务，通过各类渠道办理现金转账业务的每卡每日限额，由发卡机构与持卡人通过协议约定；发卡机构可自主确定是否提供现金充值服务，并与持卡人协议约定每卡每日限额。

⑤发卡机构不得将持卡人信用卡预借现金额度内资金划转至其他信用卡，以及非持卡人的银行结算账户或支付账户。

⑥储值卡的面值或卡内币值不得超过 1 000 元人民币。

（2）贷记卡持卡人非现金交易可享受免息还款期和最低还款额待遇，银行记账日到发卡银行规定的到期还款日之间为免息还款期，持卡人在到期还款日前偿还所使用全部银行款项有困难的，可按照发卡银行规定的最低还款额还款。持卡人透支消费享受免息还款期和最低还款额待遇的条件和标准等，由发卡机构自主确定。

（3）发卡银行追偿透支款项和诈骗款项的途径：①扣减持卡人保证金、依法处理抵押物和质物；②向保证人追索透支款项；③通过司法机关的诉讼程序进行追偿。

（三）银行卡计息与收费

1. 发卡银行对准贷记卡及借记卡（不含储值卡）账户内的存款，按照中国人民银行规定的同期同档次存款利率及计息办法计付利息。

2. 信用卡透支的计结息方式，以及对信用卡溢缴款是否计付利息及其利率标准，由发卡机构自主确定。自 2021 年 1 月 1 日起，信用卡透支利率由发卡机构与持卡人自主协商确定，取消信用卡透支利率上限和下限管理。

3. 发卡机构向持卡人提供超过授信额度用卡的，不得收取超限费。

4. 发卡机构对向持卡人收取的违约金和年费、取现手续费、货币兑换费等服务费用不得计收利息。

（四）银行卡收单

银行卡收单业务，是指收单机构与特约商户签订银行卡受理协议，在特约商户按约定受理银行卡并与持卡人达成交易后，为特约商户提供交易资金结算服务的行为。

1. 银行卡收单机构。

（1）从事银行卡收单业务的银行业金融机构。

（2）获得银行卡收单业务许可、为实体特约商户提供银行卡受理并完成资金结算服务的支付机构。

（3）获得网络支付业务许可、为网络特约商户提供银行卡受理并完成资金结算服务的支付机构。

2. 特约商户管理。

（1）收单机构应当对特约商户实行实名制管理。

（2）银行卡受理协议。收单机构应当与特约商户签订银行卡受理协议，就可受理的银行卡种类、开通的交易类型、收单银行结算账户的设置和变更、资金结算周期、结算手续费标准、差错和纠纷处置等事项，明确双方的权利、义务和违约责任。

（3）结算账户。

①特约商户的收单银行结算账户应当为其同名单位银行结算账户，或其指定的、与其存在合法资金管理关系的单位银行结算账户。

②特约商户为个体工商户和自然人的，可使

用其同名个人银行结算账户作为收单银行结算账户。

（4）收单机构应当对实体特约商户收单业务进行本地化经营和管理，不得跨省（自治区、直辖市）域开展收单业务。

3. 业务与风险管理。

（1）风险评级制度。建立对实体特约商户、网络特约商户分别进行风险评级制度，对于风险等级较高的特约商户，收单机构应当对其开通的受理卡种和交易类型进行限制，并采取强化交易监测、设置交易限额、延迟结算、增加检查频率、建立特约商户风险准备金等措施。

（2）收单机构应按协议约定及时将交易资金结算到特约商户的收单银行结算账户，资金结算时限最迟不得超过持卡人确认可直接向特约商户付款的支付指令生效日后 **30 个自然日**，因涉嫌违法违规等风险交易需延迟结算的除外。

（3）收单机构发现特约商户发生疑似银行卡套现、洗钱、欺诈、转机、留存或泄露持卡人账户信息等风险事件的，应当对特约商户采取的措施包括但不限于：

①延迟资金结算；

②暂停银行卡交易；

③收回受理终端（关闭网络支付接口）。

4. 结算收费基本规定（见表 3 – 15）。

表 3 – 15　　　　　　　　　　　　结算收费基本规定

项目	收费方式	管理方式	费率及标准
收单服务费	收单机构向商户收取	实行市场调节价	由收单机构与商户协商确定具体费率
发卡行服务费	发卡机构收取	实行政府指导价、上限管理	借记卡：不高于交易金额的 0.35%（单笔交易收费金额不超过 13 元）
			贷记卡：不高于交易金额的 0.45%（不实行单笔收费封顶控制）
网络服务费	银行卡清算机构收取	实行政府指导价、上限管理	收单和发卡机构不超过交易金额的 0.065%，收单机构各承担 50%（对非营利性机构刷卡交易，实行发卡行服务费、网络服务费全额减免）

二、例题点津

【例题 1·单选题】收单机构对特约商户的交易资金结算，最迟不得超过持卡人确认可直接向特约商户付款的支付指令生效日后（　　）。

A. 15 个工作日　　　B. 15 个自然日

C. 30 个工作日　　　D. 30 个自然日

【答案】D

【解析】收单机构应按协议约定及时将交易资金结算到特约商户的收单银行结算账户，资金结算时限最迟不得超过持卡人确认可直接向特约商户付款的支付指令生效日后 30 个自然日，因涉嫌违法违规等风险交易需延迟结算的除外。

【例题 2·单选题】2023 年 10 月 11 日，李某持借记卡在宇达汽车销售公司刷卡消费 20 万元购买汽车一辆。根据支付结算法律制度的规定，收单银行就该笔业务应向宇达汽车销售公司收取的结算手续费为（　　）元。

A. 13　　　　　　　B. 80

C. 700　　　　　　D. 900

【答案】A

【解析】收单手续费标准为：不超过交易金额的 0.35%，单笔收费金额不超过 13 元。

【例题 3·多选题】根据《银行卡业务管理办法》的规定，发卡银行对下列银行卡账户内的存款，不计付利息的有（　　）。

A. 准贷记卡　　　　B. 借记卡

C. 贷记卡　　　　　D. 储值卡内的币值

【答案】CD

【解析】（1）发卡银行对准贷记卡和借记卡（不含储值卡）账户内存款计付利息；（2）发卡银行对贷记卡、储值卡内的币值不计付利息。

【例题4·多选题】 根据支付结算法律制度的规定，下列各项中，属于发卡银行追偿透支款项和诈骗款项的途径有（　　）。

A. 向保证人追索透支款项

B. 依法处理抵押物和质物

C. 通过司法机关的诉讼程序进行追偿

D. 冻结持卡人银行账户

【答案】ABC

【解析】发卡银行通过下列途径追偿透支款项和诈骗款项：（1）扣减持卡人保证金、依法处理抵押物和质物；（2）向保证人追索透支款项；（3）通过司法机关的诉讼程序进行追偿。

【例题5·判断题】 可以办理收单业务的机构仅为银行业金融机构。（　　）

【答案】×

【解析】银行卡收单机构包括银行业金融机构、获得许可的非银行金融支付机构，以及获得网络支付业务许可的支付机构。

✳ 考点12　银行电子支付★

一、考点解读

（一）网上银行

1. 网上银行的概念及分类。

网上银行包含两个层次的含义：一个是机构概念，指通过信息网络开办业务的银行；另一个是业务概念，指银行通过信息网络提供的金融服务，包括传统银行业务和因信息技术应用带来的新兴业务。

按照不同的标准，网上银行可以分为不同的类型：按主要服务对象分为企业网上银行和个人网上银行；按经营组织分为分支型网上银行和纯网上银行。

2. 网上银行的主要功能。

（1）企业网上银行子系统目前能够支持所有的对公企业客户，能够为客户提供网上账务信息服务、资金划拨、网上B2B支付和批量支付等服务，使集团公司总部能对其分支机构的财务

活动进行实时监控，随时获得其账户的动态情况，同时还能为客户提供B2B网上支付。其主要业务功能包括：账户信息查询、支付指令、B2B（Business to Business）网上支付、批量支付。

（2）个人网上业务子系统主要提供银行卡、本外币活期一本通客户账务管理、信息管理、网上支付等功能，是网上银行对个人客户服务的窗口。其具体业务功能包括：账户信息查询、人民币转账业务、银证转账业务、外汇买卖业务、账户管理业务、B2C（Business to Customer）网上支付。

（二）条码支付

1. 条码支付的概念。

条码支付业务是指银行、支付机构应用条码技术，实现收付款人之间货币资金转移的业务活动。条码支付业务包括付款扫码和收款扫码。

2. 条码支付的交易验证及限额。

条码支付业务可以组合选用下列三种要素进行交易验证：

（1）知悉的要素，如静态密码等；

（2）不可复制或者不可重复利用的要素，如数字证书、电子签名，以及通过安全渠道生成和传输的一次性密码等；

（3）生物特征要素，如指纹等。

3. 商户管理。

以同一个身份证件在同一家收单机构办理的全部小微商户基于信用卡的条码支付收款金额日累计不超过1 000元、月累计不超过1万元。

4. 风险管理。

银行、支付机构应建立条码支付交易风险监测体系，及时发现可疑交易，并采取阻断交易、联系客户核实交易等方式防范交易风险。银行、支付机构发现特约商户发生疑似套现、洗钱、恐怖融资、欺诈、留存或泄露账户信息等风险事件的，应对特约商户采取延迟资金结算、暂停交易、冻结账户等措施，并承担因未采取措施导致的风险损失责任；发现涉嫌违法犯罪活动的，应及时向公安机关报案。

二、例题点津

【例题1·多选题】 可以通过网上银行办理

的业务有（　　）。

A. 查询该借记卡中的账户余额

B. 向他人名下的银行卡转账

C. 向自己名下的其他银行卡转账

D. 支付网上购物款

【答案】ABCD

【解析】个人网上银行的主要业务功能有：（1）账户信息查询（选项 A 正确）；（2）人民币转账业务（选项 B、C 正确）；（3）银证转账业务（选项 B 正确）；（4）外汇买卖业务；（5）账户管理业务；（6）B2C 网上支付（选项 D 正确）。

【例题 2·多选题】企业开通网上银行业务后，可以通过网上银行办理的业务有（　　）。

A. 账户信息查询　　B. B2B 网上支付

C. 批量支付　　　　D. B2C 网上支付

【答案】ABC

【解析】（1）选项 A、B、C，企业网上银行的主要业务功能包括账户信息查询、支付指令、B2B 网上支付和批量支付；（2）选项 D，属于个人网上银行的主要功能之一。

第四单元　支付机构非现金支付业务

✻ 考点 1　网络支付 ★

一、考点解读

（一）网络支付的概念

网络支付是指收款人或付款人通过计算机、移动终端等电子设备，依托公共网络信息系统远程发起支付指令，且付款人电子设备不与收款人特定专属设备交互，由支付机构为收付款人提供货币资金转移服务的活动。

（二）网络支付机构的分类

1. 金融型支付企业。

金融型支付企业是独立第三方支付模式，其不负有担保功能，仅仅为用户提供支付产品和支付系统解决方案，侧重行业需求和开拓行业应用，是立足于企业端的金融型支付企业。

2. 互联网支付企业。

互联网支付企业是依托于自有的电子商务网站并提供担保功能的第三方支付模式，以在线支付为主，是立足于个人消费者端的互联网型支付企业。

（三）支付账户

1. 支付账户的概念。

支付账户是指支付机构根据用户真实意愿为其开立的，用于发放支付指令、反映交易明细、记录资金余额的电子簿记载体。

任何单位和个人不得非法买卖、出租、出借支付账户。

2. 支付账户的开户要求。

（1）对客户实行实名制管理，建立客户唯一识别编码，不得开立匿名、假名支付账户。

（2）应当与单位和个人签订协议，约定支付账户与支付账户、支付账户与银行账户之间的日累计转账限额和笔数，超出限额和笔数的，不得再办理转账业务。

（四）网络支付的相关规定

1. 网络支付的限额。

（1）采用包括数字证书或电子签名在内的两类（含）以上有效要素进行验证的交易，单日累计限额由支付机构与客户通过协议自主约定；

（2）采用不包括数字证书、电子签名在内的两类（含）以上有效要素进行验证的交易，单个客户所有支付账户单日累计金额应不超过 5 000 元（不包括支付账户向客户本人同名银行账户转账）；

（3）采用不足两类有效要素进行验证的交易，单个客户所有支付账户单日累计金额应不超过 1 000 元（不包括支付账户向客户本人同名银行账户转账），且支付机构应当承诺无条件全额承担此类交易的风险损失赔付责任。

2. 业务与风险管理。

支付机构应建立客户风险评级管理制度和机制以及交易风险管理制度和交易监测系统，动态调整客户风险评级及相关风险控制措施。

对疑似欺诈、套现、洗钱、非法融资、恐怖融资等交易，及时采取调查核实、延迟结算、终止服务等措施。

充分提示网络支付业务的潜在风险，对高风险业务在操作前、操作中进行风险警示。

履行客户信息保护责任，不得存储客户银行卡的磁道信息或芯片信息、验证码、密码等敏感信息，原则上不得存储银行卡的有效期。

二、例题点津

【例题·单选题】 下列关于支付账户说法正确的是（　　）。

A. 支付账户可以透支

B. 支付账户向认识的人出借、出租、出售

C. 可以匿名开设支付账户

D. 对客户实行实名制管理

【答案】 D

【解析】 支付账户不得透支，不得出借、出租、出售，不得利用支付账户从事或者协助他人从事非法活动。对客户实行实名制管理，建立客户唯一识别编码，不得开立匿名、假名支付账户。

✳ 考点2　预付卡★★

一、考点解读

预付卡是指发卡机构以特定载体和形式发行的、可在发卡机构之外购买商品或服务的预付价值。预付卡按是否载持卡人身份信息分为记名预付卡和不记名预付卡（见表3-16）。

表3-16　　　　　　　　　　记名预付卡与不记名预付卡的对比

项目	记名预付卡	不记名预付卡	备注
资金限额	单张记名预付卡资金限额不得超过5 000元	单张不记名预付卡资金限额不得超过1 000元	人民币计价不具有透支功能
期限	不得设置有效期	有效期不得低于3年	超期且有余额，可通过延期、激活、换卡等方式继续使用
办理	1. 个人或单位购买记名预付卡或一次性购买不记名预付卡1万元以上的，应当使用实名并向发卡机构提供有效身份证件。 2. 单位一次性购买预付卡5 000元以上，个人一次性购买预付卡5万元以上的，应当通过银行转账等非现金结算方式购买，不得使用现金。 3. 购卡人不得使用信用卡购买预付卡		使用实名购买预付卡的，发卡机构应当登记购卡人相关信息。代理购买的确认代理关系并留存代理人的相关信息
充值	1. 一次性充值金额5 000元以上的，不得使用现金。 2. 单张预付卡充值后的资金余额不得超过规定限额。 3. 预付卡现金充值通过发卡机构网点进行，但单张预付卡同日累计现金充值在200元以下的，可通过自助充值终端、销售合作机构代理等方式充值		预付卡只能通过现金或银行转账方式进行充值，不得使用信用卡为预付卡充值
赎回	1. 可赎回。 2. 在购卡3个月后办理。 3. 持卡人应当出示预付卡及持卡人和购卡人的有效身份证件	不赎回	由他人代理赎回的，应当同时出示代理人和被代理人的有效身份证件。 单位购买的记名预付卡，只能由单位办理赎回
挂失	可挂失	不挂失	

二、例题点津

【例题1·单选题】 根据支付结算法律制度

的规定，下列关于预付卡的有关论述，正确的是（　　）。

A. 记名预付卡的有效期不得低于3年

B. 不记名预付卡的资金限额不得超过 1 000 元

C. 预付卡可以透支

D. 超过有效期尚有资金余额的预付卡，其卡废止

【答案】B

【解析】预付卡以人民币计价，不具有透支功能。记名预付卡可挂失，可赎回，不得设置有效期；不记名预付卡不挂失，不赎回，有效期不得低于 3 年。超过有效期尚有资金余额的预付卡，可通过延期、激活、换卡等方式继续使用。

【例题 2·单选题】王某购买了一张记名预付卡，根据支付结算法律制度的规定，该张预付卡内的资金最高限额为（　　）元。

A. 1 000　　　　　B. 5 000

C. 10 000　　　　D. 50 000

【答案】B

【解析】单张记名预付卡资金限额不得超过 5 000 元。

【例题 3·多选题】下列关于预付卡的购买和充值办理中，可以使用现金的有（　　）。

A. 某公司一次性购买预付卡 6 000 元

B. 小张购买记名预付卡 30 000 元

C. 某公司为其记名预付卡充值 3 000 元

D. 小李为其预付卡充值 6 000 元

【答案】BC

【解析】预付卡通过现金或银行转账方式进行充值，不得使用信用卡为预付卡充值。一次性充值金额 5 000 元以上的，不得使用现金。

【例题 4·判断题】预付卡一律采用记名方式。（　　）

【答案】×

【解析】预付卡包括记名预付卡和不记名预付卡。

第五单元　支付结算纪律和法律责任

✦ 考点1　支付结算纪律 ★

一、考点解读

结算纪律是银行、单位和个人办理支付结算业务所应遵守的基本规定。银行、单位和个人违反结算纪律，要分别承担相应的法律责任。

（一）单位和个人办理支付结算应遵守的纪律

1. 不准签发没有资金保证的票据或远期支票，套取银行信用。

2. 不准签发、取得和转让没有真实交易和债权债务的票据，套取银行和他人的资金。

3. 不准无理拒绝付款，任意占用他人资金。

4. 不准违反规定开立和使用账户。

（二）银行和支付机构的支付结算纪律

1. 不准以任何理由压票，截留、挪用用户和他行的资金。

2. 不准无理由拒绝支付应由银行支付的票据款项。

3. 不准受理无理拒付，不扣少扣滞纳金。

4. 不准违章签发、承兑、贴现票据，套取银行资金。

5. 不准签发空头银行汇票、银行本票和办理空头汇款。

6. 不准在支付结算制度之外规定附加条件，影响汇路畅通。

7. 不准违反规定为单位和个人开立账户。

8. 不准拒绝受理、代理他行正常结算业务。

9. 不得伪造、变造电子支付指令。

10. 不得以任何形式挪用、占用、借用用户备付金。

11. 不得以用户备付金为自己或他人提供担保。

二、例题点津

【例题·多选题】根据支付结算法律制度的规定，以下选项属于银行办理支付结算必须遵守的结算纪律有（　　）。

A. 不准违反规定为单位和个人开立账户

B. 不准签发没有资金保证的票据或远期支票，套取银行信用

C. 不准签发空头银行汇票、银行本票和办

理空头汇款

D. 不准受理无理拒付、不扣少扣滞纳金

【答案】ACD

【解析】《支付结算办法》规定："单位和个人办理支付结算"，不准签发没有资金保证的票据或远期支票，套取银行信用（选项 B 不选）；不准签发、取得和转让没有真实交易和债权债务的票据，套取银行和他人资金；不准无理拒绝付款，任意占用他人资金；不准违反规定开立和使用账户。

✱ 考点 2　违反支付结算法律制度的法律责任 ★★

一、考点解读

银行、单位和个人违反结算纪律，要分别承担相应的法律责任（见表 3 – 17）。

表 3 – 17　违反支付结算法律制度的责任

行为类型	具体表现	具体处罚
无理拒付，占用他人资金行为	故意压票、拖延支付的，银行机构违反票据承兑等结算业务规定，不予兑现，不予收付入账，压单、压票或者违反规定退票的	责令改正，有违法所得没收。 5 万元以上的，处 1 倍以上 5 倍以下罚款； 没有或者不足 5 万元的，处 5 万元以上 50 万元以下罚款
开立、撤销过程中的违法行为	违反规定开立银行结算账户	属于非经营性存款人的，给予警告并处以 1 000 元的罚款；属于经营性存款人的，给予警告并处以 1 万元以上 3 万元以下的罚款；构成犯罪的，移交司法机关依法追究刑事责任
	伪造、变造证明文件欺骗银行开立银行结算账户	
	违反规定不及时撤销银行结算账户	
	伪造、变造、私自印制开户许可证	属于非经营性的存款人处以 1 000 元罚款；属于经营性的存款人处以 1 万元以上 3 万元以下的罚款；构成犯罪的，移交司法机关依法追究刑事责任
使用过程中的违法行为	违反规定将单位款项转入个人银行结算账户	非经营性的存款人给予警告并处以 1 000 元罚款；经营性的存款人给予警告并处以 5 000 元以上 3 万元以下的罚款
	违反规定支取现金	
	利用开立银行结算账户逃废银行债务	
	出租、出借银行结算账户	
	从基本存款账户之外的银行结算账户转账存入、将销货收入存入或现金存入单位信用卡账户	
	法定代表人或主要负责人、存款人地址以及其他开户资料的变更事项未在规定期限内通知银行	给予警告并处以 1 000 元的罚款

续表

行为类型	具体表现	具体处罚
票据欺诈行为	伪造、变造票据、托收凭证、汇款凭证、信用证，伪造信用卡	处5年以下有期徒刑或者拘役，并处或者单处2万元以上20万元以下罚金； 严重的，处5年以上10年以下有期徒刑，并处5万元以上50万元以下罚金； 特别严重的，处10年以上有期徒刑或者无期徒刑，并处5万元以上50万元以下罚金或者没收财产
	妨害信用卡管理	处3年以下有期徒刑或者拘役，并处或者单处1万元以上10万元以下罚金； 数量巨大或者严重情节的，处3年以上10年以下有期徒刑，并处2万元以上20万元以下罚金
	进行信用卡诈骗活动	数额较大的，处5年以下有期徒刑或者拘役，并处2万元以上20万元以下罚金； 数额巨大或者严重情节的，处5年以上10年以下有期徒刑，并处5万元以上50万元以下罚金； 数额特别巨大或者特别严重情节的，处10年以上有期徒刑或者无期徒刑，并处5万元以上50万元以下罚金或者没收财产
非法出租、出借、出售、购买银行结算账户或支付账户行为	出租、出借、出售、购买银行结算账户，假冒他人身份或者虚构代理关系开立银行结算账户或者支付账户	5年内暂停其银行账户非柜面业务、支付账户所有业务，并不得为其新开立账户

二、例题点津

【例题·单选题】根据支付结算法律制度的规定，下列关于经营性存款人违反账户结算的行为中，适用给予警告并处以5 000元以上3万元以下罚款的是（　　）。

A. 出租、出借银行结算账户

B. 违反规定不及时撤销银行结算账户

C. 伪造、变造开户许可证

D. 伪造、变造证明文件欺骗银行开立结算账户

【答案】A

【解析】选项B、D，经营性存款人适用给予警告并处以1万元以上3万元以下的罚款。选项C，经营性存款人适用处以1万元以上3万元以下的罚款。

第四章 税法概述及货物和劳务税法律制度

教材变化

2025 年本章教材内容与 2024 年相比变化较大，主要变化包括：修改了增值税税收优惠的内容，精简了消费税税目相关表述，大幅调整了关税法律制度相关内容等。

考情分析

本章是经济法基础中计算最复杂、变化最多的一部分，考点多而分散。考生在学习中需要反复通读教材，掌握每一个重要的考点，并通过对各类题型的反复练习，达到灵活运用、精准辨析的境界，尤其是针对不定项选择题的练习要给予足够的关注。本章须重点掌握增值税和消费税的征税范围、应纳税额的计算等考点。本章是历年考试的重点章节，所占比重较大，分值为 15 分左右，考查范围广，各个知识点均有涉及。从题型看，各种题型（单项选择题、多项选择题、判断题和不定项选择题）在本章均有涉及。

本章考点框架

税法概述及货物和劳务税法律制度

税收法律制度概述
- 税收与税收法律关系★
- 税法要素★★

增值税法律制度
- 纳税人的划分★★
- 征税范围★★★
- 混合销售和兼营★★★
- 不征收增值税项目★★
- 增值税税率和征收率★★★
- 增值税应纳税额的计算★★★
- 简易计税方法应纳税额的计算★★
- 进口货物应纳税额的计算★★
- 税收优惠★
- 征收管理★
- 专用发票管理★
- 全面数字化电子发票★
- 增值税出口退税制度★

消费税法律制度
- 消费税纳税人和征税范围★★
- 消费税税目和税率★★
- 销售额的确定★★
- 应纳税额的计算★★★
- 已纳消费税的扣除★★
- 消费税征收管理★

其他税费
- 城市维护建设税、教育费附加和地方教育附加★
- 车辆购置税★★
- 关税★★

考点解读

第一单元　税收法律制度概述

✳ 考点1　税收与税收法律关系★

一、考点解读

（一）税收

税收是指以国家为主体，为实现国家职能，凭借政治权力，按照法定标准，无偿取得财政收入的一种特定分配形式。

（二）税收法律关系及构成要素

税收法律关系体现为国家征税与纳税人纳税的利益分配关系。在总体上税收法律关系与其他法律关系一样也是由主体、客体和内容三个方面构成。

1. 主体。主体是指税收法律关系中享有权利和承担义务的当事人。在我国税收法律关系中，主体一方是代表国家行使征税职责的国家税务机关，包括国家各级税务机关和海关；另一方是履行纳税义务的人，包括法人、自然人和其他组织。对这种权利主体的确定，我国采取属地兼属人原则，即在华的外国企业、组织、外籍人、无国籍人等凡在中国境内有所得来源的，都是我国税收法律关系的主体。

2. 客体。客体是指主体的权利、义务所共同指向的对象，也就是征税对象。如企业所得税法律关系客体就是生产经营所得和其他所得。

3. 内容。内容是指主体所享受的权利和所应承担的义务，这是税收法律关系中最实质的东西，也是税法的灵魂。

二、例题点津

【例题1·多选题】税收法律关系的组成部分有（　　）。

A. 主体　　　　　　B. 客体

C. 内容　　　　　　D. 对象

【答案】ABC

【解析】税收法律关系与其他法律关系一样，也是由主体、客体和内容三个方面构成的。

【例题2·多选题】根据税收征收管理法律制度的规定，下列各项中，属于税收法律关系主体的有（　　）。

A. 税务机关　　　　B. 纳税人

C. 海关　　　　　　D. 扣缴义务人

【答案】ABCD

【解析】税收法律关系主体分为征税主体（各级税务机关、海关等）和纳税主体（纳税人、扣缴义务人和纳税担保人）。

✳ 考点2　税法要素★★

一、考点解读

税法要素是指各单行税法共同具有的基本要素。税法要素如表4-1所示。

表4-1

要素	内　容
纳税人	1. 纳税人是指法律、行政法规规定负有纳税义务的法人、自然人和其他组织（增值税的一般纳税人、小规模纳税人、企业所得税的居民企业等）； 2. 扣缴义务人是税法规定的，在其经营活动中负有代扣税款并向国库缴纳义务的单位（个人所得税代扣代缴的扣缴义务人）

续表

要素	内　容	
征税对象	1. 又称课税对象； 2. 是指税收法律关系的客体； 3. 不同的征税对象是区别不同税种的重要标志； 4. 税目，是征税对象的具体化	
税率	税率是指应征税额与计税金额（或数量单位）之间的比例，是计算税额的尺度。税率的高低直接体现国家的政策要求，直接关系到国家财政收入和纳税人的负担程度，是税收法律制度中的核心要素	
	我国现行税法规定的税率	1. 比例税率（如增值税、企业所得税）。 2. 累进税率。分为： （1）全额累进税率（我国不用）。 （2）超额累进税率（如个人工资、薪金所得）。 （3）超率累进税（如土地增值税）。 3. 定额税率（如啤酒的消费税）
计税依据	1. 从价计征，是以计税金额为计税依据； 2. 从量计征，是以征税对象的重量、体积、数量等为计税依据	
纳税环节	是指税法规定的征税对象在从生产到消费的流转过程中应当缴纳税款的环节	
纳税期限	包括纳税义务发生时间、纳税期限、缴库期限	
纳税地点	是指根据各税种的纳税环节和有利于对税款的源泉控制而规定的纳税人（包括代征、代扣、代缴义务人）的具体申报缴纳税款的地方	
税收优惠	减税和免税	
	起征点。没有达到起征点的不征税，达到或超过起征点的，就其全部数额征税	
	免征额。对纳税对象中的一部分给予免征，只对剩余部分计征税款	

二、例题点津

【例题·判断题】起征点是指征税对象达到一定数额才开始征税的界限，征税对象的数额达到规定数额的，只对其超过起征点部分的数额征税。（　）

【答案】×

【解析】应就其全部数额征税。

第二单元　增值税法律制度

✲ 考点1　纳税人的划分★★

一、考点解读（见表4-2）

表4-2

项目	内　容
纳税人的一般规定	在中国境内销售货物或者劳务、进口货物以及销售服务、无形资产或不动产的单位和个人，为增值税的纳税人

续表

要　素	内　　　容	
纳税人的一般规定	单位以承包、承租、挂靠方式经营的，承包人、承租人、挂靠人（以下统称"承包人"）以发包人、出租人、被挂靠人（以下统称"发包人"）名义对外经营并由发包人承担相关法律责任的，以该发包人为纳税人。否则，以承包人为纳税人	
	资管产品运营过程中发生的增值税应税行为，以资管产品管理人为增值税纳税人	
纳税人的划分（根据纳税人的经营规模以及会计核算健全程度的不同）	小规模纳税人	年应征增值税销售额为 500 万元及以下
	一般纳税人	年应税销售额超过小规模纳税人标准的企业和企业性单位
	不办理一般纳税人资格登记的情形	按照政策规定选择按照小规模纳税人纳税的
		年应税销售额超过规定标准的其他个人
扣缴义务人	中国境外单位或者个人在境内发生应税行为，在境内未设有经营机构的，以购买方为增值税扣缴义务人。财政部和国家税务总局另有规定的除外	

二、例题点津

【例题·单选题】下列纳税人中，不属于增值税一般纳税人的是（　　）。

A. 年销售额为 600 万元的从事货物生产的个体经营者

B. 年销售额为 600 万元的从事货物批发的其他个人

C. 年销售额为 600 万元的从事货物生产的企业

D. 年销售额为 600 万元的从事货物批发零售的企业

【答案】B

【解析】根据增值税法律制度的规定，年应税销售额超过规定标准的其他个人，按小规模纳税人办理。

✱ 考点 2　征税范围 ★★★

一、考点解读

一般范围：增值税的征税范围包括在中国境内销售货物、销售劳务和进口货物，以及销售应税服务、销售无形资产和销售不动产。

（一）销售货物

销售货物是有偿转让货物的所有权。

解释（1）销售在境内：在中国境内销售货物，是指销售货物的起运地或者所在地在境内。

（2）货物，是指有形动产，包括电力、热力、气体在内。

（3）有偿，是指从购买方取得货币、货物或者其他经济利益。

（二）销售劳务

销售劳务，是指有偿提供加工、修理修配劳务。

解释（1）在中国境内提供加工、修理修配劳务，是指提供的应税劳务发生地在境内。

（2）单位或者个体工商户聘用的员工为本单位或者雇主提供加工、修理修配劳务不包括在内。

（3）加工，是指受托加工货物，即委托方提供原料及主要材料，受托方按照委托方的要求，制造货物并收取加工费的业务；修理修配，是指受托对损伤和丧失功能的货物进行修复，使其恢复原状和功能的业务。

（三）进口货物

进口货物，是指申报进入中国海关境内的货物。我国增值税法规定，只要是报关进口的应税货物，均属于增值税的征税范围，除享受免税政策外，在进口环节缴纳增值税。

（四）销售服务

销售服务，是指提供交通运输服务、邮政服务、电信服务、建筑服务、金融服务、现代服务、生活服务。

1. 交通运输服务。

（1）陆路运输服务。

解释 出租车公司向使用本公司自有出租车的出租车司机收取的管理费用，按照陆路运输服务缴纳增值税。

（2）水路运输服务。

解释 水路运输的程租、期租业务，属于水路运输服务。

（3）航空运输服务。

（4）管道运输服务。

解释 无运输工具承运业务，按照交通运输服务缴纳增值税。

2. 邮政服务。

（1）邮政普遍服务。

（2）邮政特殊服务。

（3）其他邮政服务。

3. 电信服务。

（1）基础电信服务，是指利用固网、移动网、卫星、互联网，提供语音通话服务的业务活动，以及出租或者出售带宽、波长等网络元素的业务活动。

（2）增值电信服务，是指利用固网、移动网、卫星、互联网、有线电视网络，提供短信和彩信服务、电子数据和信息的传输及应用服务、互联网接入服务等业务活动。

解释 卫星电视信号落地转接服务，按照增值电信服务缴纳增值税。

4. 建筑服务。

（1）工程服务，是指新建、改建各种建筑物、构筑物的工程作业，包括与建筑物相连的各种设备或者支柱、操作平台的安装或者装设工程作业，以及各种窑炉和金属结构工程作业。

（2）安装服务，是指生产设备、动力设备、起重设备、运输设备、传动设备、医疗实验设备以及其他各种设备、设施的装配、安置工程作业，包括与被安装设备相连的工作台、梯子、栏杆的装设工程作业，以及被安装设备的绝缘、防腐、保温、油漆等工程作业。

解释 固定电话、有线电视、宽带、水、电、燃气、暖气等经营者向用户收取的安装费、初装费、开户费、扩容费以及类似收费，按照安装服务缴纳增值税。

（3）修缮服务，是指对建筑物、构筑物进行修补、加固、养护、改善，使之恢复原来的使用价值或者延长其使用期限的工程作业。

（4）装饰服务，是指对建筑物、构筑物进行修饰装修，使之美观或者具有特定用途的工程作业。

（5）其他建筑服务，是指上列工程作业之外的各种工程作业服务，如钻井（打井）、拆除建筑物或者构筑物、平整土地、园林绿化、疏浚（不包括航道疏浚）、建筑物平移、搭脚手架、爆破、矿山穿孔、表面附着物（包括岩层、土层、沙层等）剥离和清理等工程作业。

5. 金融服务。

（1）贷款服务。贷款，是指将资金贷与他人使用而取得利息收入的业务活动。

各种占用、拆借资金取得的收入，包括金融商品持有期间（含到期）利息（保本收益、报酬、资金占用费、补偿金等）收入、信用卡透支利息收入、买入返售金融商品利息收入、融资融券收取的利息收入，以及融资性售后回租、押汇、罚息、票据贴现、转贷等业务取得的利息及利息性质的收入，按照贷款服务缴纳增值税。

融资性售后回租，是指承租方以融资为目的，将资产出售给从事融资性售后回租业务的企业后，从事融资性售后回租业务的企业将该资产出租给承租方的业务活动。

以货币资金投资收取的固定利润或者保底利润，按照贷款服务缴纳增值税。

（2）直接收费金融服务，是指为货币资金融通及其他金融业务提供相关服务并且收取费用的业务活动。包括提供货币兑换、账户管理、电子银行、信用卡、信用证、财务担保、资产管理、信托管理、基金管理、金融交易场所（平台）管理、资金结算、资金清算、金融支付等服务。

（3）保险服务，包括人身保险服务和财产保险服务。

（4）金融商品转让，是指转让外汇、有价证券、非货物期货和其他金融商品所有权的业务活动。其他金融商品转让包括基金、信托、理财产品等各类资产管理产品和各种金融衍生品的转让。

6. 现代服务。

（1）研发和技术服务，包括研发服务、合同能源管理服务、工程勘察勘探服务、专业技术服务。

（2）信息技术服务，是指利用计算机、通信网络等技术对信息进行生产、收集、处理、加工、存储、运输、检索和利用，并提供信息服务的业务活动，包括软件服务、电路设计及测试服务、信息系统服务、业务流程管理服务和信息系统增值服务。

（3）文化创意服务，包括设计服务、知识产权服务、广告服务和会议展览服务。

（4）物流辅助服务，包括航空服务、港口码头服务、货运客运场站服务、打捞救助服务、装卸搬运服务、仓储服务和收派服务。

（5）租赁服务，包括融资租赁服务和经营租赁服务。

解释 ①融资性售后回租不按照本税目缴纳增值税。

②将建筑物、构筑物等不动产或者飞机、车辆等有形动产的广告位出租给其他单位或者个人用于发布广告，按照经营租赁服务缴纳增值税。

③车辆停放服务、道路通行服务（包括过路费、过桥费、过闸费等）等按照不动产经营租赁服务缴纳增值税。

（6）鉴证咨询服务，包括认证服务、鉴证服务和咨询服务。翻译服务和市场调查服务按照咨询服务缴纳增值税。

（7）广播影视服务，包括广播影视节目（作品）的制作服务、发行服务和播映（含放映，下同）服务。

（8）商务辅助服务，包括企业管理服务、经纪代理服务、人力资源服务、安全保护服务。

（9）其他现代服务，是指除研发和技术服务、信息技术服务、文化创意服务、物流辅助服务、租赁服务、鉴证咨询服务、广播影视服务和商务辅助服务以外的现代服务。

7. 生活服务。

（1）文化体育服务，包括文化服务和体育服务。

（2）教育医疗服务，包括教育服务和医疗服务。

（3）旅游娱乐服务，包括旅游服务和娱乐服务。

（4）餐饮住宿服务，包括餐饮服务和住宿服务。

（5）居民日常服务，是指主要为满足居民个人及其家庭日常生活需求提供的服务，包括市容市政管理、家政、婚庆、养老、殡葬、照料和护理、救助救济、美容美发、按摩、桑拿、氧吧、足疗、沐浴、洗染、摄影扩印等服务。

（6）其他生活服务，是指除文化体育服务、教育医疗服务、旅游娱乐服务、餐饮住宿服务和居民日常服务之外的生活服务。

（五）销售无形资产

销售无形资产，是指转让无形资产所有权或者使用权的业务活动。无形资产，是指不具实物形态，但能带来经济利益的资产，包括技术、商标、著作权、商誉、自然资源使用权和其他权益性无形资产。

解释（1）技术，包括专利技术和非专利技术。

（2）自然资源使用权，包括土地使用权、海域使用权、探矿权、采矿权、取水权和其他自然资源使用权。

（3）其他权益性无形资产，包括基础设施资产经营权、公共事业特许权、配额、经营权（包括特许经营权、连锁经营权、其他经营权）、经销权、分销权、代理权、会员权、席位权、网络游戏虚拟道具、域名、名称权、肖像权、冠名权、转会费等。

（六）销售不动产

销售不动产，是指转让不动产所有权的业务活动。

转让建筑物有限产权或者永久使用权的、转让在建的建筑物或者构筑物所有权的，以及在转让建筑物或者构筑物时一并转让其所占土地的使用权的，按照销售不动产缴纳增值税。

解释 不动产，是指不能移动或者移动后会引起性质、形状改变的财产，包括建筑物、构筑物等。

解释 建筑物，包括住宅、商业营业用房、办公楼等可供居住、工作或者进行其他活动的建造物。

构筑物，包括道路、桥梁、隧道、水坝等建造物。

（七）非经营活动的界定

销售服务、无形资产或者不动产，是指有偿提供服务、有偿转让无形资产或者不动产，但属于下列非经营活动的情形除外：

1. 行政单位收取的同时满足以下条件的政府性基金或者行政事业性收费。

（1）由国务院或者财政部批准设立的政府性基金，由国务院或者省级人民政府及其财政、价格主管部门批准设立的行政事业性收费；

（2）收取时开具省级以上（含省级）财政部门监（印）制的财政票据；

（3）所收款项全额上缴财政。

2. 单位或者个体工商户聘用的员工为本单位或者雇主提供取得工资的服务。

3. 单位或者个体工商户为聘用的员工提供服务。

4. 财政部和国家税务总局规定的其他情形。

（八）境内销售服务、无形资产或者不动产的界定

1. 在境内销售服务、无形资产或者不动产，是指：

（1）服务（租赁不动产除外）或者无形资产（自然资源使用权除外）的销售方或者购买方在境内。

（2）所销售或者租赁的不动产在境内。

（3）所销售自然资源使用权的自然资源在境内。

（4）财政部和国家税务总局规定的其他情形。

2. 下列情形不属于在境内销售服务或者无形资产：

（1）境外单位或者个人向境内单位或者个人销售完全在境外发生的服务。

（2）境外单位或者个人向境内单位或者个人销售完全在境外使用的无形资产。

（3）境外单位或者个人向境内单位或者个人出租完全在境外使用的有形动产。

（4）财政部和国家税务总局规定的其他情形。

（九）视同销售货物行为

1. 单位或者个体工商户的下列行为，视同销售货物：

（1）将货物交付其他单位或者个人代销。

【举例】甲服装厂将应季服装委托乙商场代销，视同销售。

（2）销售代销货物。

【举例】乙商场将甲服装厂委托销售的应季服装销售给顾客，视同销售。

（3）设有两个以上机构并实行统一核算的纳税人，将货物从一个机构移送至其他机构用于销售，但相关机构设在同一县（市）的除外。

【举例】甲服装厂将自己生产的服装从企业经营地 A 市运往 B 市的第二销售门市部，视同销售（该移送涉及两个税务机关的管辖）。但运送至企业经营地 A 市的第一销售门市部不视同销售（该移送仍在同一税务机关管辖范围）。

（4）将自产、委托加工的货物用于非增值税应税项目。

（5）将自产、委托加工的货物用于集体福利或者个人消费。

（6）将自产、委托加工或者购进的货物作为投资，提供给其他单位或者个体工商户。

（7）将自产、委托加工或者购进的货物分配给股东或者投资者。

（8）将自产、委托加工或者购进的货物无偿赠送其他单位或者个人。

2. 下列情形视同销售服务、无形资产或者不动产，征收增值税：

（1）单位或者个体工商户向其他单位或者个人无偿提供服务，但用于公益事业或者以社会公众为对象的除外。

（2）单位或者个人向其他单位或者个人无偿转让无形资产或者不动产，但用于公益事业或者以社会公众为对象的除外。

（3）财政部和国家税务总局规定的其他情形。

二、例题点津

【例题 1·单选题】根据增值税法律制度的规定，下列各项中，不应当按照租赁服务缴纳增

值税的是（　　）。

　　A. 飞机广告位出租业务

　　B. 融资性售后回租

　　C. 停车场收费

　　D. 高速公路收取的过路费

【答案】B

【解析】融资性售后回租被视为贷款服务，按照金融服务缴纳增值税。

【例题2·多选题】根据增值税法律制度的规定，下列各项中，应当按照金融服务缴纳增值税的有（　　）。

　　A. 银行销售金银

　　B. 贷款利息收入

　　C. 存款利息收入

　　D. 基金管理

【答案】BD

【解析】选项A，银行销售金银按销售货物缴纳增值税。选项C，存款利息收入不属于增值税的征税范围。

【例题3·多选题】下列行为中，应视同销售货物征收增值税的有（　　）。

　　A. 将外购的货物用于分配股东

　　B. 将自产货物无偿赠送给合作伙伴

　　C. 将外购的货物用于集体福利

　　D. 将委托加工收回的货物用于个人消费

【答案】ABD

【解析】根据增值税法律制度的规定，选项A、B，将自产、委托加工或购进的货物用于投资、分配股东或投资者、无偿赠送行为的，属于增值税视同销售行为。选项C，外购货物用于集体福利，不属于增值税视同销售行为，应作为进项税额转出处理。选项D，将委托加工的货物用于个人消费，属于增值税视同销售行为。

【例题4·判断题】卫星电视信号落地转接服务属于增值电信服务。（　　）

【答案】√

【解析】卫星电视信号落地转接服务，按照增值电信服务计算缴纳增值税。

【例题5·判断题】出租车公司向使用本公司自有出租车的出租车司机收取的管理费用，按照有形动产租赁服务缴纳增值税。（　　）

【答案】×

【解析】应按照陆路运输服务缴纳增值税。

✷ 考点3　混合销售和兼营★★★

一、考点解读

（一）混合销售

1. 概念。

一项销售行为如果既涉及货物又涉及服务，为混合销售。

2. 税务处理。

从事货物的生产、批发或者零售的单位和个体工商户的混合销售行为，按照销售货物缴纳增值税；其他单位和个体工商户的混合销售行为，按照销售服务缴纳增值税。

上述从事货物的生产、批发或者零售的单位和个体工商户，包括以从事货物的生产、批发或者零售为主，并兼营销售服务的单位和个体工商户在内。

（二）兼营

兼营，是指纳税人的经营中既包括销售货物和加工修理修配劳务，又包括销售服务、无形资产和不动产的行为。

纳税人兼营销售货物、劳务、服务、无形资产或者不动产，适用不同税率或者征收率的，应当分别核算适用不同税率或者征收率的销售额；未分别核算的，从高适用税率（征收率）。

混合销售与兼营的区别，混合销售是纳税人的一项（次）销售行为同时涉及货物和服务，销售货物和服务的价款同时从同一个客户收取，这两种款项难以分别合理作价。兼营是纳税人兼有销售货物、服务、无形资产和不动产业务，这些业务不发生在同一项（次）销售活动中，收取的各类业务价款来自不同的客户，这些款项可以分别核算。

二、例题点津

【例题·多选题】下列各项中，属于增值税混合销售行为的有（　　）。

　　A. 百货商店在销售商品的同时又提供送货服务

　　B. 餐饮公司提供餐饮服务的同时又销售烟酒

　　C. 建材商店在销售木质地板的同时提供安

装服务

D. KTV 在提供娱乐服务的同时销售酒水

【答案】ABCD

【解析】根据增值税法律制度的规定，选项A、B、C、D 均属于增值税混合销售行为。

✦ 考点4 不征收增值税项目★★

一、考点解读

1. 根据国家指令无偿提供的铁路运输服务、航空运输服务，属于《营业税改征增值税试点实施办法》规定的用于公益事业的服务。

2. 存款利息。

3. 被保险人获得的保险赔付。

4. 房地产主管部门或者其指定机构、公积金管理中心、开发企业以及物业管理单位代收的住宅专项维修资金。

5. 在资产重组过程中，通过合并、分立、出售、置换等方式，将全部或者部分实物资产以及与其相关联的债权、负债和劳动力一并转让给其他单位和个人，其中涉及不动产、土地使用权转让行为。

6. 纳税人在资产重组过程中，通过合并、分立、出售、置换等方式，将全部或者部分实物资产以及与其相关联的债权、负债和劳动力一并转让给其他单位和个人，不属于增值税的征税范围，其中涉及的货物转让，不征收增值税。

7. 纳税人取得的财政补贴收入，与其销售货物、劳务、服务、无形资产、不动产的收入或者数量直接挂钩的，应按规定计算缴纳增值税。纳税人取得的其他情形的财政补贴收入，不属于增值税应税收入，不征收增值税。

二、例题点津

【例题·多选题】根据增值税法律制度的规定，下列各项中，不征收增值税的有（　　）。

A. 根据国家指令无偿提供的铁路运输服务

B. 存款利息

C. 被保险人获得的保险赔付

D. 公积金管理中心代收的住宅专项维修资金

【答案】ABCD

【解析】上述选项均属于不征收增值税的情形。

✦ 考点5 增值税税率和征收率★★★

一、考点解读

（一）基本税率13%的适用范围

销售货物、劳务、有形动产租赁服务或者进口货物，除特殊规定外，税率为13%。

（二）低税率9%的适用范围

纳税人销售交通运输、邮政、基础电信、建筑、不动产租赁服务、销售不动产、转让土地使用权，销售或进口下列货物，税率为9%：

1. 涉农。

农产品、农药、农膜、化肥、沼气。

2. 涉民。

自来水、暖气、石油液化气、天然气、食用植物油、冷气、热水、煤气、居民煤炭制品、食用盐。

3. 涉文。

图书、报纸、杂志、音像制品、电子出版物。

4. 二甲醚。

（三）销售服务、无形资产的税率为6%

（四）零税率的适用范围

纳税人出口货物、境内单位和个人销售国际运输服务、航天运输服务、向境外提供的完全在境外消费的研发服务、合同能源管理服务、设计服务、广播影视节目（作品）的制作和发行服务、软件服务、电路设计和测试服务、信息系统服务、业务流程管理服务、离岸服务外包业务、转让技术。

（五）征收率

1. 小规模纳税人采用简易办法征收增值税，征收率为3%。

2. 纳税人销售旧货、固定资产征收率的具体适用（见表4-3）。

表 4 – 3

纳税人	销售对象	计税方法
一般纳税人	按规定不得抵扣且未抵扣过进项税的固定资产	按照简易办法依照 3% 的征收率减按 2% 征收增值税，可以放弃减免，按照简易办法依照 3% 的征收率缴纳增值税，并可以开具增值税专用发票
	按规定可以抵扣进项税的固定资产	2009 年 1 月 1 日以后购进或自制的固定资产按正常销售货物适用税率征收增值税
	固定资产以外的其他物品	
小规模纳税人	销售自己使用过的固定资产	依照 3% 的征收率减按 2% 征收增值税，可以放弃减免，依照 3% 征收率缴纳增值税，并可以开具增值税专用发票
	销售自己使用过的固定资产以外的其他物品	按 3% 的征收率征收增值税
纳税人销售旧货，按照简易办法依照 3% 的征收率减按 2% 征收增值税。自 2020 年 5 月 1 日至 2027 年 12 月 31 日，从事二手车经销业务的纳税人销售其收购的二手车，由原按照简易办法依照 3% 的征收率减按 2% 征收增值税，改为减按 0.5% 征收增值税。		

3. 一般纳税人销售自产的下列货物，可选择按照简易办法依照 3% 征收率计算缴纳增值税，选择简易办法计算缴纳增值税后，36 个月内不得变更，具体适用范围为：

（1）县级及县级以下小型水力发电单位生产的电力。

（2）建筑用和生产建筑材料所用的砂、土、石料。

（3）以自己采掘的砂、土、石料或其他矿物连续生产的砖、瓦、石灰（不含黏土实心砖、瓦）。

（4）用微生物、微生物代谢产物、动物毒素、人或动物的血液或组织制成的生物制品。

（5）自来水（对属于一般纳税人的自来水公司销售自来水按照简易办法依照 3% 征收率征收增值税，不得抵扣其购进自来水取得增值税扣税凭证上注明的增值税税款）。

（6）商品混凝土（仅限于以水泥为原料生产的水泥混凝土）。

4. 一般纳税人销售货物属于下列情形之一的，暂按简易办法依照 3% 征收率计算缴纳增值税：

（1）寄售商店代销寄售物品（包括居民个人寄售的物品在内）。

（2）典当业销售死当物品。

5. 建筑企业一般纳税人提供建筑服务属于老项目的，可以选择简易办法依照 3% 的征收率征收增值税。

6. 征收率的特殊规定（征收率 5%）。

（1）小规模纳税人转让其取得的不动产。

（2）一般纳税人转让其 2016 年 4 月 30 日前取得的不动产，选择简易计税方法计税的。

（3）小规模纳税人出租其取得的不动产（不含个人出租住房）。

（4）一般纳税人出租其 2016 年 4 月 30 日前取得的不动产，选择简易计税方法计税的。

（5）房地产开发企业（一般纳税人）销售自行开发的房地产老项目，选择简易计税方法计税的。

（6）房地产开发企业（小规模纳税人）销售自行开发的房地产项目。

（7）一般纳税人提供劳务派遣服务，可以按照《财政部　国家税务总局关于全面推开营业税改征增值税试点的通知》的有关规定，以取得的全部价款和价外费用为销售额，按照一般计税方法计算缴纳增值税；也可以选择差额纳税，以取得的全部价款和价外费用，扣除代用工单位支付给劳务派遣员工的工资、福利和为其办理社会保险及住房公积金后的余额为销售额，按照简易计税方法依5%的征收率计算缴纳增值税。

（8）自2021年10月1日起，住房租赁企业中的增值税一般纳税人向个人出租住房取得的全部出租收入，可以选择适用简易计税方法，按照5%的征收率减按1.5%计算缴纳增值税，或适用一般计税方法计算缴纳增值税。住房租赁企业中的增值税小规模纳税人向个人出租住房，按照5%的征收率减按1.5%计算缴纳增值税。

二、例题点津

【例题1·单选题】某自动化股份有限公司一般纳税人2025年2月20日销售给某饭店2台取送餐机器人，不含税单价为10 000元/台，已开具税控专用发票。双方议定送货上门，另收取饭店运费600元，开具增值税专用发票。该自动化股份公司该笔业务的销项税额为（　　）元。

A. 2 987.54　　　　B. 2 654

C. 2 678　　　　　D. 2 649.54

【答案】D

【解析】销售机器人的销项税额 = 10 000 × 2 × 13% = 2 600（元）；收取运费的销项税额 = 600 ÷（1 + 9%）× 9% = 49.54（元），该笔业务应纳销项税额 = 2 600 + 49.54 = 2 649.54（元）。

【例题2·多选题】根据增值税法律制度的规定，一般纳税人销售的下列货物中，适用9%增值税税率的有（　　）。

A. 音像制品　　　　B. 电子出版物

C. 食用盐　　　　　D. 暖气

【答案】ABCD

【解析】四个选项均适用9%的增值税税率。

✦ 考点6　增值税应纳税额的计算 ★★★

一、考点解读

解释 基本公式：

当期应纳税额 = 当期销项税额 − 当期进项税额 = 当期销售额 × 适用税率 − 当期进项税额

销项税额的计算：纳税人销售货物、提供应税劳务以及发生应税行为时，按照销售额或提供

应税劳务和应税行为收入与规定的税率计算并向购买方收取的增值税税额，为销项税额。具体计算公式如下：

销项税额 = 销售额 × 税率

（一）销售额的确定

1. 销售额的含义。

销售额是指纳税人销售货物、劳务、服务、无形资产或者不动产向购买方收取的全部价款和价外费用，但是不包括收取的销项税额。

价外费用，包括价外向购买方收取的手续费、补贴、基金、集资费、返还利润、奖励费、违约金、滞纳金、延期付款利息、赔偿金、代收款项、代垫款项、包装费、包装物租金、储备费、优质费、运输装卸费以及其他各种性质的价外收费。

但下列项目不包括在销售额内：

（1）受托加工应征消费税的消费品所代收代缴的消费税。

（2）同时符合以下条件代为收取的政府性基金或者行政事业性收费：由国务院或者财政部批准设立的政府性基金，由国务院或者省级人民政府及其财政、价格主管部门批准设立的行政事业性收费；收取时开具省级以上财政部门印制的财政票据；所收款项全额上缴财政。

（3）销售货物的同时代办保险等而向购买方收取的保险费，以及向购买方收取的代购买方缴纳的车辆购置税、车辆牌照费。

（4）以委托方名义开具发票代委托方收取的款项。

解释 销售额可分为四类（见表4-4）。

表4-4

销售额的类别	适用情况
一般销售方式下的销售额	包括向购买方收取的全部价款和价外费用，价外费用一般为含税收入，在征税时换算成不含税收入，再并入销售额。 销售额不包括向购买方收取的增值税销项税额，如果纳税人取得的是价税合计金额，还需换算成不含增值税的销售额。 销售额 = 含增值税销售额 ÷（1 + 税率）

续表

销售额的类别	适用情况
特殊销售方式下的销售额	采取折扣方式销售、采取以旧换新方式销售、采取还本销售方式销售、采取以物易物方式销售、包装物押金是否计入销售额、销售已使用过的固定资产的税务处理
按差额确定的销售额	金融商品转让销售额、经纪代理服务的销售额、融资租赁和融资性售后回租业务的销售额、"营改增"应税服务差额计税等
视同销售的销售额	按照规定的顺序来确定销售额

2. 含税销售额的换算。

增值税实行价外税，计算销项税额时，销售额中不应含有增值税款。如果销售额中包含了增值税款即销项税额，则应将含税销售额换算成不含税销售额。其计算公式为：

不含税销售额 = 含税销售额 ÷ (1 + 增值税税率)

3. 视同销售货物的销售额的确定。

税务机关对 8 种视同销售货物行为，有权按照下列顺序核定其销售额：

（1）按纳税人最近时期同类货物的平均销售价格确定；

（2）按其他纳税人最近时期同类货物的平均销售价格确定；

（3）按组成计税价格确定。其计算公式为：

组成计税价格 = 成本 × (1 + 成本利润率)

征收增值税的货物，同时又征收消费税的，其组成计税价格中应包含消费税税额。其计算公式为：

组成计税价格 = 成本 × (1 + 成本利润率) + 消费税税额

或：组成计税价格 = 成本 × (1 + 成本利润率) ÷ (1 − 消费税税率)

公式中的成本分两种情况：一是销售自产货物的为实际生产成本；二是销售外购货物的为实际采购成本。公式中的成本利润率为 10%。但属于应从价定率征收消费税的货物，其组成计税价格公式中的成本利润率，为《消费税若干具体问题的规定》中规定的成本利润率。

4. 价格不合理的销售额的确定。

纳税人销售货物或者提供应税劳务的价格明显偏低并无正当理由的，由税务机关按照上述方法核定其销售额。

《营业税改征增值税试点实施办法》规定，纳税人发生应税行为价格明显偏低或者偏高且不具有合理商业目的的，或者发生无销售额的，主管税务机关有权按照下列顺序确定销售额：

（1）按照纳税人最近时期销售同类服务、无形资产或者不动产的平均价格确定。

（2）按照其他纳税人最近时期销售同类服务、无形资产或者不动产的平均价格确定。

（3）按照组成计税价格确定。组成计税价格的公式为：

组成计税价格 = 成本 × (1 + 成本利润率)

成本利润率由国家税务总局确定。

解释 不具有合理商业目的，是指以谋取税收利益为主要目的，通过人为安排，减少、免除、推迟缴纳增值税税款，或者增加退还增值税税款。

5. 混合销售的销售额的确定。

依照《营业税改征增值税试点实施办法》及相关规定，混合销售的销售额为货物的销售额与服务销售额的合计。

6. 兼营的销售额的确定。

依照《营业税改征增值税试点实施办法》及相关规定，纳税人兼营不同税率的货物、劳务、服务、无形资产或者不动产，应当分别核算不同税率或者征收率的销售额；未分别核算销售额的，从高适用税率。

7. 特殊销售方式下销售额的确定（见表 4 − 5）。

表 4 – 5

销售方式	定义	销售额的确定
折扣方式销售	折扣销售是指销货方在销售货物、应税劳务或发生应税行为时，因购货方购货数量较大等原因而给予购货方的价格优惠	如果销售额和折扣额在同一张发票上分别注明，可以按折扣后的销售额征收增值税；如果将折扣额另开发票，不论其在财务上如何处理，均不得从销售额中减除折扣额
以旧换新方式销售	以旧换新销售是指纳税人在销售货物时，折价收回同类旧货物，并以折价款部分冲减新货物价款的一种销售方式	按新货物的同期销售价格确定销售额，不得扣减旧货物的收购价格。但是对金银首饰以旧换新业务，可以按销售方实际收取的不含增值税的全部价款征收增值税
还本销售方式销售	还本销售是指纳税人在销售货物后，到一定期限将货款一次或分次退还给购货方全部或部分价款的一种销售方式	销售额就是货物的销售价格，不得从销售额中减除还本支出
以物易物方式销售	以物易物是指购销双方不是以货币结算，而是以同等价款的货物相互结算，实现货物购销的一种方式	以物易物双方都应作购销处理，以各自发出的货物核算销售额并计算销项税额，以各自收到的货物按规定核算购货额并计算进项税额。在以物易物活动中，应分别开具合法的票据，如收到的货物不能取得相应的增值税专用发票或其他合法票据的，不能抵扣进项税额
直销方式销售	直销企业先将货物销售给直销员，直销员再将货物销售给消费者	直销企业的销售额为其向直销员收取的全部价款和价外费用。直销员将货物销售给消费者时，应按照现行规定缴纳增值税。直销企业通过直销员向消费者销售货物，直接向消费者收取货款，直销企业的销售额为其向消费者收取的全部价款和价外费用

8. 包装物押金。

包装物是指纳税人包装本单位货物的各种物品。

一般情况下，销货方向购货方收取包装物押金，购货方在规定时间内返还包装物，销货方再将收取的包装物押金返还。纳税人为销售货物而出租、出借包装物收取的押金，单独记账核算的，且时间在 1 年以内，又未过期的，不并入销售额征税；但对因逾期未收回包装物不再退还的押金，应按所包装货物的适用税率计算增值税款。

提示 实践中，应注意以下具体规定：

（1）"逾期"是指按合同约定实际逾期或以 1 年为期限，对收取 1 年以上的押金，无论是否退还均并入销售额征税。

（2）包装物押金是含税收入，在并入销售额征税时，需要先将该押金换算为不含税收入，再计算应纳增值税款。

（3）包装物押金不同于包装物租金，包装物租金属于价外费用，在销售货物时随同货款一并计算增值税款。

（4）从 1995 年 6 月 1 日起，对销售除啤酒、黄酒外的其他酒类产品而收取的包装物押金，无论是否返还以及会计上如何核算，均应并入当期销售额征收增值税。

9. "营改增"行业销售额的规定（见表 4 – 6）。

表4-6

类型	行业分类	销售额确定
全额计税	贷款服务	全部利息及利息性质的收入
	直接收费金融服务	收取的手续费、佣金、酬金、管理费、服务费、经手费、开户费、过户费、结算费、转托管费等各类费用
差额计税	金融商品转让	卖出价扣除买入价后的余额。转让金融商品出现的正负差，按盈亏相抵后的余额为销售额。若相抵后出现负差，可结转下一纳税期与下期转让金融商品销售额相抵，但年末时仍出现负差的，不得转入下一个会计年度。金融商品的买入价，可以选择按照加权平均法或者移动加权平均法进行核算，选择后36个月内不得变更。纳税人无偿转让股票时，转出方以该股票的买入价为卖出价，按照"金融商品转让"计算缴纳增值税；在转入方将上述股票再转让时，以原转出方的卖出价为买入价，按照"金融商品转让"计算缴纳增值税
	经纪代理服务	以取得的全部价款和价外费用，扣除向委托方收取并代为支付的政府性基金或者行政事业性收费后的余额
	航空运输服务	不包括代收的机场建设费和代售其他航空运输企业客票而代收转付的价款
	试点纳税人中的一般纳税人提供客运场站服务	以取得的全部价款和价外费用扣除支付给承运方的运费后的余额
	试点纳税人提供旅游服务	可以选择以取得的全部价款和价外费用，扣除向旅游服务购买方收取并支付给其他单位或者个人的住宿费、餐饮费、交通费、签证费、门票费和支付给其他接团旅游企业的旅游费用后的余额
	试点纳税人提供建筑服务适用简易计税方法	以取得的全部价款和价外费用扣除支付的分包款后的余额
	房地产开发企业中的一般纳税人销售其开发的房地产项目（选择简易计税方法的房地产老项目除外）	以取得的全部价款和价外费用，扣除受让土地时向政府部门支付的土地价款后的余额

提示（1）金融商品转让中，转让金融商品出现的正负差，按盈亏相抵后的余额为销售额。若相抵后出现负差，可结转下一纳税期与下期转让金融商品销售额相抵，但年末时仍出现负差的，不得转入下一个会计年度。

金融商品的买入价，可以选择按照加权平均法或者移动加权平均法进行核算，选择后36个月内不得变更。

金融商品转让，不得开具增值税专用发票。

（2）经纪代理服务中，向委托方收取的政府性基金或者行政事业性收费，不得开具增值税专用发票。

（3）试点纳税人提供旅游服务中，选择上述办法计算销售额的试点纳税人，向旅游服务购买方收取并支付的上述费用，不得开具增值税专用发票，可以开具普通发票。

（4）房地产老项目，是指《建筑工程施工许可证》注明的合同开工日期在2016年4月30

目前的房地产项目。

10. 销售额确定的特殊规定。

（1）纳税人兼营免税、减税项目的，应当分别核算免税、减税项目的销售额；未分别核算的，不得免税、减税。

（2）纳税人销售货物、提供应税劳务或者发生应税行为，开具增值税专用发票后，发生开票有误或者销售折让、中止、退回等情形的，应当按照国家税务总局的规定开具红字增值税专用发票；未按照规定开具红字增值税专用发票的，不得扣减销项税额或者销售额。

（3）纳税人销售货物、提供应税服务或者发生应税行为，将价款和折扣额在同一张发票上分别注明的，以折扣后的价款为销售额；未在同一张发票上分别注明的，以价款为销售额，不得扣减折扣额。

11. 外币销售额的折算。

纳税人按人民币以外的货币结算销售额的，其销售额的人民币折合率可以选择销售额发生的当天或者当月1日的人民币外汇中间价。纳税人应事先确定采用何种折合率，确定后在1年内不得变更。

（二）进项税额的确定

进项税额是指纳税人购进货物、加工修理修配劳务、服务、无形资产或者不动产，支付或者负担的增值税。

1. 准予从销项税额中抵扣的进项税额。

（1）凭票抵扣。

①从销售方或提供方取得的增值税专用发票（含税控机动车销售统一发票，下同）上注明的增值税税额。

②从海关取得的海关进口增值税专用缴款书上注明的增值税税额。

③从境外单位或者个人购进服务、无形资产或者境内的不动产，为税务机关或者扣缴义务人取得的解缴税款的完税凭证上注明的增值税税额。

④原增值税一般纳税人购进货物或者接受加工、修理修配劳务，用于《销售服务、无形资产或者不动产注释》所列项目的，不属于《增值税暂行条例》第十条所称的用于非增值税应税项目的，其进项税额准予从销项税额中抵扣。

⑤原增值税一般纳税人购进服务、无形资产或者不动产，取得的增值税专用发票上注明的增值税额为进项税额，准予从销项税额中抵扣。

⑥原增值税一般纳税人自用的应征消费税的摩托车、汽车、游艇，其进项税额准予从销项税额中抵扣。

提示 纳税人取得的增值税扣税凭证不符合法律、行政法规或者国家税务总局有关规定的，其进项税额不得从销项税额中抵扣。

增值税扣税凭证，是指增值税专用发票、海关进口增值税专用缴款书、农产品收购发票、农产品销售发票、完税凭证和符合规定的国家旅客运输发票。

纳税人凭完税凭证抵扣进项税额的，应当具备书面合同、付款证明和境外单位的对账单或者发票。资料不全的，其进项税额不得从销项税额中抵扣。

（2）计算抵扣。

①购进农产品，取得一般纳税人开具的增值税专用发票或者海关进口增值税专用缴款书的，以增值税专用发票或海关进口增值税专用缴款书上注明的增值税额为进项税额；从按照简易计税方法依照3%征收率计算缴纳增值税的小规模纳税人取得增值税专用发票的，以增值税专用发票上注明的金额和9%的扣除率计算进项税额；取得（开具）农产品销售发票或收购发票的，以农产品收购发票或销售发票上注明的农产品买价和9%的扣除率计算进项税额；纳税人购进用于生产或者委托加工13%税率货物的农产品，按照10%的扣除率计算进项税额。进项税额计算公式为：

进项税额 = 买价 × 扣除率

购进农产品，按照《农产品增值税进项税额核定扣除试点实施办法》抵扣进项税额的除外。

②纳税人购进国内旅客运输服务未取得增值税专用发票的，暂按照以下规定确定进项税额：

取得增值税电子普通发票的，为发票上注明的税额；

取得注明旅客身份信息的航空运输电子客票行程单的，按照下列公式计算进项税额：

航空旅客运输进项税额 =（票价 + 燃油附加费）÷（1 + 9%）× 9%

取得注明旅客身份信息的铁路车票的，按照下列公式计算进项税额：

铁路旅客运输进项税额＝票面金额÷（1＋9%）×9%

取得注明旅客身份信息的公路、水路等其他客票的，按照下列公式计算进项税额：

公路、水路等其他旅客运输进项税额＝票面金额÷（1＋3%）×3%

2. 不得从销项税额中抵扣的进项税额。

（1）用于简易计税方法计税项目、免征增值税项目、集体福利或者个人消费的购进货物、加工修理修配劳务、服务、无形资产和不动产。其中涉及的固定资产、无形资产、不动产，仅指专用于上述项目的固定资产、无形资产（不包括其他权益性无形资产）、不动产。其中纳税人的交际应酬消费属于个人消费。如果是既用于上述不允许抵扣项目又用于抵扣项目的，该进项税额准予全部抵扣。自2018年1月1日起，纳税人租入固定资产、不动产，既用于一般计税方法计税项目，又用于简易计税方法计税项目、免征增值税项目、集体福利或者个人消费的，其进项税额准予从销项税额中全额抵扣。

解释 ①涉及的固定资产、无形资产、不动产，仅指"专用于"上述项目的固定资产、无形资产（不包括其他权益性无形资产）、不动产。

②纳税人外购的固定资产，既用于增值税应税项目，又用于免征增值税项目、集体福利或个人消费的，其进项税额可以抵扣。

③用于劳动保护方面的外购货物，其进项税额可以抵扣。

④由于建筑服务、销售不动产已经"营改增"，因此，纳税人将外购的货物用于修建仓库、装饰办公楼的，其进项税额可以抵扣；但是将外购的货物用于集体福利（如修建职工食堂、单位幼儿园）的，其进项税额不得抵扣。

（2）非正常损失的购进货物，以及相关的加工修理修配劳务和交通运输服务。

（3）非正常损失的在产品、产成品所耗用的购进货物（不包括固定资产）、加工修理修配劳务和交通运输服务。

（4）非正常损失的不动产，以及该不动产所耗用的购进货物、设计服务和建筑服务。

（5）非正常损失的不动产在建工程所耗用的购进货物、设计服务和建筑服务。

纳税人新建、改建、扩建、修缮、装饰不动产，均属于不动产在建工程。

解释 ①非正常损失，是指因"管理不善"造成货物被盗、丢失、霉烂变质的损失，以及因违反法律法规造成货物或者不动产被依法没收、销毁、拆除的情形。

②因"不可抗力"造成损失的购进货物，其进项税额可抵扣。

（6）购进的贷款服务、餐饮服务、居民日常服务和娱乐服务。

（7）纳税人接受贷款服务向贷款方支付的与该笔贷款直接相关的投融资顾问费、手续费、咨询费等费用，其进项税额不得从销项税额中抵扣。

（8）财政部和国家税务总局规定的其他情形。

3. 增值税进项税额抵扣的特殊规定（见表4－7）。

表4－7

项目	内容
适用一般计税方法的纳税人，兼营简易计税方法计税项目、免征增值税项目而无法划分不得抵扣的进项税额，按照右侧公式计算不得抵扣的进项税额	不得抵扣的进项税额＝当期无法划分的全部进项税额×（当期简易计税方法计税项目销售额＋免征增值税项目销售额）÷当期全部销售额
已抵扣进项税额的购进货物或劳务如果事后改变用途，用于集体福利或者个人消费、购进货物发生非正常损失、在产品或产成品发生非正常损失等	应将该项进项税额从当期的进项税额中扣减；无法确定该项进项税额的，按当期外购项目的实际成本计算应扣减的进项税额

续表

项目	内容
已抵扣进项税额的购进服务，发生不得从销项税额中抵扣情形（简易计税方法计税项目、免征增值税项目除外）的	应将该进项税额从当期进项税额中扣减； 无法确定该进项税额的，按照当期实际成本计算应扣减的进项税额
已抵扣进项税额的固定资产，发生不得从销项税额中抵扣情形的，应在当月按右侧公式计算不得抵扣的进项税额	不得抵扣的进项税额 = 固定资产净值×适用税率 固定资产净值，是指纳税人按照财务会计制度计提折旧后计算的净值
已抵扣进项税额的无形资产，发生不得从销项税额中抵扣情形的，按右侧公式计算不得抵扣的进项税额	不得抵扣的进项税额 = 无形资产净值×适用税率 无形资产净值，是指纳税人按照财务会计制度摊销后计算的净值
已抵扣进项税额的不动产，发生非正常损失，或者改变用途，专用于简易计税方法计税项目、免征增值税项目、集体福利或者个人消费的，按照右侧公式计算不得抵扣的进项税额，并从当期进项税额中扣减	不得抵扣的进项税额 = 已抵扣进项税额×不动产净值率 不动产净值率 =（不动产净值÷不动产原值）×100%
纳税人适用一般计税方法计税的，发生销售折让、中止或者退回时	因销售折让、中止或者退回而退还给购买方的增值税额，应当从当期的销项税额中扣减； 因销售折让、中止或者退回而收回的增值税额，应当从当期的进项税额中扣减
自2019年4月1日起，增值税一般纳税人取得不动产或者不动产在建工程的进项税额，不再分2年抵扣	此前按照规定尚未抵扣完毕的待抵扣进项税额，可自2019年4月税款所属期起从销项税额中抵扣
按规定不得抵扣且未抵扣进项税额的固定资产、无形资产，发生用途改变，用于允许抵扣进项税额的应税项目，可在用途改变的次月按照公式，计算可以抵扣的进项税额	可以抵扣的进项税额 = 固定资产、无形资产净值÷（1+适用税率）×适用税率 应取得合法有效的增值税扣税凭证
按规定不得抵扣进项税额的不动产，发生用途改变，用于允许抵扣进项税额项目的，按照右侧公式在改变用途的次月计算可抵扣进项税额	可抵扣进项税额 = 增值税扣税凭证注明或计算的进项税额×不动产净值率

二、例题点津

【例题1·单选题】甲公司为增值税一般纳税人，其销售的钢笔标明零售价为18元/支，乙公司为甲公司的大宗客户，与甲公司之间业务往来较多，享有八折优惠（商业折扣）。已知增值税税率为13%。2024年12月1日，乙公司采购钢笔1万支，甲公司将销售额与折扣开在同一张发票上，则甲公司应缴纳增值税销项税额为（　　　）元。

A. 21 205.3　　　　B. 19 982.5

C. 19 862.07　　　D. 16 566.37

【答案】D

【解析】因为销售额与折扣开在同一张发票

上，所以增值税销项税额 = 18×10 000×80%÷（1+13%）×13% = 16 566.37（元）。

【例题2·单选题】下列关于出租、出借包装物押金的处理，正确的是（　　　）。

A. 纳税人为销售货物而出租、出借包装物收取的押金，单独记账核算的，一律不并入销售额征税

B. 对逾期超过1年的包装物押金，无论是否退还，都要并入销售额征税

C. 对超过2年的包装物押金，如合同约定期限长于2年，则不并入销售额

D. 对销售啤酒产品收取的包装物押金，无论是否返还以及会计上如何核算，均应并入当期销售额征税

【答案】B

【解析】纳税人为销售货物而出租、出借包装物收取的押金，单独记账核算的，且时间在1年以内，又未过期的，不并入销售额征税；但对因逾期未收回包装物不再退还的押金，应按所包装货物的适用税率计算增值税款。"逾期"是指按合同约定实际逾期或以1年为期限，对收取1年以上的押金，无论是否退还均并入销售额征税。对销售除啤酒、黄酒外的其他酒类产品而收取的包装物押金，无论是否返还以及会计上如何核算，均应并入当期销售额征收增值税。

【例题3·多选题】下列各项中，不得从销项税额中抵扣进项税额的有（　　）。

A. 购进生产用燃料所支付的增值税款
B. 不合格产品耗用材料所支付的增值税款
C. 因管理不善霉烂变质材料所支付的增值税款
D. 被执法部门依法没收的货物所支付的增值税款

【答案】CD

【解析】根据增值税法律制度的规定，因管理不善造成被盗、丢失、霉烂变质的损失，以及被执法部门依法没收或者强令自行销毁的货物的增值税款不允许从销项税额中抵扣。

✿ 考点7　简易计税方法应纳税额的计算★★

一、考点解读（见表4-8）

表4-8

类别	内　　容
小规模纳税人采用简易计税方法	小规模纳税人发生应税销售行为采用简易计税方法计税，应按照销售额和征收率计算应纳增值税税额，不得抵扣进项税额。 应纳税额＝销售额×征收率 简易计税方法的销售额不包括其应纳税额，纳税人采用销售额和应纳税额合并定价方法的，按照下列公式计算销售额： 销售额＝含税销售额÷（1＋征收率） 因销售折让、中止或者退回而退还给购买方的销售额，应从当期销售额中扣减
特殊事项简易计税方法	1. 纳税人销售旧货和使用过的固定资产，按照简易计税方法计税的： 应纳税额＝含税销售额÷（1＋3%）×2% 2. 从事二手车经销业务的纳税人，销售其收购的二手车，按照简易计税方法计税的： 应纳税额＝含税销售额÷（1＋0.5%）×0.5%
一般纳税人选择简易计税方法	一般纳税人选择适用简易计税方法计税，不允许抵扣进项税额。应纳税额计算公式同小规模纳税人。 一般纳税人发生下列应税行为可以选择适用简易计税方法计税： （1）公共交通运输服务，包括轮客渡、公交客运、地铁、城市轻轨、出租车、长途客运、班车。 （2）经认定的动漫企业为开发动漫产品提供的动漫脚本编撰、形象设计、背景设计、动画设计、分镜、动画制作、摄制、描线、上色、画面合成、配音、配乐、音效合成、剪辑、字幕制作、压缩转码（面向网络动漫、手机动漫格式适配）服务，以及在境内转让动漫版权（包括动漫品牌、形象或者内容的授权）服务。 （3）电影放映服务、仓储服务、装卸搬运服务、收派服务和文化体育服务。 （4）以纳入"营改增"试点之日前取得的有形动产为标的物提供的经营租赁服务。 （5）在纳入"营改增"试点之日前签订的尚未执行完毕的有形动产租赁合同。 一般纳税人发生财政部和国家税务总局规定的特定应税行为，可以选择适用简易计税方法计税，但一经选择，36个月内不得变更

二、例题点津

【例题·多选题】根据营业税改增值税的相关规定，一般纳税人发生的下列应税销售行为中，可以选择使用简易计税方法计缴增值税的有（　　）。

A. 销售自产的自来水

B. 销售资产建筑用的砂、土、石料

C. 提供电影放映服务

D. 提供公交客运服务

【答案】ABCD

【解析】一般纳税人可以按照法律规定选择简易计税方法的应税销售行为：公共交通运输服务，包括轮客渡、公交客运、地铁、城市轻轨、出租车、长途客运；电影放映服务、仓储服务、装卸搬运服务、收派服务和文化体育服务；销售自产的自来水；县级和县级以下的小型水力发电单位生产的电力，销售资产建筑用和生产建筑材料所用的砂、土、石料等。

✿ 考点 8　进口货物应纳税额的计算★★

一、考点解读

纳税人进口货物，无论是一般纳税人还是小规模纳税人，均应按照组成计税价格和规定的税率计算应纳税额，不允许抵扣发生在境外的任何税金。

应纳税额 = 组成计税价格 × 税率

组成计税价格的构成分两种情况：

1. 如果进口货物不征收消费税，则上述公式中组成计税价格的计算公式为：

组成计税价格 = 关税计税价格 + 关税

2. 如果进口货物征收消费税，则上述公式中组成计税价格的计算公式为：

组成计税价格 = 关税计税价格 + 关税 + 消费税

解释 进口货物的关税计税价格以成交价格以及该货物运抵中华人民共和国境内输入地点起卸前的运输及其相关费用、保险费为基础确定。进口货物的成交价格，是指卖方向中华人民共和国境内销售该货物时买方为进口该货物向卖方实付、应付的，并按照《中华人民共和国关税法》第二十五条、第二十六条规定调整后的价款总额，包括直接支付的价款和间接支付的价款。

二、例题点津

【例题·单选题】甲公司为增值税一般纳税人，2024 年 11 月从国外进口一批音响，海关核定的关税计税价格为 117 万元，缴纳关税 11.7 万元。已知增值税税率为 13%，甲公司该笔业务应缴纳增值税税额的下列计算中，正确的是（　　）。

A. $117 × 13\% = 15.21$（万元）

B. $(117 + 11.7) × 13\% = 16.731$（万元）

C. $117 ÷ (1 + 13\%) × 13\% = 13.46$（万元）

D. $(117 + 11.7) ÷ (1 + 13\%) × 13\% = 14.81$（万元）

【答案】B

【解析】甲公司进口音响应缴纳的增值税税额 =（关税计税价格 + 关税）× 增值税税率 = $(117 + 11.7) × 13\% = 16.731$（万元）。

✿ 考点 9　税收优惠★

一、考点解读

（一）《增值税暂行条例》规定的免税项目

1. 农业生产者销售的自产农产品。

2. 避孕药品和用具。

3. 古旧图书。古旧图书，是指向社会收购的古书和旧书。

4. 直接用于科学研究、科学试验和教学的进口仪器、设备。

5. 外国政府、国际组织无偿援助的进口物资和设备。

6. 由残疾人的组织直接进口供残疾人专用的物品。

7. 销售自己使用过的物品。自己使用过的物品，是指其他个人自己使用过的物品。

（二）《营业税改征增值税试点实施办法》规定的免税项目

1. 托儿所、幼儿园提供的保育和教育服务。

2. 养老机构提供的养老服务。

3. 残疾人福利机构提供的育养服务。

4. 婚姻介绍服务。

5. 殡葬服务。

6. 残疾人员本人为社会提供的服务。

7. 医疗机构提供的医疗服务。

8. 从事学历教育的学校提供的教育服务。

9. 学生勤工俭学提供的服务。

10. 农业机耕、排灌、病虫害防治、植物保护、农牧保险以及相关技术培训业务，家禽、牲畜、水生动物的配种和疾病防治。

11. 纪念馆、博物馆、文化馆、文物保护单位管理机构、美术馆、展览馆、书画院、图书馆在自己的场所提供文化体育服务取得的第一道门票收入。

12. 寺院、宫观、清真寺和教堂举办文化、宗教活动的门票收入。

13. 行政单位之外的其他单位收取的符合《营业税改征增值税试点实施办法》第十条规定条件的政府性基金和行政事业性收费。

14. 个人转让著作权。

15. 个人销售自建自用住房。

16. 公共租赁住房经营单位出租公共租赁住房。

17. 台湾航运公司、航空公司从事海峡两岸海上直航、空中直航业务在大陆取得的运输收入。

18. 纳税人提供的直接或者间接国际货物运输代理服务。

19. 符合规定条件的贷款、债券利息收入。

20. 被撤销金融机构以货物、不动产、无形资产、有价证券、票据等财产清偿债务。

21. 保险公司开办的一年期以上人身保险产品取得的保费收入。

22. 符合规定条件的金融商品转让收入。

23. 金融同业往来利息收入。

24. 同时符合规定条件的担保机构从事中小企业信用担保或者再担保业务取得的收入（不含信用评级、咨询、培训等收入）3 年内免征增值税。

25. 国家商品储备管理单位及其直属企业承担商品储备任务，从中央或者地方财政取得的利息补贴收入和价差补贴收入。

26. 纳税人提供技术转让、技术开发和与之相关的技术咨询、技术服务。

27. 同时符合规定条件的合同能源管理服务。

28. 科普单位的门票收入，以及县级及以上党政部门和科协开展科普活动的门票收入。

29. 政府举办的从事学历教育的高等、中等和初等学校（不含下属单位），举办进修班、培训班取得的全部归该学校所有的收入。

30. 政府举办的职业学校设立的主要为在校学生提供实习场所并由学校出资自办、由学校负责经营管理、经营收入归学校所有的企业，从事《销售服务、无形资产或者不动产注释》中"现代服务"（不含融资租赁服务、广告服务和其他现代服务）、"生活服务"（不含文化体育服务、其他生活服务和桑拿、氧吧）业务活动取得的收入。

31. 家政服务企业由员工制家政服务员提供家政服务取得的收入。

32. 福利彩票、体育彩票的发行收入。

33. 军队空余房产租赁收入。

34. 为了配合国家住房制度改革，企业、行政事业单位按房改成本价、标准价出售住房取得的收入。

35. 将土地使用权转让给农业生产者用于农业生产。

36. 涉及家庭财产分割的个人无偿转让不动产、土地使用权。

37. 土地所有者出让土地使用权和土地使用者将土地使用权归还给土地所有者。

38. 县级以上地方人民政府或自然资源行政主管部门出让、转让或收回自然资源使用权（不含土地使用权）。

39. 随军家属就业。

40. 军队转业干部就业。

（三）起征点

销售额**未达到**增值税**起征点**的，**免征**增值税；**达到起征点**的，**全额计算缴纳增值税**。

增值税起征点的适用范围限于个人，且不适用于登记为一般纳税人的个体工商户。起征点的幅度：

1. 按期纳税的，为月销售额 5 000 ~ 20 000元（含本数）。

2. 按次纳税的，为每次（日）销售额 300 ~ 500 元（含本数）。

（四）小规模纳税人免税规定

自 2023 年 1 月 1 日至 2027 年 12 月 31 日，对**月销售额 10 万元以下**（含本数）的增值税小规模纳税人，**免征增值税**。增值税小规模纳税人**适用 3% 征收率**的应税销售收入，**减按 1% 征收**

率征收增值税；适用3%预征率的预缴增值税项目，减按1%预征率预缴增值税。

（五）增值税期末留抵退税

1. 增值税期末留抵退税的规定（见表4-9）。

表4-9

项目	一般企业（自2019年4月1日起）	部分先进制造业（自2019年6月1日起）
享受增值税期末留抵退税的条件	自2019年4月税款所属起，连续6个月（按季纳税的，连续两个季度）增量留抵税额均大于零，且第6个月增量留抵税额不低于50万元	—
	纳税信用等级为A级或者B级	
	申请退税前36个月未发生骗取留抵退税、出口退税或虚开增值税专用发票情形的	
	申请退税前36个月未因偷税被税务机关处罚两次及以上的	
	自2019年4月1日起未享受即征即退、先征后返（退）政策的	
增量留抵税额的含义	与2019年3月底相比新增加的期末留抵税额	
允许退还的增量留抵税额	增量留抵税额×进项构成比例×60%	增量留抵税额×进项构成比例
	进项构成比例，为2019年4月至申请退税前一税款所属期内已抵扣的增值税专用发票（含税控机动车销售统一发票）、海关进口增值税专用缴款书、解缴税款完税凭证注明的增值税占同期全部已抵扣进项税额的比重	

2. 小微企业和制造业等行业期末留抵退税（见表4-10）。

表4-10

项目	内　容
需同时符合的条件	（1）纳税信用等级为A级或者B级； （2）申请退税前36个月未发生骗取留抵退税、骗取出口退税或虚开增值税专用发票情形； （3）申请退税前36个月未因偷税被税务机关处罚两次及以上； （4）自2019年4月1日起未享受即征即退、先征后返（退）政策
增量留抵税额分情形确定	纳税人获得一次性存量留抵退税前，增量留抵税额为当期期末留抵税额与2019年3月31日相比新增加的留抵税额。 纳税人获得一次性存量留抵退税后，增量留抵税额为当期期末留抵税额
存量留抵税额分情形确定	纳税人获得一次性存量留抵退税前，当期期末留抵税额大于或等于2019年3月31日期末留抵税额的，存量留抵税额为2019年3月31日期末留抵税额；当期期末留抵税额小于2019年3月31日期末留抵税额的，存量留抵税额为当期期末留抵税额。 纳税人获得一次性存量留抵退税后，存量留抵税额为零
计算公式	允许退还的增量留抵税额＝增量留抵税额×进项构成比例×100% 允许退还的存量留抵税额＝存量留抵税额×进项构成比例×100%

（六）其他减免税规定

1. 纳税人兼营免税、减税项目的，应当分别核算；未分别核算销售额的，不得免税、减税。

2. 纳税人发生应税销售行为适用免税规定的，可放弃免税。放弃后，36 个月内不得再申请免税。

3. 纳税人发生应税销售行为同时适用免税和零税率规定的，纳税人可以选择适用免税或者零税率。

二、例题点津

【例题 1·单选题】下列不属于《增值税暂行条例》规定的免税项目的是（　　）。

A. 农业生产者销售的自产农产品

B. 直接用于科学研究、科学试验和教学的进口仪器、设备

C. 其他个人销售自己使用过的物品

D. 外国企业无偿援助的进口物资和设备

【答案】D

【解析】《增值税暂行条例》规定的免税项目包括：（1）农业生产者销售的自产农产品；（2）避孕药品和用具；（3）古旧图书；（4）直接用于科学研究、科学试验和教学的进口仪器、设备；（5）外国政府、国际组织无偿援助的进口物资和设备；（6）由残疾人的组织直接进口供残疾人专用的物品；（7）销售自己使用过的物品。自己使用过的物品，是指其他个人自己使用过的物品。

【例题 2·单选题】根据现行增值税规定，下列说法正确的是（　　）。

A. 增值税对单位和个人规定了起征点

B. 对于达到或超过起征点的，仅将超过起征点的金额纳入增值税征税范围

C. 登记为一般纳税人的个体工商户不适用起征点的规定

D. 某小规模纳税人（小微企业）2025 年 3 月价税合并收取销售款 3.02 万元，则当月的收入应缴纳增值税

【答案】C

【解析】选项 A，增值税的起征点只涉及个人，不涉及单位。选项 B，对于达到或超过起征点的，全部销售额纳入征税范围。选项 D，不含税销售额 = 3.02 ÷（1 + 3%）= 2.93（万元），小于 10 万元，免征增值税。

【例题 3·单选题】甲公司采取按季度收取

租金的方式出租了一套别墅给某公司办公使用，甲公司为小规模纳税人，月营业额为 16 万元，2024 年 10 月收取季度不含税租金 4.2 万元，则甲公司该季度收取房屋租金应缴纳增值税（　　）万元。

A. 0　　　　　　　　B. 0.04

C. 0.13　　　　　　D. 0.21

【答案】B

【解析】根据增值税相关法律制度的最新规定，甲公司可减按 1% 缴纳增值税，即 4.2 ÷（1 + 3%）× 1% = 0.04（万元）。

【例题 4·多选题】下列属于《营业税改征增值税试点实施办法》规定的免税项目的有（　　）。

A. 托儿所、幼儿园提供的保育和教育服务

B. 养老机构提供的养老服务

C. 博物馆取得的第一道门票收入

D. 医疗机构提供的医疗服务

【答案】ABCD

【解析】《营业税改征增值税试点实施办法》规定的免税项目包括：（1）托儿所、幼儿园提供的保育和教育服务。（2）养老机构提供的养老服务。（3）残疾人福利机构提供的育养服务。（4）婚姻介绍服务。（5）殡葬服务。（6）残疾人员本人为社会提供的服务。（7）医疗机构提供的医疗服务。（8）从事学历教育的学校提供的教育服务。（9）学生勤工俭学提供的服务。（10）农业机耕、排灌、病虫害防治、植物保护、农牧保险以及相关技术培训业务，家禽、牲畜、水生动物的配种和疾病防治。（11）纪念馆、博物馆、文化馆、文物保护单位管理机构、美术馆、展览馆、书画院、图书馆在自己的场所提供文化体育服务取得的第一道门票收入，等等。

✳ 考点 10　征收管理 ★

一、考点解读

（一）纳税义务发生时间

1. 纳税人发生应税销售行为，其纳税义务发生时间为收讫销售款项或者取得索取销售款项凭据的当天；先开具发票的，为开具发票的当

天。具体为：

（1）采取直接收款方式销售货物，不论货物是否发出，均为收到销售款或者取得索取销售款凭据的当天。

纳税人生产经营活动中采取直接收款方式销售货物，已将货物移送对方并暂估销售收入入账，但既未取得销售款或取得索取销售款凭据也未开具销售发票的，其纳税义务发生时间为取得销售款或取得索取销售款凭据的当天；先开具发票的，为开具发票的当天。

（2）采取托收承付和委托银行收款方式销售货物，为发出货物并办妥托收手续的当天。

（3）采取赊销和分期收款方式销售货物，为书面合同约定的收款日期的当天，无书面合同的或者书面合同没有约定收款日期的，为货物发出的当天。

（4）采取预收货款方式销售货物，为货物发出的当天，但生产销售生产工期超过 12 个月的大型机械设备、船舶、飞机等货物，为收到预收款或者书面合同约定的收款日期的当天。

（5）委托其他纳税人代销货物，为收到代销单位的代销清单或者收到全部或部分货款的当天。未收到代销清单及货款的，为发出代销货物满 180 天的当天。

（6）纳税人提供租赁服务采取预收款方式的，其纳税义务发生时间为收到预收款的当天。

（7）纳税人从事金融商品转让的，为金融商品所有权转移的当天。

（8）纳税人发生相关视同销售货物行为，为货物移送的当天。

（9）纳税人发生视同销售劳务、服务、无形资产、不动产情形的，其纳税义务发生时间为劳务、服务、无形资产转让完成的当天或者不动产权属变更的当天。

2. 纳税人进口货物，其纳税义务发生时间为报关进口的当天。

3. 增值税扣缴义务发生时间为纳税人增值税纳税义务发生的当天。

（二）纳税地点

1. 固定业户应当向其机构所在地的主管税务机关申报纳税。

2. 固定业户到外县（市）销售货物或者劳务，应当向其机构所在地的税务机关报告外出经营事项，并向其机构所在地的税务机关申报纳税；未报告的，应当向销售地或者劳务发生地的税务机关申报纳税；未向销售地或者劳务发生地的税务机关申报纳税的，由其机构所在地的税务机关补征税款。

3. 非固定业户销售货物或者应税劳务，应当向销售地或者劳务发生地的主管税务机关申报纳税；未向销售地或者劳务发生地的主管税务机关申报纳税的，由其机构所在地或者居住地的主管税务机关补征税款。

4. 进口货物，应当向报关地海关申报纳税。

5. 其他个人提供建筑服务、销售或者租赁不动产、转让自然资源使用权，应向建筑服务发生地、不动产所在地、自然资源所在地主管税务机关申报纳税。

6. 扣缴义务人应当向其机构所在地或者居住地的主管税务机关申报缴纳其扣缴的税款。

（三）纳税期限

根据《增值税暂行条例》及其实施细则的规定，增值税的纳税期限分别为 1 日、3 日、5 日、10 日、15 日、1 个月或者 1 个季度。

纳税人进口货物，应当自海关填发进口增值税专用缴款书之日起 15 日内缴纳税款。

二、例题点津

【例题 1·单选题】根据增值税法律制度的规定，下列关于增值税纳税义务发生时间的表述中，不正确的是（　　）。

A. 纳税人采取直接收款方式销售货物，为货物发出的当天

B. 纳税人从事金融商品转让的，为金融商品所有权转移的当天

C. 纳税人采取委托银行收款方式销售货物，为发出货物并办妥托收手续的当天

D. 纳税人进口货物，为报关进口的当天

【答案】A

【解析】采取直接收款方式销售货物，不论货物是否发出，增值税纳税义务发生时间均为收到销售款或取得索取销售款凭据的当天。

【例题 2·多选题】下列关于增值税纳税义务发生时间的表述中，正确的有（　　）。

A. 纳税人发生视同销售货物行为，为货物移送的当天

B. 纳税人提供租赁服务采取预收款方式的，其纳税义务发生时间为收到预收款的当天

C. 纳税人发生视同销售劳务、服务、无形资产、不动产情形的，其纳税义务发生时间为劳务、服务、无形资产转让完成的当天或者不动产权属变更的当天

D. 采取托收承付方式销售货物，为发出货物的当天

【答案】ABC

【解析】根据增值税法律制度的规定，采取托收承付方式销售货物，为发出货物并办妥托收手续的当天。

【例题3·不定项选择题】某工业企业增值税一般纳税人2024年9月购销业务情况如下：

（1）购进生产原料一批，已验收入库取得的防伪税控系统开具的增值税专用发票上注明的价款、税款分别为23万元、2.99万元。

（2）购进钢材20吨，未入库，取得的防伪税控系统开具的增值税专用发票上注明价款、税款分别为8万元、1.04万元。

（3）直接向农民收购用于生产加工的农产品一批，取得农产品销售发票，注明价款42万元，运费4万元。

（4）销售产品一批，已发出并办妥银行托收手续，但货款尚未收到，向买方开具的专用发票注明销售额82万元。

（5）将本月外购20吨钢材及库存的同价钢材20吨移送本企业修建产品仓库工程使用，已抵扣进项税额。

期初留抵进项税额0.5万元，以上防伪税控系统开具的增值税专用发票均在取得当月通过了税务机关的认证。企业产品适用的增值税税率为13%。

要求：根据上述资料，分别回答下列问题。

（1）本期收购农产品可抵扣的进项税额为（　　）万元。

A. 0　　　　　　　　B. 4.6

C. 7.14　　　　　　D. 4.14

【答案】D

【解析】纳税人购进农产品，按照农产品收

购发票或者销售发票上注明的农产品买价和9%的扣除率计算进项税额。运费可按9%的扣除率计算进项税额。进项税额 = 42×9% + 4×9% = 4.14（万元）。

（2）关于业务（4）中销售产品纳税义务发生的时间的确定，下列说法中正确的是（　　）。

A. 上述业务因为尚未收到货款，不能确认销售收入，也不能确定纳税义务已经发生

B. 上述业务应当在货物发出时确认纳税义务发生

C. 上述业务应当在发出货物并办妥托收手续的当天确认纳税义务发生

D. 上述业务应当在开具发票的当天确认纳税义务发生

【答案】C

【解析】采取托收承付和委托银行收款方式销售货物，为发出货物并办妥托收手续的当天。

（3）下列进项税额中，不得从销项税额中抵扣的是（　　）。

A. 将业务（1）中购进的原材料用于个人消费

B. 业务（3）中购买农产品发生的运费的进项税额

C. 将本月购进的钢材用于修建仓库

D. 将本月购进的钢材用于修建职工宿舍

【答案】AD

【解析】根据规定，用于简易计税方法计税项目、免征增值税项目、集体福利或者个人消费的购进货物、劳务、服务、无形资产和不动产，进项税额不得从销项税额中抵扣。

（4）该企业本期销项税额为（　　）万元。

A. 0　　　　　　　　B. 10.66

C. 8.2　　　　　　　D. 13.9

【答案】B

【解析】该企业本期可以确认当期销项税额 = 82×13% = 10.66（万元）。

（5）本期应纳增值税额或者期末留抵进项税额为（　　）万元。

A. 13.44　　　　　　B. 1.99

C. 8.43　　　　　　D. 3.03

【答案】B

【解析】当期实际抵扣的进项税额合计 =

$2.99 + 1.04 + 4.14 + 0.5 = 8.67$（万元）；应纳增值税额 $= 10.66 - 8.67 = 1.99$（万元）。

考点 11　专用发票管理★

一、考点解读

（一）专用发票的领购

增值税专用发票，是增值税一般纳税人销售货物、劳务、服务、无形资产和不动产开具的发票，是购买方支付增值税额并可按照增值税有关规定据以抵扣增值税进项税额的凭证。一般纳税人领购专用设备后，凭《最高开票限额申请表》《发票领购簿》到主管税务机关办理初始发行。一般纳税人凭《发票领购簿》、IC 卡和经办人身份证明领购专用发票。

一般纳税人销售货物、劳务、服务、无形资产和不动产，应向购买方开具专用发票。

属于下列情形之一的，不得开具增值税专用发票：

（1）商业企业一般纳税人零售烟、酒、食品、服装、鞋帽（不包括劳保专用部分）、化妆品等消费品的；

（2）销售货物、劳务、服务、无形资产和不动产适用免税规定的（法律、法规及国家税务总局另有规定的除外）；

（3）向消费者个人销售货物、劳务、服务、无形资产和不动产的；

（4）小规模纳税人销售货物、劳务、服务、无形资产和不动产的（需要开具专用发票的，可向主管税务机关申请代开）。

（二）专用发票的使用管理

1. 专用发票开票限额。

最高开票限额由一般纳税人申请，区县税务机关依法审批。一般纳税人申请最高开票限额时，需填报《增值税专用发票最高开票限额申请单》。主管税务机关受理纳税人申请以后，根据需要进行实地查验，实地查验的范围和方法由各省税务机关确定。自 2014 年 5 月 1 日起，一般纳税人申请增值税专用发票最高开票限额不超过 10 万元的，主管税务机关不需要事先进行实地查验。

2. 专用发票开具范围。

一般纳税人销售货物、提供应税劳务和应税服务，应向购买方开具专用发票。属于下列情形之一的，不得开具增值税专用发票：（1）商业企业一般纳税人零售烟、酒、食品、服装、鞋帽（不包括劳保专用部分）、化妆品等消费品的；（2）销售货物、提供应税劳务和应税服务适用免税规定的（法律、法规及国家税务总局另有规定的除外）；（3）向消费者个人销售货物、提供应税劳务和应税服务的。

二、例题点津

【例题·多选题】增值税一般纳税人发生的下列情形中，不得开具增值税专用发票的有（　　）。

A. 商业企业零售烟酒

B. 工业企业销售白酒

C. 向消费者个人提供加工劳务

D. 向个人销售房屋

【答案】ACD

【解析】一般纳税人销售货物或者劳务，应向购买方开具专用发票。属于下列情形之一的，不得开具增值税专用发票：商业企业一般纳税人零售烟、酒、食品、服装、鞋帽、化妆品等消费品的；销售货物或者应税劳务适用免税规定的；向消费者个人销售货物或者提供应税劳务的。

考点 12　全面数字化电子发票★

一、考点解读

1. 截至 2023 年 11 月 1 日，除西藏外，全国其他各省（区、市）均已在部分纳税人中开展全面数字化的电子发票（以下简称数电票）试点，试点纳税人通过电子发票服务平台开具发票的受票方范围为全国，并作为受票方接收全国其他数电票试点省（区、市）纳税人开具的数电票。

2. 数电票的法律效力、基本用途等与现有纸质发票相同。其中，带有"增值税专用发票"字样的数电票，其法律效力、基本用途与现有增值税专用发票相同；带有"普通发票"字样的数电票，其法律效力、基本用途与现有普通发票相同；带有"航空运输电子客票行程单"字样的数电票，其法律效力、基本用途与现有航空运输电子客票行程单相同；带有"铁路电子客票"

字样的数电票,其法律效力、基本用途与现有铁路车票相同。

3. 数电票由各省(区、市)税务局监制。数电票无联次,基本内容包括:发票号码、开票日期、购买方信息、销售方信息、项目名称、规格型号、单位、数量、单价、金额、税率/征收率、税额、合计、价税合计(大写、小写)、备注、开票人等。

4. 电子发票服务平台支持开具增值税纸质专用发票和增值税纸质普通发票(折叠票)。

5. 试点纳税人通过实人认证等方式进行身份验证后,无需使用税控专用设备即可通过电子发票服务平台开具发票,无需进行发票验旧操作。其中,数电票无需进行发票票种核定和发票领用。

6. 税务机关对使用电子发票服务平台开具

发票的试点纳税人开票实行发票总额度管理。发票总额度,是指一个自然月内,试点纳税人发票开具总金额(不含增值税)的上限额度。

7. 试点纳税人可通过电子发票服务平台税务数字账户自动交付数电票,也可通过电子邮件、二维码等方式自行交付数电票。

二、例题点津

【例题·多选题】下列各项中,属于数电票基本内容的有( )。

A. 发票号码　　　　B. 购买方信息

C. 收款人　　　　　D. 开票人

【答案】ABD

【解析】根据全面数字化电子发票的规定,数电票的基本内容不包括收款人。

❋ 考点 13　增值税出口退税制度 ★

一、考点解读(见表 4 – 11)

表 4 – 11

项　目	内　　　容
适用增值税退(免)税政策范围	对下列出口货物、劳务、零税率应税服务,除适用增值税免税和征税政策外,实行免征并退还增值税政策。 (1) 出口企业出口货物。 (2) 出口企业或其他单位视同出口货物。 ①出口企业对外援助、对外承包、境外投资的出口货物。 ②出口企业经海关报关进入国家批准的出口加工区、保税物流园区、保税港区、综合保税区等并销售给特殊区域内单位或境外单位、个人的货物。 ③免税品经营企业销售的货物(国家规定不允许经营和限制出口的货物、卷烟和超出免税品经营企业《企业法人营业执照》规定经营范围的货物除外)。 ④出口企业或其他单位销售给用于国际金融组织或外国政府贷款国际招标建设项目的中标机电产品。 ⑤生产企业向海上石油天然气开采企业销售的自产的海洋工程结构物。 ⑥出口企业或其他单位销售给国际运输企业用于国际运输工具上的货物。 ⑦出口企业或其他单位销售给特殊区域内生产企业生产耗用且不向海关报关而输入特殊区域的水(包括蒸汽)、电力、燃气。 (3) 出口企业对外提供加工修理修配劳务。 对外提供加工修理修配劳务,是指对进境复出口货物或从事国际运输的运输工具进行的加工修理修配。 (4) 增值税一般纳税人提供零税率应税服务。 ①自 2014 年 1 月 1 日起,增值税一般纳税人提供适用零税率的应税服务,实行增值税退(免)税办法。 ②自 2016 年 5 月 1 日起,跨境应税行为适用增值税零税率跨境应税行为,是指中国境内的单位和个人销售规定的服务和无形资产,规定的服务和无形资产范围参见《关于全面推开营业税改征增值税试点的通知》

续表

项目	内 容	
增值税退（免）税办法	出口货物、劳务、零税率应税服务，实行增值税退（免）税政策，包括免抵退税办法和免退税办法	
	增值税免抵退税，是指生产企业出口自产货物和视同自产货物及对外提供加工修理修配劳务，以及《财政部 国家税务总局关于出口货物劳务增值税和消费税政策的通知》。列名的生产企业出口非自产货物，免征增值税，相应的进项税额抵减应纳增值税额（不包括适用增值税即征即退、先征后退政策的应纳增值税额），未抵减完的部分予以退还。境内的单位和个人提供适用增值税零税率的服务和无形资产，适用一般计税方法的，生产企业实行免抵退税办法，外贸企业直接将服务或自行研发的无形资产出口，视同生产企业连同其出口货物统一实行免抵退税办法	增值税免退税，是指不具有生产能力的出口企业或其他单位出口货物劳务，免征增值税，相应的进项税额予以退还。适用一般计税方法的外贸企业购进服务或者无形资产出口实行免退税办法
增值税出口退税率	退税率的一般规定：除财政部和国家税务总局根据国务院决定而明确的增值税出口退税率外，出口货物、服务、无形资产的退税率为其适用税率，目前我国出口退税率分为五档：13%、10%、9%、6%和零税率	退税率的特殊规定：（1）外贸企业购进按简易办法征税的出口货物、从小规模纳税人购进的出口货物，其退税率分别为简易办法实际执行的征收率、小规模纳税人征收率。（2）出口企业委托加工修理修配货物，其加工修理修配费用的退税率，为出口货物的退税率。（3）适用不同退税率的货物、劳务以及跨境应税行为，应分开报关、核算并申报退（免）税，未分开报关、核算或划分不清的，从低适用退税率

二、例题点津

【例题·单选题】下列企业出口货物，适用增值税免退税办法的是（ ）。

A. 生产企业出口自产货物

B. 外贸企业出口货物

C. 出口企业对境外提供加工劳务

D. 生产企业对境外承包出口货物

【答案】B

【解析】选项B，根据增值税法律制度的规定，不具备生产能力的外贸企业出口货物劳务，适用增值税免退税办法。选项A、C、D均适用增值税免抵退税办法。

第三单元 消费税法律制度

✴ 考点1 消费税纳税人和征税范围 ★★★

一、考点解读

（一）消费税纳税人

在中华人民共和国境内生产、委托加工和进口《消费税暂行条例》规定的消费品的单位和个人，以及国务院确定的销售《消费税暂行条例》规定的消费品的其他单位和个人，为消费税的纳税人。

在中华人民共和国境内，是指生产、委托加工和进口属于应当缴纳消费税的消费品的起运地或者所在地在境内。单位，是指企业、行政单位、事业单位、军事单位、社会团体及其他单位。个人，是指个体工商户及其他个人。

电子烟生产环节纳税人，是指取得烟草专卖生产企业许可证，并取得或经许可使用他人电子烟产品注册商标（以下称持有商标）的企业。

（二）消费税征税范围（见表 4 - 12）

表 4 - 12

项　目	内　　容
生产应税消费品	1. 生产销售应税消费品，于纳税人销售时纳税。 2. 自产自用的应税消费品，用于连续生产应税消费品的，不纳税；用于其他方面的，于移送使用时纳税。 3. 以下视为生产销售应税消费品，按规定征收消费税： （1）将外购的消费税非应税产品以消费税应税产品对外销售的； （2）将外购的消费税低税率应税产品以高税率应税产品对外销售的
委托加工应税消费品	1. 含义。 是指由委托方提供原料和主要材料，受托方只收取加工费和代垫部分辅助材料加工的应税消费品。对于由受托方提供原材料生产的应税消费品，或者受托方先将原材料卖给委托方，然后再接受加工的应税消费品，以及由受托方以委托方名义购进原材料生产的应税消费品，不论在财务上是否作为销售处理，都不得作为委托加工应税消费品，而应当按照销售自制应税消费品缴纳消费税。 2. 纳税人与扣缴义务人。 委托加工的应税消费品，除受托方为个人外，由受托方在向委托方交货时代收代缴消费税。委托个人加工的应税消费品，由委托方收回后缴纳消费税。 3. 纳税义务。 委托加工的应税消费品，委托方用于连续生产应税消费品的，所纳税款准予按规定抵扣。 委托方将收回的应税消费品，以不高于受托方的计税价格出售的，为直接出售，不再缴纳消费税；委托方以高于受托方的计税价格出售的，不属于直接出售，需按照规定申报缴纳消费税，在计税时准予扣除受托方已代收代缴的消费税
进口应税消费品	单位和个人进口应税消费品，于报关进口时缴纳消费税。为了减少征税成本，进口环节缴纳的消费税由海关代征
零售应税消费品	1. 商业零售金银首饰。 金银首饰、钻石及钻石饰品、铂金饰品，在零售环节单环节征收增值税。 2. 零售超豪华小汽车。 在生产（进口）环节按现行税率征收消费税基础上，在零售环节加征消费税
批发销售卷烟和电子烟	烟草批发企业将卷烟销售给其他烟草批发企业的，不缴纳消费税。 卷烟消费税改为在生产和批发两个环节征收后，批发企业在计算应纳税额时不得扣除已含的生产环节的消费税税款。 纳税人兼营卷烟批发和零售业务的，应当分别核算批发和零售环节的销售额、销售数量；未分别核算批发和零售环节销售额、销售数量的，按照全部销售额、销售数量计征批发环节消费税

二、例题点津

【例题·多选题】下列各项中，属于消费税征收范围的有（　　）。

A. 汽车销售公司销售汽车

B. 烟草专卖店批发卷烟

C. 轮胎厂销售生产的汽车轮胎

D. 商场销售黄金项链

【答案】ABD

【解析】卷烟在零售环节不征收消费税，汽车轮胎不征收消费税。

✿ 考点 2　消费税税目和税率 ★★

一、考点解读

（一）消费税税目（见表 4 - 13）

表 4 - 13

税目（共 15 个）	解　释
烟	包括卷烟、雪茄烟、烟丝以及电子烟
酒	包括白酒、黄酒、啤酒和其他酒 酒精不属于应税消费品。调味料酒不征收消费税
高档化妆品	包括高档美容、修饰类化妆品，高档护肤类化妆品和成套化妆品。 舞台戏剧影视演员化妆用的上妆油、卸妆油、油彩，不属于本税目的征收范围
贵重首饰及珠宝玉石	包括各种金银珠宝首饰和经采掘、打磨、加工的各种珠宝玉石。 对宝石坯应按规定征收消费税
鞭炮、焰火	体育上用的发令纸、鞭炮药引线，不征收消费税
成品油	包括汽油、柴油、石脑油、溶剂油、航空煤油、润滑油、燃料油
摩托车	包括气缸容量为 250 毫升的摩托车和气缸容量在 250 毫升（不含）以上的摩托车两种
超豪华小汽车	包括乘用车、中轻型商用客车和超豪华小汽车 3 个子目。其中超豪华小汽车指每辆零售价格为 130 万元（不含增值税）及以上的乘用车和中轻型商用客车，即乘用车和中轻型商用客车子税目中的超豪华小汽车。注意： （1）电动汽车不属于本税目征收范围。 （2）车身长度大于 7 米（含），并且座位在 10～23 座（含）以下的商用客车，不属于中轻型商用客车征税范围，不征收消费税。 （3）沙滩车、雪地车、卡丁车、高尔夫车不属于消费税征收范围，不征收消费税。 （4）对于企业购进货车或厢式货车改装生产的商务车、卫星通信车等专用汽车不属于消费税征收范围，不征收消费税。 （5）对于购进乘用车和中轻型商用客车整车改装生产的汽车，应按规定征收消费税
高尔夫球及球具	包括高尔夫球、高尔夫球杆及高尔夫球包（袋），高尔夫球杆的杆头、杆身和握把
高档手表	是指销售价格（不含增值税）每只在 10 000 元（含）以上的各类手表
游艇	—
木制一次性筷子	—
实木地板	—
电池	包括原电池、蓄电池、燃料电池、太阳能电池和其他电池。 对无汞原电池、金属氢化物镍蓄电池（又称氢镍蓄电池或镍氢蓄电池）、锂原电池、锂离子蓄电池、太阳能电池、燃料电池和全钒液流电池免征消费税。 自 2016 年 1 月 1 日起，对铅蓄电池按 4% 税率征收消费税
涂料	对施工状态下挥发性有机物含量低于 420 克/升（含）的涂料免征消费税

（二）消费税税率

1. 消费税税率的形式。有比例税率和定额税率两种形式。

2. 消费税的具体税率（见表 4 - 14）。

表 4－14 消费税税目、税率

税目	税率
一、烟 　1. 卷烟 　　（1）甲类卷烟 　　（2）乙类卷烟 　　（3）批发环节 　2. 雪茄烟 　3. 烟丝 　4. 电子烟 　　（1）生产（进口）环节 　　（2）批发环节	 56% 加 0.003 元/支（生产环节） 36% 加 0.003 元/支（生产环节） 11% 加 0.005 元/支 36% 30% 36% 11%
二、酒 　1. 白酒 　2. 黄酒 　3. 啤酒 　　（1）甲类啤酒 　　（2）乙类啤酒 　4. 其他酒	 20% 加 0.5 元/500 克（或者 500 毫升） 240 元/吨 250 元/吨 220 元/吨 10%
三、高档化妆品	15%
四、贵重首饰及珠宝玉石 　1. 金银首饰、铂金首饰和钻石及钻石饰品 　2. 其他贵重首饰和珠宝玉石	 5% 10%
五、鞭炮、焰火	15%
六、成品油 　1. 汽油 　2. 柴油 　3. 航空煤油 　4. 石脑油 　5. 溶剂油 　6. 润滑油 　7. 燃料油	 1.52 元/升 1.20 元/升 1.20 元/升 1.52 元/升 1.52 元/升 1.52 元/升 1.20 元/升
七、摩托车 　1. 气缸容量（排气量，下同）250 毫升的 　2. 气缸容量在 250 毫升（不含）以上的	 3% 10%
八、小汽车 　1. 乘用车 　　（1）气缸容量（排气量，下同）在 1.0 升（含 1.0 升）以下的 　　（2）气缸容量在 1.0 升至 1.5 升（含 1.5 升）的 　　（3）气缸容量在 1.5 升至 2.0 升（含 2.0 升）的 　　（4）气缸容量在 2.0 升至 2.5 升（含 2.5 升）的 　　（5）气缸容量在 2.5 升至 3.0 升（含 3.0 升）的 　　（6）气缸容量在 3.0 升至 4.0 升（含 4.0 升）的 　　（7）气缸容量在 4.0 升以上的 　2. 中轻型商用客车 　3. 超豪华小汽车	 1% 3% 5% 9% 12% 25% 40% 5% 10%（零售环节）

续表

税目	税率
九、高尔夫球及球具	10%
十、高档手表	20%
十一、游艇	10%
十二、木制一次性筷子	5%
十三、实木地板	5%
十四、电池	4%
十五、涂料	4%

3. 消费税具体适用税率的确定。

存在下列情况时，纳税人应按照相关规定确定适用税率：

（1）兼营不同税率的应税消费品，应分别核算销售额、销售数量。未分别核算或将不同税率的应税消费品组成成套消费品销售的，从高适用税率。

（2）配制酒适用税率的确定。配制酒（露酒）是指以发酵酒、蒸馏酒或食用酒精为酒基，加入可食用或药食两用的辅料或食品添加剂，进行调配、混合或再加工制成的并改变了其原酒基风格的饮料酒。

（3）纳税人自产自用的卷烟应当按照纳税人生产的同牌号规格的卷烟销售价格确定征税类别和适用税率。

（4）卷烟由于接装过滤嘴、改变包装或其他原因提高销售价格后，应按照新的销售价格确定征税类别和适用税率。

（5）委托加工的卷烟按照受托方同牌号规格卷烟的征税类别和适用税率征税。没有同牌号规格卷烟的，一律按卷烟最高税率征税。

（6）残次品卷烟应当按照同牌号规格正品卷烟的征税类别确定适用税率。

（7）下列卷烟不分征税类别一律按照56%卷烟税率征税，并按照定额每标准箱150元计算征税：①白包卷烟；②手工卷烟；③未经国务院批准纳入计划的企业和个人生产的卷烟。

二、例题点津

【例题·单选题】 以下应税消费品中，不适用从量定额税率的是（　　）。

A. 汽油　　　　B. 啤酒
C. 黄酒　　　　D. 其他酒

【答案】D

【解析】汽油、啤酒、黄酒适用定额税率，其他酒为10%的比例税率。

✦ **考点3　销售额的确定★★★**

一、考点解读

消费税应纳税额的计算分为从价计征、从量计征和从价从量复合计征三种方法。

（一）从价计征销售额的确定

销售额，是指为纳税人销售应税消费品向购买方收取的全部价款和价外费用，不包括应向购买方收取的增值税税款。价外费用，是指价外向购买方收取的手续费、补贴、基金、集资费、返还利润、奖励费、违约金、滞纳金、延期付款利息、赔偿金、代收款项、代垫款项、包装费、包装物租金、储备费、优质费、运输装卸费以及其他各种性质的价外收费。

（二）从量计征销售数量的确定

1. 销售应税消费品的，为应税消费品的销售数量。

2. 自产自用应税消费品的，为应税消费品的移送使用数量。

3. 委托加工应税消费品的，为纳税人收回的应税消费品数量。

4. 进口应税消费品的，为海关核定的应税消费品进口征税数量。

（三）复合计征销售额和销售数量的确定

卷烟和白酒实行从价定率和从量定额相结合的复合计征办法征收消费税。

销售额为纳税人生产销售卷烟、白酒向购买方收取的全部价款和价外费用。销售数量为纳税人生产销售、进口、委托加工、自产自用卷烟、白酒的销售数量、海关核定数量、委托方收回数量和移送使用数量。

（四）特殊情形下销售额和销售数量的确定

1. 应税消费品的计税价格明显偏低并无正当理由的，由税务机关核定计税价格。

2. 通过自设非独立核算门市部销售的自产应税消费品，应当按照门市部对外销售额或者销售数量征收消费税。

3. 用于换取生产资料和消费资料、投资入股和抵偿债务等方面的应税消费品，应以纳税人同类应税消费品的最高销售价格作为计税依据。

4. 白酒生产企业向商业销售单位收取的"品牌使用费"是随着应税白酒的销售而向购货方收取的，属于应税白酒销售价款的组成部分，不论企业采取何种方式或以何种名义收取价款，均应并入白酒的销售额中缴纳消费税。

5. 实行从价计征办法征收消费税的应税消费品连同包装销售的，无论包装物是否单独计价以及在会计上如何核算，均应并入应税消费品的销售额中缴纳消费税。

如果包装物不作价随同产品销售，而是收取押金，此项押金则不应并入应税消费品的销售额中征税。但对因逾期未收回的包装物不再退还的或者已收取的时间超过 12 个月的押金，应并入应税消费品的销售额，缴纳消费税。

对包装物既作价随同应税消费品销售，又另外收取押金的包装物的押金，凡纳税人在规定的期限内没有退还的，均应并入应税消费品的销售额，按照应税消费品的适用税率缴纳消费税。

对酒类生产企业销售酒类产品而收取的包装物押金，无论押金是否返还及会计上如何核算，均应并入酒类产品销售额，征收消费税。

6. 纳税人采用以旧换新（含翻新改制）方式销售的金银首饰，应按实际收取的不含增值税的全部价款确定计税依据征收消费税。

对既销售金银首饰，又销售非金银首饰的生产、经营单位，应将两类商品划分清楚，分别核算销售额。凡划分不清楚或不能分别核算的并在生产环节销售的，一律从高适用税率征收消费税；在零售环节销售的，一律按金银首饰征收消费税。

金银首饰与其他产品组成成套消费品销售的，应按销售额全额征收消费税。

金银首饰连同包装物销售的，无论包装是否单独计价，也无论会计上如何核算，均应并入金银首饰的销售额征消费税。

带料加工的金银首饰，应按受托方销售同类金银首饰的销售价格确定计税依据征收消费税。没有同类金银首饰销售价格的，按照组成计税价格计算纳税。

7. 纳税人生产、批发电子烟的，按照生产、批发电子烟的销售额计算纳税。

8. 以人民币以外的货币结算销售额的，人民币折合率可以选择销售额发生的当天或者当月 1 日的人民币汇率中间价。纳税人应事先确定采取何种折合率，确定后 1 年内不得变更。

二、例题点津

【例题 1·多选题】下列货物中，采用复合计税办法征收消费税的有（　　）。

A. 粮食白酒　　　　B. 薯类白酒

C. 啤酒　　　　　　D. 卷烟

【答案】ABD

【解析】选项 C，啤酒不采用复合计税办法，而采用从量定额的方法征收消费税。

【例题 2·多选题】根据消费税法律制度的规定，下列各项中，实行从价计征消费税的有（　　）。

A. 高档手表　　　　B. 烟丝

C. 高尔夫球　　　　D. 黄酒

【答案】ABC

【解析】选项 D，黄酒实行从量计征消费税。

【例题 3·多选题】下列各项中关于从量计征消费税计税依据确定方法的表述中，正确的有（　　）。

A. 销售应税消费品的，为应税消费品的销售数量

B. 进口应税消费品的，为海关核定的应税消费品数量

C. 自产自用应税消费品的，为应税消费品移送使用数量

D. 委托加工应税消费品，为加工完成的应税消费品数量

【答案】ABC

【解析】从量计征消费税的应税消费品的销售数量，具体规定为：（1）销售应税消费品的，为应税消费品的销售数量；（2）自产自用应税消费品的，为应税消费品的移送使用数量；（3）委托加工应税消费品的，为纳税人收回应税消费品的数量；（4）进口应税消费品，为海关核定的应税消费品进口征税数量。

✿ 考点4　应纳税额的计算 ★★★

一、考点解读

（一）生产销售应纳消费税的计算（见表4－15）。

表4－15

计征方法	计算公式
从价定率计征	应纳税额＝销售数量×定额税率
从量定额计征	应纳税额＝销售数量×定额税率
复合方法计征（卷烟、白酒）	应纳税额＝销售额×比例税率＋销售数量×定额税率

（二）自产自用应纳消费税的计算

纳税人自产自用的应税消费品，用于连续生产应税消费品的，不纳税；凡用于其他方面的，于移送使用时，按照纳税人生产的同类消费品的销售价格计算纳税；没有同类消费品销售价格的，按照组成计税价格计算纳税。

1. 实行从价定率办法计征消费税的，其计算公式为：

组成计税价格＝（成本＋利润）÷（1－比例税率）

应纳税额＝组成计税价格×比例税率

2. 实行复合计税办法计征消费税的，其计算公式为：

组成计税价格＝（成本＋利润＋自产自用数量×定额税率）÷（1－比例税率）

应纳税额＝组成计税价格×比例税率＋自产自用数量×定额税率

上述公式中所说的"成本"，是指应税消费品的产品生产成本。

上述公式中所说的"利润"，是指根据应税消费品的全国平均成本利润率计算的利润。应税消费品全国平均成本利润率由国家税务总局确定。

同类消费品的销售价格是指纳税人或者代收代缴义务人当月销售的同类消费品的销售价格，如果当月同类消费品各期销售价格高低不同，应按销售数量加权平均计算。但销售的应税消费品有下列情况之一的，不得列入加权平均计算：

（1）销售价格明显偏低又无正当理由的；

（2）无销售价格的。

如果当月无销售或者当月未完结，应按照同类消费品上月或者最近月份的销售价格计算纳税。

（三）委托加工应纳消费税的计算

委托加工的应税消费品，按照受托方的同类消费品的销售价格计算纳税，没有同类消费品销售价格的，按照组成计税价格计算纳税。

1. 实行从价定率办法计征消费税的，其计算公式为：

组成计税价格＝（材料成本＋加工费）÷（1－比例税率）

应纳税额＝组成计税价格×比例税率

2. 实行复合计税办法计征消费税的，其计算公式为：

组成计税价格＝（材料成本＋加工费＋委托加工数量×定额税率）÷（1－比例税率）

应纳税额＝组成计税价格×比例税率＋委托加工数量×定额税率

材料成本，是指委托方所提供加工材料的实际成本。委托加工应税消费品的纳税人，必须在委托加工合同上如实注明（或以其他方式提供）材料成本，凡未提供材料成本的，受托方主管税务机关有权核定其材料成本。

加工费，是指受托方加工应税消费品向委托

方所收取的全部费用（包括代垫辅助材料的实际成本），不包括增值税税款。

（四）进口环节应纳消费税的计算

纳税人进口应税消费品，按照组成计税价格和规定的税率计算应纳税额。

1. 从价定率计征消费税的，其计算公式为：

组成计税价格＝（关税计税价格＋关税）÷（1－消费税比例税率）

应纳税额＝组成计税价格×消费税比例税率

公式中所称"关税计税价格"，是指海关核定的关税计税价格。

2. 实行复合计税办法计征消费税的，其计算公式为：

组成计税价格＝（关税计税价格＋关税＋进口数量×定额税率）÷（1－消费税比例税率）

应纳税额＝组成计税价格×消费税比例税率＋进口数量×定额税率

进口环节消费税除国务院另有规定外，一律不得给予减税、免税。

二、例题点津

【例题1·单选题】 某啤酒厂2025年3月销售甲类啤酒10吨给某商业公司，开具专用发票注明价款42 760元，收取包装物押金1 500元，另外收取本批次的塑料周转箱押金3 000元。该啤酒厂当月应缴纳的消费税是（　　）元。

A. 2 300　　　　B. 2 600

C. 2 200　　　　D. 2 500

【答案】 D

【解析】 甲类啤酒适用消费税税率是250元/吨，应纳消费税税额＝10×250＝2 500（元）。

【例题2·判断题】 进口应税消费品的组成计税价格是：（关税计税价格＋关税）÷（1－消费税税率）。（　　）

【答案】 √

【解析】 题干表述正确。

✦ 考点5　已纳消费税的扣除 ★★

一、考点解读

（一）外购应税消费品已纳税款的扣除

由于某些应税消费品是用外购已缴纳消费税的应税消费品连续生产出来的，在对这些连续生产出来的应税消费品计算征税时，税法规定应按当期生产领用数量计算准予扣除外购的应税消费品已纳的消费税税款。

扣除范围包括：

1. 外购已税烟丝生产的卷烟；

2. 外购已税高档化妆品原料生产的高档化妆品；

3. 外购已税珠宝、玉石原料生产的贵重首饰及珠宝、玉石；

4. 外购已税鞭炮、焰火原料生产的鞭炮、焰火；

5. 外购已税杆头、杆身和握把为原料生产的高尔夫球杆；

6. 外购已税木制一次性筷子原料生产的木制一次性筷子；

7. 外购已税实木地板原料生产的实木地板；

8. 外购已税石脑油、润滑油、燃料油为原料生产的成品油；

9. 外购已税汽油、柴油为原料生产的汽油、柴油。

上述当期准予扣除外购应税消费品已纳消费税税款的计算公式为：

当期准予扣除的外购应税消费品已纳税款＝当期准予扣除的外购应税消费品买价×外购应税消费品适用税率

外购已税消费品的买价是指购货发票上注明的销售额（不包括增值税税款）。

纳税人用外购的已税珠宝、玉石原料生产的改在零售环节征收消费税的金银首饰（镶嵌首饰），在计税时一律不得扣除外购珠宝、玉石的已纳税款。

对自己不生产应税消费品，而只是购进后再销售应税消费品的工业企业，其销售的高档化妆品、鞭炮、焰火和珠宝、玉石，凡不能构成最终消费品直接进入消费品市场，而需进一步生产加工的，应当征收消费税，同时允许扣除上述外购应税消费品的已纳税款。

允许扣除已纳税款的应税消费品只限于从工业企业购进的应税消费品和进口环节已缴纳消费税的应税消费品，对从境内商业企业购进应税消费品的已纳税款一律不得扣除。

（二）委托加工收回的应税消费品已纳税款的扣除

委托加工的应税消费品因为已由受托方代收代缴消费税，因此，委托方收回货物后用于连续生产应税消费品的，其已纳税款准予按照规定从连续生产的应税消费品应纳消费税税额中抵扣。

二、例题点津

【例题·多选题】 下列各项中，外购应税消费品已纳消费税税款准予扣除的有（　　）。

A. 外购已税烟丝生产的卷烟

B. 外购汽车轮胎生产的小轿车

C. 外购已税珠宝原料生产的金银镶嵌首饰

D. 外购已税石脑油为原料生产的应税消费品

【答案】 AD

【解析】 外购应税消费品已纳税款扣除项目共9项，汽车轮胎已免征消费税，不存在扣除的问题；外购已税珠宝生产的金银镶嵌首饰不可以抵扣已税珠宝的消费税。

✿ 考点6 消费税征收管理★

一、考点解读

（一）纳税义务发生时间

1. 纳税人销售应税消费品的，按不同的销售结算方式分别确定。

（1）采取赊销和分期收款结算方式的，为书面合同约定的收款日期的当天，书面合同没有约定收款日期或者无书面合同的，为发出应税消费品的当天。

（2）采取预收货款结算方式的，为发出应税消费品的当天。

（3）采取托收承付和委托银行收款方式的，为发出应税消费品并办妥托收手续的当天。

（4）采取其他结算方式的，为收讫销售款或者取得索取销售款凭据的当天。

2. 纳税人自产自用应税消费品的，为移送使用的当天。

3. 纳税人委托加工应税消费品的，为纳税人提货的当天。

4. 纳税人进口应税消费品的，为报关进口的当天。

（二）纳税地点

1. 纳税人销售的应税消费品，以及自产自用的应税消费品，应当向纳税人机构所在地或者居住地的主管税务机关申报纳税。

2. 委托加工的应税消费品，除受托方为个人外，由受托方向机构所在地或者居住地的主管税务机关解缴消费税税款。受托方为个人的，由委托方向机构所在地的主管税务机关申报纳税。

3. 进口的应税消费品，由进口人或者其代理人向报关地海关申报纳税。

4. 纳税人到外县（市）销售或者委托外县（市）代销自产应税消费品的，于应税消费品销售后，向机构所在地或者居住地主管税务机关申报纳税。

5. 纳税人的总机构与分支机构不在同一县（市）的，应当分别向各自机构所在地的主管税务机关申报纳税。

6. 纳税人销售的应税消费品，如因质量等原因由购买者退回时，经机构所在地或者居住地主管税务机关审核批准后，可退还已缴纳的消费税税款。

7. 出口的应税消费品办理退税后，发生退关，或者国外退货进口时予以免税的，报关出口者必须及时向其机构所在地或者居住地主管税务机关申报补缴已退还的消费税税款。

纳税人直接出口的应税消费品办理免税后，发生退关或者国外退货，进口时已予以免税的，经机构所在地或者居住地主管税务机关批准，可暂不办理补税，待其转为国内销售时，再申报补缴消费税。

8. 个人携带或者邮寄进境的应税消费品的消费税，连同关税一并计征，具体办法由国务院关税税则委员会会同有关部门制定。

（三）纳税期限

消费税的纳税期限分别为1日、3日、5日、10日、15日、1个月或者1个季度；纳税人的具体纳税期限，由主管税务机关根据纳税人应纳税额的大小分别核定；不能按照固定期限纳税的，可以按次纳税。

二、例题点津

【例题1·单选题】 纳税人采取预收货款结算方式销售应税消费品的，其消费税纳税义务发生时间为（　　）。

A. 签订销售合同的当天

B. 收到预收货款的当天

C. 发出应税消费品的当天

D. 书面合同约定支付预付款的当天

【答案】 C

【解析】 纳税人采取预收货款结算方式销售应税消费品的，其消费税纳税义务发生时间为发出应税消费品的当天。选项C正确。

【例题2·多选题】 下列关于消费税征收的表述中，正确的有（　　）。

A. 纳税人自产自用的应税消费品，用于连续生产应税消费品的，不缴纳消费税

B. 纳税人将自产自用的应税消费品用于馈赠、赞助的，缴纳消费税

C. 委托加工的应税消费品，受托方在交货时已代收代缴消费税，委托方收回后直接销售的，再缴纳一道消费税

D. 卷烟在生产和批发两个环节均征收消费税

【答案】 ABD

【解析】 根据消费税法律制度的规定，委托加工的应税消费品，受托方在交货时已代收代缴消费税，委托方收回后直接销售的，不再缴纳消费税。选项C错误。

第四单元　其他税费

✿ 考点1　城市维护建设税、教育费附加和地方教育附加 ★

一、考点解读

（一）城市维护建设税纳税人

城市维护建设税的纳税人，是指在中华人民共和国境内缴纳增值税、消费税的单位和个人，包括各类企业（含外商投资企业、外国企业）、行政单位、事业单位、军事单位、社会团体及其他单位，以及个体工商户和其他个人（含外籍个人）。

（二）城市维护建设税税率

城市维护建设税实行差别比例税率。按照纳税人所在地区的不同，设置了3档比例税率，即：

1. 纳税人所在地在市区的，税率为7%；

2. 纳税人所在地在县城、镇的，税率为5%；

3. 纳税人所在地不在市区、县城或者镇的，税率为1%。

（三）城市维护建设税计税依据

城市维护建设税的计税依据为纳税人实际缴纳的增值税、消费税税额。在计算计税依据时，应当按照规定扣除期末留抵退税退还的增值税税额。

（四）城市维护建设税应纳税额的计算

应纳税额＝实际缴纳的增值税、消费税税额×适用税率

（五）城市维护建设税税收优惠

城市维护建设税属于增值税、消费税的一种附加税，原则上不单独规定税收减免条款。如果税法规定减免增值税、消费税，也就相应地减免了城市维护建设税。现行城市维护建设税的减免规定主要有：

1. 对进口货物或者境外单位和个人向境内销售劳务、服务、无形资产缴纳的增值税、消费税税额，不征收城市维护建设税。

2. 对出口货物、劳务和跨境销售服务、无形资产以及因优惠政策退还增值税、消费税的，不退还已缴纳的城市维护建设税。

3. 对增值税、消费税实行先征后返、先征后退、即征即退办法的，除另有规定外，对随增值税、消费税附征的城市维护建设税，一律不予退（返）还。

4. 根据国民经济和社会发展的需要，国务院对重大公共基础设施建设、特殊产业和群体以及重大突发事件应对等情形可以规定减征或者免征城市维护建设税，报全国人民代表大会常务委

员会备案。

（六）教育费附加和地方教育附加

1. 征收范围。为税法规定征收增值税、消费税的单位和个人。

2. 计征依据。以纳税人实际缴纳的增值税、消费税税额之和为计征依据。

3. 征收比率。教育费附加的征收比率为3%，地方教育附加的征收比率为2%。

4. 计算与缴纳。

应纳教育费附加＝实际缴纳增值税、消费税税额之和×征收比率

教育费附加分别与增值税、消费税税款同时缴纳。

二、例题点津

【例题1·单选题】2024年9月M市甲企业接受N县乙企业委托加工应税消费品，取得不含增值税加工费30万元，代收代缴消费税12万元。已知M市和N县的城市维护建设税税率分别为7%和5%。计算甲企业就该笔业务应代收

代缴城市维护建设税税额的下列算式中，正确的是（　　）。

A. （30＋12）×7%＝2.94（万元）

B. （30＋12）×5%＝2.1（万元）

C. 12×7%＝0.84（万元）

D. 12×5%＝0.6（万元）

【答案】C

【解析】由受托方代扣代缴、代收代缴增值税、消费税的单位和个人，其代扣代缴、代收代缴的城市维护建设税按受托方所在地适用税率执行。甲企业该笔业务应代收代缴城市维护建设税税额＝12×7%＝0.84（万元）。选项C正确。

【例题2·判断题】城市维护建设税的计税依据，是纳税人实际缴纳的增值税、消费税，以及违反有关增值税、消费税规定而加收的滞纳金和罚款。（　　）

【答案】×

【解析】城市维护建设税的计税依据为纳税人实际缴纳的增值税、消费税税额。

✿ 考点2　车辆购置税★★

一、考点解读（见表4–16）

表4–16

项目	车辆购置税
纳税人	在中华人民共和国境内购置汽车、有轨电车、汽车挂车、排气量超过150毫升的摩托车（以下统称应税车辆）的单位和个人，为车辆购置税的纳税人
征收范围	包括汽车、有轨电车、汽车挂车、排气量超过150毫升的摩托车
税目	同征收范围
税率	10%
计税依据	1. 纳税人购买自用应税车辆的计税价格，为纳税人实际支付给销售者的全部价款，不包括增值税税款。自2020年6月1日起，纳税人购买车辆，以电子发票信息中的不含增值税价作为计税价格。纳税人依据相关规定提供其他有效价格凭证的情形除外。 2. 纳税人进口自用应税车辆的计税价格，为关税计税价格加上关税和消费税。 3. 纳税人自产自用应税车辆的计税价格，按照纳税人生产的同类应税车辆的销售价格确定，不包括增值税税款。假设无同类应税车辆销售价格的，按照组成计税价格确定，计算公式为： 组成计税价格＝成本×（1＋成本利润率） 4. 纳税人以受赠、获奖或者其他方式取得自用应税车辆的计税价格，按照购置应税车辆时相关凭证载明的价格确定，不包括增值税税款。 5. 纳税人申报的应税车辆计税价格明显偏低，又无正当理由的，由税务机关依照《中华人民共和国税收征收管理法》的规定核定其应纳税额

续表

项目	车辆购置税
应纳税额的计算	应纳税额＝计税价格×税率 进口应税车辆应纳税额＝（关税计税价格＋关税＋消费税）×税率
税收优惠	下列车辆免征车辆购置税： （1）依照法律规定应当予以免税的外国驻华使馆、领事馆和国际组织驻华机构及其有关人员自用的车辆。 （2）中国人民解放军和中国人民武装警察部队列入装备订货计划的车辆。 （3）悬挂应急救援专用号牌的国家综合性消防救援车辆。 （4）设有固定装置的非运输专用作业车辆。 （5）城市公交企业购置的公共汽电车辆。
征收管理	纳税义务发生时间为：纳税人购置应税车辆的当日。纳税人应当自纳税义务发生之日起60日内申报缴纳车辆购置税
	纳税地点：应当向车辆登记地的主管税务机关申报缴纳车辆购置税；购置不需要办理车辆登记的应税车辆的，应当向纳税人所在地的主管税务机关申报缴纳车辆购置税
	纳税申报：车辆购置税实行一次性征收。购置已征车辆购置税的车辆，不再征收车辆购置税

二、例题点津

【例题1·单选题】 关于车辆购置税的计税依据，下列说法中错误的是（　　）。

A. 纳税人购买自用的车辆的计税价格，为纳税人购买应税车辆实际支付给销售者的全部价款和价外费用，包括增值税税款

B. 纳税人进口自用应税车辆的计税价格，为关税计税价格加上关税和消费税之和

C. 纳税人受赠并自用的应税车辆的计税价格，按照购置应税车辆时相关凭证载明的价格确定，不包括增值税

D. 纳税人申报的应税车辆计税价格明显偏低，又无正当理由的，由税务机关依照《中华人民共和国税收征收管理法》的规定核定其应纳税额

【答案】 A

【解析】 纳税人购买自用的车辆的计税价格，为纳税人购买应税车辆实际支付给销售者的全部价款和价外费用，不包括增值税税款。

【例题2·单选题】 根据车辆购置税法律制度的规定，下列车辆中，不属于车辆购置税免税项目的是（　　）。

A. 外国驻华使馆的自用小汽车

B. 悬挂应急救援专用号牌的国家综合性消

防救援车辆

C. 城市公交企业购置的公共汽电车

D. 个人购买的经营用小汽车

【答案】 D

【解析】 选项A、B、C，均属于免征车辆购置税的范围。

✿ 考点3　关税★★

一、考点解读

（一）关税纳税人

1. 进出口货物的收、发货人。

指依法取得对外贸易经营权，并且进口或者出口货物的法人或者其他社会团体，具体包括：外贸进出口公司；工贸或农贸结合的进出口公司；其他经批准经营进出口商品的企业。

2. 进境物品的携带人或者收件人。

指携带物品进境的入境人员以及进境邮递物品的收件人，具体包括：入境旅客随身携带的行李、物品的持有人；各种运输工具上服务人员入境时携带自用物品的持有人；馈赠物品以及其他方式入境个人物品的收件人；个人邮递物品的收件人。

从事跨境电子商务零售进口的电子商务平台经营者、物流企业和报关企业，以及法律、行政

法规规定负有代扣代缴、代收代缴关税税款义务的单位和个人，是关税的扣缴义务人。

（二）关税课税对象和税目

是进出口的货物、进出境物品。

（三）关税税率

关税的税率分为进口税率和出口税率两种。

其中，进口税率设置普通税率、最惠国税率、协定税率、特惠税率。对实行关税配额管理的进出口货物，设置关税配额税率。对进出口货物在一定时期内可以实行暂定税率。关税税率具体内容见表 4 – 17。

表 4 – 17

税率种类	解　释
最惠国税率	原产于共同适用最惠国待遇条款的世界贸易组织成员的进口货物，原产于与中华人民共和国缔结或者共同参加含有相互给予最惠国待遇条款的国际条约、协定的国家或者地区的进口货物，以及原产于中华人民共和国境内的进口货物，适用最惠国税率
协定税率	原产于与我国缔结或者共同参加含有关税优惠条款的国际条约、协定的国家或者地区且符合国际条约、协定有关规定的进口货物，适用协定税率
特惠税率	原产于我国给予特殊关税优惠安排的国家或者地区且符合国家原产地管理规定的进口货物，适用特惠税率
普通税率	原产于除适用最惠国税率、协定税率、特惠税率国家或者地区以外的国家或者地区的进口货物，以及原产地不明的进口货物，适用普通税率
关税配额税率	关税配额是进口国限制进口货物数量的措施，把征收关税和进口配额相结合以限制进口。配额内进口的货物适用较低配额税率，配额之外的适用较高税率
进口暂定税率	适用最惠国、协定、特惠、关税配额税率的进口货物在一定期限内可实行暂定税率。适用普通税率的进口货物，不适用暂定税率
出口税率	是指国家对出口商品征收的关税税率。适用出口税率的出口货物有暂定税率的，适用暂定税率

（四）关税计税依据

总体：我国对进出口货物征收关税，关税主要以进出口货物的计税价格为计税依据。

1. 进口货物的计税价格（见表 4 – 18）。

表 4 – 18

项目	内　容
确定基础	以成交价格及该货物运抵我国境内输入地点起卸前的运输及其相关费用、保险费为基础确定
成交价格应符合的条件	1. 对买方处置或者使用该货物不予限制，但法律、行政法规规定的限制、对货物转售地域的限制和对货物价格无实质性影响的限制除外。 2. 该货物的成交价格没有因搭售或者其他因素的影响而无法确定。 3. 卖方不得从买方直接或者间接获得因该货物进口后转售、处置或者使用而产生的任何收益，或者虽有收益但能够按照《关税法》第二十五条、第二十六条的规定进行调整。 4. 买卖双方没有特殊关系，或者虽有特殊关系但未对成交价格产生影响

续表

项目	内 容
应计入计税价格的费用	1. 由买方负担的购货佣金以外的佣金和经纪费。 2. 由买方负担的与该货物视为一体的容器的费用。 3. 由买方负担的包装材料费用和包装劳务费用。 4. 与该货物的生产和向我国境内销售有关的，由买方以免费或者以低于成本的方式提供并可以按适当比例分摊的料件、工具、模具、消耗材料及类似货物的价款，以及在我国境外开发、设计等相关服务的费用。 5. 作为该货物向我国境内销售的条件，买方必须支付的、与该货物有关的特许权使用费。 6. 卖方直接或者间接从买方获得的该货物进口后转售、处置或者使用的收益
不计入计税价格的费用、税收	1. 厂房、机械、设备等货物进口后进行建设、安装、装配、维修和技术服务的费用，但保修费用除外。 2. 进口货物运抵我国境内输入地点起卸后的运输及其相关费用、保险费。 3. 进口关税及国内税收
成交价格不符合规定条件或不能确定的，依次以右侧价格估定	1. 与该货物同时或者大约同时向我国境内销售的相同货物的成交价格。 2. 与该货物同时或者大约同时向我国境内销售的类似货物的成交价格。 3. 与该货物进口的同时或者大约同时，将该进口货物、相同或者类似进口货物在我国境内第一级销售环节销售给无特殊关系买方最大销售总量的单位价格，但应当扣除《关税法》第二十八条规定的项目。 4. 按照下列各项总和计算的价格：生产该货物所使用的料件成本和加工费用，向我国境内销售同等级或者同种类货物通常的利润和一般费用，该货物运抵我国境内输入地点起卸前的运输及其相关费用、保险费。 5. 以合理方法估定的价格

2. 出口货物的计税价格（见表4－19）。

表4－19

项目	内 容
确定基础	以该货物的成交价格及该货物运至我国境内输出地点装载前的运输及其相关费用、保险费为基础确定。出口货物的成交价格，是指该货物出口时卖方为出口该货物应当向买方直接收取和间接收取的价款总额。出口关税不计入计税价格
成交价格不能确定的，依次以右侧价格估定该货物的计税价格	1. 与该货物同时或者大约同时向同一国家或者地区出口的相同货物的成交价格。 2. 与该货物同时或者大约同时向同一国家或者地区出口的类似货物的成交价格。 3. 按照下列各项总和计算的价格：我国境内生产相同或者类似货物的料件成本、加工费用，通常的利润和一般费用，境内发生的运输及其相关费用、保险费。 4. 以合理方法估定的价格

（五）关税应纳税额的计算（见表4－20）。

表4－20

种类	计算方法
从价税	应纳税额＝应税进出口货物计税价格×适用税率
从量税	应纳税额＝应税进出口货物数量×定额税率
复合税	应纳税额＝应税进出口货物计税价格×适用税率＋应税进出口货物数量×定额税率

（六）税收优惠

1. 下列进出口货物、进境物品，免征关税。

（1）国务院规定的免征额度内的一票货物。

（2）无商业价值的广告品和货样。

（3）进出境运输工具装载的途中必需的燃料、物料和饮食用品。

（4）在海关放行前损毁或者灭失的货物、进境物品。

（5）外国政府、国际组织无偿赠送的物资。

（6）中华人民共和国缔结或者共同参加的国际条约、协定规定免征关税的货物、进境物品。

（7）依照有关法律规定免征关税的其他货物、进境物品。

2. 下列进出口货物、进境物品，减征关税。

（1）在海关放行前遭受损坏的货物、进境物品。

（2）中华人民共和国缔结或者共同参加的国际条约、协定规定减征关税的货物、进境物品。

（3）依照有关法律规定减征关税的其他货物、进境物品。

（七）关税征收管理

1. 纳税申报。

进出口货物的纳税人、扣缴义务人可以按照规定选择海关办理申报纳税。

纳税人、扣缴义务人应当按照规定的期限和要求如实向海关申报税额，并提供相关资料。必要时，海关可以要求纳税人、扣缴义务人补充申报。

2. 纳税期限。

进出口货物的纳税人、扣缴义务人应当自完成申报之日起十五日内缴纳税款；符合海关规定条件并提供担保的，可以于次月第五个工作日结束前汇总缴纳税款。因不可抗力或者国家税收政策调整，不能按期缴纳的，经向海关申请并提供担保，可以延期缴纳，但最长不得超过六个月。

二、例题点津

【例题1·单选题】下列各项中，不计入该货物的关税计税价格的是（　　）。

A. 由买方负担的购货佣金以外的佣金和经纪费

B. 进口货物运抵中华人民共和国境内输入地点起卸后的运输及其相关费用、保险费

C. 由买方负担的与该货物视为一体的容器的费用

D. 由买方负担的包装材料费用和包装劳务费用

【答案】B

【解析】选项B，进口时在货物的价款中列明的下列费用、税收，不计入该货物的计税价格：（1）厂房、机械、设备等货物进口后进行建设、安装、装配、维修和技术服务的费用，但保修费用除外。（2）进口货物运抵中华人民共和国境内输入地点起卸后的运输及其相关费用、保险费。（3）进口关税及国内税收。选项A、C、D均应计入进口货物的关税计税价格。

【例题2·多选题】下列各项中，属于关税征税对象的有（　　）。

A. 从境外采购进口的原产于中国境内的货物

B. 个人邮寄物品

C. 入境旅客随身携带的行李和物品

D. 馈赠物品或以其他方式进入关境的个人物品

【答案】ABCD

【解析】关税的课税对象是进出口的货物、进出境物品。凡准许进出口的货物、进境物品，除国家另有规定的以外，均应由海关征收进口关税或出口关税。对从境外采购进口的原产于中国境内的货物，也应按规定征收进口关税。

【例题3·多选题】根据关税法律制度的规定，适用最惠国税率的有（　　）。

A. 原产于共同适用最惠国待遇条款的世界贸易组织成员的进口货物

B. 原产于与中华人民共和国缔结或者共同参加含有相互给予最惠国待遇条款的国际条约、协定的国家或者地区的进口货物

C. 原产于中华人民共和国境内的进口货物

D. 原产于中华人民共和国给予特殊关税优惠安排的国家或者地区且符合国家原产地管理规定的进口货物

【答案】ABC

【解析】选项A、B、C，原产于共同适用最惠国待遇条款的世界贸易组织成员的进口货物，原产于与中华人民共和国缔结或者共同参加含有相互给予最惠国待遇条款的国际条约、协定的国家或者地区的进口货物，以及原产于中华人民共和国境内的进口货物，适用最惠国税率。选项D，原产于中华人民共和国给予特殊关税优惠安排的国家或者地区且符合国家原产地管理规定的进口货物，适用特惠税率。

第五章　所得税法律制度

教材变化

2025 年本章教材变化包括以下两点：

（1）企业所得税部分，新增了企业在 2024 年 1 月 1 日至 2027 年 12 月 31 日期间发生的专用设备数字化、智能化改造投入的税收优惠，删除了海南自由贸易港企业所得税优惠、企业重组业务企业所得税处理的内容。

（2）个人所得税部分，对个人取得上市公司股息红利所得的征税规定、居民个人取得股票期权、股票增值权、限制性股票、股权奖励等股权激励的征税规定、个人所得税税收优惠的具体内容进行了调整。

考情分析

从往年考试情况来看，本章所占比重较大，从题型来看，各种题型在本章均有涉及，尤其是不定项选择题一般都会涉及本章的内容。本章整体难度较大，考生应重点复习企业所得税、个人所得税的应纳税额计算及税收优惠。本章在历年考试中所占分值约为 19~21 分。

本章考点框架

```
                          纳税人、纳税义务及税率★★
                          企业所得税应纳税所得额的计算★★
                          收入总额★★★
                          税前扣除项目★
                          税前扣除项目的扣除标准★★
                          不得税前扣除项目★★
              企业所得税法律制度  亏损弥补★★
                          非居民企业应纳税所得额的计算★
                          资产的税收处理★★★
                          企业所得税应纳税额的计算★★★
                          税收优惠★★
                          企业所得税特别纳税调整★★
  所得税法律制度           征收管理★★
                          居民纳税人和非居民纳税人★★
                          所得来源的确定★★
                          个人所得税应税所得项目★★★
                          个人所得税税率★★
                          个人所得税应纳税所得额的确定★★★
              个人所得税法律制度  公益捐赠支出的扣除★★
                          每次收入的确定★★
                          个人所得税应纳税额的计算★★
                          个人所得税应纳税额计算的特殊规定★★
                          个人所得税税收优惠★★
                          个人所得税征收管理★★
```

考点解读

第一单元　企业所得税法律制度

✳ 考点1　纳税人、纳税义务及税率★★

一、考点解读

（一）企业所得税的定义及纳税人

企业所得税是对企业和其他取得收入的组织生产经营所得和其他所得征收的一种所得税。企业所得税纳税人包括各类企业、事业单位、社会团体、民办非企业单位和从事经营活动的其他组织。个人独资企业、合伙企业不缴纳企业所得税。

（二）企业所得税纳税人分类、征税对象及适用税率（见表5-1）

表 5-1

纳税人分类	分类标准	纳税义务	税率适用	
居民企业	依法在中国境内成立，或者依照外国（地区）法律成立但实际管理机构在中国境内	境内所得 + 境外所得	25%	
非居民企业	依照外国（地区）法律成立且实际管理机构不在中国境内，但在境内设立机构、场所	与机构场所有实际联系的境内外所得	25%	
		与机构场所无实际联系的来源于境内的所得	20%	优惠税率10%
	依照外国（地区）法律成立且实际管理机构不在中国境内，在境内未设立机构、场所，但有来源于境内所得的	来源于境内所得	20%	优惠税率10%

（三）来源于中国境内、境外的所得的确定

1. 销售货物所得，按照交易活动发生地确定；

2. 提供劳务所得，按照劳务发生地确定；

3. 转让财产所得，不动产转让所得按照不动产所在地确定，动产转让所得按照转让动产的企业或者机构、场所所在地确定，权益性投资资产转让所得按照被投资企业所在地确定；

4. 股息、红利等权益性投资所得，按照分配所得的企业所在地确定；

5. 利息所得、租金所得、特许权使用费所得，按照负担、支付所得的企业或者机构、场所所在地确定，或者按照负担、支付所得的个人的住所地确定；

6. 其他所得，由国务院财政、税务主管部门确定。

二、例题点津

【例题1·单选题】按照企业所得税法律制度的规定，下列企业中不缴纳企业所得税的是（　　）。

A. 国有企业　　　　B. 个人独资企业

C. 上市企业　　　　D. 外商投资企业

【答案】B

【解析】依照中国法律、行政法规成立的个人独资企业、合伙企业，不属于企业所得税纳税义务人，不缴纳企业所得税。

【例题2·单选题】根据企业所得税法律制度，企业来源于中国境内、境外的所得的确定，以下说法中不正确的是（　　）。

A. 提供劳务所得，按照劳务发生地确定

B. 销售货物所得，按照交易活动发生地确定

C. 股息、红利等权益性投资所得，按照取得所得的企业所在地确定

D. 销售货物所得，按照交易活动发生地确定

【答案】C

【解析】股息、红利等权益性投资所得，按照分配所得的企业所在地确定，选项C的说法不正确。

【例题3·单选题】根据企业所得税法律制度，以下选项中说法不正确的是（　　）。

A. 依法在中国境内成立的是居民企业

B. 企业所得税纳税人分为居民企业、非居民企业

C. 依照外国法律成立的企业都是非居民企业

D. 非居民企业不一定在中国境内设有机构、场所

【答案】C

【解析】依照外国（地区）法律成立但实际管理机构在中国境内的是居民企业，选项C错误。

考点2　企业所得税应纳税所得额的计算★★

一、考点解读

（一）直接法

1. 企业所得税应纳税所得额计算公式。

应纳税所得额＝收入总额－不征税收入－免税收入－各项扣除－以前年度亏损

提示（1）注意区分"应纳税额"和"应纳税所得额"：本章中，"应纳税额"是指企业按照税法的规定，经过计算得出的应向税务机关缴纳的所得税金额。"应纳税所得额"是计算企业所得税的计税依据。

（2）"以前年度亏损"是指税法口径的亏损，而非会计口径的亏损。

（3）区分收入总额、不征税收入、免税收入：①收入总额是指以货币形式和非货币形式从各种来源取得的收入。②不征税收入，从性质上讲不属于企业营利性活动带来的经济利益，不应计入企业应纳税所得额。③免税收入，是指企业应税收入或所得，按照税法的规定免予征收企业所得税。

2. 不征税收入和免税收入（见表5－2）。

表5－2

不征税收入	免税收入
1. 财政拨款； 2. 依法收取并纳入财政管理的行政事业性收费、政府性基金； 3. 国务院规定的其他不征税收入	1. 国债利息收入； 2. 符合条件的居民企业之间的股息、红利等权益性投资收益； 3. 在中国境内设立机构、场所的非居民企业从居民企业取得与该机构、场所有实际联系的股息、红利等权益性投资收益； 4. 符合条件的非营利组织的收入； 5. 基础研究资金收入； 6. 中国保险保障基金有限责任公司取得的收入

（二）间接法

企业应纳税所得额的计算，以权责发生制为原则。在计算应纳税所得额时，企业财务、会计处理办法与税收法律法规的规定不一致的，应当依照税收法律法规的规定计算。当存在税会差异时，需要运用间接法进行纳税调整（调增或调减）。间接法计算公式如下：

应纳税所得额＝会计利润＋纳税调整增加额－纳税调整减少额

二、例题点津

【例题1·多选题】根据企业所得税法律制度，下列收入中属于不征税收入的有（　　）。

A. 国债利息收入

B. 财政拨款

C. 依法收取并纳入财政管理的政府性基金

D. 基础研究资金收入

【答案】BC

【解析】国债利息收入和基础研究资金收入属于免税收入。

【例题2·判断题】在计算应纳税所得额时，企业财务、会计处理办法与税收法律法规的规定不一致的，应当依照企业财务、会计处理办法的规定计算。（　　）

【答案】×

【解析】本题考核企业所得税应纳税所得额计算中的"税法优先"原则。在计算应纳税所得额时，企业财务、会计处理办法与税收法律法规的规定不一致的，应当依照税收法律法规的规定计算。

考点3　收入总额★★★

一、考点解读

企业收入总额是指以货币形式和非货币形式从各种来源取得的收入。

（一）销售货物收入

1. 销售货物收入的确认原则。

除法律另有规定外，企业销售货物收入的确认，必须遵循权责发生制原则和实质重于形式原则。

2. 售后回购。

采用售后回购方式销售商品的，销售的商品按售价确认收入，回购的商品作为购进商品处理。

3. 以旧换新。

销售商品以旧换新的，销售商品应当按照销

售商品收入确认条件确认收入，回收的商品作为购进商品处理。

4. 销售折扣（见表5-3）。

表5-3

序号	销售折扣类型	规定
1	商业折扣	应当按照扣除商业折扣后的金额确定销售商品收入金额
2	现金折扣	应当按扣除现金折扣前的金额确定销售商品收入金额，现金折扣在实际发生时作为财务费用扣除
3	销售折让、销售退回	应当在发生当期冲减当期销售商品收入

（二）提供劳务收入

企业在各个纳税期末，提供劳务交易的结果能够可靠估计的，应采用完工进度（百分比）法确认提供劳务收入。

（三）转让财产收入

按照财产受让方已收或应收的合同或协议价款确认收入。

（四）股息、红利等权益性投资收益

按照被投资方作出利润分配决定的日期确认收入的实现。

（五）利息收入

按照合同约定的债务人应付利息的日期确认收入的实现。

（六）租金收入

1. 租金收入，按照合同约定的承租人应付租金的日期确认收入的实现。

2. 如果交易合同或协议中规定的租赁期限跨年度，且租金提前一次性支付的，出租人可对上述已确认的收入，在租赁期内，分期均匀计入相关年度收入。

（七）特许权使用费收入

按照合同约定的特许权使用人应付特许权使用费的日期确认收入的实现。

（八）接受捐赠收入

按照实际收到捐赠资产的日期确认收入的实现。

（九）其他收入

包括企业资产溢余收入、逾期未退包装物押金收入、确实无法偿付的应付款项、已作坏账损失处理后又收回的应收款项、债务重组收入、补贴收入、违约金收入、汇兑收益等。

（十）特殊收入的确认

以分期收款方式销售货物的，按照合同约定的收款日期确认收入的实现。

企业受托加工制造大型机械设备、船舶、飞机，以及从事建筑、安装、装配工程业务或者提供其他劳务等，持续时间超过12个月的，按照纳税年度内完工进度或者完成的工作量确认收入的实现。

采取产品分成方式取得收入的，按照企业分得产品的日期确认收入的实现，其收入额按照产品的公允价值确定。

企业发生非货币性资产交换，以及将货物、财产、劳务用于捐赠、偿债、赞助、集资、广告、样品、职工福利或者利润分配等用途的，应当视同销售货物、转让财产或者提供劳务，但国务院财政、税务主管部门另有规定的除外。

企业以"买一赠一"等方式组合销售本企业商品的，不属于捐赠，应将总的销售金额按各项商品的公允价值的比例来分摊确认各项商品的销售收入。

常考知识点见表5-4。

表5-4

收入类别	收入确定
销售货物收入	采用托收承付方式的，办妥托收手续时确认
	采取预收款方式的，发出商品时确认
	商品需要安装和检验的：（1）一般来说，购买方接受商品以及安装和检验完毕时确认；（2）安装程序比较简单的，发出商品时确认
	采用支付手续费方式委托代销的，收到代销清单时确认

续表

收入类别	收入确定
提供劳务收入	在各个纳税期末采用完工进度（完工百分比）法确认
转让财产收入	按照从财产受让方已收或应收的合同或协议价款确认收入
股息、红利等权益性投资收益	按照被投资方作出利润分配决定的日期确认收入的实现
利息收入	按照合同约定的债务人应付利息的日期确认收入的实现
租金收入	按照合同约定的承租人应付租金的日期确认收入的实现 提示 跨年度租金一次性支付的，租赁期内分期均匀计入相关年度收入
特许权使用费收入	按照合同约定的特许权使用人应付特许权使用费的日期确认收入的实现
接受捐赠收入	按实际收到捐赠资产的日期确认收入

二、例题点津

【例题1·单选题】2024年3月1日，A公司与B公司签订合同，采用预收款方式销售一批商品。A公司于3月15日收到全部价款，并于3月20日发出商品，B公司3月25日收到该批商品。A公司确认这笔业务企业所得税销售收入实现时间为（　　）。

A. 3月1日　　　　B. 3月15日
C. 3月20日　　　　D. 3月25日

【答案】C

【解析】采用预收款方式销售货物，在发出商品时确认收入。

【例题2·多选题】根据企业所得税法律制度的规定，下列关于确认收入实现时间的表述中，正确的有（　　）。

A. 销售商品采用托收承付方式的，在办妥托收手续时确认收入

B. 接受捐赠收入，按照约定收到捐赠资产的日期确认收入的实现

C. 采取产品分成方式取得收入的，按照被投资方作出分配决定的日期确认收入的实现

D. 销售安装程序比较简单的商品，可在发出商品时确认收入的实现

【答案】AD

【解析】销售商品采用托收承付方式的，在办妥托收手续时确认收入，选项A正确；接受捐赠收入，按照实际收到捐赠资产的日期确认收入的实现，选项B错误；采取产品分成方式取得收入的，按照分得产品的日期确认收入的实现，选项C错误；销售商品需要安装和检验的，在购买方接受商品以及安装和检验完毕时确认收入，如果安装程序比较简单，可在发出商品时确认收入，选项D正确。

【例题3·多选题】根据企业所得税法律制度相关规定，销售货物涉及销售折扣政策的收入金额确定，以下说法中正确的有（　　）。

A. 商业折扣应当按照扣除商业折扣后的金额确定销售商品收入金额

B. 现金折扣应当按照扣除现金折扣后的金额确定销售商品收入金额

C. 销售折让应当在发生当期冲减当期销售商品收入

D. 销售退回应当在发生当期冲减当期销售商品收入

【答案】ACD

【解析】现金折扣应当按照扣除现金折扣前的金额确定销售商品收入金额，现金折扣在实际发生时作为财务费用扣除。

✿ 考点4 税前扣除项目★

一、考点解读

企业实际发生的与取得收入有关的、合理的支出，包括成本、费用、税金、损失和其他支出，准予在计算应纳税所得额时扣除。

（一）成本

成本是指企业在生产经营活动中发生的销售成本、销货成本、业务支出以及其他耗费。即企业销售商品（产品、材料、下脚料、废料、废旧物资等）、提供劳务、转让固定资产、无形资产的成本。

（二）费用

费用是指企业在生产经营活动中发生的销售费用、管理费用和财务费用。已经计入成本的有关费用除外。

（三）税金

税金是指企业发生的除企业所得税和允许抵扣的增值税以外的各项税金及其附加。企业缴纳的增值税属于价外税，不计入企业收入总额，故不在扣除之列。

（四）损失

企业发生的损失，减除责任人赔偿和保险赔款后的余额，依照国务院财政、税务主管部门的规定扣除。企业已经作为损失处理的资产，在以后纳税年度又全部收回或者部分收回时，应当计入当期收入。

（五）其他支出

其他支出是指除成本、费用、税金、损失外，企业在生产经营活动中发生的与生产经营活动有关的、合理的支出。

二、例题点津

【例题1·多选题】以下税金中，可以在企业所得税税前扣除的有（   ）。

A. 关税   B. 资源税

C. 土地增值税   D. 允许抵扣的增值税

【答案】ABC

【解析】允许抵扣的增值税，不允许在企业所得税税前扣除，故选项D不正确。选项A、B、C皆可以在企业所得税税前扣除。

【例题2·判断题】企业实际发生的所有实际支出，准予在计算企业所得税应纳税所得额时扣除。（   ）

【答案】×

【解析】企业实际发生的与取得收入有关的、合理的支出，包括成本、费用、税金、损失和其他支出，准予在计算应纳税所得额时扣除。

✳ 考点5　税前扣除项目的扣除标准 ★★

一、考点解读

（一）工资、薪金支出

企业发生的合理的工资、薪金支出，准予扣除。工资、薪金，包括基本工资、奖金、津贴、补贴、年终加薪、加班工资，以及与员工任职或者受雇有关的其他支出。

（二）职工福利费、工会经费、职工教育经费

企业实际发生的职工福利费、工会经费和职工教育经费按标准扣除，未超过标准的按实际数扣除，超过标准的只能按标准扣除，见表5-5。

表5-5

项目	扣除限额	超过的处理
福利费	不超过工资、薪金总额14%的部分	不得扣除
工会经费	不超过工资、薪金总额2%的部分	不得扣除
职工教育经费	不超过工资、薪金总额8%的部分	准予在以后纳税年度结转扣除

（三）社会保险（见表5-6）

表5-6

类型	扣除规定
基本养老保险、基本医疗保险、失业保险、工伤保险	准予扣除
补充养老保险、补充医疗保险	工资总额5%以内准予扣除

（四）借款费用

1. 企业在生产经营活动中发生的合理的不需要资本化的借款费用，准予扣除。

2. 企业为购置、建造固定资产、无形资产和经过12个月以上的建造才能达到预定可销售状态的存货发生借款的，在有关资产购置、建造

期间发生的合理的借款费用，应予以资本化，作为资本性支出计入有关资产的成本。

表 5 - 7

类型	具体规定	扣除标准
向金融企业借款	非金融企业向金融企业借款的利息支出、金融企业各项存款利息支出和同业拆借利息支出、经批准发行债券的利息支出：准予扣除	据实扣除
向非金融企业借款	非金融企业向非金融企业借款的利息支出：不超过按照金融企业同期同类贷款利率计算的数额的部分准予扣除，超过部分不许扣除	限额扣除
向自然人借款	向关联方自然人借款的利息支出——企业向股东或其他与企业有关联关系的自然人借款的利息支出，符合规定条件的（关联方债资比例和利率标准），按规定计算扣除额	按规定扣除
	向非关联方自然人借款的利息支出——企业向除上述规定以外的内部职工或其他人员借款的利息支出，其借款情况同时符合以下条件的，其利息支出在不超过按金融企业同期同类贷款利率计算的数额的部分，准予扣除： （1）企业与个人之间的借贷是真实、合法、有效的，并且不具有非法集资目的或其他违反法律、法规的行为； （2）企业与个人之间签订了借款合同	

（六）汇兑损失

汇兑损失除已经计入有关资产成本以及与向所有者进行利润分配相关的部分外，准予扣除。

（七）公益性捐赠

企业通过公益性社会组织或者县级以上人民政府及其部门，用于慈善活动、公益事业的捐赠支出，不超过年度利润总额12%的部分，在计算应纳税所得额时准予扣除；超过年度利润总额12%的部分，准予结转以后三年内在计算应纳税所得额时扣除。企业在对公益性捐赠支出计算扣除时，应先扣除以前年度结转的捐赠支出，再扣除当年发生的捐赠支出。

解释 符合条件的扶贫捐赠支出，准予在计算企业所得税应纳税所得额时据实扣除，在计算公益性捐赠支出年度扣除限额时不计算在内。

（八）业务招待费

企业发生的与生产经营活动有关的业务招待费支出，按照发生额的60%扣除，但最高不得超过当年销售（营业）收入的5‰。

（九）广告费和业务宣传费

1. 不超过当年销售（营业）收入15%的部分，准予扣除；超过部分，准予在以后纳税年度结转扣除。

2. 企业在筹建期间，发生的广告费和业务宣传费支出，可按实际发生额计入企业筹办费，并按有关规定在税前扣除。

3. 对化妆品制造或者销售、医药制造和饮料制造（不含酒精类制造）企业发生的广告费和业务宣传费支出，不超过当年销售（营业）收入30%的部分准予扣除；超过部分，准予在以后纳税年度结转扣除。

4. 烟草企业的烟草广告费和业务宣传费支出，一律不得在计算应纳税所得额时扣除。

解释

（1）业务招待费、广告费和业务宣传费的计算限度的基数都是销售（营业）收入，不是企业全部收入。

（2）广告费和业务宣传费的超标准部分可无限期向以后纳税年度结转，属于税法与会计制度的暂时性差异；而业务招待费的超标准部分不能向以后纳税年度结转，属于税法与会计制度的永久性差异。

（十）环境保护专项资金

企业依照法律、行政法规有关规定提取的用于环境保护、生态恢复等方面的专项资金，准予扣除。上述专项资金提取后改变用途的，不得扣除。

（五）利息费用（见表5-7）

（十一）保险费（见表 5 - 8）

表 5 - 8

种类	规定
财产保险	
为特殊工种职工支付的人身安全保险费	
雇主责任险、公众责任险等责任保险	准予扣除
企业职工因公出差乘坐交通工具发生的人身意外保险费支出	
企业其他为投资者或职工支付的商业保险费	不得扣除

（十二）租赁费

1. 以经营租赁方式租入固定资产发生的租赁费支出，按照租赁期限均匀扣除；

2. 以融资租赁方式租入固定资产发生的租赁费支出，按照规定构成融资租入固定资产价值的部分应当提取折旧费用，分期扣除。

（十三）劳动保护支出

企业发生的合理的劳动保护支出，准予扣除。

（十四）有关资产的费用

企业转让各类固定资产发生的费用，允许扣除。企业按规定计算的固定资产折旧费、无形资产和递延资产的摊销费，准予扣除。

（十五）总机构分摊的费用

非居民企业在中国境内设立的机构、场所，就其中国境外总机构发生的与该机构、场所生产经营有关的费用，能够提供总机构证明文件，并合理分摊的，准予扣除。

（十六）手续费及佣金支出

1. 自 2019 年 1 月 1 日起，保险企业发生与其经营活动有关的手续费及佣金支出，不超过当年全部保费收入扣除退保金等后余额的 18%（含本数）的部分，在计算应纳税所得额时准予扣除；超过部分，允许结转以后年度扣除。

2. 其他企业：按服务协议或合同确认的收入金额的 5% 计算限额。

3. 从事代理服务、主营业务收入为手续费、佣金的企业，其为取得该类收入而实际发生的营业成本（包括手续费及佣金支出），准予在企业

所得税税前据实扣除。

（十七）党组织工作经费

国有企业纳入管理费用的党组织工作经费，实际支出不超过职工年度工资薪金总额 1% 的部分，可以据实扣除。非公有制企业党组织工作经费纳入企业管理费列支，不超过职工年度工资薪金总额 1% 的部分，可以据实扣除。

（十八）其他支出项目

依照有关法律、行政法规和国家有关税法规定准予扣除的其他项目，如会员费、合理的会议费、差旅费、违约金、诉讼费用等。

二、例题点津

【例题 1·单选题】2024 年某化妆品生产企业收入总额 8 000 万元（其中接受捐赠收入为 20 万元，取得投资境内非上市公司的股息红利 100 万元），发生的成本、税金及附加合计 3 200 万元，销售费用 2 500 万元（其中广告费、业务宣传费合计 2 200 万元），管理费用 500 万元，财务费用 200 万元。已知上年结转的广告费 200 万元，假设不存在其他调整项目。2024 年该企业应缴纳企业所得税（　　）万元。

A. 400　　B. 350　　C. 334　　D. 459

【答案】C

【解析】对化妆品制造或销售、医药制造和饮料制造（不含酒类制造）企业发生的广告费和业务宣传费支出，不超过当年销售收入 30% 的部分，准予扣除；超过部分，准予在以后纳税年度结转扣除。本年允许扣除的广告费限额 =（8 000 - 100 - 20）×30% = 2 364（万元），本年实际发生了 2 200 万元，上年结转的 200 万元中可以扣除 164 万元，需要纳税调减 164 万元。应缴纳企业所得税 =（8 000 - 100 - 3 200 - 2 500 - 164 - 500 - 200）×25% = 334（万元）。

【例题 2·单选题】B 公司 2024 年度取得销售收入 2 500 万元，发生与生产经营活动有关的业务招待费支出 15 万元。已知，业务招待费支出按照发生额的 60% 扣除，但最高不得超过当年销售（营业）收入的 5‰。在计算 B 公司 2024 年度企业所得税应纳税所得额时，准予扣除的业务招待费支出为（　　）万元。

A. 12.5　　　　　　B. 9

C. 12. 425　　　　D. 15

【答案】B

【解析】限额 1 = 2 500 × 5‰ = 12.5（万元），限额 2 = 15 × 60% = 9（万元），故税前准予扣除的业务招待费为 9 万元。

【例题 3·单选题】甲公司 2024 年度利润总额 300 万元，预缴企业所得税税额 60 万元，在"营业外支出"账户中列支了通过公益性社会组织向灾区的捐款 38 万元。已知企业所得税税率为 25%；公益性捐赠支出不超过年度利润总额 12% 的部分，准予在计算企业所得税应纳税所得额时扣除。计算甲公司当年应补缴企业所得税额的下列算式中，正确的是（　　）。

A. $300 × 25\% - 60 = 15$（万元）

B. $(300 + 300 × 12\%) × 25\% - 60 = 24$（万元）

C. $[300 + (38 - 300 × 12\%)] × 25\% - 60 = 15.5$（万元）

D. $(300 + 38) × 25\% - 60 = 24.5$（万元）

【答案】C

【解析】捐款 38 万元的扣除限额 = 300 × 12% = 36（万元），38 万元大于扣除限额 36 万元，所以税前允许扣除的公益性捐赠支出为 36 万元，超过扣除限额的 2 万元不得税前扣除，属于需纳税调整的增项，因此甲公司当年的企业所得税应纳税所得额 = 300 + 2 = 302（万元）；应纳税额 = (300 + 2) × 25% = 75.5（万元）；应补缴的税额 = 75.5 - 60 = 15.5（万元）。

✳ 考点 6　不得税前扣除项目 ★★

一、考点解读

在计算应纳税所得额时，下列支出不得扣除：

1. 向投资者支付的股息、红利等权益性投资收益款项。

2. 企业所得税税款。

3. 税收滞纳金。

4. 罚金、罚款和被没收财物的损失。

5. 超过规定标准的捐赠支出。

6. 赞助支出。

7. 未经核定的准备金支出。

8. 企业之间支付的管理费、企业内营业机构之间支付的租金和特许权使用费，以及非银行企业内营业机构之间支付的利息。

9. 与取得收入无关的其他支出。

提示　一般而言，不得税前扣除的项目有以下特征之一：（1）并非实际发生；（2）与取得收入无关；（3）并非合理的。

二、例题点津

【例题 1·多选题】根据企业所得税法律制度的规定，纳税人的下列支出或损失，在计算企业所得税应纳税所得额时可以扣除的有（　　）。

A. 税收滞纳金

B. 企业职工因公出差乘坐交通工具发生的人身意外保险费支出

C. 购买劳动保护用品的合理支出

D. 在生产经营活动中发生的合理利息支出

【答案】BCD

【解析】选项 A，税收滞纳金不得在税前扣除；选项 B，企业职工因公出差乘坐交通工具发生的人身意外保险费支出，准予扣除；选项 C，企业发生的合理的劳动保护支出，准予税前扣除；选项 D，在生产经营活动中发生的合理利息支出，准予税前扣除。

【例题 2·多选题】在计算应纳税所得额时，下列支出中不得扣除的有（　　）。

A. 缴纳的契税

B. 缴纳的罚金

C. 经核定的准备金支出

D. 缴纳的企业所得税税款

【答案】BD

【解析】在计算应纳税所得额时，下列支出不得扣除：（1）向投资者支付的股息、红利等权益性投资收益款项。（2）企业所得税税款。（3）税收滞纳金。（4）罚金、罚款和被没收财物的损失。（5）超过规定标准的捐赠支出。（6）赞助支出。（7）未经核定的准备金支出。（8）企业之间支付的管理费、企业内营业机构之间支付的租金和特许权使用费，以及非银行企业内营业机构之间支付的利息。（9）与取得收入无关的其他支出。

【例题 3·多选题】根据企业所得税法律制度的规定，下列项目中，不得从应纳税所得额中扣除的有（　　）。

A. 企业支付的违约金

B. 企业之间支付的管理费

C. 企业内营业机构之间支付的租金

D. 非银行企业内营业机构之间支付的利息

【答案】BCD

【解析】选项 A，会员费、合理的会议费、差旅费、违约金、诉讼费等依照有关法律、行政法规和国家有关税法规定准予扣除。选项 B、C、D，企业之间支付的管理费、企业内营业机构之间支付的租金和特许权使用费，以及非银行企业内营业机构之间支付的利息，不得扣除。

✦ 考点7　亏损弥补 ★★

一、考点解读

企业某一纳税年度发生的亏损可以用下一年度的所得弥补，下一年度的所得不足以弥补的，可以逐年延续弥补，但最长不得超过 5 年。自 2018 年 1 月 1 日起，当年具备高新技术企业或科技型中小企业资格的企业，其具备资格年度之前 5 个年度发生的尚未弥补完的亏损，准予结转以后年度弥补，最长结转年限由 5 年延长至 10 年。

二、例题点津

【例题·单选题】企业某一纳税年度发生的亏损可以用下一年度的所得弥补；下一年度的所得不足以弥补的，可以逐年延续弥补，但最长不得超过（　　）。

A. 12 个月　　　　　B. 3 年

C. 5 年　　　　　　D. 10 年

【答案】C

【解析】企业某一纳税年度发生的亏损可以用下一年度的所得弥补，下一年度的所得不足以弥补的，可以逐年延续弥补，但最长不得超过 5 年。

✦ 考点8　非居民企业应纳税所得额的计算 ★

一、考点解读

在中国境内未设立机构、场所的，或者虽设立机构、场所但取得的所得与其所设机构、场所没有实际联系的非居民企业，其取得的来源于中国境内的所得，按照下列方法计算其应纳税所得额：

（1）股息、红利等权益性投资收益和利息、租金、特许权使用费所得，以收入全额为应纳税所得额。

（2）转让财产所得，以收入全额减除财产净值后的余额为应纳税所得额。

（3）其他所得，参照前两项规定的方法计算应纳税所得额。

二、例题点津

【例题·多选题】根据企业所得税的相关规定，在中国境内未设立机构、场所的非居民企业取得的下列收入中，以收入全额为应纳税所得额的有（　　）。

A. 股息、红利所得

B. 利息收入

C. 租金收入

D. 财产转让所得

【答案】ABC

【解析】选项 A、B、C，股息、红利等权益性投资收益和利息、租金、特许权使用费所得，以收入全额为应纳税所得额。选项 D，财产转让所得，以收入全额减除财产净值后的余额为应纳税所得额。

✦ 考点9　资产的税收处理 ★★★

一、考点解读

（一）固定资产

在计算应纳税所得额时，企业按照规定计算的固定资产折旧，准予扣除。

1. 下列固定资产不得计算折旧扣除：

（1）房屋、建筑物以外未投入使用的固定资产。

（2）以经营租赁方式租入的固定资产。

（3）以融资租赁方式租出的固定资产。

（4）已足额提取折旧仍继续使用的固定资产。

提示　已足额提取折旧的固定资产的改建支出，作为长期待摊费用，按照固定资产预计尚可使用年限分期摊销。

（5）与经营活动无关的固定资产。

（6）单独估价作为固定资产入账的土地。

（7）其他不得计算折旧扣除的固定资产。

2. 固定资产按照表5-9所示方法确定计税基础。

表5-9

取得方式	固定资产计税基础
外购	购买价款 + 支付的相关税费 + 直接归属于使该资产达到预定用途发生的其他支出
自行建造	竣工结算前发生的支出
融资租入	租赁合同约定的付款总额 + 承租人在签订租赁合同过程中发生的相关费用（租赁合同未约定付款总额的，以该资产的公允价值和承租人在签订租赁合同过程中发生的相关费用为计税基础）
盘盈	同类固定资产的重置完全价值
捐赠、投资、非货币性资产交换、债务重组等方式	公允价值 + 支付的相关税费
改建	以改建过程中发生的改建支出增加计税基础

3. 折旧方法及起止月份（见表5-10）。

表5-10

项目	固定资产折旧
折旧方法	直线法
计算折旧（起于）	固定资产投入使用月份的次月
计算折旧（止于）	停止使用月份的次月

4. 除国务院财政、税务主管部门另有规定外，固定资产计算折旧的最低年限如下：

（1）房屋、建筑物，为20年；

（2）飞机、火车、轮船、机器、机械和其他生产设备，为10年；

（3）与生产经营活动有关的器具、工具、家具等，为5年；

（4）飞机、火车、轮船以外的运输工具，为4年；

（5）电子设备，为3年。

（二）生产性生物资产

生产性生物资产，包括经济林、薪炭林、产畜和役畜等。

1. 计税基础对比（见表5-11）。

表5-11

取得方式	固定资产计税基础	生产性生物资产计税基础
外购	购买价款 + 支付的相关税费 + 直接归属于使该资产达到预定用途发生的其他支出	购买价款 + 支付的相关税费
自行建造	竣工结算前发生的支出	—
融资租入	租赁合同约定的付款总额 + 承租人在签订租赁合同过程中发生的相关费用（租赁合同未约定付款总额的，以该资产的公允价值和承租人在签订租赁合同过程中发生的相关费用为计税基础）	—
盘盈	同类固定资产的重置完全价值	
捐赠、投资、非货币性资产交换、债务重组等方式	公允价值 + 支付的相关税费	公允价值 + 支付的相关税费
改建	以改建过程中发生的改建支出增加计税基础	—

2. 折旧方法及起止月份（见表5－12）。

表5－12

项目	生产性生物资产折旧
折旧方法	直线法
计算折旧（起于）	投入使用月份的次月
计算折旧（止于）	停止使用月份的次月

3. 生产性生物资产计算折旧的最低年限如下：

（1）林木类生产性生物资产，为10年；

（2）畜类生产性生物资产，为3年。

（三）无形资产

无形资产，包括专利权、商标权、著作权、土地使用权、非专利技术、商誉等。在计算应纳税所得额时，企业按照规定计算的无形资产摊销费用，准予扣除。

1. 下列无形资产不得计算摊销费用扣除：

（1）自行开发的支出已在计算应纳税所得额时扣除的无形资产；

（2）自创商誉；

（3）与经营活动无关的无形资产；

（4）其他不得计算摊销费用扣除的无形资产。

2. 无形资产按照表5－13所示方法确定计税基础（与固定资产、生产性生物资产对比）。

表5－13

取得方式	固定资产计税基础	生产性生物资产计税基础	无形资产计税基础
外购	购买价款＋支付的相关税费＋直接归属于使该资产达到预定用途发生的其他支出	购买价款＋支付的相关税费	购买价款＋支付的相关税费＋直接归属于使该资产达到预定用途发生的其他支出
自行建造（自行开发）	竣工结算前发生的支出	—	开发过程中该资产符合资本化条件后至达到预定用途前发生的支出
融资租入	租赁合同约定的付款总额＋承租人在签订租赁合同过程中发生的相关费用（租赁合同未约定付款总额的，以该资产的公允价值和承租人在签订租赁合同过程中发生的相关费用为计税基础）	—	—
盘盈	同类固定资产的重置完全价值	—	—
捐赠、投资、非货币性资产交换、债务重组等方式	公允价值＋支付的相关税费	公允价值＋支付的相关税费	公允价值＋支付的相关税费
改建	以改建过程中发生的改建支出增加计税基础	—	—

3. 无形资产按照直线法计算的摊销费用，准予扣除。无形资产的摊销年限不得低于10年。作为投资或者受让的无形资产，有关法律规定或者合同约定了使用年限的，可以按照规定或者约定的使用年限分期摊销。外购商誉的支出，在企业整体转让或者清算时，准予扣除。

（四）长期待摊费用

长期待摊费用，是指企业发生的应在1个年度以上或几个年度进行摊销的费用。在计算应纳税所得额时，企业发生的下列支出作为长期待摊费用，按照规定摊销的，准予扣除：

1. 已足额提取折旧的固定资产的改建支出，按照固定资产预计尚可使用年限分期摊销。

2. 租入固定资产的改建支出，按照合同约定的剩余租赁期限分期摊销。

所谓固定资产的改建支出，是指改变房屋或建筑物结构、延长使用年限等发生的支出。

改建的固定资产延长使用年限的，除前述规定外，应当适当延长折旧年限。

3. 固定资产的大修理支出，按照固定资产尚可使用年限分期摊销。

固定资产的大修理支出，是指同时符合下列条件的支出：

（1）修理支出达到取得固定资产时的计税基础50%以上；

（2）修理后固定资产的使用年限延长2年以上。

4. 其他应当作为长期待摊费用的支出，自支出发生月份的次月起，分期摊销，摊销年限不得低于3年。

（五）投资资产

企业对外投资期间，投资资产的成本在计算应纳税所得额时不得扣除。企业在转让或者处置投资资产时，投资资产的成本，准予扣除。投资资产按照以下方式确定成本：（1）通过支付现金方式取得的投资资产，以购买价款为成本；（2）通过支付现金以外的方式取得的投资资产，以该资产的公允价值和支付的相关税费为成本。

（六）存货

存货，是指企业持有以备出售的产品或者商品、处在生产过程中的在产品、在生产或者提供劳务过程中耗用的材料和物料等。企业使用或者销售存货，按照规定计算的存货成本，准予在计算应纳税所得额时扣除。

存货按照以下方法确定成本：（1）通过支付现金方式取得的存货，以购买价款和支付的相关税费为成本；（2）通过支付现金以外的方式取得的存货，以该存货的公允价值和支付的相关税费为成本；（3）生产性生物资产收获的农产品，以产出或者采收过程中发生的材料费、人工费和分摊的间接费用等必要支出为成本。

企业使用或者销售的存货的成本计算方法，可以在先进先出法、加权平均法、个别计价法中选用一种。计价方法一经选用，不得随意变更。

（七）资产损失

企业发生资产损失，应在按税法规定实际确认或者实际发生的当年申报扣除。企业以前年度发生的资产损失未能在当年税前扣除的，可以按照规定，向税务机关说明并进行专项申报扣除。

二、例题点津

【例题1·单选题】某公司外购一专利权，使用期限为6年，该公司为此支付价款和税费600万元。同时，该公司自行开发一商标权，开发费用为500万元，按10年摊销。则专利权和商标权所支付的费用，该公司应当每年摊销费用合计为（ ）万元。

A. 100　　　　　B. 150

C. 110　　　　　D. 183.33

【答案】B

【解析】无形资产的摊销年限不得低于10年；作为投资或者受让的无形资产，有关法律规定或者合同约定了使用年限的，可以按照规定或者约定的使用年限分期返销。应摊销费用 = 600 ÷ 6 + 500 ÷ 10 = 150（万元）。

【例题2·单选题】2023年1月1日，甲公司购入一台机器设备，该设备使用年限为10年，价值100万元。2024年3月公司对该设备进行了修理，发生费用60万元，预计该设备剩余使用寿命可达到14年。关于该费用的税务处理，下列说法中正确的是（ ）。

A. 应作为长期待摊费用处理

B. 应从 2025 年 1 月进行摊销

C. 可以在发生当期一次性税前扣除

D. 应在 2 年的期限内摊销

【答案】A

【解析】根据题意，甲公司发生的该项支出满足固定资产的大修理支出条件，修理支出可以作为长期待摊费用摊销，按照固定资产尚可使用年限分期摊销。所以选项 C、D 错误，选项 A 正确。应从次月起开始摊销，所以选项 B 错误。

【例题 3·多选题】根据企业所得税法律制度的规定，下列固定资产中，在计算企业所得税应纳税所得额时不得计算折旧扣除的有（　　）。

A. 未投入使用的厂房

B. 以经营租赁方式租入的运输工具

C. 以融资租赁方式租出的生产设备

D. 已足额提取折旧仍继续使用的电子设备

【答案】BCD

【解析】固定资产折旧计提范围是常考点。根据税法规定，不得计算折旧扣除的固定资产包括房屋、建筑物以外未投入使用的固定资产，所以选项 A 错误。

【例题 4·多选题】根据企业所得税法律制度的规定，下列关于生产性生物资产的说法中，正确的有（　　）。

A. 林木类生产性生物资产计算折旧的最低年限为 3 年

B. 畜类生产性生物资产计算折旧的最低年限为 10 年

C. 企业外购的生产性资产，以购买价款和支付的相关税费作为计税基础

D. 生产性生物资产按照直线法计算的折旧，准予扣除

【答案】CD

【解析】选项 A，林木类生产性生物资产最低折旧年限为 10 年；选项 B，畜类生产性生物资产最低折旧年限为 3 年。

【例题 5·判断题】甲公司 2024 年 1 月购入 A 公司股票 10 万元，购入 B 公司股票 15 万元。假设 2024 年 12 月 A 公司股票分红 12 万元，以 13 万元的价格转让 B 公司股票。甲公司在计算

2024 年企业所得税时可以扣除的投资资产成本是 25 万元。（　　）

【答案】×

【解析】对于投资资产在对外投资期间，投资资产的成本在计算应纳税所得额时不得扣除，因此 A 公司股票的购入成本 10 万元不得扣除。转让或者处置投资资产时，投资资产的成本准予扣除，因此 B 公司股票的购入成本 15 万元准予扣除。所以甲公司在计算企业所得税时可以扣除的成本是 15 万元。

✿ 考点 10　企业所得税应纳税额的计算★★★

一、考点解读

（一）计算公式

企业所得税应纳税额＝应纳税所得额×适用税率－减免税额－抵免税额

（二）境外所得税收抵免

1. 适用情形。

（1）居民企业来源于中国境外的应税所得；

（2）非居民企业在中国境内设立机构、场所，取得发生在中国境外但与该机构、场所有实际联系的应税所得。

2. 抵免限额为该项所得依照规定计算的应纳税额。

3. 抵免年限。

企业取得的已在境外缴纳的所得税税额，可从其当期应纳税额中抵免，抵免限额为该项所得依法计算的应纳税额；超过抵免限额的部分，可在以后 5 个年度内，用每年抵免限额抵免当年应抵税额后的余额进行抵补。

4. 自 2017 年 1 月 1 日起，企业可以选择按国（地区）别分别计算［即"分国（地区）不分项"］，或者不按国（地区）别汇总计算［即"不分国（地区）不分项"］其来源于境外的应纳税所得额，按照规定的税率，分别计算其可抵免境外所得税税额和抵免限额。上述方式一经选择，5 年内不得改变。

二、例题点津

【例题 1·单选题】甲公司 2023 年度企业所

得税应纳税所得额1 000万元，减免税额10万元，抵免税额20万元。已知企业所得税税率为25%，甲公司当年企业所得税应纳税额的下列计算列式中，正确的是（　　）。

A. 1 000×25% – 10 – 20 = 220（万元）

B. 1 000×25% – 10 = 240（万元）

C. 1 000×25% = 250（万元）

D. 1 000×25% – 20 = 230（万元）

【答案】A

【解析】本题考查企业所得税应纳税额的计算公式。应纳税额 = 应纳税所得额×适用税率 – 减免税额 – 抵免税额，所以选项A正确。

【例题2·单选题】某居民企业2024年度境内所得应纳税所得额为200万元，在当年已预缴税款50万元，来源于境外某国税前所得100万元，境外实纳税款20万元，该企业在我国适用的企业所得税税率是25%，计算该企业当年汇算清缴应补（退）的税款为（　　）万元。

A. 10　　　　　　B. 12

C. 5　　　　　　D. 79

【答案】C

【解析】该企业汇总纳税应纳税额 =（200 + 100）×25% = 75（万元），境外已纳税款抵免限额 = 100×25% = 25（万元），境外实纳税额20万元，可全额扣除。境内已预缴50万元，则汇总纳税应补缴税款 = 75 – 20 – 50 = 5（万元）。

✿ 考点11　税收优惠★★

一、考点解读

（一）免税收入

免税收入包括：

1. 国债利息收入。

2. 符合条件的居民企业之间的股息、红利等权益性投资收益。

3. 在中国境内设立机构、场所的非居民企业从居民企业取得与该机构、场所有实际联系的股息、红利等权益性投资收益。

4. 符合条件的非营利组织的收入。

5. 基础研究资金收入。自2022年1月1日起，对非营利性科研机构、高等学校接收企业、个人和其他组织机构基础研究资金收入，免征企

业所得税。

6. 中国保险保障基金有限责任公司取得的收入，包括：（1）境内保险公司依法缴纳的保险保障基金；（2）依法从撤销或破产保险公司清算财产中获得的受偿收入和向有关责任方追偿所得，以及依法从保险公司风险处置中获得的财产转让所得；（3）接受捐赠收入；（4）银行存款利息收入；（5）购买政府债券、中央银行、中央企业和中央级金融机构发行债券的利息收入；（6）国务院批准的其他资金运用取得的收入。

（二）所得减免

1. 免征企业所得税的项目。

企业从事下列项目的所得，免征企业所得税：

（1）蔬菜、谷物、薯类、油料、豆类、棉花、麻类、糖料、水果、坚果的种植；

（2）农作物新品种的选育；

（3）中药材的种植；

（4）林木的培育和种植；

（5）牲畜、家禽的饲养；

（6）林产品的采集；

（7）灌溉、农产品初加工、兽医、农技推广、农机作业和维修等农、林、牧、渔服务业项目；

（8）远洋捕捞。

2. 减半征收企业所得税的项目。

企业从事下列项目的所得，减半征收企业所得税：

（1）花卉、茶以及其他饮料作物和香料作物的种植；

（2）海水养殖、内陆养殖。

3. 三免三减半征收企业所得税。

（1）企业从事国家重点扶持的公共基础设施项目的投资经营的所得，自项目取得第1笔生产经营收入所属纳税年度起，第1年至第3年免征企业所得税，第4年至第6年减半征收企业所得税，简称"三免三减半"。但是企业承包经营、承包建设和内部自建自用规定的项目，不得享受上述企业所得税优惠。

（2）企业从事相关规定的符合条件的环境保护、节能节水项目的所得，自项目取得第1笔生产经营收入所属纳税年度起，第1年至第3年免征企业所得税，第4年至第6年减半征收企业

所得税。

4. 符合条件的技术转让所得。

一个纳税年度内，居民企业技术转让所得不超过 500 万元的部分，免征企业所得税；超过 500 万元的部分，减半征收企业所得税。

5. 非居民企业减免税所得。

相关情形见表 5 - 1，减按 10% 的税率征收企业所得税。

6. 境外机构投资者免税所得。

从 2014 年 11 月 17 日起，对 QFII、RQFII 取得来源于中国境内的股票等权益性投资资产转让所得，暂免征收企业所得税。

（三）不同类型企业税收优惠

1. 小型微利企业。

减按 25% 计入应纳税所得额，按 20% 的税率缴纳企业所得税。

2. 高新技术企业。

国家需要重点扶持的高新技术企业，减按 15% 的税率征收企业所得税。

3. 技术先进型服务企业。

对经认定的技术先进型服务企业（服务贸易类），减按 15% 的税率征收企业所得税。

4. 从事污染防治的第三方企业。

减按 15% 的税率征收企业所得税。

5. 集成电路生产企业或项目（见表 5 - 14）。

表 5 - 14

类型	经营期	税收优惠
集成电路线宽小于 28 纳米（含）	15 年以上	第 1 年至第 10 年免征企业所得税
集成电路线宽小于 65 纳米（含）	15 年以上	第 1 年至第 5 年免征企业所得税，第 6 年至第 10 年按照 25% 的法定税率减半征收企业所得税
集成电路线宽小于 130 纳米（含）	10 年以上	第 1 年至第 2 年免征企业所得税，第 3 年至第 5 年按照 25% 的法定税率减半征收企业所得税

6. 集成电路相关企业和软件企业（见表 5 - 15）。

表 5 - 15

类型	税收优惠起始年度	优惠政策
国家鼓励的集成电路设计、装备、材料、封装、测试企业和软件企业	自获利年度起	第 1 年至第 2 年免征企业所得税，第 3 年至第 5 年按照 25% 的法定税率减半征收企业所得税
国家鼓励的重点集成电路设计企业和软件企业	自获利年度起	第 1 年至第 5 年免征企业所得税，接续年度减按 10% 的税率征收企业所得税

7. 经营性文化事业单位转制为企业。

经营性文化事业单位转制为企业，自转制注册之日起 5 年内免征企业所得税（执行至 2027 年 12 月 31 日。届时享受政策不满 5 年的，可享受至 5 年期满）。

8. 生产和装配伤残人员专门用品企业。

对符合条件的生产和装配伤残人员专门用品，且在民政部发布的《中国伤残人员专门用品目录》范围之内的居民企业，免征企业所得税。

（四）民族自治地方的减免税（见图 5 - 1）

（五）加计扣除

1. 研究开发费用。

企业开展研发活动中实际发生的研发费用，未形成无形资产计入当期损益的，在按规定据实扣除的基础上，自 2023 年 1 月 1 日起，再按照实际发生额的 100% 在税前加计扣除；形成无形资产的，自 2023 年 1 月 1 日起按照无形资产成本的 200% 在税前摊销。

符合条件的集成电路企业和工业母机企业开展研发活动中实际发生的研发费用，未形成无形资产计入当期损益的，在按规定据实扣除的基础上，在 2023 年 1 月 1 日至 2027 年 12 月 31 日期间，再按照实际发生额的 120% 在税前扣除；形成无形资产的，在上述期间按照无形资产成本的 220% 在税前摊销。

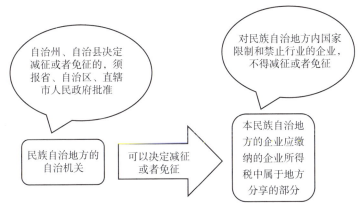

图 5 - 1　民族自治地方的减免税

2. 安置国家鼓励就业人员所支付的工资。

在据实扣除的基础上，按照支付给残疾职工工资的 100% 加计扣除。

3. 出资给非营利单位用于基础研究的支出。

自 2022 年 1 月 1 日起，对企业出资给非营利性科学技术研究开发机构、高等学校和政府性自然科学基金用于基础研究的支出，在计算应纳税所得额时可按实际发生额在税前扣除，并可按 100% 在税前加计扣除。

（六）抵扣应纳税所得额

创业投资企业采取股权投资方式投资于未上市的中小高新技术企业 2 年以上的，可以按照其投资额的 70% 在股权持有满 2 年的当年抵扣该创业投资企业的应纳税所得额；当年不足抵扣的，可以在以后纳税年度结转抵扣。

公司制创业投资企业采取股权投资方式直接投资于种子期、初创期科技型企业满 2 年（24 个月）的，可以按照投资额的 70% 在股权持有满 2 年的当年抵扣该公司制创业投资企业的应纳税所得额；当年不足抵扣的，可以在以后纳税年度结转抵扣。

有限合伙制创业投资企业采取股权投资方式直接投资于初创科技型企业满 2 年的，该合伙创投企业的法人合伙人可以按照对初创科技型企业投资额的 70% 抵扣法人合伙人从合伙创投企业分得的所得；当年不足抵扣的，可以在以后纳税年度结转抵扣。

有限合伙制创投企业采取股权投资方式投资于未上市的中小高新技术企业满 2 年（24 个月）的，其法人合伙人可以按照对未上市中小高新技术企业投资额的 70% 抵扣该法人合伙人从该有限合伙制创业投资企业分得的应纳税所得额；当年不足抵扣的，可以在以后纳税年度结转抵扣。

（七）加速折旧

1. 可以采取缩短折旧年限或者采取加速折旧方法的固定资产：

（1）由于技术进步，产品更新换代较快的固定资产；

（2）常年处于强震动、高腐蚀状态的固定资产。

2. 采取缩短折旧年限方法的，最低折旧年限不得低于法定折旧年限的 60%。

3. 采取加速折旧方法的，可以采取双倍余额递减法或者年数总和法。

4. 自 2019 年 1 月 1 日起适用固定资产加速折旧优惠相关规定的行业范围，扩大至全部制造业领域。

5. 企业在 2018 年 1 月 1 日至 2027 年 12 月 31 日期间新购进（包括自行建造）的设备、器具，单位价值不超过 500 万元的，允许一次性计入当期成本费用在计算应纳税所得额时扣除，不再分年度计算折旧。

（八）减计收入（见表 5 - 16）

表 5 - 16

序号	情形	政策
1	资源综合利用生产规定产品	按 90% 计入收入总额
2	社区养老、托育、家政服务机构提供相应服务的收入	
3	金融机构农户小额贷款的利息收入	
4	保险公司为种植业、养殖业提供保险业务取得的保费收入	
5	经省级地方金融监督管理部门批准成立的小额贷款公司取得的农户小额贷款利息收入	

（九）税额抵免（见表 5 - 17）

表 5 - 17

分类	规定
企业购置并实际使用规定的环境保护、节能节水、安全生产等专用设备	该专用设备的投资额的 10% 可以从企业当年的应纳税额中抵免；当年不足抵免的，可以在以后 5 个纳税年度结转抵免
企业发生的专用设备数字化、智能化改造投入（2024 年 1 月 1 日—2027 年 12 月 31 日）	不超过该专用设备购置时原计税基础 50% 的部分，可按照 10% 比例抵免企业当年应纳税额。企业当年应纳税额不足抵免的，可以向以后年度结转，但结转年限最长不得超过五年

（十）西部地区减免税（见表 5 - 18）

表 5 - 18

政策期间	自 2021 年 1 月 1 日至 2030 年 12 月 31 日
企业类型	鼓励类产业企业是指以《西部地区鼓励类产业目录》中规定的产业项目为主营业务，且其主营业务收入占企业收入总额 60% 以上的企业
税收优惠	减按 15% 的税率征收企业所得税

（十一）债券利息减免税（见表 5 - 19）

表 5 - 19

序号	具体政策
1	对企业取得的 2012 年及以后年度发行的地方政府债券利息收入，免征企业所得税
2	自 2021 年 11 月 7 日至 2025 年 12 月 31 日，对境外机构投资境内债券市场取得的债券利息收入暂免征收企业所得税。暂免征收企业所得税的范围不包括境外机构在境内设立的机构、场所取得的与该机构、场所有实际联系的债券利息
3	对企业投资者持有 2019～2023 年发行的铁路债券取得的利息收入，减半征收企业所得税

二、例题点津

【例题1·单选题】 2022年8月1日，某创投企业以股权投资的方式向境内某未上市的中小高新技术企业投资200万元。两年后的2024年该企业利润总额为890万元，假定该公司无纳税调整事项，则该企业应纳税所得额为（　　）万元。

A. 890　　　　　　B. 750

C. 690　　　　　　D. 650

【答案】 B

【解析】 根据企业所得税相关法律制度，创业投资企业优惠是指投资于一家未上市的中小高新技术企业满2年的当年可以抵减应纳税所得额的70%。该公司于2022年8月1日投资，满2年即2024年8月1日，因此2024年计算应纳税所得额时可以抵减投资额的70%，即200×70%＝140（万元），所以应纳税所得额＝890－140＝750（万元）。

【例题2·多选题】 根据企业所得税法律制度，下列关于企业所得税税收优惠的说法中，正确的有（　　）。

A. 对小型微利企业，减按25%计入应纳税所得额，按20%的税率缴纳企业所得税

B. 符合条件的生产和装配伤残人员专门用品，且在民政部发布的《中国伤残人员专门用品目录》范围之内的居民企业，免征企业所得税

C. 民族自治地方的自治机关对本民族自治地方的企业应缴纳的企业所得税，可以决定全部免征

D. 企业安置残疾人员的，在按照支付给残疾职工工资据实扣除的基础上，按照支付给残疾职工工资的100%加计扣除

【答案】 ABD

【解析】 民族自治地方的自治机关对本民族自治地方的企业应缴纳的企业所得税中属于地方分享的部分，可以决定减征或者免征

【例题3·多选题】 根据企业所得税税收优惠相关规定，2025年，以下企业取得收入的情形，可以减按90%计入收入总额的有（　　）。

A. 企业发生的智能化改造投入

B. 资源综合利用生产规定产品

C. 金融机构农户小额贷款的利息收入

D. 保险公司为种植业、养殖业提供保险业务取得的保费收入

【答案】 BCD

【解析】 选项A，企业在2024年1月1日至2027年12月31日期间发生的专用设备数字化、智能化改造投入，不超过该专用设备购置时原计税基础50%的部分，可按照10%比例抵免企业当年应纳税额。企业当年应纳税额不足抵免的，可以向以后年度结转，但结转年限最长不得超过五年。

【例题4·多选题】 根据企业所得税法律制度的规定，下列关于企业所得税税率的表述中，正确的有（　　）。

A. 对在中国境内未设立机构、场所的非居民企业来源于中国境内的所得，按10%的税率征收企业所得税

B. 对经认定的技术先进型服务企业（服务贸易类），减按20%的税率征收企业所得税

C. 对设在西部地区的鼓励类产业企业，减按10%的税率征收企业所得税

D. 对符合条件的小型微利企业，减按20%的税率征收企业所得税

【答案】 AD

【解析】 对经认定的技术先进型服务企业（服务贸易类），减按15%的税率征收企业所得税，选项B错误；对设在西部地区的鼓励类产业企业，减按15%的税率征收企业所得税，选项C错误。

【例题5·多选题】 下列各项中，在计算应纳税所得额时符合加计扣除规定的有（　　）。

A. 企业开发新技术、新产品、新工艺发生的研究开发费用

B. 创业投资企业从事国家需要重点扶持和鼓励的创业投资项目

C. 企业综合利用资源生产符合国家产业政策规定的产品

D. 企业安置残疾人员及国家鼓励安置的其他就业人员所支付的工资

【答案】 AD

【解析】 研究开发费用和企业安置残疾人员及国家鼓励安置的其他就业人员所支付的工资，可以在计算应纳税所得额时加计扣除。

✻ 考点 12　企业所得税特别纳税调整 ★★

一、考点解读

（一）转让定价税制

1. 基本概念。

企业与其关联方之间的业务往来，不符合独立交易原则而减少企业或者其关联方应纳税收入或者所得额的，税务机关有权按照合理方法调整。

2. 成本分摊。

企业与其关联方共同开发、受让无形资产，或者共同提供、接受劳务发生的成本，在计算应纳税所得额时应当按照独立交易原则进行分摊。

3. 预约定价安排。

企业可以向税务机关提出与其关联方之间业务往来的定价原则和计算方法，税务机关与企业协商、确认后，达成预约定价安排。

预约定价安排，是指企业就其未来年度关联交易的定价原则和计算方法，向税务机关提出申请，与税务机关按照独立交易原则协商、确认后达成的协议。

4. 核定应纳税所得额。

企业不提供与其关联方之间业务往来资料，或者提供虚假、不完整资料，未能真实反映其关联业务往来情况的，税务机关有权依法核定其应纳税所得额。

（二）受控外国企业税制

由居民企业，或者由居民企业和中国居民控制的设立在实际税负低于 12.5% 的国家（地区）的企业，并非由于合理的经营需要而对利润不作分配或者减少分配的，上述利润中应归属于该居民企业的部分，应当计入该居民企业的当期收入。

（三）资本弱化税制

企业从其关联方接受的债权性投资与权益性投资的比例超过规定标准而发生的利息支出，不得在计算应纳税所得额时扣除。企业实际支付给关联方的利息支出，其接受关联方债权性投资与其权益性投资比例为：（1）金融企业为 5:1；（2）其他企业为 2:1。

（四）一般反避税制度

企业实施其他不具有合理商业目的（以减少、免除或者推迟缴纳税款为主要目的）的安排而减少其应纳税收入或者所得额的，税务机关有权按照合理方法调整。

（五）对避税行为的处理

包括：加收利息、特别纳税调整期限。

二、例题点津

【例题 1·单选题】某企业注册资本为 3 000万元，2024 年按同期金融机构贷款利率从其关联方借款 6 800 万元，发生利息 408 万元。该企业在计算企业所得税应纳税所得额时，准予扣除的利息金额为（　　）万元。

A. 408　　　　　　B. 360

C. 180　　　　　　D. 90

【答案】B

【解析】根据规定，企业实际支付给关联方的利息支出，除另有规定外，其接受关联方债权性投资与其权益性投资比例为：除金融企业外的其他企业为 2:1。该企业的注册资本为 3 000 万元，关联方债权性投资不应超过 3 000 × 2 = 6 000（万元），现借款 6 800 万元，准予扣除的利息金额是 6 000 万元产生的利息：6 000 ÷ 6 800 × 408 = 360（万元）。

【例题 2·多选题】企业从其关联方接受的债权性投资与权益性投资的比例超过规定标准而发生的利息支出，不得在计算应纳税所得额时扣除。企业实际支付给关联方的利息支出，其接受关联方债权性投资与其权益性投资比例为（　　）。

A. 金融企业为 2:1

B. 金融企业以外的其他企业为 5:1

C. 金融企业为 5:1

D. 金融企业以外的其他企业为 2:1

【答案】CD

【解析】企业从其关联方接受的债权性投资与权益性投资的比例超过规定标准而发生的利息支出，不得在计算应纳税所得额时扣除。企业实际支付给关联方的利息支出，其接受关联方债权性投资与其权益性投资比例为：（1）金融企业为 5:1；（2）其他企业为 2:1。

✷ 考点 13　征收管理 ★★

一、考点解读

（一）纳税地点

1. 居民企业的纳税地点。

除税收法律、行政法规另有规定外，居民企业以企业登记注册地为纳税地点；但登记注册地在境外的，以实际管理机构所在地为纳税地点。

2. 非居民企业的纳税地点。

非居民企业在中国境内设立机构、场所的，以机构、场所所在地为纳税地点。非居民企业在中国境内设立 2 个或者 2 个以上机构、场所的，符合国务院税务主管部门规定条件的，可以选择由其主要机构、场所汇总缴纳企业所得税。

在中国境内未设立机构、场所的，或者虽设立机构、场所但取得的所得与其所设机构、场所没有实际联系的非居民企业，以扣缴义务人所在地为纳税地点。

（二）按年计征与分期预缴

企业所得税按年计征，分月或者分季预缴，年终汇算清缴，多退少补。纳税年度自公历 1 月 1 日起至 12 月 31 日止。

企业在一个纳税年度中间开业，或者终止经营活动，使该纳税年度的实际经营期不足 12 个月的，应当以其实际经营期为 1 个纳税年度。企业依法清算时，应当以清算期间作为 1 个纳税年度。

（三）纳税申报

按月或按季预缴的，应当自月份或者季度终了之日起 15 日内，向税务机关报送预缴企业所得税纳税申报表，预缴税款。

二、例题点津

【例题 1·单选题】根据企业所得税法律制度的规定，企业在年度中间终止经营活动的，应当自实际经营终止之日起一定期限内向税务机关办理当期企业所得税汇算清缴。该期限为（　　）日。

A. 30　　B. 60　　C. 90　　D. 180

【答案】B

【解析】企业在年度中间终止经营活动的，应当自实际经营终止之日起 60 日内，向税务机关办理当期企业所得税汇算清缴。

【例题 2·多选题】根据企业所得税法律制度的规定，下列关于企业所得税征收管理的说法中，正确的有（　　）。

A. 企业在一个纳税年度中间开业或者终止经营活动，使该纳税年度的实际经营期不足 12 个月的，应当以其实际经营期为 1 个纳税年度

B. 企业只有在盈利情况下，才需要依照规定期限，向税务机关报送预缴企业所得税纳税申报表

C. 按月或按季预缴企业所得税的，应当自月份或者季度终了之日起 15 日内，向税务机关报送预缴企业所得税纳税申报表，预缴税款

D. 企业依法清算时，应当为清算日开始到当年年末作为 1 个纳税年度

【答案】AC

【解析】无论企业是否盈利，都需要按期向税务机关报送预缴企业所得税纳税申报表；企业依法清算时，应当以清算期间作为 1 个纳税年度。

第二单元　个人所得税法律制度

✷ 考点 1　居民纳税人和非居民纳税人 ★★

一、考点解读

在中国境内有住所，或者无住所而一个纳税年度内在中国境内居住累计满 183 天的个人，为居民个人。居民个人从中国境内和境外取得的所得，缴纳个人所得税。

在中国境内无住所又不居住，或者无住所而一个纳税年度内在中国境内居住累计不满 183 天的个人，为非居民个人。非居民个人从中国境内取得的所得，缴纳个人所得税。

二、例题点津

【例题1·单选题】根据个人所得税法律制度的规定，在中国境内有住所，或者无住所而一个纳税年度内在中国境内居住累计满（　　）天的个人，为居民个人。

A. 100　　B. 183　　C. 270　　D. 365

【答案】B

【解析】在中国境内有住所，或者无住所而一个纳税年度内在中国境内居住累计满183天的个人，为居民个人。

【例题2·判断题】无论是居民纳税人还是非居民纳税人，来源于境内、境外的所得都需要缴纳个人所得税。（　　）

【答案】×

【解析】居民纳税人就来源于境内和境外的所得缴纳个人所得税，非居民纳税人仅就来源于境内的所得缴纳个人所得税。

✳ 考点2　所得来源的确定★★

一、考点解读

（一）来源于中国境内的所得

下列所得，不论支付地点是否在中国境内，均为来源于中国境内的所得：

（1）因任职、受雇、履约等在中国境内提供劳务取得的所得；

（2）将财产出租给承租人在中国境内使用而取得的所得；

（3）许可各种特许权在中国境内使用而取得的所得；

（4）转让中国境内的不动产等财产或者在中国境内转让其他财产取得的所得；

（5）从中国境内企业、事业单位、其他组织以及居民个人取得的利息、股息、红利所得。

（二）来源于中国境外的所得

下列所得，为来源于中国境外的所得：

（1）因任职、受雇、履约等在中国境外提供劳务取得的所得。

（2）中国境外企业以及其他组织支付且负担的稿酬所得。

（3）许可各种特许权在中国境外使用而取得的所得。

（4）在中国境外从事生产、经营活动而取得的与生产、经营活动相关的所得。

（5）从中国境外企业、其他组织以及非居民个人取得的利息、股息、红利所得。

（6）将财产出租给承租人在中国境外使用而取得的所得。

（7）转让中国境外的不动产、转让对中国境外企业以及其他组织投资形成的股票、股权以及其他权益性资产（以下简称"权益性资产"）或者在中国境外转让其他财产取得的所得。但转让对中国境外企业以及其他组织投资形成的权益性资产，该权益性资产被转让前3年（连续36个公历月份）内的任一时间，被投资企业或其他组织的资产公允价值50%以上直接或间接来自于中国境内的不动产的，取得的所得为来源于中国境内的所得。

（8）中国境外企业、其他组织以及非居民个人支付且负担的偶然所得。

（9）财政部、税务总局另有规定的，按照相关规定执行。

二、例题点津

【例题1·单选题】个人取得的下列所得中，应确定为来源于中国境内所得的是（　　）。

A. 在境外开办教育培训取得的所得

B. 拥有的专利在境外使用而取得的所得

C. 从境外上市公司取得的股息所得

D. 将境内房产转让给外国人取得的所得

【答案】D

【解析】下列所得，不论支付地点是否在中国境内，均为来源于中国境内的所得：（1）因任职、受雇、履约等而在中国境内提供劳务取得的所得；（2）将财产出租给承租人在中国境内使用而取得的所得；（3）转让中国境内的建筑物、土地使用权等财产或者在中国境内转让其他财产取得的所得；（4）许可各种特许权在中国境内使用而取得的所得；（5）从中国境内的公司、企业以及其他经济组织或者个人取得的利息、股息、红利所得。选项A，不属于来源于中国境内的所得。选项B，专利在境外使用，不属于来源于中国境内的所得。选项 C，从境外上市公司取得的股息，不属于来源于中国境内的所得。选项 D，将境内的不动产转让取得的所得，属于来源于中国境内的所得。

【例题2·多选题】根据个人所得税法律制度的相关规定，下列各项中，不论支付地点是否在中国境内，均为来源于中国境内的所得的有（ ）。

A. 从中国境内企业、事业单位、其他组织以及居民个人取得的利息、股息、红利所得

B. 因任职、受雇、履约等在中国境内提供劳务取得的所得

C. 许可各种特许权在中国境内使用而取得的所得

D. 将财产出租给中国境内企业在中国境外使用而取得的所得

【答案】ABC

【解析】将财产出租给承租人在中国境外使用而取得的所得，为来源于中国境外的所得。

✦ 考点3　个人所得税应税所得项目★★★

一、考点解读

个人所得税共分为9个应税项目。

（一）工资、薪金所得

工资、薪金所得，是指个人因任职或者受雇而取得的工资、薪金、奖金、年终加薪、劳动分红、津贴、补贴以及与任职或者受雇有关的其他所得。

下列项目不属于工资、薪金性质的补贴、津贴，不予征收个人所得税。这些项目包括：独生子女补贴；执行公务员工资制度未纳入基本工资总额的补贴、津贴差额和家属成员的副食补贴；托儿补助费；差旅费津贴、误餐补助。

（二）劳务报酬所得

劳务报酬所得，是指个人从事劳务取得的所得。区分"劳务报酬所得"和"工资、薪金所得"，主要看是否存在雇佣与被雇佣的关系。

（三）稿酬所得

稿酬所得，是指个人因其作品以图书、报刊形式出版、发表而取得的所得。作品包括文学作品、书画作品、摄影作品，以及其他作品。作者去世后，财产继承人取得的遗作稿酬，也应按"稿酬所得"征收个人所得税。

（四）特许权使用费所得

特许权使用费所得，是指个人提供专利权、商标权、著作权、非专利技术以及其他特许权的使用权取得的所得。

以下应按"特许权使用费所得"项目征收个人所得税：（1）作者将自己的文字作品手稿原件或复印件拍卖取得的所得；（2）个人取得专利赔偿所得；（3）剧本作者从电影、电视剧的制作单位取得的剧本使用费（不再区分剧本的使用方是否为其任职单位）。

（五）经营所得

经营所得包括：（1）个体工商户从事生产、经营活动取得的所得，个人独资企业投资人、合伙企业的个人合伙人来源于境内注册的个人独资企业、合伙企业生产、经营的所得；（2）个人依法从事办学、医疗、咨询以及其他有偿服务活动取得的所得；（3）个人对企业、事业单位承包经营、承租经营以及转包、转租取得的所得；（4）个人从事其他生产、经营活动取得的所得。

（六）利息、股息、红利所得

利息、股息、红利所得，是指个人拥有债权、股权而取得的利息、股息、红利所得。

（七）财产租赁所得

财产租赁所得，是指个人出租不动产、机器设备、车船以及其他财产取得的所得。个人取得的房屋转租收入，属于"财产租赁所得"项目。

（八）财产转让所得

财产转让所得，是指个人转让有价证券、股权、合伙企业中的财产份额、不动产、机器设备、车船以及其他财产取得的所得。

（九）偶然所得

偶然所得，是指个人得奖、中奖、中彩以及其他偶然性质的所得。企业对累积消费达到一定额度的顾客，给予额外抽奖机会，个人的获奖所得，按照"偶然所得"项目，全额缴纳个人所得税。个人取得单张有奖发票奖金所得超过800

元的，应全额按照"偶然所得"项目征收个人所得税。

各应税项目计征方式见表5-20。

表5-20

应税所得项目	居民个人	非居民个人
工资、薪金所得	综合征收（按年）	分类征收（按月或按次）
劳务报酬所得		
稿酬所得		
特许权使用费所得		
经营所得	分类征收	
利息、股息、红利所得		
财产租赁所得		
财产转让所得		
偶然所得		

二、例题点津

【例题1·单选题】 退休职工刘某取得的下列收入中，免予缴纳个人所得税的是（　　）。

A. 退休工资5 000元

B. 商场有奖销售中奖210元

C. 其任职单位重阳节发放补贴800元

D. 报刊上发表文章取得报酬1 000元

【答案】 A

【解析】 选项A，免征个人所得税。选项B，按照"偶然所得"计征个人所得税。选项C，离退休人员除按规定领取退休工资或养老金外，另从原任职单位取得的各类补贴、奖金、实物，不属于免税的退休工资、离休工资、离休生活补助费，应按"工资、薪金所得"应税项目缴纳个人所得税。选项D，应按照"稿酬所得"计征个人所得税。

【例题2·单选题】 关于个人所得税应税项目，以下说法中不正确的是（　　）。

A. 独生子女补贴不属于"工资、薪金所得"

B. 作者将自己的文字作品手稿原件或复印件拍卖取得的所得按"特许权使用费所得"项目征收个人所得税

C. 剧本作者从电影制作单位取得的剧本使用费，按"特许权使用费所得"项目征收个人

所得税

D. 作者去世后，财产继承人取得的遗作稿酬，应按"财产转让所得"征收个人所得税

【答案】 D

【解析】 作者去世后，财产继承人取得的遗作稿酬，也应按"稿酬所得"征收个人所得税。

【例题3·多选题】 根据个人所得税法律制度的规定，下列各项中，不应按照工资、薪金所得项目计算缴纳个人所得税的有（　　）。

A. 误餐补助

B. 独生子女补贴

C. 单位以误餐补助名义发给职工的津贴

D. 差旅费津贴

【答案】 ABD

【解析】 下列项目不属于工资、薪金性质的补贴、津贴，不予征收个人所得税。这些项目包括：独生子女补贴；执行公务员工资制度未纳入基本工资总额的补贴、津贴差额和家属成员的副食补贴；托儿补助费；差旅费津贴、误餐补助。误餐补助是指按照财政部规定，个人因公在城区、郊区工作，不能在工作单位或返回就餐的，根据实际误餐顿数，按规定的标准领取的误餐费。单位以误餐补助名义发给职工的补助、津贴不包括在内，应当并入当月工资、薪金所得计征个人所得税。

【例题4·多选题】 根据个人所得税法律制度的规定，A公司员工梁某取得的下列收益中，应按"偶然所得"项目缴纳个人所得税的有（　　）。

A. 取得房屋转租收入5 000元

B. 在B商场累积消费达到规定额度获得额外抽奖机会抽中手机一部

C. 在C公司业务宣传活动中取得随机赠送的耳机一副

D. 为丁某提供担保获得收入8 000元

【答案】 BCD

【解析】 房屋转租收入，应按"财产租赁所得"项目计算缴纳个人所得税。

【例题5·多选题】 下列所得中，属于个人所得税"工资、薪金所得"应税项目的有（　　）。

A. 甲公司会计张三利用每周末到乙事务所

做业余审计助理的兼职所得

B. 李四退休后再任职取得的所得

C. 任职于杂志社的记者王五在本单位杂志上发表作品取得的所得

D. 某公司总经理赵六兼任本公司董事取得的董事费所得

【答案】BCD

【解析】选项 A 属于"劳务报酬所得"。

【例题 6·判断题】个人所得税应税项目中，区分"劳务报酬所得"和"工资、薪金所得"，主要看是否为定期取得收入。（　　）

【答案】×

【解析】劳务报酬所得，是指个人从事劳务取得的所得。区分"劳务报酬所得"和"工资、薪金所得"，主要是否存在雇佣与被雇佣的关系。

【例题 7·判断题】居民个人取得稿酬所得，应该按次计征个人所得税。（　　）

【答案】×

【解析】居民个人取得综合所得（包括工资、薪金所得，劳务报酬所得，稿酬所得，特许权使用费所得）应该按年计征个人所得税。

✿ 考点4　个人所得税税率★★

一、考点解读

（一）综合所得（适用 3%～45% 的超额累进税率）

表 5-21 所称全年应纳税所得额是指依照法律规定，居民个人取得综合所得以每一纳税年度收入额减除费用 6 万元以及专项扣除、专项附加扣除和依法确定的其他扣除后的余额。

表 5-21

级数	全年应纳税所得额	税率（%）	速算扣除数
1	不超过 36 000 元的	3	0
2	超过 36 000 元至 144 000 元的部分	10	2 520
3	超过 144 000 元至 300 000 元的部分	20	16 920

续表

级数	全年应纳税所得额	税率（%）	速算扣除数
4	超过 300 000 元至 420 000 元的部分	25	31 920
5	超过 420 000 元至 660 000 元的部分	30	52 920
6	超过 660 000 元至 960 000 元的部分	35	85 920
7	超过 960 000 元的部分	45	181 920

（二）经营所得（适用 5%～35% 的超额累进税率）

表 5-22 所称全年应纳税所得额是指依照法律规定，以每一纳税年度的收入总额减除成本、费用以及损失后的余额。

表 5-22

级数	全年应纳税所得额	税率（%）	速算扣除数
1	不超过 30 000 元的	5	0
2	超过 30 000 元至 90 000 元的部分	10	1 500
3	超过 90 000 元至 300 000 元的部分	20	10 500
4	超过 300 000 元至 500 000 元的部分	30	40 500
5	超过 500 000 元的部分	35	65 500

（三）其他所得适用的税率

利息、股息、红利所得，财产租赁所得，财产转让所得和偶然所得适用比例税率，税率为 20%，自 2001 年 1 月 1 日起，对个人出租住房取得的所得暂减按 10% 的税率征收个人所得税。

二、例题点津

【例题·判断题】个人出租住房属于"财产租赁所得"，按 20% 的税率征收个人所得税。（　　）

【答案】×

【解析】自 2001 年 1 月 1 日起，对个人出租住房取得的所得暂减按 10% 的税率征收个人所得税。

✳ 考点5　个人所得税应纳税所得额的确定 ★★★

一、考点解读

个人所得税的计税依据是纳税人取得的应纳税所得额。应纳税所得额为个人取得的各项收入减去税法规定的费用扣除金额和减免税收入后的余额。应纳税所得额确定方式如下：

（一）居民个人综合所得应纳税所得额的确定

居民个人的综合所得，以每一纳税年度的收入额减除费用 6 万元以及专项扣除、专项附加扣除和依法确定的其他扣除后的余额，为应纳税所得额。

各类型扣除相关规定见表 5－23。

综合所得，包括工资、薪金所得，劳务报酬所得，稿酬所得，特许权使用费所得四项。劳务报酬所得、稿酬所得、特许权使用费所得以收入减除 20% 的费用后的余额为收入额。稿酬所得的收入额减按 70% 计算。

表 5－23

扣除类型		具体规定
专项扣除		包括居民个人按照国家规定的范围和标准缴纳的基本养老保险、基本医疗保险、失业保险等社会保险费和住房公积金等
专项附加扣除	子女教育	标准：每个子女 2 000 元/月（2023 年 1 月 1 日起）
	继续教育	标准：学历（学位）400 元/月［同一学历（学位）不超过 48 个月］；技能（专业技术）人员职业资格继续教育 3 600 元（当年）
	大病医疗	个人负担超 15 000 元的部分，在 80 000 元限额内据实扣除
	住房贷款利息	1 000 元/月，最长不超过 240 个月
	住房租金	直辖市、省会（首府）城市、计划单列市以及国务院确定的其他城市，扣除标准为每月 1 500 元；除上述所列城市以外，市辖区户籍人口超过 100 万的城市，扣除标准为每月 1 100 元；市辖区户籍人口不超过 100 万的城市，扣除标准为每月 800 元
	赡养老人	自 2023 年 1 月 1 日起，纳税人为独生子女的，按照每月 3 000 元的标准定额扣除。纳税人为非独生子女的，由其与兄弟姐妹分摊每年每月 3 000 元的扣除额度
	3 岁以下婴幼儿照护	自 2023 年 1 月 1 日起，按照每个婴幼儿子女每月 2 000 元的定额扣除标准，可一方扣 100%，也可双方分别扣 50%
依法确定的其他扣除		包括个人缴付符合国家规定的企业年金、职业年金，个人购买符合国家规定的商业健康保险、税收递延型商业养老保险的支出，以及国务院规定可以扣除的其他项目

（二）非居民个人应纳税所得额的确定

非居民个人的工资、薪金所得，以每月收入额减除费用 5 000 元后的余额为应纳税所得额；劳务报酬所得、稿酬所得、特许权使用费所得，以每次收入额为应纳税所得额。

（三）经营所得应纳税所得额的确定

1. 经营所得应纳税所得额的计算。

经营所得，以每一纳税年度的收入总额减除

成本、费用以及损失后的余额，为应纳税所得额。取得经营所得的个人，没有综合所得的，计算其每一纳税年度的应纳税所得额时，应当减除费用 6 万元、专项扣除、专项附加扣除以及依法确定的其他扣除。从事生产、经营活动，未提供完整、准确的纳税资料，不能正确计算应纳税所得额的，由主管税务机关核定应纳税所得额或者应纳税额。

2. 个体工商户经营所得应纳税所得额计算的具体规定（扣除标准见表 5 - 24）。

个体工商户的生产、经营所得，以每一纳税年度的收入总额，减除成本、费用、税金、损失、其他支出以及允许弥补的以前年度亏损后的余额，为应纳税所得额。

表 5 - 24

可以/不得扣除	项目	定　　义
可以扣除	成本	个体工商户在生产经营活动中发生的销售成本、销货成本、业务支出以及其他耗费
	费用	个体工商户在生产经营活动中发生的销售费用、管理费用和财务费用，已经计入成本的有关费用除外
	税金	个体工商户在生产经营活动中发生的除个人所得税和允许抵扣的增值税以外的各项税金及其附加
	损失	个体工商户在生产经营活动中发生的固定资产和存货的盘亏、毁损、报废损失，转让财产损失，坏账损失，自然灾害等不可抗力因素造成的损失以及其他损失
	其他支出	除成本、费用、税金、损失外，个体工商户在生产经营活动中发生的与生产经营活动有关的、合理的支出
	允许弥补的以前年度亏损	个体工商户依照规定计算的应纳税所得额小于零的数额
不得扣除	1. 个人所得税税款； 2. 税收滞纳金； 3. 罚金、罚款和被没收财物的损失； 4. 不符合扣除规定的捐赠支出； 5. 赞助支出； 6. 用于个人和家庭的支出； 7. 与取得生产经营收入无关的其他支出； 8. 个体工商户代其从业人员或者他人负担的税款； 9. 国家税务总局规定不准扣除的支出	

注：个体工商户发生的损失，减除责任人赔偿和保险赔款后的余额，参照财政部、国家税务总局有关企业资产损失税前扣除的规定扣除。个体工商户已经作为损失处理的资产，在以后纳税年度又全部收回或者部分收回时，应当计入收回当期的收入。

扣除标准如表 5 - 25 所示。

表 5 - 25

项目	扣除标准
工资薪金支出	支付给从业人员的准予扣除；业主的工资薪金支出不得税前扣除
"四险一金"	为其业主和从业人员缴纳的，都准予扣除
补充养老保险费、补充医疗保险费	为从业人员缴纳的，分别在不超过从业人员工资总额5%标准内的部分据实扣除；超过部分，不得扣除。为业主本人缴纳的，以当地（地级市）上年度社会平均工资的3倍为计算基数，分别在不超过该计算基数5%标准内的部分据实扣除；超过部分，不得扣除
商业保险费	不得扣除（例外：个体工商户依照国家有关规定为特殊工种从业人员支付的人身安全保险费和财政部、国家税务总局规定可以扣除的其他商业保险费）

续表

项目	扣除标准
工会经费、职工福利费、职工教育经费	分别在工资薪金总额的 2%、14%、2.5% 的标准内据实扣除。职工教育经费的实际发生数额超出规定比例当期不能扣除的数额，准予在以后纳税年度结转扣除。个体工商户业主本人向当地工会组织缴纳的"三费"，以当地（地级市）上年度社会平均工资的 3 倍为计算基数，在规定比例内据实扣除
劳动保护支出	准予扣除
借款费用与利息支出	1. 合理的不需要资本化的借款费用，准予扣除。2. 下列利息支出，准予扣除：（1）向金融企业借款的利息支出；（2）向非金融企业和个人借款的利息支出，不超过按照金融企业同期同类贷款利率计算的数额的部分
业务招待费	按照实际发生额的 60% 扣除，但最高不得超过当年销售（营业）收入的 5‰
广告费和业务宣传费	不超过当年销售（营业）收入 15% 的部分，可以据实扣除；超过部分，准予在以后纳税年度结转扣除
开办费及研发费支出	1. 除为取得固定资产、无形资产的支出，以及应计入资产价值的汇兑损益、利息支出外，开办费可以在开始生产经营的当年一次性扣除，也可以自生产经营月份起在不短于 3 年期限内摊销扣除，但一经选定，不得改变。 2. 个体工商户研究开发新产品、新技术、新工艺所发生的开发费用，以及研究开发新产品、新技术而购置单台价值在 10 万元以下的测试仪器和试验性装置的购置费准予直接扣除
公益性捐赠的扣除	符合规定的公益事业的捐赠（可以全额扣除的除外），捐赠额不超过其应纳税所得额 30% 的部分可以据实扣除；个体工商户直接对受益人的捐赠不得扣除
摊位费、行政性收费、协会会费等	按实际发生数额扣除
财产保险费	准予扣除
生产经营费用和个人、家庭费用	应当分别核算；难以分清的费用，其 40% 视为与生产经营有关的费用，准予扣除
亏损结转	个体工商户纳税年度发生的亏损，准予向以后年度结转，用以后年度的生产经营所得弥补，但结转年限最长不得超过 5 年

3. 个人独资企业和合伙企业经营所得应纳税所得额计算的具体规定。

（1）个人独资企业和合伙企业应纳税所得额的确定。

①个人独资企业的投资者以全部生产经营所得为应纳税所得额。兴办 2 个或 2 个以上个人独资企业，汇算清缴时，应汇总其投资兴办的所有企业的经营所得作为应纳税所得额，计算出全年应纳税额后，再按每个企业的经营所得占比分别计算相应的应纳税额和应补缴税额。

②合伙企业的投资者按照图 5-2 所示原则确定应纳税所得额。

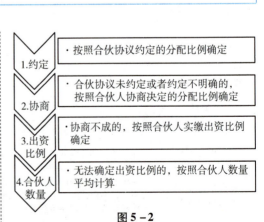

图 5-2

（2）查账征收的个人独资企业和合伙企业各项支出的扣除：①查账征收的个人独资企业和合伙企业（以下简称"企业"）的扣除项目比照个体工商户经营所得应纳税所得额计算的具体规定确定。②投资者兴办2个或2个以上企业的，其投资者个人费用扣除标准由投资者选择在其中一个企业的生产经营所得中扣除。③企业计提的各种准备金不得扣除。

（四）其他所得应纳税所得额的确定

1. 财产租赁所得，每次收入不超过4 000元的，减除费用800元；4 000元以上的，减除20%的费用，其余额为应纳税所得额。

2. 财产转让所得，以转让财产的收入额减除财产原值和合理费用后的余额，为应纳税所得额。

3. 利息、股息、红利所得和偶然所得，以每次收入额为应纳税所得额。

二、例题点津

【例题1·单选题】 下列关于继续教育专项附加扣除的表述中，说法不正确的是（ ）。

A. 纳税人接受技能人员职业资格继续教育、专业技术人员职业资格继续教育的支出，在取得相关证书的年度，按照每年3 600元定额扣除

B. 个人接受硕士学历继续教育，可以选择由父母扣除

C. 个人接受本科学历继续教育，可以选择由父母扣除

D. 纳税人接受职业资格继续教育，应当留存相关证书等备查

【答案】 B

【解析】 根据个人所得税法的规定，纳税人接受学历继续教育的支出，在学历教育期间按照每月400元定额扣除。纳税人接受技能人员职业资格继续教育、专业技术人员职业资格继续教育支出，在取得相关证书的年度，按照每年3 600元定额扣除。个人接受本科及以下学历（学位）继续教育，符合本办法规定扣除条件的，可以选择由其父母扣除，也可以选择由本人扣除，接受本科以上学历（学位）继续教育的，只能由本人扣除，选项B错误。

【例题2·单选题】 居民个人钱某任职于境内某银行，2024年每月从任职的银行取得工资薪金所得12 000元，每月符合规定的专项扣除是2 700元，其独生子（6岁）的教育支出是2 500元/月。已知，子女教育的专项附加扣除按照每月2 000元定额扣除，并且选择由钱某100%扣除；累计应纳税所得额不超过36 000元的，适用预扣率3%，速算扣除数是0。2024年1月，钱某任职银行预扣预缴钱某个人所得税（ ）。

A.（12 000 - 2 700 - 2 000）× 3% = 219（元）

B.（12 000 - 5 000 - 2 700 - 2 500）× 3% = 54（元）

C.（12 000 - 5 000 - 2 000）× 3% = 150（元）

D.（12 000 - 5 000 - 2 700 - 2 000）× 3% = 69（元）

【答案】 D

【解析】 子女教育专项附加扣除应该按照规定的标准（2 000元/月）定额扣除，钱某任职银行预扣预缴钱某个人所得税 =（12 000 - 5 000 - 2 700 - 2 000）× 3% = 69（元）。

【例题3·单选题】 根据个人所得税法律制度的相关规定，下列关于个体工商户税前扣除的说法，正确的是（ ）。

A. 个体工商户为业主本人支付的商业保险金，可以在税前扣除

B. 个体工商户被税务机关加收的税收滞纳金，可以在税前扣除

C. 个体工商户按照规定缴纳的行政性收费，按实际发生额在税前扣除

D. 个体工商户发生的经营费用与生活费用划分不清的，可全额在税前扣除

【答案】 C

【解析】 选项A，除个体工商户依照国家有关规定为特殊工种从业人员支付的人身安全保险费和财政部、国家税务总局规定可以扣除的其他商业保险费外，个体工商业主本人或者为从业人员支付的商业保险费，不得扣除；选项B，税收滞纳金不能扣除；选项D，个体工商户生产经营活动中，应当分别核算生产经营费用和个人、家庭费用，对于生产经营与个人、家庭生活混用难以分清的费用，其40%视为与生产经营有关

的费用，准予扣除。

【例题 4·多选题】 根据个人所得税法律制度的规定，下列各项中，属于专项附加扣除的有（ ）。

A. 购车贷款利息

B. 3 岁以下婴幼儿子女照护

C. 大病医疗支出

D. 子女教育支出

【答案】 BCD

【解析】 专项附加扣除包括：子女教育、继续教育、大病医疗、住房贷款利息、住房租金、赡养老人、3 岁以下婴幼儿照护。

【例题 5·多选题】 根据个人所得税法律制度的规定，个体工商户下列支出中，不得在计算应纳税所得额时扣除的有（ ）。

A. 个体工商户代其从业人员或者他人负担的税款

B. 用于个人和家庭的支出

C. 罚金、罚款和被没收财物的损失

D. 税收滞纳金

【答案】 ABCD

【解析】 个体工商户下列支出不得扣除：（1）个人所得税税款；（2）税收滞纳金；（3）罚金、罚款和被没收财物的损失；（4）不符合扣除规定的捐赠支出；（5）赞助支出；（6）用于个人和家庭的支出；（7）与取得生产经营收入无关的其他支出；（8）个体工商户代其从业人员或者他人负担的税款；（9）国家税务总局规定不准扣除的支出。

【例题 6·多选题】 根据个人所得税法律制度相关规定，以下关于居民个人综合所得应纳税所得额以及收入额确定的说法中，正确的有（ ）。

A. 劳务报酬所得以收入减除 20% 的费用后的余额为收入额

B. 居民个人的综合所得，以每一纳税年度的收入额减除费用 6 万元以及专项扣除、专项附加扣除和依法确定的其他扣除后的余额，为应纳税所得额

C. 特许权使用费以实际收入为收入额

D. 稿酬所得以收入减除 20% 的费用后的余额为收入额，且收入额减按 70% 计算

【答案】 ABD

【解析】 特许权使用费以收入减除 20% 的费用后的余额为收入额，选项 C 不正确。

【例题 7·多选题】 根据个人所得税法律制度相关规定，下列关于应税所得项目应纳税所得额确定的说法中，正确的有（ ）。

A. 偶然所得，以每次收入额减去合理费用后的余额，为应纳税所得额

B. 财产租赁所得，每次收入不超过 4 000 元的，减除费用 800 元；4 000 元以上的，减除 20% 的费用，其余额为应纳税所得额

C. 利息、股息、红利所得，以每次收入额为应纳税所得额

D. 财产转让所得，以转让财产的收入额减除财产原值和合理费用后的余额，为应纳税所得额

【答案】 BCD

【解析】 偶然所得，以每次收入额为应纳税所得额，选项 A 说法不正确。

【例题 8·多选题】 非居民个人个人所得税应纳税所得额的确定，以下说法正确的有（ ）。

A. 劳务报酬所得以每次收入额为应纳税所得额

B. 特许权使用费所得以每次收入额为应纳税所得额

C. 稿酬所得以每次收入额为应纳税所得额

D. 工资、薪金所得，以每月收入额减除费用 5 000 元后的余额为应纳税所得额

【答案】 ABCD

【解析】 本题考核非居民个人个人所得税应纳税所得额的确定，要注意与居民个人相关知识点的区分。

✿ 考点 6 公益捐赠支出的扣除 ★★

一、考点解读

1. 个人将其所得对教育、扶贫、济困等公益慈善事业进行捐赠，捐赠额未超过纳税人申报的应纳税所得额 30% 的部分，可以从其应纳税所得额中扣除；国务院规定对公益慈善事业捐赠实行全额税前扣除的，从其规定。应纳税所得额，是指计算扣除捐赠额之前的应纳税所得额。

2. 个人通过非营利性的社会团体和国家机

关向红十字事业的捐赠，在计算缴纳个人所得税时，准予在税前的所得额中全额扣除。

3. 个人通过境内非营利的社会团体、国家机关向教育事业的捐赠，准予在个人所得税前全部扣除。

4. 个人通过非营利的社会团体和国家机关向农村义务教育的捐赠，在计算缴纳个人所得税时，准予在税前的所得额中全额扣除。

5. 个人通过非营利性社会团体和国家机关对公益性青少年活动场所（其中包括新建）的捐赠，在计算缴纳个人所得税时，准予在税前的所得额中全额扣除。

6. 根据财政部、国家税务总局有关规定，个人通过非营利性的社会团体和政府部门向福利性、非营利性老年服务机构捐赠，通过宋庆龄基金会等 6 家单位、中国医药卫生事业发展基金会、中国教育发展基金会、中国老龄事业发展基金会等 8 家单位、中华健康快车基金会等 5 家单位用于公益救济性的捐赠，符合相关条件的，准予在缴纳个人所得税税前全额扣除。

二、例题点津

【例题·多选题】 根据个人所得税法的规定，下列公益性捐赠支出准予在税前的所得额中全额扣除的有（　　）。

A. 个人通过非营利性的社会团体向红十字事业的捐赠

B. 个人通过境内非营利的社会团体向教育事业的捐赠

C. 个人通过非营利性社会团体对新建公益性青少年活动场所的捐赠

D. 个人通过非营利性的社会团体用于公益救济性的捐赠

【答案】 ABC

【解析】 个人通过非营利性的社会团体和政府部门向福利性、非营利性老年服务机构捐赠，通过宋庆龄基金会等 6 家单位、中国医药卫生事业发展基金会、中国教育发展基金会、中国老龄事业发展基金会等 8 家单位、中华健康快车基金会等 5 家单位用于公益救济性的捐赠，符合相关条件的，准予在缴纳个人所得税税前全额扣除。

✿ 考点7　每次收入的确定 ★★

一、考点解读

1. 财产租赁所得，以 1 个月内取得的收入为 1 次。

2. 利息、股息、红利所得，以支付利息、股息、红利时取得的收入为 1 次。

3. 偶然所得，以每次取得该项收入为 1 次。

4. 非居民个人取得的劳务报酬所得、稿酬所得、特许权使用费所得，属于一次性收入的，以取得该项收入为 1 次；属于同一项目连续性收入的，以 1 个月内取得的收入为 1 次。

二、例题点津

【例题·判断题】 财产租赁所得，以每次取得该项收入为 1 次。（　　）

【答案】 ×

【解析】 财产租赁所得，以 1 个月内取得的收入为 1 次。

✿ 考点8　个人所得税应纳税额的计算 ★★

一、考点解读

（一）综合所得

应纳税额＝应纳税所得额×适用税率－速算扣除数＝（每一纳税年度的收入额－费用 6 万元－专项扣除－专项附加扣除－依法确定的其他扣除）×适用税率－速算扣除数－符合条件的公益慈善事业捐赠

（二）扣缴义务人对居民综合所得预扣预缴个人所得税的计算

1. 扣缴义务人向居民个人支付工资、薪金所得时，应当按照累计预扣法计算预扣税款，并按月办理全员全额扣缴申报。

具体计算公式如下：

本期应预扣预缴税额＝（累计预扣预缴应纳税所得额×预扣率－速算扣除数）－累计减免税额－累计已预扣预缴税额

累计预扣预缴应纳税所得额＝累计收入－累计免税收入－累计减除费用－累计专项扣除－累

计专项附加扣除 – 累计依法确定的其他扣除

其中：累计减除费用，按照 5 000 元/月乘以纳税人当年截至本月在本单位的任职受雇月份数计算。**自 2020 年 7 月 1 日起，对一个纳税年度内首次取得工资、薪金所得的居民个人，扣缴义务人在预扣预缴个人所得税时，可按照 5 000 元/月乘以纳税人当年截至本月月份数计算累计减除费用。首次取得工资、薪金所得的居民个人，是指自纳税年度首月起至新入职时，未取得工资、薪金所得或者未按照累计扣缴法预扣预缴过连续性劳务报酬所得个人所得税的居民个人。**

居民个人工资、薪金所得预扣预缴适用的预扣率见表 5 – 26。

表 5 – 26　个人所得税预扣率表
（居民个人工资、薪金所得预扣预缴适用）

级数	累计预扣预缴应纳税所得额	预扣率（%）	速算扣除数
1	不超过 36 000 元的部分	3	0
2	超过 36 000 元至 144 000 元的部分	10	2 520
3	超过 144 000 元至 300 000 元的部分	20	16 920
4	超过 300 000 元至 420 000 元的部分	25	31 920
5	超过 420 000 元至 660 000 元的部分	30	52 920
6	超过 660 000 元至 960 000 元的部分	35	85 920
7	超过 960 000 元的部分	45	181 920

2. 扣缴义务人向居民个人支付劳务报酬所得、稿酬所得、特许权使用费所得，按次或者按月预扣预缴个人所得税。

具体预扣预缴方法如下：（1）劳务报酬所得、稿酬所得、特许权使用费所得以收入减除费用后的余额为收入额。其中，**稿酬所得的收入额减按 70%计算**。（2）减除费用：劳务报酬所得、稿酬所得、特许权使用费所得每次收入不超过 4 000 元的，减除费用按 800 元计算；每次收入 4 000 元以上的，减除费用按 20%计算。（3）应纳税所得额：劳务报酬所得、稿酬所得、特许权使用费所得，以每次收入额为预扣预缴应纳税所得额。

劳务报酬所得应预扣预缴税额 = 预扣预缴应纳税所得额 × 预扣率 – 速算扣除数

稿酬所得、特许权使用费所得应预扣预缴税额 = 预扣预缴应纳税所得额 × 20%

稿酬所得、特许权使用费所得适用 20% 的比例预扣率。劳务报酬所得适用 20% ~ 40% 的超额累进预扣率（见表 5 – 27）。

表 5 – 27　个人所得税预扣率表
（居民个人劳务报酬所得预扣预缴适用）

级数	预扣预缴应纳税所得额	预扣率（%）	速算扣除数
1	不超过 20 000 元的部分	20	0
2	超过 20 000 元至 50 000 元的部分	30	2 000
3	超过 50 000 元的部分	40	7 000

（三）非居民个人扣缴个人所得税的计算

非居民个人工资、薪金所得，劳务报酬所得，稿酬所得，特许权使用费所得应纳税额 = 应纳税所得额 × 税率 – 速算扣除数

扣缴义务人向非居民个人支付工资、薪金所得，劳务报酬所得，稿酬所得和特许权使用费所得时，应当按以下方法按月或者按次代扣代缴个人所得税：非居民个人的工资、薪金所得，以每月收入额减除费用 5 000 元后的余额为应纳税所得额；劳务报酬所得、稿酬所得、特许权使用费所得，以每次收入额为应纳税所得额，适用按月换算后的非居民个人月度税率表（见表 5 – 28）计算应纳税额。其中，劳务报酬所得、稿酬所得、特许权使用费所得以收入减除 20% 的费用后的余额为收入额。**稿酬所得的收入额减按 70%计算。**

表 5－28 个人所得税税率表

（非居民个人工资、薪金所得，劳务报酬所得，
稿酬所得，特许权使用费所得适用）

级数	应纳税所得额	税率（%）	速算扣除数
1	不超过 3 000 元的部分	3	0
2	超过 3 000 元至 12 000 元的部分	10	210
3	超过 12 000 元至 25 000 元的部分	20	1 410
4	超过 25 000 元至 35 000 元的部分	25	2 660
5	超过 35 000 元至 55 000 元的部分	30	4 410
6	超过 55 000 元至 80 000 元的部分	35	7 160
7	超过 80 000 元的部分	45	15 160

（四）居民个人取得全年一次性奖金

2027 年 12 月 31 日前，居民个人取得全年一次性奖金，符合《国家税务总局关于调整个人取得全年一次性奖金等计算征收个人所得税方法问题的通知》（国税发〔2005〕9 号）规定的，不并入当年综合所得，以全年一次性奖金收入除以 12 个月得到的数额，按照按月换算后的综合所得税率表，确定适用税率和速算扣除数，单独计算纳税。计算公式为：

应纳税额＝全年一次性奖金收入×适用税率－速算扣除数

居民个人取得全年一次性奖金，也可以选择并入当年综合所得计算纳税。

（五）经营所得

个体工商户的生产、经营所得应纳税额的计算公式为：

应纳税额＝应纳税所得额×适用税率－速算扣除数＝（全年收入总额－成本、费用、税金、损失、其他支出及以前年度亏损）×适用税率－速算扣除数

自 2023 年 1 月 1 日至 2027 年 12 月 31 日，对个体工商户年应纳税所得额不超过 200 万元的部分，减半征收个人所得税。个体工商户在享受

现行其他个人所得税优惠政策的基础上，可叠加享受前述优惠政策。个体工商户不区分征收方式，均可享受。个体工商户在预缴税款时即可享受，其年应纳税所得额暂按截至本期申报所属期末的情况进行判断，并在年度汇算清缴时按年计算、多退少补。若个体工商户从两处以上取得经营所得，需在办理年度汇总纳税申报时，合并个体工商户经营所得年应纳税所得额，重新计算减免税额，多退少补。

个体工商户按照以下方法计算减免税额：

减免税额＝（经营所得应纳税所得额不超过 200 万元部分的应纳税额－其他政策减免税额×经营所得应纳税所得额不超过 200 万元部分÷经营所得应纳税所得额）×50%

（六）利息、股息、红利所得

应纳税额＝应纳税所得额×适用税率＝每次收入额×适用税率

（七）财产租赁所得

（1）每次（月）收入不超过 4 000 元的：

应纳税额＝[每次（月）收入额－财产租赁过程中缴纳的税费－由纳税人负担的租赁财产实际开支的修缮费用（800 元为限）－800 元]×20%

（2）每次（月）收入超过 4 000 元的：

应纳税额＝[每次（月）收入额－财产租赁过程中缴纳的税费－由纳税人负担的租赁财产实际开支的修缮费用（800 元为限）]×（1－20%）×20%

（八）财产转让所得

应纳税额＝应纳税所得额×适用税率＝（收入总额－财产原值－合理费用）×20%

（九）偶然所得

应纳税额＝应纳税所得额×适用税率＝每次收入额×20%

二、例题点津

【例题 1·单选题】2024 年 9 月李某为某公司提供技术服务，取得劳务报酬所得 8 000 元。李某当月该笔劳务报酬所得应预扣预缴的个人所得税税额为（　　）。

A. 8 000×（1－20%）×20%＝1 280（元）

B. （8 000－800）×20%＝1 440（元）

C. 8 000×（1−20%）×70%×20% = 896（元）

D. （8 000−800）×70%×20% = 1 008（元）

【答案】A

【解析】劳务报酬所得每次收入不超过 4 000 元的，减除费用按 800 元计算；每次收入 4 000 元以上的，减除费用按 20% 计算。预扣预缴应纳税所得额不超过 20 000 元的，预扣率为 20%。所以，应预扣预缴的个人所得税税额 = 8 000×（1−20%）×20% = 1 280（元）。

【例题 2·单选题】2024 年 7 月，王某出租住房取得不含税租金收入 3 000 元，房屋租赁过程中缴纳的可以税前扣除的相关税费 120 元，支付出租住房维修费 1 000 元，已知个人出租住房取得的所得按 10% 的税率征收个人所得税，每次收入不超过 4 000 元的，减除费用 800 元。王某当月出租住房应缴纳个人所得税税额的下列计算列式中，正确的是（　　）。

A. （3 000−120−800−800）×10% = 128（元）

B. （3 000−120−800）×10% = 208（元）

C. （3 000−120−1 000）×10% = 188（元）

D. （3 000−120−1 000−800）×10% = 108（元）

【答案】A

【解析】根据规定，财产租赁所得个税计算过程中，税金和修缮费（800 元为限）可以减除；又因为财产租赁收入 3 000 元小于 4 000 元，所以可以定额扣除 800 元。个人出租住房适用 10% 的税率。所以应纳税额为：（3 000−120−800−800）×10% = 128（元）。

【例题 3·判断题】财产转让所得按次计税，每次收入大于 4 000 元的，应纳税额 = 收入×（1−20%）×20%；每次收入小于 4 000 元的，应纳税额 =（收入−800）×20%。（　　）

【答案】×

【解析】根据个人所得税法相关规定，应纳税额 =（收入总额−财产原值−合理费用）×20%，所以题目中的表述错误。

✳ 考点 9　个人所得税应纳税额计算的特殊规定 ★★

一、考点解读

个人所得税应纳税额计算的特殊规定如表 5−29 所示。

表 5−29

序号	收入类型	特殊规定
1	达到国家规定的退休年龄，领取的企业年金、职业年金	不并入综合所得，全额单独计算应纳税款
2	解除劳动关系取得一次性补偿收入	在当地上年职工平均工资 3 倍数额以内的部分，免征个人所得税；超过 3 倍数额的部分，不并入当年综合所得，单独适用综合所得税率表，计算纳税
3	办理提前退休手续而取得的一次性补贴收入	应按照办理提前退休手续至法定离退休年龄之间实际年度数平均分摊，确定适用税率和速算扣除数，单独适用综合所得税率表
4	内部退养一次性收入	应按"工资、薪金所得"项目计征个人所得税
5	低价向职工售房，职工因此而少支出的差价部分	不并入当年综合所得，以差价收入除以 12 个月得到的数额，按照月度税率表确定适用税率和速算扣除数，单独计算纳税
6	公务交通、通信补贴	扣除一定标准的公务费用后，按照"工资、薪金所得"项目计征个人所得税

续表

序号	收入类型		特殊规定
7	退休人员再任职取得的收入		在减除规定的费用扣除标准后，按"工资、薪金所得"应税项目缴纳个人所得税
8	离退休人员从原任职单位取得各类补贴、奖金、实物		应在减除费用扣除标准后，按"工资、薪金所得"应税项目缴纳个人所得税
9	超过规定的比例和标准缴付的基本养老保险费、基本医疗保险费和失业保险费		应将超过部分并入个人当期的工资、薪金收入，计征个人所得税
10	住房公积金		不超标的，允许在个人应纳税所得额中扣除；超标的，应将超过部分并入个人当期的工资、薪金收入，计征个人所得税
11	企业为员工支付保险金		缴付时并入员工当期的工资收入，按"工资、薪金所得"项目计征个人所得税
12	兼职律师从律师事务所取得工资、薪金性质所得		再减除个人所得税法规定的费用扣除标准，以收入全额（取得分成收入的为扣除办理案件支出费用后的余额）直接确定适用税率，计算扣缴个人所得税
13	从职务科技成果转化收入中给予科技人员的现金奖励		可减按50%计入科技人员当月工资、薪金所得，依法缴纳个人所得税
14	保险营销员、证券经纪人取得的佣金收入		属于"劳务报酬所得"，以不含增值税的收入减除20%的费用后的余额为收入额，收入额减去展业成本以及附加税费后，并入当年综合所得，计算缴纳个人所得税。保险营销员、证券经纪人展业成本按照收入额的25%计算
15	股息红利所得	个人取得上市公司股息红利所得	个人从公开发行和转让市场取得的上市公司股票，持股期限在1个月以内（含1个月）的，其股息红利所得全额计入应纳税所得额；持股期限在1个月以上至1年（含1年）的，暂减按50%计入应纳税所得额；上述所得统一适用20%的税率计征个人所得税
16		个人持有的上市公司限售股，解禁后取得的股息红利	对个人持有的上市公司限售股，解禁后取得的股息红利，按照上市公司股息红利差别化个人所得税政策规定计算纳税，持股时间自解禁日起计算；解禁前取得的股息红利继续暂减按50%计入应纳税所得额，适用20%的税率计征个人所得税
17		个人持有全国中小企业股份转让系统挂牌公司的股票而取得的股息红利	自2024年7月1日至2027年12月31日，个人持有全国中小企业股份转让系统挂牌公司的股票，持股期限在1个月以内（含1个月）的，其股息红利所得全额计入应纳税所得额；持股期限在1个月以上至1年（含1年）的，其股息红利所得暂减按50%计入应纳税所得额；上述所得统一适用20%的税率计征个人所得税
18	个人转让限售股		按照"财产转让所得"项目征收个人所得税。以每次限售股转让收入，减除股票原值和合理税费后的余额，为应纳税所得额
19	两人以上共同取得同一项目收入		两个以上的个人共同取得同一项目收入的，应当对每个人取得的收入分别按照个人所得税法的规定计算纳税

续表

序号	收入类型		特殊规定
20	出租车驾驶员收入	以单车承包或承租方式运营的	按"工资、薪金所得"项目征税
		出租车属于个人所有的	比照"经营所得"项目征税
		个体出租车运营	按"经营所得"项目缴纳个人所得税
21	企业改组改制过程中个人以股份形式取得的量化资产	仅作为分红依据,不拥有所有权的	不征收个人所得税
		拥有所有权的	暂缓征收个人所得税;待个人将股份转让时,就其转让收入额,减除个人取得该股份时实际支付的费用支出和合理转让费用后的余额,按"财产转让所得"项目计征个人所得税
		取得后参与企业分配而获得的股息、红利	应按"利息、股息、红利所得"项目征收个人所得税
22	企业为个人购房或其他财产	对个人独资企业、合伙企业的个人投资者或其家庭成员	视为企业对个人投资者的利润分配,按照"经营所得"项目计征个人所得税
		对除个人独资企业、合伙企业以外其他企业的个人投资者或其家庭成员	视为企业对个人投资者的红利分配,按照"利息、股息、红利所得"项目计征个人所得税
		对企业其他人员	按照"综合所得"项目计征个人所得税
23	个人合伙人来源于创投企业的所得	创投企业选择按单一投资基金核算	个人合伙人从该基金应分得的股权转让所得和股息红利所得,按照20%税率计算缴纳个人所得税
		创投企业选择按年度所得整体核算	个人合伙人应从创投企业取得的所得,按照"经营所得"项目、5%～35%的超额累进税率计算缴纳个人所得税
24	居民个人取得股票期权、股票增值权、限制性股票、股权奖励等股权激励		符合规定的相关条件的,不并入当年综合所得,全额单独适用综合所得税率表,计算纳税

注:自2024年1月1日起至2027年12月31日,境内上市公司(股票在上海证券交易所、深圳证券交易所、北京证券交易所上市交易的股份有限公司)授予个人的股票期权、限制性股票和股权奖励,经向主管税务机关备案,个人可自股票期权行权、限制性股票解禁或取得股权奖励之日起,在不超过36个月的期限内缴纳个人所得税。纳税人在此期间内离职的,应在离职前缴清全部税款。

二、例题点津

【例题·判断题】出租车属于个人所有,但挂靠出租汽车经营单位或企事业单位,驾驶员向挂靠单位缴纳管理费的,或出租汽车经营单位将出租车所有权转移给驾驶员的,出租车驾驶员从事客货运营取得的收入,按照"工资、薪金所得"项目征税。(　　)

【答案】×

【解析】出租车属于个人所有，但挂靠出租汽车经营单位或企事业单位，驾驶员向挂靠单位缴纳管理费的，或出租汽车经营单位将出租车所有权转移给驾驶员的，出租车驾驶员从事客货运营取得的收入，比照"经营所得"项目征税。

考点10　个人所得税税收优惠★★

一、考点解读

（一）免税项目

（1）省级人民政府、国务院部委和中国人民解放军军以上单位，以及外国组织、国际组织颁发的科学、教育、技术、文化、卫生、体育、环境保护等方面的奖金。

（2）国债和国家发行的金融债券利息。

（3）按照国家统一规定发给的补贴、津贴。其是指按照国务院规定发给的政府特殊津贴、院士津贴，以及国务院规定免纳个人所得税的其他补贴、津贴。

（4）福利费、抚恤金、救济金。

（5）保险赔款。

（6）军人的转业费、复员费、退役金。

（7）按照国家统一规定发给干部、职工的安家费、退职费、基本养老金或者退休费、离休费、离休生活补助费。

（8）依照有关法律规定应予免税的各国驻华使馆、领事馆的外交代表、领事官员和其他人员的所得。

（9）中国政府参加的国际公约、签订的协议中规定免税的所得。

（10）国务院规定的其他免税所得。该项免税规定，由国务院报全国人民代表大会常务委员会备案。

（二）减税项目

（1）残疾、孤老人员和烈属的所得。

（2）因自然灾害造成重大损失的。

（三）暂免征税项目

个人转让自用达5年以上，并且是唯一的家庭生活用房取得的所得，暂免征收个人所得税；对个人购买福利彩票、体育彩票，一次中奖收入在1万元以下的（含1万元）暂免征收个人所得税，超过1万元的，全额征收个人所得税；个

人取得单张有奖发票奖金所得不超过800元（含800元）的，暂免征收个人所得税（详见2025年教材）。

二、例题点津

【例题1·单选题】根据个人所得税法律制度的规定，下列情形中，应缴纳个人所得税的是（　　）。

A. 甲将房屋无偿赠与其女

B. 乙转让自用达5年以上且是唯一家庭生活用房

C. 丙转让无偿受赠的商铺

D. 丁将房屋无偿赠与其孙子

【答案】C

【解析】选项A、D，房屋产权所有人将房屋产权无偿赠与配偶、父母、子女、祖父母、外祖父母、孙子女、外孙子女、兄弟姐妹的，对双方当事人均不征收个人所得税；选项B，对个人转让自用达5年以上并且是家庭唯一生活用房取得的所得，暂免征收个人所得税。

【例题2·多选题】根据个人所得税法律制度的规定，下列各项中，免予缴纳个人所得税的有（　　）。

A. 编剧的剧本使用费

B. 职工的保险赔款

C. 模特的时装表演费

D. 军人的转业费

【答案】BD

【解析】编剧从电视剧制作单位取得的剧本使用费，不再区分剧本使用方是否为其任职单位，统一按"特许权使用费所得"项目征收个人所得税；模特的时装表演费一般按"劳务报酬所得"征收个人所得税。选项B、D均属于个人所得税免税项目。

考点11　个人所得税征收管理★★

一、考点解读

（一）纳税申报

个人所得税以所得人为纳税人，以支付所得的单位或者个人为扣缴义务人。税务机关对扣缴义务人按照所扣缴的税款，付给2%的手

续费。

有下列情形之一的，纳税人应当依法办理纳税申报：（1）取得综合所得需要办理汇算清缴；（2）取得应税所得没有扣缴义务人；（3）取得应税所得，扣缴义务人未扣缴税款；（4）取得境外所得；（5）因移居境外注销中国户籍；（6）非居民个人在中国境内从两处以上取得工资、薪金所得；（7）国务院规定的其他情形。

（二）纳税期限

1. 居民个人取得综合所得，按年计算个人所得税；有扣缴义务人的，由扣缴义务人按月或者按次预扣预缴税款；需要办理汇算清缴的，应当在取得所得的次年3月1日至6月30日内办理汇算清缴。预扣预缴办法由国务院税务主管部门制定。

2. 非居民个人取得工资、薪金所得，劳务报酬所得，稿酬所得和特许权使用费所得，有扣缴义务人的，由扣缴义务人按月或者按次代扣代缴税款，不办理汇算清缴。

3. 纳税人取得经营所得，按年计算个人所得税，由纳税人在月度或者季度终了后15日内向税务机关报送纳税申报表，并预缴税款；在取得所得的次年3月31日前办理汇算清缴。

4. 纳税人取得利息、股息、红利所得，财产租赁所得，财产转让所得和偶然所得，按月或者按次计算个人所得税，有扣缴义务人的，由扣缴义务人按月或者按次代扣代缴税款。

5. 纳税人取得应税所得没有扣缴义务人的，应当在取得所得的次月15日内向税务机关报送纳税申报表，并缴纳税款。

6. 纳税人取得应税所得，扣缴义务人未扣缴税款的，纳税人应当在取得所得的次年6月30日前，缴纳税款；税务机关通知限期缴纳的，纳税人应当按照期限缴纳税款。

7. 居民个人从中国境外取得所得的，应当在取得所得的次年3月1日至6月30日内申报纳税。

8. 非居民个人在中国境内从两处以上取得工资、薪金所得的，应当在取得所得的次月15日内申报纳税。

9. 纳税人因移居境外注销中国户籍的，应当在注销中国户籍前办理税款清算。

10. 扣缴义务人每月或者每次预扣、代扣的税款，应当在次月15日内缴入国库，并向税务机关报送扣缴个人所得税申报表。

二、例题点津

【例题·单选题】根据个人所得税法律制度的规定，居民个人从中国境外取得所得的，应当在取得所得的次年3月1日至（   ）内申报纳税。

A. 4月30日   B. 5月1日

C. 6月1日   D. 6月30日

【答案】D

【解析】居民个人从中国境外取得所得的，应当在取得所得的次年3月1日至6月30日内申报纳税。

第六章 财产和行为税法律制度

教材变化

2025年本章教材内容的主要变化有：

对房产税税收优惠内容进行了精简；对契税税收优惠相关内容进行了调整，删除了契税"部门之间的工作配合""税务机关及其工作人员的保密义务"内容；删除了土地增值税中"房地产开发成本"的部分内容，对土地增值税税收优惠内容进行了调整；对城镇土地使用税税收优惠内容进行了调整；对资源税内容进行了精简；对印花税中"临时性免税优惠"进行了精简。

考情分析

本章历年考查的重点是税收征收范围和应纳税额的计算。考生应重点关注社会热点涉税问题以及教材中发生变化的小税种税收政策。本章考查的范围较广，各个税种几乎每年都有涉及。主要题型为单项选择题、多项选择题和判断题，在不定项选择题中考核较少，考生应重点关注房产税、契税、土地增值税、城镇土地使用税、印花税的内容。

本章考点框架

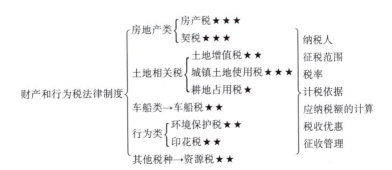

考点解读

第一单元　房地产类

✳ 考点1　房产税 ★★★

一、考点解读

（一）房产税纳税人和征税范围

1. 房产税的纳税人。

房产税的纳税人是在我国城市、县城、建制镇和工矿区内拥有房屋产权的单位和个人。具体包括产权所有人、承典人、房产代管人或者使用人。

（1）产权属于国家所有的——纳税人是经营管理的单位。

（2）产权属于集体和个人的——纳税人是集体单位和个人。

（3）产权出典的——纳税人是承典人。

（4）产权所有人、承典人不在房产所在地的——纳税人是房产代管人或使用人。

（5）产权未确定或租典纠纷未解决的——纳税人是房产代管人或使用人。

（6）应税单位和个人无租使用单位的房产——使用人代缴房产税。

2. 房产税的征税范围。

（1）房产税的征税对象。

房产税的征税对象是房屋。所谓房屋，是指有屋面和围护结构（有墙或两边有柱），能够遮风避雨，可供人们在其中生产、工作、学习、娱乐、居住或储藏物资的场所。独立于房屋之外的建筑物，如围墙、烟囱、水塔、菜窖、室外游泳池等不属于房产税的征税对象。

房地产开发企业建造的商品房，在出售前，不征收房产税，但对出售前房地产开发企业已使用或出租、出借的商品房应按规定征收房产税。

（2）房产税的征税范围。

①房产税的征税范围为城市、县城、建制镇和工矿区的房屋。包括城市、县城、建制镇、工矿区，不包括农村。

②独立于房屋之外的建筑物——围墙、烟囱、水塔、菜窖、室外游泳池——不征房产税。

③房地产开发企业建造的商品房——出售前——不征房产税；出售前已使用、出租、出借的商品房——征收房产税。

（二）房产税税率

我国现行房产税采用比例税率。从价计征和从租计征实行不同标准的比例税率。

从价计征的，即依据房产余值从价计征，税率为1.2%。

从租计征的，即依据房产租金收入计征，税率为12%。

（三）房产税应纳税额的计算（见表6-1）

表6-1

计税方法	计税依据	税率	计算公式
从价计征	以房产原值一次减除10%~30%后的余值为计税依据，具体减除幅度由省、自治区、直辖市人民政府规定	1.2%	应纳税额=应税房产原值×（1-扣除比例）×1.2%

【举例】某企业一幢房产原值为800 000元，已知房产税税率为1.2%，当地规定的房产税扣除比例为30%，该房产年度应缴纳的房产税税额为多少元？

【解析】应缴纳房产税=800 000×（1-30%）×1.2%=6 720（元）

续表

计税方法	计税依据	税率	计算公式
从租计征	1. 以房屋出租取得的租金收入为计税依据（包括货币收入和实物收入，不含增值税）。 2. 以劳务或其他形式为报酬抵付房租收入的，应当根据当地同类房产的租金水平，确定一个标准租金额从租计征。 个人按市场价格出租的居民住房收取的租金	12%	应纳税额 = 租金收入×12%

1. 从价计征的计税依据——房产余值。

（1）房产原值——房屋原价。

（2）房产余值——原值减除规定比例后的余额。

（3）房屋附属设备、配套设施。

①原值包括与房屋不可分割的各种附属设备或一般不单独计算价值的配套设施（暖气、卫生、通风、照明、煤气、各种管线、电梯、升降机、过道、晒台）。

②以房屋为载体，不可随意移动的附属设备和配套设施（排水、采暖、消防、中央空调、电气及智能化楼宇设备）。

③房屋改建、扩建，相应增加房屋原值。

④更换房屋附属设备和配套设施的，计入房屋原值时，可扣除原相应设备和设施的价值。

⑤对附属设备和配套设施中易损坏、需经常更换零配件的，更新后不再计入房产原值。

（4）投资联营的房产。

①参与利润分配、共担风险的（真投资）——按房产余值征税。

②不承担风险，收取固定收入的（假投资）——按租金收入征税。

（5）融资租赁房屋。

①纳税人：承租人。

②计税依据：按房产余值征税。

解释 房产出租的，房产所有权人（出租人）为房产税的纳税人

（6）居民住宅区内业主共有的经营性房产。

①纳税人：代管人或使用人。

②计税依据：

a. 自营的——按房产余值；无原值或原值不能准确划分的，所在地税务机关核定房产原值。

b. 出租房产的——按租金收入征税。

2. 从租计征的计税依据——租金收入。

（1）房产出租的——按租金收入征税。

免征增值税的，确定计税依据时，租金收入不扣减增值税额。

（2）以劳务或其他形式为报酬抵付房租收入的——按当地标准租金征税。

（3）纳税人申报不实或不合理的——税务机关核定应纳税额。

（四）房产税收优惠

1. 国家机关、人民团体、军队自用的房产免征房产税。

2. 由国家财政部门拨付事业经费（全额或差额）的单位（学校、医疗卫生单位、托儿所、幼儿园、敬老院以及文化、体育、艺术类单位）所有的、本身业务范围内使用的房产免征房产税。

附属工厂、商店、招待所等不属于单位公务、业务的用房，照章纳税。

3. 宗教寺庙、公园、名胜古迹自用的房产免征房产税。

4. 个人所有非营业用的房产免征房产税。

5. 毁损不堪居住的房屋和危险房屋，在停止使用后，可免征房产税。

6. 纳税人因房屋大修导致连续停用半年以上的，在房屋大修期间免征房产税。

7. 在基建工地为基建工地服务的各种工棚、材料棚、休息棚和办公室、食堂、茶炉房、汽车房等临时性房屋：

（1）施工期间：一律免征房产税。

（2）工程结束后：施工企业将这种临时性房屋交还或估价转让给基建单位的，应从基建单位接收的次月起，照章纳税。

8. 高校学生公寓免征房产税。

9. 对非营利性医疗机构、疾病控制机构和妇幼保健机构等卫生机构自用的房产，免征房产税。

10. 老年服务机构自用的房产免征房产税。

11. 对公共租赁住房免征房产税。

12. **国家机关、军队、人民团体、财政补助事业单位、居民委员会、村民委员会拥有的体育场馆，用于体育活动的房产**，免征房产税。

13. 经费自理事业单位、体育社会团体、体育基金会、体育类民办非企业单位拥有并运营管理的体育场馆，符合相关条件的，其用于体育活动的房产，免征房产税。

14. 企业拥有并运营管理的大型体育场馆，其用于体育活动的房产，减半征收房产税。

（五）房产税征收管理

1. 纳税义务发生时间。

（1）纳税人将原有房产用于生产经营，**从生产经营之月起**，缴纳房产税。

（2）纳税人自行新建房屋用于生产经营，**从建成之次月起**，缴纳房产税。

（3）纳税人委托施工企业建设的房屋，**从办理验收手续之次月起**，缴纳房产税。

（4）纳税人购置新建商品房，**自房屋交付使用之次月起**，缴纳房产税。

（5）纳税人购置存量房，自办理房屋权属转移、变更登记手续，房地产权属登记机关签发房屋权属证书**之次月起**，缴纳房产税。

（6）纳税人出租、出借房产，自交付出租、出借本企业房产**之次月起**，缴纳房产税。

（7）房地产开发企业自用、出租、出借本企业建造的商品房，**自房屋使用或交付之次月起**，缴纳房产税。

（8）纳税人因房产的实物或权利状态发生变化而依法终止房产税纳税义务的，其应纳税款的计算截至房产的实物或权利状态发生变化的当月末。

2. 纳税地点。

房产税在房产所在地缴纳。房产不在同一地方的纳税人，应按房产的坐落地点分别向房产所在地的税务机关申报纳税。

3. 纳税期限。

实行按年计算、分期缴纳。

二、例题点津

【例题1·单选题】甲企业一栋房产原值750 000元，已知房产税税率为1.2%，当地规定的房产税扣除比例为30%，该房产年度应缴纳的房产税税额为（　　）元。

A. 6 300　　　　　B. 4 500

C. 5 000　　　　　D. 5 500

【答案】A

【解析】应纳房产税=750 000×（1-30%）×1.2%=6 300（元）。

【例题2·单选题】下列房产，应当征收房产税的是（　　）。

A. 因大修导致连续停用一个季度，在大修期间的房产

B. 对非营利性医疗机构、疾病控制机构和妇幼保健机构等卫生机构自用的房产

C. 老年服务机构自用的房产

D. 向居民供热并向居民收取采暖费的供热企业

【答案】A

【解析】纳税人因房屋大修导致连续停用半年以上的，在房屋大修期间免征房产税。

【例题3·单选题】2024年9月张某出租自有住房，当月收取不含增值税租金5 800元，当月需偿还个人住房贷款1 500元。已知，个人出租住房房产税税率为12%。计算张某当月应缴纳房产税税额的下列算式中，正确的是（　　）。

A. （5 800-1 500）×12%

B. 5 800×12%

C. （5 800-1 500）×（1-12%）×12%

D. 5 800×（1-12%）×12%

【答案】B

【解析】（1）房屋出租的，以取得的不含增值税租金收入为计税依据（全额计税，没有任何减除），排除选项A、C；（2）从租计征的房产税应纳税额不含增值税租金收入×12%，不存在"×（1-12%）"的问题，排除选项D。

【例题4·多选题】关于房产税的纳税义务人，下列说法中不正确的有（　　）。

A. 产权属于集体和个人的，经营管理的单位为纳税人

B. 产权出典的，出典人为纳税人

C. 单位和个人无租使用房产管理部门、免税单位及纳税单位的房产，由使用人代为缴纳房产税

D. 产权所有人、承典人均不在房产所在地的，房产代管人或者使用人为纳税人

【答案】AB

【解析】产权属于集体和个人的，集体单位和个人为纳税人；产权出典的，承典人为纳税人。

【例题5·多选题】关于房产税的纳税义务发生时间，下列说法中正确的有（　　）。

A. 纳税人购置新建商品房，自房屋交付使用之次月起，缴纳房产税

B. 纳税人购置存量房，自办理房屋权属转移、变更登记手续，房地产权属登记机关签发房屋权属证书之次月起，缴纳房产税

C. 纳税人出租、出借房产，自交付出租、出借本企业房产之次月起，缴纳房产税

D. 房地产开发企业自用、出租、出借本企业建造的商品房，自房屋使用或交付之次月起，缴纳房产税

【答案】ABCD

【解析】纳税人购置新建商品房，自房屋交付使用之次月起，缴纳房产税。纳税人购置存量房，自办理房屋权属转移、变更登记手续，房地产权属登记机关签发房屋权属证书之次月起，缴纳房产税。纳税人出租、出借房产，自交付出租、出借本企业房产之次月起，缴纳房产税。房地产开发企业自用、出租、出借本企业建造的商品房，自房屋使用或交付之次月起，缴纳房产税。选项A、B、C、D均正确。

✿ 考点2　契税 ★★★

一、考点解读

（一）契税纳税人

契税的纳税人是在我国境内承受土地、房屋权属转移的单位和个人。契税由权属的承受人缴纳。

（二）契税征税范围

契税以在我国境内转移土地、房屋权属的行为作为征税对象。包括：土地使用权出让、土地使用权转让、房屋买卖、房屋赠与、房屋互换和以其他方式转移土地、房屋权属的。具体见表6-2。

表6-2

项　目	内　　容
一般范围	土地使用权出让
	土地使用权转让
	房屋买卖
	房屋赠与
	房屋互换
以其他方式转移土地、房屋权属	1. 以作价投资（入股）
	2. 以偿还债务、划转、奖励等方式转移土地、房屋权属的
	3. 公司增资扩股中，对以土地、房屋权属作价入股或作为出资投入企业的，征收契税
	4. 企业破产清算期间，对非债权人承受破产企业土地、房屋权属的，征收契税
	5. 下列情形发生土地、房屋权属转移的，承受方应当依法缴纳契税： （1）因共有不动产份额变化的； （2）因共有人增加或者减少的； （3）因人民法院、仲裁委员会的生效法律文书或者监察机关出具的监察文书等因素，发生土地、房屋权属转移的
不属于契税征税范围的	土地、房屋典当、分拆（分割）、抵押、出租

解释 契税，以及土地增值税、印花税是在房地产权属发生变动情况下（流动时）应缴纳的税种。房产税、城镇土地使用税属于房地产权属未发生变动时（静态时）应缴纳的税种。

（三）契税税率

契税采用**比例税率**，实行 **3%～5%** 的幅度税率。

（四）契税计税依据

1. 土地使用权出让、出售，房屋买卖，以成交价格作为计税依据。计征契税的成交价格不含增值税。

2. 土地使用权赠与、房屋赠与以及其他没有价格的转移土地、房屋权属行为，为税务机关参照土地使用权出售、房屋买卖的市场价格依法核定的价格。

3. 土地使用权互换、房屋互换，以所互换的土地使用权、房屋价格的差额为计税依据。

4. 以划拨方式取得的土地使用权，经批准改为出让方式重新取得该土地使用权的，应由该土地使用权人以补缴的土地出让价款为计税依据缴纳契税。

先以划拨方式取得土地使用权，后经批准转让房地产，划拨土地性质改为出让的，承受方应分别以补缴的土地出让价款和房地产权属转移合同确定的成交价格为计税依据缴纳契税。

先以划拨方式取得土地使用权，后经批准转让房地产，划拨土地性质未发生改变的，承受方应以房地产权属转移合同确定的成交价格为计税依据缴纳契税。

5. 纳税人隐瞒、虚报成交价格以偷、逃税款，申报的成交价格、互换价格差额明显偏低且无正当理由的，由税务机关核定。

税务机关依法核定计税价格，应参照市场价格，采用房地产价格评估等方法合理确定。

6. 契税计税依据不包括增值税，具体情形为：

（1）土地使用权出售、房屋买卖，承受方计征契税的成交价格不含增值税；实际取得增值税发票的，成交价格以发票上注明的不含税价格确定。

（2）土地使用权互换、房屋互换，契税计税依据为不含增值税价格的差额。

（3）税务机关核定的契税计税价格为不含增值税价格。

（五）契税应纳税额的计算

契税计算公式为：

应纳税额＝计税依据×税率

（六）契税税收优惠

1. 有下列情形之一的，免征契税：

（1）国家机关、事业单位、社会团体、军事单位承受土地、房屋权属用于办公、教学、医疗、科研、军事设施；

（2）非营利性的学校、医疗机构、社会福利机构承受土地、房屋权属用于办公、教学、医疗、科研、养老、救助；

（3）承受荒山、荒地、荒滩土地使用权用于农、林、牧、渔业生产；

（4）婚姻关系存续期间夫妻之间变更土地、房屋权属；

（5）法定继承人通过继承承受土地、房屋权属；

（6）依照法律规定应当予以免税的外国驻华使馆、领事馆和国际组织驻华代表机构承受土地、房屋权属。

2. 地方酌定减免税情形：

（1）因土地、房屋被县级以上人民政府征收、征用，重新承受土地、房屋权属；

（2）因不可抗力灭失住房，重新承受住房权属。

3. 临时减免税情形：

（1）夫妻因离婚分割共同财产发生土地、房屋权属变更的，免征契税。

（2）城镇职工按规定第一次购买公有住房的，免征契税。

（3）企业改制。

（4）事业单位改制。

（5）公司合并。

（6）公司分立。

（7）资金划转。

（8）债券转股权。

（9）划拨用地出让或作价出资。

（10）公司股权（股份）转让。

（七）契税征收管理

1. 纳税义务发生时间。

契税的纳税义务发生时间是纳税人签订土

地、房屋权属转移合同的当日，或者纳税人取得其他具有土地、房屋权属转移合同性质凭证的当日。具有土地、房屋权属转移合同性质的凭证包括契约、协议、合约、单据、确认书以及其他凭证。纳税人应当在依法办理土地、房屋权属登记手续前申报缴纳契税。

契税申报以不动产单元为基本单位。

因人民法院、仲裁委员会的生效法律文书或者监察机关出具的监察文书等发生土地、房屋权属转移的，纳税义务发生时间为法律文书等生效当日。

因改变土地、房屋用途等情形应当缴纳已经减征、免征契税的，纳税义务发生时间为改变有关土地、房屋用途等情形的当日。

因改变土地性质、容积率等土地使用条件需补缴土地出让价款，应当缴纳契税的，纳税义务发生时间为改变土地使用条件当日。

发生上述情形，按规定不再需要办理土地、房屋权属登记的，纳税人应自纳税义务发生之日起90日内申报缴纳契税。

2. 纳税地点。

契税实行属地征收管理。应向土地、房屋所在地的税务征收机关申报纳税。

3. 纳税申报。

契税纳税人依法纳税申报时，应填报《财产和行为税税源明细表》（《契税税源明细表》部分），并根据具体情形提交下列资料：

（1）纳税人身份证件；

（2）土地、房屋权属转移合同或其他具有土地、房屋权属转移合同性质的凭证；

（3）交付经济利益方式转移土地、房屋权属的，提交土地、房屋权属转移相关价款支付凭证；

（4）因人民法院、仲裁委员会的生效法律文书或者监察机关出具的监察文书等因素发生土地、房屋权属转移的，提交生效法律文书或监察文书等。

符合减免税条件的，应按规定附送有关资料或将资料留存备查。

4. 完税凭证与权属登记。

纳税人办理纳税事宜后，税务机关应当开具契税完税凭证。

5. 契税的退还。

纳税人缴纳契税后发生下列情形，可依照有关法律法规申请退税：

（1）因人民法院判决或者仲裁委员会裁决导致土地、房屋权属转移行为无效、被撤销或者被解除，且土地、房屋权属变更至原权利人的；

（2）在出让土地使用权交付时，因容积率调整或实际交付面积小于合同约定面积需退还土地出让价款的；

（3）在新建商品房交付时，因实际交付面积小于合同约定面积需返还房价款的。

纳税人依照上述规定向税务机关申请退还已缴纳契税的，应提供纳税人身份证件、完税凭证复印件，并根据不同情形提交相关资料。

二、例题点津

【例题1·单选题】下列属于临时免征契税的是（　　）。

A. 夫妻因离婚分割共同财产发生土地、房屋权属变更的

B. 因不可抗力灭失住房，重新承受住房权属

C. 婚姻关系存续期间夫妻之间变更土地、房屋权属

D. 法定继承人通过继承承受土地、房屋权属

【答案】A

【解析】夫妻因离婚分割共同财产发生土地、房屋权属变更的，免征契税，此为2023年新增内容。其他临时免税的还有城镇职工按规定第一次购买公有住房的，免征契税；外国银行分行按规定改制为外商独资银行（或其分行），改制后的外商独资银行（或其分行）承受原外国银行分行的房屋权属的，免征契税。

【例题2·单选题】某公司2024年3月以不含税价10 000万元购得某写字楼作为办公用房使用，该写字楼原值12 000万元，累计折旧3 000万元。如果适用的契税税率为3%，该公司应缴契税为（　　）万元。

A. 210　　　　　　B. 60

C. 300　　　　　　D. 150

【答案】C

【解析】土地使用权出让、出售、房屋买卖，以成交价格作为计税依据。应纳契税 = 10 000 × 3% = 300（万元）。

【例题3·多选题】下列属于契税征收范围的有（   ）。

A. 土地使用权出让

B. 企业破产清算期间，对非债权人承受破产企业土地、房屋权属的

C. 房屋抵押而发生的土地、房屋权属变动的

D. 房屋赠与

【答案】ABD

【解析】典当、分拆、抵押以及出租等行为而发生的土地、房屋权属变动的，不属于契税的征税范围。

【例题4·判断题】契税的纳税人是在我国境内转让土地、房屋权属的单位和个人。（   ）

【答案】×

【解析】契税的纳税人是在我国境内承受土地、房屋权属转移的单位和个人。

【例题5·判断题】契税采用差别税率。（   ）

【答案】×

【解析】契税采用比例税率，实行3%～5%的幅度税率。

第二单元　土地相关税

✦ 考点1　土地增值税 ★★

一、考点解读

（一）纳税人

土地增值税的纳税人为转让国有土地使用权、地上建筑物及其附着物并取得收入的单位和个人。

单位包括各类企业单位、事业单位、国家机关和社会团体及其他组织。个人包括个体经营者和其他个人。此外，还包括外商投资企业、外国企业、外国驻华机构及海外华侨、港澳台同胞和外国公民。

解释　契税、土地增值税均适用于国有土地使用权及地上物。契税纳税人由承受方缴纳；土地增值税由转让方缴纳。

（二）征税范围

1. 一般规定。

（1）转让地——征税；出让地——不征税。

（2）转让房——征税。

（3）有偿转让房地产——征税；无偿转让（继承、赠与）房地产——不征税，包括以下两种情况：

①房产所有人、土地使用权所有人将房屋产权、土地使用权赠与直系亲属或承担直接赡养义务人的行为；

②房产所有人、土地使用权所有人通过中国境内非营利的社会团体、国家机关将房屋产权、土地使用权赠与教育、民政和其他社会福利、公益事业的行为。

2. 特殊规定。

（1）房地产开发企业将开发的部分房地产转为企业自用或用于出租等商业用途时，如果产权未发生转移，不征收土地增值税。

（2）房地产的交换。

①房地产交换属于土地增值税的征税范围；

②对个人之间互换自有居住用房地产的，经当地税务机关核实，可以免征土地增值税。

（3）合作建房：对于一方出地，另一方出资金，双方合作建房，建成后按比例分房自用的，暂免征收土地增值税；建成后转让的，应征收土地增值税。

（4）房地产的出租：不属于土地增值税的征税范围。

（5）房地产的抵押：对于房地产的抵押，在抵押期间不征收土地增值税；如果抵押期满以房地产抵债，发生房地产权属转移的（抵债），应列入土地增值税的征税范围。

（6）房地产代建行为：不属于土地增值税的征税范围。

（7）房地产进行重新评估而产生的评估增值：不属于土地增值税的征税范围。

（8）土地使用者处置土地使用权，只要其

享有占有、使用、收益、处分该土地的权利，且有合同等证据表明其实质转让、抵押或置换了土地并取得了相应的经济利益，土地使用者及其对方的当事人就应按规定缴纳增值税、土地增值税和契税等。

（三）税率

土地增值税实行**四级超率累进税率**：

1. 增值额未超过扣除项目金额50%的部分，税率为30%。

2. 增值额超过扣除项目金额50%、未超过扣除项目金额100%的部分，税率为40%。

3. 增值额超过扣除项目金额100%、未超过扣除项目金额200%的部分，税率为50%。

4. 增值额超过扣除项目金额200%的部分，税率为60%。

上述所列四级超率累进税率，每级"增值额未超过扣除项目金额"的比例，均包括本比例数。

（四）计税依据

1. 增值额（纳税人转让房地产所取得的增值额）。

增值额＝房地产转让收入－扣除项目金额

2. 应税收入的确定。

纳税人转让房地产取得的应税收入，应包括转让房地产的全部价款及有关的经济收益。从收入的形式来看，包括货币收入、实物收入、其他收入和外币折算。纳税人转让房地产取得的收入为不含增值税收入。

3. 扣除项目及其金额。

准予纳税人从房地产转让收入额减除的扣除项目金额具体包括以下内容：

（1）取得土地使用权所支付的金额。

①纳税人为取得土地使用权所支付的土地价款。

②纳税人在取得土地使用权时按国家统一规定缴纳的有关费用和税金。

（2）房地产开发成本。

包括**土地征用及拆迁补偿费、前期工程费、建筑安装工程费、基础设施费、公共配套设施费和开发间接费用等。**

（3）房地产开发费用，指与房地产开发项目有关的销售费用、管理费用、财务费用。

①能分摊且能证明。财务费用中的利息支出，凡能够按转让房地产项目计算分摊并提供金融机构证明的，允许据实扣除，但最高不能超过按商业银行同类同期贷款利率计算的金额。

其他房地产开发费用，按取得土地使用权所支付的金额和房地产开发成本的金额之和的5%以内计算扣除。计算扣除的具体比例，由各省、自治区、直辖市人民政府规定。

允许扣除的房地产开发费用＝利息＋（取得土地使用权所支付的金额＋房地产开发成本）×省级政府确定的比例

②不能分摊或不能证明。财务费用中的利息支出，凡不能按转让房地产项目计算分摊或不能提供金融机构证明的，房地产开发费用（不区分利息费用和其他费用）按规定计算的金额之和的10%以内计算扣除。计算扣除的具体比例，由各省、自治区、直辖市人民政府规定。

允许扣除的房地产开发费用＝（取得土地使用权所支付的金额＋房地产开发成本）×省级政府确定的比例

（4）与转让房地产有关的税金。

与转让房地产有关的税金指在转让房地产时缴纳的城市维护建设税、印花税（如果是房地产开发企业，其印花税已经计入管理费用，不得再扣除）、教育费附加。

土地增值税扣除项目涉及的增值税进项税额，允许在销项税额中计算抵扣的，不计入扣除项目，不允许在销项税额中计算抵扣的，可以计入扣除项目。

（5）加计扣除（*适用主体*）。

从事房地产开发的纳税人可按规定计算的金额（取得土地使用权所支付的金额＋房地产开发成本）加计20%计算扣除。

解释 *以上为新建房屋的扣除项目。*

（6）旧房及建筑物的扣除项目。

方法一：按评估价格扣除。

①旧房及建筑物的评估价格（重置成本价×成新度折扣率）；

②取得土地使用权所支付的地价款和按国家统一规定缴纳的有关费用；

③转让环节缴纳的税金。

方法二：按购房发票金额计算扣除。

纳税人转让旧房及建筑物，凡不能取得评估

价格，但能提供购房发票的，经当地税务部门确认，可以扣除。

①按发票所载金额并从购买年度起至转让年度止，每年加计5%计算的金额；

②转让环节缴纳的税金，包括城市维护建设税及教育费附加、印花税、购房时缴纳的契税。

（7）计税依据的特殊规定。

①隐瞒、虚报房地产成交价格的——按评估价格确认收入。

②提供扣除项目金额不实的。

房屋扣除金额＝房屋的重置成本价×成新度折扣率

土地扣除金额＝房屋坐落地的基准地价（或标准地价）

扣除项目金额合计＝房屋扣除金额＋土地扣除金额

③成交价格低于评估价格，无正当理由的——按评估的市场交易价确认收入。

④非直接销售和自用房地产——两种收入确认方法：一是按本企业在同一地区、同一年度的同类房地产的平均价格确认；二是由主管税务机关参照当年同类房地产的市场价格或评估价格确认。

（五）应纳税额的计算

土地增值税应纳税额的计算可分为以下四步：

1. 计算增值额。

增值额＝房地产转让收入－扣除项目金额

2. 计算增值率。

增值率＝增值额÷扣除项目金额×100%

3. 确定适用税率。 按照计算出的增值率，从土地增值税税率表中确定适用税率。

4. 计算应纳税额。

应纳税额＝增值额×适用税率－扣除项目金额×速算扣除系数

（六）税收优惠

1. 纳税人建造普通标准住宅出售，增值额未超过扣除项目金额20%的，予以免税；超过20%的，应按全部增值额缴纳土地增值税。

2. 因国家建设需要依法征用、收回的房地产，免征土地增值税。

3. 企事业单位、社会团体以及其他组织转让旧房作为公共租赁住房房源且增值额未超过扣除项目金额20%的，免征土地增值税。

4. 自2008年11月1日起，对个人转让住房暂免征收土地增值税。

（七）征收管理

1. 纳税申报。

（1）纳税期限——转让房地产合同签订后7日内。

（2）纳税地点——房地产所在地。

（3）预售方式销售房地产的——税务机关可预征土地增值税——清算后，多退少补。

2. 纳税清算。

（1）土地增值税的清算单位。

①以国家有关部门审批的房地产开发项目为单位进行清算；

②对分期开发项目，以分期项目为单位清算。

（2）清算条件。

符合下列情形之一的，纳税人应该进行清算：

①房地产开发项目全部竣工、完成销售的；

②整体转让未竣工决算房地产开发项目的；

③直接转让土地使用权的。

符合下列条件之一的，主管税务机关可要求纳税人进行清算：

①已竣工验收的房地产开发项目，已转让的房地产建筑面积占整个项目可售建筑面积的比例在85%以上，或该比例虽未超过85%，但剩余的可售建筑面积已经出租或自用的；

②取得销售（预售）许可证满3年仍未销售完毕的；

③纳税人申请注销税务登记但未办理土地增值税清算手续的；

④省税务机关规定的其他情况。

（3）土地增值税清算应报送的资料：

①房地产开发企业清算土地增值税书面申请、土地增值税纳税申报表。

②项目竣工决算报表、取得土地使用权所支付的地价款凭证、国有土地使用权出让合同、银行贷款利息结算通知单、项目工程合同结算单、商品房购销合同统计表等与转让房地产的收入、成本和费用有关的证明资料。

③主管税务机关要求报送的其他与土地增值税清算有关的证明资料等。

纳税人委托税务中介机构审核鉴证的清算项目，还应报送中介机构出具的《土地增值税清算税款鉴证报告》。

（4）清算后再转让房地产的处理。

土地增值税清算时未转让的房地产，清算后销售或有偿转让的，纳税人应按规定进行土地增值税的纳税申报，扣除项目金额按清算时的单位建筑面积成本费用乘以销售或转让面积计算：

单位建筑面积成本费用＝清算时的扣除项目总金额÷清算的总建筑面积

（5）土地增值税的核定征收。

有下列情形之一的，税务机关可以实行核定征收土地增值税：

①依照法律、行政法规的规定应当设置但未设置账簿的。

②擅自销毁账簿或者拒不提供纳税资料的。

③设置了账簿，但账目混乱或成本资料、收入凭证、费用凭证残缺不全的。

④符合清算条件，未按照规定的期限办理清算手续，经税务机关责令期限清算，逾期仍不清算的。

⑤申报的计税依据明显偏低，又无正当理由的。

3. 土地增值税的纳税地点——房地产所在地。

二、例题点津

【例题1·单选题】下列单位或个人中，不属于土地增值税纳税人的是（　　）。

A. 以房抵债的甲工业企业

B. 出租写字楼的乙外资房地产开发公司

C. 转让住房的赵某

D. 转让国有土地使用权的丙高等学校

【答案】B

【解析】土地增值税法律制度规定，出租房地产，未发生房产产权、土地使用权的转让行为，不属于土地增值税征税范围，所以，出租写字楼的乙外资房地产开发公司不是土地增值税的纳税人。

【例题2·多选题】纳税人转让旧房，在计算土地增值额时，允许扣除的项目有（　　）。

A. 转让环节缴纳给国家的各项税费

B. 经税务机关确认的房屋及建筑物的评估价格

C. 当期发生的管理费用、财务费用和销售费用

D. 取得土地使用权所支付的价款和按国家规定缴纳的有关税费

【答案】ABD

【解析】根据土地增值税法律制度的规定，纳税人转让旧房，不允许扣除管理费用等三项费用，只有转让新建商品房项目时，才允许按照房地产开发费用扣除。

【例题3·多选题】下列选项中，属于房地产开发成本的有（　　）。

A. 土地征用及拆迁补偿费

B. 基础设施费

C. 销售费用

D. 管理费用

【答案】AB

【解析】房地产开发成本，是指纳税人开发房地产项目实际发生的成本，包括土地的征用及拆迁补偿费、前期工程费、建筑安装工程费、基础设施费、公共配套设施费、开发间接费用等。房地产开发费用，是指与房地产开发项目有关的销售费用、管理费用和财务费用。

【例题4·计算题】2023年某国有商业企业利用库房空地进行住宅商品房开发，按照国家有关规定补交土地出让金2 840万元，缴纳相关税费160万元；住宅开发成本2 800万元，其中含装修费用500万元；房地产开发费用中的利息支出为300万元（不能提供金融机构证明）；当年住宅全部销售完毕，取得销售收入共计9 000万元；缴纳增值税、城市维护建设税和教育费附加495万元；缴纳印花税4.5万元。已知：该公司所在省人民政府规定的房地产开发费用的计算扣除比例为10%。

要求：计算该企业销售住宅应缴纳的土地增值税税额。

【解析】非房地产开发企业缴纳的印花税允许作为税金扣除；非房地产开发企业不允许按照取得土地使用权所支付金额和房地产开发成本合计数的20%加计扣除。

（1）住宅销售收入为9 000万元。

（2）确定转让房地产的扣除项目金额包括：

①取得土地使用权所支付的金额 = 2 840 + 160 = 3 000（万元）。

②住宅开发成本为 2 800 万元。

③房地产开发费用 =（3 000 + 2 800）× 10% = 580（万元）。

④与转让房地产有关的税金 = 495 + 4.5 = 499.5（万元）。

⑤转让房地产的扣除项目金额 = 3 000 + 2 800 + 580 + 499.5 = 6 879.5（万元）。

（3）转让房地产的增值额 = 9 000 - 6 879.5 = 2 120.5（万元）。

（4）增值额与扣除项目金额的比率 = 2 120.5 ÷ 6 879.5 ≈ 31%。

（5）应纳土地增值税税额 = 2 120.5 × 30% = 636.15（万元）。

✳ 考点2　城镇土地使用税 ★★★

一、考点解读

（一）纳税人

城镇土地使用税的纳税人是在税法规定的征税范围内使用土地的单位和个人。根据用地者的不同情况分别确定为：

1. 城镇土地使用税由拥有土地使用权的单位或个人缴纳。

2. 拥有土地使用权的纳税人不在土地所在地的，由代管人或实际使用人缴纳。

3. 土地使用权未确定或权属纠纷未解决的，由实际使用人纳税。

4. 土地使用权共有的，共有各方均为纳税人，由共有各方分别纳税。

（二）征税范围

1. 凡在城市、县城、建制镇、工矿区范围内的土地，不论是属于国家所有的土地，还是集体所有的土地，都属于城镇土地使用税的征税范围。

2. 建立在城市、县城、建制镇和工矿区以外的工矿企业则不需缴纳城镇土地使用税。

（三）税率

采用定额税率。城镇土地使用税规定幅度税额，且每个幅度税额的差距为 20 倍。

（四）计税依据

城镇土地使用税的计税依据是**纳税人实际占**用的土地面积。土地面积以平方米为计量标准。

纳税人实际占用的土地面积按下列办法确定：

1. 凡由省级人民政府确定的单位组织测定土地面积的，以测定的土地面积为准。

2. 尚未组织测定，但纳税人持有政府部门核发的土地使用证书的，以证书确认的土地面积为准。

3. 尚未核发土地使用证书的，应由纳税人据实申报土地面积，并据以纳税，待核发土地使用证书以后再作调整。

（五）应纳税额的计算

年应纳税额 = 实际占用应税土地面积（平方米）× 适用税额

（六）税收优惠

1. 免税范围。

（1）国家机关、人民团体、军队自用的土地。

（2）由国家财政部门拨付事业经费的单位自用的土地。

（3）宗教寺庙、公园、名胜古迹自用的土地。

（4）市政街道、广场、绿化地带等公共用地。

（5）直接用于农、林、牧、渔业的生产用地。

（6）经批准开山填海整治的土地和改造的废弃土地，从使用的月份起免缴土地使用税 5～10 年。

（7）由财政部另行规定免税的能源、交通、水利设施用地和其他用地。

2. 各种用地税收优惠政策（共 17 项）。

（1）城镇土地使用税与耕地占用税的征税范围衔接。

（2）免税单位与纳税单位之间无偿使用的土地。

（3）房地产开发公司开发建造商品房的用地，除经济适用房的用地外，一律不得减免。

（4）防火、防爆、防毒等安全防范用地，免征。

（5）企业的铁路专用线、公路等用地，在厂区以外、与社会公用地段未加隔离的，暂免征收城镇土地使用税。

（6）下列石油天然气生产建设用地暂免征收城镇土地使用税：①地质勘探、钻井、井下作业、油气田地面工程等施工临时用地；②企业厂区以外的铁路专用线、公路及输油（气、水）

管道用地；③油气长输管线用地。

在城市、县城、建制镇以外工矿区内的消防、防洪排涝、防风、防沙设施用地，暂免征收城镇土地使用税。

（7）对林区的育林地、运材道、防火道、防火设施用地，免征城镇土地使用税。林业系统的森林公园、自然保护区可比照公园免征城镇土地使用税。对林业系统的其他生产用地及办公、生活区用地，均应征收城镇土地使用税。

（8）对盐场、盐矿的生产厂房、办公、生活区用地，应照章征收城镇土地使用税。盐场的盐滩、盐矿的矿井用地，暂免征收城镇土地使用税。

（9）矿山的采矿场、排土场、尾矿库、炸药库的安全区，以及运矿运岩公路、尾矿输送管道及回水系统用地，免征城镇土地使用税。

（10）火电厂厂区围墙内的用地均应征收城镇土地使用税。对厂区围墙外的灰场、输灰管、输油（气）管道、铁路专用线用地，免征城镇土地使用税；厂区围墙外的其他用地，应照章征税。对供电部门的输电线路用地、变电站用地，免征城镇土地使用税。

（11）水利设施及其管护用地（如水库库区、大坝、堤防、灌渠、泵站等用地），免征城镇土地使用税。

（12）对港口的码头（即泊位，包括岸边码头、伸入水中的浮码头、堤岸、堤坝、栈桥等）用地，免征城镇土地使用税。

（13）机场飞行区（包括跑道、滑行道、停机坪、安全带、夜航灯光区）用地、场内外通信导航设施用地和飞行区四周排水防洪设施用地，免征城镇土地使用税。在机场道路中，场外道路用地免征城镇土地使用税；场内道路用地依照规定征收城镇土地使用税。机场工作区（包括办公、生产和维修用地及候机楼、停车场）用地、生活区用地、绿化用地，依照规定征收城镇土地使用税。

（14）老年服务机构自用土地免征城镇土地使用税。

（15）国家机关、军队、人民团体、财政补助事业单位、居民委员会、村民委员会拥有的体育场馆，用于体育活动的土地，免征城镇土地使用税。企业拥有并运营管理的大型体育场馆，其用于体育活动的土地，减半征收城镇土地使用税。

（16）对向居民供热收取采暖费的供热企业，免征城镇土地使用税（2019年1月1日至2027年供暖期结束）。

（17）对物流企业自有（包括自用和出租）或承租的大宗商品仓储设施用地，减按所属土地等级适用税额标准的50%计征城镇土地使用税。

（七）征收管理

1. 纳税义务发生时间。

（1）纳税人购置新建商品房，自房屋交付使用之次月起，缴纳城镇土地使用税。

（2）纳税人购置存量房，自办理房屋权属转移、变更登记手续，房地产权属登记机关签发房屋权属证书之次月起，缴纳城镇土地使用税。

（3）纳税人出租、出借房产，自交付出租、出借房产之次月起，缴纳城镇土地使用税。

（4）以出让或转让方式有偿取得土地使用权的，应由受让方从合同约定交付土地时间的次月起缴纳城镇土地使用税；合同未约定交付土地时间的，由受让方从合同签订的次月起缴纳城镇土地使用税。

（5）纳税人新征用的耕地，自批准征用之日起满1年时开始缴纳城镇土地使用税。

（6）纳税人新征用的非耕地，自批准征用次月起缴纳城镇土地使用税。

2. 纳税地点。

（1）城镇土地使用税在土地所在地缴纳。

（2）纳税人使用的土地不属于同一省、自治区、直辖市管辖的，由纳税人分别向土地所在地税务机关缴纳城镇土地使用税。

3. 纳税期限：按年计算，分期缴纳。

二、例题点津

【例题1·单选题】某企业实际占地面积为80 000平方米，经税务机关核定，该企业所在地段适用城镇土地使用税税率每平方米税额为4元。下列选项中，企业全年应缴纳的城镇土地使用税税额为（　　　）元。

A. 320 000　　　　　B. 300 000

C. 600 000　　　　　D. 450 000

【答案】A

【解析】该企业年应缴纳的城镇土地使用税税额=实际占用应税土地面积（平方米）×适用税额=80 000×4=320 000（元）。

【例题2·单选题】某人民团体有甲、乙两栋办公楼，甲栋占地3 000平方米，乙栋占地1 000平方米。2024年3月1日至12月31日将乙栋出租。当地城镇土地使用税的税率为每平方米15元，该人民团体2024年应缴纳城镇土地使用税（　　）元。

A. 3 750　　　　　　　B. 11 250

C. 12 500　　　　　　D. 15 000

【答案】B

【解析】国家机关、人民团体、军队自用的土地免税；对于免税土地用于出租的，应照章纳税。应纳税额=1 000×15÷12×9=11 250（元）。

【例题3·多选题】根据城镇土地使用税法律制度的规定，下列各项中属于城镇土地使用税征税范围的有（　　）。

A. 集体所有的位于农村的土地

B. 集体所有的位于建制镇的土地

C. 国家所有的位于工矿区的土地

D. 集体所有的位于城市的土地

【答案】BCD

【解析】城镇土地使用税的征税范围是税法规定的纳税区域内的土地。凡在城市、县城、建制镇、工矿区范围内的土地，不论是属于国家所有的土地，还是集体所有的土地，都属于城镇土地使用税的征税范围。

【例题4·多选题】下列关于城镇土地使用税纳税义务发生时间的说法，正确的有（　　）。

A. 纳税人购置新建商品房，自房产交付使用之次月起，缴纳城镇土地使用税

B. 纳税人购置存量房，自办理房屋权属转移、变更登记手续，房地产权属登记机关签发房屋权属证书之次月起，缴纳城镇土地使用税

C. 纳税人新征用的耕地，自批准征用之次月起开始缴纳土地使用税

D. 以出让或转让方式有偿取得土地使用权的，应由受让方从合同约定交付土地时间的次月起缴纳城镇土地使用税；合同未约定交付土地时间的，由受让方从合同签订的次月起缴纳城镇土地使用税

【答案】ABD

【解析】纳税人新征用的耕地，自批准征用之日起满1年时开始缴纳土地使用税。

【例题5·判断题】城镇土地使用税规定幅度税额，而且每个幅度税额的差距为10倍。（　　）

【答案】×

【解析】城镇土地使用税规定幅度税额，而且每个幅度税额的差距为20倍。

✦ 考点3　耕地占用税★

一、考点解读

（一）纳税人

耕地占用税的纳税人为在我国境内占用耕地建设建筑物、构筑物或者从事非农业建设的单位和个人。

（二）征税范围

耕地占用税的征税范围包括纳税人为建设建筑物、构筑物或从事其他非农业建设而占用的国家所有和集体所有的耕地。

解释 耕地，是指用于种植农作物的土地。占用园地、林地、草地、农田水利用地、养殖水面、渔业水域滩涂以及其他农用地建设建筑物、构筑物或者从事非农业建设的，按规定缴纳耕地占用税。

建设直接为农业生产服务而建设的建筑物和构筑物等生产设施占用农用地的，不缴纳耕地占用税。

（三）税率

耕地占用税实行定额税率。

（四）计税依据和应纳税额的计算

耕地占用税以纳税人实际占用的耕地面积为计税依据，按照规定的适用税额标准计算应纳税额，一次性缴纳（包括经批准占用的和未经批准占用的）。

耕地占用税应纳税额的计算公式为：

应纳税额=实际占用耕地面积（平方米）×适用税率

（五）税收优惠

1. 军事设施、学校、幼儿园、社会福利机

构、医疗机构占用耕地，免征耕地占用税。

学校内经营性场所和教职工住房医疗机构内职工住房占用耕地的，按照当地适用税额缴纳耕地占用税。

2. 农村居民在规定用地标准以内占用耕地新建自用住宅，按照当地适用税额减半征收耕地占用税；其中农村居民经批准搬迁，新建自用住宅占用耕地不超过原宅基地面积的部分，免征耕地占用税。

3. 农村烈士遗属、因公牺牲军人遗属、残疾军人以及符合农村最低生活保障条件的农村居民，在规定用地标准以内新建自用住宅，免征耕地占用税。

4. 铁路线路、公路线路、飞机场跑道、停机坪、港口、航道、水利工程占用耕地，减按每平方米 **2** 元的税额征收耕地占用税。

（六）征收管理

1. 纳税义务发生时间和纳税地点。

耕地占用税的纳税义务发生时间为纳税人收到自然资源主管部门办理占用耕地手续的书面通知的当日。纳税人应当自纳税义务发生<u>之日起</u><u>30 日内</u>申报缴纳耕地占用税。

2. 纳税申报。

纳税人占用耕地或其他农用地，应当在耕地或其他农用地所在地申报纳税。

3. 征收机关与部门配合。

耕地占用税由税务机关负责征收。

税务机关应当与相关部门建立耕地占用税涉税信息共享机制和工作配合机制。

税务机关发现纳税人的纳税申报数据资料异常或者纳税人未按照规定期限申报纳税的，可以提请相关部门进行复核，相关部门应当自收到税务机关复核申请之日起 30 日内向税务机关出具复核意见。

二、例题点津

【例题 1·单选题】2024 年 10 月甲公司开发住宅社区，经批准共占用耕地 150 000 平方米，其中 500 平方米兴建幼儿园，8 000 平方米修建学校。已知，耕地占用税适用税率为 30 元/平方米。甲公司应缴纳耕地占用税税额的下列算式中，正确的是（　　）。

A. 150 000 × 30

B. （150 000 − 500 − 8 000）× 30

C. （150 000 − 8 000）× 30

D. （150 000 − 500）× 30

【答案】B

【解析】占用耕地建设住宅社区（非农建设）应当依法缴纳耕地占用税，但用于修建幼儿园、学校的部分享受免税优惠。

【例题 2·单选题】根据耕地占用税法律制度的规定，纳税人应当自纳税义务发生之日起一定期限内申报缴纳耕地占用税。该期限为（　　）日。

A. 30　　　　　　　B. 180

C. 60　　　　　　　D. 90

【答案】A

【解析】纳税人应当自纳税义务发生之日起 30 日内申报缴纳耕地占用税。

【例题 3·多选题】下列关于耕地占用税法律制度规定的说法中，正确的有（　　）。

A. 军事设施、学校、幼儿园、社会福利机构、医疗机构占用耕地，免征耕地占用税

B. 学校内教职工住房占用耕地的，免征耕地占用税

C. 农村烈士遗属、因公牺牲军人遗属、残疾军人以及符合农村最低生活保障条件的农村居民，在规定用地标准以内新建自用住宅，免征耕地占用税

D. 税务机关应当与相关部门建立耕地占用税涉税信息共享机制和工作配合机制

【答案】ACD

【解析】军事设施、学校、幼儿园、社会福利机构、医疗机构占用耕地，免征耕地占用税，选项 A 正确，但学校内经营性场所和教职工住房占用耕地的，按照当地适用税额缴纳耕地占用税，选项 B 错误。农村烈士遗属、因公牺牲军人遗属、残疾军人以及符合农村最低生活保障条件的农村居民，在规定用地标准以内新建自用住宅，免征耕地占用税，选项 C 正确。税务机关应当与相关部门建立耕地占用税涉税信息共享机制和工作配合机制，选项 D 正确。

【例题 4·多选题】根据耕地占用税法律制度的规定，下列各项中，不缴纳耕地占用税的有（　　）。

A. 占用耕地建设储存农用机具的仓库

B. 占用养殖水面建设专为农业生产服务的灌溉排水设施

C. 占用竹林地建设木材集材道

D. 占用天然牧草地建设旅游度假村

【答案】ABC

【解析】（1）占用的是否为"耕地"或"视同耕地"，选项A占用"耕地"，选项B、C、D所占用土地"视同耕地"；（2）是否用于非农建设，选项A、B、C用于建设直接为农业生产服务的生产设施，选项D用于非农建设。综上，选项A、B、C不缴纳耕地占用税，选项D应依法缴纳耕地占用税。

【例题5·判断题】耕地占用税的纳税义务发生时间为纳税人收到自然资源主管部门办理占用耕地手续的书面通知的当日。（   ）

【答案】√

【解析】耕地占用税的纳税义务发生时间为纳税人收到自然资源主管部门办理占用耕地手续的书面通知的当日。

第三单元　车　船　类

✲ 考点1　车船税★★

一、考点解读（见表6-3）

表6-3

项目	车船税
纳税人	在中华人民共和国境内属于《车船税法》所附《车船税税目税额表》规定的车辆、船舶（简称车船）的所有人或者管理人
征收范围	在中华人民共和国境内属于车船税法所规定的应税车辆和船舶。 （1）依法应当在车船登记管理部门登记的机动车辆和船舶。 （2）依法不需要在车船登记管理部门登记的在单位内部场所行驶或者作业的机动车辆和船舶
税目	共六大类：乘用车、商用车、挂车、其他车辆、摩托车和船舶
税率	采用定额税率
计税依据	1. 乘用车、商用客车和摩托车，以辆数为计税依据。 2. 商用货车、挂车、专用作业车和轮式专用机械车，以整备质量吨位数为计税依据。 3. 机动船舶，以净吨位数为计税依据。 4. 游艇以艇身长度为计税依据
应纳税额的计算	乘用车、客车和摩托车的应纳税额＝辆数×适用年基准税额 货车、专用作业车和轮式专用机械车的应纳税额＝整备质量吨位数×适用年基准税额 机动船舶的应纳税额＝净吨位数×适用年基准税额 拖船和非机动驳船的应纳税额＝净吨位数×适用年基准税额×50% 游艇的应纳税额＝艇身长度×适用年基准税额 购置的新车船、购置当年的应纳税额自纳税业务发生的当日起按月计算：应纳税额＝适用年基准税额÷12×应纳税月份数

续表

项目	车船税
税收优惠	下列车船免征车船税： （1）捕捞、养殖渔船。 （2）军队、武装警察部队专用的车船。 （3）警用车船。 （4）悬挂应急救援专用号牌的国家综合性消防救援车辆和国家综合性消防救援船舶。 （5）依照法律规定应当予以免税的外国驻华使领馆、国际组织驻华代表机构及其有关人员的车船。 （6）使用新能源车船。 （7）临时入境的外国车船和香港特别行政区、澳门特别行政区、台湾地区的车船 （8）缴纳船舶吨税的机动船舶，5年内免征车船税。 （9）依法不需要在车船登记管理部门登记的机场、港口、铁路站场内部行驶或者作业的车船，5年内免征车船税。 其他税收优惠： （1）对节约能源车船，减半征收车船税。 （2）对受地震、洪涝等严重自然灾害影响纳税困难以及其他特殊原因确需减免税的车船，可以在一定期限内减征或者免征车船税
征收管理	纳税义务发生时间：取得车船所有权或者管理权的当月。以购买车船的发票或其他证明文件所载日期的当月为准
	纳税地点：车船的登记地或者车船税扣缴义务人所在地
	纳税申报：车船税按年申报，分月计算，一次性缴纳。纳税年度为公历1月1日至12月31日

二、例题点津

【例题1·单选题】 根据车船税法律制度的规定，下列车船中，应缴纳车船税的是（　　）。

A. 商用货车　　　　B. 捕捞渔船

C. 军队专用车船　　D. 纯电动商用车

【答案】 A

【解析】 选项B、C、D免征车船税。

【例题2·单选题】 根据车船税法律制度的规定，下列车辆中，免征车船税的是（　　）。

A. 建筑公司轮式专用机械车

B. 警用车船

C. 商场运输部门用车

D. 物流公司货车

【答案】 B

【解析】 警用车船免征车船税。

【例题3·单选题】 根据车船税法律制度的规定，下列各项中，属于商用货车计税依据的是（　　）。

A. 辆数　　　　　　B. 整备质量吨位数

C. 净吨位数　　　　D. 购置价格

【答案】 B

【解析】 商用货车、挂车、专用作业车、轮式专用机械车，按整备质量吨位数为计税依据。

【例题4·单选题】 下列选项中，以辆数为车船税计税依据的是（　　）。

A. 摩托车　　　　　B. 货车

C. 挂车　　　　　　D. 专用作业车

【答案】 A

【解析】 摩托车的车船税计税依据是"辆数"。货车、挂车、专用作业车的车船税计税依据为"整备质量吨位数"。

【例题5·多选题】 下列属于车船税征收范围的有（　　）。

A. 电车　　　　　　B. 挂车

C. 自行车　　　　　D. 货船

【答案】 ABD

【解析】 车船税的征税范围指在中国境内属于车船税法所规定的应税车辆和船舶。包括依法应当在车船登记管理部门登记的机动车辆和船舶；依法不需要在车船登记管理部门登记的在单位内部场所行驶或者作业的机动车辆和船舶。

第四单元　行　为　类

✳ 考点1　环境保护税★★

一、考点解读

（一）纳税人

环境保护税的纳税人为在中华人民共和国领域和中华人民共和国管辖的其他海域，直接向环境排放应税污染物的企业事业单位和其他生产经营者。

（二）征税范围

1. 大气污染物、水污染物、固体废物和噪声等应税污染物。

2. 有下列情形之一的，不属于直接向环境排放污染物，不缴纳相应污染物的环境保护税：

（1）企业事业单位和其他生产经营者向依法设立的污水集中处理、生活垃圾集中处理场所排放应税污染物的。

（2）企业事业单位和其他生产经营者在符合国家和地方环境保护标准的设施、场所储存或者处置固体废物的。

3. 依法设立的城乡污水集中处理、生活垃圾集中处理场所超过国家和地方规定的排放标准向环境排放应税污染物的，应当缴纳环境保护税。

4. 企业事业单位和其他生产经营者储存或者处置固体废物不符合国家和地方环境保护标准的，应当缴纳环境保护税。

（三）税目、税率、计税依据和应纳税额的计算（见表6-4）

表6-4

税目	税率	计税依据	应纳税额的计算
大气污染物	实行定额税率	按照污染物排放量折合的污染当量数确定	应纳税额=污染当量数×具体适用税额
水污染物		按照污染物排放量折合的污染当量数确定	应纳税额=污染当量数×具体适用税额
固体废物		按照固体废物的排放量确定	应纳税额=固体废物排放量×具体适用税额
噪声	实行定额税率	按照超过国家规定标准的分贝数确定	应纳税额=超过国家规定标准的分贝数对应的具体适用税额

解释 计税依据的计算方法和顺序：

（1）纳税人安装使用符合国家规定和监测规范的污染物自动监测设备的，按照污染物自动监测数据计算；

（2）纳税人未安装使用污染物自动监测设备的，按照监测机构出具的符合国家有关规定和监测规范的监测数据计算；

（3）因排放污染物种类多等原因不具备监测条件的，按照国务院生态环境主管部门规定的排污系数、物料衡算方法计算；

（4）不能按上述（1）项至第（3）项规定的方法计算的，按照省、自治区、直辖市人民政府生态环境主管部门规定的抽样测算的方法核定计算。

（四）税收优惠（见表6-5）

表6-5

税收优惠	内　容
暂予免征情形（4种）	农业生产（不包括规模化养殖）排放应税污染物的
	机动车、铁路机车、非道路移动机械、船舶和航空器等流动污染源排放应税污染物的

续表

税收优惠	内　　容
暂予免征	依法设立的城乡污水集中处理、生活垃圾集中处理场所排放相应应税污染物，不超过国家和地方规定的排放标准的
	纳税人综合利用的固体废物，符合国家和地方环境保护标准的
减征情形（2 种）	纳税人排放应税大气污染物或者水污染物的浓度值低于国家和地方规定的污染物排放标准 30% 的，减按 75% 征收环境保护税
	纳税人排放应税大气污染物或者水污染物的浓度值低于国家和地方规定的污染物排放标准 50% 的，减按 50% 征收环境保护税

（五）征收管理

1. 纳税义务发生时间为纳税人排放应税污染物的当日。纳税人应当向应税污染物排放地的税务机关申报缴纳环境保护税。

2. 环境保护税按月计算，按季申报缴纳。不能按固定期限计算缴纳的，可以按次申报缴纳。

纳税人按季申报缴纳的，应当自季度终了之日起 15 日内，向税务机关办理纳税申报并缴纳税款。

纳税人按次申报缴纳的，应当自纳税义务发生之日起 15 日内，向税务机关办理纳税申报并缴纳税款。

二、例题点津

【例题 1·单选题】根据环境保护税法律制度的规定，下列情形中，应征收环境保护税的是（　　）。

A. 企业综合利用的固体废物，符合国家和地方环境保护标准

B. 机动车等流动污染源排放应税污染物

C. 依法设立的生活垃圾集中处理场所在国家和地方规定排放标准内排放应税污染物

D. 企业处置固体废物不符合国家和地方环境保护标准

【答案】D

【解析】选项 A、B、C 暂予免征环境保护税。

【例题 2·多选题】下列各项中，属于环境保护税计税依据的有（　　）。

A. 应税大气污染物按照污染物排放量折合的污染当量数确定

B. 应税水污染物按照污染物排放量折合的污染当量数确定

C. 应税固体废物按照固体废物的排放量确定

D. 应税噪声按照超过国家规定标准的分贝数确定

【答案】ABCD

【解析】上述各项均为环境保护税的计税依据。

✦ 考点 2　印花税 ★★

一、考点解读

（一）纳税人

在中华人民共和国境内书立应税凭证、进行证券交易的单位和个人，为印花税的纳税人。

书立应税凭证的纳税人，为对应税凭证有直接权利义务关系的单位和个人。采用委托贷款方式书立的借款合同纳税人，为受托人和借款人，不包括委托人。按买卖合同或者产权转移书据税目缴纳印花税的拍卖成交确认书纳税人，为拍卖标的的产权人和买受人，不包括拍卖人。

在中华人民共和国境外书立在境内使用的应税凭证，应当按规定缴纳印花税。包括以下几种情形：

（1）应税凭证的标的为不动产的，该不动产在境内；

（2）应税凭证的标的为股权的，该股权为中国居民企业的股权；

（3）应税凭证的标的为动产或者商标专用权、著作权、专利权、专有技术使用权的，其销售方或者购买方在境内，但不包括境外单位或者个人向境内单位或者个人销售完全在境外使用的动产或者商标专用权、著作权、专利权、专有技术使用权；

（4）应税凭证的标的为服务的，其提供方

或者接受方在境内，但不包括境外单位或者个人向境内单位或者个人提供完全在境外发生的服务。

印花税纳税人的具体规定：

根据书立、领受、使用应税凭证的不同，纳税人可分为立合同人、立账簿人、立据人、领受人和使用人等。

（1）立合同人，是指合同的当事人，即对凭证有直接权利义务关系的单位和个人，但不包括合同的担保人、证人、鉴定人。

（2）立账簿人，是指开立并使用营业账簿的单位和个人。如某企业因生产需要，设立了若干营业账簿，该企业即为印花税的纳税人。

（3）立据人，是指书立产权转移书据的单位和个人。

（4）使用人，是指在国外书立、领受，但在国内使用应税凭证的单位和个人。同一应税凭证由两方以上当事人书立的，按照各自涉及的金额分别计算应税税款。

（二）征税范围

1. **合同**：买卖、借款、融资租赁、租赁、承揽、建设工程、运输、技术、保管、仓储、财产保险合同。

下列情形的凭证，不属于印花税征收范围：

（1）人民法院的生效法律文书，仲裁机构的仲裁文书，监察机关的监察文书。

（2）县级以上人民政府及其所属部门按行政管理权限征收、收回或者补偿安置房地产书立的合同、协议或者行政类文书。

（3）总公司与分公司、分公司与分公司之间书立的作为执行计划使用的凭证。

2. **产权转移书据**：我国印花税税目中的产权转移书据包括土地使用权出让书据，土地使用权、房屋等建筑物和构筑物所有权转让书据（不包括土地承包经营权和土地经营权转移），股权转让书据（不包括应缴纳证券交易印花税的）以及商标专用权、著作权、专利权、专有技术使用权转让书据。

3. **营业账簿**：包括资金账簿和其他营业账簿。对记载资金的营业账簿征收印花税，对其他营业账簿不征收印花税。

4. **证券交易**：是指转让在依法设立的证券交易所、国务院批准的其他全国性证券交易场所交易的股票和以股票为基础的存托凭证。证券交易印花税对证券交易的出让方征收，不对受让方征收。

（三）税率

印花税实行**比例税率**。按照凭证所标明的确定的金额按比例计算应纳税额。

1. 借款合同、融资租赁合同，适用税率为万分之零点五。

2. 营业账簿，适用税率为万分之二点五。

3. 买卖合同，承揽合同，建设工程合同，运输合同，技术合同，商标专用权、著作权、专利权、专有技术使用权转让书据，适用税率为万分之三。

4. 土地使用权出让书据，土地使用权、房屋等建筑物和构筑物所有权转让书据（不包括土地承包经营权和土地经营权转移），股权转让书据（不包括应缴纳证券交易印花税的），适用税率为万分之五。

5. 租赁合同、保管合同、仓储合同、财产保险合同、证券交易，适用税率为千分之一。

印花税的税目、税率，依照《印花税法》所附《印花税税目税率表》执行。

（四）计税依据

1. 应税合同的计税依据，为合同列明的价款或者报酬，不包括增值税税款；合同中价款或者报酬与增值税税款未分开列明的，按照合计金额确定。

2. 应税产权转移书据的计税依据，为产权转移书据列明的价款，不包括增值税税款；产权转移书据中价款与增值税税款未分开列明的，按照合计金额确定。

应税合同、产权转移书据未列明价款或者报酬的，按照下列方法确定计税依据：

（1）按照订立合同、产权转移书据时的市场价格确定；依法应当执行政府定价的，按照其规定确定。

（2）不能按照上述规定的方法确定的，按照实际结算的价款或者报酬确定。

3. 应税营业账簿的计税依据，为账簿记载的实收资本（股本）、资本公积合计金额。

4. 证券交易的计税依据，为成交金额。

5. 应税合同、产权转移书据未列明金额的，印花税的计税依据按照实际结算的金额确定。计税依据按照上述规定仍不能确定的，按照书立合同、产权转移书据时的市场价格确定；依法应当执行政府定价或者政府指导价的，按照国家有关规定确定。

证券交易无转让价格的，按照办理过户登记手续时该证券前一个交易日收盘价计算确定计税依据；无收盘价的，按照证券面值计算确定计税依据。

6. 核定纳税人印花税计税依据：

有以下情形，税务机关可以核定纳税人印花税计税依据：

（1）未按规定建立印花税应税凭证登记簿，或未如实登记和完整保存应税凭证的。

（2）拒不提供应税凭证或不如实提供应税凭证致使计税依据明显偏低的。

（3）采用按期汇总缴纳办法的，未按税务机关规定的期限报送汇总缴纳印花税情况报告，经税务机关责令限期报告，逾期仍不报告的或者税务机关在检查中发现纳税人有未按规定汇总缴纳印花税情况的。

（五）应纳税额的计算

1. 应税合同的应纳税额计算公式为：

应纳税额＝价款或者报酬×适用税率

2. 应税产权转移书据的应纳税额计算公式为：

应纳税额＝价款×适用税率

3. 应税营业账簿的应纳税额计算公式为：

应纳税额＝实收资本（股本）、资本公积合计金额×适用税率

4. 证券交易的应纳税额计算公式为：

应纳税额＝成交金额或者依法确定的计税依据×适用税率

同一应税凭证载有两个以上税目事项并分别列明金额的，按照各自适用税目税率分别计算应纳税额；未分别列明金额的，从高适用税率。

（六）税收优惠

1. 法定凭证免税。下列凭证，免征印花税：

（1）应税凭证的副本或者抄本。

（2）依法律规定应当予以免税的外国驻华使馆、领事馆和国际组织驻华代表机构为获得馆舍书立的应税凭证。

（3）中国人民解放军、中国人民武装警察部队书立的应税凭证。

（4）农民、家庭农场、农民专业合作社、农村集体经济组织、村民委员会购买农业生产资料或者销售农产品书立的买卖合同和农业保险合同。

（5）无息或者贴息借款合同、国际金融组织向中国提供优惠贷款书立的借款合同。

（6）财产所有权人将财产赠与政府、学校、社会福利机构、慈善组织书立的产权转移书据。

（7）非营利性医疗卫生机构采购药品或者卫生材料书立的买卖合同。

（8）个人与电子商务经营者订立的电子订单。

根据国民经济和社会发展的需要，国务院对居民住房需求保障、企业改制重组、破产、支持小型微型企业发展等情形可以规定减征或者免征印花税，报全国人大常委会备案。

2. 临时性减免税收优惠。

（1）对铁路、公路、航运、水路承运快件行李、包裹开具的托运单据，暂免贴印花。

（2）各类发行单位之间，以及发行单位与订阅单位或个人之间书立的征订凭证，暂免征印花税。

（3）军事物资运输，凡附有军事运输命令或使用专用的军事物资运费结算凭证，免纳印花税。

（4）抢险救灾物资运输，凡附有县级以上（含县级）人民政府抢险救灾物资运输证明文件的运费结算凭证，免纳印花税。

（5）对资产公司成立时设立的资金账簿免征印花税。

（6）金融资产管理公司按财政部核定的资本金数额，接收国有商业银行的资产，办理过户手续时免征印花税。

（7）国有商业银行按财政部核定的数额，划转给金融资产管理公司的资产，办理过户手续时免征印花税。

（8）对社保理事会委托社保基金投资管理人运用社保基金买卖证券应缴纳的印花税实行先征后返。

（9）对社保基金持有的证券，在社保基金证券账户之间的划拨过户，不征收印花税。

（10）对被撤销金融机构接收债权、清偿债务过程中签订的产权转移书据，免征印花税。

（11）对发电厂与电网之间、电网与电网之间签订的购售电合同按买卖合同征收印花税。电网与用户之间签订的供用电合同不征收印花税。

（12）外国银行分行改制为外商独资银行（或其分行）后，不再重新贴花。

（13）对经济适用住房经营管理单位与经济适用住房相关的印花税以及经济适用住房购买人涉及的印花税予以免征。

（14）对个人出租、承租住房签订的租赁合同，免征印花税。

（15）对个人销售或购买住房暂免征收印花税。

（16）向全国社会保障基金理事会转持国有股，免征证券（股票）交易印花税。

（17）在融资性售后回租业务中，对承租人、出租人因出售租赁资产及购回租赁资产所签订的合同，不征收印花税。

（18）对香港市场投资者通过沪股通和深股通参与股票担保卖空涉及的股票借入、归还，暂免征收证券（股票）交易印花税。

（19）对因农村集体经济组织以及代行集体经济组织职能的村民委员会、村民小组进行清产核资收回集体资产而签订的产权转移书据，免征印花税。

（20）对金融机构与小型企业、微型企业签订的借款合同免征印花税。

（21）对保险保障基金公司的部分应税凭证，免征印花税。

（22）对与高校学生签订的高校学生公寓租赁合同，免征印花税。

（23）在国有股权划转和接收过程中，划转非上市公司股份的，对划出方与划入方签订的产权转移书据免征印花税；划转上市公司股份和全国中小企业股份转让系统挂牌公司股份的，免征证券交易印花税；对划入方因承接划转股权而增加的实收资本和资本公积，免征印花税。

（24）对公租房经营管理单位免征建设、管理公租房涉及的印花税。

（25）对饮水工程运营管理单位为建设饮水工程取得土地使用权而签订的产权转移书据，以

及与施工单位签订的建设工程承包合同，免征印花税。

（26）对商品储备管理公司及其直属库资金账簿免征印花税。

（七）征收管理

1. 纳税义务发生时间。

为纳税人书立应税凭证或者完成证券交易的当日。证券交易印花税扣缴义务发生时间为证券交易完成的当日。

2. 纳税地点。

（1）纳税人为单位的，应当向其机构所在地的主管税务机关申报缴纳印花税；纳税人为个人的，应当向应税凭证书立地或者纳税人居住地的主管税务机关申报缴纳印花税。

（2）不动产产权发生转移的，纳税人应当向不动产所在地的主管税务机关申报缴纳印花税。

（3）纳税人为境外单位或者个人，在境内有代理人的，以其境内代理人为扣缴义务人；在境内没有代理人的，由纳税人自行申报缴纳印花税，具体办法由国务院税务主管部门规定。

（4）证券登记结算机构为证券交易印花税的扣缴义务人，应当向其机构所在地的主管税务机关申报解缴税款以及银行结算的利息。

3. 纳税期限。

印花税按季、按年或者按次计征。实行按季、按年计征的，纳税人应当于季度、年度终了之日起 **15 日内** 申报并缴纳税款。实行按次计征的，纳税人应当于纳税义务发生之日起 **15 日内** 申报并缴纳税款。

4. 缴纳方式。

印花税可以采用粘贴印花税票或者由税务机关依法开具其他完税凭证的方式缴纳。

印花税票粘贴在应税凭证上的，由纳税人在每枚税票的骑缝处盖戳注销或者画销。

印花税票由国务院税务主管部门监制。

二、例题点津

【例题1·单选题】根据印花税法律制度的规定，下列各项中，属于印花税纳税人的是（　　）。

A. 合同的双方当事人

B. 合同的担保人

C. 合同的证人

D. 合同的鉴定人

【答案】A

【解析】合同的当事人是印花税的纳税人，不包括合同的担保人、证人、鉴定人。

【例题2·单选题】 下列选项中，属于印花税法定免税范围的是（ ）。

A. 应税凭证的副本或者抄本

B. 铁路、公路、航运、水路承运快件行李、包裹开具的托运单据

C. 各类发行单位之间，以及发行单位与订阅单位或个人之间书立的征订凭证

D. 资产公司成立时设立的资金账簿

【答案】A

【解析】选项B、C、D属于印花税临时性减免税优惠。

【例题3·多选题】 根据印花税法律制度的规定，下列各项中，属于印花税征税范围的有（ ）。

A. 土地使用权出让合同

B. 土地使用权转让合同

C. 商品房销售合同

D. 营业账簿

【答案】ABCD

【解析】以上四项均属于印花税征税范围。土地使用权的出让和转让合同按照"产权转移书据"贴花。

【例题4·多选题】 下列凭证中，免征印花税的有（ ）。

A. 应税凭证的副本或者抄本

B. 依照法律规定应当予以免税的外国驻华使馆、领事馆和国际组织驻华代表机构为获得馆舍书立的应税凭证

C. 中国人民解放军、中国人民武装警察部队书立的应税凭证

D. 农民、家庭农场、农民专业合作社、农村集体经济组织、村民委员会购买农业生产资料或者销售农产品书立的买卖合同和农业保险合同

【答案】ABCD

【解析】下列凭证，免征印花税：（1）应税凭证的副本或者抄本。（2）依照法律规定应当予以免税的外国驻华使馆、领事馆和国际组织驻华代表机构为获得馆舍书立的应税凭证。（3）中国人民解放军、中国人民武装警察部队书立的应税凭证。（4）农民、家庭农场、农民专业合作社、农村集体经济组织、村民委员会购买农业生产资料或者销售农产品书立的买卖合同和农业保险合同。（5）无息或者贴息借款合同、国际金融组织向中国提供优惠贷款书立的借款合同。（6）财产所有权人将财产赠与政府、学校、社会福利机构、慈善组织书立的产权转移书据。（7）非营利性医疗卫生机构采购药品或者卫生材料书立的买卖合同。（8）个人与电子商务经营者订立的电子订单。

【例题5·判断题】 印花税的纳税义务发生时间为纳税人书立应税凭证或者完成证券交易的次日。（ ）

【答案】×

【解析】印花税的纳税义务发生时间为纳税人书立应税凭证或者完成证券交易的当日。

第五单元 其 他 税 种

✿ 考点1 资源税 ★★

一、考点解读

（一）纳税人

资源税的纳税人，是指在中华人民共和国领域和中华人民共和国管辖的其他海域开发应税资源的单位和个人。

中外合作开采陆上、海上石油资源的企业依法缴纳资源税。

2011年11月1日前已依法订立中外合作开采陆上、海上石油资源合同的，在该合同有效期内，继续依照国家有关规定缴纳矿区使用费，不缴纳资源税；合同期满后，依法缴纳资源税。

（二）征税范围

我国资源税的征税范围包括能源矿产、金属矿产、非金属矿产、水气矿产、盐类，共计5大类，各税目的征税对象包括原矿或选矿。具体包括：

1. 能源矿产。包括原油；天然气、页岩气、天然气水合物；煤；煤成（层）气；铀、钍；油页岩、油砂、天然沥青、石煤；地热。

2. 金属矿产。包括黑色金属和有色金属。

3. 非金属矿产。包括矿物类、岩石类、宝玉石类。

4. 水气矿产。包括二氧化碳气、硫化氢气、氦气、氡气、矿泉水。

5. 盐类。包括钠盐、钾盐、镁盐、锂盐、天然卤水、海盐。

6. 自用应税产品。纳税人开采或者生产应税产品自用的，视同销售，应当按规定缴纳资源税；但是，自用于连续生产应税产品的，不缴纳资源税。纳税人自用应税产品应当缴纳资源税的情形，包括纳税人以应税产品用于非货币性资产交换、捐赠、偿债、赞助、集资、投资、广告、样品、职工福利、利润分配或者连续生产非应税产品等。

7. 试点征收水资源税。国务院根据国民经济和社会发展需要，依照《资源税法》的原则，对取用地表水或者地下水的单位和个人试点征收水资源税。征收水资源税的，停止征收水资源费。

（三）税率

资源税采用比例税率或者定额税率两种形式。

（四）计税依据

资源税按照《税目税率表》实行从价计征或者从量计征。以纳税人开发应税资源产品的销售额或者销售数量为计税依据。

实行从价计征的，应纳税额按照应税资源产品（以下简称"应税产品"）的销售额乘以具体适用税率计算。

实行从量计征的，应纳税额按照应税产品的销售数量乘以具体适用税率计算。

应税产品为矿产品的，包括原矿和选矿产品。

1. 销售额。

（1）资源税应税产品销售额是指纳税人销售应税产品向购买方收取的全部价款，但不包括收取的增值税税款。计入销售额中的相关运杂费用，凡取得增值税发票或者其他合法有效凭证的，准予从销售额中扣除。相关运杂费用是指应税产品从坑口或者洗选（加工）地到车站、码头或者购买方指定地点的运输费用、建设基金以及随运销产生的装卸、仓储、港杂费用。

（2）纳税人申报的应税产品销售额明显偏低且无正当理由的，或者有自用应税产品行为而无销售额的，主管税务机关可以按下列方法和顺序确定其应税产品销售额：

①按纳税人最近时期同类产品的平均销售价格确定。

②按其他纳税人最近时期同类产品的平均销售价格确定。

③按后续加工非应税产品销售价格，减去后续加工环节的成本利润后确定。

④按应税产品组成计税价格确定。

组成计税价格 = 成本 × (1 + 成本利润率) ÷ (1 − 资源税税率)

2. 销售数量。

应税产品的销售数量，包括纳税人开采或者生产应税产品的实际销售数量和自用于应当缴纳资源税情形的应税产品数量。

3. 计税依据的特殊规定。

（1）纳税人外购应税产品与自采应税产品混合销售或者混合加工为应税产品销售的，在计算应税产品销售额或者销售数量时，准予扣减外购应税产品的购进金额或者购进数量；当期不足扣减的，可结转下期扣减。

（2）纳税人以外购原矿与自采原矿混合为原矿销售，或者以外购选矿产品与自产选矿产品混合为选矿产品销售的，在计算应税产品销售额或者销售数量时，直接扣减外购原矿或者外购选矿产品的购进金额或者购进数量。

纳税人以外购原矿与自采原矿混合洗选加工为选矿产品销售的，在计算应税产品销售额或者销售数量时，按照下列方法进行扣减：

准予扣减的外购应税产品购进金额（数量）= 外购原矿购进金额（数量）×（本地区原矿适用税率÷本地区选矿产品适用税率）

不能按照上述方法计算扣减的，按照主管税

务机关确定的其他合理方法进行扣减。

（3）纳税人开采或者生产同一税目下适用不同税率应税产品的，应当分别核算不同税率应税产品的销售额或者销售数量；未分别核算或者不能准确提供不同税率应税产品的销售额或者销售数量的，从高适用税率。

（4）纳税人以自采原矿（经过采矿过程采出后未进行选矿或者加工的矿石）直接销售，或者自用于应当缴纳资源税情形的，按照原矿计征资源税。

（5）纳税人开采或者生产同一应税产品，其中既有享受减免税政策的，又有不享受减免税政策的，按照免税、减税项目的产量占比等方法分别核算确定免税、减税项目的销售额或者销售数量。

（五）应纳税额的计算

1. 实行从价定率计征办法的应税产品，资源税应纳税额按销售额和比例税率计算：

应纳税额＝应税产品的销售额×适用的比例税率

2. 实行从量定额计征办法的应税产品，资源税应纳税额按销售数量和定额税率计算：

应纳税额＝应税产品的销售数量×适用的定额税率

3. 扣缴义务人代扣代缴资源税应纳税额的计算：

代扣代缴应纳税额＝收购未税产品的数量×适用定额税率

（六）税收优惠

1. 有下列情形之一的，免征资源税：

（1）开采原油以及在油田范围内运输原油过程中用于加热的原油、天然气。

（2）煤炭开采企业因安全生产需要抽采的煤成（层）气。

2. 有下列情形之一的，减征资源税：

（1）从低丰度油气田开采的原油、天然气，减征20%资源税。

（2）高含硫天然气、三次采油和从深水油气田开采的原油、天然气，减征30%资源税。

（3）稠油、高凝油减征40%资源税。

（4）从衰竭期矿山开采的矿产品，减征30%资源税。

3. 地方减免资源税的情形：

（1）纳税人开采或者生产应税产品过程中，因意外事故或者自然灾害等原因遭受重大损失。

（2）纳税人开采共伴生矿、低品位矿、尾矿。

（七）征收管理

1. 纳税义务发生时间。

纳税人销售应税产品，纳税义务发生时间为收讫销售款或者取得索取销售款凭据的当日；自用应税产品的，纳税义务发生时间为移送应税产品的当日。

资源税由税务机关征收管理。海上开采的原油和天然气资源税由海洋石油税务管理机构征收管理。

2. 纳税地点。

纳税人应当在矿产品的开采地或者海盐的生产地缴纳资源税。

3. 纳税期限。

资源税按月或者按季申报缴纳；不能按固定期限计算缴纳的，可以按次申报缴纳。

纳税人按月或者按季申报缴纳的，应当自月度或者季度终了之日起15日内，向税务机关办理纳税申报并缴纳税款；按次申报缴纳的，应当自纳税义务发生之日起15日内，向税务机关办理纳税申报并缴纳税款。

二、例题点津

【例题1·单选题】下列关于资源税的说法中，正确的是（　　）。

A. 从低丰度油气田开采的原油、天然气，减征10%资源税。

B. 高含硫天然气、三次采油和从深水油气田开采的原油、天然气，减征20%资源税

C. 稠油、高凝油减征40%资源税

D. 从衰竭期矿山开采的矿产品，减征20%资源税

【答案】C

【解析】有下列情形之一的，减征资源税：从低丰度油气田开采的原油、天然气，减征20%资源税。高含硫天然气、三次采油和从深水油气田开采的原油、天然气，减征30%资源税。稠油、高凝油减征40%资源税。从衰竭期矿山

开采的矿产品，减征30%资源税。选项C正确。

【例题2·单选题】 下列各项中，不属于资源税征税范围的是（　　）。

A. 花岗岩　　　　B. 人造石油

C. 海盐　　　　　D. 煤成（层）气

【答案】B

【解析】按照现行资源税征税范围规定，人造石油不属于资源税征税范围，不征收资源税，而花岗岩、海盐和煤成（层）气均属于资源税征收范围。

【例题3·判断题】 资源税按月或者按季申报缴纳；不能按固定期限计算缴纳的，不可以按次申报缴纳。（　　）

【答案】×

【解析】资源税按月或者按季申报缴纳；不能按固定期限计算缴纳的，可以按次申报缴纳。

第七章　税收征收管理法律制度

教材变化

2025 年本章教材内容与 2024 年相比，变化如下：

（1）第二节税务管理中删除了"办理税务登记的程序""外出经营报验登记""发票开票程序"中的部分内容；删除了"清税证明的出具""简并税费申报"相关内容；修改了"发票的种类"中的部分内容。

（2）第三节税款征收中删除了"抵税财物的拍卖与变卖"相关内容；删除了"无欠税证明的开具"的部分内容。

（3）第四节税务检查中删除了"税收违法行为检举管理"的部分内容。

（4）第六节税收法律责任删除了"税务行政处罚'首违不罚'事项清单"相关内容。

考情分析

本章在经济法基础的考试中属于小章节，考试分值所占比重较小，约为 6 分，考试涉及的题型为单项选择题、多项选择题、判断题。

本章的考点较为丰富和零碎，记忆性知识较多，考生在学习中须在理解的基础上记忆相关知识点。

2025 年本章教材变化不大，预计 2025 年考试分值仍为 6 分左右。

本章考点框架

税收征收管理法律制度
- 税收征收管理法概述
  - 税收征收管理法的适用范围和适用对象 ★
  - 税收征纳主体的权利和义务 ★★
- 税务管理
  - 税务登记 ★★★
  - 账簿和凭证管理 ★★
  - 发票管理 ★★★
  - 纳税申报管理 ★★
- 税款征收
  - 税款征收主体 ★
  - 税款征收方式 ★★
  - 应纳税额的核定和调整 ★★
  - 应纳税款的缴纳 ★
  - 税款征收的保障措施 ★★★
  - 其他规定 ★
- 税务检查
  - 税务检查措施 ★★
  - 纳税信用管理 ★★★
  - 税收违法行为检举管理 ★★
  - 重大税收违法失信主体信息公布管理 ★★
- 税务行政复议
  - 税务行政复议范围 ★★★
  - 税务行政复议管辖 ★★
  - 税务行政复议的程序 ★★
- 税收法律责任→税务管理相对人税收违法行为的法律责任 ★★

考点解读

第一单元 税收征收管理法概述

✿考点1 税收征收管理法的适用范围和适用对象 ★

一、考点解读

（一）适用范围

1. 凡依法由税务机关征收的各种税收的征收管理，均适用《征管法》。

2. 由海关负责征收的关税和船舶吨税以及海关代征的进口环节的增值税、消费税，依照法律、行政法规的有关规定执行。

3. 我国同外国缔结的有关税收的条约、协定同《征管法》有不同规定的，依照条约、协定的规定办理。

（二）适用对象

1. 税收征收管理主体。

国务院税务主管部门主管全国税收征收管理工作。

2. 税收征收管理相对人。

税收征收管理相对人包括纳税人和扣缴义务人。

3. 相关单位和部门。

地方各级人民政府应当依法加强对本行政区域内税收征收管理工作的领导或者协调，支持税务机关依法执行职务，依照法定税率计算税额，依法征收税款。

二、例题点津

【例题1·单选题】 下列税种中，不由税务机关负责征收和管理的是（　　）。

A. 土地增值税　　B. 关税

C. 资源税　　　　D. 企业所得税

【答案】 B

【解析】 海关主要负责征收和管理的税种包括：关税、船舶吨税、委托代征的进口增值税和消费税，除由海关征收和委托海关代征的税种外，其他税种由税务机关负责征收，因此，选项B正确。

【例题2·单选题】 根据税收征收管理法律制度的规定，以下说法中错误的是（　　）。

A. 印花税、资源税、环境保护税、烟叶税适用《征管法》

B. 关税和船舶吨税不适用《征管法》

C. 我国同外国缔结的有关税收的条约、协定同《征管法》有不同规定的，依照条约、协定的规定办理

D. 增值税、消费税均适用《征管法》

【答案】 D

【解析】 由海关负责征收的关税和船舶吨税以及海关代征的进口环节的增值税、消费税，依照法律、行政法规的有关规定执行，因此，增值税、消费税并不均适用《征管法》，选项D错误。

✦ 考点2 税收征纳主体的权利和义务★★

一、考点解读

征纳双方的权利和义务共同构成了税收法律关系的内容。

（一）征税主体的权利和义务（见表7-1）

表7-1

项目		具体内容
职责	税收立法权	包括参与起草税收法律法规草案，提出税收政策建议，在职权范围内制定、发布关于税收征管的部门规章等
	税务管理权	包括税务登记管理、账簿和凭证管理、发票管理、纳税申报管理等
	税款征收权	包括依法计征权、核定税款权、税收保全和强制执行权、追征税款权等
	税务检查权	包括查账权、场地检查权、询问权、责成提供资料权、存款账户核查权等
	税务行政处罚权	依照法定标准对税收违法行为予以行政制裁，如罚款等
	其他职权	如在法律、行政法规规定的权限内，对纳税人的减、免、退、延期缴纳的申请予以审批的权利；阻止欠税纳税人离境的权利；委托代征权；估税权；代位权与撤销权；定期对纳税人欠缴税款情况予以公告的权利；上诉权等
职权	宣传普法、提供咨询	宣传税收法律、行政法规，普及纳税知识，无偿为纳税人提供纳税咨询服务
	保密	依法为纳税人、扣缴义务人的情况保密，为检举违反税法行为者保密
	提升业务能力	加强队伍建设，提高税务人员的政治业务素质
	合理合法履职	秉公执法，忠于职守，清正廉洁，礼貌待人，文明服务，尊重和保护纳税人、扣缴义务人的权利，依法接受监督
	不受贿、不滥用	税务人员不得索贿受贿、徇私舞弊、玩忽职守、不征或少征应征税款；不得滥用职权多征税款或者故意刁难纳税人和扣缴义务人
	回避利害关系	税务人员在核定应纳税额、调整税收定额、进行税务检查、实施税务行政处罚、办理税务行政复议时，与纳税人、扣缴义务人或者其法定代表人、直接责任人有利害关系的，应当回避
	内部制约和监管	建立、健全内部制约和监督管理制度。上级税务机关应当对下级税务机关的执法活动依法进行监督。各级税务机关应当对其工作人员执行法律、行政法规和廉洁自律准则的情况进行监督检查

提示 (1) 税收征收权是征税主体享有的最基本、最主要的职权。

(2) 纳税人、扣缴义务人的税收违法行为不属于保密范围。

(3) 利害关系包括夫妻关系、直系血亲关系、三代以内旁系血亲关系、近姻亲关系及可能影响公正执法的其他利害关系。

(二) 纳税主体的权利和义务 (见表7-2)

表7-2

项目	内容
权利	知情权。要求保密权。依法享受税收优惠权。申请退还多缴税款权。申请延期申报权。纳税申报方式选择权。申请延期缴纳税款权。索取有关税收凭证的权利。委托税务代理权。陈述权、申辩权。对未出示税务检查证和税务检查通知书的拒绝检查权。依法要求听证的权利。税收法律救济权。税收监督权
义务	1. 按期办理税务登记,及时核定应纳税种、税目。 2. 依法设置账簿、保管账簿和有关资料以及依法开具、使用、取得和保管发票的义务。 3. 财务会计制度和会计核算软件备案的义务。 4. 按照规定安装、使用税控装置的义务。 5. 按期、如实办理纳税申报的义务。 6. 按期缴纳或解缴税款的义务。 7. 接受税务检查的义务。 8. 代扣、代收税款的义务。 9. 及时提供信息的义务,如纳税人有歇业、经营情况变化、遭受各种灾害等特殊情况的,应及时向征税机关说明等。 10. 报告其他涉税信息的义务,如企业合并、分立的报告义务等

二、例题点津

【例题1·多选题】根据税收征收管理法律制度的规定,下列各项中,属于税务机关职权的有( )。

A. 核定税款权

B. 参与起草税收法律法规草案

C. 税收监督权

D. 委托代征权

【答案】ABD

【解析】税务机关的职权主要有:税收立法权、税务管理权、税款征收权、税务检查权、税务行政处罚权、其他职权,选项A、B、D正确,选项C税收监督权属于纳税主体的权利。

【例题2·多选题】根据税收征收管理法律制度的规定,与纳税人有利害关系的税务人员在行使特定职权时应当回避。下列职权中,属于此类特定职权的有( )。

A. 核定应纳税额　　B. 实施税务行政处罚

C. 办理税务登记　　D. 办理税务行政复议

【答案】ABD

【解析】税务人员在核定应纳税额、调整税收定额、进行税务检查、实施税务行政处罚、办理税务行政复议时,与纳税人、扣缴义务人或者其法定代表人、直接责任人有利害关系,包括夫妻关系、直系血亲关系、三代以内旁系血亲关系、近姻亲关系、可能影响公正执法的其他利害关系的,应当回避。

第二单元 税务管理

考点1 税务登记★★★

一、考点解读

(一) 税务登记申请人 (见表7-3)

表7-3

税务登记申请人	具体内容	是否办理税务登记
从事生产、经营的纳税人	企业,企业在外地设立的分支机构和从事生产、经营的场所,个体工商户和从事生产、经营的事业单位	应当办理税务登记

续表

税务登记申请人	具体内容	是否办理税务登记
非从事生产经营但依法负有纳税义务的单位和个人	国家机关、个人和无固定生产经营场所的流动性农村小商贩	不办理税务登记
	其他非从事生产经营但依法负有纳税义务的单位和个人	应当办理税务登记
扣缴义务人	依法负有扣缴税款义务的扣缴义务人（国家机关除外）	应当办理扣缴税款登记

（二）税务登记的内容

我国现行税务登记包括设立（开业）税务登记、变更税务登记、注销税务登记、外出经营报验登记以及停业、复业登记等。

1. 设立（开业）税务登记（见表7-4）。

表7-4

含义	纳税人情况	登记时限	受理的税务机关
纳税人依法办理市场主体登记注册后，为确认其纳税人的身份、纳入国家税务管理体系而在税务机关进行的登记	从事生产、经营的纳税人领取营业执照的	自领取营业执照之日起30日内	生产、经营所在地税务机关
	从事生产、经营的纳税人未办理营业执照但经有关部门批准设立的	自有关部门批准设立之日起30日内	
	从事生产、经营的纳税人未办理营业执照也未经有关部门批准设立的	自纳税义务发生之日起30日内	生产、经营所在地税务机关
	有独立的生产经营权、在财务上独立核算并定期向发包人或者出租人上交承包费或租金的承包承租人	自承包承租合同签订之日起30日内	承包承租业务发生地税务机关
	境外企业在中国境内承包建筑、安装、装配、勘探工程和提供劳务的	自项目合同或协议签订之日起30日内	项目所在地税务机关
	非从事生产经营但依照规定负有纳税义务的其他纳税人（除国家机关、个人和无固定生产、经营场所的流动性农村小商贩外）	自纳税义务发生之日起30日内	纳税义务发生地税务机关

2. 办理税务登记的程序。

（1）纳税人提交的证件和资料齐全且税务登记表的填写内容符合规定的，税务机关应当日办理并发放税务登记证件。纳税人提交的证件和资料不齐全或税务登记表的填写内容不符合规定的，税务机关应当场通知其补正或重新填报。

（2）登记制度改革后，市场监管部门全面实行"一套资料、一表登记、一窗受理、信息共享"的工作模式，核发加载统一社会信用代码的营业执照。统一社会信用代码成为纳税人识别号，纳税人领取的加载统一社会信用代码的证件作为税务登记证件使用。

3. 变更税务登记（见表7-5）。

表 7 − 5

含义	纳税人情况	登记时限	受理的税务机关
纳税人办理设立税务登记后，因登记内容发生变化，需要对原有登记内容进行更改，而向主管税务机关申报办理的税务登记，税务机关应当于受理当日办理变更税务登记	已在市场监管部门办理变更登记的	自2023年4月1日起，无须向税务机关报告登记变更信息；各省税务机关根据市场监管部门共享的变更登记信息，自动同步变更登记信息	
	按照规定不需要在市场监管部门办理变更登记，或者其变更登记的内容与登记内容无关的	自税务登记内容实际发生变化之日起30日内或者自有关机关批准或者宣布变更之日起30日内	原税务登记机关
	纳税人税务登记表和税务登记证中的内容都发生变更的	税务机关按变更后的内容重新发放税务登记证件	
	纳税人税务登记表的内容发生变更而税务登记证中的内容未发生变更的	税务机关不重新发放税务登记证件	

4. 停业、复业登记（见表7−6）。

表 7 − 6

类别	纳税人情况	办理程序	登记时限	其他
停业登记	实行定期定额征收方式的个体工商户需要停业的（停业期限不得超过1年）	如实填写停业复业报告书，说明停业理由、停业期限、停业前的纳税情况和发票的领、用、存情况，并结清应纳税款、滞纳金、罚款。税务机关应收存其税务登记证件及副本、发票领购簿、未使用完的发票和其他税务证件	停业前	纳税人在停业期间发生纳税义务的，应当按照税收法律、行政法规的规定申报缴纳税款
复业登记	—	如实填写停业复业报告书，领回并启用税务登记证件、发票领购簿及其停业前领购的发票	恢复生产经营之前	纳税人停业期满不能及时恢复生产经营的，应当在停业期满前到税务机关办理延长停业登记，并如实填写停业复业报告书

5. 外出经营报验登记（见表7−7）。

表 7 − 7

项目	内 容
含义	从事生产经营的纳税人到外县（市）进行临时性的生产经营活动时，按规定申报办理的税务登记手续
纳税人跨省经营	应当在外出生产经营以前，持税务登记证到主管税务机关开具"外出经营活动税收管理证明"（以下简称"外管证"）。纳税人在省税务机关管辖区域内跨县（市）经营的，是否开具"外管证"由省税务机关自行确定

续表

项目	内　　容
自"外管证"签发之日起30日内	纳税人应当持"外管证"向经营地税务机关报验登记，并接受经营地税务机关的管理
纳税人外出经营活动结束	应当向经营地税务机关填报"外出经营活动情况申报表"，并结清税款、缴销发票

6. 注销税务登记（见表7-8）。

表7-8

含义	办理原因	纳税人情况	登记时限	受理的税务机关	优化税务注销登记程序的其他规定
纳税人由于出现法定情形终止纳税义务时，向原税务机关申请办理的取消税务登记的手续。办理注销税务登记后，该当事人不再接受原税务机关的管理	1. 纳税人发生解散、破产、撤销以及其他情形，依法终止纳税义务的。	解散、破产、撤销以及其他情形，依法终止纳税义务的	在向市场监管部门或者其他机关办理注销登记前	原税务登记机关	1. 纳税人办理注销税务登记前，应当向税务机关提交相关证明文件和资料，结清应纳税款、多退（免）税款、滞纳金和罚款，缴销发票和税控设备，经税务机关核准后，办理注销税务登记手续。2. 对已在市场监管部门办理注销，但在金税三期核心征管系统2019年5月1日前已被列为非正常户注销状态的纳税人，主管税务机关可直接进行税务注销
		不需要在市场监管部门或者其他机关办理注册登记	自有关机关批准或者宣告终止之日起15日内		
	2. 纳税人被市场监管部门吊销营业执照或者被其他机关予以撤销登记的。	被市场监管部门吊销营业执照或者被其他机关予以撤销登记	自营业执照被吊销或者被撤销登记之日起15日内		
	3. 纳税人因住所、经营地点变动，涉及变更税务登记机关的。	因住所、经营地点变动，涉及改变税务登记机关的	向市场监管部门或者其他机关申请办理变更、注销登记前，或者住所、经营地点变动前	向原税务登记机关申报办理注销税务登记，并自注销税务登记之日起30日内向迁达地税务机关申报办理税务登记	
	4. 境外企业在中国境内承包建筑、安装、装配、勘探工程和提供劳务的，项目完工、离开中国的	境外企业在中国境内承包建筑、安装、装配、勘探工程和提供劳务的	在项目完工、离开中国前15日内	原税务登记机关	

7. 临时税务登记。

从事生产、经营的个人应办而未办营业执照，但发生纳税义务的，可以按规定申请办理临时税务登记。

8. 非正常户的认定与解除（见表7-9）。

表7-9

项目	纳税人情况	处理
非正常户的认定	纳税人负有纳税申报义务，但连续3个月所有税种均未进行纳税申报的	税收征管系统自动将其认定为非正常户，并停止其发票领购簿和发票的使用

续表

项目	纳税人情况	处理
征管措施	对欠税的非正常户	税务机关依照《征管法》的规定追征税款及滞纳金
非正常户的解除	已认定为非正常户的纳税人，就其逾期未申报行为接受处罚、缴纳罚款，并补办纳税申报的	税收征管系统自动解除非正常状态，无须纳税人专门申请解除

已认定为非正常户的纳税人，就其逾期未申报行为接受处罚、缴纳罚款，并补办纳税申报的，税收征管系统自动解除非正常状态，无须纳税人专门申请解除。

9. 扣缴税款登记（见表7－10）。

表7－10

项目	内　　容
办理主体	根据税收法律、行政法规的规定，负有扣缴税款义务的扣缴义务人（国家机关除外）
已办理税务登记的扣缴义务人	应当自扣缴义务发生之日起30日内，向税务登记地税务机关申报办理扣缴税款登记，税务机关在其税务登记证件上登记扣缴税款事项，税务机关不再发放扣缴税款登记证件
根据税收法律、行政法规的规定可不办理税务登记的扣缴义务人	应当自扣缴义务发生之日起30日内，向机构所在地税务机关申报办理扣缴税款登记，并由税务机关发放扣缴税款登记证件

二、例题点津

【例题1·单选题】根据税收征收管理法律制度，企业发生的下列情形中，应当办理注销税务登记的是（　　）。

A. 改变股东持股比例

B. 改变行政隶属关系

C. 减少注册资本

D. 住所迁移涉及主管税务机关的变动

【答案】D

【解析】注销税务登记包括：（1）纳税人发生解散、破产、撤销以及其他情形，依法终止纳税义务的。（2）纳税人被市场监管部门吊销营业执照或者被其他机关予以撤销登记的。（3）纳税人因住所、经营地点变动，涉及变更税务登记机关的（选项D）。（4）境外企业在中国境内承包建筑、安装、装配、勘探工程和提供劳务的，项目完工、离开中国的。选项A、B、C属于应该办理变更税务登记的情形。

【例题2·多选题】根据税收征收管理法律制度的规定，下列主体中，应当办理税务登记的有（　　）。

A. 企业的分支机构

B. 无固定生产、经营场所的流动性农村小商贩

C. 个体工商户

D. 公立医院

【答案】ACD

【解析】企业，企业在外地设立的分支机构和从事生产、经营的场所，个体工商户和从事生产、经营的事业单位，都应当办理税务登记。前述规定以外的纳税人，除国家机关、个人和无固定生产、经营场所的流动性农村小商贩外，也应当办理税务登记。

【例题3·多选题】根据税收征收管理法律制度的规定，关于税务登记的税法，下列选项中正确的有（　　）。

A. 从事生产、经营的纳税人，向纳税义务发生地税务机关办理税务登记

B. 从事生产、经营的纳税人领取营业执照的，应当自领取营业执照之日起30日内申报办理税务登记

C. 境外企业在中国境内承包建筑、安装、装配、勘探工程和提供劳务的，应当自项目合同或协议签订之日起30日内，向项目所在地税务机关申报办理税务登记

D. 从事生产、经营的纳税人未办理营业执照也未经有关部门批准设立的，无须办理税务登记

【答案】BC

【解析】选项A，从事生产、经营的纳税人，向生产、经营所在地税务机关办理税务登

记。非从事生产经营但依照规定负有纳税义务的其他纳税人，向纳税义务发生地税务机关办理税务登记。选项 D，从事生产、经营的纳税人未办理营业执照也未经有关部门批准设立的，应当自纳税义务发生之日起 30 日内申报办理税务登记。

【例题 4·判断题】 非正常户的解除，需要纳税人向税务机关作出申请。（　　）。

【答案】 ×

【解析】 非正常户的解除由税收征管系统自动解除非正常状态，无须纳税人专门申请解除。

❄ 考点 2　账簿和凭证管理 ★★

一、考点解读

（一）账簿的设置（见表 7–11）

表 7–11

纳税人情况	账簿的设置
从事生产、经营的纳税人	自领取营业执照或者发生纳税义务之日起 **15 日**内，按照国家有关规定设置账簿
生产、经营规模小又确无建账能力的纳税人	可以聘请经批准从事会计代理记账业务的专业机构或者财会人员代为建账和办理账务
扣缴义务人	自税收法律、行政法规规定的扣缴义务发生之日起 **10 日**内，设置代扣代缴、代收代缴税款账簿

（二）对纳税人财务会计制度及其处理办法的管理（见表 7–12）

表 7–12

项目	内　容
备案制度	从事生产、经营的纳税人应当自领取税务登记证件之日起 15 日内，将其财务、会计制度或者财务、会计处理办法报送主管税务机关备案
税法规定优先	从事生产、经营的纳税人、扣缴义务人的财务、会计制度或者财务、会计处理办法与国务院或者国务院财政、税务主管部门有关税收的规定抵触的，依照国务院或者国务院财政、税务主管部门有关税收的规定计算应纳税款、代扣代缴和代收代缴税款

续表

项目	内　容
使用计算机记账	纳税人建立的会计电算化系统应当符合国家有关规定，并能正确、完整核算其收入或者所得

（三）账簿、凭证等涉税资料的保存和管理

从事生产、经营的纳税人、扣缴义务人必须按照国务院财政、税务主管部门规定的保管期限保管账簿、记账凭证、完税凭证及其他有关资料。账簿、记账凭证、报表、完税凭证、发票、出口凭证以及其他有关涉税资料应当保存 **10 年**，但是法律、行政法规另有规定的除外。

二、例题点津

【例题·多选题】 根据税收征管法律制度的规定，下列关于账簿和凭证管理的说法中，不正确的有（　　）。

A. 从事生产、经营的纳税人应当自领取营业执照或者发生纳税义务之日起 10 日内，按规定设置账簿

B. 扣缴义务人应当自税收法律、行政法规规定的扣缴义务发生之日起 15 日内，按照所代扣、代收的税种，分别设置代扣代缴、代收代缴税款账簿

C. 生产、经营规模小又确无建账能力的纳税人，可以聘请经批准从事会计代理记账业务的专业机构或者财会人员代为建账和办理账务

D. 除另有规定外，从事生产、经营的纳税人的账簿、记账凭证、报表、完税凭证、发票、出口凭证以及其他有关涉税资料应当保存 10 年

【答案】 AB

【解析】 从事生产、经营的纳税人应当自领取营业执照或者发生纳税义务之日起 15 日内，按照国家有关规定设置账簿；扣缴义务人应当自税收法律、行政法规规定的扣缴义务发生之日起 10 日内，按照所代扣、代收的税种，分别设置代扣代缴、代收代缴税款账簿。因此，选项 A、B 错误。

✱ 考点3　发票管理 ★★★

一、考点解读

（一）发票管理机关（见表7-13）

表7-13

机关	工作内容
税务机关	发票的主管机关，负责发票印制、领用、开具、取得、保管、缴销的管理和监督
国务院税务主管部门	统一负责全国发票管理工作
省、自治区、直辖市税务机关	依据各自的职责，共同做好本行政区域内的发票管理工作
财政、审计、市场监督管理、公安等有关部门	在各自职责范围内，配合税务机关做好发票管理工作

（二）发票的种类（见表7-14）

表7-14

种类	内容
纸质发票	基本联次包括存根联、发票联、记账联。存根联由收款方或开票方留存备查；发票联由付款方或受票方作为付款原始凭证；记账联由收款方或开票方作为记账原始凭证
电子发票	税务机关建设电子发票服务平台，为用票单位和个人提供数字化等形态电子发票开具、交付、查验等服务

提示　电子发票与纸质发票的法律效力相同，任何单位和个人不得拒收。

（三）发票的领用（见表7-15）

表7-15

项目	内容
领用发票的程序	1. 需要领用发票的单位和个人，应当持相关资料向主管税务机关办理发票领用手续。 2. 主管税务机关根据领用单位和个人的经营范围、规模和风险等级，在5个工作日内确认领用发票的种类、数量以及领用方式
代开发票	1. 需要临时使用发票的单位和个人，可以凭购销商品、提供或者接受服务以及从事其他经营活动的书面证明、经办人身份证明，直接向经营地税务机关申请代开发票。 2. 依法应当缴纳税款的，税务机关应当先征收税款，再开具发票。 3. 税务机关根据发票管理的需要，可以按照国务院税务主管部门的规定委托其他单位代开发票。 4. 禁止非法代开发票
外地经营领用发票	1. 临时到本省、自治区、直辖市以外从事经营活动的单位或者个人，应当凭所在地税务机关的证明，向经营地税务机关领用经营地的发票。 2. 临时在本省、自治区、直辖市以内跨市、县从事经营活动领用发票的办法，由省、自治区、直辖市税务机关规定

（四）发票的开具和使用

1. 发票的开具（见表7-16）。

表7-16

项目	内容
开票主体	一般情况下，收款方应当向付款方开具发票
	特殊情况下，由付款方向收款方开具发票（收购单位和扣缴义务人支付个人款项时；国家税务总局认为其他需要由付款方向收款方开具发票的）

续表

项目	内　容
开票程序	按照规定的时限、顺序、栏目，全部联次一次性如实开具，开具纸质发票应当加盖发票专用章
	除国务院税务主管部门规定的特殊情形外，纸质发票限于领用单位和个人在本省、自治区、直辖市内开具
禁止性规定	取得发票的主体在取得发票时，不得要求开票主体变更品名和金额，也不得要求开票主体变更涉及金额计算的单价和数量
	不符合规定的发票，不得作为财务报销凭证，任何单位和个人有权拒收
	任何单位和个人不得有下列虚开发票行为： （1）为他人、为自己开具与实际经营业务情况不符的发票。 （2）让他人为自己开具与实际经营业务情况不符的发票。 （3）介绍他人开具与实际经营业务情况不符的发票

2. 发票的使用和保管。

任何单位和个人应当按照发票管理规定使用发票，不得有下列行为：

（1）转借、转让、介绍他人转让发票、发票监制章和发票防伪专用品。

（2）知道或者应当知道是私自印制、伪造、变造、非法取得或者废止的发票而受让、开具、存放、携带、邮寄、运输。

（3）拆本使用发票。

（4）扩大发票使用范围。

（5）以其他凭证代替发票使用。

（6）窃取、截留、篡改、出售、泄露发票数据。

提示　开具发票的单位和个人应当建立发票使用登记制度，配合税务机关进行身份验证，并定期向主管税务机关报告发票使用情况。开具发票的单位和个人应当在办理变更或者注销税务登记的同时，办理发票的变更、缴销手续。开具发票的单位和个人应当按照国家有关规定存放和保管发票，不得擅自损毁。已经开具的发票存根联和发票登记簿，应当保存5年。

（五）发票的检查（见表7－17）

表7－17

项目		内　容
税务机关有权进行的检查		1. 检查印制、领用、开具、取得、保管和缴销发票的情况。 2. 调出发票查验。 3. 查阅、复制与发票有关的凭证、资料。 4. 向当事各方询问与发票有关的问题和情况。 5. 在查处发票案件时，对与案件有关的情况和资料，可以记录、录音、录像、照相和复制
调出发票查验	已开具发票	税务机关应当向被查验的单位和个人开具发票换票证。发票换票证与所调出查验的发票具有同等效力
	空白发票	税务机关应当开具收据；经查无问题的，应当及时返还

二、例题点津

【例题1·单选题】根据税收征收管理法律制度的规定，下列关于发票领用的说法中，不正确的是（　　）。

A. 领用纸质发票的，应当提供按照国务院税务主管部门规定式样制作的发票专用章的印模

B. 主管税务机关根据领用单位和个人的经营范围、规模和风险等级，在7个工作日内确认领用发票的种类、数量以及领用方式

C. 税务机关根据发票管理的需要，可以按照国务院税务主管部门的规定委托其他单位代开发票

D. 临时到本省、自治区、直辖市以外从事经营活动的单位或者个人，应当凭所在地税务机关的证明，向经营地税务机关领用经营地的发票

【答案】B

【解析】主管税务机关根据领用单位和个人的经营范围、规模和风险等级，在5个工作日内确认领用发票的种类、数量以及领用方式，选项B错误。

【例题2·多选题】根据税收征收管理法律制度的规定，下列关于发票管理机关的说法中，正确的有（　　）。

A. 税务机关是发票的主管机关

B. 国务院税务主管部门统一负责全国的发票管理工作

C. 省、自治区、直辖市税务机关依据职责做好本行政区域内的发票管理工作

D. 财政、审计、市场监督管理、公安等有关部门在各自的职责范围内，配合税务机关做好发票管理工作

【答案】ABCD

【解析】税务机关是发票的主管机关，负责发票印制、领用、开具、取得、保管、缴销的管理和监督。发票管理工作应当坚持和加强党的领导，为经济社会发展服务。国务院税务主管部门统一负责全国的发票管理工作。省、自治区、直辖市税务机关依据职责做好本行政区域内的发票管理工作。财政、审计、市场监督管理、公安等有关部门在各自的职责范围内，配合税务机关做好发票管理工作，四个选项均为正确选项。

【例题3·多选题】根据税收征收管理法律制度的规定，下列行为属于发票使用中禁止行为的有（　　）。

A. 转借、转让、介绍他人转让发票、发票监制章和发票防伪专用品

B. 窃取、截留、篡改、出售、泄露发票数据

C. 拆本使用发票

D. 携带主观不知是私自印制、伪造、变造、非法取得或者废止的发票

【答案】ABC

【解析】任何单位和个人应当按照发票管理规定使用发票，不得有下列行为：（1）转借、转让、介绍他人转让发票、发票监制章和发票防伪专用品。（2）知道或者应当知道是私自印制、伪造、变造、非法取得或者废止的发票而受让、开具、存放、携带、邮寄、运输。（3）拆本使用发票。（4）扩大发票使用范围。（5）以其他凭证代替发票使用。（6）窃取、截留、篡改、出售、泄露发票数据。

【例题4·多选题】根据税收征收管理法律制度的规定，下列各项中，属于虚开发票行为的有（　　）。

A. 为自己开具与实际经营业务情况不符的发票

B. 为他人开具与实际经营业务情况不符的发票

C. 介绍他人开具与实际经营业务情况不符的发票

D. 让他人为自己开具与实际经营业务情况不符的发票

【答案】ABCD

【解析】任何单位和个人不得有下列虚开发票行为：（1）为他人、为自己开具与实际经营业务情况不符的发票；（2）让他人为自己开具与实际经营业务情况不符的发票；（3）介绍他人开具与实际经营业务情况不符的发票。

考点4 纳税申报管理★★

一、考点解读（见表7-18）

表7-18

项目	类型	内　容
纳税申报的方式	自行申报	传统方式
	邮寄申报	以寄出的邮戳日期为实际申报日期
	数据电文申报	以税务机关计算机网络系统收到该数据电文的时间为实际申报日期
	其他方式申报	实行定期定额缴纳税款的纳税人，可以实行简易申报、简并征期等方式
纳税申报的要求	基本要求	纳税人办理纳税申报时，应当如实填写纳税申报表，并根据不同的情况相应报送有关证件、资料
	无税期间	纳税人在纳税期内没有应纳税款的，也应当按照规定办理纳税申报
	减免税期间	纳税人享受减税、免税待遇的，在减税、免税期间应当按照规定办理纳税申报
	破产期间	在人民法院裁定受理破产申请之日至企业注销之日期间，企业应当接受税务机关的税务管理，履行税法规定的相关义务。 破产程序中如发生应税情形，应按规定申报纳税。 自人民法院指定管理人之日起，管理人可以按照规定，以企业名义办理纳税申报等涉税事宜
纳税申报的延期办理	书面申请（事前申请）	纳税人确有困难，需要延期的，应当在规定的期限内向税务机关提出书面延期申请，经税务机关核准，在核准的期限内办理
	不可抗力（事后报告）	因不可抗力，不能按期办理纳税申报或者报送代扣代缴、代收代缴税款报告表的，可以延期办理；但是，应当在不可抗力情形消除后立即向税务机关报告，税务机关应当查明事实，予以核准

二、例题点津

【例题1·多选题】下列关于纳税申报的表述中，正确的有（　　）。

A. 纳税申报包括直接申报、邮寄申报、数据电文申报等方式

B. 采用邮寄申报方式的以税务机关收到申报资料的日期为实际申报日期

C. 采用数据电文申报的以数据电文发出的时间为申报日期

D. 实行定期定额缴纳税款的纳税人，可以实行简易申报方式申报纳税

【答案】AD

【解析】选项B，邮寄申报以寄出的邮戳日期为实际申报日期。选项C，数据电文申报以税务机关计算机网络系统收到该数据电文的时间为申报日期。

【例题2·判断题】纳税人在纳税期内没有应纳税款，就不需要办理相关的纳税申报。（　　）

【答案】×

【解析】纳税人在纳税期内没有应纳税款，也应当按照规定办理纳税申报。

第三单元　税款征收

✨ 考点1　税款征收主体★

一、考点解读

1. 除税务机关、税务人员以及经税务机关依照法律、行政法规委托的单位和人员外，任何单位和个人不得进行税款征收活动。

2. 税务机关依照法律、行政法规的规定征收税款，不得违反法律、行政法规的规定开征、停征、多征、少征、提前征收、延缓征收或者摊派税款。

3. 税务机关应当加强对税款征收的管理，建立、健全责任制度。税务机关应当将各种税收的税款、滞纳金、罚款，按照国家规定的预算科目和预算级次及时缴入国库，不得占压、挪用、截留，不得缴入国库以外或者国家规定的税款账户以外的任何账户。

二、例题点津

【例题·判断题】税务机关依照法律、行政法规的规定征收税款，不得违反法律、行政法规的规定开征、停征、多征、少征、提前征收、延缓征收或者摊派税款。（　　）

【答案】√

【解析】本题考查税款征收主体，题中所述正确。

✨ 考点2　税款征收方式★★

一、考点解读（见表7-19）

表7-19

征收方式	适用范围
查账征收	适用于财务会计制度健全，能够如实核算和提供生产经营情况，并能正确计算应纳税额和如实履行纳税义务的纳税人
查定征收	适用于生产经营规模较小，产品零星、税源分散、会计账册不健全，但能控制原材料或进销货的小型厂矿和作坊

续表

征收方式	适用范围
查验征收	适用于纳税人财务制度不健全，生产经营不固定，零星分散、流动性大的税源
定期定额征收	适用于经主管税务机关认定和县以上税务机关（含县级）批准的生产、经营规模小，达不到《个体工商户建账管理暂行办法》规定设置账簿标准，难以查账征收，不能准确计算计税依据的个体工商户（包括个人独资企业，简称定期定额户）
扣缴征收	包括代扣代缴和代收代缴两种征收方式
委托征收	适用于零星分散和异地缴纳的税收

二、例题点津

【例题·单选题】某小型个体工商户生产、经营规模小，达不到《个体工商户建账管理暂行办法》规定设置账簿标准，难以查账征收，不能准确计算计税依据，经县税务局批准后，应采用以下哪种税款征收方式（　　）。

A. 定期定额征收

B. 委托代征

C. 代扣代缴

D. 查验征收

【答案】A

【解析】定期定额征收适用于经主管税务机关认定和县以上税务机关（含县级）批准的生产、经营规模小，达不到《个体工商户建账管理暂行办法》规定设置账簿标准，难以查账征收，不能准确计算计税依据的个体工商户（包括个人独资企业）。

✨ 考点3　应纳税额的核定和调整★★

一、考点解读

应纳税额的核定和调整的对比学习（见表7-20）。

表 7－20

项目	核定	调整
含义	—	企业或者外国企业在中国境内设立的从事生产、经营的机构、场所与其关联企业之间的业务往来，应当按照独立企业之间的业务往来收取或者支付价款、费用；不按照独立企业之间的业务往来收取或者支付价款、费用，而减少其应纳税的收入或者所得额的，税务机关有权进行合理调整
情形	1. 依照法律、行政法规的规定可以不设置账簿的。 2. 依照法律、行政法规的规定应当设置但未设置账簿的。 3. 擅自销毁账簿或者拒不提供纳税资料的。 4. 虽设置账簿，但账目混乱或者成本资料、收入凭证、费用凭证残缺不全，难以查账的。 5. 发生纳税义务，未按照规定的期限办理纳税申报，经税务机关责令限期申报，逾期仍不申报的。 6. 纳税人申报的计税依据明显偏低，又无正当理由的	1. 购销业务未按照独立企业之间的业务往来作价。 2. 融通资金所支付或者收取的利息超过或者低于没有关联关系的企业之间所能同意的数额，或者利率超过或者低于同类业务的正常利率。 3. 提供劳务，未按照独立企业之间业务往来收取或者支付劳务费用。 4. 转让财产、提供财产使用权等业务往来，未按照独立企业之间业务往来作价或者收取、支付费用。 5. 未按照独立企业之间业务往来作价的其他情形
方法	1. 参照当地同类行业或者类似行业中经营规模和收入水平相近的纳税人的税负水平。 2. 按照营业收入或者成本加合理的费用和利润的方法。 3. 按照耗用的原材料、燃料、动力等推算或者测算。 4. 按照其他合理方法	1. 按照独立企业之间进行的相同或者类似业务活动的价格。 2. 按照再销售给无关联关系的第三者的价格所应取得的收入和利润水平。 3. 按照成本加合理的费用和利润。 4. 按照其他合理的方法
期限	—	纳税人与其关联企业未按照独立企业之间的业务往来支付价款、费用的，税务机关自该业务往来发生的纳税年度起 3 年内进行调整；有特殊情况的，可以自该业务往来发生的纳税年度起 10 年内进行调整

二、例题点津

【例题·多选题】下列各项中，属于税务机关可以调整应纳税额的方式的有（　　）。

A. 购销业务未按照独立企业之间的业务往来作价

B. 融通资金所支付或者收取的利息超过或者低于关联企业之间所能同意的数额

C. 提供劳务，未按照独立企业之间业务往来收取或者支付劳务费用

D. 未按照独立企业之间业务往来作价的其他情形

【答案】ACD

【解析】应纳税额的调整情形包括：购销业务未按照独立企业之间的业务往来作价；融通资金所支付或者收取的利息超过或者低于没有关联关系的企业之间所能同意的数额，或者利率超过或者低于同类业务的正常利率；提供劳务，未按照独立企业之间业务往来收取或者支付劳务费用；转让财产、提供财产使用权等业务往来，未按照独立企业之间业务往来作价或者收取、支付费用；未按照独立企业之间业务往来作价的其他情形，选项 A、C、D 正确。

✿ 考点 4　应纳税款的缴纳 ★

一、考点解读

（一）当期缴纳

1. 税务机关收到税款后，应当向纳税人开具完税凭证。

2. 纳税人通过银行缴纳税款的，税务机关可以委托银行开具完税凭证。

提示　完税凭证不得转借、倒卖、变造或者伪造。

（二）延期缴纳

1. 纳税人因有**特殊困难**，不能按期缴纳税款的，经省、自治区、直辖市税务局批准，可以延期缴纳税款（最长不得超过3个月）。特殊困难——因**不可抗力**，导致纳税人发生较大损失，正常生产经营活动受到较大影响；当期货币资金在扣除应付职工**工资**、**社会保险费**后，不足以缴纳税款的。

2. 纳税人需要延期缴纳税款的，应当在缴纳税款期限届满前提出**申请**，并报送相关材料。

3. 税务机关应当自收到申请延期缴纳税款报告之日起20日内作出批准或者不予批准的决定；不予批准的，从缴纳税款期限届满之日起加收滞纳金。

二、例题点津

【例题·多选题】根据税收征收管理法律制度的规定，下列关于税款缴纳的说法中，错误的有（　　）。

A. 纳税人因有特殊困难，不能按期缴纳税款的，经县级以上税务局（分局）批准，可以延期缴纳税款

B. 纳税人申请延期缴纳税款的，最长不得超过6个月

C. 当期货币资金在扣除应付职工工资、社会保险费后，不足以缴纳税款的纳税人可以申请延期缴纳

D. 纳税人申请延期缴纳税款的税务机关应当自收到申请之日起30日内作出决定

【答案】ABD

【解析】选项A、B，纳税人因有特殊困难，不能按期缴纳税款的，经省、自治区、直辖市税务局批准，可以延期缴纳税款，但是最长不得超过3个月。选项D，税务机关应当自收到申请延期缴纳税款报告之日起20日内作出批准或者不予批准的决定。

✿ 考点5　税款征收的保障措施★★★

一、考点解读

（一）责令缴纳（见表7-21）

表7-21

适用情形		具体程序	仍不缴纳的处理
未按期缴纳	纳税人、扣缴义务人未按照规定的期限缴纳或者解缴税款；纳税担保人未按照规定的期限缴纳所担保的税款的	责令限期缴纳（一般不超过15日），并加收滞纳金：从税款缴纳期限届满次日起至纳税人、扣缴义务人实际缴纳或者解缴税款之日止，按日加收滞纳税款万分之五的滞纳金	采取税收强制执行措施
未按规定办理税务登记	未按照规定办理税务登记的从事生产、经营的纳税人，以及临时从事经营的纳税人	核定其应纳税额，责令其缴纳应纳税款	采取税收强制执行措施
有根据认为纳税人有逃避纳税义务行为	—	在规定的纳税期之前责令其限期缴纳应纳税款	采取其他税款征收措施

提示　对存在欠税行为的纳税人、扣缴义务人、纳税担保人，税务机关可责令其先行缴纳欠税，再依法缴纳滞纳金。

【举例】某公司将税务机关确定的应于2024年12月5日缴纳的税款200 000元拖至12月15日缴纳，根据税收征收管理法律制度的规定，税

务机关依法加收该公司滞纳税款的滞纳金为多少元？

【解析】（1）加收滞纳金的起止时间为税款缴纳期限届满次日起至纳税人实际缴纳税款之日止（12月6日~12月15日）；（2）滞纳金＝200 000×0.05%×10＝1 000（元）。

（二）责令提供纳税担保

1. 适用情形。

（1）税务机关有根据认为从事生产、经营的纳税人有逃避纳税义务行为，在规定的纳税期之前经责令其限期缴纳应纳税款，在限期内发现纳税人有明显的转移、隐匿其应纳税的商品、货物，以及其他财产或者应纳税收入的迹象，责成纳税人提供纳税担保的。

（2）欠缴税款、滞纳金的纳税人或者其法定代表人需要出境的。

（3）纳税人同税务机关在纳税上发生争议而未缴清税款，需要申请行政复议的。

（4）税收法律、行政法规规定可以提供纳税担保的其他情形。

2. 范围。

税款、滞纳金和实现税款、滞纳金的费用。

3. 方式。

纳税担保方式主要有纳税保证、纳税抵押和纳税质押（见表7-22）。

表7-22

类型	主体	客体	要点
纳税保证	纳税保证人	—	纳税保证人同意为纳税人提供纳税担保的，应当填写纳税担保书。纳税保证自税务机关在纳税担保书签字盖章之日起生效。纳税保证为连带责任保证，纳税人和纳税保证人对所担保的税款及滞纳金承担连带责任
			保证期间为纳税人应缴纳税款期限届满之日起60日，纳税保证期间内税务机关未通知纳税保证人缴纳税款及滞纳金以承担担保责任的，纳税保证人免除担保责任
			履行保证责任的期限为15日，纳税保证人未按照规定的履行保证责任的期限缴纳税款及滞纳金的，税务机关责令纳税保证人限期缴纳，逾期仍未缴纳的，经县以上税务局（分局）局长批准，对纳税保证人采取强制执行措施
纳税抵押	纳税人或纳税担保人	财产	应当填写纳税担保书和纳税担保财产清单。纳税担保财产清单应当写明财产价值以及相关事项。纳税担保书和纳税担保财产清单须经纳税人签字盖章并经税务机关确认。纳税抵押财产应当办理抵押物登记。纳税抵押自抵押物登记之日起生效
纳税质押	纳税人或纳税担保人	动产或权利凭证	应当填写纳税担保书和纳税担保财产清单并签字盖章。纳税担保财产清单应当写明财产价值及相关事项。纳税质押自纳税担保书和纳税担保财产清单经税务机关确认和质物移交之日起生效
			纳税人在规定的期限内缴清税款及滞纳金的，税务机关应当自纳税人缴清税款及滞纳金之日起3个工作日内返还质物，解除质押关系

提示　纳税质押分为动产质押和权利质押。

（三）税收保全措施与强制执行措施

采取税收保全措施和采取强制执行措施的对比学习（见表7-23）。

表 7 – 23

项目	税收保全	强制执行
前提/情形	1. 税务机关有根据认为从事生产、经营的纳税人有逃避纳税义务行为； 2. 纳税人逃避纳税义务的行为发生在规定的纳税期之前，以及在责令限期缴纳应纳税款的限期内； 3. 税务机关责成纳税人提供纳税担保后，纳税人不能提供纳税担保	采取强制执行措施的对象： 1. 未按照规定的期限缴纳或者解缴税款，经税务机关责令限期缴纳，逾期仍未缴纳税款的从事生产、经营的纳税人、扣缴义务人； 2. 未按照规定的期限缴纳所担保的税款，经税务机关责令限期缴纳，逾期仍未缴纳税款的纳税担保人
批准机关	县以上税务局（分局）局长	
措施	1. 书面通知纳税人开户银行或者其他金融机构冻结纳税人的金额相当于应纳税款的存款； 2. 扣押、查封纳税人的价值相当于应纳税款的商品、货物或者其他财产。其他财产包括纳税人的房地产、现金、有价证券等不动产和动产	1. 强制扣款，即书面通知其开户银行或者其他金融机构从其存款中扣缴税款； 2. 拍卖变卖，即扣押、查封、依法拍卖或者变卖其价值相当于应纳税款的商品、货物或者其他财产，以拍卖或者变卖所得抵缴税款
不适用的财产	1. 个人及其所扶养家属维持生活必需的住房和用品（不包括机动车辆、金银饰品、古玩字画、豪华住宅或者一处以外的住房）； 2. 单价 5 000 元以下的其他生活用品	
期限	一般不得超过 6 个月；重大案件需要延长的，应报国家税务总局批准	—
解除	1. 纳税人在规定期限内缴纳了应纳税款的，税务机关必须立即解除税收保全措施； 2. 纳税人在规定的限期期满仍未缴纳税款的，经县以上税务局（分局）局长批准，终止保全措施，转入强制执行措施	—
滞纳金的执行	—	1. 税务机关采取强制执行措施时，对纳税人、扣缴义务人、纳税担保人未缴纳的滞纳金同时强制执行； 2. 对纳税人已缴纳税款，但拒不缴纳滞纳金的，税务机关可以单独对纳税人应缴未缴的滞纳金采取强制措施

（四）欠税清缴

1. 离境清缴。

欠缴税款的纳税人或者他的法定代表人需要出境的，应当在出境前向税务机关结清应纳税款、滞纳金或者提供担保。

2. 税收代位权和撤销权。

欠缴税款的纳税人因怠于行使到期债权，或者放弃到期债权，或者无偿转让财产，或者以明显不合理的低价转让财产而受让人知道该情形，税务机关可以依法行使代位权、撤销权。

3. 欠税报告（见表 7 – 24）。

表 7 – 24

情形	欠税报告
纳税人欠税而以其财产设定抵押、质押	向抵押权人、质权人说明其欠税情况
纳税人解散、撤销、破产	在清算前应当向其主管税务机关报告；未结清税款的，由其主管税务机关参加清算

续表

情形	欠税报告
纳税人合并、分立	应当向税务机关报告，并依法缴清税款。纳税人合并时未缴清税款的，应当由合并后的纳税人继续履行未履行的纳税义务；纳税人分立时未缴清税款的，分立后的纳税人对未履行的纳税义务应当承担连带责任

提示 建立大额欠税处分财产报告制度——欠缴税款 5 万元以上的纳税人在处分其不动产或者大额资产之前，应当向税务机关报告。

4. 欠税公告。

县级以上各级税务机关应当将纳税人的欠税情况，在办税场所或者广播、电视、报纸、期刊、网络等新闻媒体上定期公告。对纳税人欠缴税款的情况实行定期公告的办法，由国家税务总局制定。

（五）税收优先权

1. 税收优先于无担保债权。

2. 税收应当先于抵押权、质权、留置权执行。

3. 税收优先于罚款、没收违法所得。

（六）阻止出境

欠缴税款的纳税人或者其法定代表人在出境前未按规定结清应纳税款、滞纳金或者提供纳税担保的，税务机关可以通知出境管理机关阻止其出境。

二、例题点津

【例题 1·单选题】纳税人未按照规定期限缴纳税款的，税务机关可责令限期缴纳，并从滞纳之日起，按日加收滞纳税款一定比例的滞纳金，该比例为（　　）。

A. 万分之一

B. 万分之三

C. 万分之五

D. 万分之七

【答案】C

【解析】纳税人未按照规定期限缴纳税款的，扣缴义务人未按照规定期限解缴税款的，税务机关可责令限期缴纳，并从滞纳税款之日起，

按日加收滞纳税款万分之五的滞纳金。逾期仍未缴纳的，税务机关可以采取税收强制执行措施，故选项 C 正确。

【例题 2·单选题】希望有限责任公司按照规定，最晚应于 2025 年 1 月 15 日缴纳应纳税款 30 万元，该公司却迟迟未缴。主管税务机关责令其于当年 2 月 28 日前缴纳，并加收滞纳金。但直到 3 月 15 日，该公司才缴纳税款。希望有限责任公司应缴纳的滞纳金金额为（　　）元。

A. 8 850　　　　　B. 8 700

C. 9 000　　　　　D. 6 600

【答案】A

【解析】希望有限责任公司应缴纳税款的期限是 1 月 15 日，即从 1 月 16 日滞纳税款，从 1 月 16 日至 3 月 15 日，共计 16 + 28 + 15 = 59（天），滞纳金金额 = 300 000 × 0.5‰ × 59 = 8 850（元）。

【例题 3·单选题】根据税收征收管理法律制度的规定，下列各项中，不适用纳税担保的情形是（　　）。

A. 纳税人同税务机关在纳税上发生争议而未缴清税款，需要申请行政复议的

B. 纳税人在税务机关责令缴纳应纳税款限期内，有明显转移、隐匿其应纳税的商品、货物以及应纳税收入的迹象的

C. 欠缴税款、滞纳金的纳税人或者其法定代表人需要出境的

D. 从事生产、经营的纳税人未按规定期限缴纳税款，税务机关责令限期缴纳，逾期仍未缴纳的

【答案】D

【解析】本题考核纳税担保。选项 D，对纳税人、扣缴义务人、纳税担保人应缴纳的欠税，税务机关可责令其限期缴纳。逾期仍未缴纳的，税务机关可以采取税收强制执行措施。

【例题 4·单选题】根据税收征收管理法律制度的规定，下列各项中，属于税收保全措施的是（　　）。

A. 暂扣纳税人税务登记证

B. 书面通知纳税人开户银行从其存款中扣缴税款

C. 拍卖纳税人价值相当于应纳税款的货物，以拍卖所得抵缴税款

D. 查封纳税人价值相当于应纳税款的货物

【答案】D

【解析】本题考核税收保全措施。根据规定，选项 B 和选项 C 均为税收强制执行措施，选项 D 属于税收保全措施。

【例题 5·判断题】 纳税人甲欠缴税款 3 万元，拟处置其名下一套门面房时，应先向税务机关报告。

【答案】×

【解析】欠缴税款 5 万元以上的纳税人在处分其不动产或者大额资产之前，应当向税务机关报告。

✿ 考点 6　其他规定★

一、考点解读

（一）税收减免

1. 纳税人依照法律、行政法规的规定办理减税、免税。

2. 地方各级人民政府、各级人民政府主管

部门、单位和个人违反法律、行政法规规定，擅自作出的减税、免税决定无效，税务机关不得执行，并向上级税务机关报告。

3. 享受减税、免税优惠的纳税人，减税、免税期满，应当自期满次日起恢复纳税；减税、免税条件发生变化的，应当在纳税申报时向税务机关报告；不再符合减税、免税条件的，应当依法履行纳税义务；未依法纳税的，税务机关应当予以追缴。

（二）税款的退还

1. 纳税人超过应纳税额缴纳的税款，税务机关发现后，应当自发现之日起 10 日内办理退还手续。

2. 纳税人自结算缴纳税款之日起 3 年内发现多缴税款的，可以向税务机关要求退还多缴的税款并加算银行同期存款利息，税务机关应当自接到纳税人退还申请之日起 30 日内查实并办理退还手续。

（三）税款的补缴和追缴（见表 7 - 25）

表 7 - 25

责任方	行为	造成结果	措施		补缴和追缴税款、滞纳金的期限
			期限	具体措施	
税务机关	税务机关适用税收法律、行政法规不当或者执法行为违法	纳税人、扣缴义务人未缴或者少缴税款	3 年内	要求纳税人、扣缴义务人补缴税款，但是不得加收滞纳金	自纳税人、扣缴义务人应缴未缴或者少缴税款之日起计算。偷税（逃税）、抗税、骗税的，不受前述规定期限的限制
纳税人、扣缴义务人	计算错误等失误（非主观故意的计算公式运用错误以及明显的笔误）		3 年内	追缴税款、滞纳金	
	特殊情况（因计算错误等失误，未缴或者少缴、未扣或者少扣、未收或者少收税款，累计数额在 10 万元以上的）		5 年内		

（四）无欠税证明的开具

自 2020 年 3 月 1 日起，税务机关向纳税人提供无欠税证明开具服务。

对申请开具无欠税证明的纳税人，证件齐全的，主管税务机关应当受理其申请。经查询税收

征管信息系统，符合开具条件的，主管税务机关应当即时开具无欠税证明；不符合开具条件的，不予开具并向纳税人告知未办结涉税事宜。纳税人办结相关涉税事宜后，符合开具条件的，主管税务机关应当即时开具无欠税证明。

二、例题点津

【例题·单选题】纳税人超过应纳税额缴纳的税款，税务机关发现后应当自发现之日起 10 日内办理退还手续；纳税人自结算缴纳税款之日起（　　）年内发现的，可以向税务机关要求退还多缴的税款，并加算银行同期存款利息。

A. 3　　　　　　　　　B. 4

C. 5　　　　　　　　　D. 6

【答案】A

【解析】纳税人超过应纳税额缴纳的税款，税务机关发现后应当自发现之日起 10 日内办理退还手续；纳税人自结算缴纳税款之日起 3 年内发现的，可以向税务机关要求退还多缴的税款，并加算银行同期存款利息。

第四单元　税务检查

✤ 考点 1　税务检查措施★★

一、考点解读（见表 7 - 26）

表 7 - 26

项目	类别	内　　　　容
税务检查的范围	查账	检查纳税人的账簿、记账凭证、报表和有关资料，检查扣缴义务人代扣代缴、代收代缴税款账簿、记账凭证和有关资料
	检查场地	到纳税人的生产、经营场所和货物存放地（不包括生活场所）检查纳税人应纳税的商品、货物或者其他财产，检查扣缴义务人与代扣代缴、代收代缴税款有关的经营情况
	责成提供资料	责成纳税人、扣缴义务人提供与纳税或者扣代缴、代收代缴税款有关的文件、证明材料和有关资料
	询问	询问纳税人、扣缴义务人与纳税或者代扣代缴、代收代缴税款有关的问题和情况
	检查交通邮政	到车站、码头、机场、邮政企业及其分支机构检查纳税人托运、邮寄应纳税商品、货物或者其他财产的有关单据、凭证和有关资料（不包括自带物品）
	查询存款账户	经县以上税务局（分局）局长批准，指定专人负责，凭全国统一格式的检查存款账户许可证明，查询从事生产、经营的纳税人、扣缴义务人在银行或者其他金融机构的存款账户
		税务机关在调查税收违法案件时，经设区的市、自治州以上税务局（分局）局长批准，可以查询案件涉嫌人员的储蓄存款
税务检查的措施与手段	发现纳税人有逃避纳税义务行为，且有明显转移、隐匿资产迹象	按照税收征管法规定的批准权限采取税收保全措施或者强制执行措施
	调查税务违法案件	对与案件有关的情况和资料，可以记录、录音、录像、照相和复制
	进行税务检查时	有权向有关单位和个人调查纳税人、扣缴义务人和其他当事人与纳税或者代扣代缴、代收代缴税款有关的情况

续表

项目	类别	内　容
税务机关在税务检查中的职责	税务机关派出的人员进行税务检查时，应当出示税务检查证和税务检查通知书，并有责任为被检查人保守秘密；未出示税务检查证和税务检查通知书的，被检查人有权拒绝检查	
被检查人在税务检查中的义务	接受税务机关依法进行的税务检查，如实反映情况，提供有关资料，不得拒绝、隐瞒	
	税务机关向有关单位和个人调查纳税人、扣缴义务人和其他当事人与纳税或者代扣代缴、代收代缴税款有关的情况时，有关单位和个人有义务向税务机关如实提供有关资料及证明材料	

二、例题点津

【例题·多选题】 下列税务机关进行的各项税务检查中，不正确的有（　　）。

A. 税务机关有权到车站检查纳税人托运的应纳税商品

B. 税务机关在调查税收违法案件时，经县以上税务局（分局）局长批准，可以查询案件涉嫌人员的储蓄存款

C. 税务机关派出的人员进行税务检查时，应当出示税务检查证和税务检查通知书；未出示税务检查证和税务检查通知书的，被检查人也应当配合税务人员进行税务检查

D. 税务机关调查税务违法案件时，对与案件有关的情况和资料，可以记录、录音、录像、照相，但不得复制

【答案】 BCD

【解析】（1）选项B，税务机关在调查税收违法案件时，经设区的市、自治州以上税务局（分局）局长批准，可以查询案件涉嫌人员的储蓄存款。（2）选项C，税务机关派出的人员进行税务检查时，应当出示税务检查证和税务检查通知书，并有责任为被检查人保守秘密；未出示税务检查证和税务检查通知书的，被检查人有权拒绝检查。（3）选项D，税务机关调查税务违法案件时，对与案件有关的情况和资料，可以记录、录音、录像、照相、复制。

✳ 考点2　纳税信用管理 ★★★

一、考点解读

（一）纳税信用管理的主体

国家税务总局主管全国纳税信用管理工作。省以下税务机关负责所辖地区纳税信用管理工作的组织和实施。

下列企业参与纳税信用评价：

1. 已办理税务登记，从事生产、经营并适用查账征收的独立核算企业纳税人（以下简称"纳税人"）。

2. 从首次在税务机关办理涉税事宜之日起时间不满一个评价年度的企业（以下简称"新设立企业"）。评价年度是指公历年度，即1月1日至12月31日。

3. 评价年度内无生产经营业务收入的企业。

4. 适用企业所得税核定征收办法的企业。

非独立核算分支机构可自愿参与纳税信用评价。

（二）纳税信用信息采集

1. 纳税信用信息采集是指税务机关对纳税人纳税信用信息的记录和收集。

2. 纳税信用信息包括纳税人信用历史信息、税务内部信息、外部信息。

3. 纳税信用信息采集工作由国家税务总局和省税务机关组织实施，按月采集。

（三）纳税信用评价

1. 纳税信用评价的方式（见表7-27）。

表7-27

类别	内　容
年度评价指标得分（评价指标包括税务内部信息和外部评价信息）	采取扣分方式。近三个评价年度内存在非经常性指标信息的，从100分起评；近三个评价年度内没有非经常性指标信息的，从90分起评
直接判级	适用于有严重失信行为的纳税人

2. 纳税信用评价周期。

纳税信用评价周期为一个纳税年度，有下列情形之一的纳税人，不参加本期的评价：

（1）纳入纳税信用管理时间不满一个评价年度的。

（2）因涉嫌税收违法被立案查处尚未结案的。

（3）被审计、财政部门依法查出税收违法行为，税务机关正在依法处理，尚未办结的。

（4）已申请税务行政复议、提起行政诉讼尚未结案的。

（5）其他不应参加本期评价的情形。

3. 纳税信用评价结果。

（1）纳税信用评价结果的确定与发布。

纳税信用评价结果的确定和发布遵循谁评价、谁确定、谁发布的原则。税务机关每年4月确定上一年度纳税信用评价结果，并为纳税人提供自我查询服务。

（2）纳税信用级别。

纳税信用级别设A、B、M、C、D五级。税务机关对纳税人的纳税信用级别实行动态调整。纳税人信用评价状态变化时，税务机关可采取适当方式通知、提醒纳税人。

（3）分级分类管理。

税务机关对纳税信用评价结果，按分级分类原则，依法有序开放：主动公开A级纳税人名单及相关信息；根据社会信用体系建设需要，以及与相关部门信用信息共建共享合作备忘录、协议等规定，逐步开放B、M、C、D级纳税人名单及相关信息；定期或者不定期公布重大税收违法失信主体信息。纳税人对纳税信用评价结果有异议的，可以书面向作出评价的税务机关申请复评。作出评价的税务机关应按规定进行复核。

税务机关按照守信激励、失信惩戒的原则，对不同信用级别的纳税人实施分类服务和管理。

（四）纳税信用修复

（1）纳入纳税信用管理的企业纳税人，符合法定条件的，可在规定期限内向主管税务机关申请纳税信用修复。

（2）主管税务机关自受理纳税信用修复申

请之日起15个工作日内完成审核，并向纳税人反馈信用修复结果。

（3）纳税信用修复完成后，纳税人按照修复后的纳税信用级别适用相应的税收政策和管理服务措施，之前已适用的税收政策和管理服务措施不作追溯调整。

二、例题点津

【例题1·单选题】关于纳税信用管理的下列表述中，不正确的是（　　）。

A. 纳税信用信息采集工作由国家税务总局和省税务机关组织实施，按月采集

B. 纳入纳税信用管理时间不满12个月的纳税人不参加本期的评价

C. 纳税信用评价采取年度评价指标得分和直接判级方式

D. 税务机关每年4月确定上一年度纳税信用评价结果，并为纳税人提供自我查询服务

【答案】B

【解析】选项B，纳入纳税信用管理时间不满一个评价年度的纳税人不参加本期的评价。评价年度是指公历年度，即1月1日至12月31日。

【例题2·多选题】根据税收征收管理法律制度的规定，下列税务机关对纳税信用评价结果的处理中，正确的有（　　）。

A. 主动公开A级纳税人名单及相关信息

B. 对重大税收违法失信主体信息保密

C. 逐步开放B、M、C、D级纳税人名单及相关信息

D. 作出评价的税务机关对纳税人关于纳税信用评价结果的复评申请进行复核

【答案】ACD

【解析】税务机关对纳税信用评价结果，按分级分类原则，依法有序开放：主动公开A级纳税人名单及相关信息；根据社会信用体系建设需要，以及与相关部门信用信息共建共享合作备忘录、协议等规定，逐步开放B、M、C、D级纳税人名单及相关信息；定期或者不定期公布重大税收违法失信主体信息。纳税人对纳税信用评价结果有异议的，可以书面向作出评价的税务机关申请复评。作出评价的税务机关应按规定进行

复核。

【例题3·多选题】根据税收征收管理法律制度的规定，下列纳税人中，不参加本期纳税信用评价的有（　　）。

A. 纳入纳税信用管理时间不满一个评价年度的纳税人

B. 因涉嫌税收违法被立案查处，已经结案的纳税人

C. 已申请税务行政复议未结案的纳税人

D. 被审计部门依法查出税收违法行为，税务机关正在依法处理，尚未办结的纳税人

【答案】ACD

【解析】纳税信用评价周期为一个纳税年度，有下列情形之一的纳税人，不参加本期的评价：（1）纳入纳税信用管理时间不满一个评价年度的；（2）因涉嫌税收违法被立案查处尚未结案的；（3）被审计、财政部门依法查出税收违法行为，税务机关正在依法处理，尚未办结的；（4）已申请税务行政复议、提起行政诉讼尚未结案的；（5）其他不应参加本期评价的情形。

✱ 考点3　税收违法行为检举管理★★

一、考点解读

（一）税收违法行为检举管理原则

检举管理工作坚持依法依规、分级分类、属地管理、严格保密的原则。

> 提示 检举人因检举而产生的支出应当由其自行承担。检举人在检举过程中应当遵守法律、行政法规等规定；应当对其所提供检举材料的真实性负责。

（二）检举事项的提出与受理（见表7-28）

表7-28

项目	类型		具体内容
提出	方式	实名检举	1. 以个人名义实名检举应当由其本人提出；以单位名义实名检举应当委托本单位工作人员提出。2. 以电话形式要求实名检举的，税务机关应当告知检举人采取前述的形式进行检举
		匿名检举	检举人未采取前述的形式进行检举的，视同匿名检举
受理	受理时间		除不予受理的情形外，举报中心自接收检举事项之日起即为受理
	不予受理的情形		市（地、州、盟）以上税务局稽查局设立税收违法案件举报中心（以下简称举报中心）。举报中心对接收的检举事项，应当及时审查，有下列情形之一的，不予受理： (1) 无法确定被检举对象，或者不能提供税收违法行为线索的。 (2) 检举事项已经或者依法应当通过诉讼、仲裁、行政复议以及其他法定途径解决的。 (3) 对已经查结的同一检举事项再次检举，没有提供新的有效线索的

> 提示 举报中心可以应实名检举人要求，视情况采取口头或者书面方式解释不予受理的原因。

（三）检举事项的处理

1. 分级分类处理（见表7-29）。

表 7 – 29

类别	处理流程
检举内容详细、税收违法行为线索清楚、证明资料充分	稽查局立案检查
检举内容与线索较明确但缺少必要证明资料，有可能存在税收违法行为	稽查局调查核实。发现存在税收违法行为的，立案检查；未发现的，作查结处理
检举对象明确，但其他检举事项不完整或者内容不清、线索不明	暂存待查，待检举人将情况补充完整以后，再进行处理
已经受理尚未查结的检举事项，再次检举	合并处理
规定以外的检举事项	转交有处理权的单位或者部门

2. 检举人的答复和奖励（见表 7 – 30）

表 7 – 30

项目	内　　容
答复	实名检举人可以要求答复检举事项的处理情况与查处结果。举报中心可以视具体情况采取口头或者书面方式答复实名检举人。 实名检举事项的处理情况，由作出处理行为的税务机关的举报中心答复。实名检举事项的查处结果，由负责查处的税务机关的举报中心答复
奖励	检举事项经查证属实，为国家挽回或者减少损失的，按照财政部和国家税务总局的有关规定对实名检举人给予相应奖励

二、例题点津

【例题 1 · 单选题】根据税收征收管理法律

制度的规定，下列检举事项中，应予受理的是（　　）。

　　A. 无法确定被检举对象的

　　B. 对已经查结的同一检举事项再次检举，没有提供新的有效线索的

　　C. 检举事项已经通过诉讼途径解决的

　　D. 检举内容详细、税收违法行为线索清楚、证明资料充分的

【答案】D

【解析】举报中心对接收的检举事项，应当及时审查，有下列情形之一的，不予受理：（1）无法确定被检举对象，或者不能提供税收违法行为线索的。（2）检举事项已经或者依法应当通过诉讼、仲裁、行政复议以及其他法定途径解决的。（3）对已经查结的同一检举事项再次检举，没有提供新的有效线索的。除前述规定外，举报中心自接收检举事项之日起即为受理。

【例题 2 · 多选题】根据税收征收管理法律制度的规定，下列关于检举事项分级分类的说法中，正确的有（　　）。

　　A. 检举内容详细、税收违法行为线索清楚、证明资料充分的，由稽查局立案检查

　　B. 检举内容与线索较明确但缺少必要证明资料，有可能存在税收违法行为的，退回补充证明资料

　　C. 检举对象明确，但其他检举事项不完整或者内容不清、线索不明的，可以暂存待查，待检举人将情况补充完整以后，再进行处理

　　D. 已经受理尚未查结的检举事项，再次检举的，应当分别处理

【答案】AC

【解析】选项 B，检举内容与线索较明确但缺少必要证明资料，有可能存在税收违法行为的，由稽查局调查核实，发现存在税收违法行为的，立案检查；未发现的，作查结处理。选项 D，已经受理尚未查结的检举事项，再次检举的，可以合并处理。

✳ 考点 4 重大税收违法失信主体信息公布管理★★★

一、考点解读

（一）失信主体的确定（见表 7-31）

表 7-31

项目		内　　容
确定失信主体的依据	纳税人、扣缴义务人或者其他涉税当事人（以下简称"当事人"）	有下列情形之一的，税务机关确定其为失信主体。 （1）伪造、变造、隐匿、擅自销毁账簿、记账凭证，或者在账簿上多列支出或者不列、少列收入，或者经税务机关通知申报而拒不申报或者进行虚假的纳税申报，不缴或者少缴应纳税款 100 万元以上，且任一年度不缴或者少缴应纳税款占当年各税种应纳税总额 10% 以上的，或者采取前述手段，不缴或者少缴已扣、已收税款，数额在 100 万元以上的。 （2）欠缴应纳税款，采取转移或者隐匿财产的手段，妨碍税务机关追缴欠缴的税款，欠缴税款金额 100 万元以上的。 （3）骗取国家出口退税款的。 （4）以暴力、威胁方法拒不缴纳税款的。 （5）虚开增值税专用发票或者虚开用于骗取出口退税、抵扣税款的其他发票的。 （6）虚开增值税普通发票 100 份以上或者金额 400 万元以上的。 （7）私自印制、伪造、变造发票，非法制造发票防伪专用品，伪造发票监制章的。 （8）具有偷税、逃避追缴欠税、骗取出口退税、抗税、虚开发票等行为，在稽查案件执行完毕前，不履行税收义务并脱离税务机关监管，经税务机关检查确认走逃（失联）的。 （9）为纳税人、扣缴义务人非法提供银行账户、发票、证明或者其他方便，导致未缴、少缴税款 100 万元以上或者骗取国家出口退税款的。 （10）税务代理人违反税收法律、行政法规造成纳税人未缴或者少缴税款 100 万元以上的。 （11）其他性质恶劣、情节严重、社会危害性较大的税收违法行为
确定失信主体的程序		税务机关应当在作出确定失信主体决定前向当事人送达告知文书，告知其依法享有陈述、申辩的权利。 经设区的市、自治州以上税务局局长或者其授权的税务局领导批准，税务机关在申请行政复议或提起行政诉讼期限届满，或者行政复议决定、人民法院判决或裁定生效后，于 30 个工作日内制作失信主体确定文书，并依法送达当事人

（二）失信主体的信息公布（见表 7-32）

表 7-32

项目	内　　容
信息公布的内容	税务机关应当在失信主体确定文书送达后的次月 15 个工作日内，向社会公布下列信息： （1）失信主体基本情况。 （2）失信主体的主要税收违法事实。 （3）税务处理、税务行政处罚决定及法律依据。 （4）确定失信主体的税务机关。 （5）法律、行政法规规定应当公布的其他信息。

续表

项目	内 容
信息公布的内容	税务机关向社会公布失信主体基本情况时，经人民法院生效裁判确定的实际责任人，与违法行为发生时的法定代表人或者负责人不一致的，除有证据证明法定代表人或者负责人有涉案行为外，税务机关只向社会公布实际责任人信息
失信主体信息公布管理	1. 遵循原则：依法行政、公平公正、统一规范、审慎适当。 2. 纳税信用评价：税务机关对按规定确定的失信主体，纳入纳税信用评价范围的，按照纳税信用管理规定，将其纳税信用级别判为 D 级，适用相应的 D 级纳税人管理措施。 3. 失信主体信息自公布之日起满 3 年的，税务机关在 5 日内停止信息公布。失信信息公布期间，符合条件的失信主体或者其破产管理人可以向作出确定失信主体决定的税务机关申请提前停止公布失信信息。受理申请后，税务机关审核，经省、自治区、直辖市、计划单列市税务局局长或其授权的税务局领导批准，准予提前停止公布

二、例题点津

【例题1·多选题】 税务机关应当在失信主体确定文书送达后的次月 15 个工作日内，向社会公布的信息有（ ）。

A. 失信主体基本情况

B. 失信主体的主要税收违法事实

C. 税务处理、税务行政处罚决定及法律依据

D. 确定失信主体的税务机关

【答案】 ABCD

【解析】 税务机关应当在失信主体确定文书送达后的次月 15 个工作日内，向社会公布下列信息：（1）失信主体基本情况；（2）失信主体的主要税收违法事实；（3）税务处理、税务行政处罚决定及法律依据；（4）确定失信主体的税务机关；（5）法律、行政法规规定应当公布的其他信息。

【例题2·判断题】 伪造、变造、隐匿、擅自销毁账簿、记账凭证，或者在账簿上多列支出或者不列、少列收入，或者经税务机关通知申报而拒不申报或者进行虚假的纳税申报，不缴或者少缴应纳税款100 万元以上，或者任一年度不缴或者少缴应纳税款占当年各税种应纳税总额10% 以上的，或者采取前述手段，不缴或者少缴已扣、已收税款，数额在 100 万元以上的，确定为失信主体。（ ）

【答案】 ×

【解析】 伪造、变造、隐匿、擅自销毁账簿、记账凭证，或者在账簿上多列支出或者不列、少列收入，或者经税务机关通知申报而拒不申报或者进行虚假的纳税申报，不缴或者少缴应纳税款 100 万元以上，且任一年度不缴或者少缴应纳税款占当年各税种应纳税总额 10% 以上的，或者采取前述手段，不缴或者少缴已扣、已收税款，数额在 100 万元以上的，确定为失信主体。

第五单元 税务行政复议

✱ 考点1 税务行政复议范围 ★★★

一、考点解读（见表 7-33）

表 7-33

项目	内 容
可以复议	征税行为，包括确认纳税主体、征税对象、征税范围、减税、免税、退税、抵扣税款、适用税率、计税依据、纳税环节、纳税期限、纳税地点和税款征收方式等具体行政行为，征收税款、加收滞纳金，扣缴义务人、受税务机关委托的单位和个人作出的代扣代缴、代收代缴、代征行为等

续表

项目	内 容
可以复议	行政许可、行政审批行为
	发票管理行为，包括发售、收缴、代开发票等
	税收保全措施、强制执行措施
	行政处罚行为：（1）罚款；（2）没收财物和违法所得；（3）停止出口退税权
	税务机关不依法履行下列职责的行为：（1）开具、出具完税凭证、外出经营活动税收管理证明；（2）行政赔偿；（3）行政奖励；（4）其他不依法履行职责的行为
	资格认定行为
	不依法确认纳税担保行为
	政府公开信息工作中的具体行政行为
	纳税信用等级评定行为
	通知出入境管理机关阻止出境行为
	作出的其他具体行政行为
规范性文件的附带审查：认为具体行政行为所依据的规范性文件（不含规章）不合法，对行政行为申请行政复议时，可以一并提出对该规范性文件的附带审查申请	国家税务总局和国务院其他部门的规范性文件
	其他各级税务机关的规范性文件
	地方各级人民政府的规范性文件
	地方人民政府工作部门的规范性文件

二、例题点津

【例题1·多选题】根据税收征收管理法律制度的规定，纳税人对税务机关的下列行为不服的，可以提出行政复议申请的有（　　）。

A. 加收滞纳金

B. 评定纳税信用等级

C. 代开发票

D. 罚款

【答案】ABCD

【解析】申请人对被申请人下列行政行为不服的，可以提出税务行政复议申请：

（1）征税行为（选项A）。（2）行政许可、行政审批行为。（3）发票管理行为（选项C）。（4）税收保全措施、强制执行措施。（5）行政处罚行为（选项D）。（6）不依法履行下列职责的行为：①开具、出具完税凭证；②行政赔偿；③行政奖励；④其他不依法履行职责的行为。（7）资格认定行为。（8）不依法确认纳税

担保行为。（9）政府公开信息工作中的行政行为。（10）纳税信用等级评定行为（选项B）。（11）通知出入境管理。

【例题2·多选题】下列文件中，申请行政复议时，可以一并向复议机关提出附带审查申请的有（　　）。

A. 国家税务总局发布规范性文件

B. 国务院部门发布的规章

C. 省税务厅发布的规范性文件及规章

D. 地方各级人民政府的规范性文件

【答案】AD

【解析】申请人认为被申请人的行政行为所依据的下列规范性文件（不含规章）不合法，对行政行为申请行政复议时，可以一并向复议机关提出对该规范性文件的附带审查申请：（1）国家税务总局和国务院其他部门的规范性文件。（2）其他各级税务机关的规范性文件。（3）地方各级人民政府的规范性文件。（4）地方人民政府工作部门的规范性文件。

✱ 考点 2　税务行政复议管辖 ★★

一、考点解读（见表 7-34）

表 7-34

项目	内　容
一般规定	对各级税务局的行政行为不服的，向其上一级税务局申请行政复议
	对计划单列市税务局的行政行为不服的，向国家税务总局申请行政复议
	对税务所（分局）、各级税务局的稽查局的行政行为不服的，向其所属税务局申请行政复议
	对国家税务总局的行政行为不服的，向国家税务总局申请行政复议。对行政复议决定不服的，申请人可以向人民法院提起行政诉讼，也可以向国务院申请裁决。国务院的裁决为最终裁决
特殊规定	对两个以上税务机关共同作出的行政行为不服的，向共同上一级税务机关申请行政复议；对税务机关与其他行政机关以共同的名义作出的行政行为不服的，向其共同上一级行政机关申请行政复议
	对被撤销的税务机关在撤销以前所作出的行政行为不服的，向继续行使其职权的税务机关的上一级税务机关申请行政复议
	对税务机关作出逾期不缴纳罚款加处罚款不服的，向作出行政处罚决定的税务机关申请行政复议；但是对已处罚款和加处罚款都不服的，一并向作出行政处罚决定的税务机关的上一级税务机关申请行政复议

二、例题点津

【例题·单选题】关于税务行政复议管辖的有关规定，不正确的是（　　）。

A. 对各级税务局的行政行为不服的，向其上一级税务局申请行政复议

B. 对计划单列市税务局的行政行为不服的，向计划单列市行政机关申请行政复议

C. 对两个以上税务机关共同作出的行政行为不服的，向共同上一级税务机关申请行政复议

D. 对税务机关与其他行政机关共同作出的具体行政行为不服的，向其共同上一级行政机关申请行政复议

【答案】B

【解析】选项 B，对计划单列市税务局的行政行为不服的，向国家税务总局申请行政复议。

✱ 考点 3　税务行政复议的程序 ★★

一、考点解读（见表 7-35）

表 7-35

项目		内　容
申请	申请期限	申请人可以在知道或应当知道税务机关作出行政行为之日起 60 日内提出行政复议申请。因不可抗力或者其他正当理由耽误法定申请期限的，申请期限自障碍清除之日起继续计算

续表

项目		内　容
申请	先议后诉	申请人对复议范围中征税行为不服的，应当先向复议机关申请行政复议，对行政复议决定不服的，可以再向人民法院提起行政诉讼 提示　复议前置——缴纳税款、滞纳金或提供担保。 申请人按前述规定申请行政复议的，必须依照税务机关根据法律、行政法规确定的税额、期限，先行缴纳或者解缴税款及滞纳金，或者提供相应的担保，方可在实际缴清税款和滞纳金后或者所提供的担保得到作出行政行为的税务机关确认之日起60日内提出行政复议申请
	或议或诉	申请人对复议范围中征税行为以外的其他行政行为不服的，可以申请行政复议，也可以直接向人民法院提起行政诉讼 提示　复议前置——缴纳罚款。 申请人对税务机关作出逾期不缴纳罚款加处罚款的决定不服的，应当先缴纳罚款和加处罚款，再申请行政复议
	申请形式	书面；书面申请有困难的，也可以口头
受理	受理审查	复议机关收到行政复议申请后，应当在5日内进行审查，决定是否受理。行政复议申请的审查期限届满，复议机关未作出不予受理决定的，审查期限届满之日视为受理
	符合规定的	应当予以受理
	不符合规定的	决定不予受理，并说明理由
	不属于本机关管辖的	向申请人告知有管辖权的复议机关

行政复议期间行政行为不停止执行，但有下列情形之一的，应当停止执行：（1）被申请人认为需要停止执行的；（2）行政复议机关认为需要停止执行的；（3）申请人、第三人申请停止执行，行政复议机关认为其要求合理，决定停止执行的；（4）法律、法规、规章规定停止执行的

审理	工作人员	复议机关审理税务行政复议案件，应当由2名以上行政复议工作人员参加
	方式	行政复议应当当面或者通过互联网、电话等方式听取当事人的意见，并将听取的意见记录在案；因为当事人原因不能听取意见的，可以书面审理
	听证	审理重大、疑难、复杂的案件应当组织听证；复议机构认为有必要听证，或者申请人请求听证的，复议机构可以组织听证。 听证由一名行政复议人员任主持人，两名以上行政复议人员任听证员，一名记录员制作听证笔录
	申请撤回	申请人在行政复议决定作出以前撤回行政复议申请的，经行政复议机构同意，可以撤回
		申请人撤回行政复议申请的，不得再以同一事实和理由提出行政复议申请。但是，申请人能够证明撤回行政复议申请违背其真实意思表示的除外
决定		复议机关审理税务行政复议案件，由复议机构对行政行为进行审查，提出意见，经议机关的负责人同意或者集体讨论通过后，以复议机关的名义作出行政复议决定。经过听证的税务行政复议案件，复议机关应当根据听证笔录、审查认定的事实和证据，作出行政复议决定
		复议机关应当自受理申请之日起60日内作出行政复议决定。情况复杂、不能在规定期限内作出行政复议决定的，经复议机构负责人批准，可以适当延期，并书面告知当事人，但延期不得超过30日
		复议机关作出行政复议决定，应当制作行政复议决定书，并加盖复议机关印章。行政复议决定书一经送达，即发生法律效力

二、例题点津

【例题1·多选题】根据规定，下列选项中，行政复议期间行政行为应当停止执行的有（　　）。

A. 被申请人认为需要停止执行的

B. 行政复议机关认为需要停止执行的

C. 第三人认为需要停止执行的

D. 法律、法规、规章规定停止执行的

【答案】ABD

【解析】行政复议期间行政行为不停止执行，但有例外：（1）被申请人认为需要停止执行的；（2）复议机关认为需要停止执行的；（3）申请人、第三人申请停止执行，行政复议机关认为其要求合理，决定停止执行的；（4）法律、法规、规章规定停止执行的。因此，选项A、B、D正确。

【例题2·多选题】下列关于税务行政复议的说法中，错误的有（　　）。

A. 申请人可以在知道或者应当知道税务机关作出行政行为之日起60日内提出行政复议申请

B. 行政复议机关应当自受理申请之日起60日内作出行政复议决定

C. 情况复杂、不能在规定期限内作出行政复议决定的，经复议机构负责人批准，可以适当延期，并书面告知当事人，但延期不得超过60日

D. 行政复议决定书一经作出即发生法律效力

【答案】CD

【解析】选项C，情况复杂、不能在规定期限内作出行政复议决定的，经复议机构负责人批准，可以适当延期，并书面告知当事人，但延期不得超过30日；选项D，行政复议决定书一经送达即发生法律效力。

第六单元　税收法律责任

✳ 考点1　税务管理相对人税收违法行为的法律责任★★

一、考点解读

（一）违反税务管理规定的法律责任（见表7-36）

表7-36

适用对象	具体情形	税收法律责任	
		情节不严重	情节严重
纳税人	未按照规定设置、保管账簿或者保管记账凭证和有关资料	有前述行为之一的，由税务机关责令限期改正，可以处2 000元以下的罚款	处2 000元以上1万元以下的罚款
	未按照规定将财务、会计制度或者财务、会计处理办法和会计核算软件报送税务机关备查		
	未按照规定将其全部银行账号向税务机关报告		
	未按照规定安装、使用税控装置，或者损毁或者擅自改动税控装置		
扣缴义务人	未按照规定设置、保管代扣代缴、代收代缴税款账簿		处2 000元以上5 000元以下的罚款
	未按照规定保管代扣代缴、代收代缴税款记账凭证及有关资料		
	应扣未扣、应收而不收税款		由税务机关向纳税人追缴税款，对扣缴义务人处应扣未扣、应收未收税款50%以上3倍以下的罚款

续表

适用对象	具体情形	税收法律责任	
		情节不严重	情节严重
纳税人、扣缴义务人	编造虚假计税依据	由税务机关责令限期改正，并处5万元以下的罚款	
税务代理人	违反税收法律、行政法规，造成纳税人未缴或者少缴税款	除由纳税人缴纳或者补缴应纳税款、滞纳金外，对税务代理人处纳税人未缴或者少缴税款50%以上3倍以下的罚款	
银行和其他金融机构	未依照规定在从事生产、经营的纳税人的账户中登录税务登记证件号码，或者未按规定在税务登记证件中登录从事生产、经营的纳税人的账户账号的	由税务机关责令其限期改正，处2 000元以上2万元以下的罚款	处2万元以上5万元以下的罚款
	非法印制、转借、倒卖、变造或者伪造完税凭证的	由税务机关责令改正，处2 000元以上1万元以下的罚款	处1万元以上5万元以下的罚款；构成犯罪的，依法追究刑事责任

（二）首违不罚制度（见表7-37）

表7-37

项目	内　　容
含义界定	对当事人首次发生"税务行政处罚'首违不罚'事项清单"中所列事项且危害后果轻微，在税务机关发现前主动改正或者在税务机关责令限期改正的期限内改正的，不予行政处罚
教育、引导、督促守法	对适用税务行政处罚"首违不罚"的当事人，主管税务机关应采取签订承诺书等方式教育、引导、督促其自觉守法，对再次违反的当事人应严格按照规定予以行政处罚

提示 税务违法行为造成不可挽回的税费损失或者较大社会影响的，不能认定为"危害后果轻微"。

（三）偷税（逃税）行为的法律责任（见表7-38）

偷税（逃税）行为，是指纳税人采取欺骗、隐瞒手段进行虚假纳税申报或者不申报，逃避缴纳税款的行为。

表7-38

适用对象	方法手段	法律责任
纳税人	采取伪造、变造、隐匿、擅自销毁账簿、记账凭证，或者在账簿上多列支出或者不列、少列收入，或者经税务机关通知申报而拒不申报或者进行虚假的纳税申报，不缴或者少缴应纳税款	由税务机关追缴其不缴或者少缴的税款、滞纳金，并处不缴或者少缴的税款50%以上5倍以下的罚款

续表

适用对象	方法手段	法律责任
纳税人	采取欺骗、隐瞒手段进行虚假纳税申报或者不申报，逃避缴纳税款	逃避缴纳税款数额较大并且占应纳税额10%以上的，处3年以下有期徒刑或者拘役，并处罚金
		数额巨大并且占应纳税额30%以上的，处3年以上7年以下有期徒刑，并处罚金。对多次实施前述行为，未经处理的，按照累计数额计算
扣缴义务人	扣缴义务人采取上述手段，不缴或者少缴已扣、已收税款，由税务机关追缴其不缴或者少缴的税款、滞纳金，并处不缴或者少缴的税款50%以上5倍以下的罚款；构成犯罪的，依法追究刑事责任

提示 有偷税（逃税）行为，经税务机关依法下达追缴通知后，补缴应纳税款，缴纳滞纳金，已受行政处罚的，不予追究刑事责任；但是，五年内因逃避缴纳税款受过刑事处罚或者被税务机关给予两次以上行政处罚的除外。

（四）欠税、抗税、骗税行为的法律责任（见表7－39）

表7－39

行为	含义界定	法律责任	
		情节轻微	情节严重
欠税	纳税人欠缴应纳税款，采取转移或者隐匿财产的手段，妨碍税务机关追缴欠缴的税款的行为	由税务机关追缴欠缴的税款、滞纳金，并处欠缴税款50%以上5倍以下的罚款；构成犯罪的，依法追究刑事责任	
抗税	纳税人、扣缴义务人以暴力、威胁方法拒不缴纳税款的行为	情节轻微、未构成犯罪的，由税务机关追缴其拒缴的税款、滞纳金，并处拒缴税款1倍以上5倍以下的罚款	除由税务机关追缴其拒缴的税款、滞纳金外，依法追究刑事责任
骗税	纳税人以假报出口或者其他欺骗手段，骗取国家出口退税款的行为	由税务机关追缴其骗取的退税款，并处骗取税款1倍以上5倍以下的罚款；构成犯罪的，依法追究刑事责任	

提示 （1）对骗取国家出口退税款的，税务机关可以在规定期间内停止为其办理出口退税；

（2）为纳税人、扣缴义务人非法提供银行账户、发票、证明或者其他方便，骗取国家出口退税款的，税务机关除没收其违法所得外，可以处未缴、少缴或者骗取的税款1倍以下的罚款。

二、例题点津

【例题1·多选题】根据税收征收管理法律制度的规定，下列各项中，属于偷税（逃税）行为的有（　　　）。

A. 纳税人以暴力、威胁方法拒不缴纳税款

B. 纳税人欠缴应纳税款，采取转移财产的

手段，妨碍税务机关追缴欠缴的税款

C. 纳税人采取欺骗手段进行虚假纳税申报，逃避缴纳税款

D. 采取伪造账簿的手段，达到少缴应纳税款的目的

【答案】CD

【解析】纳税人、扣缴义务人以暴力、威胁方法拒不缴纳税款的行为是抗税行为，选项 A 说法错误；纳税人欠缴应纳税款，采取转移或者隐匿财产的手段，妨碍税务机关追缴欠缴的税款的行为是欠税行为，选项 B 说法错误；偷税（逃税）行为是指纳税人采取欺骗、隐瞒手段进行虚假纳税申报或者不申报，逃避缴纳税款的行为，选项 C、D 均正确。

【例题 2·多选题】纳税人或者扣缴义务人发生的下列行为中，由税务机关责令限期改正，可以处 2 000 元以下的罚款，情节严重的，处 2 000 元以上 1 万元以下罚款的有（　　）。

A. 纳税人未按照规定将其全部银行账号向税务机关报告的

B. 纳税人未按照规定设置、保管账簿或者保管记账凭证和有关资料的

C. 扣缴义务人未按照规定设置、保管账簿的

D. 扣缴义务人应扣未扣、应收而不收税款的

【答案】AB

【解析】扣缴义务人未按照规定设置、保管代扣代缴、代收代缴税款账簿或者保管代扣代缴、代收代缴税款记账凭证及有关资料的，由税务机关责令限期改正，可以处 2 000 元以下的罚款；情节严重的，处 2 000 元以上 5 000 元以下的罚款，选项 C 错误。扣缴义务人应扣未扣、应收而不收税款的，由税务机关向纳税人追缴税款，对扣缴义务人处应扣未扣、应收未收税款 50% 以上 3 倍以下的罚款，选项 D 错误。

第八章　劳动合同与社会保险法律制度

教材变化

2025 年本章教材内容变动不大，仅在法定退休年龄一节中增加了渐近式延迟退休的相关内容。

考情分析

本章是历年考试的重点章节，整体难度适中。考生需要加强对法定情形和法律规定的记忆。从历年试题中可以分析出，本章的考查范围较广，每年所占分值较高，在 15 分左右。劳动合同和社会保险这两大单元的内容均须重点掌握。从题型上看，单项选择题、多项选择题、判断题和不定项选择题等各种题型均有所涉及。

本章考点框架

劳动合同与社会保险法律制度
- 劳动合同法律制度
  - 劳动合同订立的主体★★★
  - 劳动关系建立的时间★★★
  - 劳动合同订立的形式★★★
  - 劳动合同的效力★★★
  - 劳动合同必备条款——劳动合同期限★★★
  - 劳动合同必备条款——工作时间（工时制度）★★★
  - 劳动合同必备条款——休息和休假★★★
  - 劳动合同必备条款——劳动报酬★★★
  - 劳动合同可备条款——试用期★★★
  - 劳动合同可备条款——服务期★★★
  - 劳动合同可备条款——保守商业秘密和竞业限制（保密期）★★★
  - 劳动合同的履行和变更★★
  - 劳动合同的解除★★★
  - 劳动合同的终止★★★
  - 劳动合同解除和终止的经济补偿★★★
  - 劳动合同解除和终止的法律后果和双方义务★
  - 集体合同★★
  - 劳务派遣★★
  - 劳动争议的解决★★
- 社会保险法律制度
  - 社会保险法律制度概述★
  - 基本养老保险★★★
  - 基本医疗保险★★★
  - 工伤保险★★
  - 失业保险★★
  - 社会保险经办★
  - 社会保险费征缴与社会保险基金管理★
  - 违反社会保险法律制度的法律责任★

考点解读

第一单元　劳动合同法律制度

✿ 考点1　劳动合同订立的主体★★★

一、考点解读

（一）资格要求

1. 劳动者有劳动权利能力和行为能力（禁止用人单位招用未满16周岁的未成年人。文艺、体育和特种工艺单位除外）。

2. 用人单位有用人权利能力和用人行为能力。

3. 男女有平等就业的权利，不得有就业歧视（民族、种族、性别、宗教信仰等）。

（二）劳动合同订立主体的义务

1. 用人单位的义务和责任：如实告知劳动者劳动相关情况，不得扣押劳动者的居民身份证和其他证件，不得要求劳动者提供担保或者以其他名义向劳动者收取财物。

2. 劳动者的义务：如实说明与劳动合同直接相关的基本情况。

二、例题点津

【例题1·单选题】关于劳动合同订立主体的义务，下列表述正确的是（　　）。

A. 用人单位应当如实告知劳动者工作内容、工作条件、职业危害、劳动报酬等情况

B. 用人单位有权了解劳动者工作与生活的各种情况，劳动者应当如实说明

C. 用人单位招用劳动者，不得扣押劳动者的居民身份证，但是可以扣押其他证件

D. 用人单位在招用劳动者时，可以要求劳动者适当提供押金

【答案】A

【解析】用人单位有权了解劳动者与劳动合同直接相关的基本情况，劳动者应当如实说明；

用人单位招用劳动者，不得扣押劳动者的居民身份证和其他证件，不得要求劳动者提供担保或者以其他名义向劳动者收取财物。

【例题2·多选题】下列情形中，订立劳动合同的当事人不具备主体合法性的有（　　）。

A 未满16周岁的小赵与某餐厅签订的劳动合同

B 未满16周岁的小钱与某杂技团签订的劳动合同

C 未满16周岁的小孙与某快递公司签订的劳动合同

D 未满16周岁的小李与某体育队签订的劳动合同

【答案】AC

【解析】《劳动法》规定，禁止用人单位招用未满16周岁的未成年人。文艺、体育和特种工艺单位招用未满16周岁的未成年人，必须遵守国家有关规定，并保障其接受义务教育的权利。

✿ 考点2　劳动关系建立的时间★★★

一、考点解读

（一）用工之日

1. 用人单位自用工之日起即与劳动者建立劳动关系。

2. 用人单位与劳动者在用工之前订立劳动合同的，劳动关系自用工之日起建立。

解释 劳动关系建立的时间只与"用工"之日有关，与"劳动合同订立时间"无关。

（二）职工名册的建立

用人单位应当建立职工名册备查。

二、例题点津

【例题·单选题】根据《劳动合同法》的规

定，用人单位与劳动者建立劳动关系的起算日期是（　　）。

A. 用工之日起

B. 劳动合同订立之日起

C. 试用期满之日起

D. 自用工之日起 1 个月后

【答案】A

【解析】用人单位自用工之日起即与劳动者建立劳动关系。

✻ 考点 3　劳动合同订立的形式 ★★★

一、考点解读

（一）书面形式

建立劳动关系，应当订立书面劳动合同（见表 8 – 1）。

表 8 – 1

<table>
<tr><td colspan="2">情形</td><td>处理规范</td></tr>
<tr><td rowspan="2">自用工之日起 1 个月内</td><td>订立书面劳动合同</td><td>双方依法履行劳动合同</td></tr>
<tr><td>经用人单位书面通知后，劳动者不与用人单位订立书面劳动合同的</td><td>用人单位应当书面通知劳动者终止劳动关系，无须向劳动者支付经济补偿，但是应当依法向劳动者支付其实际工作时间的劳动报酬</td></tr>
<tr><td rowspan="2">自用工之日起超过 1 个月不满 1 年</td><td>用人单位未与劳动者订立书面劳动合同的</td><td>应当向劳动者每月支付 2 倍的工资，并与劳动者补订书面劳动合同。每月支付 2 倍工资的起算时间为用工之日起满 1 个月的次日，截止时间为补订书面劳动合同的前一日</td></tr>
<tr><td>劳动者不与用人单位订立书面劳动合同的</td><td>用人单位应当书面通知劳动者终止劳动关系，并支付经济补偿</td></tr>
<tr><td rowspan="2">自用工之日起满 1 年</td><td rowspan="2">用人单位仍未与劳动者订立书面劳动合同的</td><td>视为自用工之日起满 1 年的当日已经与劳动者订立无固定期限劳动合同，应当立即与劳动者补订书面劳动合同</td></tr>
<tr><td>自用工之日起满 1 个月的次日至满 1 年的前一日应当向劳动者每月支付 2 倍的工资（共 11 个月的）</td></tr>
</table>

（二）口头形式

1. 非全日制用工双方当事人可以订立口头协议。

2. 非全日制用工双方当事人不得约定试用期。

3. 非全日制用工双方当事人任何一方都可以随时通知对方终止用工。终止用工，用人单位不向劳动者支付经济补偿。

4. 非全日制用工小时计酬标准不得低于用人单位所在地人民政府规定的最低小时工资标准。用人单位可以按小时、日或周为单位结算工资，但非全日制用工劳动报酬结算支付周期最长不得超过 15 日。

解释　非全日制用工，是指以小时计酬为主，劳动者在同一用人单位一般平均每日工作时间不超过 4 小时，每周工作时间累计不超过 24 小时的用工形式。

二、例题点津

【例题 1·单选题】甲企业聘请宋某负责企业局域网及相关设备的日常维护，逢周一、周三上午工作 3 小时，逢周二、周四下午工作 3 小时。下列表述中，不符合《劳动合同法》的是（　　）。

A. 甲企业与宋某的合同关系属于非全日制用工

B. 甲企业与宋某可以订立书面合同，也可以订立口头合同

C. 宋某可以在其他单位兼职

D. 甲企业终止用工，应当向宋某支付经济补偿

【答案】D

【解析】选项A，以小时计酬为主，劳动者在同一用人单位一般平均每日工作时间不超过4小时，每周工作时间累计不超过24小时的用工形式是非全日制用工。选项B，非全日制用工双方当事人可以订立口头协议。选项C，从事非全日制用工的劳动者可以与一个或者一个以上用人单位订立劳动合同；但是，后订立的劳动合同不得影响先订立的劳动合同的履行。选项D，非全日制用工双方当事人任何一方都可以随时通知对方终止用工。终止用工，用人单位不向劳动者支付经济补偿。

【例题2·多选题】2023年7月1日，大学毕业的孙某应聘到甲公司工作。因孙某忙于自己的毕业旅行，于2023年8月1日才正式入职。入职后孙某表现一般，甲公司决定再考察一段时间，故截至2024年9月1日仍未与孙某签订书面劳动合同。根据劳动合同法律制度的规定，下列表述中，正确的有（　　）。

A. 因孙某表现平平，故甲公司有理由可以不与其签订书面劳动合同

B. 如自2024年9月1日起，甲公司仍不与孙某补签书面劳动合同，应当向孙某每月支付2倍工资

C. 2023年9月1日至2024年7月31日之间，甲公司应当向孙某每月支付2倍工资

D. 自2024年8月1日起，视为孙某已经与甲公司订立了无固定期限劳动合同，甲公司应当立即与孙某补签书面劳动合同

【答案】CD

【解析】用人单位自用工之日起满1年未与劳动者订立书面劳动合同的，自用工之日起满1个月的次日起至满1年的前一日应当向劳动者每月支付2倍的工资补偿，并视为自用工之日起满1年的当日已经与劳动者订立了无固定期限劳动合同，并应当立即与劳动者补订劳动合同。

【例题3·多选题】甲餐厅以非全日制用工形式聘用林某为勤杂工，每天工作2小时。下列关于该劳动关系的选项中，表述正确的有（　　）。

A. 双方不得约定试用期

B. 甲餐厅可以按小时为单位结算林某的工资

C. 林某的小时计酬标准不得低于甲餐厅所在地的最低小时工资标准

D. 甲餐厅与林某之间任何一方终止用工均须提前30日书面通知另一方

【答案】ABC

【解析】非全日制用工双方当事人任何一方都可以随时通知对方终止用工。

✦ 考点4　劳动合同的效力 ★★★

一、考点解读

（一）劳动合同的生效

劳动合同经用人单位与劳动者协商一致，并在劳动合同文本上签字或者盖章生效。

解释 劳动合同的生效不等同于劳动关系的建立。

（二）无效劳动合同的情形

1. 下列劳动合同无效或者部分无效：

（1）以欺诈、胁迫的手段或者乘人之危，使对方在违背真实意思的情况下订立或者变更劳动合同的；

（2）用人单位免除自己的法定责任、排除劳动者权利的；

（3）违反法律、行政法规强制性规定的。

2. 无效劳动合同的法律后果：

（1）无效劳动合同，从订立时起就没有法律约束力；

（2）劳动合同部分无效，不影响其他部分效力的，其他部分仍然有效；

（3）劳动者已付出劳动的，用人单位应当向劳动者支付劳动报酬；

（4）给对方造成损害的，有过错的一方应

当承担赔偿责任。

二、例题点津

【例题1·多选题】根据劳动合同法律制度的规定，下列关于劳动合同的效力，说法不正确的有（　）。

A. 劳动合同欠缺必备条款的，可导致劳动合同无效

B. 劳动者用工之日，劳动合同生效

C. 劳动合同被确认无效，劳动者已付出劳动的，用人单位应当向劳动者支付劳动报酬

D. 无效劳动合同，从订立时起就没有法律约束力

【答案】AB

【解析】选项A，劳动合同欠缺必备条款，并不导致劳动合同无效，而是由劳动行政部门责令改正，给劳动者造成损害的，应当承担赔偿责任。选项B，劳动合同由用人单位与劳动者协商一致，并经用人单位与劳动者在劳动合同文本上签字或者盖章生效，用工之日建立劳动关系，但并非劳动合同生效时间。

【例题2·判断题】劳动合同自用人单位与劳动者在劳动合同文本上签字之日起生效，双方劳动关系自签字之日起建立。（　）

【答案】×

【解析】劳动合同生效不等于劳动关系建立，主要依据劳动事实是否发生。用人单位自用工之日起即与劳动者建立劳动关系。

✿ 考点5　劳动合同必备条款——劳动合同期限★★★

一、考点解读

（一）固定期限劳动合同

固定期限劳动合同，是指用人单位与劳动者明确约定合同终止时间的劳动合同。如果双方协商一致，还可以续订劳动合同。

（二）无固定期限劳动合同

1. 用人单位与劳动者约定无确定终止时间的劳动合同。

2. 有下列情形之一，劳动者提出或者同意续订、订立劳动合同的，除劳动者提出订立固

定期限劳动合同外，应当订立无固定期限劳动合同：

（1）劳动者在该用人单位连续工作满10年的。

①连续工作满10年的起始时间，应当自用人单位用工之日起计算，包括《劳动合同法》施行前的工作年限。②劳动者非因本人原因从原用人单位被安排到新用人单位工作的，劳动者在原用人单位的工作年限合并计算为新用人单位的工作年限。③原用人单位已经向劳动者支付经济补偿的，新用人单位在依法解除、终止劳动合同计算支付经济补偿的工作年限时，不再计算劳动者在原用人单位的工作年限。

提示 用人单位符合下列情形之一的，应当认定属于"劳动者非因本人原因从原用人单位被安排到新用人单位工作"：劳动者仍在原工作场所、工作岗位工作，劳动合同主体由原用人单位变更为新用人单位；用人单位以组织委派或任命形式对劳动者进行工作调动；因用人单位合并、分立等原因导致劳动者工作调动；用人单位及其关联企业与劳动者轮流订立劳动合同；其他合理情形。

（2）用人单位初次实行劳动合同制度或者国有企业改制重新订立劳动合同时，劳动者在该用人单位连续工作满10年且距法定退休年龄不足10年的。

（3）连续订立2次固定期限劳动合同，且劳动者没有下述情形，续订劳动合同的：严重违反用人单位的规章制度的；严重失职，营私舞弊，给用人单位造成重大损害的；劳动者同时与其他用人单位建立劳动关系，对完成本单位的工作任务造成严重影响，或者经用人单位提出，拒不改正的；劳动者以欺诈、胁迫的手段或者乘人之危，使用人单位在违背真实意思的情况下订立或者变更劳动合同，致使劳动合同无效的；被依法追究刑事责任的；劳动者患病或者非因工负伤，在规定的医疗期满后不能从事原工作，也不能从事由用人单位另行安排的工作的；劳动者不能胜任工作，经过培训或者调整工作岗位，仍不能胜任工作的。

解释 连续订立固定期限劳动合同的次数，应当自《劳动合同法》2008年1月1日施行后

续订固定期限劳动合同时开始计算。

提示 用人单位自用工之日起满1年不与劳动者订立书面劳动合同的，视为用人单位自用工之日起满1年的当日已经与劳动者订立无固定期限劳动合同。

【举例】张某是一家电冰箱生产企业的员工，分别于2006年2月1日、2007年2月1日与企业签订过2次1年期劳动合同，且工作表现良好。2008年2月1日再签新合同，这时应签订何种期限的劳动合同？

【解析】根据规定，只有在2008年1月1日后签订的劳动合同，才可开始计算连续订立固定期限劳动合同的次数。张某之前的两份合同的签订时间是在2008年1月1日之前，并不属于上述可签订无固定期限劳动合同第3种情形所规定的连续订立2次固定期限劳动合同，因此应当签订固定期限的劳动合同。

3. 不适用无固定期限劳动合同有关规定的情形。

地方各级人民政府及县级以上地方人民政府有关部门为安置就业困难人员提供的给予岗位补贴和社会保险补贴的公益性岗位，其劳动合同不适用《劳动合同法》有关无固定期限劳动合同的规定。

（三）以完成一定工作任务为期限的劳动合同

1. 以完成单项工作任务为期限的劳动合同。

2. 以项目承包方式完成承包任务的劳动合同。

3. 因季节原因用工的劳动合同。

4. 其他双方约定的以完成一定工作任务为期限的劳动合同。

二、例题点津

【例题1·多选题】2014年以来，甲公司与下列职工均已连续订立2次固定期限劳动合同，再次续订劳动合同时，除职工提出订立固定期限劳动合同外，甲公司应与之订立无固定期限劳动合同的有（　　）。

A. 患病休假，痊愈后能继续从事原工作的赵某

B. 不能胜任工作，经过培训后能够胜任的

钱某

C. 同时与乙公司建立劳动关系，经甲公司提出立即改正的孙某

D. 因交通违章承担行政责任的李某

【答案】ABCD

【解析】连续订立2次固定期限劳动合同，且劳动者没有下述相关法定情形的，应续订劳动合同。劳动者患病或者非因工负伤，在规定的医疗期满后不能从事原工作，也不能从事由用人单位另行安排的工作的（选项A，赵某可以从事原工作）。劳动者不能胜任工作，经过培训或者调整工作岗位，仍不能胜任工作的（选项B，钱某经培训能够胜任）。劳动者同时与其他用人单位建立劳动关系，对完成本单位的工作任务造成严重影响，或者经用人单位提出，拒不改正的（选项C，孙某已经立即改正）。被依法追究刑事责任（选项D，行政责任）的。

【例题2·判断题】用人单位及其关联企业与劳动者轮流订立劳动合同的情形，不应认定为"劳动者非因本人原因从原用人单位被安排到新用人单位工作"。（　　）

【答案】×

【解析】用人单位符合下列情形之一的，应当认定为"劳动者非因本人原因从原用人单位被安排到新用人单位工作"：劳动者仍在原工作场所、工作岗位工作，劳动合同主体由原用人单位变更为新用人单位；用人单位以组织委派或任命形式对劳动者进行工作调动；因用人单位合并、分立等原因导致劳动者工作调动；用人单位及其关联企业与劳动者轮流订立劳动合同；其他合理情形。

✱ 考点6　劳动合同必备条款——工作时间（工时制度）★★★

一、考点解读

目前我国实行的工时制度主要有标准工时制、不定时工作制和综合计算工时制3种类型。

（一）标准工时制

1. 标准工时制的标准。

国家实行劳动者每日工作**8小时**、每周工作**40小时**的标准工时制度。有些企业因工作性质

和生产特点不能实行标准工时制度，应保证劳动者每天工作不超过**8小时**，每周工作不超过**40小时**，每周至少休息**1天**。

2. 延长工时的一般规定。

延长工作时间，一般每日不得超过**1小时**。因特殊原因需要延长工作时间的，在保障劳动者身体健康的条件下延长工作时间，每日不得超过**3小时**，每月不得超过**36小时**。

提示 注意与加班工资报酬支付结合学习，计算是常见情形。

3. 例外情形。

有下列情形之一的，延长工作时间不受上述规定的限制：

（1）发生自然灾害、事故或者因其他原因，威胁劳动者生命健康和财产安全，需要紧急处理的。

（2）生产设备、交通运输线路、公共设施发生故障，影响生产和公众利益，必须及时抢修的。

（3）法律、行政法规规定的其他情形。

（二）不定时工作制

不定时工作制，也称无定时工作制、不定时工作日，是指没有固定的工作时间限制的工作制度，主要适用于一些因工作性质或工作条件不受标准工作时间限制的工作岗位。

（三）综合计算工时制

综合计算工时制，也称综合计算工作日，是指用人单位根据生产和工作的特点，分别以周、月、季、年等为周期，综合计算劳动者工作时间，但其平均日工作时间和平均周工作时间仍与法定标准工作时间基本相同的一种工时形式。

二、例题点津

【例题·多选题】根据规定，目前我国实行的工时制度主要有（　　）。

A. 标准工时制

B. 定时工作制

C. 不定时工作制

D. 综合计算工时制

【答案】ACD

【解析】目前，我国实行的工时制度主要有标准工时制、不定时工作制和综合计算工时制3种类型。

考点7 劳动合同必备条款——休息和休假★★★

一、考点解读

（一）休息

1. 工作日内的间歇时间（如午休）。

2. 工作日之间的休息时间（晚间休息）。

3. 公休假日（即周休息日，是职工工作满1个工作周以后的休息时间）。

（二）休假

1. 法定假日，是指由法律统一规定的用以开展纪念、庆祝活动的休息时间。包括元旦、春节、清明节、劳动节、端午节、中秋节、国庆节等。

2. 年休假，是指职工工作满一定年限，每年可享有的保留工作岗位、带薪连续休息的时间。

（1）带薪休假的适用范围。

机关、团体、企业、事业单位、民办非企业单位、有雇工的个体工商户等单位的职工连续工作1年以上的，享受带薪年休假（以下简称年休假）。职工在年休假期间享受与正常工作期间相同的工资收入。

提示 国家法定休假日、休息日不计入年休假的假期。年休假在1个年度内可以集中安排，也可以分段安排，一般不跨年度安排。单位因生产、工作特点确有必要跨年度安排职工年休假的，可以跨1个年度安排。

（2）休假天数。

累计工作1年以下——无休假；

累计工作1～10年（不满10年）——5天休假；

累计工作10～20年（不满20年）——10天休假；

累计工作20年以上——15天休假。

【举例】黄某在A公司任销售人员2年，在B公司任销售主管3年，在C公司任销售经理10个月。C公司安排其2025年带薪年休假的时间应为几天？

【解析】黄某在3个公司累计工作时间已满1年不满10年，依据《职工带薪年休假条例》规定，应享有5天带薪年休假。

（3）职工有下列情形之一的，不享受当年的年休假：

①职工依法享受寒暑假，其休假天数多于年休假天数的；

②职工请事假累计20天以上且单位按照规定不扣工资的；

③累计工作满1年不满10年的职工，请病假累计2个月以上的；

④累计工作满10年不满20年的职工，请病假累计3个月以上的；

⑤累计工作满20年以上的职工，请病假累计4个月以上的。

（4）年休假折算。

职工新进用人单位且符合享受带薪年休假条件的，当年度年休假天数按照在本单位剩余日历天数折算确定，折算后不足1整天的部分不享受年休假。

二、例题点津

【例题1·单选题】 2020年7月2日，田某初次就业即到甲公司工作。2024年10月11日，田某向公司提出当年年休假申请。田某依法可享受的年休假天数为（　　）天。

A. 4　　　　　　　　　B. 5

C. 10　　　　　　　　D. 15

【答案】 B

【解析】 职工累计工作已满1年不满10年的，年休假5天；已满10年不满20年的，年休假10天；已满20年的，年休假15天。

【例题2·判断题】 小李工作一年后跳槽进入新单位，当年度年休假天数按照在单位剩余日历天数折算后不足1整天，根据法律相关规定，小李当年还可以享有1天年休假。（　　）

【答案】 ×

【解析】 职工新进用人单位且符合享受带薪年休假条件的，当年度年休假天数按照在本单位剩余日历天数折算确定，折算后不足1整天的部分不享受年休假。

✦ 考点8　劳动合同必备条款——劳动报酬★★★

一、考点解读

（一）劳动报酬与支付（一般工资支付）

1. 工资应当以**法定货币**支付，不得以实物及有价证券替代货币支付。

2. 工资必须在用人单位与劳动者约定的日期支付。

3. 工资至少**每月支付一次**，实行周、日、小时工资制的可按周、日、小时支付工资。

4. 对完成一次性临时劳动或某项具体工作的劳动者，用人单位应按有关协议或合同规定在其完成劳动任务后即支付工资。

提示 如遇节假日或休息日，则应提前在最近的工作日支付。

（二）休假工资支付

劳动者在法定休假日和婚丧假期间以及依法参加社会活动期间，用人单位应当依法支付工资。

在部分公民放假的节日期间（妇女节、青年节），对参加社会活动或单位组织庆祝活动和照常工作的职工，单位应支付工资报酬，但不支付加班工资。如果该节日恰逢星期六、星期日，单位安排职工加班工作，则应当依法支付休息日的加班工资。

（三）加班工资支付

1. 用人单位依法安排劳动者在日标准工作时间以外延长工作时间的，按照不低于劳动合同规定的劳动者本人小时工资标准的**150%**支付劳动者工资。

2. 用人单位依法安排劳动者在休息日工作，不能安排补休的，按照不低于劳动合同规定的劳动者本人日或小时工资标准的**200%**支付劳动者工资。

3. 用人单位依法安排劳动者在法定休假日工作的，按照不低于劳动合同规定的劳动者本人日或小时工资标准的**300%**支付劳动者工资。

解释 加班工资支付的计算（见表8－2）。

表 8-2

项目	内容
平时加班	小时工资标准的150%
休息日加班	日或小时工资标准的200%
法定节假日加班	日或小时工资标准的300%
部分公民放假的节日	支付工资，无加班费

【举例】张某的日工资为160元，每周工作5天，每天工作8小时。2024年5月，张某在"五一"节假日期间加班1天，在某一个周末加班1天，在某一工作日加班3个小时。张某在2024年5月应当得到的加班费是多少元？

【解析】"五一"期间加班1天，加班费是：$160 \times 3 = 480$（元）；在某一个周末加班1天，加班费是：$160 \times 2 = 320$（元）；在某一天加班3个小时，加班费是：$160 \div 8 \times 1.5 \times 3 = 90$（元）；加班费合计：$480 + 320 + 90 = 890$（元）。

4. 实行计件工资的劳动者，在完成计件定额任务后，由用人单位安排延长工作时间的，根据上述原则，分别按照不低于其本人法定工作时间计件单价的150%、200%、300%支付其工资。

5. 违法处罚：用人单位安排加班不支付加班费的，由劳动行政部门责令限期支付加班费；逾期不支付的，责令用人单位按应付金额**50%以上100%以下**的标准向劳动者加付赔偿金。

6. 非标准工时制相关规定：实行综合计算工时工作制的，其综合计算工作时间超过法定标准工作时间的部分，应视为延长工作时间，按上述规定支付劳动者延长工作时间的工资。实行不定时工时制度的劳动者，不执行上述规定。

（四）扣工资的规则

因劳动者本人原因给用人单位造成经济损失的，用人单位可按照劳动合同的约定要求其赔偿经济损失。经济损失的赔偿，可从劳动者本人的工资中扣除。但每月扣除的部分不得超过劳动者当月工资的20%。若扣除后的剩余工资部分低于当地月最低工资标准，则按最低工资标准支付。

提示 每月扣除的部分≤当月工资的20%；扣除后的剩余部分≥当地月最低工资标准。

（五）最低工资制度

1. 最低工资的具体标准由各省、自治区、直辖市人民政府规定，报国务院备案。

2. 地点不一致的工资标准适用。

劳动合同履行地与用人单位注册地不一致的，有关劳动者的最低工资标准、劳动保护、劳动条件、职业危害防护和本地区上年度职工月平均工资标准等事项，按照劳动合同履行地的有关规定执行。

用人单位注册地的有关标准高于劳动合同履行地的有关标准，且用人单位与劳动者约定按照用人单位注册地的有关规定执行的，从其约定。

3. 用人单位违反最低工资标准的后果。

用人单位低于当地最低工资标准支付劳动者工资的，由劳动行政部门责令限期支付其差额部分；逾期不支付的，责令用人单位按应付金额50%以上100%以下的标准向劳动者加付赔偿金。

二、例题点津

【例题1·单选题】甲工厂实行标准工时制。厂内职工孙某从事零配件加工工作，每件工资为1元。2024年12月5日，孙某在下班前已经完成当日计件定额300件的工作任务，甲工厂安排孙某延长工作时间，孙某又完成了100件加工工作。孙某当天依法可以获得的加班工资最低不低于（ ）元。

A. 100　　B. 150　　C. 200　　D. 300

【答案】B

【解析】实行计件工资的劳动者，在完成计件定额任务后，由用人单位安排延长工作时间的，分别按照不低于其本人法定工作时间计件单价的150%（工作日）、200%（休息日）、300%（法定节假日）支付其工资。

【例题2·判断题】李某执行单位工作安排，在2024年10月1日和10月2日国庆节假期期间加班2天。李某本人日工资为360元，国庆节加班获得的加班工资为2 160元。（ ）

【答案】√

【解析】用人单位依法安排劳动者在法定休假节日（国庆节10月1日、10月2日为法定节假日）工作的，按照不低于劳动合同规定的劳动者本人日或小时工资标准的300%支付劳动者工资。

✲ 考点9　劳动合同可备条款——试用期★★★

一、考点解读（见表8－3）

表8－3

试用期条款的性质	属于可备条款
	该条款的限制：（1）同一用人单位与同一劳动者只能约定一次试用期；（2）以完成一定工作任务为期限的劳动合同不得约定试用期；（3）劳动合同期限不满3个月的，不得约定试用期；（4）试用期包含在劳动合同期限内；（5）劳动合同仅约定试用期的，试用期不成立，该期限为劳动合同期限
试用期的期限	劳动合同期限3个月以上（含本数，下同）不满1年的，试用期不得超过1个月
	劳动合同期限1年以上不满3年的，试用期不得超过2个月
	3年以上固定期限和无固定期限的劳动合同，试用期不得超过6个月
试用期的工资	劳动者在试用期的工资不得低于本单位相同岗位最低档工资或者劳动合同约定工资的80%，并不得低于用人单位所在地的最低工资标准
试用期的合同解除	用人单位解除合同	劳动者在试用期间被证明不符合录用条件
	劳动者解除合同	提前3日通知

二、例题点津

【例题1·单选题】马某应聘甲公司的文秘工作，劳动合同约定月工资为7 500元。已知甲公司所在地的最低月工资标准为5 500元，则马某劳动合同试用期内的最低工资应是（　　）元。

A. 4 500　　　　　　　　B. 5 250

C. 6 000　　　　　　　　D. 6 750

【答案】C

【解析】劳动者在试用期的工资不得低于本单位相同岗位最低档工资或者劳动合同约定工资的80%，并不得低于用人单位所在地的最低工资标准。

【例题2·单选题】2024年3月1日，钱某与甲公司签订了3年期的劳动合同，该合同约定试用期不得超过（　　）个月。

A. 1　　　　　　　　　　B. 2

C. 3　　　　　　　　　　D. 6

【答案】D

【解析】根据规定，3年以上固定期限和无固定期限的劳动合同，试用期不得超过6个月。

【例题3·判断题】2022年王某与甲公司订立劳动合同，约定试用期1个月，在试用期内王某主动提出解除劳动合同。2024年11月甲公司准备再次录用王某，双方协商确定劳动合同期限为3年，试用期2个月，该约定符合《劳动合同法》的有关规定。（　　）

【答案】×

【解析】同一用人单位与同一劳动者只能约定一次试用期。

✲ 考点10　劳动合同可备条款——服务期★★★

一、考点解读

（一）服务期条款的性质

服务期是指劳动者因享受用人单位给予的特殊待遇而作出的关于劳动履行期限的承诺。

用人单位为劳动者提供专项培训费用，对其进行专业技术培训的，可以与该劳动者订立协议，约定服务期。

（二）服务期长于合同期的履行

服务期与劳动合同一般期限在时间长度上不一致，前者一般长于后者；劳动合同期满，但是用人单位与劳动者约定的服务期尚未到期的，劳动合同应当**续延至服务期满**；双方另有约定的，从其约定。

（三）违约金支付与否（见表8-4）

表8-4

承担违约金的依据	劳动者违反服务期约定	
违约金数额	不得超过培训费	
	已服务，不超过服务期尚未履行部分应分摊数额	
支付违约金的要求	劳动者解除合同时支付	
	应支付违约金的其他情形	劳动者严重违反用人单位的规章制度
		劳动者严重失职，营私舞弊，给用人单位造成重大损害
		劳动者同时与其他用人单位建立劳动关系，对完成本单位的工作任务造成严重影响，或者经用人单位提出，拒不改正
		劳动者以欺诈、胁迫的手段或者乘人之危，使用人单位在违背真实意思的情况下订立或者变更劳动合同
		劳动者被依法追究刑事责任
不支付违约金的情形	用人单位未按照劳动合同约定提供劳动保护或者劳动条件	
	用人单位未及时足额支付劳动报酬	
	用人单位未依法为劳动者缴纳社会保险费	
	用人单位的规章制度违反法律、法规的规定，损害劳动者权益	
	用人单位以欺诈、胁迫的手段或者乘人之危，使劳动者在违背真实意思的情况下订立或者变更劳动合同致使劳动合同无效	
	用人单位在劳动合同中免除自己的法定责任、排除劳动者权利	
	用人单位违反法律、行政法规强制性规定	
	法律、行政法规规定劳动者可以解除劳动合同的其他情形	

二、例题点津

【例题1·单选题】孙某与甲公司建立了劳动关系，劳动合同中双方约定，由甲公司为孙某提供1万元的培训费，服务期5年，违约金为1万元，劳动合同期限3年。劳动合同履行2年后，由于孙某严重失职，甲公司解除了与孙某的劳动合同，并要求孙某支付违约金1万元，孙某的下列抗辩中符合规定的是（　　）。

A. 劳动合同中约定的服务期限超过劳动合同期限，该约定是无效的

B. 由于是甲公司主动解除的劳动合同，因此无须支付违约金

C. 由于劳动合同已经履行2/3，甲公司最

多只能要求孙某支付违约金3 333元

D. 由于服务期已经履行2/5，甲公司最多只能要求孙某支付违约金6 000元

【答案】D

【解析】对已经履行部分服务期限的，用人单位要求劳动者支付的违约金不得超过服务期尚未履行部分所应分摊的培训费用。

【例题2·单选题】张某与甲公司签订劳动合同，双方约定，甲公司为张某提供1万元的培训费，张某为甲公司服务5年。劳动合同履行2年后，甲公司未按照劳动合同约定提供劳动保护条件，致使张某工作环境污染严重，张某提出解除劳动合同。对此下列说法正确的是（　　）。

A. 张某可以解除劳动合同，但需要向甲公

司支付违约金

B. 张某可以解除劳动合同，但应向甲公司支付服务期尚未履行部分的违约金

C. 张某没有履行完 5 年服务期的约定，所以不得解除劳动合同

D. 张某没有违反服务期的约定，可以解除与甲公司的劳动合同并不用支付违约金

【答案】D

【解析】用人单位未按照劳动合同约定提供劳动保护或者劳动条件的，劳动者解除劳动合同，不属于违反服务期的约定，用人单位不得要求劳动者支付违约金。

✿ 考点 11　劳动合同可备条款——保守商业秘密和竞业限制（保密期）★★★

一、考点解读

（一）适用范围

商业秘密，是指不为公众所知悉、能为权利人带来经济利益，具有实用性并经权利人采取保密措施的技术信息和经营信息，包括非专利技术和经营信息两部分。

竞业限制条款适用范围应限定为负有保守用人单位商业秘密义务的劳动者，限于用人单位的高级管理人员、高级技术人员和其他负有保密义务的人员。竞业限制的范围、地域、期限由用人单位与劳动者约定，但不得违反法律、法规的规定。

提示 限制的方面包括：人、领域、地域、期限。

（二）期限

在解除或者终止劳动合同后，竞业限制人员到与本单位生产或者经营同类产品、从事同类业务的有竞争关系的其他用人单位工作，或者自己开业生产或者经营同类产品、从事同类业务的竞业限制期限，不得超过 2 年。

（三）权益保护

对负有保密义务的劳动者，用人单位可以在劳动合同或者保密协议中与劳动者约定竞业限制条款，并约定在解除或者终止劳动合同后，在竞业限制期限内按月给予劳动者经济补偿。

补偿金的数额由双方约定，劳动者违反竞业限制约定的，应当按照约定向用人单位支付违

约金。

解释

补偿金：用人单位 ——支付——→ 劳动者 约定劳动者从业禁止

违约金：用人单位 ←——支付—— 劳动者 劳动者违反约定

（四）有关补偿金、违约金司法解释的规定

1. 当事人在劳动合同或者保密协议中约定了竞业限制，但未约定解除或者终止劳动合同后给予劳动者经济补偿，劳动者履行了竞业限制义务，要求用人单位按照劳动者在劳动合同解除或者终止前 12 个月平均工资的 30% 按月支付经济补偿的，人民法院应予支持。月平均工资的 30% 低于劳动合同履行地最低工资标准的，按照劳动合同履行地最低工资标准支付。

2. 当事人在劳动合同或者保密协议中约定了竞业限制和经济补偿，当事人解除劳动合同时，除另有约定外，用人单位要求劳动者履行竞业限制义务，或者劳动者履行了竞业限制义务后要求用人单位支付经济补偿的，人民法院应予支持。

3. 当事人在劳动合同或者保密协议中约定了竞业限制和经济补偿，劳动合同解除或者终止后，因用人单位的原因导致 3 个月未支付经济补偿，劳动者请求解除竞业限制约定的，人民法院应予支持。

4. 在竞业限制期限内，用人单位请求解除竞业限制协议的，人民法院应予支持。在解除竞业限制协议时，劳动者请求用人单位额外支付劳动者 3 个月的竞业限制经济补偿的，人民法院应予支持。

5. 劳动者违反竞业限制约定，向用人单位支付违约金后，用人单位要求劳动者按照约定继续履行竞业限制义务的，人民法院应予支持。

二、例题点津

【例题 1·单选题】旭日公司核心技术人员李某跳槽到同行业企业星辉公司前，与旭日公司达成竞业限制的约定。根据《劳动合同法》的规定，竞业限制期限是（　　）。

A. 不得超过 6 个月

B. 不得超过 12 个月

C. 不得超过 2 年

D. 不得超过 3 年

【答案】C

【解析】在解除或者终止劳动合同后，竞业限制人员到与本单位生产或者经营同类产品、从事同类业务的有竞争关系的其他用人单位工作，或者自己开业生产或者经营同类产品、从事同类业务的竞业限制期限，不得超过 2 年。

【例题 2·多选题】下列关于竞业限制的说法中，正确的有（　　）。

A. 劳动者违反竞业限制约定，向用人单位支付违约金后，劳动者不再履行竞业限制义务

B. 在竞业限制期限内，用人单位请求解除竞业限制协议时，人民法院应予支持

C. 当事人在保密协议中约定了竞业限制和经济补偿，劳动合同解除后，因用人单位的原因导致 3 个月未支付经济补偿，劳动者可以请求解除竞业限制约定

D. 当事人在劳动合同或者保密协议中约定了竞业限制和经济补偿，劳动者履行了竞业限制义务后要求用人单位支付经济补偿的，人民法院应予支持

【答案】BCD

【解析】劳动者违反竞业限制约定，向用人单位支付违约金后，用人单位要求劳动者按照约定继续履行竞业限制义务的，人民法院应予支持。

✺ 考点 12　劳动合同的履行和变更★★

一、考点解读

（一）劳动合同的履行

1. 用人单位与劳动者应当按照劳动合同的约定，全面履行各自的义务。

（1）用人单位应向劳动者及时足额支付劳动报酬。

（2）用人单位应当严格执行劳动定额标准，不得强迫或者变相强迫劳动者加班。用人单位安排加班的，应当按照国家有关规定向劳动者支付加班费。

（3）劳动者拒绝用人单位管理人员违章指挥、强令冒险作业的，不视为违反劳动合同。劳动者对危害生命安全和身体健康的劳动条件，有权对用人单位提出批评、检举和控告。

（4）用人单位变更名称、法定代表人、主要负责人或者投资人等事项，不影响劳动合同的履行。

（5）用人单位发生合并或者分立等情况，原劳动合同继续有效，劳动合同由承继其权利和义务的用人单位继续履行。

2. 用人单位应当依法建立和完善劳动规章制度，保障劳动者享有劳动权利、履行劳动义务。

（二）劳动合同的变更

用人单位与劳动者协商一致，可以变更劳动合同约定的内容。

变更劳动合同，应当采用书面形式。用人单位与劳动者协商一致变更劳动合同，虽未采用书面形式，但已经实际履行了口头变更的劳动合同**超过 1 个月**，变更后的劳动合同内容不违反法律、行政法规且不违背公序良俗，当事人以未采用书面形式为由主张劳动合同变更无效的，人民法院不予支持。

二、例题点津

【例题 1·多选题】根据劳动合同法律制度的规定，下列说法中正确的有（　　）。

A. 用人单位变更名称、法定代表人、主要负责人或者投资人等事项，会影响劳动合同的履行

B. 用人单位拖欠或未足额支付劳动报酬的，劳动者可以依法向当地人民法院申请支付令，人民法院应当依法发出支付令

C. 劳动者拒绝用人单位管理人员违章指挥、强令冒险作业的，不视为违反劳动合同

D. 劳动者对危害生命安全和身体健康的劳动条件，有权对用人单位提出批评、检举和控告

【答案】BCD

【解析】劳动合同的履行不受用人单位变更名称、法定代表人、主要负责人或者投资人等事项的影响。

【例题 2·判断题】变更劳动合同未采用书面形式，无论是否实际履行了口头变更的劳动合同，合同变更都无效。（　　）

【答案】×

【解析】已经实际履行了口头变更的劳动合同超过1个月，变更后的劳动合同内容不违反法律、行政法规且不违背公序良俗，劳动合同变更有效。

✳ 考点13　劳动合同的解除 ★★★

一、考点解读

（一）协商解除

协商解除，又称合意解除、意定解除，是指劳动合同订立后，双方当事人因某种原因，在完全自愿的基础上协商一致，提前终止劳动合同，结束劳动关系。

由用人单位提出解除劳动合同而与劳动者协商一致的，必须依法向劳动者支付经济补偿；由劳动者主动辞职而与用人单位协商一致解除合同的，用人单位不需向劳动者支付经济补偿。

（二）法定解除

1. 劳动者单方解除劳动合同的情形（见表8-5）。

表8-5

提前通知的适用		随时通知的适用		不需事先告知的适用	
（1）试用期内提前3日通知用人单位	备注：不能获得经济补偿	（1）用人单位未按照劳动合同约定提供劳动保护或者劳动条件	备注：用人单位需支付经济补偿	（1）用人单位以暴力、威胁或者非法限制人身自由的手段强迫劳动者劳动	备注：用人单位需支付经济补偿
		（2）用人单位未及时足额支付劳动报酬			
		（3）用人单位未依法为劳动者缴纳社会保险费			
		（4）用人单位的规章制度违反法律、法规的规定，损害劳动者权益			
（2）劳动者提前30日以书面形式通知用人单位		（5）用人单位以欺诈、胁迫的手段或者乘人之危，使劳动者在违背真实意思的情况下订立或者变更劳动合同致使劳动合同无效的		（2）用人单位违章指挥、强令冒险作业危及劳动者人身安全	
		（6）用人单位在劳动合同中免除自己的法定责任、排除劳动者权利			
		（7）用人单位违反法律、行政法规强制性规定			
		（8）法律、行政法规规定劳动者可以解除劳动合同的其他情形			

2. 用人单位单方解除劳动合同的情形（见表8-6）。

表8-6

预告解除	随时通知解除	裁员解除	不得解除
（1）劳动者患病或者非因工负伤，在规定的医疗期满后不能从事原工作，也不能从事由用人单位另行安排的工作	（1）劳动者在试用期间被证明不符合录用条件	（1）依照企业破产法规定进行重整	（1）从事接触职业病危害作业的劳动者未进行离岗前职业健康检查，或者疑似职业病病人在诊断或者医学观察期间

续表

预告解除	随时通知解除	裁员解除	不得解除
(2) 劳动者不能胜任工作，经过培训或者调整工作岗位，仍不能胜任工作	(2) 劳动者严重违反用人单位的规章制度	(2) 生产经营发生严重困难	(2) 在本单位患职业病或者因工负伤并被确认丧失或者部分丧失劳动能力
(3) 劳动合同订立时所依据的客观情况发生重大变化，致使劳动合同无法履行，经用人单位与劳动者协商，未能就变更劳动合同内容达成协议	(3) 劳动者严重失职，营私舞弊，给用人单位造成重大损害	(3) 企业转产、重大技术革新或者经营方式调整，经变更劳动合同后，仍需裁减人员	(3) 患病或者非因工负伤，在规定的医疗期内
备注：①用人单位提前30日以书面形式通知劳动者本人或者额外支付劳动者1个月工资后，可以解除劳动合同；②额外支付的工资应当按照该劳动者上1个月的工资标准确定；③未支付的后果：在合法解除劳动合同的同时，用人单位应当但却没有及时向劳动者支付经济补偿的，用人单位应按应付经济补偿金额50%以上100%以下的标准向劳动者加付赔偿金；④用人单位违法解除合同，劳动合同已经不能继续履行，用人单位应当依照规定的经济补偿标准的2倍向劳动者支付赔偿金，支付了赔偿金的，不再支付经济补偿。赔偿金的计算年限自用工之日起计算	(4) 劳动者同时与其他用人单位建立劳动关系，对完成本单位的工作任务造成严重影响，或者经用人单位提出，拒不改正	(4) 其他因劳动合同订立时所依据的客观经济情况发生重大变化，致使劳动合同无法履行	(4) 女职工在孕期、产期、哺乳期
	(5) 劳动者以欺诈、胁迫的手段或者乘人之危，使用人单位在违背真实意思的情况下订立或者变更劳动合同致使劳动合同无效	备注：①需要裁减人员20人以上或者裁减不足20人但占企业职工总数10%以上的，用人单位提前30日向工会或者全体职工说明情况，听取工会或者职工的意见后，裁减人员方案经向劳动行政部门报告，可以裁减人员；	(5) 在本单位连续工作满15年，且距法定退休年龄不足5年
	(6) 劳动者被依法追究刑事责任

备注：用人单位无须支付经济补偿 | ②用人单位裁减人员应当向劳动者支付经济补偿；③裁员时应当优先留用下述人员：与本单位订立较长期限的固定期限劳动合同的；与本单位订立无固定期限劳动合同的；家庭无其他就业人员，有需要抚养的老人或者未成年人的 | (6) 法律、行政法规规定的其他情形

备注：但若符合因劳动者过错解除劳动合同的情形，则不受上述限制性规定的影响 |

二、例题点津

【例题1·多选题】根据劳动合同法律制度的规定，下列情形中，劳动者可以单方面随时通知用人单位解除劳动合同的有（ ）。

A. 用人单位未为劳动者缴纳社会保险费

B. 用人单位未及时足额支付劳动报酬

C. 用人单位以暴力、威胁或者非法限制人身自由的手段强迫劳动者劳动的

D. 用人单位违章指挥、强令冒险作业危及劳动者人身安全的

【答案】AB

【解析】选项A、B，劳动者可以"随时通知"解除劳动合同；选项C、D，劳动者"不需要事先告知"即可解除劳动合同。

【例题2·多选题】根据劳动合同法律制度的规定，下列情形中，用人单位可以单方面解除劳动合同的有（ ）。

A. 李某被依法追究刑事责任

B. 张某严重违反用人单位的规章制度

C. 王某严重失职，营私舞弊，给用人单位造成重大损害

D. 赵某因怀孕无法胜任工作

【答案】ABC

【解析】女职工在孕产期、哺乳期的，用人单位不得解除或终止劳动合同。

【例题 3·多选题】 某企业现有职工 80 人。下列情形中，属于经济性裁员的有（　　）。

A. 因依照企业破产法规定进行重整，需要裁减人员 25 人

B. 因生产经营发生严重困难，需要裁减人员 15 人

C. 因企业转产，经变更劳动合同后，仍需裁减人员 10 人

D. 因经营方式调整，经变更劳动合同后，仍需要裁减人员 7 人

【答案】 ABC

【解析】 符合规定情形，需要裁减人员 20 人以上或者裁减不足 20 人但占企业职工总数 10% 以上的，属于经济性裁员。选项 D，裁减不足 20 人，也不足企业职工总数的 10%。

【例题 4·判断题】 由用人单位提出解除劳动合同而与劳动者协商一致的，无须向劳动者支付经济补偿。（　　）

【答案】 ×

【解析】 由用人单位提出解除劳动合同而与劳动者协商一致的，必须依法向劳动者支付经济补偿。

✿ 考点 14　劳动合同的终止 ★★★

一、考点解读

（一）劳动合同终止的情形

1. 劳动合同期满的；
2. 劳动者开始依法享受基本养老保险待遇的；
3. 劳动者达到法定退休年龄的；
4. 劳动者死亡，或者被人民法院宣告死亡或者宣告失踪的；
5. 用人单位被依法宣告破产的；
6. 用人单位被吊销营业执照、责令关闭、撤销或者用人单位决定提前解散的；
7. 法律、行政法规规定的其他情形。

用人单位与劳动者不得约定上述情形之外的其他劳动合同终止条件。

（二）劳动合同不得终止的情形

劳动合同期满，有下列情形，用人单位既不得解除劳动合同，也不得终止劳动合同，劳动合同应当续延至相应的情形消失时终止：

1. 从事接触职业病危害作业的劳动者未进行离岗前职业健康检查，或者疑似职业病病人在诊断或者医学观察期间的；

2. 在本单位患职业病或者因工负伤并被确认丧失或者部分丧失劳动能力的；

3. 患病或者非因工负伤，在规定的医疗期内的；

4. 女职工在孕期、产期、哺乳期的；

5. 在本单位连续工作满 15 年，且距法定退休年龄不足 5 年的；

6. 法律、行政法规规定的其他情形。

但若符合因劳动者过错解除劳动合同的情形，则不受上述限制性规定的影响。

二、例题点津

【例题 1·单选题】 根据劳动合同法律制度的规定，下列情形中，不属于劳动合同终止情形的是（　　）。

A. 劳动者达到法定退休年龄的

B. 用人单位被吊销营业执照的

C. 劳动者开始依法享受基本养老保险待遇的

D. 劳动者不能胜任工作的

【答案】 D

【解析】 劳动者不能胜任工作，经过培训或调整工作岗位，仍不能胜任工作的，用人单位可以单方面解除劳动合同。

【例题 2·多选题】 根据《劳动合同法》的规定，下列选项中用人单位既不得解除劳动合同，也不得终止劳动合同的有（　　）。

A. 疑似职业病患者在医学观察期间的

B. 因工负伤并被确认丧失劳动能力的

C. 女职工在哺乳期的

D. 在本单位连续工作满 15 年，且距法定退休年龄不足 5 年的

【答案】 ABCD

【解析】 四个选项均符合法律规定。

✿ 考点 15　劳动合同解除和终止的经济补偿 ★★★

一、考点解读

（一）经济补偿的概念

劳动合同法律关系中的经济补偿是指按照劳

动合同法律制度的规定，在劳动者无过错的情况下，用人单位与劳动者解除或者终止劳动合同时，应给予劳动者的经济上的补助，也称**经济补偿金**。

解释 经济补偿金与违约金、赔偿金不同。

经济补偿金是法定的，其主要是针对劳动关系的解除和终止，如果劳动者无过错，用人单位则应给予劳动者一定的经济补偿。

违约金是约定的，是指劳动者违反了服务期和竞业限制的约定而向用人单位支付的违约补偿。

赔偿金是指用人单位和劳动者由于自己的过错给对方造成损害时，所应承担的不利的法律后果。

三者的不同（见表8-7）。

表8-7

类型	经济补偿	违约金	赔偿金
适用条件不同	适用于用人单位解除和终止合同，不以过错为条件	劳动者违反了服务期和竞业限制的约定（有过错）	用人单位和劳动者由于自己的过错给对方造成损害
性质不同	法定	约定、惩罚性	有损害、赔偿性
支付主体不同	用人单位——→劳动者	劳动者——→用人单位	双方都有可能 用人单位←——→劳动者

（二）用人单位应当向劳动者支付经济补偿的情形

1. 劳动者符合随时通知解除和不需事先通知即可解除劳动合同规定情形而解除劳动合同的；

2. 由用人单位提出解除劳动合同并与劳动者协商一致而解除劳动合同的；

3. 用人单位符合**提前30日以书面形式通知**劳动者本人或者额外支付劳动者**1个月工资**后，可以解除劳动合同的规定情形而解除劳动合同的；

4. 用人单位符合可裁减人员规定而解除劳动合同的；

5. 除用人单位维持或者提高劳动合同约定条件续订劳动合同，劳动者不同意续订的情形外，劳动合同期满终止固定期限劳动合同的；

6. 用人单位被依法宣告破产或者被吊销营业执照、责令关闭、撤销或者用人单位决定提前解散而终止劳动合同的；

7. 以完成一定工作任务为期限的劳动合同因任务完成而终止的；

8. 法律、行政法规规定的其他情形。

（三）经济补偿的支付标准

1.《劳动合同法》的一般规定。

（1）经济补偿确定的标准——工作年限、工资标准。

（2）经济补偿的形式——货币。

（3）计算公式为：

经济补偿金＝劳动合同解除或者终止前劳动者在本单位的工作年限×每工作1年应得的经济补偿

解释 工作年限的确定（见表8-8）。

表8-8

一般规定（2008年1月1日起算）	在本单位工作的年限，每满1年支付1个月工资的标准向劳动者支付。6个月以上不满1年的，按1年计算；不满6个月的，向劳动者支付半个月工资的经济补偿
调动工作的	劳动者非因本人原因工作调动的，工作年限合并计算。原单位补偿的不再计算

解释 月工资的确定（见表8-9）。

表 8 – 9

类型	确定标准
一般月工资	是指劳动者在劳动合同解除或者终止前 12 个月的平均工资。包括计时工资或者计件工资以及奖金、津贴和补贴等货币性收入。工作不满 12 个月的，按照实际工作的月数计算平均工资
低工资	合同解除或者终止前 12 个月的平均工资低于当地最低工资标准的，按照当地最低工资标准计算
高工资	劳动者月工资高于用人单位所在直辖市、设区的市级人民政府公布的本地区上年度职工月平均工资 3 倍的，向其支付经济补偿的标准按职工月平均工资 3 倍的数额支付，向其支付经济补偿的年限最高不超过 12 年

2. 经济补偿年限和基数的特殊计算。

经济补偿的计发办法分两段计算：2008 年 1 月 1 日前的补偿年限和补偿基数，按当时当地的有关规定执行；2008 年 1 月 1 日以后的补偿年限和补偿基数，按新法执行。两段补偿合并计算。

二、例题点津

【例题 1 · 单选题】在下列情况中，用人单位不需要向劳动者支付经济补偿金的情形是（　）。

A. 用人单位提出解除劳动合同并与劳动者协商一致而解除劳动合同

B. 劳动者符合随时通知解除的情形而解除劳动合同

C. 固定期限劳动合同终止前，用人单位维持或者提高劳动合同约定条件，要求与劳动者续订劳动合同，而劳动者不同意续订，要求解除合同的

D. 以完成一定工作任务为期限的劳动合同因任务完成而终止的

【答案】C

【解析】由劳动者主动解除合同而与用人单位协商一致的，用人单位无须向劳动者支付经济补偿。

【例题 2 · 单选题】甲公司因企业重整与张某解除合同，已知张某在甲公司工作年限为 15 年，合同解除前 12 个月张某的月平均工资为 12 000 元，当地上年度职工月平均工资为 3 000 元。根据劳动合同法律制度的规定，劳动合同解除时，甲公司应向张某支付的经济补偿金为（　）元。

A. 108 000　　　　B. 180 000

C. 144 000　　　　D. 12 000

【答案】A

【解析】劳动者月工资高于用人单位所在直辖市、设区的市级人民政府公布的本地区上年度职工月平均工资 3 倍的，向其支付经济补偿金的标准按职工月平均工资 3 倍的数额支付，向其支付经济补偿金的年限最高不超过 12 年。应支付的补偿金 = 3 000 × 3 × 12 = 108 000（元）。

✦ 考点 16　劳动合同解除和终止的法律后果和双方义务★

一、考点解读

1. 劳动合同解除或终止后，劳动关系消灭。

2. 劳动合同解除或终止的，用人单位应当在解除或者终止劳动合同时出具解除或者终止劳动合同的证明，并在 15 日内为劳动者办理档案和社会保险关系转移手续。

3. 用人单位对已经解除或者终止的劳动合同的文本，至少保存 2 年备查。

4. 用人单位应当在解除或者终止劳动合同时向劳动者支付经济补偿的，在办结工作交接时支付。

5. 用人单位违反规定解除或者终止劳动合同，劳动者要求继续履行劳动合同的，用人单位应当继续履行；劳动者不要求继续履行劳动合同或者劳动合同已经不能继续履行的，用人单位应当依照《劳动合同法》规定的经济补偿标准的 2 倍向劳动者支付赔偿金。用人单位支付了赔偿金的，不再支付经济补偿。赔偿金的计算年限自用工之日起计算。

6. 劳动者违反《劳动合同法》规定解除劳动合同，给用人单位造成损失的，应当承担赔偿责任。

二、例题点津

【例题 · 判断题】劳动合同解除或者终止

的，用人单位应当在 30 日内为劳动者办理档案和社会保险关系的转移手续。（　　）

【答案】×

【解析】劳动合同解除或终止的，用人单位应当在解除或者终止劳动合同时出具解除或者终止劳动合同的证明，并在 15 日内为劳动者办理档案和社会保险关系转移手续。

✦ 考点 17　集体合同★★

一、考点解读

（一）集体合同的概念

集体合同是工会代表企业职工一方与企业签订的以劳动报酬、工作时间、休息休假、劳动安全卫生、保险福利等为主要内容的书面协议。尚未建立工会的用人单位，可以由上级工会指导劳动者推举的代表与用人单位订立集体合同。

集体合同内容由用人单位和职工各自派出集体协商代表，通过集体协商（会议）的方式协商确定。集体协商双方的代表人数应当对等，每方至少 3 人，并各确定 1 名首席代表。

（二）集体合同的订立

经双方协商代表协商一致的集体合同草案或专项集体合同草案应当提交职工代表大会或者全体职工讨论。职工代表大会或者全体职工讨论集体合同草案，应当有 2/3 以上职工代表或者职工出席，且须经全体职工代表半数以上或者全体职工半数以上同意，方获通过。

集体合同订立后，应当报送劳动行政部门；劳动行政部门自收到集体合同文本之日起 15 日内未提出异议的，集体合同即行生效。

集体合同中劳动报酬和劳动条件等标准不得低于当地人民政府规定的最低标准。

二、例题点津

【例题·判断题】集体合同草案应当提交有半数以上职工代表或者职工出席的职工代表大会或者全体职工讨论。

【答案】×

【解析】经双方协商代表协商一致的集体合同草案或专项集体合同草案应当提交职工代表大会或者全体职工讨论。职工代表大会或者全体职工讨论集体合同草案，应当有 2/3 以上职工代表或者职工出席，且须经全体职工代表半数以上或者全体职工半数以上同意，方获通过。

✦ 考点 18　劳务派遣★★

一、考点解读

（一）劳务派遣的概念

劳务派遣是指由劳务派遣单位与劳动者订立劳动合同，与用工单位订立劳务派遣协议，将被派遣劳动者派往用工单位给付劳务。

解释

（二）劳务派遣的适用范围

1. 劳务派遣用工是补充形式，只能在临时性（临时性工作岗位是指存续时间不超过 6 个月的岗位）、辅助性或者替代性的工作岗位上实施。

2. 用工单位应当严格控制劳务派遣用工数量，使用的被派遣劳动者数量不得超过其用工总量的 10%。该用工总量是指用工单位订立劳动合同人数与使用的被派遣劳动者人数之和。

3. 用人单位不得设立劳务派遣单位向本单位或者所属单位派遣劳动者。用工单位不得将被派遣劳动者再派遣到其他用人单位。劳务派遣单位不得以非全日制用工形式招用被派遣劳动者。

（三）劳务派遣单位、用工单位与劳动者的权利和义务

1. 劳务派遣单位应当与被派遣劳动者订立 2 年以上的固定期限劳动合同，按月支付劳动报酬；被派遣劳动者在无工作期间，劳务派遣单位应当按照所在地人民政府规定的最低工资标准，向其按月支付报酬。

2. 用工单位应当根据工作岗位的实际需要与劳务派遣单位确定派遣期限，不得将连续用工期限分割订立数个短期劳务派遣协议。

3. 劳务派遣单位应当将劳务派遣协议的内

容告知被派遣劳动者，不得克扣用工单位按照劳务派遣协议支付给被派遣劳动者的劳动报酬。劳务派遣单位和用工单位不得向被派遣劳动者收取费用。

4. 被派遣劳动者享有与用工单位的劳动者同工同酬的权利。用工单位无同类岗位劳动者的，参照用工单位所在地相同或者相近岗位劳动者的劳动报酬确定。

5. 被派遣劳动者有权在劳务派遣单位或者用工单位依法参加或者组织工会，维护自身的合法权益。

二、例题点津

【例题1·多选题】 下列有关劳务派遣用工的表述中，不正确的有（　　）。

A. 劳务派遣用工是企业用工的补充形式

B. 劳务派遣用工适用于企业非重要的工作岗位上

C. 用人单位使用的被派遣劳动者数量不得超过其用工总量的15%

D. 劳务派遣单位不得以非全日制用工形式招用被派遣劳动者

【答案】 BC

【解析】 选项B，劳务派遣用工只能在临时性、辅助性或者替代性的工作岗位上实施。选项C，用工单位应当严格控制劳务派遣用工数量，使用的被派遣劳动者数量不得超过其用工总量的10%。

【例题2·多选题】 根据劳动合同法律制度的规定，下列关于劳务派遣合同的表述中，正确的有（　　）。

A. 劳务派遣单位应当与被派遣劳动者订立2年以下的固定期限劳动合同

B. 用工单位的正式员工为100人，则其使用的被派遣劳动者不能超过10人

C. 被派遣劳动者在无工作期间，劳务派遣单位应当按照所在地人民政府规定的最低工资标准，向其按月支付报酬

D. 劳务派遣单位和用工单位均不得向被派遣劳动者收取费用

【答案】 CD

【解析】 劳务派遣单位应当与被派遣劳

订立2年以上的固定期限劳动合同，按月支付劳动报酬，选项A表述不正确。用工单位应当严格控制劳务派遣用工数量，使用的被派遣劳动者数量不得超过其用工总量的10%。该用工总量是指用工单位订立劳动合同人数与使用的被派遣劳动者人数之和。用工单位正式员工为100人，则正式员工的比例不得少于90%，即正式员工为100人，总员工的人数为100÷90% = 111（人），所以劳务派遣员工为11人。因此，使用劳务派遣人数不得超过11人，选项B表述不正确。

✦ 考点19　劳动争议的解决★★

一、考点解读

（一）劳动争议

1. 劳动争议也称劳务纠纷、劳资争议，是指劳动关系当事人之间因实现劳动权利、履行劳动义务发生分歧而引起的争议。包括：

（1）因确认劳动关系发生的争议；

（2）因订立、履行、变更、解除和终止劳动合同发生的争议；

（3）因除名、辞退和辞职、离职发生的争议；

（4）因工作时间、休息休假、社会保险、福利、培训以及劳动保护发生的争议；

（5）因劳动报酬、工伤医疗费、经济补偿或者赔偿金等发生的争议；

（6）法律、法规规定的其他劳动争议。

2. 劳动者与用人单位之间发生的下列纠纷，属于劳动争议，当事人不服劳动争议仲裁机构作出的裁决，依法提起诉讼的，人民法院应予受理：

（1）劳动者与用人单位在履行劳动合同过程中发生的纠纷；

（2）劳动者与用人单位之间没有订立书面劳动合同，但已形成劳动关系后发生的纠纷；

（3）劳动者与用人单位因劳动关系是否已经解除或者终止，以及应否支付解除或者终止劳动关系经济补偿金发生的纠纷；

（4）劳动者与用人单位解除或者终止劳动关系后，请求用人单位返还其收取的劳动合同定金、保证金、抵押金、抵押物发生的纠纷，或者

办理劳动者的人事档案、社会保险关系等移转手续发生的纠纷；

（5）劳动者以用人单位未为其办理社会保险手续，且社会保险经办机构不能补办导致其无法享受社会保险待遇为由，要求用人单位赔偿损失发生的纠纷；

（6）劳动者退休后，与尚未参加社会保险统筹的原用人单位因追索养老金、医疗费、工伤保险待遇和其他社会保险待遇而发生的纠纷；

（7）劳动者因为工伤、职业病，请求用人单位依法给予工伤保险待遇发生的纠纷；

（8）劳动者依据《劳动合同法》第八十五条规定，要求用人单位支付加付赔偿金发生的纠纷；

（9）因企业自主进行改制发生的纠纷。

3. 下列纠纷不属于劳动争议：

（1）劳动者请求社会保险经办机构发放社会保险金的纠纷；

（2）劳动者与用人单位因住房制度改革产生的公有住房转让纠纷；

（3）劳动者对劳动能力鉴定委员会的伤残等级鉴定结论或者对职业病诊断鉴定委员会的职业病诊断鉴定结论的异议纠纷；

（4）家庭或者个人与家政服务人员之间的纠纷；

（5）个体工匠与帮工、学徒之间的纠纷；

（6）农村承包经营户与受雇人之间的纠纷。

（二）劳动争议的解决方法

用人单位与劳动者发生劳动争议，劳动者可以与用人单位协商，也可以请工会或者第三方共同与用人单位协商，达成和解协议；当事人不愿协商、协商不成或者达成和解协议后不履行的，可以向调解组织申请调解；不愿调解、调解不成或者达成调解协议后不履行的，可以向劳动争议仲裁委员会申请仲裁；对仲裁裁决不服的，除《调解仲裁法》另有规定的以外，可以向人民法院提起诉讼。

解释 劳动仲裁不同于经济仲裁。（劳动争议仲裁，只要一方当事人提出申请，有关仲裁机构即可受理；劳动争议仲裁一般不是终局的。）

（三）劳动调解

1. 可受理劳动争议的调解组织有：

（1）企业劳动争议调解委员会；

（2）依法设立的基层人民调解组织；

（3）在乡镇、街道设立的具有劳动争议调解职能的组织。

2. 劳动调解程序。

（1）当事人申请劳动争议调解可以书面申请，也可以口头申请。口头申请的，调解组织应当当场记录申请人基本情况、申请调解的争议事项、理由和时间。

（2）调解劳动争议，应当充分听取双方当事人对事实和理由的陈述，耐心疏导，帮助其达成协议。

（3）经调解达成协议的，应当制作调解协议书。调解协议书由双方当事人签名或者盖章，经调解员签名并加盖调解组织印章后生效。调解协议书对双方当事人具有约束力，当事人应当履行。自劳动争议调解组织收到调解申请之日起15日内未达成调解协议的，当事人可以依法申请仲裁。

（4）达成调解协议后，一方当事人在协议约定期限内不履行调解协议的，另一方当事人可以依法申请仲裁。因支付拖欠劳动报酬、工伤医疗费、经济补偿或者赔偿金事项达成调解协议，用人单位在协议约定期限内不履行的，劳动者可以持调解协议书依法向人民法院申请支付令。人民法院应当依法发出支付令。

（四）劳动仲裁

劳动仲裁是指由劳动争议仲裁机构对当事人申请仲裁的劳动争议依法作出裁决的一项法律制度。在我国，劳动仲裁是劳动争议当事人向人民法院提起诉讼的必经程序。劳动争议仲裁不收费。仲裁委员会的经费由财政予以保障。

解释 劳动仲裁与劳动诉讼的关系：先裁后审。经济仲裁与民事诉讼：或裁或审。

1. 劳动仲裁当事人。

（1）发生劳动争议的劳动者和用人单位为劳动争议仲裁案件的双方当事人。

（2）劳务派遣单位或者用工单位与劳动者发生劳动争议的，劳务派遣单位和用工单位为共同当事人。

（3）劳动者与个人承包经营者发生争议，依法向仲裁委员会申请仲裁的，应当将发包的组织和个人承包经营者作为当事人。

（4）发生争议的用人单位未办理营业执照、被吊销营业执照、营业执照到期继续经营、被责令关闭、被撤销以及用人单位解散、歇业，不能承担相关责任的，应当将用人单位和其出资人、开办单位或者主管部门作为共同当事人。

2. 当事人代表。

发生争议的劳动者一方在 **10 人以上**，并有共同请求的，劳动者可以推举 **3 ~ 5 名**代表人参加仲裁活动。代表人参加仲裁的行为对其所代表的当事人发生效力，但代表人变更、放弃仲裁请求或者承认对方当事人的仲裁请求，进行和解，必须经被代表的当事人同意。

3. 劳动仲裁管辖（注意区分经济仲裁管辖和诉讼管辖）。

劳动争议由劳动合同履行地或者用人单位所在地的仲裁委员会管辖。

解释

（1）双方当事人分别向劳动合同履行地和用人单位所在地的仲裁委员会申请仲裁的，由劳动合同履行地的仲裁委员会管辖。

（2）有多个劳动合同履行地的，由最先受理的仲裁委员会管辖。

（3）劳动合同履行地不明确的，由用人单位所在地的仲裁委员会管辖。

（4）案件受理后，劳动合同履行地或者用人单位所在地发生变化的，不改变争议仲裁的管辖。

4. 申请仲裁时效。

劳动争议申请仲裁的时效期间为 **1 年**。仲裁时效期间从当事人知道或者应当知道其**权利被侵害之日起**计算。劳动关系存续期间因拖欠劳动报酬发生争议的，劳动者申请仲裁不受 1 年仲裁时效期间的限制；但是，劳动关系终止的，应当自劳动关系终止之日起 **1 年内**提出。

5. 劳动仲裁申请。

申请人申请仲裁应当提交书面仲裁申请，并按照被申请人人数提交副本。书写仲裁申请确有困难的，可以口头申请。

6. 劳动仲裁受理。

仲裁委员会收到仲裁申请之日起 5 日内，认为符合受理条件的，应当予以受理，并向申请人出具受理通知书；认为不符合受理条件的，向申请人出具不予受理通知书。

对仲裁委员会逾期未作出决定或者决定不予受理的，申请人可以就该争议事项向人民法院提起诉讼。

仲裁委员会受理仲裁申请后，应当在 5 日内将仲裁申请书副本送达被申请人。被申请人收到仲裁申请书副本后，应当在 10 日内向仲裁委员会提交答辩书。仲裁委员会收到答辩书后，应当在 5 日内将答辩书副本送达申请人。被申请人未提交答辩书的，不影响仲裁程序的进行。

7. 劳动仲裁的基本制度。

（1）先行调解原则。

仲裁庭在作出裁决前，应当先行调解。调解达成协议的，仲裁庭应当制作调解书。调解书经双方当事人签收后，发生法律效力。

（2）公开仲裁制。

劳动争议仲裁公开进行，但当事人协议不公开或者涉及商业秘密和个人隐私的，经相关当事人书面申请，仲裁委员会应当不公开审理。

（3）仲裁庭制度。

仲裁委员会裁决劳动争议案件实行仲裁庭制度。仲裁庭由 **3 名仲裁员**组成，设首席仲裁员。简单劳动争议案件可以由 **1 名仲裁员**独任仲裁。

（4）回避制度。

仲裁员有下列情形之一，应当回避，当事人也有权以口头或者书面方式提出回避申请：

①是本案当事人或者当事人、代理人的近亲属的；

②与本案有利害关系的；

③与本案当事人、代理人有其他关系，可能影响公正裁决的；

④私自会见当事人、代理人，或者接受当事人、代理人的请客送礼的。

8. 审理。

仲裁委员会应当在受理仲裁申请之日起 5 日内组成仲裁庭，并将仲裁庭的组成情况书面通知当事人。仲裁庭应当在开庭 5 日前，将开庭日期、地点书面通知双方当事人。当事人有正当理由的，可以在开庭 3 日前请求延期开庭。是否延期，由仲裁委员会根据实际情况决定。

仲裁庭裁决劳动争议案件，应当自仲裁委员会受理仲裁申请之日起 **45 日内**结束。案情复杂需要延期的，经仲裁委员会主任批准，可以延期并书面通知当事人，但是延长期限**不得超过15日**。逾期未作出仲裁裁决的，当事人可以就该劳动争议事项向人民法院提起诉讼。

　　解释　劳动争议仲裁中的"3日""5日""10日"指工作日，"15日""45日"指自然日。

　　9. 裁决。

　　裁决应当按照多数仲裁员的意见作出，少数仲裁员的不同意见应当记入笔录。仲裁庭不能形成多数意见时，裁决应当按照首席仲裁员的意见作出。

　　裁决书由仲裁员签名，加盖劳动争议仲裁委员会印章。对裁决持不同意见的仲裁员，可以签名，也可以不签名。

　　仲裁庭裁决劳动争议案件时，其中一部分事实已经清楚，可以就该部分先行裁决。

　　10. 劳动仲裁的终局裁决。

　　下列劳动争议，除法律另有规定以外，仲裁裁决为终局裁决，裁决书自作出之日起发生法律效力：

　　（1）追索劳动报酬、工伤医疗费、经济补偿或者赔偿金，不超过当地月最低工资标准**12个月**金额的争议。

　　（2）因执行国家的劳动标准在工作时间、休息休假、社会保险等方面发生的争议。

　　（五）劳动诉讼

　　1. 对仲裁委员会不予受理或者逾期未作出决定的，申请人可以就该劳动争议事项向人民法院提起诉讼。

　　2. 劳动者对劳动争议的终局裁决不服的，可以自收到仲裁裁决书之日起15日内向人民法院提起诉讼。

　　3. 当事人对终局裁决情形之外的其他劳动争议案件的仲裁裁决不服的，可以自收到仲裁裁决书之日起15日内提起诉讼。

　　4. 终局裁决被人民法院裁定撤销的，当事人可以自收到裁定书之日起15日内就该劳动争议事项向人民法院提起诉讼。

二、例题点津

　　【例题1·多选题】根据劳动合同法律制度的规定，用人单位与劳动者发生争议的，可以采

取的解决方法包括（　　　）。

　　A. 协商　　　　　　B. 调解

　　C. 仲裁　　　　　　D. 诉讼

　　【答案】ABCD

　　【解析】用人单位与劳动者发生劳动争议，劳动者可以与用人单位协商，也可以请工会或者第三方共同与用人单位协商，达成和解协议；当事人不愿协商、协商不成或者达成和解协议后不履行的，可以向调解组织申请调解；不愿调解、调解不成或者达成调解协议后不履行的，可以向劳动争议仲裁委员会申请仲裁；对仲裁裁决不服的，除《调解仲裁法》另有规定的以外，可以依法向人民法院提起诉讼或者申请撤销仲裁裁决。

　　【例题2·多选题】根据劳动合同法律制度的规定，下列各项中，劳动者可以向人民法院提起诉讼的有（　　　）。

　　A. 劳动争议仲裁委员会不予受理的

　　B. 劳动者对劳动争议的终局裁决不服的

　　C. 劳动争议仲裁委员会逾期未作出决定的

　　D. 终局仲裁裁决被人民法院裁定撤销的

　　【答案】ABCD

　　【解析】对劳动争议仲裁委员会不予受理或者逾期未作出决定的，申请人可以就该劳动争议事项向人民法院提起诉讼。劳动者对劳动争议的终局裁决不服的，可以自收到仲裁裁决书之日起15日内提起诉讼。终局裁决被人民法院裁定撤销的，当事人可以自收到裁定书之日起15日内就该劳动争议事项向人民法院提起诉讼。

　　【例题3·多选题】根据劳动合同法律制度的规定，下列选项中的纠纷不属于劳动争议的有（　　　）。

　　A. 劳动者与用人单位之间没有订立书面劳动合同，但已形成劳动关系后发生的纠纷

　　B. 劳动者因为工伤、职业病，请求用人单位依法给予工伤保险待遇发生的纠纷

　　C. 劳动者与用人单位因住房制度改革产生的公有住房转让纠纷

　　D. 劳动者请求社会保险经办机构发放社会保险金的纠纷

　　【答案】CD

　　【解析】下列纠纷不属于劳动争议：（1）劳动者请求社会保险经办机构发放社会保险金的纠

纷；（2）劳动者与用人单位因住房制度改革产生的公有住房转让纠纷；（3）劳动者对劳动能力鉴定委员会的伤残等级鉴定结论或者对职业病诊断鉴定委员会的职业病诊断鉴定结论的异议纠纷；（4）家庭或者个人与家政服务人员之间的纠纷；（5）个体工匠与帮工、学徒之间的纠纷；（6）农村承包经营户与受雇人之间的纠纷。

【例题 4·多选题】 根据《劳动争议调解仲裁法》的规定，下列劳动争议中，劳动者可以向劳动仲裁部门申请劳动仲裁的有（　　）。

A. 因加班工资支付发生的劳动争议

B. 因竞业限制经济补偿金支付发生的劳动争议

C. 因用人单位劳动保护条件不符合国家规定标准发生的劳动争议

D. 因社会保险缴纳发生的劳动争议

【答案】 ABCD

【解析】 劳动仲裁的范围主要指用人单位与劳动者发生的下列劳动争议：（1）因确认劳动关系发生的争议；（2）因订立、履行、变更、解除和终止劳动合同发生的争议；（3）因除名、辞退和辞职、离职发生的争议；（4）因工作时间、休息休假、社会保险、福利、培训以及劳动保护发生的争议；（5）因劳动报酬、工伤医疗费、经济补偿或者赔偿金等发生的争议；（6）法律、法规规定的其他劳动争议。

【例题 5·判断题】 当事人可以口头形式向劳动争议调解组织申请调解。（　　）

【答案】 √

【解析】 当事人申请劳动争议调解可以书面申请，也可以口头申请。口头申请的，调解组织应当当场记录申请人基本情况、申请调解的争议事项、理由和时间。

【例题 6·判断题】 劳动者与用人单位发生劳动争议的，可以向劳动争议仲裁机关提请仲裁，也可以向人民法院提起劳动诉讼。（　　）

【答案】 ×

【解析】 劳动争议先仲裁，对仲裁裁决不服的，可以依法向人民法院提起诉讼。

第二单元　社会保险法律制度

✿ 考点 1　社会保险法律制度概述 ★

一、考点解读

基本社会保险体系（见表 8-10）

表 8-10

项目	内容
职工社会保险	基本养老保险
	基本医疗保险 **解释** 生育保险与基本医疗保险合并
	工伤保险
	失业保险
城乡居民基本保险	基本养老保险
	基本医疗保险

二、例题点津

【例题·多选题】 目前我国的社会保险项目主要有（　　）。

A. 基本养老保险

B. 基本医疗保险

C. 工伤保险

D. 失业保险

【答案】 ABCD

【解析】 目前我国的社会保险项目主要有基本养老保险、基本医疗保险、工伤保险、失业保险和生育保险。

✿ 考点 2　基本养老保险 ★★★

一、考点解读

（一）基本养老保险基金的组成和来源

1. 基本养老保险基金由用人单位和个人缴

费以及政府补贴等组成。

2. 基本养老保险实行社会统筹与个人账户相结合。

3. 基本养老金由统筹养老金和个人账户养老金组成。

4. 无雇工的个体工商户、未在用人单位参加基本养老保险的非全日制从业人员以及其他灵活就业人员可以参加基本养老保险，由个人缴纳基本养老保险费，分别记入基本养老保险统筹基金和个人账户。

5. 个人账户不得提前支取，记账利率不得低于银行定期存款利率，免征利息税。参加职工基本养老保险的个人死亡后，其个人账户中的余额可以全部依法继承。

6. 个人跨统筹地区就业的，其基本养老保险关系随本人转移，缴费年限累计计算。个人达到法定退休年龄时，基本养老金分段计算、统一支付。

（二）职工基本养老保险费的缴纳与计算

1. 单位缴费。

自2019年5月1日起，降低城镇职工基本养老保险（包括企业和机关事业单位基本养老保险）单位缴费比例。各省、自治区、直辖市及新疆生产建设兵团养老保险单位缴费比例高于16%的，可降至16%；目前低于16%的，要研究提出过渡办法。

2. 个人缴费。

（1）按照现行政策，职工个人按照**本人缴费工资的8%**缴费，记入**个人账户**。计算公式为：

个人养老账户月存储额 = 本人月缴费工资 × 8%

（2）缴费工资的确定。

一般为职工本人上一年度月平均工资（有条件的地区也可以本人上月工资收入为个人缴费工资基数）。

解释 月平均工资按照国家统计局规定列入工资总额统计的项目计算，包括工资、奖金、津贴、补贴等收入，不包括用人单位承担或者支付给员工的社会保险费、劳动保护费、福利费、用人单位与员工解除劳动关系时支付的一次性补偿以及计划生育费用等其他不属于工资的费用。

解释 本人月平均工资低于当地职工月平均工资60%的，按当地职工月平均工资60%作

为缴费基数。本人月平均工资高于当地职工月平均工资300%的，按当地职工月平均工资的300%作为缴费基数。

（3）各省应以本省城镇非私营单位就业人员平均工资和城镇私营单位就业人员平均工资加权计算的全口径城镇单位就业人员平均工资，核定社保个人缴费基数上下限。

个人缴费不计征个人所得税，在计算个人所得税的应税收入时，应当扣除个人缴纳的养老保险费。

城镇个体工商户和灵活就业人员按照上述口径计算的本地全口径城镇单位就业人员平均工资核定社保个人缴费基数上下限，允许缴费人在**60%至300%**之间选择适当的缴费基数。缴费比例为20%，其中8%计入个人账户。

【举例】某企业职工王某的月工资为1 500元，当地社会月平均工资为3 000元。则该职工每月应缴纳的基本养老保险费是多少元？

【解析】本人月平均工资低于当地职工月平均工资60%的，按当地职工月平均工资的60%作为缴费基数。当地职工月平均工资的60%为1 800元。王某个人每月应缴纳的基本养老保险费数额为1 800 × 8% = 144（元）。

（三）职工基本养老保险享受条件与待遇

1. 职工基本养老保险享受条件。

（1）年龄条件：达到法定退休年龄。

提示 2024年9月13日，第十四届全国人民代表大会常务委员会第十一次会议通过《国务院关于渐进式延迟法定退休年龄的办法》，自2025年1月1日起施行。从2025年1月1日起，男职工和原法定退休年龄为55周岁的女职工，法定退休年龄每4个月延迟一个月，分别逐步延迟至63周岁和58周岁；原法定退休年龄为50周岁的女职工，法定退休年龄每2个月延迟1个月，逐步延迟至55周岁。

（2）缴费条件：累计缴费**满15年**。

2. 职工基本养老保险待遇。

（1）职工基本养老金。

对符合基本养老保险享受条件的人员，国家按月支付基本养老金。

（2）丧葬补助金和遗属抚恤金。

参加基本养老保险的个人，因病或者非因工

死亡的，其遗属可以领取丧葬补助金和抚恤金，所需资金从基本养老保险基金中支付。

但如果个人死亡同时符合领取基本养老保险丧葬补助金、工伤保险丧葬补助金和失业保险丧葬补助金条件的，其遗属只能选择领取其中的一项。

（3）病残津贴。

参加基本养老保险的个人，在未达到法定退休年龄时因病或者非因工致残完全丧失劳动能力的，可以领取病残津贴，所需资金从基本养老保险基金中支付。

二、例题点津

【例题1·单选题】 2024年王某月平均工资6 500元。当地职工上年度月平均工资4 500元。王某2025年每月应缴纳的职工基本养老保险费是（　　）元。

A. 360　　　　　　B. 520

C. 440　　　　　　D. 1 040

【答案】 B

【解析】 个人养老账户月存储额＝本人月缴费工资×8%。缴费工资基数，一般为职工本人上一年度月平均工资，本人月平均工资低于当地职工月平均工资60%的，按当地职工月平均工资的60%作为缴费基数。本人月平均工资高于当地职工月平均工资300%的，按当地职工月平均工资的300%作为缴费基数。当地职工上年度月平均工资4 500元，王某月平均工资6 500元，不低于其60%，也不高于其300%，则王某应缴纳的职工基本养老保险费＝6 500×8%＝520（元）。

【例题2·多选题】 根据社会保险法律制度的规定，参加基本养老保险的下列人员中，基本养老保险费全部由个人缴纳的有（　　）。

A. 实行企业化管理的事业单位职工

B. 未在用人单位参加基本养老保险的非全日制从业人员

C. 城镇私营企业的职工

D. 无雇工的个体工商户

【答案】 BD

【解析】 无雇工的个体工商户、未在用人单位参加基本养老保险的非全日制从业人员、其他

灵活就业人员可以参加基本养老保险，由个人缴纳基本养老保险费。

【例题3·判断题】 职工基本养老保险的享受条件是职工达到法定退休年龄。（　　）

【答案】 ×

【解析】 职工领取基本养老保险的条件有两个：一是达到法定退休年龄，二是累计缴费满15年。

✳ 考点3　基本医疗保险★★★

一、考点解读

（一）基本医疗保险的覆盖范围

1. 职工基本医疗保险。

职工应当参加职工基本医疗保险，由用人单位和职工按照国家规定共同缴纳基本医疗保险费。职工基本医疗保险费的征缴范围包括国有企业、城镇集体企业、外商投资企业、城镇私营企业和其他城镇企业及其职工，国家机关及其工作人员，事业单位及其职工，民办非企业单位及其职工，社会团体及其专职人员。

无雇工的个体工商户、未在用人单位参加基本医疗保险的非全日制从业人员以及其他灵活就业人员可以参加职工基本医疗保险，由个人按照国家规定缴纳基本医疗保险费。

2. 城乡居民基本医疗保险。

整合城镇居民基本医疗保险和新型农村合作医疗两项制度，建立统一的城乡居民基本医疗保险制度。2019年底两项制度在全国范围内实现了并轨运行。城乡居民基本医疗保险制度覆盖范围包括现有城镇居民基本医疗保险制度和新型农村合作医疗所有应参保（合）人员，即覆盖除职工基本医疗保险应参保人员以外的其他所有城乡居民，统一保障待遇。

（二）全面推进生育保险和职工基本医疗保险合并实施

推进两项保险合并实施，统一参保登记，即参加职工基本医疗保险的在职职工同步参加生育保险。统一基金征缴和管理，生育保险基金并入职工基本医疗保险基金，按照用人单位参加生育保险和职工基本医疗保险的缴费比例之和确定新的用人单位职工基本医疗保险费率，个人不缴纳

生育保险费。两项保险合并实施后实行统一定点医疗服务管理，统一经办和信息服务。确保职工生育期间的生育保险待遇不变。

（三）职工基本医疗保险费的缴纳

1. 单位缴费。单位缴费率一般为职工工资总额的 **6%左右**。

2. 用人单位缴纳的基本医疗保险费分为两部分，一部分用于建立统筹基金，另一部分划入个人账户；用人单位缴费部分划入个人账户的具体比例，一般为 **30%左右**。

3. 个人缴费。个人缴费率一般为**本人工资收入的 2%**。

【举例】某企业员工王某的月工资为 5 000 元，当地社会平均月工资为 3 000 元，王某个人医疗保险账户每月的储存额为多少元？

【解析】王某每月从工资中扣除 5 000 × 2% = 100（元）存入医疗保险个人账户；单位每月缴费中转入王某个人账户额 = 5 000 × 6% × 30% = 90（元）；王某个人医疗保险账户每月的储存额 = 100 + 90 = 190（元）。

（四）基本医疗保险关系转移接续制度

个人跨统筹地区就业的，其基本医疗保险关系随本人转移，缴费年限累计计算。

（五）退休人员基本医疗保险费的缴纳

参加职工基本医疗保险的个人，达到法定退休年龄时累计缴费达到国家规定年限的，退休后不再缴纳基本医疗保险费，按照国家规定享受基本医疗保险待遇；未达到国家规定缴费年限的，可以缴费至国家规定年限。

（六）职工基本医疗费用的结算

1. 支付范围。

要享受基本医疗保险待遇，一般要符合以下条件：

（1）参保人员必须到基本医疗保险的定点医疗机构就医、购药或定点零售药店购买药品。

（2）参保人员在看病就医过程中所发生的医疗费用必须符合基本医疗保险药品目录、诊疗项目、医疗服务设施标准的范围和给付标准。

2. 不支付的范围。

下列医疗费用不纳入基本医疗保险基金支付范围：

（1）应当从工伤保险基金中支付的；

（2）应当由第三人负担的；

（3）应当由公共卫生负担的；

（4）在境外就医的。

3. 支付标准。

参保人员符合基本医疗保险支付范围的医疗费用中，在社会医疗统筹基金起付标准以上与最高支付限额以下的费用部分，由社会医疗统筹基金按一定比例支付。

起付标准，又称起付线，一般为当地职工年平均工资的 **10%左右**。**最高支付限额**，又称封顶线，一般为当地职工年平均工资的 **6 倍左右**。支付比例一般为 **90%**。

参保人员符合基本医疗保险支付范围的医疗费用中，在社会医疗统筹基金起付标准以下的费用部分，由个人账户资金支付或个人自付；统筹基金起付线以上至封顶线以下的费用部分，个人也要承担一定比例的费用，一般为 **10%**，可由个人账户支付也可自付。参保人员在封顶线以上的医疗费用部分，可以通过单位补充医疗保险或参加商业保险等途径解决。

【举例】吴某在定点医院做外科手术，共发生医疗费用 12 万元，其中在规定医疗目录内的费用为 10 万元，目录以外费用 2 万元。当地职工平均工资水平为 2 000 元/月。吴某从医疗统筹账户中的最高支付额是多少元？

【解析】医疗报销起付标准（起付线）为 2 000 × 12 × 10% = 2 400（元）；最高支付限额（封顶线）为 2 000 × 12 × 6 = 144 000（元）；即吴某医疗费用中在 2 400 元以上、144 000 元以下的部分可以从统筹账户予以报销。报销比例为 90%，吴某可以报销的费用为（100 000 – 2 400）× 90% = 87 840（元）。

（七）医疗期

1. 医疗期的概念。

医疗期是指企业职工因患病或非因工负伤停止工作，治病休息，但不得解除劳动合同的期限。

2. 医疗期的期限——**3 个月到 24 个月**的医疗期（见表 8 – 11）。

表 8 – 11

实际工作年限	在本单位工作年限（用 X 表示）	医疗期
<10 年	<5 年	3 个月（6 个月内休完）
	≥5 年	6 个月（12 个月内休完）
≥10 年	<5 年	6 个月（12 个月内休完）
	5 年≤X<10 年	9 个月（15 个月内休完）
	10 年≤X<15 年	12 个月（18 个月内休完）
	15 年≤X<20 年	18 个月（24 个月内休完）
	≥20 年	24 个月（30 个月内休完）

提示 病休期间、公休、假日和法定节日包括在内。特殊病例，经企业和劳动主管部门批准，可以延长医疗期

3. 医疗期内的待遇。

（1）企业职工在医疗期内，其病假工资、疾病救济费和医疗待遇按照有关规定执行。

（2）病假工资或疾病救济费可以低于当地最低工资标准支付，但最低不能低于最低工资标准的 80%。

（3）医疗期内，除劳动者有法律规定的情形外，用人单位不得解除或终止劳动合同。如医疗期内遇合同期满，则合同必须续延至医疗期满，职工在此期间仍然享受医疗期内待遇。

（4）对医疗期满尚未痊愈者，或者医疗期满后，不能从事原工作，也不能从事用人单位另行安排的工作，被解除劳动合同的，用人单位需按经济补偿规定给予其经济补偿。

二、例题点津

【例题 1·单选题】 基本医疗保险个人账户的资金来源，包括个人缴费和用人单位强制性缴费的划入部分。用人单位所缴医疗保险费划入个人医疗账户的比例，一般为（　　）。

A. 2%　　　　　　B. 6%

C. 8%　　　　　　D. 30%

【答案】 D

【解析】 用人单位强制性缴费的划入部分，由统筹地区根据个人医疗账户的支付范围和职工年龄等因素确定。用人单位所缴医疗保险费划入个人医疗账户的具体比例，一般为 30% 左右。

【例题 2·多选题】 根据社会保险法律制度的规定，企业职工的下列情形中，应当由基本医疗保险基金支付的医疗费用有（　　）。

A. 甲企业员工张某从工伤治疗中发生的医疗费用

B. 乙公司员工赵某因心脏病急诊发生的医疗费用

C. 孙某在境外就医发生的医疗费用

D. 丙公司员工秦某因火灾烧伤抢救发生的医疗费用

【答案】 BD

【解析】 选项 B、D，参保人员符合基本医疗保险药品目录、诊疗项目、医疗服务设施标准以及急诊、抢救的医疗费用，按照国家规定从基本医疗保险基金中支付。

【例题 3·多选题】 甲企业职员李某非因工负伤住院治疗。已知李某月工资为 4 500 元，当地最低月工资标准为 2 500 元，李某医疗期内工资待遇的下列方案中，甲企业可以依法采用的有（　　）元/月。

A. 1 800　　　　　B. 2 000

C. 2 500　　　　　D. 4 500

【答案】 BCD

【解析】 企业职工在医疗期内，其病假工资、疾病救济费和医疗待遇按照有关规定执行。病假工资或疾病救济费可以低于当地最低工资标准支付，但最低不能低于最低工资标准的 80%。甲企业采用的方案不得低于 2 000 元/月（2 500×80%）。

【例题 4·多选题】 2023 年 2 月 20 日，王某高中毕业第一次被某企业录用，双方签订为期 5 年的劳动合同。2025 年 3 月 20 日，王某患病住院

2 个月。下列表述符合法律规定的有（ 　　）。

A. 王某可以享受 3 个月的医疗期

B. 医疗期内企业不得解除与王某的劳动合同

C. 企业向王某支付的病假工资不得低于当地最低工资标准

D. 企业向王某支付的病假工资可以低于当地最低工资标准支付，但最低不能低于最低工资标准的 80%

【答案】ABD

【解析】根据规定，劳动者实际工作年限不足 10 年，在本单位工作年限不足 5 年的医疗期为 3 个月，选项 A 正确；在规定的医疗期内用人单位不得解除劳动合同，选项 B 正确；医疗期内的病假工资或疾病救济费可以低于当地最低工资标准支付，但最低不能低于最低工资标准的

80%，选项 C 错误，选项 D 正确。

✳ 考点 4　工伤保险 ★★

一、考点解读

（一）工伤保险费的缴纳

1. 职工应当参加工伤保险，由用人单位缴纳工伤保险费，职工不缴纳工伤保险费。

2. 企业、事业单位、社会团体、民办非企业单位、基金会、律师事务所、会计师事务所等组织的职工和个体工商户的雇工，均有依法享受工伤保险待遇的权利。

用人单位缴纳工伤保险费的数额为本单位职工工资总额乘以单位缴费费率之积。

（二）工伤认定（见表 8 - 12）

表 8 - 12

类型	内容
应当认定工伤	在工作时间和工作场所内，因工作原因受到事故伤害的
	工作时间前后在工作场所内，从事与工作有关的预备性或收尾性工作受到事故伤害的
	在工作时间和工作场所内，因履行工作职责受到暴力等意外伤害的
	患职业病的
	因工外出期间，由于工作原因受到伤害或者发生事故下落不明的
	在上下班途中，受到非本人主要责任的交通事故或者城市轨道交通、客运轮渡、火车事故伤害的
	法律、行政法规规定应当认定为工伤的其他情形
视同工伤	在工作时间和工作岗位，突发疾病死亡或者在 48 小时内经抢救无效死亡的
	在抢险救灾等维护国家利益、公共利益活动中受到伤害的
	原在军队服役，因战、因公负伤致残，已取得革命伤残军人证，到用人单位后旧伤复发的
不认定为工伤	故意犯罪
	醉酒或者吸毒
	自残或者自杀

（三）劳动能力鉴定

1. 劳动功能障碍分为十个伤残等级，最重的为一级，最轻的为十级。

2. 生活自理障碍分为三个等级：生活完全不能自理、生活大部分不能自理和生活部分不能自理。

自劳动能力鉴定结论作出之日起 1 年后，工伤职工或者其近亲属、所在单位或者经办机构认

为伤残情况发生变化的，可以申请劳动能力复查鉴定。

（四）工伤保险待遇

职工因工作原因遭受事故伤害或者患职业病，且经工伤认定的，享受工伤保险待遇。其中，经劳动能力鉴定委员会鉴定，评定伤残等级的工伤职工，享受伤残待遇（见表 8 - 13）。

表 8 – 13

事项	具体内容		支付主体	保留劳动关系与否
工伤医疗待遇	治疗工伤的医疗费用（诊疗费、药费、住院费）		工伤保险基金	
	住院伙食补助费、交通食宿费		工伤保险基金	
	康复性治疗费		工伤保险基金	
	停工留薪期工资福利待遇		用人单位	
	解释 （1）职工因工作遭受事故伤害或者患职业病需要暂停工作接受工伤医疗的，在停工留薪期内，原工资福利待遇不变，由所在单位按月支付（2）停工留薪期一般不超过12个月。伤情严重或者情况特殊，经设区的市级劳动能力鉴定委员会确认，可以适当延长，但延长不得超过12个月。（3）工伤职工评定伤残等级后，停止享受停工留薪期待遇，按照规定享受伤残待遇（4）工伤职工在停工留薪期满后仍需治疗的，继续享受工伤医疗待遇（5）生活不能自理的工伤职工在停工留薪期需要护理的，由所在单位负责（6）工伤职工治疗非因工伤引发的疾病，不享受工伤医疗待遇，按照基本医疗保险办法处理			
辅助器具装配费	经确认可以安装假肢、矫形器、假眼、假牙和配置轮椅等		工伤保险基金	
伤残待遇	生活护理费		工伤保险基金	
	一次性伤残补助金			
	伤残津贴	1～4级的	工伤保险基金按月支付	保留劳动关系，退出工作岗位
		5～6级的	用人单位按月发放	保留劳动关系，由用人单位安排适当工作
	一次性工伤医疗补助金	5～6级伤残的	工伤保险基金	本人提出，可以与用人单位解除或者终止劳动关系
		7～10级伤残的		合同期满终止，或本人提议解除劳动、聘用合同
	一次性伤残就业补助金	5～6级伤残的	用人单位	本人提出，可以与用人单位解除或者终止劳动关系
		7～10级伤残的		合同期满终止，或本人提议解除劳动、聘用合同
工亡待遇	职工因工死亡，或者伤残职工在停工留薪期内因工伤导致死亡	近亲属享受领取丧葬补助金、供养亲属抚恤金和一次性工亡补助金。**解释** 一次性工亡补助金标准为上一年度全国城镇居民人均可支配收入的20倍	工伤保险基金	
	1～4级伤残职工在停工留薪期满后死亡	近亲属可享受丧葬补助金、供养亲属抚恤金待遇，不享受一次性工亡补助金	工伤保险基金	

（五）特别规定

1. 工伤保险中所称的本人工资，是指工伤职工因工作遭受事故伤害或者患职业病前12个月平均月缴费工资。本人工资高于统筹地区职工平均工资300%的，按照统筹地区职工平均工资的300%计算；本人工资低于统筹地区职工平均

工资 **60%** 的，按照统筹地区职工平均工资的 **60%** 计算。

2. 工伤职工有下列情形之一的，停止享受工伤保险待遇：①丧失享受待遇条件的；②拒不接受劳动能力鉴定的；③拒绝治疗的。

3. 工伤职工符合领取基本养老金条件的，停发伤残津贴，享受基本养老保险待遇。基本养老保险待遇低于伤残津贴的，由工伤保险基金补足差额。

4. 职工所在用人单位未依法缴纳工伤保险费，发生工伤事故的，由用人单位支付工伤保险待遇。用人单位不支付的，从工伤保险基金中先行支付，由用人单位偿还。用人单位不偿还的，社会保险经办机构可以追偿。

5. 由于第三人的原因造成工伤，第三人不支付工伤医疗费用或者无法确定第三人的，由工伤保险基金先行支付。工伤保险基金先行支付后，有权向第三人追偿。

6. 职工（包括非全日制从业人员）在两个或两个以上用人单位同时就业的，各用人单位应当分别为职工缴纳工伤保险费。职工发生工伤，由职工受到伤害时工作的单位依法承担工伤保险责任。

二、例题点津

【例题1·单选题】 根据社会保险法律制度的规定，下列情况应认定为工伤的是（　　）。

A. 患职业病

B. 故意犯罪

C. 醉酒或者吸毒

D. 自残或者自杀

【答案】A

【解析】职工因下列情形之一导致本人在工作中伤亡的，不认定为工伤：（1）故意犯罪；（2）醉酒或者吸毒；（3）自残或者自杀。

【例题2·多选题】 根据社会保险法律制度的规定，应视同工伤的情形有（　　）。

A. 因工外出期间，由于工作原因受到伤害或者发生事故下落不明的

B. 在上下班途中，受到非本人主要责任的交通事故或者城市轨道交通、客运轮渡、火车事故伤害的

C. 在抢险救灾等维护国家利益、公共利益活动中受到伤害的

D. 原在军队服役，因战、因公负伤致残，已取得革命伤残军人证，到用人单位后旧伤复发的

【答案】CD

【解析】职工有下列情形之一的，视同工伤：（1）在工作时间和工作岗位，突发疾病死亡或者在48小时内经抢救无效死亡的；（2）在抢险救灾等维护国家利益、公共利益活动中受到伤害的；（3）原在军队服役，因战、因公负伤致残，已取得革命伤残军人证，到用人单位后旧伤复发的。选项A、B属于应当认定工伤的情形。

【例题3·判断题】 职工发生工伤事故，但所在用人单位未依法缴纳工伤保险费的，不享受工伤保险待遇。（　　）

【答案】×

【解析】职工所在用人单位未依法缴纳工伤保险费，发生工伤事故的，由用人单位支付工伤保险待遇。

✳ 考点5　失业保险 ★★

一、考点解读

（一）失业保险费的缴纳

1. 征缴范围。

国有企业、城镇集体企业、外商投资企业、城镇私营企业和其他城镇企业（统称城镇企业）及其职工，事业单位及其职工。

2. 缴纳比例。

根据《失业保险条例》的规定，城镇企业事业单位按照本单位工资总额的2%缴纳失业保险费，职工按照本人工资的1%缴纳失业保险费。

为减轻企业负担，促进扩大就业，人力资源和社会保障部、财政部数次发文降低失业保险费率，将用人单位和职工失业保险缴费比例总和从3%阶段性降至1%，个人费率不得超过单位费率。

（二）失业保险待遇的享受条件

1. 失业前用人单位和本人已经缴纳失业保险费满1年的。

2. 非因本人意愿中断就业的。

3. 已经进行失业登记，并有求职要求的。

（三）失业保险金的领取期限

1. 注意事项。

（1）用人单位应当及时为失业人员出具终止或者解除劳动关系的证明，将失业人员的名单自终止或者解除劳动关系之日起 7 日内报受理其失业保险业务的经办机构备案，并按要求提供终止或解除劳动合同证明等有关材料。

（2）失业人员在失业期间，可凭社会保障卡或身份证件到现场或通过网上申报的方式，向参保地经办失业保险业务的公共就业服务机构或者社会保险经办机构申领失业保险金。

（3）经办机构认定失业人员失业状态时，不得要求失业人员出具终止或者解除劳动关系证明、失业登记证明等其他证明材料。

（4）失业人员申领失业保险金，经办机构应当同时为其办理失业登记和失业保险金发放。要确保落实申领失业保险金同步办理失业登记或发放后办理失业登记。

（5）失业保险金领取期限自办理失业登记之日起计算。

（6）自 2019 年 12 月起，延长大龄失业人员领取失业保险金期限，对领取失业保险金期满仍未就业且距法定退休年龄不足 1 年的失业人员，可继续发放失业保险金至法定退休年龄。

（7）继续实施失业保险保障扩围政策，对领取失业保险金期满仍未就业的失业人员、不符合领取失业保险金条件的参保失业人员，发放失业补助金；对参保不满 1 年的失业农民工，发放临时生活补助。保障范围为 2022 年 1 月 1 日至 12 月 31 日期间新发生的参保失业人员。

2. 领取期限（见表 8－14）。

表 8－14

累计缴费年限	领取期限
满 1 年不足 5 年	最长为 12 个月
满 5 年不足 10 年	最长为 18 个月
10 年以上	最长为 24 个月

解释 失业人员因当期不符合失业保险金领取条件的，原有缴费时间予以保留，重新就业并参保的，缴费时间累计计算。

（四）失业保险金的发放标准

失业保险金的标准，不得低于城市居民最低生活保障标准，一般也不高于当地最低工资标准。

（五）其他失业保险待遇

1. 领取失业保险金期间享受基本医疗保险待遇。

失业人员在领取失业保险金期间，参加职工基本医疗保险，享受基本医疗保险待遇。失业人员应当缴纳的基本医疗保险费从失业保险基金中支付，个人不缴纳基本医疗保险费。

2. 领取失业保险金期间的死亡补助。

失业人员在领取失业保险金期间死亡的，参照当地对在职职工死亡的规定，向其遗属发给一次性丧葬补助金和抚恤金。所需资金从失业保险基金中支付。

个人死亡同时符合领取基本养老保险丧葬补助金、工伤保险丧葬补助金和失业保险丧葬补助金条件的，其遗属只能选择领取其中的一项。

3. 职业介绍与职业培训补贴。

失业人员在领取失业保险金期间，应当积极求职，接受职业介绍和职业培训。失业人员接受职业介绍、职业培训的补贴由失业保险基金按照规定支付。

4. 国务院规定或者批准的与失业保险有关的其他费用。

（六）停止领取失业保险金及其他失业保险待遇的情形

失业人员在领取失业保险金期间有下列情形之一的，停止领取失业保险金，并同时停止享受其他失业保险待遇：

（1）重新就业的；

（2）应征服兵役的；

（3）移居境外的；

（4）享受基本养老保险待遇的；

（5）被判刑收监执行的；

（6）无正当理由，拒不接受当地人民政府指定部门或者机构介绍的适当工作或者提供培训的；

（7）有法律、行政法规规定的其他情形的。

二、例题点津

【例题1·单选题】 失业人员失业前用人单位和本人累计缴纳失业保险费满1年不足5年的，领取失业保险金的期限最长为（　　）个月。

A. 6　　　　　　　　B. 12
C. 18　　　　　　　　D. 24

【答案】 B

【解析】 失业人员失业前用人单位和本人累计缴费满1年不足5年的，领取失业保险金的期限最长为12个月；累计缴费满5年不足10年的，领取失业保险金的期限最长为18个月；累计缴费10年以上的，领取失业保险金的期限最长为24个月。

【例题2·多选题】 失业人员在领取失业保险金期间有下列情形之一的，应当停止领取失业保险金，并同时停止享受其他失业保险待遇的有（　　）。

A. 移居海外
B. 应征服兵役
C. 被行政拘留
D. 享受基本养老保险待遇

【答案】 ABD

【解析】 失业人员在领取失业保险金期间有下列情形之一的，应当停止领取失业保险金，并同时停止享受其他失业保险待遇：重新就业的；应征服兵役的；移居境外的；享受基本养老保险待遇的；被判刑收监执行的；无正当理由，拒不接受当地人民政府指定部门或者机构介绍的适当工作或者提供培训的；有法律、行政法规规定的其他情形的。

✨ 考点6　社会保险经办 ★

一、考点解读（见表8-15）

表8-15

项目		内　　容
经办机构	人力资源社会保障行政部门	主管基本养老保险、工伤保险、失业保险等社会保险经办工作
	医疗保障行政部门	主管基本医疗保险、生育保险等社会保险经办工作
社会保险登记	用人单位	用人单位在登记管理机关办理登记时，同步办理社会保险登记
	个人	用人单位应当自用工之日起30日内为其职工向社会保险经办机构申请办理社会保险登记
		自愿参加社会保险的无雇工的个体工商户、未在用人单位参加社会保险的非全日制从业人员以及其他灵活就业人员，应当向社会保险经办机构申请办理社会保险登记
社会保险转移、变更和注销	关系转移	参加职工基本养老保险、职工基本医疗保险、失业保险的个人跨统筹地区就业，其职工基本养老保险、职工基本医疗保险、失业保险关系随同转移
		参加职工基本养老保险的个人在机关事业单位与企业等不同性质用人单位之间流动就业，其职工基本养老保险关系随同转移
		参加工伤保险、生育保险的个人跨统筹地区就业，在新就业地参加工伤保险、生育保险

续表

项目		内　容
社会保险转移、变更和注销	变更和注销	用人单位和个人申请变更、注销社会保险登记，社会保险经办机构应当自收到申请之日起 10 个工作日内办理完毕
		用人单位注销社会保险登记的，应当先结清欠缴的社会保险费、滞纳金、罚款
社会保险待遇核定和支付		用人单位和个人向社会保险经办机构提出领取基本养老金的申请，社会保险经办机构应当自收到申请之日起 20 个工作日内办理完毕
		个人医疗费用、生育医疗费用中应当由基本医疗保险（含生育保险）基金支付的部分，由社会保险经办机构审核后与医疗机构、药品经营单位直接结算
		个人治疗工伤的医疗费用、康复费用、安装配置辅助器具费用中应当由工伤保险基金支付的部分，由社会保险经办机构审核后与医疗机构、辅助器具配置机构直接结算
		个人申领失业保险金，社会保险经办机构应当自收到申请之日起 10 个工作日内办理完毕。个人在领取失业保险金期间，社会保险经办机构应当从失业保险基金中支付其应当缴纳的基本医疗保险（含生育保险）费
		个人申领职业培训等补贴，应当提供职业资格证书或者职业技能等级证书。社会保险经办机构应当对职业资格证书或者职业技能等级证书进行审核，并自收到申请之日起 10 个工作日内办理完毕
		个人出现国家规定的停止享受社会保险待遇的情形，用人单位、待遇享受人员或者其亲属应当自相关情形发生之日起 20 个工作日内告知社会保险经办机构，社会保险经办机构核实后应当停止发放相应的社会保险待遇

二、例题点津

【例题·判断题】用人单位和个人向社会保险经办机构提出领取基本养老金的申请，社会保险经办机构应当自收到申请之日起 30 个工作日内办理完毕。（　　）

【答案】×

【解析】用人单位和个人向社会保险经办机构提出领取基本养老金的申请，社会保险经办机构应当自收到申请之日起 20 个工作日内办理完毕。

✿ 考点 7　社会保险费征缴与社会保险基金管理★

一、考点解读（见表 8 - 16）

表 8 - 16

项目	内　容
社会保险费征缴	用人单位应当自行申报、按时足额缴纳社会保险费，非因不可抗力等法定事由不得缓缴、减免
	为提高社会保险资金征管效率，将基本养老保险费、基本医疗保险费、失业保险费等各项社会保险费交由税务部门统一征收。按照改革相关部署，自 2019 年 1 月 1 日起由税务部门统一征收各项社会保险费和先行划转的非税收入

续表

项目	内 容
社会保险基金管理	除基本医疗保险基金与生育保险基金合并建账及核算外，其他各项社会保险基金按照社会保险险种分别建账，分账核算，执行国家统一的会计制度
	社会保险基金专款专用，任何组织和个人不得侵占或者挪用
	社会保险基金存入财政专户，按照统筹层级设立预算，通过预算实现收支平衡
	社会保险经办机构应当定期向社会公布参加社会保险情况以及社会保险基金的收入、支出、结余和收益情况
	社会保险基金在保证安全的前提下，按照国务院规定投资运营实现保值增值

提示 社会保险基金不得违规投资运营，不得用于平衡其他政府预算，不得用于兴建、改建办公场所和支付人员经费、运行费用、管理费用，或者违反法律、行政法规规定挪作其他用途

二、例题点津

【例题1·多选题】根据社会保险法律制度的规定，下列关于社会保险基金管理运营的表述中，正确的有（　　）。

A. 社会保险基金专款专用

B. 社会保险基金的收入、支出、结余和收益情况应当定期向社会公布

C. 社会保险基金存入财政专户，通过预算实现收支平衡

D. 社会保险基金可以在保证安全的前提下投资运营

【答案】ABCD

【解析】选项A、B、C、D说法均正确。

【例题2·判断题】基本养老保险费、基本医疗保险费、失业保险费等各项社会保险费由财政部门统一征收。（　　）

【答案】×

【解析】根据中共中央发布的《深化党和国家机构改革方案》，为提高社会保险资金征管效率，将基本养老保险费、基本医疗保险费、失业保险费等各项社会保险费交由税务部门统一征收。按照改革相关部署，自2019年1月1日起由税务部门统一征收各项社会保险费和先行划转的非税收入。

✳ 考点8　违反社会保险法律制度的法律责任 ★

一、考点解读

（一）用人单位违反《社会保险法》的法律责任

1. 用人单位不办理社会保险登记的，由社会保险行政部门责令限期改正；逾期不改正的，对用人单位处应缴社会保险费数额1倍以上3倍以下的罚款，对其直接负责的主管人员和其他直接责任人员处500元以上3 000元以下的罚款。

2. 用人单位未按时足额缴纳社会保险费的，由社会保险费征收机构责令限期缴纳或者补足，并自欠缴之日起，按日加收0.05%的滞纳金；逾期仍不缴纳的，由有关行政部门处欠缴数额1倍以上3倍以下的罚款。

3. 用人单位拒不出具终止或者解除劳动关系证明的，由劳动行政部门责令改正；给劳动者造成损害的，应当承担赔偿责任。

（二）骗保行为的法律责任

1. 以欺诈、伪造证明材料或者其他手段骗取社会保险待遇的，由社会保险行政部门责令退回骗取的社会保险金，处骗取金额2倍以上5倍以下的罚款。

2. 社会保险经办机构以及医疗机构、药品经营单位等社会保险服务机构以欺诈、伪造证明

材料或者其他手段骗取社会保险基金支出的，由社会保险行政部门责令退回骗取的社会保险金，处骗取金额2倍以上5倍以下的罚款；属于社会保险服务机构的，解除服务协议；直接负责的主管人员和其他直接责任人员有执业资格的，依法吊销其执业资格。

（三）社会保险经办机构、社会保险费征收机构、社会保险服务机构等机构的法律责任

1. 社会保险经办机构及其工作人员有下列行为之一的，由社会保险行政部门责令改正；给社会保险基金、用人单位或者个人造成损失的，依法承担赔偿责任；对直接负责的主管人员和其他直接责任人员依法给予处分：

（1）未履行社会保险法定职责的；

（2）未将社会保险基金存入财政专户的；

（3）克扣或者拒不按时支付社会保险待遇的；

（4）丢失或者篡改缴费记录、享受社会保险待遇记录等社会保险数据、个人权益记录的；

（5）有违反社会保险法律、法规的其他行为的。

2. 社会保险费征收机构擅自更改社会保险费缴费基数、费率，导致少收或者多收社会保险费的，由有关行政部门责令其追缴应当缴纳的社会保险费或者退还不应当缴纳的社会保险费；对直接负责的主管人员和其他直接责任人员依法给予处分。

3. 违反《社会保险法》规定，隐匿、转移、侵占、挪用社会保险基金或者违规投资运营的，由社会保险行政部门、财政部门、审计机关责令追回；有违法所得的，没收违法所得；对直接负责的主管人员和其他直接责任人员依法给予处分。

4. 社会保险行政部门和其他有关行政部门、社会保险经办机构、社会保险费征收机构及其工作人员泄露用人单位和个人信息的，对直接负责的主管人员和其他直接责任人员依法给予处分；给用人单位或者个人造成损失的，应当承担赔偿责任。

5. 国家工作人员在社会保险管理、监督工作中滥用职权、玩忽职守、徇私舞弊的，依法给予处分。

6. 违反《社会保险法》规定，构成犯罪的，依法追究刑事责任。

二、例题点津

【例题1·多选题】根据社会保险法律制度的相关规定，下列违法行为的法律责任，表述正确的有（　　）。

A. 甲公司不办理社会保险登记，被社会保险行政部门责令改正后仍不改正，对其直接负责的主管人员处5 000元以下的罚款

B. 乙公司未按时足额缴纳社会保险费，被社会保险费征收机构责令限期补足，并对其自欠缴之日起按日加收其0.05%的滞纳金

C. 丙公司不办理社会保险登记，被社会保险行政部门责令改正后仍不改正，对其处应缴社会保险费数额2倍罚款

D. 丁公司未按时缴纳社会保险费，被社会保险费征收机构责令限期缴纳，逾期仍未缴纳，被处以5倍罚款

【答案】BC

【解析】选项A、C，用人单位不办理社会保险登记的，由社会保险行政部门责令限期改正；逾期不改正的，对用人单位处应缴社会保险费数额1倍以上3倍以下的罚款，对其直接负责的主管人员和其他直接责任人员处500元以上3 000元以下的罚款。选项B、D，用人单位未按时足额缴纳社会保险费的，由社会保险费征收机构责令限期缴纳或者补足，并自欠缴之日起，按日加收0.05%的滞纳金；逾期仍不缴纳的，由有关行政部门处欠缴数额1倍以上3倍以下的罚款。

【例题2·判断题】以欺诈、伪造证明材料或者其他手段骗取社会保险待遇的，由社会保险行政部门责令退回骗取的社会保险金，处骗取金额1倍以上3倍以下的罚款。（　　）

【答案】×

【解析】以欺诈、伪造证明材料或者其他手段骗取社会保险待遇的，由社会保险行政部门责令退回骗取的社会保险金，处骗取金额2倍以上5倍以下的罚款。

第二部分　习题演练

第一章　总　论

本章习题

一、单项选择题

1. 下列对法所作的分类中，属于根据法的创制方式和表现形式进行分类的是（　　）。
   - A. 成文法和不成文法
   - B. 根本法和普通法
   - C. 一般法和特别法
   - D. 实体法和程序法

2. 下列说法中，不正确的是（　　）。
   - A. 宪法由国家最高立法机关即全国人民代表大会制定，是国家的根本大法
   - B. 法律的效力和地位仅次于宪法
   - C. 同一机关制定新的一般规定与旧的特别规定不一致的，遵循特别法优于一般法原则，适用特别规定
   - D. 同一国家机关制定的法，虽然名称不同，在内容上旧法与新法发生冲突或相互抵触时，以新法为准，旧法中的有关条款自动终止效力

3. 下列法的形式中，由国家最高权力机关制定，规定国家基本制度和根本任务，具有最高法律效力，属于国家根本大法的是（　　）。
   - A. 《中华人民共和国宪法》
   - B. 《民法典》
   - C. 《中华人民共和国刑法》
   - D. 《中华人民共和国全国人民代表大会组织法》

4. 下列关于非法人组织的说法中，正确的是（　　）。
   - A. 非法人组织具有法人资格
   - B. 非法人组织的财产不足以清偿债务的，其出资人或者设立人不承担责任
   - C. 非法人组织应当确定一人代表该组织从事民事活动
   - D. 章程规定的存续期间届满，非法人组织解散

5. 下列不可以成为法律关系主体的是（　　）。
   - A. 某乡村农业医疗合作社
   - B. 某市财政局
   - C. 大学毕业待业青年刘某
   - D. 家庭智能机器人米小兔

6. 下列自然人中，视为完全民事行为能力人的是（　　）。
   - A. 孙某，16周岁，系餐厅服务生，依靠自己的劳动收入为全部生活来源
   - B. 钱某，19周岁，有精神障碍，不能完全辨认自己的行为
   - C. 赵某，8周岁，系小学在校学生，有一定演出收入
   - D. 李某，15周岁，系大学少年班在校学生，获得国际比赛奖学金

7. 小华10周岁生日时，外公赠送其一台价值3 000元的平板电脑用于学习，第二天小华将其赠送给11周岁的好朋友小田。根据《民法典》的规定，下列关于小华、小田行为效力的表述中，正确的是（　　）。
   - A. 受赠平板电脑的行为有效

B. 受赠平板电脑的行为无效

C. 赠送平板电脑的行为有效

D. 赠送平板电脑的行为无效

8. 以下选项不属于民事责任中返还财产或恢复原状的是（   ）。

   A. 返还非法占有的财产

   B. 恢复财产至损害前状态

   C. 支付违约金

   D. 赔偿因财产损害造成的利息损失

9. 下列行政责任形式中，属于行政处罚的是（   ）。

   A. 降级   B. 罚金

   C. 撤职   D. 没收违法所得

10. 根据刑事法律制度的规定，下列各项中，属于拘役法定量刑期的是（   ）。

    A. 15 日以下

    B. 1 个月以上 6 个月以下

    C. 3 个月以上 2 年以下

    D. 6 个月以上 15 年以下

二、多项选择题

1. 下列规范性文件中，属于规章的有（   ）。

   A. 国务院发布的《企业财务会计报告条例》

   B. 山东省济南市政府发布的《济南市餐饮业管理办法》

   C. 中华人民共和国财政部发布的《关于加强行政事业单位固定资产管理的通知》

   D. 黑龙江省齐齐哈尔市人大常委会发布的《齐齐哈尔市森林保护管理条例》

2. 下列各区域中，可以由所在地的省、市的人民代表大会及其常务委员会根据本区域的具体情况和发展需要，依授权制定在本区域内单独实施的法规的有（   ）。

   A. 海南自贸港   B. 天津滨海新区

   C. 浦东新区   D. 深圳经济特区

3. 下列各项中，能够引起法律关系发生、变更和消灭的事实有（   ）。

   A. 自然灾害   B. 公民死亡

   C. 签订合同   D. 违反合约

4. 下列各项中，可以成为法律关系主体的有（   ）。

   A. 国有企业   B. 集体企业

C. 合伙企业   D. 个人独资企业

5. 下列各项中，属于法律关系客体的有（   ）。

   A. 股票   B. 产业情报

   C. 商标   D. 提供劳务行为

6. 下列关于法律行为分类的说法中，正确的有（   ）。

   A. 根据行为是否符合法律规范的要求，分为合法行为与违法行为

   B. 根据行为的表现形式，分为积极行为与消极行为

   C. 根据行为人取得权利是否需要支付对价，分为要式行为与非要式行为

   D. 根据主体实际参与行为的状态，分为单方行为与多方行为

7. 下列自然人中，视为限制民事行为能力人的有（   ）。

   A. 某小学学生赵某，10 周岁，多次获得奥数比赛奖金

   B. 某中学学生钱某，15 周岁，靠网络写作赚取稿酬

   C. 某大学学生孙某，16 周岁，靠餐厅打工贴补部分生活费

   D. 某辍学打工学生李某，17 周岁，以写作赚取主要生活来源

8. 在某起疫苗事件中，某生物科技有限公司因生产不合格疫苗，以下可能适用于该公司的责任有（   ）。

   A. 民事责任   B. 刑事责任

   C. 行政责任   D. 社会责任

9. 关于自然人犯罪，可以从轻、减轻或者免除处罚的有（   ）。

   A. 盲人犯罪

   B. 已满 75 周岁的人过失犯罪

   C. 聋哑人犯罪

   D. 16 周岁的人犯罪

10. 下列法律责任中，属于民事法律责任的有（   ）。

    A. 罚金

    B. 支付违约金

    C. 罚款

    D. 恢复原状

三、判断题

1. 国务院制定和发布的规范性文件都是法律。
（　　）

2. 部门规章可以根据部门需求，自行设定减损公民、法人和其他组织的权利或者增加其义务的规范。
（　　）

3. 部门规章与地方政府规章在对同一事项的规定上出现不一致时，应由全国人人常委会进行裁决。
（　　）

4. 个人信息可以作为法律关系客体。　（　　）

5. 发现埋藏物属于法律事实中的法律行为。
（　　）

6. 签订买卖合同属于积极行为。　（　　）

7. 机关法人被撤销的，若没有继任的机关法人，其民事权利和义务由其上级机关法人享有和承担。
（　　）

8. 合伙企业不具有法人资格。　（　　）

9. 行政责任的承担方式中，警告和记过是同一类责任形式。
（　　）

10. 刑事责任的附加刑不可以独立适用。（　　）

本章习题参考答案及解析

一、单项选择题

1. 【答案】A
【解析】根据法的创制方式和表现形式分类，分为成文法和不成文法。选项B，根本法和普通法根据法的内容、效力和制定程序分类；选项C，一般法和特别法根据法的空间效力、时间效力或对人的效力分类；选项D，实体法和程序法根据法的内容分类。

2. 【答案】C
【解析】选项C，同一机关制定新的一般规定与旧的特别规定不一致时，由制定机关裁决。

3. 【答案】A
【解析】宪法由国家最高权力机关全国人民代表大会制定，是国家的根本大法。

4. 【答案】D
【解析】选项A，非法人组织不具有法人资格；选项B，非法人组织的财产不足以清偿债务的，其出资人或者设立人承担无限责任，法律另有规定的除外；选项C，非法人组织可以确定一人或者数人代表该组织从事民事活动。

5. 【答案】D
【解析】选项A、B是特别法人，选项C是自然人可成为法律关系主体；选项D可以成为法律关系的客体，但因为不能享有法律权利并承担法律义务，所以不能成为法律关系的主体。

6. 【答案】A
【解析】18周岁以上的自然人是成年人，不满18周岁的自然人为未成年人。成年人为完全民事行为能力人，可以独立实施民事法律行为。16周岁以上的未成年人，以自己的劳动收入为主要生活来源的，视为完全民事行为能力人。选项A符合条件，选项B、C、D均为限制民事行为能力人。

7. 【答案】A
【解析】（1）8周岁以上的未成年人、不能完全辨认自己行为的成年人为限制民事行为能力人，限制民事行为能力人独立实施的获利的民事法律行为（受赠平板电脑）或者与其年龄、智力、精神健康状况相适应的民事法律行为，直接有效，选项A正确，选项B错误；（2）其他民事法律行为（赠送平板电脑），其法定代理人代理实施或者经其法定代理人同意、追认后有效，所以赠送平板电脑的行为必须经法定代理人追认后才能有效，选项C、D均错误。

8. 【答案】C
【解析】支付违约金是合同违约责任的一种形式，不属于返还财产或恢复原状的内容。

9.【答案】D

【解析】根据《行政处罚法》的规定，行政处罚的具体种类有：警告，罚款，没收违法所得、没收非法财物，责令停产停业，暂扣或者吊销许可证、暂扣或者吊销执照，行政拘留和法律、行政法规规定的其他行政处罚。选项A、C属于行政处分，根据《公务员法》，对违法违纪应当承担纪律责任的公务员给予的行政处分种类有：警告、记过、记大过、降级、撤职、开除六类；选项B属于刑罚中的附加刑。

10.【答案】B

【解析】拘役，是剥夺犯罪分子短期的人身自由的刑罚方法，由公安机关就近执行。期限为1个月以上6个月以下。

二、多项选择题

1.【答案】BC

【解析】选项A属于行政法规；选项B属于地方政府的规章；选项C属于部门规章；选项D属于地方性法规。

2.【答案】ACD

【解析】经济特区所在地的省、市的人大及其常委会根据全国人大的授权决定，制定法规，在经济特区范围内实施。上海市人大及其常委会根据全国人大常委会的授权决定，制定浦东新区法规，在浦东新区实施。海南省人大及其常委会根据法律规定，制定海南自由贸易港法规，在海南自由贸易港范围内实施。

3.【答案】ABCD

【解析】法律事实是法律关系发生、变更和消灭的直接原因。法律事实分为法律事件、法律行为和事实行为。法律事件是指不以当事人的主观意志为转移的，能够引起法律关系发生、变更和消灭的法定情况或现象；法律行为是法律关系主体通过意思表示设立、变更、终止法律关系的行为；事实行为是与法律关系主体的意思表示无关，由法律直接规定法律后果的行为，民事法律关系中常见的事实行为包括无因管理行为、正当防卫行为、紧急避险行为、侵权行为、违约行为、遗失物的拾得行为及埋藏物的发现行为等。本题

中选项A、B属于法律事件；选项C属于法律行为；选项D属于事实行为。

4.【答案】ABCD

【解析】法律关系主体的种类包括自然人、组织、国家。

5.【答案】ABCD

【解析】本题考查法律关系客体的分类。法律关系的客体主要包括物（选项A）；人身、人格；智力成果（选项C）；信息、数据、网络虚拟财产（选项B）；行为（选项D）。

6.【答案】AB

【解析】选项C，根据行为人取得权利是否需要支付对价，分为有偿行为与无偿行为；根据行为是否需要特定形式或实质要件，分为要式行为与非要式行为；选项D，根据主体实际参与行为的状态，分为自主行为与代理行为；根据作出意思表示的主体数量，分为单方行为与多方行为。

7.【答案】ABC

【解析】选项D，李某已满16周岁且以自己的劳动收入为主要生活来源，视为完全民事行为能力人。8周岁以上的未成年人、不能完全辨认自己行为的成年人为限制民事行为能力人，因此选项A、B、C属于限制民事行为能力人。

8.【答案】ACD

【解析】该公司可能因生产不合格疫苗被吊销生产许可证，首先涉及的是行政责任，因为吊销许可证是行政机关对违法行为的处罚。同时，由于不合格疫苗可能对公众健康造成损害，公司可能需要承担民事责任，赔偿受害者的损失。此外，作为企业，公司还有社会责任，确保其产品安全有效，因此在社会责任方面也存在缺失。刑事责任（选项B）未被包括在内，因为题目中没有提及该公司的行为构成犯罪的情况，刑事责任通常涉及违法行为达到犯罪的程度，需要司法机关依法追究。

9.【答案】AC

【解析】选项B，已满75周岁的人过失犯罪，应当从轻或者减轻处罚；已满75周岁的人故意犯罪，可以从轻或者减轻处罚。选项D，

应当负刑事责任。

10.【答案】BD

【解析】民事法律责任包括：停止侵害；排除妨碍；消除危险；返还财产；恢复原状；修理、重作、更换；继续履行；赔偿损失；支付违约金；消除影响、恢复名誉；赔礼道歉。选项 A 属于刑事责任；选项 C 属于行政责任。

三、判断题

1.【答案】×

【解析】国务院在法定职权范围内为实施宪法和法律而制定、发布的规范性文件是行政法规。

2.【答案】×

【解析】没有法律或国务院的行政法规、决定、命令的依据，部门规章不得自行设定减损公民、法人和其他组织的权利或者增加其义务的规范，不得增加本部门的权力或者减少本部门的法定职责。

3.【答案】×

【解析】当部门规章之间、部门规章与地方政府规章之间对同一事项的规定不一致时，应由国务院进行裁决，而不是全国人大常委会。

4.【答案】√

【解析】经济法律关系的客体包括：物、人身人格、智力成果、信息、数据、网络虚拟财产以及行为。个人信息可以成为法律关系的客体，并且应该予以保护。

5.【答案】×

【解析】发现埋藏物属于事实行为。

6.【答案】√

【解析】积极行为，又称作为，是指以积极、主动作用于客体的形式表现的、具有法律意义的行为。消极行为，又称不作为，则是指以消极的、抑制的形式表现的，具有法律意义的行为。

7.【答案】×

【解析】机关法人被撤销的，法人终止，其民事权利和义务由"继任的机关法人"享有和承担；没有继任的机关法人的，由作出撤销决定的机关法人享有和承担。

8.【答案】√

【解析】非法人组织是指不具有法人资格，但是能够依法以自己的名义从事民事活动的组织。非法人组织包括个人独资企业、合伙企业、不具有法人资格的专业服务机构等。

9.【答案】×

【解析】警告是行政处罚的一种，而记过是行政处分的一种。

10.【答案】×

【解析】附加刑可以附加于主刑之后作为主刑的补充，也可以独立适用。

第二章　会计法律制度

本章习题

一、单项选择题

1. 根据《会计法》的规定，有权制定国家统一的会计制度的政府部门是（　　）。
   - A. 国务院
   - B. 国务院财政部门
   - C. 国务院各业务主管部门
   - D. 省级人民政府财政部门

2. 下列各项中，对报送的财务报告的合法性、真实性负首要法律责任的是（　　）。
   - A. 总会计师
   - B. 会计主管人员
   - C. 单位负责人
   - D. 会计机构负责人

3. 会计资料最基本的质量要求是（　　）。
   - A. 明确性和谨慎性
   - B. 重要性和及时性
   - C. 真实性和完整性
   - D. 真实性和相关性

4. 单位在审核原始凭证时，发现外来原始凭证的金额有错误，正确的做法是（　　）。
   - A. 接受凭证单位更正并加盖公章
   - B. 原出具凭证单位更正并加盖公章
   - C. 原出具凭证单位重开
   - D. 经办人员更正并报领导审批

5. 下列各项中，属于银行存款日记账和库存现金日记账应当采用的账簿格式的是（　　）。

   - A. 订本式
   - B. 活页式
   - C. 卡片式
   - D. 总账式

6. 下列对原始凭证发生的错误，不正确的更正方法是（　　）。
   - A. 由出具单位重开或更正
   - B. 由本单位的会计人员代为更正
   - C. 金额发生错误的，不得在原始凭证上更正
   - D. 金额发生错误的，应当由出具单位重开

7. 下列关于会计保管的说法不正确的是（　　）。
   - A. 会计凭证登记完毕后，应当按照分类和编号顺序保管，不得散乱丢失
   - B. 对于数量过多的原始凭证，可以单独装订保管
   - C. 其他单位如因特殊原因需要使用原始凭证时，经本单位会计机构负责人、会计主管人员批准，可以外借
   - D. 从外单位取得的原始凭证如有遗失，应当取得原出具单位盖有公章的证明，并注明原来凭证的号码、金额和内容等，由经办单位会计机构负责人、会计主管人员和单位领导人批准后，才能代作原始凭证

8. 单位会计管理机构临时保管会计档案最长不超过（　　）年。
   - A. 1
   - B. 2
   - C. 3
   - D. 5

9. 下列各项中，不属于负债增减的是（　　）。
   - A. 短期借款
   - B. 应收账款

C. 长期借款   D. 应付账款

10. 下列各项中，属于资产的增减和使用的是（ ）。

  A. 银行存款结存   B. 应付职工薪酬

  C. 预收账款   D. 实收资本

11. 建设单位在项目建设期间形成的会计档案，需要移交给建设项目接受单位的，应当在（ ）后及时移交，并按照规定办理交接手续。

  A. 办理竣工财务决算

  B. 工程验收合格

  C. 接受单位占有使用

  D. 办理开工财务预算

12. 根据会计法律制度的规定，会计档案的鉴定工作应由（ ）牵头组织进行。

  A. 单位会计管理机构

  B. 单位审计机构

  C. 单位档案管理机构

  D. 单位纪检监察机构

13. 下列各项关于结账的表述中，不正确的是（ ）。

  A. 结账时，应结出每个账户的期末余额

  B. 需要结出当月发生额的，应在摘要栏内注明"本月合计"字样，并在下面通栏划单红线

  C. 需要结出本年累计发生额的，应在摘要栏内注明"本年累计"字样，并在下面通栏划单红线

  D. 全年累计发生额下面应当通栏划单红线

14. 根据会计法律制度的规定，注册会计师在获取充分、适当的审计证据以作为形成审计意见的基础，但认为未发现的错报（如存在）对财务报表可能产生的影响重大且具有广泛性时，应发表的审计意见是（ ）。

  A. 保留意见

  B. 无保留意见

  C. 无法表述意见

  D. 否定意见

15. 下列对财产清查的表述中，不正确的是（ ）。

  A. 财产清查是会计核算工作的一项重要程序

  B. 通过财产清查可以发现财产管理工作中存在的问题

  C. 财产清查是保证账表相符的一种专门方法

  D. 财产清查是保证账账相符的一种专门方法

16. 下列账目中，出纳人员可以管理的是（ ）。

  A. 收入账目

  B. 费用账目

  C. 固定资产明细账

  D. 债权债务明细账

17. 根据规定，我国实行回避制度的范围不包括（ ）。

  A. 国家机关   B. 集体企业

  C. 国有企业   D. 事业单位

18. 会计专业技术人员参加继续教育取得的学分，每年累计不少于（ ）学分。

  A. 30   B. 50

  C. 60   D. 90

19. 下列各项中，不属于单位内部会计监督制度应当符合的要求的是（ ）。

  A. 记账人员与会计事项审批人员的职责权限应当明确，并相互分离、相互制约

  B. 记账人员与经济业务事项经办人员的职责权限应当明确，并相互分离、相互制约

  C. 对会计档案保管的办法和程序应当明确

  D. 财产清查的范围、期限和组织程序应当明确

20. 下列各项中，不属于对代理记账从业人员资质要求的是（ ）。

  A. 具有会计类专业基础知识和业务技能

  B. 能够独立处理基本会计业务

  C. 恪守会计人员职业道德规范

  D. 取得中级会计师职称

二、多项选择题

1. 国家统一的会计制度的内容包括（ ）。

  A. 国家统一的会计核算制度

  B. 国家统一的会计监督制度

  C. 国家统一的会计机构和会计人员管理制度

  D. 国家统一的会计工作管理制度

2. 账务核对包括（ ）。

A. 账账核对　　　B. 账表核对

C. 账实核对　　　D. 账证核对

3. 下列关于记账凭证的要求中，正确的有（　　）。

A. 填制记账凭证时，应当对记账凭证进行连续编号

B. 不得将不同内容和类别的原始凭证汇总填制在一张记账凭证上

C. 如果在填制记账凭证时发生错误，应当重新填制

D. 发现以前年度记账凭证有错误的，应当用红字填制一张更正的记账凭证

4. 《会计法》规定单位负责人必须保证会计资料（　　）。

A. 合理　　　　　B. 真实

C. 全面　　　　　D. 完整

5. 有关正确使用会计记录文字，下列表述正确的有（　　）。

A. 民族自治地区的企业，可以只使用当地通用的一种民族文字进行会计记录

B. 在我国境内的外商投资企业，会计记录文字应使用中文，可以同时使用一种外国文字

C. 在我国境内的外国企业，可以只使用其本国文字进行会计记录

D. 在我国境内的各类单位，会计记录均应使用中文

6. 下列各项中，属于会计报表组成部分的有（　　）。

A. 利润表

B. 附表

C. 现金流量表

D. 注册会计师出具的审计报告

7. 下列各项中，属于会计资料归档范围的有（　　）。

A. 会计凭证　　　B. 会计账簿

C. 财务会计报告　D. 经济合同

8. 下列有关各类会计账簿用途的表述中，正确的有（　　）。

A. 总账是用于分类登记某一类经济业务事项，提供有关明细核算资料的账簿

B. 明细账是用于分类登记某一类经济业务事项，提供资产、负债、所有者权益、费用、

成本、收入等"总括核算"的资料

C. 日记账是按照经济业务事项发生的时间先后顺序，逐日逐笔地进行登记的账簿

D. 其他辅助账簿是为备忘备查而设置的

9. 会计档案一般分为（　　）。

A. 会计凭证类　　　B. 会计账簿类

C. 财务会计报告类　D. 其他会计资料类

10. 会计工作移交前的准备工作有（　　）。

A. 已经受理的经济业务尚未填制会计凭证的，应当填制完毕

B. 尚未登记的账目，应当登记完毕，并在最后一笔余额后加盖经办人员印章

C. 整理应该移交的各项资料，对未了事项写出书面材料

D. 实行会计电算化的单位，移交人员还应当在移交清册中列明会计软件及密码、会计软件数据磁盘（磁带等）及有关资料、实物等内容

11. 下列关于会计档案管理的表述中，不正确的有（　　）。

A. 各单位的预算、计划、制度等文件材料按会计档案进行归档

B. 当年形成的会计档案，在会计年度终了后，可由单位会计管理机构临时保管 1 年

C. 年度财务报告最低保管期限为 30 年

D. 单位会计管理机构临时保管会计档案最长不超过 5 年

12. 关于会计档案的销毁，下列表述不正确的有（　　）。

A. 单位负责人、档案管理机构负责人、会计管理机构负责人、档案管理机构经办人、会计管理机构经办人在会计档案销毁清册上签署意见

B. 单位档案管理机构负责组织会计档案销毁工作，并与审计机构共同派员监销

C. 监销人在会计档案销毁前，应当按照会计档案销毁清册所列内容进行清点核对；在会计档案销毁后，无须在会计档案销毁清册上签名或盖章

D. 电子会计档案的销毁应当符合国家有关电子档案的规定，并由单位档案管理机构和信息系统管理机构共同派员监销

13. 下列各项中，属于会计监督范畴的有（　　）。
    A. 单位内部会计监督
    B. 会计工作的政府监督
    C. 会计工作的社会监督
    D. 商业银行的监督

14. 下列各项中，属于企业内部控制措施的有（　　）。
    A. 不相容职务分离控制
    B. 授权批准控制
    C. 预算控制
    D. 财产保护控制

15. 下列关于财务会计报告签章手续，应当签名并盖章的主体有（　　）。
    A. 审计人员　　　　　B. 总会计师
    C. 单位负责人　　　　D. 会计机构负责人

16. 下列各项中，（　　）属于代理记账机构的业务范围。
    A. 审核原始凭证、填制记账凭证
    B. 向税务机关提供税务资料
    C. 对外提供财务会计报告
    D. 委托人委托的其他会计业务

17. 根据《代理记账基础工作规范（试行）》，委托合同除应符合有关法律法规的一般性规定外，还应包括（　　）。
    A. 签约时间
    B. 委托业务的收费
    C. 委托合同的有效期间
    D. 签约地点

18. 下列各项中，属于会计人员继续教育内容的有（　　）。
    A. 财务、会计法规制度
    B. 理论政策
    C. 会计职业道德规范
    D. 技术信息

19. 下列各项中，属于回避制度中所指的亲属的有（　　）。
    A. 夫妻关系
    B. 直系血亲关系
    C. 三代以内旁系血亲
    D. 姻亲关系

20. 下列关于总会计师地位的说法中，正确的有（　　）。

    A. 是主管本单位会计工作的行政领导
    B. 是单位行政领导成员
    C. 总会计师是高级技术职称
    D. 是单位会计机构负责人

21. 甲公司的下列人员中，符合会计机构负责人任职资格的有（　　）。
    A. 具备高级会计师专业技术职务资格的李某
    B. 曾因提供虚假财务会计报告被追究刑事责任的原会计师赖某
    C. 已从事会计工作 5 年的张某
    D. 具备初级会计专业技术资格且从事会计工作 2 年的王某

22. 下列各项中，应按照对代理记账从业人员处理处罚规定接受处罚的有（　　）。
    A. 代理记账机构甲公司违反规定出具虚假申请材料
    B. 代理记账机构负责人张某在办理业务中造成委托人会计核算混乱
    C. 代理记账机构主管代理记账业务负责人李某违反规定出具虚假申请材料
    D. 代理记账机构工作人员赵某违反规定出具虚假备案材料

23. 下列各项中，符合助理会计师要求的有（　　）。
    A. 能独立处理某个重要岗位的会计工作
    B. 基本掌握会计基础知识和业务技能
    C. 高中毕业
    D. 技校毕业

24. 授意、指使、强令会计人员编制虚假财务会计报告应承担的法律责任有（　　）。
    A. 由县级以上人民政府财政部门给予警告、通报批评
    B. 可处 20 万元以上 100 万元以下的罚款
    C. 情节严重的可以并处 100 万元以上 200 万元以下的罚款
    D. 属于公职人员的，还应当依法给予处分

25. 隐匿或者故意销毁会计资料应承担的法律责任有（　　）。
    A. 违法所得 20 万元以上的，对单位可以并处违法所得 1 倍以上 10 倍以下的罚款
    B. 违法所得不足 50 万元的，可以并处 20 万元以上 200 万元以下的罚款

C. 会计人员，5年内不得从事会计工作

D. 构成犯罪的，依法追究刑事责任

三、判断题

1. 国务院财政部门可根据《会计法》的规定制定并公布国家统一的会计制度。（　　）

2. 会计工作岗位，只能一岗一人。（　　）

3. 我国境内的所有企业必须以人民币为记账本位币。（　　）

4. 以涂改、拼接、挖补等手段来改变会计凭证和会计账簿的真实内容，以歪曲事实真相的行为，属于伪造会计资料。（　　）

5. 一式几联的发票和收据应连续编号，作废时连同存根一起保存不得撕毁。（　　）

6. 财政部门对各单位是否依法设置会计账簿；会计凭证、会计账簿、财务会计报告和其他会计资料是否真实、完整；会计核算是否符合《会计法》和国家统一的会计制度的规定等情况实施会计监督。（　　）

7. 没有设置会计记账机构或配备会计人员的单位，可以根据《代理记账管理办法》委托会计师事务所进行代理记账。（　　）

8. 会计人员离职或因病不能工作的，会计机构负责人（会计主管人员）或单位负责人必须指定专人接替或者代理，并且办理会计工作交接手续。（　　）

9. 火车票、飞机票等遗失后，因无法取得原始凭证，财务人员不得予以报销。（　　）

10. 现金日记账和银行存款日记账必须逐月结出余额。（　　）

11. 企业在经营中发生销货退回的，应以退货发票作为收据进行退款。（　　）

12. 会计档案是指会计凭证、会计账簿和财务会计报告等会计核算专业资料，它是记录和反映经济工作的重要史料和证据。（　　）

13. 对账工作每年至少进行两次。（　　）

14. 会计档案移交清册须永久保存。（　　）

15. 具有会计专业技术资格的人员应当自取得会计专业技术资格的第三年开始参加继续教育，并在规定时间内取得规定学分。（　　）

本章习题参考答案及解析

一、单项选择题

1.【答案】B

【解析】《会计法》规定，国家实行统一的会计制度。国家统一的会计制度由国务院财政部门根据《会计法》制定并公布。国家统一的会计制度，是指国务院财政部门根据《会计法》制定的关于会计核算、会计监督、会计机构和会计人员以及会计工作管理的制度。

2.【答案】C

【解析】单位负责人对本单位的会计工作和会计资料的真实性、完整性负责。

3.【答案】C

【解析】会计资料的真实性和完整性是对会计资料最基本的质量要求，是会计工作的生命，各单位必须严格按照《会计法》的要求执行，保证所提供会计资料的真实性和完整性。任何单位和个人不得伪造、变造会计凭证、会计账簿和其他会计资料，不得提供虚假的财务会计报告。

4.【答案】C

【解析】原始凭证金额有错误的，应当由出具单位重开，不得在原始凭证上更正。

5.【答案】A

【解析】日记账是一种特殊的序时明细账，它是按照经济业务事项发生的时间先后顺序，逐日逐笔地进行登记的账簿，包括现金日记账和银行存款日记账。日记账通常使用订本账。

6.【答案】B

【解析】本题考核原始凭证的填制。原始凭证金额有错误的，应当由出具单位重开，不得在原始凭证上更正。原始凭证有其他错误的，应当由出具单位重开或更正，更正处应当加盖出具单位印章。

7.【答案】C

【解析】原始凭证不得外借。

8.【答案】C

【解析】因工作需要确需推迟移交的，应当经单位档案管理机构同意。单位会计管理机构临时保管会计档案最长不超过3年。

9.【答案】B

【解析】选项B不属于负债的增减。负债的增减，包括短期借款、应付票据、应付账款、预收账款、合同负债、应付利息、应付股利、其他应付款、应付职工薪酬、应交税费、长期借款、应付债券、长期应付款等的取得、出具、发生、发行、计提、偿还、支付、转销。

10.【答案】A

【解析】选项B、选项C属于负债的增减，选项D属于净资产（所有者权益）的增减。资产的增减和使用包括现金、银行存款等货币资金的收入、转存、付出、结存，以及存货、固定资产、无形资产、投资等的购入、自行建造、无偿取得、债务重组取得、融资租入、接受捐赠、出售、转让、抵债、无偿调出、捐赠、减值等。故选项A正确。

11.【答案】A

【解析】建设单位在项目建设期间形成的会计档案，需要移交给建设项目接受单位的，应当在办理竣工财务决算后及时移交，并按照规定办理交接手续。

12.【答案】C

【解析】会计档案鉴定工作应由单位档案管理机构牵头，组织单位会计、审计、纪检监察等机构或人员共同进行。

13.【答案】D

【解析】各单位应当按照规定定期结账。结账前，必须将本期内所发生的各项经济业务全部登记入账。结账时，应当结出每个账户的期末余额。需要结出当月发生额的，应当在摘要栏内注明"本月合计"字样，并在下面通栏划单红线。需要结出本年累计发生额的，应当在摘要栏内注明"本年累计"字

样，并在下面通栏划单红线；12月末的"本年累计"就是全年累计发生额。全年累计发生额下面应当通栏划双红线。年度终了结账时，所有总账账户都应当结出全年发生额和年末余额。

14.【答案】D

【解析】在获取充分、适当的审计证据以作为形成审计意见的基础，但认为未发现的错报（如存在）对财务报表可能产生的影响重大且具有广泛性时，应发表否定意见。

15.【答案】C

【解析】财产清查是对各项财产物资进行实物盘点、账面核对以及对各项往来款项进行查询、核对，以保证账账、账实相符的一种专门方法，是会计核算工作的一项重要程序。通过财产清查，可以确定各项财产的实存数、实存数与账面数是否相符，发现财产管理工作中存在的问题，以便查清原因，制定相应措施，做到账实相符，保证会计资料的真实性。故选项C不正确。

16.【答案】C

【解析】根据规定，出纳人员不得兼管稽核、会计档案保管和收入、支出、费用、债权债务账目的登记工作。

17.【答案】B

【解析】国家机关、国有企业、事业单位任用会计人员应当实行回避制度。

18.【答案】D

【解析】专业技术人员参加继续教育取得的学分，每年累计不少于90学分，其中，专业科目一般不少于总学分的三分之二。

19.【答案】C

【解析】单位内部会计监督制度应当符合下列要求：（1）记账人员与经济业务事项和会计事项的审批人员、经办人员、财物保管人员的职责权限应当明确，并相互分离、相互制约；（2）重大对外投资、资产处置、资金调度和其他重要经济业务事项的决策和执行的相互监督、相互制约程序应当明确；（3）财产清查的范围、期限和组织程序应当明确；（4）对会计资料定期进行内部审计的办法和程序应当明确；（5）国务院财政部门规定的

其他要求。故选项 C 不正确。

20.【答案】D

【解析】代理记账从业人员应当具备下列资格条件和专业胜任能力：（1）具有会计类专业基础知识和业务技能，能够独立处理基本会计业务；（2）熟悉国家财经、税收法律、法规、规章和方针、政策，掌握本行业业务管理的有关知识；（3）恪守会计人员职业道德规范；（4）《代理记账管理办法》等规定的其他执业要求。故选项 D 不正确。

二、多项选择题

1.【答案】ABCD

【解析】国家统一的会计制度，是指国务院财政部门根据《会计法》制定的关于会计核算、会计监督、会计机构和会计人员以及会计工作管理的制度。

2.【答案】ABCD

【解析】账务核对又称对账，是保证会计账簿记录质量的重要程序，包括账证相符、账账相符、账实相符、账表相符。

3.【答案】ABC

【解析】发现以前年度记账凭证有错误的，应当用蓝字填制一张更正的记账凭证，因此选项 D 错误。

4.【答案】BD

【解析】单位负责人对本单位的会计工作和会计资料的真实性、完整性负责。

5.【答案】BD

【解析】无论是民族自治地区的单位，还是在中国境内的外商投资企业、外国企业等，均应使用中文；但可以在使用中文作为会计记录文字的同时，选择当地通用的一种民族文字或一种外国文字进行会计记录。

6.【答案】ABC

【解析】会计报表包括资产负债表、利润表、现金流量表和相关附表。

7.【答案】ABC

【解析】下列会计资料应当进行归档：（1）会计凭证；（2）会计账簿；（3）财务会计报告类；（4）其他会计资料。经济合同不属于会计资料。

8.【答案】CD

【解析】选项 A，总账是用于分类登记单位的全部经济业务事项，提供资产、负债、所有者权益、费用、成本、收入等"总括核算"的资料；选项 B，明细账是用于分类登记某一类经济业务事项，提供有关明细核算资料的账簿。

9.【答案】ABCD

【解析】会计档案的归档范围包括：会计凭证、会计账簿类、财务会计报告类、其他会计资料。

10.【答案】ABCD

【解析】选项 A、B、C、D 都属于会计工作移交前的准备工作。

11.【答案】ACD

【解析】选项 A，各单位的预算、计划、制度等文件材料属于文书档案，不属于会计档案；选项 C，永久保管的会计档案有年度财务报告、会计档案保管清册、会计档案销毁清册和会计档案鉴定意见书；选项 D，单位会计管理机构临时保管会计档案最长不超过3 年。

12.【答案】BCD

【解析】选项 B，单位档案管理机构负责组织会计档案销毁工作，并与会计管理机构共同派员监销；选项 C，监销人在会计档案销毁前，应当按照会计档案销毁清册所列内容进行清点核对，在会计档案销毁后，应当在会计档案销毁清册上签名或盖章；选项 D，电子会计档案的销毁应当符合国家有关电子档案的规定，并由单位档案管理机构、会计管理机构和信息系统管理机构共同派员监销。

13.【答案】ABC

【解析】会计监督可分为单位内部监督、政府监督和社会监督。

14.【答案】ABCD

【解析】企业内部控制措施包括：不相容职务分离控制、授权审批控制、会计系统控制、财产保护控制、预算控制、运营分析控制、绩效考评控制。

15.【答案】BCD

【解析】企业对外提供的财务会计报告应当

由企业负责人和主管会计工作的负责人、会计机构负责人（会计主管人员）签名并盖章。设置总会计师的企业，还应由总会计师签名并盖章。

16.【答案】ABCD

【解析】代理记账机构可以接受委托办理下列业务：（1）根据委托人提供的原始凭证和其他资料，按照国家统一的会计制度的规定进行会计核算，包括审核原始凭证、填制记账凭证、登记会计账簿、编制财务会计报告等；（2）对外提供财务会计报告；（3）向税务机关提供税务资料；（4）委托人委托的其他会计业务。

17.【答案】ABC

【解析】根据《代理记账基础工作规范（试行）》，委托合同除应符合有关法律法规的一般性规定外，至少还应包括以下内容：（1）委托业务范围及其他预期目标；（2）会计资料传递程序和签收手续，终止委托合同应当办理的会计业务交接事宜，包括使用信息系统交付财务数据的约定；（3）双方对会计资料真实性、完整性、合法性各自应当承担的责任，会计档案的保管要求及相应的责任；（4）委托业务的收费；（5）委托合同的有效期间；（6）签约时间；（7）违约责任；（8）解决争议的方法；（9）签约双方认为应约定的其他事项。故选项D不正确。

18.【答案】ABCD

【解析】继续教育内容包括公需科目和专业科目。公需科目包括专业技术人员应当普遍掌握的法律法规、理论政策、职业道德、技术信息等基本知识。专业科目包括专业技术人员从事会计工作应当掌握的财务会计、管理会计、财务管理、内部控制与风险管理、会计信息化、会计职业道德、财税金融、会计法律法规等相关专业知识。

19.【答案】ABCD

【解析】国家机关、国有企业、事业单位任用会计人员应当实行回避制度。单位领导人的直系亲属不得担任本单位的会计机构负责人、会计主管人员。会计机构负责人、会计主管人员的直系亲属不得在本单位会计机构

中担任出纳工作。需要回避的亲属为：夫妻关系、直系血亲关系、三代以内旁系血亲以及姻亲关系。

20.【答案】AB

【解析】总会计师是主管本单位会计工作的行政领导，是单位行政领导成员，协助单位主要行政领导人工作，直接对单位主要行政领导人负责。总会计师组织领导本单位的财务管理、成本管理、预算管理、会计核算和会计监督等方面的工作，参与本单位重要经济问题的分析和决策。

21.【答案】AC

【解析】选项B错误，因有提供虚假财务会计报告，做假账，隐匿或者故意销毁会计凭证、会计账簿、财务会计报告，贪污、挪用公款，职务侵占等与会计职务有关的违法行为被依法追究刑事责任的人员，不得再从事会计工作。选项D错误，担任单位会计机构负责人（会计主管人员）的，应当具备会计师以上专业技术职务资格或者有从事会计工作3年以上经历。

22.【答案】ABCD

【解析】代理记账机构及其负责人、主管代理记账业务负责人及其从业人员违反规定出具虚假申请材料或者备案材料的，由县级以上人民政府财政部门给予警告，记入会计领域违法失信记录，根据有关规定实施联合惩戒，并向社会公告。代理记账机构从业人员在办理业务中违反会计法律、法规和国家统一的会计制度的规定，造成委托人会计核算混乱、损害国家和委托人利益的，由县级以上人民政府财政部门依据《会计法》等有关法律、法规的规定处理。

23.【答案】AB

【解析】选项C、D不正确，助理会计师应具备国家教育部门认可的高中毕业（含高中、中专、职高、技校）以上学历。

24.【答案】ABD

【解析】授意、指使、强令会计机构、会计人员及其他人员伪造、变造会计凭证、会计账簿，编制虚假财务会计报告或者隐匿、故意销毁依法应当保存的会计凭证、会计账

簿、财务会计报告的，由县级以上人民政府财政部门给予警告、通报批评，可以并处 20 万元以上 100 万元以下的罚款；情节严重的，可以并处 100 万元以上 500 万元以下的罚款；属于公职人员的，还应当依法给予处分；构成犯罪的，依法追究刑事责任。故选项 C 不正确。

25. 【答案】ACD
【解析】隐匿或者故意销毁依法应当保存的会计凭证、会计账簿、财务会计报告的，由县级以上人民政府财政部门责令限期改正，给予警告、通报批评，没收违法所得，违法所得 20 万元以上的，对单位可以并处违法所得 1 倍以上 10 倍以下的罚款，没有违法所得或者违法所得不足 20 万元的，可以并处 20 万元以上 200 万元以下的罚款；对其直接负责的主管人员和其他直接责任人员可以处 10 万元以上 50 万元以下的罚款，情节严重的，可以处 50 万元以上 200 万元以下的罚款；属于公职人员的，还应当依法给予处分；其中的会计人员，5 年内不得从事会计工作；构成犯罪的，依法追究刑事责任。故选项 B 不正确。

三、判断题

1. 【答案】√
【解析】国家统一的会计制度由国务院财政部门根据《会计法》制定并公布。

2. 【答案】×
【解析】会计工作岗位可以一人一岗、一人多岗或者一岗多人。

3. 【答案】×
【解析】《会计法》规定，业务收支以人民币以外的货币为主的单位，可以选定其中一种货币作为记账本位币，但是编报的财务会计报告应当折算为人民币。

4. 【答案】×
【解析】以涂改、拼接、挖补等手段来改变会计凭证和会计账簿的真实内容，以歪曲事实真相的行为，属于变造会计资料。

5. 【答案】×
【解析】一式几联的发票和收据，必须用双面

复写纸（发票和收据本身具备复写纸功能的除外）套写，并连续编号。作废时应当加盖"作废"戳记，连同存根一起保存，不得撕毁。

6. 【答案】√
【解析】财政部门对各单位的下列情况实施监督：（1）是否依法设置会计账簿。（2）会计凭证、会计账簿、财务会计报告和其他会计资料是否真实、完整。（3）会计核算是否符合《会计法》和国家统一的会计制度的规定。（4）从事会计工作的人员是否具备专业能力、遵守职业道德。

7. 【答案】√
【解析】没有设置会计记账机构或配备会计人员的单位，应根据《代理记账管理办法》的规定，委托会计师事务所或持有代理记账许可证书的代理记账机构进行代理记账。

8. 【答案】√
【解析】会计人员离职或因病不能工作的，会计机构负责人（会计主管人员）或单位负责人应指定专人接替或代理，并办理会计工作交接手续。

9. 【答案】×
【解析】从外单位取得的原始凭证如有遗失，应当取得原开出单位盖有公章的证明，并注明原来凭证的号码、金额和内容等，由经办单位会计机构负责人、会计主管人员和单位领导人批准后，可代作原始凭证。如果确实无法取得证明的，如火车票、轮船票、飞机票等凭证，由当事人写出详细情况，由经办单位会计机构负责人、会计主管人员和单位领导人批准后，代作原始凭证。

10. 【答案】×
【解析】现金日记账和银行存款日记账必须逐日结出余额。

11. 【答案】×
【解析】发生销货退回的，除填制退货发票外，还必须有退货验收证明；退款时，必须取得对方的收款收据或者汇款银行的凭证，不得以退货发票代替收据。

12. 【答案】√
【解析】会计档案是指单位在进行会计核算

等过程中接收或形成的，记录和反映单位经
济业务事项的，包括会计凭证、会计账簿和
财务会计报告等会计核算专业资料。

13.【答案】×

【解析】对账工作每年至少进行一次。

14.【答案】×

【解析】会计档案移交清册最低保管期限为
30年。

15.【答案】×

【解析】具有会计专业技术资格的人员应当
自取得会计专业技术资格的次年开始参加继
续教育，并在规定时间内取得规定学分。

第三章　支付结算法律制度

本章习题

一、单项选择题

1. 根据支付结算法律制度的规定，下列关于办理汇兑业务的表述中，不正确的是（　　）。
   - A. 汇款回单是汇出银行受理汇款的依据
   - B. 收账通知是银行将款项确已转入收款人账户的凭据
   - C. 汇款回单可以作为该笔汇款已转入收款人账户的证明
   - D. 汇兑凭证记载的汇款人、收款人在银行开立存款账户的，必须记载其账号

2. 下列存款账户中，可以用于办理现金支取的是（　　）。
   - A. 一般存款账户
   - B. 临时存款账户
   - C. 期货交易保证金账户
   - D. 信托基金专用存款账户

3. 根据票据法律制度的规定，有权受理失票人公示催告申请的人民法院是（　　）。
   - A. 票据收款地人民法院
   - B. 票据支付地人民法院
   - C. 失票人所在地人民法院
   - D. 出票人所在地人民法院

4. 下列存款人中，于2021年11月在银行开立基本存款账户，无须核发开户许可证的是（　　）。
   - A. 甲税务局
   - B. 乙有限责任公司
   - C. 丙市人民医院
   - D. 丁村委会

5. 无权更改票据内容的人，对票据上签章以外的记载事项加以改变的行为是（　　）。
   - A. 伪造
   - B. 变造
   - C. 背书
   - D. 承兑

6. 对于按照账户管理规定应撤销而未办理销户手续的单付银行结算账户，银行通知该单位银行结算账户的存款人自发出通知之日起一定时间内办理销户手续，逾期视同自愿销户。该期限为（　　）。
   - A. 2日
   - B. 5日
   - C. 10日
   - D. 30日

7. 根据支付结算法律制度的规定，下列各项中，属于存款人在开立一般存款账户之前必须开立的账户是（　　）。
   - A. 基本存款户
   - B. 单位银行卡账户
   - C. 专业存款户
   - D. 临时存款户

8. 下列银行结算账户中，不能支取现金的是（　　）。
   - A. 党、团、工会经费专用存款账户
   - B. 个人银行结算账户
   - C. 预算单位零余额账户
   - D. 单位银行卡账户

9. 根据票据法律制度的规定，接受汇票出票人的付款委托，同意承担支付票款义务的人是（　　）。
   - A. 票据债权人
   - B. 票据保证人

C. 票据主债务人　　　　D. 票据次债务人

10. 根据支付结算法律制度的规定，下列表述中，正确的是（　　）。

A. 背书未记载背书日期，背书无效

B. 承兑未记载承兑日期，承兑无效

C. 保证未记载保证日期，保证无效

D. 出票人未记载出票日期，票据无效

11. 下列选项中，属于可以背书转让汇票的情形是（　　）。

A. 汇票未记载付款地的

B. 汇票超过付款提示期限的

C. 汇票被拒绝承兑的

D. 汇票被拒绝付款的

12. 下列行为中，属于给付对价取得票据权利的是（　　）。

A. 继承取得的银行承兑汇票

B. 捐赠获得的转账支票

C. 销售后得到商业汇票

D. 税务机关征税取得的票据

13. 商业汇票出票人的下列表述，正确的是（　　）。

A. 商业承兑汇票只能由付款人签发并承兑

B. 商业承兑汇票可以由付款人签发并承兑，也可以由收款人签发并承兑

C. 银行承兑汇票应由在承兑银行开立存款账户的存款人签发

D. 银行承兑汇票应由承兑银行签发

14. 甲在将一汇票背书转让给乙时，未将乙的姓名记载于被背书人栏内。乙发现后将自己的姓名填入被背书人栏内。下列关于乙填入自己姓名的行为效力的表述中，正确的是（　　）。

A. 经甲追认后有效

B. 无效

C. 有效

D. 可撤销

15. 根据支付结算法律制度的规定，下列各项票据中，"付款人名称"不是必须记载事项的是（　　）。

A. 银行汇票　　　　B. 银行本票

C. 商业汇票　　　　D. 支票

16. 张某因采购货物签发一张票据给王某，胡某

从王某处窃取该票据，陈某明知胡某系窃取所得但仍受让该票据，并将其赠与不知情的黄某，下列取得票据的当事人中，享有票据权利的是（　　）。

A. 王某　　　　　　B. 胡某

C. 陈某　　　　　　D. 黄某

17. 根据票据法律制度的规定，下列关于票据追索的表述，不正确的是（　　）。

A. 票据追索适用于两种情形，分别为到期后追索和到期前追索

B. 被追索人只能是持票人的前手

C. 持票人应当自收到被拒绝承兑或者被拒绝付款的有关证明之日起3日内，将被拒绝事由书面通知其前手

D. 持票人行使追索权的内容包括票据金额、利息和费用

18. 下列不属于信用卡预借现金业务的是（　　）。

A. 现金支付　　　　B. 现金转账

C. 现金充值　　　　D. 现金提取

19. 2022年10月15日，申请人甲公司发现一张出票日期为2022年10月12日的银行汇票的解讫通知丢失，立即向签发银行出具单位证明请求退回汇票款项。甲公司提出的下列请求符合法律规定的是（　　）。

A. 请求退款至法定代表人的个人账户

B. 请求退回现金

C. 请求银行在3日内办理退款事宜

D. 请求退款至甲公司银行结算账户

20. 不能用委托收款的是（　　）。

A. 存单

B. 债券

C. 已承兑的商业汇票

D. 现金支票

21. 根据支付结算法律制度的规定，下列关于支票的表述中，不正确的是（　　）。

A. 出票人在付款人处的存款足以支付支票金额时，付款人应当在见票当日足额付款

B. 出票人可以在支票上记载自己为收款人

C. 现金支票可以采用委托收款方式提示付款

D. 申请人开立支票存款账户必须使用本名

22. 下列违反结算纪律的行为中，应由单位和个

人承担法律责任的是（ 　 ）。

A. 受理无理拒付，不扣少扣滞纳金

B. 签发空头银行汇票、银行本票和办理空头汇款

C. 压票、任意退票、截留挪用客户资金

D. 签发、取得和转让无真实交易和债权债务的票据，套取银行和他人资金

23. 根据票据法律制度的规定，支票的提示付款期限为（ 　 ）。

A. 自出票日起10日内

B. 自出票日起1个月内

C. 自出票日起2个月内

D. 自出票日起6个月内

24. 关于记名预付卡，下列说法正确的是（ 　 ）。

A. 不得设置有效期

B. 不能赎回

C. 不能挂失

D. 卡内资金无限额

25. 根据支付结算法律制度的规定，下列关于经营性存款人违反账户结算的行为中，适用给予警告并处以1万元以上3万元以下罚款的是（ 　 ）。

A. 出租、出借银行结算账户

B. 违反规定不及时撤销银行结算账户

C. 利用开立银行结算账户逃废银行债务

D. 违反规定支取现金

二、多项选择题

1. 甲企业申请出票银行签发银行汇票用于结算与乙企业的货款。下列表述中，正确的有（ 　 ）。

A. 该银行汇票只能用于转账，不得用于支取现金

B. 该银行汇票可以用于转账，也可以用于支取现金

C. 甲企业在银行汇票记载"不得转让"，导致该银行汇票无效

D. 若该银行汇票丧失，失票人可以凭人民法院出具的除权判决书，向出票银行请求付款

2. 根据支付结算法律制度的规定，下列各项中，属于票据无效的有（ 　 ）。

A. 更改出票金额的票据

B. 更改出票日期及收款人名称的票据

C. 出票日期使用小写填写的票据

D. 中文大写金额和阿拉伯数字不一致的票据

3. 根据支付结算法律制度的规定，关于票据保证的下列表述中，正确的有（ 　 ）。

A. 票据上未记载保证日期的，被保证人的背书日期为保证日期

B. 保证人未在票据或粘单上记载被保证人名称的已承兑票据，承兑人为被保证人

C. 保证人为两人以上的，保证人之间承担连带责任

D. 保证人清偿票据债务后，可以对被保证人及其前手行使追索权

4. 根据支付结算法律制度的规定，下列资金中，可以转入个人银行结算账户的有（ 　 ）。

A. 个人合法的劳务报酬

B. 个人合法的投资回报

C. 工资性款项

D. 单位的款项

5. 根据票据法律制度的规定，持票人的票据权利在时效期间内不行使，会引起票据权利丧失的后果，下列有关票据权利时效的表述中，正确的有（ 　 ）。

A. 持票人对票据的出票人和承兑人的权利自票据到期日起2年不行使而消灭

B. 持票人对支票出票人的权利，自到期日起6个月不行使而消灭

C. 持票人对银行本票的出票人的权利自票据出票日起2年不行使而消灭

D. 持票人对前手的再追索权，自清偿日或者被提起诉讼之日起3个月不行使而消灭

6. 根据支付结算法律制度的规定，下列各项中，持票人行使追索权时可以请求被追索人支付的金额和费用有（ 　 ）。

A. 票据金额自到期日或者提示付款日起到清偿日止，按照中国人民银行规定的利率计算的利息

B. 被拒绝付款的票据金额

C. 发出通知书的费用

D. 取得有关拒绝证明的费用

7. 甲公司开出一张银行承兑汇票向乙公司支付

货款，乙公司将票据背书转让给丙公司。以下属于票据当事人的有（　　）。

A. 甲公司　　　　B. 乙公司

C. 丙公司　　　　D. 银行

8. 2023 年 8 月 13 日 A 公司持一张出票日期为 2023 年 6 月 11 日、到期日为 2023 年 12 月 11 日、金额为 500 万元的银行承兑汇票向 P 银行申请贴现，双方约定贴现利率为 3%。关于该汇票贴现的下列表述中，正确的有（　　）。

A. P 银行应向 A 公司实付贴现金额 500 万元

B. 汇票上应未记载"不得转让"事项

C. 贴现的期限自 2023 年 6 月 11 日起至 2023 年 12 月 11 日止

D. 必须记载贴现利率 3%

9. 根据支付结算法律制度的规定，关于支票的下列表述中，正确的有（　　）。

A. 支票基本当事人包括出票人、付款人、收款人

B. 支票金额和收款人名称可以由出票人授权补记

C. 出票人不得在支票上记载自己为收款人

D. 支票的付款人是出票人的开户银行

10. 根据支付结算法律制度的规定，下列各项中，属于收单机构业务与风险管理措施的有（　　）。

A. 建立资金结算风险管理制度

B. 建立特约商户检查制度

C. 建立对特约商户风险评级制度

D. 建立特约商户收单银行变更审核制度

11. 下列关于承兑的表述中，正确的有（　　）。

A. 见票后定期付款的汇票，自出票之日起 1 个月内提示承兑

B. 如果持票人超过法定期限提示承兑的，即丧失对其前手的追索权

C. 汇票上未记载承兑日期的，应当以收到提示承兑的汇票之日起 3 日内的最后一日为承兑日期

D. 承兑附有条件的，所附条件满足后具有票据上的效力

12. 关于汇兑的下列表述中，符合法律制度规定的有（　　）。

A. 单位和个人均可使用汇兑

B. 汇款人对汇出银行尚未汇出的款项可以申请撤销

C. 汇兑以收账通知为汇出银行受理汇款的依据

D. 汇兑以汇款回单为银行将款项确已收入收款人账户的凭证

13. 根据支付结算法律制度的规定，下列关于预付卡使用的表述中，正确的有（　　）。

A. 记名预付卡可挂失，可赎回

B. 有资金余额但超过有效期的预付卡可通过延期、激活、换卡等方式继续使用

C. 记名预付卡不得设置有效期

D. 不记名预付卡有效期可设置为 2 年

14. 下列各项中，属于票据丧失后可以采取的补救措施有（　　）。

A. 挂失止付　　　　B. 公示催告

C. 普通诉讼　　　　D. 仲裁

三、判断题

1. 撤销银行结算账户时，应先撤销基本存款账户，然后再撤销一般存款账户、专用存款账户和临时存款账户。（　　）

2. 单位一次性购买不记名预付卡 1 万元以上需要实名登记。（　　）

3. 委托收款背书的被背书人不得再以背书转让票据权利。（　　）

4. 汇票上可以记载《票据法》规定事项以外的其他出票事项，但该记载事项不具有汇票上的效力。（　　）

5. 票据权利只体现为付款请求权。（　　）

6. 任何单位办理支付结算，必须使用按中国人民银行统一规定印制的票据凭证。（　　）

7. 银行承兑汇票的出票人于汇票到期日未能足够交存票款的，承兑银行可以向持票人拒绝付款。（　　）

8. 银行汇票的实际结算金额低于出票金额的，票据无效。（　　）

9. 存款人应按照账户管理规定使用银行结算账户办理结算业务，可以出租、出借银行结算账户，但不得利用银行结算账户套取银行信用或进行洗钱活动。（　　）

四、不定项选择题

1. 2024 年 10 月 23 日，甲公司为收回货款，向乙公司签发一张纸质商业汇票并于当日提示承兑，乙公司受理并承兑该汇票。后甲公司将汇票背书转让给丙公司。2024 年 11 月 12 日，丙公司将汇票背书转让给丁公司。2024 年 11 月 30 日，丁公司将汇票背书转让给庚公司并在背书时记载"丁公司收到货物后可以转让"字样，戊公司提供票据保证，但未记载被保证人名称。汇票到期前，庚公司向乙公司提示付款被拒绝，遂向戊公司请求付款。

要求：根据上述资料，不考虑其他因素，分析回答下列问题。

（1）乙公司受理并承兑汇票办理相关手续的下列说法中，正确的是（　）。

　　A. 收到汇票之日起 5 日内承兑

　　B. 在相关平台披露该汇票的承兑信息

　　C. 向甲公司签发收到汇票的回单并签章

　　D. 在汇票上签章

（2）戊公司提供票据保证，但未记载被保证人名称，该票据保证行为的被保证人是（　）。

　　A. 乙公司　　　　　B. 甲公司

　　C. 丁公司　　　　　D. 丙公司

（3）下列关于丁公司背书行为的表述中，正确的是（　）。

　　A. 丁公司承担保证庚公司获得汇票款项的责任

　　B. 记载的"丁公司收到货物后可以转让"字样不具有汇票上的效力

　　C. 应记载被背书人名称为庚公司

　　D. 丁公司应在汇票背书人栏签章

（4）收到庚公司的付款请求，戊公司的下列行为中，正确的是（　）。

　　A. 向庚公司足额付款

　　B. 向庚公司支付 5% 的汇票款项

　　C. 以庚公司为非直接后手为由，拒绝付款

　　D. 以自己为非主债务人为由，拒绝付款

2. 甲公司的开户银行为 A 银行。2023 年 7 月 1 日，甲公司委派员工李某携带一张公司签发的出票日期为 2023 年 7 月 1 日、金额和收款人名称均空白的转账支票赴乙公司洽谈业务，为支付货款，李某在支票上填写金额 20 万元后交付乙公司。当日，为偿还所欠丙公司劳务费，乙公司将支票背书转让给丙公司，在背书栏内记载了"不得转让"，未记载背书日期。丙公司持票到 A 银行提示付款，被拒绝支付。丙公司拟行使追索权以实现票据权利。

要求：根据上述材料，不考虑其他因素，分别回答下列问题。

（1）关于甲公司签发支票行为的效力及票据当事人的下列表述中，符合法律规定的是（　）。

　　A. 甲公司是支票的保证人

　　B. 因出票时未记载确定的金额，支票无效

　　C. A 银行是支票的付款人

　　D. 因出票时未记载收款人姓名，支票无效

（2）关于乙公司将支票背书转让给丙公司行为效力的下列表述中，符合法律规定的是（　）。

　　A. 未记载背书日期，背书无效

　　B. 背书附不得转让的条件，背书无效

　　C. 未记载背书日期，视为在支票到期日前背书

　　D. 丙公司再背书转让该支票，乙公司对丙公司的被背书人不承担保证责任

（3）关于丙公司行使票据追索权的下列表述中，不符合法律规定的是（　）。

　　A. 丙公司不享有票据追索权

　　B. 丙公司可以同时对甲公司和乙公司行使票据追索权

　　C. 丙公司应按照先乙公司后甲公司的顺序行使追索权

　　D. 丙公司只能对乙公司或甲公司其中之一行使追索权

（4）关于丙公司提示付款的下列表述中，符合法律规定的是（　）。

　　A. 丙公司可以委托开户银行向 A 银行提示付款

　　B. 支票无效，丙公司无权提示付款

　　C. 丙公司提示付款期限为 2023 年 7 月 2

日起 10 日

　　D. 丙公司提示付款期限为 2023 年 7 月 1 日起 10 日

3. 甲公司向乙公司购买总价款 100 万元的商品。于 2024 年 3 月 20 日签发一张转账支票给乙公司用于支付货款。甲公司出票时，未填写金额和收款人名称，约定由乙公司自行填写。乙公司取得支票后，填写了相关事项，并于 3 月 22 日将该支票背书转让给丙公司，用于结算原材料货款。丙公司于 4 月 5 日向付款银行提示付款。甲公司在付款银行的存款足以支付支票金额，但银行仍然拒绝向丙公司付款。

要求：根据上述资料，不考虑其他因素，分析回答下列小题。

（1）关于付款银行能否拒绝向丙公司付款的问题，下列说法正确的是（　　　）。

　　A. 支票的提示付款期限为自出票日起 10 日内

　　B. 甲公司签发的支票不能向付款银行支取现金

　　C. 甲公司的存款足以支付支票金额，付款银行应当向丙公司支付票款

　　D. 付款银行可以拒绝向丙公司付款

（2）下列关于甲公司出票时未记载支票金额的说法中，正确的是（　　　）。

　　A. 支票的金额可以授权补记，因此，甲公司可以在出票时不记载

　　B. 支票的金额是签发支票必须记载事项之一，甲公司未记载支票无效

　　C. 支票的金额可以由甲公司授权补记，乙公司取得支票未补记前不得背书转让

　　D. 支票的金额未记载属于空头支票

（3）关于甲公司签发的未记载收款人名称支票的有效性，下列说法正确的是（　　　）。

　　A. 收款人名称和金额都是可以授权补记的事项

　　B. 甲公司签发的未记载收款人名称的支票无效

　　C. 甲公司签发的未记载收款人名称的支票有效

　　D. 乙公司在提示付款时补记的，该支票可以得到付款

（4）假设丙公司财务人员将支票丢失不知去向，可以采取的补救措施是（　　　）。

　　A. 挂失止付　　　　　B. 公示催告

　　C. 申请支付令　　　　D. 普通诉讼

4. 2024 年 4 月 6 日，甲公司为履行与乙公司的买卖合同，签发一张由本公司承兑的商业汇票交付乙公司，汇票收款人为乙公司。到期日为 10 月 6 日，4 月 14 日乙公司将该汇票背书转让给丙公司，9 月 8 日丙公司持该汇票向其开户银行 Q 银行办理贴现，该汇票到期后，Q 银行向异地的甲公司开户银行 P 银行发出委托收款，P 银行于收到委托收款的次日通知甲公司付款，甲公司以乙公司一直未发货为由拒绝付款。

要求：根据上述资料，分析回答下列问题。

（1）该汇票的付款人是（　　　）。

　　A. 甲公司

　　B. 乙公司

　　C. P 银行

　　D. Q 银行

（2）下列各项中，属于转让背书行为的是（　　　）。

　　A. 甲公司将汇票交付乙公司

　　B. 乙公司将汇票转让给丙公司

　　C. 丙公司持汇票向 Q 银行办理贴现

　　D. Q 银行持汇票到 P 银行办理委托收款

（3）下列当事人中，属于该汇票债务人的是（　　　）。

　　A. 甲公司

　　B. 乙公司

　　C. 丙公司

　　D. P 银行

（4）Q 银行为丙公司办理该汇票贴现时，计算贴现利息的贴现天数是（　　　）天。

　　A. 28　　　　　　　　B. 29

　　C. 30　　　　　　　　D. 31

（5）关于该汇票付款责任的下列判断中，正确的是（　　　）。

　　A. 乙公司未发货，甲公司可以拒绝付款

　　B. 乙公司应当对 Q 银行承担第一付款责任

C. Q 银行是善意持票人，甲公司不得拒绝付款

D. Q 银行遭拒付后，可从丙公司的存款账户直接收取票款

5. 甲公司向乙公司签发了一张以 A 银行为承兑人的银行承兑汇票，用于支付所欠装修费；A 银行在票据承兑栏中进行了签章。汇票签发后甲、乙公司因装修材料污染超标产生纠纷，始终未能达成解决方案。乙公司收到汇票后，将该汇票转让与丙公司用于支付租金，但在汇票转让时未作背书记载和签章。丙公司因需向丁公司支付工程款，欲将该票据转让给丁公司。丁公司发现票据上无转让背书，遂提出异议。丙公司便私刻了乙公司法定代表人的人名章和乙公司公章，加盖于背书栏，并直接记载丁公司为被背书人。丁公司不知有假，接受了票据。之后，丁公司为偿付欠款将该票据背书转让给了戊公司。

要求：根据上述内容，不考虑其他因素，分别回答下列问题。

(1) 关于 A 银行付款的下列说法中，正确的是（　　）。

A. A 银行承兑汇票后，应当承担到期付款的责任

B. A 银行依法足额付款后，该汇票所有债务人的责任解除

C. A 银行不得以甲、乙公司存在纠纷为由拒绝付款

D. A 银行可以以甲、乙公司存在纠纷为由拒绝付款

(2) 假设 A 银行拒绝付款，关于戊公司行使追索权的下列说法中，正确的是（　　）。

A. 戊公司应当自收到被拒绝付款的有关证明之日起 3 日内，将被拒绝事由书面通知丁公司

B. 戊公司可以将被拒绝事由同时向各票据债务人发出书面通知

C. 戊公司对前手的追索权，自被拒绝付款之日起 3 个月

D. 戊公司对前手的追索权，自被拒绝付款之日起 6 个月

(3) 下列选项中，属于票据背书中必须记载的事项是（　　）。

A. 背书日期

B. 背书人签章

C. 被背书人名称

D. 用途

(4) 丙公司将私刻的刘某名章和乙公司公章加盖于背书栏，并直接记载丁公司为被背书人的行为，属于票据法上的（　　）。

A. 票据伪造　　　B. 票据变造

C. 票据诈骗　　　D. 票据冒用

本章习题参考答案及解析

一、单项选择题

1.【答案】C

【解析】(1) 选项 A、C，汇款回单只能作为汇出银行受理汇款的依据，不能作为该笔汇款已转入收款人账户的证明。(2) 选项 B，收账通知是银行将款项确已收入收款人账户的凭据。(3) 选项 D，汇兑凭证记载的汇款人、收款人在银行开立存款账户的，必须记载其账号。

2.【答案】B

【解析】临时存款账户支取现金，应按照国家现金管理的规定办理。一般存款账户用于办理存款人借款转存、借款归还和其他结算的资金收付。一般存款账户可以办理现金缴存，但不得办理现金支取。证券交易结算资金、期货交易保证金和信托基金专用存款账户不得支取现金。

3.【答案】B

【解析】失票人应当在通知挂失止付后的 3 日内，也可以在票据丧失后，依法向票据支付地人民法院申请公示催告。票据丧失后，票

据权利有三种补救措施：挂失止付、公示催告和普通诉讼。

4.【答案】B

【解析】选项B，企业在境内设立的企业法人、非法人企业和个体工商户开立基本存款账户、临时存款账户已取消核准制，由银行向中国人民银行当地分支机构备案，无须颁发开户许可证。选项D，属于特别法人；选项C，属于事业单位，其开立基本账户仍实行核准制。

5.【答案】B

【解析】所谓"变造"，是指无权更改票据内容的人，对票据上签章以外的记载事项加以改变的行为。变造票据的方法多是在合法票据的基础上，对票据加以剪接、挖补、覆盖、涂改，从而非法改变票据的记载事项。

6.【答案】D

【解析】对于按照账户管理规定应撤销而未办理销户手续的单位银行结算账户，银行通知该单位银行结算账户的存款人自发出通知之日起30日内办理销户手续，逾期视同自愿销户，未划转到款项列入久悬未取专户管理。

7.【答案】A

【解析】存款人申请开立一般存款账户，应向银行出具其开立基本存款账户规定的证明文件、基本存款账户开户许可证等文件，说明在开立一般存款账户前，需要先行开立基本存款账户。

8.【答案】D

【解析】（1）选项A，党、团、工会经费等专用存款账户支取现金应按照国家现金管理的规定办理。（2）选项B，个人银行结算账户用于办理个人转账收付和现金存取。（3）选项C，预算单位零余额账户用于财政授权支付，可以办理转账、提取现金等结算业务，可以向本单位按账户管理规定保留的相应账户划拨工会经费、住房公积金及提租补贴，以及财政部批准的特殊款项，不得违反规定向本单位其他账户和上级主管单位、所属下级单位账户划拨资金。（4）选项D，单位银行卡账户的资金必须由其基本存款账户转账存入，该账户不得办理现金收付业务。

9.【答案】C

【解析】接受汇票出票人的付款委托，同意承担支付票款义务的人是承兑人，是汇票的主债务人。

10.【答案】D

【解析】选项A，背书未记载日期的，视为在票据到期日前背书；选项B，汇票上未记载承兑日期的，应当以收到提示承兑的汇票之日起3日内的最后一日为承兑日期；选项C，保证人在票据或者粘单上未记载"保证日期"的，出票日期为保证日期。

11.【答案】A

【解析】票据被拒绝承兑、被拒绝付款或者超过付款提示期限的，不得背书转让。

12.【答案】C

【解析】票据的取得，必须给付对价。但如果是因为税收、继承、赠与可以依法无偿取得票据的，则不受给付对价的限制。

13.【答案】C

【解析】选项A、B，商业承兑汇票可以由付款人签发并承兑，也可以由收款人签发交由付款人承兑。选项C、D，银行承兑汇票应由在承兑银行开立存款账户的存款人签发。

14.【答案】C

【解析】背书人未记载被背书人名称即将票据交付他人的，持票人在票据被背书人栏内记载自己的名称，与背书人记载具有同等法律效力。

15.【答案】B

【解析】签发银行本票必须记载下列事项：表明"银行本票"的字样；无条件支付的承诺；确定的金额；收款人名称；出票日期；出票人签章。因此，"付款人名称"不是银行本票的必须记载事项。

16.【答案】A

【解析】（1）持票人以欺诈、偷盗或者胁迫等手段取得票据的，或者明知有上述情形，出于恶意取得票据的，不享有票据权利。胡某和陈某均不享有票据权利。（2）因税收、继承、赠与可以依法无偿取得票据的，票据权利不得优于其前手。黄某虽然是善意不知情的，但是其未支付合理对价，其票据权利不优于其前手陈某，故黄某不享有票据权利。

17.【答案】B

【解析】选项B，票据的出票人、背书人、承兑人和保证人对持票人承担连带责任。到期后追索是指票据到期被拒绝付款的，持票人对背书人、出票人以及票据的其他债务人行使的追索。

18.【答案】A

【解析】信用卡预借现金业务包括现金提取、现金转账和现金充值。

19.【答案】D

【解析】出票银行对于转账银行汇票的退款，只能转入原申请人账户；对于符合规定填明"现金"字样银行汇票的退款，才能退付现金。申请人缺少解讫通知要求退款的，出票银行应于银行汇票提示付款期满1个月后办理。

20.【答案】D

【解析】单位和个人凭已经承兑的商业汇票、债券、存单等付款人债务证明办理款项的结算，均可以使用委托收款结算方式。

21.【答案】C

【解析】支票的持票人可以委托开户银行收款或直接向付款人提示付款。用于支取现金的支票仅限于收款人向付款人提示付款。

22.【答案】D

【解析】结算纪律包括银行应当遵守的结算纪律和单位、个人应当遵守的结算纪律两种；选项A、B、C均为银行应当遵守的结算纪律。

23.【答案】A

【解析】根据规定，支票的提示付款期限为自出票日起10日内。

24.【答案】A

【解析】记名预付卡可挂失（选项C错误）、可赎回（选项B错误）；单张记名预付卡资金限额不得超过5 000元（选项D错误）、不得设置有效期（选项A正确）。

25.【答案】B

【解析】选项B，经营性存款人适用给予警告并处以1万元以上3万元以下的罚款。选项A、C、D，经营性存款人适用处以5 000

元以上3万元以下的罚款。

二、多项选择题

1.【答案】AD

【解析】选项A、B，银行汇票可以用于转账，填明"现金"字样的银行汇票也可以用于支取现金。申请人或者收款人为单位的，不得在"银行汇票申请书"上填明"现金"字样。申请人和收款人均为个人的，可以在"出票金额"栏填写现金。题目中甲企业申请签发银行汇票是用于结算货款的，只能用于转账，不得支取现金。选项C，出票人在汇票上记载"不得转让"事项为任意记载事项，不影响银行汇票的效力。选项D，银行汇票丧失，失票人可以凭人民法院出具的其享有票据权利的证明，向出票银行请求付款或退款。

2.【答案】ABCD

【解析】选项A，更改出票金额的票据无效。选项B，更改出票日期及收款人名称的票据无效。选项C，出票日期使用小写填写的票据无效。选项D，中文大写金额和阿拉伯数字不一致的票据也是无效的。注意票据的填写规范，金额、收款人、日期三者不能更改，出票日期必须用大写中文填写，金额中文大写和阿拉伯数码必须同时记载，缺一不可，且二者必须一致。

3.【答案】BCD

【解析】根据规定，保证人在票据或者粘单上未记载"保证日期"的，出票日期为保证日期，因此选项A的说法错误。

4.【答案】ABC

【解析】个人银行结算账户用于办理个人转账收付和现金存取。下列款项可以转入个人银行结算账户：（1）工资、奖金收入；（2）稿费、演出费等劳务收入；（3）债券、期货、信托等投资的本金和收益；（4）个人债权或产权转让收益；（5）个人贷款转存；（6）证券交易结算资金和期货交易保证金；（7）继承、赠与款项；（8）保险理赔、保费退还等款项；（9）纳税退还；（10）农、副、矿产品销售收入；（11）其他合法款项。

5.【答案】ACD

【解析】选项 B，持票人对支票出票人的权利，自出票日起 6 个月不行使而消灭。

6.【答案】ABCD

【解析】持票人行使追索权，可以请求被追索人支付下列金额和费用：（1）被拒绝付款的票据金额；（2）票据金额自到期日或者提示付款日起至清偿日止，按照中国人民银行规定的利率计算的利息；（3）取得有关拒绝证明和发出通知书的费用。

7.【答案】ABCD

【解析】出票人（甲公司）、收款人（乙公司）、付款人（银行）属于基本当事人、被背书人（丙公司）属于非基本当事人。

8.【答案】BD

【解析】选项 A 错误，实付贴现金额＝票面金额－贴现利息，所以 P 银行向 A 公司实付的贴现金额应小于 500 万元；选项 B 正确，汇票未记载"不得转让"事项是商业汇票持票人向银行办理贴现必须具备的条件；选项 C 错误，贴现期限是自贴现日至汇票到期的前 1 日，即 2023 年 9 月 13 日起至 2023 年 12 月 10 日止；选项 D 正确，贴现利率是汇票贴现的必须记载事项。

9.【答案】ABD

【解析】出票人可以在支票上记载自己为收款人。

10.【答案】ABCD

【解析】收单机构应当强化业务和风险管理措施，建立特约商户检查制度、资金结算风险管理制度、收单交易风险监测系统以及特约商户收单银行结算账户设置和变更审核制度等。建立对实体特约商户、网络特约商户分别进行风险评级制度。

11.【答案】ABC

【解析】付款人承兑汇票，不得附有条件；承兑附有条件的，视为拒绝承兑。

12.【答案】AB

【解析】汇款回单为汇出银行受理汇款的依据；收账通知为银行将款项确已收入收款人账户的凭证。

13.【答案】ABC

【解析】选项 A、C 正确，记名预付卡可挂

失，可赎回，不得设置有效期。选项 B 正确，超过有效期尚有资金余额的预付卡，可通过延期、激活、格卡等方式继续使用。选项 D 错误，不记名预付卡有效期不得少于 3 年。

14.【答案】ABC

【解析】票据丧失后，可以采取挂失止付、公示催告和普通诉讼三种形式进行补救。

三、判断题

1.【答案】×

【解析】撤销银行结算账户时，应先撤销一般存款账户、专用存款账户、临时存款账户，将账户资金转入基本存款账户后，方可办理基本存款账户的撤销。

2.【答案】√

【解析】个人或单位购买记名预付卡或一次性购买不记名预付卡 1 万元以上的，应当使用实名并向发卡机构提供有效身份证件。

3.【答案】√

【解析】委托收款背书是背书人委托被背书人行使票据权利的背书。委托收款背书的被背书人有权代背书人行使被委托的票据权利。但是，被背书人不得再以背书转让票据权利。

4.【答案】√

【解析】除绝对记载事项、相对记载事项、任意记载事项外，票据上还可以记载其他一些事项，但这些事项不具有票据效力，银行不负责审查。

5.【答案】×

【解析】票据权利包括付款请求权和追索权。

6.【答案】√

【解析】单位、个人和银行办理支付结算，必须使用按中国人民银行统一规定印制的票据凭证和统一规定的结算凭证。

7.【答案】×

【解析】银行承兑汇票的出票人于汇票到期日未能足额交存票款时，承兑银行除凭票向持票人无条件付款外，对出票人尚未支付的汇票金额按照每天万分之五计收利息。

8.【答案】×

【解析】银行汇票的实际结算金额低于出票金额的，其多余金额由出票银行退交申请人。

9.【答案】×

【解析】存款人应按照账户管理规定使用银行结算账户办理结算业务，不得出租、出借银行结算账户，不得利用银行结算账户套取银行信用或进行洗钱活动。

四、不定项选择题

1.（1）【答案】BC

【解析】选项A，付款人对向其提示承兑的汇票，应当自收到提示承兑的汇票之日起3日内承兑或者拒绝承兑。选项B，商业承兑汇票的承兑人应当于承兑完成日次一个工作日内，在中国人民银行认可的票据信息披露平台披露每张票据的承兑相关信息。选项C，付款人收到持票人提示承兑的汇票时，应当向持票人签发收到汇票的回单，回单上应当记明汇票提示承兑日期并签章。选项D，付款人承兑汇票的，应当在汇票正面记载"承兑"字样和承兑日期并签章。

（2）【答案】A

【解析】选项A，未记载被保证人名称的，已承兑的票据，承兑人为被保证人；未承兑的票据，出票人为被保证人。

（3）【答案】ABCD

【解析】选项A，背书人以背书转让票据后，即承担保证其后手所持票据承兑和付款的责任。选项B，记载的"丁公司收到货物后可以转让"字样是附条件背书，背书不得附条件，背书时附有条件的，所附条件不具有票据上的效力。选项C，以背书转让或者以背书将一定的票据权利授予他人行使时，必须记载被背书人名称。选项D，背书由背书人签章并记载背书日期。

（4）【答案】A

【解析】选项A，被保证的票据，保证人应当与被保证人对持票人承担连带责任。票据到期后得不到付款的，持票人有权向保证人请求付款，保证人应当足额付款。

2.（1）【答案】C

【解析】选项A，支票的出票人，是在银行开立存款账户的单位和个人，付款人是出票人的开户银行。甲公司是支票的出票人，A银行是支票的付款人。选项B、D，支票的金额、收款人名称，可以由出票人授权补记。未记载，并不导致支票无效。

（2）【答案】CD

【解析】选项A，背书未记载日期的，视为在票据到期前背书。选项B，背书时附有条件的，所附条件不具有票据上的效力，但是背书行为有效。

（3）【答案】ACD

【解析】选项B，持票人行使追索权，可以不按照票据债务人的先后顺序，对其中任何一人、数人或者全体行使追索权。持票人对票据债务人中的一人或者数人已经进行追索的，对其他票据债务人仍可以行使追索权。

（4）【答案】AD

【解析】选项A，持票人可以委托开户银行收款；选项D，支票的提示付款期限自出票日（2023年7月1日）起10日。

3.（1）【答案】ABD

【解析】选项A，支票的提示付款期限为自出票日起10日内。选项B，转账支票只能用于转账，不能用于支取现金。选项D，丙公司于4月5日向银行提示付款，已经超过了法定的提示期限，故银行可以拒绝付款。

（2）【答案】AC

【解析】选项A、B、C，支票的金额、收款人名称，可以由出票人授权补记，未补记前不得背书转让和提示付款。选项D，出票人签发的支票金额超过其付款时在付款人处实有的存款金额的，为空头支票。

（3）【答案】ACD

【解析】选项A、C、D，甲公司签发的未记载收款人名称的支票有效。根据规定，支票的收款人名称和金额，可以由出票人授权补记。

（4）【答案】AB

【解析】票据丧失是指票据因灭失（如不慎被烧毁）、遗失（如不慎丢失）、被盗等原因而使票据权利人脱离其对票据的占有。根据规定，持票人票据丧失后，可以采取挂失止付、公示催告、普通诉讼三种方式进行补救。普通诉讼是指以丧失票据的人为原告，以承兑人或出票人为被告，请求人民法院判决其向失票人付款的诉讼活动。如果与票据上的权利有利害关系的人是明确的，无须公示催告，可按一般的票据纠纷向人民法院提起诉讼。

4. (1)【答案】A

【解析】汇票的付款人是指由出票人委托付款或自行承担付款责任的人。商业承兑汇票的承兑人为付款人，本题承兑人为甲公司，因此付款人为甲公司。

(2)【答案】BC

【解析】背书分为转让背书和非转让背书，转让背书是指以转让票据权利为目的的背书。本题中，只有乙公司背书行为和丙公司贴现行为都是以转让票据权利为目的的，属于转让背书。选项A的表述是出票行为，并非背书行为；选项D的表述是"委托收款"，是背书人委托被背书人行使票据权利的背书。

(3)【答案】ABC

【解析】汇票债务人包括出票人、承兑人、背书人。

(4)【答案】D

【解析】根据规定，实付贴现金额按票面金额扣除贴现日至汇票到期前1日的利息计算。承兑人在异地的，贴现的期限以及贴现利息的计算应另加3天的划款日期，本题中，由于是在异地，贴现天数应该再另加3天的划款日期，即9月8日至10月5日的基础上再加3天，一共是31天。

(5)【答案】CD

【解析】根据规定，票据债务人不得以基础关系的抗辩事由对抗善意持票人，选项A的表述错误，选项C的表述正确；甲公司作为承兑人应当对Q银行承担第一付款责任，因此选项B的说法错误；贴现到期，贴现银行应向付款人收取票款。不获付款的，贴现银行应向其前手追索票款。贴现银行追索票款时可从申请人的存款账户直接收取票款，因此

选项D的说法正确。

5. (1)【答案】ABC

【解析】选项A，付款人承兑汇票后，应当承担到期付款的责任。选项B，付款人依法足额付款后，全体票据债务人的责任解除。选项C、D，票据债务人可以对不履行约定义务的与自己有直接债权债务关系的持票人进行抗辩，但不得以自己与出票人或者与持票人的前手之间的抗辩事由，对抗持票人。当然，若持票人明知存在抗辩事由而取得票据的除外。

(2)【答案】ABD

【解析】选项A、B，持票人应当自收到被拒绝承兑或者被拒绝付款的有关证明之日起3日内，将被拒绝事由书面通知其前手；其前手应当自收到通知之日起3日内书面通知其再前手。持票人也可以同时向各票据债务人发出书面通知，该书面通知应当记明汇票的主要记载事项，并说明该汇票已被退票。选项C、D，持票人对前手的追索权，自被拒绝承兑或者被拒绝付款之日起6个月；持票人对前手的再追索权，自清偿日或者被提起诉讼之日起3个月。

(3)【答案】B

【解析】选项B，背书由背书人签章并记载背书日期。背书未记载日期的，视为在票据到期日前背书。以背书转让或者以背书将一定的票据权利授予他人行使时，必须记载被背书人名称。背书人未记载被背书人名称即将票据交付他人的，持票人在票据被背书人栏内记载自己的名称，与背书人记载具有同等法律效力。

(4)【答案】A

【解析】选项A，所谓"伪造"，是指无权限人假冒他人或者虚构他人名义签章的行为，例如伪造出票签章、背书签章、承兑签章和保证签章等。

第四章　税法概述及货物和劳务税法律制度

本章习题

一、单项选择题

1. 甲公司为增值税一般纳税人，2024 年 6 月从国外进口一批音响，海关核定的关税计税价格为 117 万元，缴纳关税 11.7 万元。已知增值税税率为 13%，甲公司该笔业务应缴纳增值税税额的下列计算中，正确的是（　　）。

   A. $117 \times 13\% = 15.21$（万元）

   B. $(117 + 11.7) \times 13\% = 16.731$（万元）

   C. $117 \div (1 + 13\%) \times 13\% = 13.46$（万元）

   D. $(117 + 11.7) \div (1 + 13\%) \times 13\% = 14.81$（万元）

2. 关于增值税纳税义务和扣缴义务发生时间，下列说法不正确的是（　　）。

   A. 从事金融商品转让的，为收到销售额的当天

   B. 赠送不动产的，为不动产权属变更的当天

   C. 扣缴义务发生时间为纳税人增值税纳税义务发生的当天

   D. 以预收款方式销售货物（除特殊情况外）的，为货物发出的当天

3. 下列各项中，属于在零售环节征收消费税的是（　　）。

   A. 卷烟　　　　　B. 高档化妆品

   C. 鞭炮　　　　　D. 钻石

4. 2024 年 6 月，甲公司销售产品实际缴纳增值税 100 万元，实际缴纳消费税 80 万元；进口产品实际缴纳增值税 20 万元，已知城市维护建设税税率为 7%，甲公司当月应缴纳城市维护建设税税额的下列计算列式中，正确的是（　　）。

   A. $(100 + 80 + 20) \times 7\% = 14$（万元）

   B. $(100 + 20) \times 7\% = 8.4$（万元）

   C. $(100 + 80) \times 7\% = 12.6$（万元）

   D. $80 \times 7\% = 5.6$（万元）

5. 下列各项中，不计入出口货物计税价格的是（　　）。

   A. 出口关税税额

   B. 出口货物的成交价格

   C. 货物在我国境内输出地点装载前的运输费用

   D. 货物运至我国境内输出地点装载前的保险费

6. 根据增值税法律制度的规定，将购买的货物用于下列行为时，其进项税额不得抵扣的是（　　）。

   A. 分配给股东　　　B. 投资入股

   C. 无偿赠送　　　　D. 个人消费

7. 根据增值税法律制度的规定，下列各项业务中，属于"金融服务——贷款服务"的是

（　　）。

A. 资金结算

B. 账户管理

C. 金融支付

D. 融资性售后回租

8. 某增值税一般纳税人提供咨询服务，取得含税收入318万元，取得奖金5.3万元。咨询服务的增值税税率为6%，该业务销项税额的下列计算式中正确的是（　　）。

A. （318+5.3）÷（1+6%）×6%＝18.3（万元）

B. 318÷（1+6%）×6%＝18（万元）

C. ［318÷（1+6%）+5.3］×6%＝18.318（万元）

D. 318×6%＝19.08（万元）

9. 根据营业税改增值税试点的相关规定，下列各项中，应征收增值税的是（　　）。

A. 商业银行提供直接收费金融服务收取的手续费

B. 物业管理单位代收的住宅专项维修资金

C. 被保险人获得的保险赔付

D. 存款人取得的存款利息

10. 根据增值税法律制度的规定，下列行为中，应视同销售货物行为征收增值税的是（　　）。

A. 购进货物用于非增值税应税项目

B. 购进货物用于个人消费

C. 购进货物用于无偿赠送其他单位

D. 购进货物用于集体福利

11. 2024年9月甲公司销售产品取得含增值税价款117 000元，另收取包装物租金7 020元。已知增值税税率为13%。甲公司当月该笔业务增值税销项税额的下列计算中，正确的是（　　）。

A. 117 000×（1+13%）×13%＝17 187.3（元）

B. （117 000+7 020）÷（1+13%）×13%＝14 267.79（元）

C. 117 000×13%＝15 210（元）

D. （117 000+7 020）×13%＝16 122.6（元）

12. 下列业务中，一般纳税人允许开具增值税专用发票的是（　　）。

A. 向个人销售劳务

B. 向个体经营者零售烟酒、食品

C. 向一般纳税人销售货物

D. 向个人销售房屋

13. 下列各项中，不得从销项税额中抵扣进项税额的是（　　）。

A. 购进生产用燃料所支付的增值税税款

B. 不合格产品耗用材料所支付的增值税税款

C. 因管理不善被盗材料所支付的增值税税款

D. 购进不动产耗用装修材料所支付的增值税税款

14. 下列项目中免征增值税的是（　　）。

A. 存款利息

B. 流动资金贷款利息

C. 学历教育收取的学费

D. 非学历教育收取的学费

15. 根据增值税法律制度的规定，下列各项中，免征增值税的是（　　）。

A. 商店销售水果糖

B. 木材加工厂销售原木

C. 粮店销售面粉

D. 农民销售自产粮食

16. 下列产品中，应征收消费税的是（　　）。

A. 实木复合地板

B. 电动汽车

C. 网球及球具

D. 气缸容量在250毫升（不含）以下的摩托车

17. 2024年10月甲烟草批发企业向乙卷烟零售店销售卷烟200标准条，取得不含增值税销售额20 000元；向丙烟草批发企业销售卷烟300标准条，取得不含增值税销售额30 000元。已知卷烟批发环节消费税比例税率为11%，定额税率为0.005元/支；每标准条200支卷烟。计算甲烟草批发企业当月上述业务应缴纳消费税税额的下列计算算式中，正确的是（　　）。

A. 20 000×11%+30 000×11%＝5 500（元）

B. 20 000×11%+200×200×0.005＝2 400（元）

C. 30 000×11%+300×200×0.005＝3 600（元）

D. 20 000×11%+200×200×0.005+30 000×

$11\% + 300 \times 200 \times 0.005 = 6\,000$（元）

18. 甲汽车厂将 1 辆生产成本 5 万元的自产小汽车用于抵偿债务，同型号小汽车不含增值税的平均售价为 10 万元/辆，不含增值税最高售价为 12 万元/辆。已知小汽车消费税税率为 5%。甲汽车厂该笔业务应缴纳消费税税额的下列计算算式中，正确的是（　　）。

A. $1 \times 5 \times 5\% = 0.25$（万元）

B. $1 \times 10 \times 5\% = 0.5$（万元）

C. $1 \times 12 \times 5\% = 0.6$（万元）

D. $1 \times 5 \times (1+5\%) \times 5\% = 0.2625$（万元）

19. 根据消费税法律制度的规定，下列各项中，采取从价定率和从量定额相结合的复合计征办法征收消费税的是（　　）。

A. 黄酒　　　　　B. 啤酒

C. 果木酒　　　　D. 白酒

20. 根据车辆购置税法律制度的规定，下列不属于车辆购置税征税范围的是（　　）。

A. 三轮农用运输车　B. 电动自行车

C. 有轨电车　　　　D. 挂车

21. 对原产于与中华人民共和国缔结或者共同参加含有关税优惠条款的国际条约、协定的国家或者地区且符合国际条约、协定有关规定的进口货物，适用的税率是（　　）。

A. 最惠国税率　　　B. 协定税率

C. 特惠税率　　　　D. 普通税率

22. 根据关税法律制度的规定，进口货物的计税价格以成交价格以及该货物运抵中华人民共和国境内输入地点起卸前的运输及其相关费用、保险费为基础确定。以下应计入进口货物计税价格的是（　　）。

A. 进口货物运抵中华人民共和国境内输入地点起卸后的运输及其相关费用、保险费

B. 由买方负担的与该货物视为一体的容器的费用

C. 国内税收

D. 进口关税

23. 根据车辆购置税法律制度的规定，下列各项中，不属于车辆购置税征税范围的是（　　）。

A. 货车　　　　　　B. 摩托车

C. 汽车　　　　　　D. 火车

24. 根据增值税法律制度的规定，包装物押金

下列处理方式中正确的是（　　）。

A. 纳税人为销售货物而出租、出借包装物收取的押金，单独记账核算的，一律不并入销售额征税

B. 对逾期超过 1 年的包装物押金，无论是否退还，都要并入销售额征税

C. 对超过 1 年的包装物押金，如合同约定期限长于 1 年，则不并入销售额

D. 对销售酒类产品收取的包装物押金，无论是返还以及会计上如何核算，均应并入当期销售额征税

25. 甲合伙企业为小规模纳税人，2024 年 8 月发生销售业务，不含税收入为 50 000 元，购买办公用品，支出 10 000 元，则当月甲合伙企业应缴纳增值税为（　　）。

A. $50\,000 \times 3\% = 1\,500$（元）

B. $(50\,000 - 10\,000) \times 3\% = 1\,200$（元）

C. $50\,000 \div (1+3\%) \times 3\% = 1\,456$（元）

D. 0

26. 某金店为增值税一般纳税人，2025 年 4 月采取以旧换新方式零售金银首饰，向顾客收取差价 20 万元。已知旧款金银首饰回收折价 5 万元。该金店当月销售额是（　　）。

A. $20+5 = 25$（万元）

B. $20-5 = 15$（万元）

C. 20（万元）

D. $20 \div (1+13\%) = 17.7$（万元）

27. 下列各项中，不属于增值税免税的项目是（　　）。

A. 国际友人无偿赠送的物资

B. 军队转业干部就业

C. 军队空余房产租赁收入

D. 家政服务企业由员工制家政服务员提供家政服务取得的收入

28. 根据消费税法律制度的规定，下列各项中，应作为委托加工应税消费品缴纳消费税的是（　　）。

A. 受托方将原材料卖给委托方，然后再接受加工的应税消费品

B. 由委托方提供原料和主要材料，受托方只收取加工费加工的应税消费品

C. 受托方以委托方名义购进原材料生产的

应税消费品

  D. 由受托方提供原材料生产的应税消费品

二、多项选择题

1. 根据消费税法律制度的规定，下列各项中，属于消费税征收范围的有（ ）。

  A. 汽车销售公司销售汽车

  B. 烟草专卖店零售卷烟

  C. 轮胎厂销售生产的汽车轮胎

  D. 商场销售黄金项链

2. 下列关于消费税征收的表述中，正确的有（ ）。

  A. 纳税人自产自用的应税消费品，用于连续生产应税消费品的，不缴纳消费税

  B. 纳税人将自产自用的应税消费品用于馈赠、赞助的，缴纳消费税

  C. 委托加工的应税消费品，受托方在交货时已代收代缴消费税，委托方收回后直接销售的，再缴纳一道消费税

  D. 卷烟在生产和批发两个环节均征收消费税

3. 根据增值税法律制度的规定，下列行为应视同销售，缴纳增值税的有（ ）。

  A. 思高在线教育平台提供免费视听课程

  B. 东方健身俱乐部向本单位员工免费提供健身服务

  C. 宏兴化工试剂公司以固定资产入股投资

  D. 美源食品有限公司将外购食品给员工发福利

4. 根据增值税法律制度的规定，一般纳税人提供的下列服务中，可以选择适用简易计税方法的有（ ）。

  A. 装卸搬运服务

  B. 仓储服务

  C. 电影放映服务

  D. 文化体育服务

5. 根据消费税法律制度的规定，下列有关消费税纳税环节的表述中，正确的有（ ）。

  A. 纳税人生产应税消费品对外销售的，在销售时纳税

  B. 纳税人自产自用应税消费品，用于连续生产应税消费品以外用途的，在移送使用时纳税

  C. 纳税人委托加工应税消费品，收回后直接销售的，在销售时纳税

  D. 纳税人委托加工应税消费品，由受托方向委托方交货时代收代缴税款，但受托方为其他个人或个体工商户的除外

6. 根据车辆购置税法律制度的规定，下列车辆中，免征车辆购置税的有（ ）。

  A. 城市公交企业购置的公共汽电车辆

  B. 设有固定装置的非运输专用作业车辆

  C. 中国人民解放军列入装备订货计划的车辆

  D. 悬挂应急救援专用号牌的国家综合性消防救援车辆

7. 下列行为中，应视同销售货物征收增值税的有（ ）。

  A. 将外购货物分配给股东

  B. 将外购货物用于个人消费

  C. 将自产货物分配给股东

  D. 将自产货物用于个人消费

8. 下列各项中，属于增值税混合销售的有（ ）。

  A. 百货商店在销售空调时提供安装服务

  B. 家具制造厂既销售家具，又提供设计服务

  C. 建材商店在销售地板的同时提供安装服务

  D. 歌舞厅在提供娱乐服务的同时销售食品、饮料

9. 某公司采取预收货款方式销售产品，销售数量为100台，含税销售单价为5 000元。2024年10月10日双方签订销售合同，10月15日该公司收到全部货款，10月20日和10月30日各发出50台。该公司销售货物缴纳增值税的纳税义务发生时间有（ ）。

  A. 10月10日   B. 10月15日

  C. 10月20日   D. 10月30日

10. 根据增值税法律制度的规定，下列各项中，免予缴纳增值税的有（ ）。

  A. 果农销售自产水果

  B. 药店销售避孕药品

  C. 李某销售自己使用过的空调

  D. 直接用于教学的进口设备

11. 根据增值税法律制度的规定，下列服务中，免征增值税的有（ ）。

  A. 学生勤工俭学提供的服务

  B. 火葬场提供的殡葬服务

  C. 医疗机构提供的医疗服务

D. 婚姻介绍所提供的婚姻介绍服务

12. 根据增值税法律制度的规定,下列各项中,应按照"交通运输服务"税目计缴增值税的有（　　）。
　　A. 车辆停放服务　　　B. 湿租业务
　　C. 程租业务　　　　　D. 期租业务

13. 根据增值税法律制度的规定,下列各项中,不征收增值税的有（　　）。
　　A. 公积金管理中心代收的住宅专项维修资金
　　B. 被保险人获得的医疗保险赔付
　　C. 保险人取得的财产保险费收入
　　D. 物业管理单位收取的物业费

14. 根据消费税法律制度的规定,下列应税消费品中,采用从量计征办法计缴消费税的有（　　）。
　　A. 黄酒　　　　　　　B. 葡萄酒
　　C. 啤酒　　　　　　　D. 药酒

15. 2024 年 12 月,甲酒厂发生的下列业务中,应缴纳消费税的有（　　）。
　　A. 以自产低度白酒用于奖励员工
　　B. 以自产高度白酒用于馈赠客户
　　C. 以自产高度白酒用于连续加工低度白酒
　　D. 以自产低度白酒用于市场推广

16. 甲酒厂主要从事白酒生产销售业务,该酒厂销售白酒收取的下列款项中,应并入销售额缴纳消费税的有（　　）。
　　A. 向 W 公司收取的产品优质费
　　B. 向 X 公司收取的包装物租金
　　C. 向 Y 公司收取的品牌使用费
　　D. 向 Z 公司收取的储备费

17. 下列属于消费税征税范围的有（　　）。
　　A. 烤箱　　　　　　　B. 电动自行车
　　C. 电池　　　　　　　D. 小汽车

18. 根据消费税法律制度的规定,下列各项中,应按纳税人同类应税消费品的最高销售价格作为计税依据计征消费税的有（　　）。
　　A. 用于抵债的应税消费品
　　B. 用于投资入股的应税消费品
　　C. 用于换取生产资料的应税消费品
　　D. 用于换取消费资料的应税消费品

三、判断题

1. 单位或者个体工商户聘用的员工为本单位或者雇主提供加工、修理修配劳务,征收增值税。（　　）

2. 纳税人销售货物、劳务、服务、无形资产或者不动产使用不同税率和征收率的,未分别核算销售额的,从低适用税率计征。（　　）

3. 纳税人出口货物,免缴增值税。（　　）

4. 出口货物的计税价格以该货物的成交价格以及该货物运至中华人民共和国境内输出地点装载前的运输及其相关费用、保险费为基础确定。（　　）

5. 个人向其他单位或者个人无偿提供公益的导游服务应视同销售服务缴纳增值税。（　　）

6. 出租车公司向使用本公司自有出租车的出租车司机收取的管理费用,按陆路运输服务征收增值税。（　　）

7. 卫星电视信号落地转接服务,按照基础电信服务计算缴纳增值税。（　　）

8. 原产于中华人民共和国给予特殊关税优惠安排的国家或者地区且符合国家原产地管理规定的进口货物,适用协定汇率。（　　）

9. 增值税一般纳税人将购进的汽车作为投资提供给联营单位,该汽车的进项税额不得从销项税额中扣除。（　　）

10. 对出口产品退还增值税、消费税的,应同时退还已缴纳的城市维护建设税。（　　）

四、不定项选择题

1. 甲航空公司为增值税一般纳税人,主要提供国内国际运输服务,2024 年 10 月有关经营情况如下:

（1）提供国内旅客运输服务取得含增值税收入 9 800 万元,特价机票改签、变更费用 480 万元,代收转服航空意外保险费 200 万元,代收民航发展基金 260 万元,代收转服其他航空公司客票款 190 万元。

（2）出租飞机广告位取得含税收入 200 万元,提供湿租服务取得含增值税收入 100 万元。

（3）业务部门使用的一处房产因违规被执法部门依法拆除,该房产原值 500 万元,现净值 400 万元,购进时取得增值税专用发票并依法抵扣了进项税额,增值税专用发票上注明税额 45 万元。

已知销售交通运输服务、不动产增值税税率均为9%，销售有形动产租赁服务增值税税率为13%。

要求：根据上述资料，不考虑其他因素，分析回答下列问题。

（1）甲航空公司提供的下列服务中，适用增值税零税率的是（　　）。

　　A. 提供国内旅客运输服务

　　B. 提供国内货物运输服务

　　C. 提供国际旅客运输服务

　　D. 提供国际货物运输服务

（2）甲航空公司当月提供国内旅客运输服务增值税销项税额为（　　）万元。

　　A. 848.81　　　　　B. 940.89

　　C. 849　　　　　　D. 950

（3）甲航空公司当月提供飞机广告位出租和湿租服务增值税销项税额为（　　）万元。

　　A. 35　　　　　　B. 39

　　C. 31.27　　　　　D. 34.5

（4）原业务部门使用的一处房产被执法部门依法拆除，甲航空公司当月针对此业务应转出进项税额（　　）万元。

　　A. 45　　　　　　B. 36

　　C. 41.28　　　　　D. 33.03

2. 甲涂料生产公司（以下称甲公司）为增值税一般纳税人，2025年3月发生如下业务：

（1）5日以直接收款方式销售涂料取得不含税销售额350万元；以预收货款方式销售涂料取得不含税销售额200万元，本月已发出销售涂料的80%。

（2）12日赠送给乙装饰装修公司20桶涂料用于装修，将100桶涂料用于换取丙企业的原材料。当月不含税平均销售价500元/桶，最高不含税销售价540元/桶。

（3）15日委托丁公司加工涂料，双方约定由甲公司提供原材料，材料成本80万元，丁公司开具的增值税专用发票上注明加工费10万元（含代垫辅助材料费用1万元）、增值税1.3万元。丁公司无同类产品对外销售价格。

（4）28日收回委托丁公司加工的涂料并于本月售出80%，取得不含税销售额85万元。

已知：涂料消费税税率4%。

要求：根据上述资料，不考虑其他因素，回答下列问题。

（1）根据业务（1），甲公司应缴纳的消费税的下列说法正确的是（　　）。

　　A. 甲公司以直接收款方式销售涂料，纳税义务的发生时间为收讫销售款或者取得索取销售款凭据的当天

　　B. 甲公司以预收货款方式销售涂料其纳税义务的发生时间为发出应税消费品的当天

　　C. 甲公司该笔业务应纳消费税＝350×4%＋200×80%×4%＝14＋6.4＝20.4（万元）

　　D. 甲公司该笔业务应纳消费税＝350×4%＋200×4%＝14＋6.4＝22（万元）

（2）根据业务（2），甲公司应缴纳消费税的下列说法中，正确的是（　　）。

　　A. 甲公司赠送给乙装饰装修公司涂料视同销售，应当按照同类应税消费品的销售价格计算缴纳消费税

　　B. 甲公司赠送给乙装饰装修公司涂料视同销售，应当按照同类应税消费品的最高销售价格计算消费税缴纳消费税

　　C. 甲公司用涂料换取丙企业的原材料，应当按照同类应税消费品的销售价格计算缴纳消费税

　　D. 甲公司用涂料换取丙企业的原材料，应当按照同类应税消费品的最高销售价格计算消费税

（3）根据业务（3），计算由乙厂代收代缴消费税的下列算式中，正确的是（　　）。

　　A. 80/（1－4%）×4%＝3.33（万元）

　　B. （80＋10）×4%＝3.6（万元）

　　C. （80＋10＋1.3）/（1－4%）×4%＝3.8（万元）

　　D. （80＋10）/（1－4%）×4%＝3.75（万元）

（4）根据业务（4），计算甲公司缴纳消费税的下列算式中，正确的是（　　）。

　　A. （80＋10）/（1－4%）×4%＝3.75（万元）

　　B. （80＋10）/（1－4%）×80%×4%＝3（万元）

　　C. 85×4%－75×4%＝0.4（万元）

D. $85 \times 4\% = 3.4$（万元）

3. 甲商业企业（以下称甲企业）是增值税一般纳税人，2025年3月发生如下业务：

（1）采取以旧换新方式销售大流量制氧机200台，新制氧机的零售价格为1.13万元/台，旧制氧机的含税作价为0.2万元/台，收取的含税差价款为0.93万元/台。

（2）采取预收货款方式销售电脑一批，当月取得预收款150万元，合同约定电脑于4月15日发出。

（3）将闲置办公设备出租，租赁期为2025年3月到2026年2月，每月不含税租金15万元，当月收取2个月的租金。

（4）购入一批货物，取得的增值税专用发票上注明价款150万元，增值税税额19.5万元；委托乙运输企业（增值税一般纳税人）运输货物，取得的增值税专用发票上注明运费5万元。

（5）接受丙广告公司（增值税一般纳税人）提供的广告服务，取得的增值税专用发票上注明金额20万元。

（6）月末进行盘点时发现，当月因管理不善造成上月从丁企业（增值税一般纳税人）购入的服装被盗，该批服装（已抵扣进项税额）账面价值为24万元，其中运费成本4万元。假定相关票据在本月均通过比对并允许抵扣。

要求：根据上述资料，不考虑其他因素，回答下列问题。

（1）根据业务（1），甲企业应确认的增值税销项税额为（　　）万元。

A. $200 \times 1.13 \times 13\% = 29.4$（万元）

B. $200 \times 1.13/(1 + 13\%) \times 13\% = 26$（万元）

C. $200 \times 0.93 \times 13\% = 24.2$（万元）

D. $200 \times 0.93/(1 + 13\%) \times 13\% = 21.4$（万元）

（2）根据业务（3），甲企业应确认的增值税销项税额为（　　）万元。

A. $15 \times 13\% = 1.95$（万元）

B. $15 \times 10\% = 1.5$（万元）

C. $15 \times 2 \times 13\% = 3.9$（万元）

D. $15 \times 4 \times 13\% = 7.8$（万元）

（3）计算甲企业当月准予抵扣的进项税额的下列算式中，正确的是（　　）。

A. $19.5 + 5 \times 9\% + 20 \times 6\% = 21.15$（万元）

B. $19.5 + 5 \times 9\% + 20 \times 6\% - 2.96 = 18.19$（万元）

C. $19.5 + 20 \times 6\% - 2.96 = 17.74$（万元）

D. $19.5 + 20 \times 6\% = 20.7$（万元）

（4）甲企业当月应缴纳增值税为（　　）万元。

A. 9.2　　　　B. 8.76

C. 7.81　　　　D. 11.71

本章习题参考答案及解析

一、单项选择题

1.【答案】B

【解析】甲公司进口音响应缴纳的增值税税额 =（关税计税价格 + 关税）× 增值税税率 =（117 + 11.7）× 13% = 16.731（万元）。

2.【答案】A

【解析】选项A，从事金融商品转让的，为金融商品所有权转移的当天；选项B，注意：赠送不动产视同销售。

3.【答案】D

【解析】金银首饰、钻石及钻石饰品、铂金饰品，在零售环节单环节征收增值税。

4.【答案】C

【解析】海关对进口产品代征的增值税、消费税，不征收城市维护建设税。城市维护建设税的应纳税额 =（实际缴纳的增值税100万元 + 实际缴纳的消费税80万元）× 适用税率7% =

12.6（万元）。

5.【答案】A

【解析】出口货物的计税价格以该货物的成交价格以及该货物运至中华人民共和国境内输出地点装载前的运输及其相关费用、保险费为基础确定。出口货物的成交价格，是指该货物出口时卖方为出口该货物应当向买方直接收取和间接收取的价款总额。出口关税不计入计税价格。

6.【答案】D

【解析】用于非增值税应税项目、免征增值税项目、集体福利和个人消费的购进货物或应税劳务，其进项税额不得抵扣。选项A、B、C属于视同销售货物，征收增值税，进项税额可以抵扣。

7.【答案】D

【解析】选项A、B、C属于"销售金融服务——直接收费金融服务"。

8.【答案】A

【解析】318万元是含税收入，应当首先进行价税分离。取得的奖金属于价外费用，也应当进行价税分离处理。

9.【答案】A

【解析】选项A按照"销售金融服务——直接收费金融服务"缴纳增值税；选项B、C、D不征收增值税。

10.【答案】C

【解析】将购进货物用于投资、分配、赠送，视同销售货物行为；用于非增值税应税项目、集体福利和个人消费不视同销售。

11.【答案】B

【解析】增值税的计税销售额 = 含税销售额÷（1 + 适用税率），价外费用是含税金额。甲公司当月该笔业务增值税销项税额 =（117 000 + 7 020）÷（1 + 13%）× 13% = 14 267.79（元）。

12.【答案】C

【解析】选项A、D情形均不得开具增值税专用发票。

13.【答案】C

【解析】根据增值税法律制度的规定，因管理不善造成货物被盗、丢失、霉烂变质，以

及因违反法律法规造成货物或者不动产被依法没收、销毁、拆除的情形属于非正常损失，不得抵扣进项税额。

14.【答案】C

【解析】选项C，学历教育收取的学费免税。选项A，存款利息属于"不征收增值税"范畴，两者不同。

15.【答案】D

【解析】选项A，属于常规的货物销售行为，应依法缴纳增值税。选项B是加工者销售，不符合免税规定；选项C是零售者销售，不符合免税规定。选项D，农业生产者销售自产的农产品，免征增值税。

16.【答案】A

【解析】电动汽车、网球及球具不属于消费税的征收范围。消费税政策调整取消了气缸容量在250毫升（不含）以下的摩托车征收消费税的规定。

17.【答案】B

【解析】卷烟和白酒实行从价定率和从量定额相结合的复合计征办法征收消费税。应纳税额 = 销售额×比例税率 + 销售数量×定额税率。烟草批发企业将卷烟销售给其他烟草批发企业的，不缴纳消费税。

18.【答案】C

【解析】抵偿债务，应选择不含税增值税最高售价来计算缴纳消费税。

19.【答案】D

【解析】消费税中只有卷烟和白酒是采用从价定率和从量定额相结合的复合计征办法征税的。

20.【答案】B

【解析】车辆购置税的征税范围包括汽车、有轨电车、汽车挂车、排气量超过150毫升的摩托车，选项B电动自行车不包括在内。

21.【答案】B

【解析】原产于与中华人民共和国缔结或者共同参加含有关税优惠条款的国际条约、协定的国家或者地区且符合国际条约、协定有关规定的进口货物，适用协定税率。

22.【答案】B

【解析】进口时在货物的价款中列明的下列

费用、税收，不计入该货物的计税价格：（1）厂房、机械、设备等货物进口后进行建设、安装、装配、维修和技术服务的费用，但保修费用除外。（2）进口货物运抵中华人民共和国境内输入地点起卸后的运输及相关费用、保险费。（3）进口关税及国内税收。选项A、C、D均不应计入进口货物的关税计税价格。

23.【答案】D

【解析】车辆购置税的征收范围包括汽车、有轨电车、汽车挂车、排气量超过150毫升的摩托车。

24.【答案】B

【解析】纳税人为销售货物而出租、出借包装物收取的押金，单独记账核算的，且时间在1年以内，又未过期的，不并入销售额征税；但对因逾期未收回包装物不再退还的押金，应按所包装货物的适用税率计算增值税税款。"逾期"是指按合同约定实际逾期或以1年为期限，对收取1年以上的押金，无论是否退还均并入销售额征税。对销售除啤酒、黄酒外的其他酒类产品而收取的包装物押金，无论是否返还以及会计上如何核算，均应并入当期销售额征收增值税。

25.【答案】D

【解析】自2023年1月1日至2027年12月31日，增值税小规模纳税人适用3%征收率的应税收入，免征增值税。

26.【答案】C

【解析】纳税人采取以旧换新方式销售货物的，应按新货物的同期销售价格确定销售额，不得扣减旧货物的收购价格。对金银首饰以旧换新业务，可以按销售方实际收取的不含增值税的全部价款征收增值税。

27.【答案】A

【解析】选项A，外国政府、国际组织无偿援助的进口物资和设备是免税项目，国际友人赠送的不免税。

28.【答案】B

【解析】选项A、C、D，应当按照销售自制应税消费品缴纳消费税。

二、多项选择题

1.【答案】AD

【解析】选项B，卷烟在零售环节不征收消费税；选项C，汽车轮胎不征收消费税。

2.【答案】ABD

【解析】根据消费税法律制度的规定，委托加工的应税消费品，受托方在交货时已代收代缴消费税，委托方收回后直接销售的，不再缴纳消费税。

3.【答案】AC

【解析】选项B，单位或者个体工商户为员工提供应税服务，属于非营业活动，不属于视同销售情形；选项D，将外购的货物用于集体福利，不属于视同销售情形，应作进项税额转出。

4.【答案】ABCD

【解析】一般纳税人可以按照税法规定选择简易计税方法计税的应税行为包括但不限于：（1）公共交通运输服务；（2）电影放映服务（选项C）、仓储服务（选项B）、装卸搬运服务（选项A）、收派服务和文化体育服务（选项D）。

5.【答案】ABD

【解析】选项C，委托方将收回的应税消费品，以"不高于受托方的计税价格"出售的，为直接出售，不再缴纳消费税。

6.【答案】ABCD

【解析】免征车辆购置税车辆包括：（1）依照法律规定应当予以免税的外国驻华使馆、领事馆和国际组织驻华机构及其有关人员自用的车辆。（2）中国人民解放军和中国人民武装警察部队列入装备订货计划的车辆。（3）悬挂应急救援专用号牌的国家综合性消防救援车辆。（4）设有固定装置的非运输专用作业车辆。（5）城市公交企业购置的公共汽电车辆。

7.【答案】ACD

【解析】根据增值税法律制度的规定，将外购货物用于个人消费，其购进货物的进项税额不允许抵扣，不属于增值税视同销售货物的情形，而选项A、C、D三种情形属于增值税视同销售货物的情形。

8. 【答案】ACD
【解析】根据增值税法律制度规定，一项销售行为如果既涉及货物又涉及服务，为混合销售，选项A、C、D均属于混合销售。选项B的销售家具和提供设计服务并非在同一次销售行为中发生，也不对应同一客户，属于兼营行为。

9. 【答案】CD
【解析】根据增值税税收法律规定，纳税人采取预收货款方式销售货物，纳税义务发生时间为货物发出的当天。

10. 【答案】ABCD
【解析】农业生产者销售的自产农产品免征增值税；避孕药品和用具免征增值税；其他个人销售的自己使用过的物品免征增值税；直接用于科学研究、科学实验和教学的进口仪器设备，免征增值税。

11. 【答案】ABCD
【解析】以上答案全对，学生勤工俭学提供的服务、火葬场提供的殡葬服务、医疗机构提供的医疗服务、婚姻介绍所提供的婚姻介绍服务都属于《营业税改征增值税试点实施办法》规定的增值税免税项目。

12. 【答案】BCD
【解析】选项A，车辆停放业务按照不动产经营租赁业务缴纳增值税。

13. 【答案】AB
【解析】保险人取得的财产保险费收入属于"金融服务——保险服务"；物业管理单位收取的物业费属于"现代服务——商务辅助服务"。

14. 【答案】AC
【解析】实行从量定额计征消费税的应税消费品有啤酒、黄酒、成品油。

15. 【答案】ABD
【解析】纳税人自产的应税消费品，用于连续生产应税消费品的，移送时不缴纳消费税；用于其他方面的，于移送使用时，缴纳消费税。

16. 【答案】ABCD
【解析】实行从价定率及复合计税办法计征消费税的应税消费品，其销售额为纳税人销售应税消费品向购买方收取的全部价款和价

外费用（包括但不限于包装物租金、优质费、储备费）；白酒生产企业向商业销售单位收取的"品牌使用费"，不论企业采取何种方式或以何种名义收取价款，均应并入白酒的销售额中缴纳消费税。

17. 【答案】CD
【解析】根据《消费税暂行条例》的规定，消费税的税目共有15个，分别为烟、酒、高档化妆品、贵重首饰及珠宝玉石、鞭炮烟火、成品油、摩托车、小汽车、高尔夫球及球具、高档手表、游艇、木质一次性筷子、实木地板、电池、涂料。选项C、D入选。

18. 【答案】ABCD
【解析】纳税人用于换取生产资料和消费资料、投资入股和抵偿债务等方面的应税消费品，应当以纳税人同类应税消费品的最高消费价格作为计税依据计算消费税。

三、判断题

1. 【答案】×
【解析】单位或者个体工商户聘用的员工为本单位或者雇主提供加工、修理修配劳务，不征收增值税。

2. 【答案】×
【解析】未分别核算销售额的，从高适用税率计征，本题题干表述错误。

3. 【答案】×
【解析】纳税人出口货物，适用零税率。零税率不同于免税。

4. 【答案】√
【解析】出口货物的计税价格以该货物的成交价格以及该货物运至中华人民共和国境内输出地点装载前的运输及其相关费用、保险费为基础确定。

5. 【答案】×
【解析】视同销售服务、无形资产或者不动产包括：（1）单位或者个体工商户向其他单位或者个人无偿提供服务，但用于公益事业或者以社会公众为对象的除外；（2）单位或个人向其他单位或者个人无偿转让无形资产或者不动产，但用于公益事业或者以社会公众为对象的除外；（3）财政部和国家税务总

局规定的其他情形。

6.【答案】√

【解析】题干表述正确。

7.【答案】×

【解析】根据增值电信服务规定，卫星电视信号落地转接服务，按照增值电信服务缴纳增值税。

8.【答案】×

【解析】原产于中华人民共和国给予特殊关税优惠安排的国家或者地区且符合国家原产地管理规定的进口货物，适用特惠税率。适用协定税率的是原产于与中华人民共和国缔结或者共同参加含有关税优惠条款的国际条约、协定的国家或者地区且符合国际条约、协定有关规定的进口货物。

9.【答案】×

【解析】单位或者个体工商户将购进的货物作为投资，提供给其他单位或者个体工商户，增值税视同销售，一般计税方法下应确认销项税额，对应的进项税额可以抵扣。

10.【答案】×

【解析】对由于减免增值税、消费税和营业税而发生退税的，可同时退还已征收的城市维护建设税；但对出口产品退还增值税、消费税的，不退还已缴纳的城市维护建设税。

四、不定项选择题

1.(1)【答案】CD

【解析】境内单位和个人销售的国际运输服务（包括客运和货运），享受增值税零税率。

(2)【答案】A

【解析】特价机票改签变更费，属于价外费用，应先作价税分离，航空运输企业的销售额，不包括代收的民航发展基金和代收其他航空运输企业客票业务，销售货物或者服务等同时代办保险等而向购买方收取的保险费，不算在销售额内，所以算式为（9 800 + 480）÷（1 + 9%）×9% = 848.81（万元）。

(3)【答案】C

【解析】飞机广告位出租，属于有形动产租赁服务，适用增值税税率为13%，湿租服务属于交通运输服务，适用增值税税率为9%。所

以应为200÷（1 + 13%）×13% + 100÷（1 + 9%）×9% = 31.27（万元）。

(4)【答案】B

【解析】购进房产原用于业务部门，进项税额已抵扣45万元，现发生非正常损失，进项税额不得抵扣，要作转出处理，45万元是税额，不需要作价税分离，所以此业务应转出的进项税税额 = 45×（400÷500×100%）= 36（万元）。

2.(1)【答案】ABC

【解析】选项A、B，纳税人采取直接收款方式销售应税消费品的，其纳税义务的发生时间为收讫销售款或者取得索取销售款凭据的当天。纳税人采取预收货款结算方式销售应税消费品的，其纳税义务的发生时间为发出应税消费品的当天。选项C、D，甲公司应缴纳的消费税 = 350×4% + 200×80%×4% = 14 + 6.4 = 20.4（万元）。

(2)【答案】AD

【解析】选项A、B，将自产应税消费品用于馈赠、赞助、集资、职工福利、奖励的，按照同类应税消费品的销售价格计算消费税。选项C、D，应税消费品用于换取生产资料、消费资料，投资入股，抵偿债务的，按照同类应税消费品的最高销售价格计算消费税。甲公司应缴纳的消费税 = 20×500÷10 000×4% + 100×540÷10 000×4% = 0.04 + 0.22 = 0.26（万元）。

(3)【答案】D

【解析】选项D，委托加工的应税消费品，按照受托方的同类消费品的销售价格计算纳税，没有同类消费品销售价格的，按照组成计税价格计算纳税。实行从价定率办法计征消费税的，其计算公式为：组成计税价格 = （材料成本 + 加工费）÷（1 - 比例税率），应纳税额 = 组成计税价格×比例税率。业务（3）乙厂代收代缴的消费税 = （80 + 10）÷（1 - 4%）×4% = 93.75×4% = 3.75（万元）。（材料成本，是指委托方所提供加工材料的实际成本。委托加工应税消费品的纳税人，必须在委托加工合同上如实注明（或以其他方式提供）材料成本，凡未提供材料成本的，受托方税务机关有权核定其材料成本。加工费，是指

受托方加工应税消费品向委托方所收取的全部费用（包括代垫辅助材料的实际成本），不包括增值税税款。）

（4）【答案】C

【解析】选项C，委托加工的应税消费品，委托方用于连续生产应税消费品的，所纳税款准予按规定抵扣。委托方将收回的应税消费品，以不高于受托方的计税价格出售的，为直接出售，不再缴纳消费税；委托方以高于受托方的计税价格出售的，不属于直接出售，需按照规定申报缴纳消费税，在计税时准予扣除受托方已代收代缴的消费税。业务（4），甲公司收回委托丁公司加工的涂料并于本月售出80%，取得不含税销售额85万元＞受托方的计税依据＝$(80 + 10) \div (1 - 4\%) \times 80\% = 93.75 \times 80\% = 75$（万元）。据此，甲公司该笔业务应纳消费税＝$85 \times 4\% - 75 \times 4\% = 0.4$（万元）。

3.（1）【答案】B

【解析】根据业务（1），新制氧机的零售价格为含税价格，应作价税分离。甲企业应确认的增值税销项税额＝$200 \times 1.13 \div (1 + 13\%) \times 13\% = 26$（万元）。选项B正确。

（2）【答案】C

【解析】纳税人提供有形动产租赁服务采取预收款方式的，其增值税纳税义务发生时间为收到预收款的当天。根据业务（3），甲企业应确认的增值税销项税额＝$15 \times 2 \times 13\% = 3.9$（万元）。选项C正确。

（3）【答案】B

【解析】一般纳税人当期购进的货物或应税劳务用于生产经营，其进项税额在当期销项税额中予以抵扣。但已抵扣进项税额的购进货物或应税劳务如果事后改变用途，用于集体福利或者个人消费、购进货物发生非正常损失、在产品或产成品发生非正常损失等，应当将该项购进货物或者应税劳务的进项税额从当期的进项税额中扣减，甲企业当月应转出进项税额（服装被盗）＝$(24 - 4) \times 13\% + 4 \times 9\% = 2.96$（万元）。甲企业当月准予抵扣的进项税额＝$19.5 + 5 \times 9\% + 20 \times 6\% - 2.96 = 18.19$（万元）。选项B正确。

（4）【答案】D

【解析】选项D，甲企业当月应缴纳增值税＝26（业务1）＋3.9（业务3）－18.19（进项税额）＝11.71（万元）。注意：业务（2）纳税人采取预收货款方式销售货物的，其增值税纳税义务发生时间为货物发出的当天（4月15日发出）。

第五章　所得税法律制度

本章习题

一、单项选择题

1. 根据企业所得税法律制度有关规定，以下关于收入确认时间的说法，不正确的是（　　）。
   A. 股息、红利等权益性投资收益按被投资方作出利润分配决定的日期确认收入的实现
   B. 租金收入按合同约定的承租人应付租金的日期确认收入的实现
   C. 利息收入按合同约定的债务人应付利息的日期确认收入的实现
   D. 特许权使用费收入按特许权使用人实际支付特许权使用费的日期确认收入的实现

2. 2024 年度，某企业通过市政府向灾区捐款 100 万元，直接向受灾小学捐款 20 万元，两笔捐款均在营业外支出中列支。该企业当年的会计利润总额为 1 000 万元。假设不考虑其他纳税调整事项，根据企业所得税法律制度的规定，该企业 2024 年度应纳税所得额为（　　）万元。
   A. 1 000
   B. 1 020
   C. 1 120
   D. 1 070

3. 甲公司 2024 年度利润总额是 1 000 万元，直接向贫困山区捐赠 10 万元，发生赞助支出 8 万元，通过当地县级人民政府捐赠 20 万元，在计算甲公司 2024 年度应纳税所得额时可以税前扣除的金额是（　　）万元。
   A. 20
   B. 30
   C. 38
   D. 120

4. 甲公司 2024 年度计入成本、费用的实发工资为 800 万元，按照规定为员工缴纳社会保险费 120 万元，为员工支付补充养老保险 10 万元，补充医疗保险 50 万元，为员工支付商业保险 2 万元。根据规定，甲公司发生的保险费在计算企业所得税时准予税前扣除的金额是（　　）万元。
   A. 170
   B. 180
   C. 182
   D. 190

5. 下列各项中，属于企业所得税不征税收入的是（　　）。
   A. 国债利息收入
   B. 财政拨款
   C. 基础研究资金收入
   D. 符合条件的居民企业之间的股息、红利收入

6. 根据企业所得税法律制度的规定，下列项目中，可以从应纳税所得额中扣除的是（　　）。
   A. 企业支付的违约金
   B. 企业之间支付的管理费
   C. 企业内营业机构之间支付的租金
   D. 非银行企业内营业机构之间支付的利息

7. 根据《企业所得税法》的规定，不得提取折旧在税前扣除的固定资产是（　　）。
   A. 接受投资的固定资产
   B. 未投入使用的房屋、建筑物
   C. 接受捐赠并开始使用的机器设备
   D. 与经营活动无关的固定资产

8. 以下各项固定资产最低折旧年限为 5 年的是（　　）。

A. 建筑物

B. 与生产经营活动有关的家具

C. 生产设备

D. 电子设备

9. 根据企业所得税法律制度，以下所得减半征收企业所得税的是（　　）。

A. 企业从事海水养殖所得

B. 企业从事林木培育所得

C. 企业从事林产品采集所得

D. 高等学校接受其他组织的基础研究资金收入

10. 下列企业中，减按 15% 优惠税率征收企业所得税的居民企业为（　　）。

A. 符合条件的高新技术企业

B. 符合条件的个人独资企业

C. 符合条件的小型微利企业

D. 符合条件的一人有限责任公司

11. 依据企业所得税法的规定，企业购买专用设备的投资额可按一定比例实行税额抵免，该设备应符合的条件是（　　）。

A. 用于创业投资

B. 用于综合利用资源

C. 用于开发新产品

D. 用于环境保护

12. 2022 年 4 月 1 日，甲创业投资企业采取股权投资方式向未上市的取得高新技术企业资格的乙公司（该公司属于中小企业）投资 120 万元，股权持有至两年后的 2024 年 6 月 1 日，甲创业投资企业 2024 年度计算应纳税所得额时，对乙公司的投资额可以抵免的数额为（　　）万元。

A. 0　　　　　　　　B. 84

C. 96　　　　　　　D. 108

13. 2024 年 A 公司因资金紧张，向银行贷款 100 万元，支付利息 6 万元。同时甲公司向乙公司贷款 100 万元，支付利息 13.5 万元。A 公司发生的利息费用可以税前扣除的金额是（　　）万元。

A. 6　　　　　　　　B. 19.5

C. 12　　　　　　　D. 13.5

14. 根据企业所得税法律制度的规定，下列关于固定资产计税基础的说法中，正确的是（　　）。

A. 外购的固定资产，以购买价款和支付的相关税费以及直接归属于使该资产达到预定用途发生的其他支出为计税基础

B. 盘盈的固定资产，以企业同类资产的账面价值为计税基础

C. 通过债务重组取得的固定资产，以账面价值为计税基础

D. 改建的固定资产，以改建过程中发生的改建支出作为计税基础

15. 2024 年，金融机构 B 取得农户小额贷款的利息收入 50 万元，且该机构对上述符合条件的农户小额贷款利息收入进行单独核算。上述农户小额贷款的利息收入在计算企业所得税应纳税所得额时，应按（　　）万元计入收入总额。

A. 50　　　　　　　B. 40

C. 45　　　　　　　D. 25

16. 根据个人所得税法律制度相关规定，下列各项中，不属于特许权使用费所得的是（　　）。

A. 提供房屋使用权取得的所得

B. 提供专利权的使用权取得的所得

C. 提供著作权的使用权取得的所得

D. 提供商标权的使用权取得的所得

17. 下列关于个人所得的表述中，不属于来源于中国境内的所得的是（　　）。

A. 因任职、受雇、履约等而在中国境内提供劳务取得的所得

B. 将财产出租给承租人在中国境内使用而取得的所得

C. 将位于境外的不动产转让给境内企业

D. 许可各种特许权在中国境内使用而取得的所得

18. 根据个人所得税法律制度的规定，下列所得中，应缴纳个人所得税的是（　　）。

A. 加班工资　　　　B. 独生子女补贴

C. 差旅费津贴　　　D. 国债利息收入

19. 居民个人的综合所得中，劳务报酬所得、稿酬所得、特许权使用费所得以收入减除 20% 的费用后的余额为收入额。稿酬所得的收入

额减按（　　）计算。

A. 50%　　　　　　　B. 60%

C. 70%　　　　　　　D. 80%

20. 根据个人所得税法律制度的规定，下列从事非雇佣劳动取得的收入中，应按"稿酬所得"税目缴纳个人所得税的是（　　）。

A. 审稿收入　　　　　B. 翻译收入

C. 题字收入　　　　　D. 出版作品收入

21. 个人通过网络收购玩家的虚拟货币，加价后向他人出售取得的收入，应按照（　　）项目计算缴纳个人所得税。

A. 偶然所得

B. 特许权使用费所得

C. 劳务报酬所得

D. 财产转让所得

22. 2024 年 10 月，王某从湖北应聘在北京工作，因其在京没有自有住房，经房屋中介介绍承租城西公寓房屋，月租赁 5 500 元。根据个人所得税法的规定，王某的居民个人综合所得应纳税所得额专项附加扣除中住房租金可以扣除的标准是（　　）元。

A. 1 000　　　　　　B. 1 100

C. 1 500　　　　　　D. 5 500

23. 中国公民王某 2024 年 6 月提供咨询服务，取得劳务报酬 6 300 元，支付交通费 300 元。已知，劳务报酬所得个人所得税预扣率为 20%；每次收入 4 000 元以上的，减除费用按 20% 计算。计算王某当月该笔劳务报酬应预扣预缴个人所得税税额的下列算式中，正确的是（　　）。

A. （6 300 − 300）×20% = 1 200（元）

B. 6 300 ×20% = 1 260（元）

C. （6 300 − 300）×（1 − 20%）×20% = 960（元）

D. 6 300 ×（1 − 20%）×20% = 1 008（元）

24. 2024 年 3 月金某购买福利彩票取得一次中奖收入 16 000 元，将其中 5 000 元通过国家机关向农村义务教育捐赠。已知，偶然所得个人所得税税率为 20%。计算金某中奖收入应缴纳个人所得税税额的下列算式中，正确的是（　　）。

A. 16 000 ×20% = 3 200（元）

B. （16 000 − 5 000）×20% = 2 200（元）

C. 16 000 ×（1 − 20%）×20% = 2 560（元）

D. （16 000 − 5 000）×（1 − 20%）×20% = 1 760（元）

25. 根据个人所得税法律制度相关规定，下列各项中，免征个人所得税的是（　　）。

A. 甲取得的保险赔款

B. 乙取得的年终加薪

C. 丙取得特许权的经济赔偿收入

D. 丁获得的县级人民政府颁发的教育方面的奖金

26. 根据个人所得税法律制度的规定，纳税人取得经营所得，应在取得所得的次年（　　）前办理汇算清缴。

A. 5 月 31 日　　　　B. 6 月 30 日

C. 4 月 15 日　　　　D. 3 月 31 日

二、多项选择题

1. 根据企业所得税法律制度的规定，下列关于确定销售收入实现时间的表述中，不正确的有（　　）。

A. 销售商品采用托收承付方式的，在收到货款时确认收入

B. 销售商品需要安装和检验的，在销售合同签订时确认收入

C. 销售商品采用预收款方式的，在发出商品时确认收入

D. 销售商品采用支付手续费方式委托代销的，在发出代销商品时确认收入

2. 根据企业所得税法律制度的规定，纳税人发生的下列行为中，应视同销售确认收入的有（　　）。

A. 将货物用于偿还债务

B. 将货物用于赞助

C. 将货物用于捐赠

D. 将货物用于换入设备

3. 以下有关确定企业所得额扣除项目的表述，不正确的有（　　）。

A. 企业发生的合理的工资、薪金支出准予据实扣除

B. 企业发生的职工福利费支出，不超过工资薪金总额14%的部分准予扣除

C. 企业拨缴的工会经费，按照实际发生额2%的部分准予扣除

D. 企业为投资者支付的商业保险费，准予扣除

4. 根据企业所得税法的相关规定，企业下列支出超过税法规定扣除限额标准，准予向以后年度结转扣除的有（　　）。

A. 业务招待费支出

B. 公益性捐赠支出

C. 广告费支出

D. 职工教育经费支出

5. 甲公司 2024 年度取得销售收入为 4 000 万元，当年发生的与经营有关的业务招待费支出 60 万元、广告费和业务宣传费 200 万元。根据企业所得税法律制度的规定，甲公司在计算当年应纳税所得额时，下列关于业务招待费、广告费和业务宣传费准予扣除数额的表述中，正确的有（　　）。

A. 业务招待费准予扣除的数额为 20 万元

B. 业务招待费准予扣除的数额为 36 万元

C. 广告费和业务宣传费准予扣除数额为 600 万元

D. 广告费和业务宣传费准予扣除的数额为 200 万元

6. 下列允许所得税前扣除项目表述正确的有（　　）。

A. 以经营租赁方式租入固定资产发生的租赁费支出，按照租赁期限均匀扣除

B. 企业发生的符合条件的广告费和业务宣传费支出可以据实扣除

C. 非金融企业向非金融企业借款的利息支出可以据实扣除

D. 非居民企业在中国境内设立的机构，就其中国境外总机构发生的与该机构有关的费用，能够提供证明文件的，合理分摊的部分准予扣除

7. 下列选项中，企业所得税可以税前扣除的有（　　）。

A. 违约金　　　　B. 母公司管理费

C. 诉讼费　　　　D. 罚款

8. 在中国境内未设立机构、场所的非居民企业从中国境内取得的下列所得，应按收入全额计算征收企业所得税的有（　　）。

A. 股息

B. 转让财产所得

C. 租金

D. 特许权使用费

9. 根据企业所得税法律制度相关规定，下列企业取得的相应收入，在计算应纳税所得额时，减按90%计入收入总额的有（　　）。

A. 金融机构取得的、单独核算的农户小额贷款利息收入

B. 资源综合利用生产的产品取得的收入

C. 保险公司为种植业、养殖业提供保险业务取得的保费收入

D. 社区提供养老服务的机构，提供社区养老服务取得的收入

10. 下列属于居民个人的有（　　）。

A. 在中国境内无住所且居住不满 90 天，但有来自境内所得的外籍个人

B. 2024 年 1 月 1 日至 5 月 30 日在境内居住之后再未入境的外籍个人

C. 在中国境内无住所且不居住，但有来自于境内所得的外籍个人

D. 2024 年 3 月 1 日至 10 月 31 日在境内履职的外籍个人

11. 根据个人所得税法律制度的规定，下列所得中，不论支付地点是否在中国境内，均为来源于中国境内的所得的有（　　）。

A. 将财产出租给承租人在中国境内使用而取得的所得

B. 许可各种特许权在中国境内使用而取得的所得

C. 转让中国境内的不动产取得的所得

D. 因任职在中国境内提供劳务取得的所得

12. 下列各项中，应按照"工资、薪金所得"项目征收个人所得税的有（　　）。

A. 企业支付给营销人员的年终奖金

B. 个人取得的公务交通、通信补贴

C. 个体工商户业主的工资

D. 电视剧制作单位支付给本单位编剧的剧本使用费

13. 下列所得属于特许权使用费所得的有（　　）。

A. 转让土地使用权取得的所得

B. 编辑从电视剧的制作单位取得的剧本使

用费所得

　　C. 取得特许权的经济补偿收入

　　D. 作者将自己的文字作品手稿原件或复印件公开拍卖取得的所得

14. 根据个人所得税法律制度的规定，下列关于专项附加扣除的说法中，正确的有（　　）。

　　A. 自 2023 年 1 月 1 日起，子女教育专项附加扣除的定额扣除标准是每个子女每月 2 000 元

　　B. 住房贷款利息专项附加扣除的扣除期限最长不超过 240 个月

　　C. 自 2023 年 1 月 1 日起，纳税人为独生子女的，赡养老人专项附加扣除，按照每月 3 000 元的标准定额扣除

　　D. 纳税人及其配偶在 1 个纳税年度内可以同时分别享受住房贷款利息和住房租金专项附加扣除

15. 根据个人所得税法律制度的规定，下列说法正确的有（　　）。

　　A. 退休人员再任职取得的收入，按"劳务报酬所得"应税项目缴纳个人所得税

　　B. 个人因公务用车和通信制度改革而取得的公务用车、通信补贴收入，扣除一定标准的公务费用后，按照"工资、薪金所得"项目计征个人所得税

　　C. 保险营销员、证券经纪人取得的佣金收入，属于"劳务报酬所得"

　　D. 对企业为员工支付各项免税之外的保险金，应在企业向保险公司缴付时并入员工当期的工资收入，按"工资、薪金所得"项目计征个人所得税

16. 根据个人所得税法律制度的规定，下列各项中，免征个人所得税的有（　　）。

　　A. 外籍个人以实报实销的方式取得的住房补贴

　　B. 保险赔款

　　C. 军人的转业费、复员费、退役金

　　D. 个人举报犯罪行为获得的奖金

三、判断题

1. 非居民企业委托营业代理人在中国境内从事生产经营活动的，包括委托单位或者个人经常代其签订合同，或者储存、交付货物等，该营业代理人不得视为非居民企业在中国境内设立的机构、场所。　　　　（　　）

2. 除法律另有规定外，企业销售货物收入的确认，可以选择权责发生制原则或者实质重于形式原则。　　　　（　　）

3. 企业发生的公益性捐赠支出，在年度利润总额 12% 以内的部分，准予在计算应纳税所得额时扣除，超过年度利润总额 12% 的部分，准予结转以后 5 年内在计算应纳税所得额时扣除。　　　　（　　）

4. 以融资租赁方式租入的固定资产，不得计算折旧在企业所得税税前扣除。　　　　（　　）

5. 自创商誉不得作为无形资产计算摊销费用扣除。　　　　（　　）

6. 根据规定，企业从事国家重点扶持的公共基础设施项目，符合条件的环境保护和节能节水项目的所得，自取得第一笔生产经营收入所属纳税年度起，第一年至第三年免征企业所得税，第四年至第六年减半征收企业所得税。　　　　（　　）

7. 中国居民张某，在境外工作，只就来源于中国境外的所得征收个人所得税。　　　　（　　）

8. 个人取得的住房转租收入，应按"财产转让所得"征收个人所得税。　　　　（　　）

四、不定项选择题

1. 甲公司为居民企业，2024 年度有关财务收支情况如下：

　　（1）销售商品收入 6 000 万元，出售一台设备收入 30 万元，转让一宗土地使用权收入 200 万元，从其直接投资的未上市居民企业分回股息收益 60 万元，获得国债利息收入 10 万元。

　　（2）税收滞纳金 6 万元，未按期交货赔偿 10 万元，赞助支出 33 万元，被没收财物的损失 20 万元，环保罚款 40 万元。

　　（3）其他可在企业所得税税前扣除的成本、费用、税金合计 3 500 万元。

　　已知：甲公司 2023 年在境内 A 市登记注册成立，企业所得税实行按月预缴。

　　要求：根据上述资料，不考虑其他因素，分

析回答下列问题。

（1）甲公司取得的下列收入中，属于免税收入的是（ ）。

A. 出售设备收入 30 万元

B. 销售商品收入 6 000 万元

C. 国债利息收入 10 万元

D. 从其直接投资的未上市居民企业分回股息收益 60 万元

（2）甲公司在计算 2024 年度企业所得税应纳税所得额时，不得扣除的项目是（ ）。

A. 未按期交货赔偿 10 万元

B. 赞助支出 33 万元

C. 税收滞纳金 6 万元

D. 被没收财物的损失 20 万元

（3）甲公司 2024 年度企业所得税应纳税所得额是（ ）万元。

A. 2 681   B. 2 714

C. 2 720   D. 2 790

（4）下列关于甲公司企业所得税征收管理的表述中，正确的是（ ）。

A. 甲公司应当自 2024 年度终了之日起 5 个月内，向税务机关报送年度企业所得税申报表，并汇算清缴

B. 甲公司企业所得税的纳税地点为 A 市

C. 甲公司应当于每月终了之日起 15 日内，向税务机关预缴企业所得税

D. 甲公司 2024 年的纳税年度自 2024 年 1 月 1 日起至 2024 年 12 月 31 日止

2. 中国居民张某为甲科技公司高级工程师，2024 年取得以下收入：

（1）每月应税工资 50 000 元。

（2）取得境内一次性稿酬收入 3 000 元。

（3）2024 年 5 月，转让与王某共同享有专利权的一项专利技术，共取得特许权使用费收入 100 000 元。

（4）担任非任职公司独立董事，年终一次性取得董事费收入 60 000 元。

（其他相关资料：不考虑专项扣除、专项附加扣除以及其他扣除项目。相关资料见表 5 - 1、表 5 - 2）

表 5 - 1   **居民个人工资、薪金所得预扣预缴适用**

级数	累计预扣预缴应纳税所得额	预扣率（%）	速算扣除数
1	不超过 36 000 元的部分	3	0
2	超过 36 000 元至 144 000 元的部分	10	2 520
3	超过 144 000 元至 300 000 元的部分	20	16 920
4	超过 300 000 元至 420 000 元的部分	25	31 920
5	超过 420 000 元至 660 000 元的部分	30	52 920
6	超过 660 000 元至 960 000 元的部分	35	85 920
7	超过 960 000 元的部分	45	181 920

表 5 - 2   **居民个人劳务报酬所得预扣预缴适用**

级数	预扣预缴应纳税所得额	预扣率（%）	速算扣除数
1	不超过 20 000 元的部分	20	0
2	超过 20 000 元至 50 000 元的部分	30	2 000
3	超过 50 000 元的部分	40	7 000

要求：根据上述资料，回答下列问题。

（1）张某 1 月工资、薪金所得预扣预缴的个人所得税为（ ）。

A. 50 000×10% - 2 520 = 2 480（元）

B. 50 000×3% =1 500（元）

C. （50 000 – 5 000）×3% =1 350（元）

D. （50 000 – 5 000）×10% – 2 520 =1 980（元）

（2）张某稿酬所得预扣预缴的个人所得税为（　　）。

A. （3 000 – 800）×20% =440（元）

B. 3 000×70%×20% =420（元）

C. 3 000×20% =600（元）

D. （3 000 – 800）×70%×20% =308（元）

（3）张某取得的特许权使用费所得缴纳个人所得税的下列表述中，正确的是（　　）。

A. 张某应当按照取得特许权使用费所得100 000元计算缴纳个人所得税

B. 张某应当按照个人取得的特许权使用费收入部分依法计算缴纳个人所得税

C. 张某取得的特许权使用费所得适用比例税率计算纳税

D. 张某取得的特许权使用费所得适用超额累进税率计算纳税

（4）张某取得的董事费收入（　　）。

A. 属于工资、薪金所得

B. 属于劳务报酬所得

C. 张某取得的董事费收入预扣预缴的个人所得税 = 60 000×10% – 2 520 = 3 480（元）

D. 张某取得的董事费收入预扣预缴的个人所得税 = 60 000×（1 – 20%）×30% – 2 000 = 12 400（元）

本章习题参考答案及解析

一、单项选择题

1.【答案】D

【解析】特许权使用费收入按合同约定的特许权使用人应付特许权使用费的日期确认收入的实现，选项D的说法不正确。

2.【答案】B

【解析】（1）企业通过市政府向灾区捐款100万元，属于公益性捐赠支出，在年度利润总额12%以内的部分，准予在计算应纳税所得额时扣除，该笔捐赠的税前扣除限额 = 1 000×12% =120（万元），实际捐赠额为100万元，可以全额在税前扣除，无须调整；（2）直接向受灾小学的捐款20万元不得在税前扣除，应调增20万元；（3）该企业2024年度应纳税所得额 = 1 000 + 20 =1 020（万元）。

3.【答案】A

【解析】根据税法规定，企业直接向贫困山区的捐款不可以税前扣除，赞助支出不能税前扣除，通过公益性社会团体或者国家机关发生的捐赠不超过利润总额的12% [1 000×12% =120（万元）] 可以扣除，企业实际通过政府发生的捐赠20万元，可以税前扣除。

4.【答案】A

【解析】根据税法规定，企业按规定为员工缴纳的社会保险费120万元可以税前扣除；为员工支付的补充养老保险的税前扣除标准是不超过工资总额的5% [800×5% =40（万元）]，实际发生10万元，税前扣除10万元；为员工支付的补充医疗保险的税前扣除标准是不超过工资总额的5% [800×5% =40（万元）]，实际发生50万元，税前扣除40万元；为员工支付的商业保险不允许税前扣除。所以可以税前扣除的各项费用合计是170万元（120 + 10 + 40）。

5.【答案】B

【解析】选项A、C、D属于免税收入。应注意区分不征税收入和免税收入。

6.【答案】A

【解析】企业之间支付的管理费、企业内营业机构之间支付的租金和特许权使用费，以及非银行企业内营业机构之间支付的利息，不得扣除。

7.【答案】D

【解析】选项 A、B、C 均可依法计提折旧并在税前扣除。

8.【答案】B

【解析】与生产经营活动有关的器具、工具、家具等固定资产，折旧最低年限为 5 年。

9.【答案】A

【解析】选项 A，企业从事海水养殖、内陆养殖所得，减半征收企业所得税。选项 B、C，为免征企业所得税项目。选项 D，自 2022 年 1 月 1 日起，对非营利性科研机构、高等学校接收企业、个人和其他组织机构基础研究资金收入，免征企业所得税。

10.【答案】A

【解析】高新技术企业适用税率 15%。选项 B，个人独资企业不适用企业所得税法。选项 C，对小型微利企业，减按 25% 计入应纳税所得额，按 20% 的税率缴纳企业所得税。选项 D，一人有限责任公司适用居民企业法定税率 25%。

11.【答案】D

【解析】企业购置并实际使用税法规定的环境保护、节能节水、安全生产等专用设备的，该专用设备的投资额的 10% 可以从企业当年的应纳税额中抵免。当年不足抵免的，可以在以后 5 个纳税年度结转抵免。

12.【答案】B

【解析】创业投资企业采取股权投资方式投资于未上市的中小高新技术企业 2 年以上的，可以按照其投资额的 70%（120 × 70% = 84 万元）在当年抵扣该企业的应纳税所得额。

13.【答案】C

【解析】A 公司向银行贷款发生的利息 6 万元可以扣除，同期向非金融机构贷款的利息支出 13.5 万元只能税前扣除 6 万元，因为：非金融企业向金融企业贷款发生的利息支出可以据实扣除；非金融企业向非金融企业贷款发生的利息支出不超过银行同期同类贷款利率的部分可以据实扣除，超过部分不能扣除。因此，A 公司发生的利息费用可以税前扣除的金额是 12 万元 [6 + 6 = 12（万元）]。

14.【答案】A

【解析】盘盈的固定资产，以同类固定资产的重置完全价值为计税基础，选项 B 错误；通过捐赠、投资、非货币性资产交换、债务重组等方式取得的固定资产，以该资产的公允价值和支付的相关税费为计税基础，选项 C 错误；改建的固定资产，除法定的支出外，以改建过程中发生的改建支出增加计税基础，选项 D 错误。

15.【答案】C

【解析】2027 年 12 月 31 日前，对金融机构农户小额贷款的利息收入，在计算应纳税所得额时，按 90% 计入收入总额。小额贷款，是指单笔且该农户贷款余额总额在 10 万元（含本数）以下的贷款。金融机构应对符合条件的农户小额贷款利息收入进行单独核算，不能单独核算的不得适用前述优惠政策。因此，题目所提及的农户小额贷款的利息收入应按 45 万元（50 × 90%）计入收入总额。

16.【答案】A

【解析】特许权使用费所得，是指个人提供专利权、商标权、著作权、非专利技术以及其他特许权的使用权取得的所得，选项 A 属于财产租赁所得。

17.【答案】C

【解析】根据规定，转让中国境内的不动产、土地使用权取得的所得，不论支付地点是否在中国境内，均为来源于中国境内的所得。将位于境外的不动产转让给境内企业取得的所得不属于来源于中国境内的所得。

18.【答案】A

【解析】下列不属于纳税人本人工资、薪金所得项目的收入，不予征收个人所得税：（1）独生子女补贴；（2）执行公务员工资制度未纳入基本工资总额的补贴、津贴差额和家属成员的副食品补贴；（3）托儿补助费；（4）差旅费津贴、误餐补助。国债利息收入免税。

19.【答案】C

【解析】稿酬所得的收入额减按 70% 计算。

20.【答案】D

【解析】稿酬所得，是指个人因其作品以图书、报刊形式出版、发表而取得的所得。选项 A、B、C 均属于劳务报酬所得。

21.【答案】D

【解析】个人通过网络收购玩家的虚拟货币，加价后向他人出售取得的收入，应按照"财产转让所得"项目计算缴纳个人所得税。

22.【答案】C

【解析】纳税人在主要工作城市没有自有住房而发生的住房租金支出，可以扣除。直辖市、省会（首府）城市、计划单列市以及国务院确定的其他城市，扣除标准为每月 1 500 元。

23.【答案】D

【解析】劳务报酬所得在预扣预缴时，每次收入 4 000 元以下的定额减除 800 元，每次收入 4 000 元以上的定率减除 20%。交通费作为其他支出，不得减除。

24.【答案】B

【解析】福利彩票中奖收入属于偶然所得，一次中奖收入超过 10 000 元的，全额征税，故选项 C、D 错误。向农村义务教育的捐赠 5 000 元，符合条件，可以在税前全额扣除，故选项 A 错误。

25.【答案】A

【解析】年终加薪应按照"工资、薪金所得"项目征收个人所得税，选项 B 错误；选项 C 中的所得应按"特许权使用费所得"项目缴纳个人所得税；省级人民政府、国务院部委和中国人民解放军军以上单位，以及外国组织、国际组织颁发的科学、教育、技术、文化、卫生、体育、环境保护等方面的奖金，免征个人所得税，县级人民政府颁发的教育方面的奖金不符合规定，故选项 D 错误。

26.【答案】D

【解析】经营所得，应该在取得所得的次年 3 月 31 日前办理汇算清缴。

二、多项选择题

1.【答案】ABD

【解析】选项 A，在办妥托收手续时确认；选项 B，在购买方接受商品以及安装和检验完毕时确认；选项 D，在收到代销清单时确认收入。

2.【答案】ABCD

【解析】企业发生非货币性资产交换，以及将货物、财产、劳务用于捐赠、偿债、赞助、集资、广告、样品、职工福利或者利润分配等用途的，应当视同销售货物、转让财产或者提供劳务。选项 A、B、C、D 均符合。

3.【答案】CD

【解析】根据规定，确定企业所得额时，可以扣除的项目及标准包括企业拨缴的工会经费，不超过工资、薪金总额 2% 的部分准予扣除；企业为投资者或者职工支付的商业保险费，不得扣除。选项 C、D 错误。

4.【答案】BCD

【解析】超过税法规定扣除限额标准，准予向以后年度结转扣除的费用有：职工教育经费；广告费和业务宣传费支出；公益性捐赠支出（3 年内）；保险企业手续费及佣金支出等。

5.【答案】AD

【解析】选项 A、B，企业发生的与生产经营活动有关的业务招待费支出，按照发生额的 60% 扣除 [60×60%＝36（万元）]，但最高不得超过当年销售（营业）收入的 5‰ [4 000×5‰＝20（万元）]，业务招待费准予扣除的数额为 20 万元；选项 C、D，企业发生的符合条件的广告费和业务宣传费支出，除国务院财政、税务主管部门另有规定外，不超过当年销售（营业）收入 15% 的部分 [4 000×15%＝600（万元）]，准予扣除；在本题中，该企业实际发生广告费和业务宣传费支出 200 万元，未超过扣除限额，可以全部在税前扣除。

6.【答案】AD

【解析】根据规定，以经营租赁方式租入固定资产发生的租赁费支出，按照租赁期限均匀扣除，故选项 A 正确。企业发生的符合条件的广告费和业务宣传费支出，除国务院财政、税务主管部门另有规定外，不超过当年销售（营业）收入 15% 的部分，准予扣除；超过部分，准予在以后纳税年度结转扣除，故选项 B 错误。非金融企业向非金融企业借款的利息支出，不超过按照金融企业同期同类贷款利率计算的数额的部分可以扣除，故选项 C 错误。非居民企业在中国境内设立的机构，就其中国境外总机构发生的与该机构有关的费用，能够提供证明文件的、合理分摊的部分准予扣除，故选项D正确。

7.【答案】AC

【解析】企业所得税不得扣除项目有：（1）向投资者支付的股息、红利等权益性投资收益款项；（2）企业所得税税款；（3）税收滞纳金；（4）罚金、罚款和被没收财物的损失；（5）超过规定标准的捐赠支出；（6）赞助支出，具体是指企业发生的与生产经营活动无关的各种非广告性质支出；（7）未经核定的准备金支出；（8）企业之间支付的管理费、企业内营业机构之间支付的租金和特许权使用费，以及非银行企业内营业机构之间支付的利息，不得扣除；（9）与取得收入无关的其他支出；选项B、D都是不得扣除项目，答案选A、C。

8.【答案】ACD

【解析】根据规定，转让财产所得，以收入全额减除财产净值后的余额为应纳税所得额。

9.【答案】ABCD

【解析】本题考核企业所得税税收优惠中减计收入的相关知识点，选项A、B、C、D的情形都符合题干表述。

10.【答案】ABC

【解析】选项A、B、C，个人所得税的居民个人是指在中国境内有住所，或者无住所而一个纳税年度内（1月1日至12月31日）在中国境内居住累计满183天的个人。选项D，2024年3月1日至10月31日在境内履职的外籍个人，居住累计已满183天，为居民个人。

11.【答案】ABCD

【解析】除国务院财政、税务主管部门另有规定外，下列所得，不论支付地点是否在中国境内，均为来源于中国境内的所得：（1）因任职、受雇、履约等在中国境内提供劳务取得的所得；（2）将财产出租给承租人在中国境内使用而取得的所得；（3）许可各种特许权在中国境内使用而取得的所得；（4）转让中国境内的不动产等财产或者在中国境内转让其他财产取得的所得；（5）从中国境内企业、事业单位、其他组织以及居民个人取得的利息、股息、红利所得。选项

A、B、C、D均为来源于中国境内的所得。

12.【答案】AB

【解析】选项C，应按照"经营所得"征收个人所得税；选项D，应按照"特许权使用费所得"征收个人所得税。

13.【答案】BCD

【解析】需要辨析"特许权使用费所得"和"财产转让所得"。"特许权使用费所得"一般指转让"无形资产"获得的所得，"财产转让所得"指转让"有形资产"获得的所得，土地使用权和股权的转让所得也按照"财产转让所得"征税。所以转让土地使用权获得的所得属于财产转让所得，选项B、C、D属于特许权使用费所得。

14.【答案】ABC

【解析】纳税人及其配偶在1个纳税年度内不能同时分别享受住房贷款利息和住房租金专项附加扣除。

15.【答案】BCD

【解析】退休人员再任职取得的收入，在减除按个人所得税法规定的费用扣除标准后，按"工资、薪金所得"应税项目缴纳个人所得税。

16.【答案】ABCD

【解析】本题考查个人所得税税收优惠，选项A、B、C、D均免征个人所得税。

三、判断题

1.【答案】×

【解析】非居民企业委托营业代理人在中国境内从事生产经营活动的，包括委托单位或者个人经常代其签订合同，或者储存、交付货物等，该营业代理人视为非居民企业在中国境内设立的机构、场所。

2.【答案】×

【解析】除法律另有规定外，企业销售货物收入的确认，必须遵循权责发生制原则和实质重于形式原则。

3.【答案】×

【解析】企业发生的公益性捐赠支出，在年度利润总额12%以内的部分，准予在计算应纳税所得额时扣除，超过年度利润总额12%的部分，准予结转以后3年内在计算应纳税所

得额时扣除。

4.【答案】×

【解析】以融资租赁方式租出的固定资产，不得计算折旧在企业所得税税前扣除。以融资租赁方式租入的固定资产，可以计算折旧在企业所得税税前扣除。

5.【答案】√

【解析】根据规定，下列无形资产不得计算摊销费用扣除：（1）自行开发的支出已在计算应纳税所得额时扣除的无形资产；（2）自创商誉；（3）与经营活动无关的无形资产；（4）其他不得计算摊销费用的无形资产。

6.【答案】√

【解析】注意区分"三免三减半"的起点是获得生产经营收入还是盈利的那年起。

7.【答案】×

【解析】居民纳税人，应就其来源于中国境内和境外的所得，依照个人所得税法律制度的规定向中国政府履行全面纳税义务，缴纳个人所得税。

8.【答案】×

【解析】个人所得的财产转租收入，属于"财产租赁所得"的征税范围。

四、不定项选择题

1.（1）【答案】CD

【解析】根据税法规定，出售设备收入和销售商品收入属于征税收入，国债利息收入和从其直接投资的未上市居民企业分回股息收益属于免税收入。

（2）【答案】BCD

【解析】根据税法规定，企业经营活动中发生的合理的违约金、诉讼费可以税前扣除，所以选项A未按期交货的赔偿可以税前扣除。赞助支出、税收滞纳金和被没收财物的损失不能税前扣除。

（3）【答案】C

【解析】甲公司的应税收入为6 230万元（6 000 + 30 + 200），可以税前扣除的成本费

用损失是3 510万元（3 500 + 10），所以甲公司的应纳税所得额是2 720万元。

（4）【答案】ABCD

【解析】本题考核企业所得税征收管理的相关规定。企业应当自年度终了之日起5个月内，向税务机关报送年度企业所得税纳税申报表，并汇算清缴，结清应缴应退税款，选项A正确；除税收法律、行政法另有规定外，居民企业以企业登记注册地为纳税地点，选项B正确；按月或按季预缴的，应当自月份或者季度终了之日起15日内，向税务机关报送预缴企业所得税纳税申报表，预缴税款，选项C正确；纳税年度自公历1月1日起至12月31日止，选项D正确。

2.（1）【答案】D

【解析】对1个纳税年度内首次取得工资、薪金所得的居民个人，扣缴义务人在预扣预缴个人所得税时，可按照5 000元/月乘以纳税人当年截至本月月份数计算累计减除费用。张某1月工资、薪金所得预扣预缴的个人所得税 = （50 000 − 5 000）×10% − 2 520 = 1 980（元）。

（2）【答案】D

【解析】稿酬所得的收入额减按70%计算。张某稿酬所得预扣预缴的个人所得税 = （3 000 − 800）×70% × 20% = 308（元）。

（3）【答案】BD

【解析】选项B，两个以上的个人共同取得同一项收入的，应当对每个人取得的收入分别按照个人所得税法的规定计算纳税；选项D，特许权使用费所得适用3% ~45%的超额累进税率计算纳税。

（4）【答案】BD

【解析】选项A、B，张某取得的董事费收入属于劳务报酬所得（与取得收入的单位没有雇佣关系）；选项C、D，劳务报酬所得适用20% ~40%超额累进扣率计算纳税。预扣预缴的个人所得税 = 60 000 × （1 − 20%）× 30% − 2 000 = 12 400（元）。

第六章 财产和行为税法律制度

本章习题

一、单项选择题

1. 甲企业拥有一处原值 1 000 000 元的房产。已知房产税税率为 1.2%，当地规定的房产税减除比例为 30%，甲企业年应缴纳房产税税额的下列计算算式中，正确的是（   ）。
   - A. 1 000 000 × 1.2%
   - B. 1 000 000 ÷ （1 - 30%） × 1.2%
   - C. 1 000 000 × （1 - 30%） × 1.2%
   - D. 1 000 000 × 30% × 1.2%

2. 2024 年 9 月，王某出租自有住房，当月收取不含增值税租金 5 800 元，当月需偿还个人住房贷款 1 500 元。已知，个人出租住房房产税税率为 12%。计算王某当月应缴纳房产税税额的下列算式中，正确的是（   ）。
   - A. （5 800 - 1 500） × 12%
   - B. 5 800 × 12%
   - C. （5 800 - 1 500） × （1 - 12%） × 12%
   - D. 5 800 × （1 - 12%） × 12%

3. 关于房产税纳税人的下列表述中，不符合法律制度规定的是（   ）。
   - A. 房屋出典的，出典人为纳税人
   - B. 房屋产权所有人不在房所所在地的，房产代管人或使用人为纳税人
   - C. 房屋产权属于国家的，其经营管理单位为纳税人
   - D. 房屋产权未确定的，房产代管人或使用人为纳税人

4. 某企业 2024 年度生产经营用房原值 12 000 万元；幼儿园用房原值 400 万元；出租房屋原值 600 万元，年租金 80 万元。已知房产原值减除比例为 30%；房产税税率从价计征的为 1.2%，从租计征的为 12%，该企业当年应缴纳房产税税额的下列计算中，正确的是（   ）。
   - A. 12 000 × （1 - 30%） × 1.2% = 100.8 （万元）
   - B. 12 000 × （1 - 30%） × 1.2% + 80 × 12% = 110.4 （万元）
   - C. （12 000 + 400） × （1 - 30%） × 1.2% + 80 × 12% = 113.76 （万元）
   - D. （12 000 + 400 + 600） × （1 - 30%） × 1.2% = 109.2 （万元）

5. 甲公司委托某施工企业建造一幢办公楼，工程于 2023 年 12 月完工，2024 年 1 月办妥（竣工）验收手续，4 月付清全部价款。甲公司此幢办公楼房产税的纳税义务发生时间是（   ）。
   - A. 2023 年 12 月
   - B. 2024 年 1 月
   - C. 2024 年 2 月
   - D. 2024 年 4 月

6. 根据房产税法律制度的规定，下列各项中，免征房产税的是（   ）。
   - A. 企业因修理停用 3 个月的行政办公楼
   - B. 企业拥有并运营管理的体育场馆

C. 公园中附设的饮食部所使用的房产

D. 公立高校的教学楼

7. 根据契税法律制度的规定，下列各项中，不属于契税纳税人的是（　　）。

A. 出售房屋的个人

B. 受赠土地使用权的企业

C. 购买房屋的个人

D. 受让土地使用权的企业

8. 下列关于契税纳税义务发生时间，表述正确的是（　　）。

A. 纳税人签订土地、房屋权属转移合同的当日

B. 纳税人签订土地、房屋权属转移合同的次日

C. 因改变土地、房屋用途等情形应当缴纳已经减征、免征契税的，纳税义务发生时间为改变有关土地、房屋用途等情形的次日

D. 因改变土地性质、容积率等土地使用条件须补缴土地出让价款，应当缴纳契税的，纳税义务发生时间为改变土地使用条件次日

9. 甲公司于 2024 年 9 月向乙公司购买一处闲置厂房，合同注明的土地使用权价款 5 000 万元，厂房及地上附着物价款 500 万元，已知当地规定的契税税率为 3%，甲公司应缴的契税税额为（　　）万元。

A. 165　　　　　B. 170

C. 175　　　　　D. 160

10. A 某向 B 某借款 80 万元后，后因 B 某急需资金，A 某以一套价值 90 万元的房产抵偿所欠 B 某债务，B 某取得该房产产权的同时支付 A 某差价款 10 万元。已知契税税率为 3%。关于此次房屋交易缴纳契税的下列表述中，正确的是（　　）。

A. A 某应缴纳契税 3 万元

B. A 某应缴纳契税 2.4 万元

C. B 某应缴纳契税 2.7 万元

D. B 某应缴纳契税 0.3 万元

11. A 某原有两套住房，2024 年 8 月，出售其中一套，成交价为 70 万元；将另一套以市场价格 60 万元与 B 某的住房进行了等价互换；又以 100 万元价格购买了一套新住房，已知契税的税率为 3%。计算 A 某应缴纳的契税

的下列方法中，正确的是（　　）。

A. $100 \times 3\% = 3$（万元）

B. $(100 + 60) \times 3\% = 4.8$（万元）

C. $(100 + 70) \times 3\% = 5.1$（万元）

D. $(100 + 70 + 60) \times 3\% = 6.9$（万元）

12. A 向 B 借款 500 万元用于生产经营，后 A 未能按期偿还，双方商定，A 以一套购入价为 300 万元的住房抵偿借款 400 万元，其余 100 万元以现金偿还。B 取得该套住房时应缴纳契税的计税依据为（　　）万元。

A. 500　　　　　B. 400

C. 300　　　　　D. 100

13. 下列不符合纳税人应进行土地增值税清算的是（　　）。

A. 直接转让土地使用权的

B. 房地产开发项目全部竣工、完全销售的

C. 整体转让未竣工决算房地产开发项目的

D. 取得销售（预售）许可证满 3 年仍未销售完毕的

14. 下列各项中，属于土地增值税征税范围的是（　　）。

A. 出让土地使用权

B. 转让国有土地使用权

C. 出租房地产的行为

D. 房产所有人将自己拥有的房产赠与其子女

15. 根据土地增值税法律制度的规定，下列行为中，应缴纳土地增值税的是（　　）。

A. 甲企业将自有厂房出租给乙企业

B. 丙企业转让国有土地使用权给戊企业

C. 某市政府出让国有土地使用权给丁房地产开发商

D. 戊软件开发公司将闲置房屋通过民政局捐赠给养老院

16. 某企业实际占地面积为 50 000 平方米，经税务机关核定，该企业所在地段适用城镇土地使用税税率的每平方米税额为 4 元。该企业全年应缴纳的城镇土地使用税税额为（　　）元。

A. 200 000　　　　B. 250 000

C. 400 000　　　　D. 300 000

17. 根据耕地占用税法律制度的规定，下列各项

中，免征耕地占用税的是（ ）。

A. 幼儿园教学楼占用耕地

B. 医疗机构内职工住房占用的耕地

C. 飞机场跑道占用耕地

D. 农村居民在规定用地标准以内占用耕地新建自用住宅

18. 根据车船税法律制度的规定，下列各项中，免征车船税的是（ ）。

A. 家庭自用的燃料电池乘用车

B. 国有企业的公用汽油动力乘用车

C. 外国驻华使馆的自用客客车

D. 个体工商户自用的摩托车

19. 根据车船税法律制度的规定，下列各项中，以"辆数"为计税依据的是（ ）。

A. 客用货车

B. 轮式专用机械车

C. 商用客车

D. 专用作业车

20. 2024 年 6 月 15 日，甲公司购买 2 辆乘用车。已知乘用车发动机汽缸容量（排气量）为 2.0 升，当地规定的车船税年基准税额为 490 元/辆，甲公司 2024 年应纳车船税税额的下列计算式中，正确的是（ ）。

A. $2 \times 490 \div 12 \times 7$

B. $2 \times 490 \div 12 \times (6 + 15 \div 30)$

C. $2 \times 490 \div 12 \times 6$

D. 2×490

21. 根据车船税法律制度的规定，下列各项中，免予缴纳车船税的是（ ）。

A. 载客汽车　　　　B. 银行运钞车

C. 机关公务车　　　D. 养殖渔船

22. 跨省、自治区、直辖市使用的车船，车船税的纳税地点为（ ）。

A. 公司所在地

B. 车船的实际使用地

C. 车船的购买地

D. 车船的登记地

23. 根据车船税法律制度的规定，商用货车以（ ）为计税依据。

A. 整备质量吨位数

B. 净吨位数

C. 购置价格

D. 辆数

24. 车船税按年申报，分月计算，一次性缴纳。纳税年度是（ ）。

A. 公历 1 月 1 日至 12 月 31 日

B. 公历 3 月 1 日至 12 月 31 日

C. 公历 1 月 31 日至 12 月 31 日

D. 公历 1 月 1 日至 6 月 30 日

25. 根据资源税法律制度的规定，下列各项中，属于资源税纳税人的是（ ）。

A. 进口金属矿石的冶炼企业

B. 销售精盐的商场

C. 开采原煤的公司

D. 销售石油制品的加油站

26. 下列情形中，属于免征资源税的是（ ）。

A. 从低丰度油气田开采的原油、天然气

B. 开采原油以及在油田范围内运输原油过程中用于加热的原油、天然气

C. 从深水油气田开采的原油、天然气

D. 从衰竭期矿山开采的矿产品

27. 资源税纳税人按月或者按季申报缴纳的，应当自月度或者季度终了之日起（ ）日内，向税务机关办理纳税申报并缴纳税款。

A. 20　　　　　　　B. 15

C. 10　　　　　　　D. 30

28. 根据资源税法律制度的规定，下列单位和个人的生产经营行为不应缴纳资源税的是（ ）。

A. 冶炼企业进口铁矿石

B. 个体经营者开采煤矿

C. 国有企业开采石油

D. 中外合作开采天然气

29. 下列选项中，属于印花税法定免税范围的是（ ）。

A. 应税凭证的副本或者抄本

B. 铁路、公路、航运、水路承运快件行李、包裹开具的托运单据

C. 各类发行单位之间，以及发行单位与订阅单位或个人之间书立的征订凭证

D. 资产公司成立时设立的资金账簿

30. 下列关于印花税纳税征收管理的说法中，说法不正确的是（ ）。

A. 印花税的纳税义务发生时间为纳税人书

立应税凭证或者完成证券交易的次日

B. 证券交易印花税扣缴义务发生时间为证券交易完成的当日

C. 纳税人为单位的，应当向其机构所在地的主管税务机关申报缴纳印花税

D. 纳税人为个人的，应当向应税凭证书立地或者纳税人居住地的主管税务机关申报缴纳印花税

二、多项选择题

1. 发生土地、房屋权属转移的，承受方应当依法缴纳契税的情形有（   ）。

A. 因共有不动产份额变化的

B. 因共有人增加或者减少的

C. 因人民法院、仲裁委员会的生效法律文书或者监察机关出具的监察文书等因素，发生土地、房屋权属转移的

D. 因房屋抵押而发生土地、房屋权属变动的

2. 下列属于免征契税的有（   ）。

A. 城镇职工按规定第一次购买公有住房

B. 纳税人承受荒山、荒沟、荒丘、荒滩土地使用权，用于农林牧渔业生产的

C. 法定继承人通过继承承受土地、房屋权属的

D. 土地、房屋被县级以上人民政府征用、占用后，重新承受土地、房屋权属的

3. 关于契税计税依据的下列表述中，符合法律制度规定的有（   ）。

A. 受让土地使用权的，以成交价格为计税依据

B. 受赠房屋的，由税务机关参照房屋买卖的市场价格规定计税依据

C. 购入土地使用权的，以评估价格为计税依据

D. 互换土地使用权的，以所互换的土地使用权价格的差额为计税依据

4. 根据契税法律制度的规定，下列各项中，以成交价格作为契税计税依据的有（   ）。

A. 房屋买卖

B. 土地使用权互换

C. 房屋赠与

D. 土地使用权出让

5. 下列关于城镇土地使用税的计税依据，表述正确的有（   ）。

A. 尚未组织测定，但纳税人持有政府部门核发的土地使用证书的以证书确定的土地面积为准

B. 尚未核发土地使用证书的，应由纳税人据实申报土地面积，并据以纳税，待核发土地使用证书后再作调整

C. 凡由省级人民政府确定的单位组织测定土地面积的，以测定的土地面积为准

D. 城镇土地使用税以实际占用的应税土地面积为计税依据

6. 关于确定城镇土地使用税纳税人的下列表述中，符合法律制度的有（   ）。

A. 拥有土地使用权的单位或个人为纳税人

B. 拥有土地使用权的单位或个人不在土地所在地的，以代管人或实际使用人为纳税人

C. 土地使用权未确定或权属纠纷未解决的，以实际使用人为纳税人

D. 土地使用权共有的，以共有各方为纳税人

7. 根据耕地占用税法律制度的规定，下列说法中免征耕地占用税的有（   ）。

A. 具体范围包括县级以上人民政府教育行政部门批准成立的大学

B. 县级以上人民政府教育行政部门批准成立的幼儿园内专门用于幼儿保育、教育的场所

C. 县级以上人民政府卫生健康行政部门批准设立的医疗机构

D. 依法登记的养老服务机构、残疾人服务机构

8. 甲、乙两家企业共有一项土地使用权，土地面积为 3 000 平方米，甲、乙企业的实际占用比例为 3∶2。已知该土地适用的城镇土地使用税年税额为每平方米 5 元。关于甲、乙企业共用该土地应缴纳的城镇土地使用税，下列处理正确的有（   ）。

A. 甲企业应纳城镇土地使用税 = 3 000 × 3 ÷ 5 × 5

B. 甲企业应纳城镇土地使用税 = 3 000 × 5

C. 乙企业应纳城镇土地使用税 = 3 000 × 2 ÷ 5 × 5

D. 乙企业应纳城镇土地使用税 = 3 000 × 5

9. 根据车船税法律制度的规定，下列车船中，免征车船税的有（　　）。
   A. 商用货车　　　　B. 捕捞渔船
   C. 军队专用车船　　D. 纯电动商用车

10. 挂车计算车船税时，按照货车税额的一定比例计算，下列说法不正确的有（　　）。
    A. 50%　　　　　　B. 60%
    C. 40%　　　　　　D. 30%

11. 根据车船税法律制度的规定，下列关于车船税纳税地点的表述中，正确的有（　　）。
    A. 依法不需要办理登记的车船，纳税地点为车船所有人或者管理人所在地
    B. 纳税人自行申报缴纳车船税的，纳税地点为车船登记地的主管税务机关所在地
    C. 需要办理登记的车船，纳税地点为车船所在地
    D. 扣缴义务人代收代缴的车船，纳税地点为扣缴义务人所在地

12. 根据车船税法律制度的规定，下列各项中，属于车船税计税单位的有（　　）。
    A. 整备质量每吨　　B. 艇身长度每米
    C. 每辆　　　　　　D. 净吨位每吨

13. 根据车船税法律制度的规定，下列车船中，免征车船税的有（　　）。
    A. 警用车船　　　　B. 养殖渔船
    C. 载货汽车　　　　D. 载客汽车

14. 根据车船税法律制度的规定，下列关于车船税纳税地点的表述中，正确的有（　　）。
    A. 依法不需要办理登记的车船，纳税地点为车船的所有人或者管理人所在地
    B. 纳税人自行申报纳税的车船，纳税地点为车船登记地的主管税务机关所在地
    C. 需要办理登记的车船，纳税地点为车船生产地
    D. 扣缴义务人代收代缴税款的车船，纳税地点为扣缴义务人所在地

15. 根据资源税法律制度的规定，下列各项中，应缴纳资源税的有（　　）。
    A. 海盐
    B. 天然原油
    C. 煤矿生产的天然气
    D. 原木

16. 根据资源税法律制度的规定，纳税人销售应税矿产品向购买方收取的下列款项中，应计入资源税销售额缴纳资源税的有（　　）。
    A. 向购买方收取的不含增值税价款
    B. 向购买方收取的手续费
    C. 向购买方收取的增值税销项税额
    D. 向购买方收取的包装费

17. 下列各项中，属于环境保护税税收优惠的情况有（　　）。
    A. 农业生产（不包括规模化养殖）排放应税污染物的
    B. 机动车、铁路机车、非道路移动机械、船舶和航空器等流动污染源排放应税污染物的
    C. 依法设立的城乡污水集中处理、生活垃圾集中处理场所排放相应应税污染物，不超过国家和地方规定的排放标准的
    D. 排放应税大气污染物或者水污染物的浓度值低于国家和地方规定的污染物排放标准30%的

18. 下列有关环境保护税的说法中，正确的有（　　）。
    A. 应税大气污染物按照污染物排放量折合的污染当量数确定
    B. 应税水污染物按照污染物排放量折合的污染当量数确定
    C. 应税固体废物按照固体废物的排放量确定
    D. 应税噪声按照超过国家规定标准的分贝数确定

19. 下列各项中，属于环境保护税征税范围的有（　　）。
    A. 企业向依法设立的污水集中处理、生活垃圾集中处理场所排放应税污染物
    B. 企业在符合国家和地方环境保护标准的设施、场所储存或者处置固体废物
    C. 依法设立的城乡污水集中处理场所超过国家和地方规定的排放标准向环境排放应税污染物
    D. 企业储存或者处置固体废物不符合国家和地方环境保护标准

20. 下列关于印花税征收管理的说法中，说法正确的有（　　）。

A. 印花税的纳税义务发生时间为纳税人书立应税凭证或者完成证券交易的当日

B. 证券交易印花税扣缴义务发生时间为证券交易完成的当日

C. 印花税按季、按年或者按次计征

D. 证券交易印花税扣缴义务人应当自每周终了之日起15日内申报解缴税款以及银行结算的利息

21. 下列各项中，应该免贴印花税的有（　　）。

A. 对铁路、公路、航运、水路承运快件行李、包裹开具的托运单据

B. 各类发行单位之间，以及发行单位与订阅单位或个人之间书立的征订凭证

C. 军事物资运输，凡附有军事运输命令或使用专用的军事物资运费结算凭证

D. 附有县级以上（含县级）人民政府抢险救灾物资运输证明文件的运费结算凭证的抢险救灾物资运输

22. 关于印花税计税依据的下列表述中，符合法律制度的有（　　）。

A. 证券交易的计税依据，为成交金额

B. 应税营业账簿的计税依据，为账簿记载的实收资本、资本公积合计金额

C. 财产租赁合同以租赁金额为计税依据

D. 财产保险合同以保险费为计税依据

23. 根据印花税法律制度的规定，下列各项中，不属于印花税纳税人的有（　　）。

A. 合同的双方当事人

B. 合同的担保人

C. 合同的证人

D. 合同的鉴定人

24. 下列选项中，不属于印花税法定免税范围的有（　　）。

A. 应税凭证的副本或者抄本

B. 资产公司成立时设立的资金账簿

C. 附有军事运输命令或使用专用的军事物资运费结算凭证

D. 个人出租、承租住房签订的租赁合同

25. 下列关于纳税地点的说法中，正确的有（　　）。

A. 房产税在房产所在地缴纳

B. 纳税人发生契税纳税义务时，应向土地、房屋所在地的税务机关申报纳税

C. 土地增值税纳税人发生应税行为应向房地产所在地主管税务机关缴纳税款

D. 城镇土地使用税在土地所在地缴纳

三、判断题

1. 产权出典的，出典人为纳税人。（　　）

2. 土地增值税的纳税人应向房地产所在地主管税务机关办理纳税申报。（　　）

3. 对公安部门无偿使用铁路、民航等单位的土地，征收城镇土地使用税。（　　）

4. 城镇土地使用税以纳税人实际占用的土地面积为计税依据。（　　）

5. 纳税人应当自纳税义务发生之日起15日内申报缴纳耕地占用税。（　　）

6. 车船税纳税义务发生时间为取得车船所有权或者管理权的当月。（　　）

7. 车船税纳税义务发生时间为取得车船所有权或者管理权的次月。（　　）

8. 纳税人开采或者生产不同税目应税产品的，未分别核算或者不能准确提供不同税目应税产品的销售额或者销售数量的，从低适用税率。（　　）

9. 耕地占用税以纳税人实际占用的耕地面积为计税依据。（　　）

10. 资源税纳税人销售应税产品，纳税义务发生时间为收讫销售款或者取得索取销售款凭据的当日。（　　）

11. 纳税人排放应税大气污染物或者水污染物的浓度值低于国家和地方规定的污染物排放标准30%的，减按50%征收环境保护税。（　　）

12. 环境保护税按月计算，按季申报缴纳。不能按固定期限计算缴纳的，可以按次申报缴纳。（　　）

13. 如果一份合同或应税凭证由两方或两方以上当事人共同签订，签订合同或应税凭证的各方都是纳税人，应就其全部计税金额履行纳税义务。（　　）

14. 发电厂与电网之间、电网与电网之间书立的购售电合同，应当按买卖合同税目缴纳印花税。（　　）

15. 农民、家庭农场、农民专业合作社、农村集体经济组织、村民委员会购买农业生产资料或者销售农产品书立的买卖合同和农业保险合同免征印花税。（ ）

本章习题参考答案及解析

一、单项选择题

1.【答案】C
【解析】从价计征房产税的房产，依照原值一次减除规定的减除比例后的余值计算缴纳房产税，适用的年税率为1.2%。甲企业年应缴纳房产税税额＝1 000 000×（1－30%）×1.2%＝8 400（元）。选项C的计算算式正确。

2.【答案】B
【解析】（1）房屋出租的，以取得的不含增值税租金收入为计税依据（全额计税，没有任何减除），排除选项A、C；（2）从租计征的房产税应纳税额为不含增值税租金收入×12%，不存在"×（1－12%）"的问题，排除选项D。故本题选项B正确，即5 800×12%。

3.【答案】A
【解析】根据房产税税收法律制度，房屋出典的，承典人为房产税的纳税人。

4.【答案】B
【解析】根据房产税法律制度的规定，企业办的幼儿园免征房产税；企业经营性房产要按照从价计征房产税，出租的房产按照从租计征的方式，计算房产税，不按照从价计征的方式计算。故本题正确算式为12 000×（1－30%）×1.2%＋80×12%＝110.4（万元），选项B正确。

5.【答案】C
【解析】纳税人委托施工企业建设的房屋，从办理验收手续之次月起，缴纳房产税。该工程于2024年1月办妥验收手续，应于次月缴纳房产税，因此选项C正确。

6.【答案】D
【解析】（1）选项A，纳税人因房屋大修导致连续停用半年以上的，在房屋大修期间免征房产税。（2）选项B，企业拥有并运营管理的大型体育场馆，其用于体育活动的房产，减半征收房产税。（3）选项C，宗教寺庙、公园、名胜古迹自用的房产，免征房产税，公园中附设的饮食部所使用的房产不属于公园自用房产，不享受免税。（4）选项D，由国家财政部门拨付事业经费的单位（如学校）所有的、本身业务范围内使用的房产免征房产税。

7.【答案】A
【解析】在我国境内"承受"土地、房屋权属转移的单位和个人，为契税的纳税人。出售房屋的个人不属于契税纳税人，选项A符合题意。

8.【答案】A
【解析】纳税人签订土地、房屋权属转移合同的当日，或者纳税人取得其他具有土地、房屋权属转移合同性质凭证的当日。选项A正确。

9.【答案】A
【解析】根据契税法律制度的规定，土地使用权出让、出售、房屋买卖，以成交价格作为计税依据。甲公司应缴纳的契税＝（5 000＋500）×3%＝165（万元）。

10.【答案】C
【解析】契税的纳税人，是指在我国境内"承受"土地、房屋权属转移的单位和个人，本题中承受房屋权属转移的为B某，因此选项A、B不正确；应纳税额＝90×3%＝2.7（万元），选项C正确。

11.【答案】A
【解析】契税的纳税人一般为购买人，A某出售住房不缴纳契税，等价交换不纳税，而购置新住房要缴纳契税，房屋互换以价格差额为计税依据，故本题 A 某应缴纳的契税为 $100×3\%=3$（万元）。选项 A 正确。

12.【答案】B

【解析】以房屋抵债，应参照房屋买卖计征契税。在本题中，A 的住房抵偿的债务额度为 400 万元，应以 400 万元为计税依据计征契税。

13.【答案】D

【解析】选项 A、B、C，属于纳税人应进行土地增值税清算的情形；选项 D，属于主管税务机关可要求纳税人进行土地增值税清算的情形。

14.【答案】B

【解析】根据土地增值税法律的规定，只有转让国有土地使用权才属于土地增值税的征税范围。

15.【答案】B

【解析】选项 A，甲企业将自有厂房出租给乙企业，厂房的所有权没有发生转移，不属于土地增值税的征税范围，不征收土地增值税；选项 C，出让国有土地使用权的行为不征收土地增值税；选项 D，将房屋通过民政局捐赠给养老院，不属于土地增值税的征税范围，不征收土地增值税。

16.【答案】A

【解析】该企业全年应缴纳的城镇土地使用税额 = 实际占用应税土地面积（平方米）× 适用税额 = $50\,000×4=200\,000$（元）。

17.【答案】A

【解析】选项 A，军事设施、学校、幼儿园、社会福利机构、医疗机构占用耕地，免征耕地占用税。选项 B，医疗机构内职工住房占用的耕地，按照当地适用税率征收耕地占用税。选项 C，铁路线路、公路线路、飞机场跑道、停机坪、港口、航道、水利工程占用耕地，减按每平方米 2 元的税额征收耕地占用税。选项 D，农村居民在规定用地标准以内占用耕地新建自用住宅，按照当地适用税额减半征收耕地占用税。

18.【答案】C

【解析】选项 C，依照法律规定应当予以免税的外国驻华使领馆、国际组织驻华代表机构及其有关人员的车船，免征车船税。

19.【答案】C

【解析】选项 A、B、D，以"整备质量吨位数"为计税依据；选项 C，乘用车、商用客车、摩托车均以"辆数"为计税依据。

20.【答案】A

【解析】排气量为 2.0 升，不属于节约能源车辆；车船税纳税义务发生时间为取得车船所有权或者管理权的当月。应纳车船税税额 = $2×490÷12×7$，选项 A 的算式正确。

21.【答案】D

【解析】根据车船税法律制度的规定，捕捞、养殖渔船免征车船税。

22.【答案】D

【解析】跨省、自治区、直辖市使用的车船，纳税地点为车船的登记地。

23.【答案】A

【解析】商用货车、挂车、专用作业车和轮式专用机械车，以整备质量吨位数为计税依据。

24.【答案】A

【解析】车船税按年申报，分月计算，一次性缴纳。纳税年度为公历 1 月 1 日至 12 月 31 日。具体申报纳税期限由省、自治区、直辖市人民政府规定。

25.【答案】C

【解析】资源税的纳税人，是指在中华人民共和国领域和中华人民共和国管辖的其他海域开发应税资源的单位和个人。

26.【答案】B

【解析】有下列情形之一的，免征资源税：（1）开采原油以及在油田范围内运输原油过程中用于加热的原油、天然气。（2）煤炭开采企业因安全生产需要抽采的煤成（层）气。

27.【答案】B

【解析】资源税纳税人按月或者按季申报缴纳的，应当自月度或者季度终了之日起 15 日内，向税务机关办理纳税申报并缴纳税款。

28.【答案】A

【解析】根据资源税纳税人的规定，在我国

领域和管辖的其他海域开发应税矿产品的单位和个人征收资源税，进口资源产品不征收资源税。

29.【答案】A

【解析】选项B、C、D属于印花税临时性减免税优惠。

30.【答案】A

【解析】印花税的纳税义务发生时间为纳税人书立应税凭证或者完成证券交易的当日，选项A不正确。

二、多项选择题

1.【答案】ABC

【解析】因共有不动产份额变化的；因共有人增加或者减少的；因人民法院、仲裁委员会的生效法律文书或者监察机关出具的监察文书等因素，发生土地、房屋权属转移的，承受方应当依法缴纳契税。

2.【答案】ABC

【解析】选项D，土地、房屋被县级以上人民政府征用、占用后，重新承受土地、房屋权属的，是否减征或者免征契税，由省、自治区、直辖市人民政府确定。

3.【答案】ABD

【解析】根据契税法律制度的规定，土地使用权出让、出售、房屋买卖，以成交价格作为计税依据，选项C不正确；土地使用权赠与、房屋赠与以及其他没有价格的转移土地、房屋权属行为，因为税务机关参照土地使用权出售、房屋买卖的市场价格依法核定的价格确定。土地使用权互换、房屋互换，计税依据为所互换土地使用权、房屋的"价格差额"。

4.【答案】AD

【解析】土地使用权出让、出售、房屋买卖，以成交价格作为计税依据，因此选项A、D正确；土地使用权赠与、房屋赠与以及其他没有价格的转移土地、房屋权属行为，因为税务机关参照土地使用权出售、房屋买卖的市场价格依法核定的价格确定。土地使用权互换、房屋互换，以所互换土地使用权、房屋的价格差额为计税依据。

5.【答案】ABCD

【解析】城镇土地使用税的计税依据：尚未组织测定，但纳税人持有政府部门核发的土地使用证书的以证书确定的土地面积为准；尚未核发土地使用证书的，应由纳税人据实申报土地面积，并据以纳税，待核发土地使用证书后再作调整；凡由省级人民政府确定的单位组织测定土地面积的，以测定的土地面积为准；城镇土地使用税以实际占用的应税土地面积为计税依据。

6.【答案】ABCD

【解析】根据城镇土地使用税法律制度的规定，城镇土地使用税由拥有土地使用权的单位或者个人缴纳；拥有土地使用权的纳税人不在土地所在地的，由代管人或者实际使用人缴纳；土地使用权未确定或者权属纠纷未解决的，由实际使用人缴纳；土地使用权共有的，由共有各方分别缴纳。

7.【答案】ABCD

【解析】军事设施、学校、幼儿园、社会福利机构、医疗机构占用耕地，免征耕地占用税。选项A、B、C、D均属于免征耕地占用税的范围。

8.【答案】AC

【解析】土地使用权共有的，共有各方均为纳税人，由共有各方按实际使用土地的面积占总面积的比例分别缴纳城镇土地使用税。

9.【答案】BCD

【解析】选项B、C、D免征车船税，选项A应征车船税。

10.【答案】BCD

【解析】挂车按照货车税额的50%计算车船税。

11.【答案】ABD

【解析】车船税的纳税地点为车船的登记地或者车船税扣缴义务人所在地。依法不需要办理登记的车船，其车船税的纳税地点为车船的所有人或者管理人所在地。选项C不正确。

12.【答案】ABCD

【解析】商用货车、挂车、专用作业车和轮式专用机械车，以"整备质量每吨"为计税单位；游艇以"艇身长度每米"为计税单位；乘用车、商用客车、摩托车以"每辆"为计税单位；机动船舶、非机动驳船、拖船以"净吨位每吨"为计税单位。

13.【答案】AB

【解析】下列车船免征车船税：（1）捕捞、养殖渔船；（2）军队、武警专用的车船；（3）警用车船；（4）依照法律规定应当予以免税的外国驻华使馆、领事馆和国际组织驻华机构及其有关人员的车船；（5）新能源车船。选项A、B正确。

14.【答案】ABD

【解析】车船税的纳税地点为车船的登记地或车船税扣缴义务人所在地，选项C错误。依法不需要办理登记的车船，纳税地点为车船的所有人或者管理人所在地。纳税人自行申报纳税的车船，纳税地点为车船登记地的主管税务机关所在地。扣缴义务人代收代缴税款的车船，纳税地点为扣缴义务人所在地。

15.【答案】AB

【解析】选项C、D不属于资源税征税范围。

16.【答案】ABD

【解析】资源税的销售额为纳税人销售应税产品向购买方收取的全部价款和价外费用，但不包括收取的增值税销项税额和运杂费用。

17.【答案】ABCD

【解析】上述各项均属于环境保护税税收优惠的情况。

18.【答案】ABCD

【解析】应税大气污染物按照污染物排放量折合的污染当量数确定。应税水污染物按照污染物排放量折合的污染当量数确定。应税固体废物按照固体废物的排放量确定。应税噪声按照超过国家规定标准的分贝数确定。选项A、B、C、D均正确。

19.【答案】CD

【解析】依法设立的城乡污水集中处理、生活垃圾集中处理场所超过国家和地方规定的排放标准向环境排放应税污染物的，应当缴纳环境保护税。企业事业单位和其他生产经营者储存或者处置固体废物不符合国家和地方环境保护标准的，应当缴纳环境保护税。

20.【答案】ABC

【解析】印花税的纳税义务发生时间为纳税人书立应税凭证或者完成证券交易的当日，选项A说法正确。证券交易印花税扣缴义务发生时间为证券交易完成的当日，选项B正确。印花税按季、按年或者按次计征，选项C正确。证券交易印花税扣缴义务人应当自每周终了之日起5日内申报解缴税款以及银行结算的利息，选项D错误。

21.【答案】ABCD

【解析】（1）对铁路、公路、航运、水路承运快件行李、包裹开具的托运单据，暂免贴花。（2）各类发行单位之间，以及发行单位与订阅单位或个人之间书立的征订凭证，暂免征印花税。（3）军事物资运输，凡附有军事运输命令或使用专用的军事物资运费结算凭证，免纳印花税。（4）抢险救灾物资运输，凡附有县级以上（含县级）人民政府抢险救灾物资运输证明文件的运费结算凭证，免纳印花税。选项A、B、C、D均正确。

22.【答案】ABCD

【解析】印花税计税依据中，证券交易的计税依据，为成交金额；应税营业账簿的计税依据，为账簿记载的实收资本、资本公积合计金额；财产租赁合同以租赁金额为计税依据；财产保险合同以保险费为计税依据。选项A、B、C、D均正确。

23.【答案】BCD

【解析】合同的当事人是印花税的纳税人，不包括合同的担保人、证人、鉴定人。

24.【答案】BCD

【解析】选项B、C、D属于印花税临时性减免税优惠。

25.【答案】ABCD

【解析】房产税在房产所在地缴纳；纳税人发生契税纳税义务时，应向土地、房屋所在地的税务机关申报纳税；土地增值税纳税人发生应税行为应向房地产所在地主管税务机关缴纳税款；城镇土地使用税在土地所在地缴纳。选项A、B、C、D均正确。

三、判断题

1.【答案】×
【解析】产权出典的，承典人为纳税人。

2.【答案】√
【解析】土地增值税的纳税地点为房地产所在地，纳税人应向房地产所在地主管税务机关办理纳税申报。

3.【答案】×
【解析】对公安部门无偿使用铁路、民航等单位的土地，免征城镇土地使用税。

4.【答案】√
【解析】城镇土地使用税以纳税人实际占用的土地面积为计税依据。

5.【答案】×
【解析】纳税人应当自纳税义务发生之日起30日内申报缴纳耕地占用税。

6.【答案】√
【解析】车船税纳税义务发生时间为取得车船所有权或者管理权的当月。题干表述正确。

7.【答案】×
【解析】车船税纳税义务发生时间为取得车船所有权或者管理权的当月。以购买车船的发票或其他证明文件所载日期的当月为准。

8.【答案】×
【解析】纳税人开采或者生产不同税目应税产品的，未分别核算或者不能准确提供不同税目应税产品的销售额或者销售数量的，从高适用税率。

9.【答案】√

【解析】耕地占用税以纳税人实际占用的耕地面积为计税依据。

10.【答案】√
【解析】资源税纳税人销售应税产品，纳税义务发生时间为收讫销售款或者取得索取销售款凭据的当日。题干表述正确。

11.【答案】×
【解析】纳税人排放应税大气污染物或者水污染物的浓度值低于国家和地方规定的污染物排放标准30%的，减按75%征收环境保护税。

12.【答案】√
【解析】环境保护税按月计算，按季申报缴纳。不能按固定期限计算缴纳的，可以按次申报缴纳。

13.【答案】×
【解析】如果一份合同或应税凭证由两方或两方以上当事人共同签订，签订合同或应税凭证的各方都是纳税人，应各就其所持合同或应税凭证的计税金额履行纳税义务。

14.【答案】√
【解析】发电厂与电网之间、电网与电网之间书立的购售电合同，应当按买卖合同税目缴纳印花税。

15.【答案】√
【解析】农民、家庭农场、农民专业合作社、农村集体经济组织、村民委员会购买农业生产资料或者销售农产品书立的买卖合同和农业保险合同免征印花税。

第七章 税收征收管理法律制度

本章习题

一、单项选择题

1. 下列各项中，属于征税主体最基本、最主要的职权的是（　　）。

   A. 税务管理权

   B. 税务检查权

   C. 税款征收权

   D. 税务行政处罚权

2. 根据税收征收管理法律制度的规定，应在生产、经营所在地税务机关办理税务设立（开业）登记的是（　　）。

   A. 从事生产、经营的纳税人

   B. 有独立的生产经营权、在财务上独立核算并定期向发包人或者出租人上交承包费或租金的承包承租人

   C. 境外企业在中国境内承包建筑、安装、装配、勘探工程和提供劳务的

   D. 除国家机关、个人和无固定生产、经营场所的流动性农村小商贩外的非从事生产经营但依照规定负有纳税义务的其他纳税人

3. 根据税收征收管理法律制度的规定，除另有规定外，从事生产、经营的纳税人的账簿、记账凭证、报表、完税凭证、发票、出口凭证以及其他有关涉税资料应当保存一定期限，该期限为（　　）年。

   A. 30　　　　　　　　B. 10

   C. 15　　　　　　　　D. 20

4. 下列关于发票管理的说法中，不正确的是（　　）。

   A. 电子发票与纸质发票的法律效力相同

   B. 纸质发票的基本联次包括存根联、发票联、记账联

   C. 收购单位和扣缴义务人支付个人款项时，收款方应当向付款方开具发票

   D. 开具纸质发票应当加盖发票专用章

5. 下列关于纳税申报的表述中，正确的是（　　）。

   A. 纳税人享受减税待遇的，在减税期间无须办理纳税申报

   B. 纳税人在纳税期内没有应纳税款的，也应当按照规定办理纳税申报

   C. 纳税人享受免税待遇的，在免税期间无须办理纳税申报

   D. 经核准延期办理纳税申报的，在纳税期内无须预缴税款

6. 税务机关针对纳税人的不同情况可以采取不同的税款征收方式。对于账务不全，但能控制原材料、产量或进销货物的单位，适用的税款征收方式是（　　）。

   A. 查账征收

   B. 查定征收

   C. 查验征收

   D. 定期定额征收

7. 纳税人与其关联企业未按照独立企业之间的

业务往来支付价款、费用的，税务机关自该业务往来发生的纳税年度起一定期限内进行调整，有特殊情况的，可以自该业务往来发生的纳税年度起一定期限内进行调整，该期限分别为（　　）。

A. 1 年，5 年　　　　B. 3 年，5 年

C. 3 年，10 年　　　D. 5 年，10 年

8. 希望公司是执行按月纳税的增值税纳税人，按规定应于每月 15 日前申报并缴纳上月税款，2024 年 9 月 15 日希望公司均未办理纳税申报，税务机关向其下达责令限期改正通知书，要求希望公司于 9 月 20 日前办理纳税申报，至限期满希望公司仍未申报，则税务机关应当（　　）。

A. 责令希望公司提供纳税担保

B. 核定希望公司应纳税额

C. 对希望公司进行税收保全

D. 对希望公司执行税收强制执行

9. 甲公司按规定最晚应于 2025 年 3 月 15 日缴纳应纳税款 400 000 元，但迟迟未缴。税务机关责令其于当年 3 月 30 日前缴纳，并按日加收 0.05% 的滞纳金。甲公司直至当年 4 月 25 日才将税款缴清。计算甲公司应缴纳滞纳金金额的下列算式中，正确的是（　　）。

A. 400 000 × 0.05% × 41 = 8 200（元）

B. 400 000 × 0.05% × 42 = 8 400（元）

C. 400 000 × 0.05% × 27 = 5 400（元）

D. 400 000 × 0.05% × 26 = 5 200（元）

10. 2025 年 3 月税务机关通过调查，发现某酒店的纳税申报表上有弄虚作假的情形，遂责令其在 15 日内缴纳本月应纳税款，在此期间税务机关接到举报，该酒店正在转让店面并已将银行存款账户注销。根据税收征收管理法律制度的规定，税务机关有权对该酒店采取的税款征收措施是（　　）。

A. 核定其应纳税额

B. 责令提供纳税担保

C. 采取税收保全措施

D. 税务人员到饭店直接征收税款

11. 纳税人因实施违法行为被行政机关处以罚款、没收违法所得，后又欠缴税款。下列关于税务机关对该纳税人征收税款的表述中，

正确的是（　　）。

A. 税收优先于罚款

B. 除法律另有规定外，无担保债权优先于税收

C. 没收违法所得优先于税收

D. 欠缴的税款发生在纳税人以其财产设定抵押权之后，税收应当先于抵押权执行

12. 下列关于纳税质押的说法中正确的是（　　）。

A. 纳税质押是指纳税人或纳税担保人不转移对可抵押财产的占有，将该财产作为税款及滞纳金的担保

B. 纳税质押分为动产质押和权利质押

C. 纳税质押自质物移交之日起生效

D. 纳税人提供质押担保的，仅需填写纳税担保书并签字盖章

13. 根据税收征收管理法律制度的规定，下列个人财产中，不适用税收保全措施的是（　　）。

A. 机动车辆

B. 金银首饰

C. 古玩字画

D. 维持生活必需的唯一住房

14. 根据税收征收管理法律制度的规定，下列情形中，税务机关应准予退税并加算银行同期存款利息的是（　　）。

A. 税务机关发现纳税人多缴税款 10 万元，距结算缴纳税款之日 4 年

B. 纳税人发现并申请税务机关退还多缴的税款 10 万元，距结算缴纳税款之日 4 年

C. 纳税人发现并申请税务机关退还多缴的税款 3 万元，距结算缴纳税款之日 2 年

D. 税务机关发现纳税人多缴税款 3 万元，距结算缴纳税款之日 2 年

15. 根据税收征收管理法律制度的规定，下列纳税人中属于失信主体的是（　　）。

A. 纳税人甲，虚开增值税普通发票 50 份

B. 纳税人乙，私自印制、伪造、变造发票，非法制造发票防伪专用品，伪造发票监制章

C. 税务代理人丙，违反税收法律、行政法规造成纳税人未缴或者少缴税款 50 万元

D. 纳税人丁，欠缴应纳税款，采取转移或者隐匿财产的手段，妨碍税务机关追缴欠缴

的税款，欠缴税款金额 80 万元

16. 对国家税务总局的具体行政行为不服的，向（　　）申请行政复议。

    A. 国务院

    B. 国家税务总局

    C. 人民法院

    D. 向上一级税务机关

17. 根据税收征收管理法律制度的规定，下列关于税务行政复议决定的表述中，不正确的是（　　）。

    A. 复议机关应当自受理申请之日起 180 日内作出行政复议决定

    B. 行政复议决定书一经送达，即发生法律效力

    C. 行政复议决定应以复议机关的名义作出

    D. 情况复杂、不能在规定期限内作出行政复议决定的，经复议机构负责人批准，可以适当延期

18. 根据税收征收管理法律制度的规定，纳税人申请税务行政复议的法定期限是（　　）。

    A. 在税务机关作出具体行政行为之日起 60 日内

    B. 在税务机关作出具体行政行为之日起 3 个月内

    C. 在知道或应当知道税务机关作出具体行政行为之日起 3 个月内

    D. 在知道或应当知道税务机关作出具体行政行为之日起 60 日内

19. 根据税收征收管理法律制度的规定，下列关于税务行政复议审查的表述中，不正确的是（　　）。

    A. 审理重大、疑难、复杂的案件应当组织听证

    B. 申请人请求听证的，复议机构可以组织听证

    C. 复议机关审理税务行政复议案件，应当由 2 名以上行政复议工作人员参加

    D. 行政复议仅能当面听取当事人意见

20. 纳税人有骗税行为，由税务机关追缴其骗取的退税款，并处骗取税款一定倍数的罚款，该倍数为（　　）。

    A. 5 倍以上 10 倍以下

    B. 1 倍以上 5 倍以下

    C. 10 倍

    D. 10 倍以上 15 倍以下

二、多项选择题

1. 根据税收征收管理法律制度的规定，下列各项中，属于纳税人权利的有（　　）。

    A. 陈述权

    B. 核定税款权

    C. 税收监督权

    D. 税收法律救济权

2. 根据税收征收管理法律制度的规定，下列关于非正常户的认定，说法错误的有（　　）。

    A. 纳税人未按照规定的期限进行纳税申报，税务机关应当停止向其发售发票

    B. 纳税人负有纳税申报义务，但连续 3 个月所有税种均未进行纳税申报的，税收征管系统自动将其认定为非正常户，并停止其发票领购簿和发票的使用

    C. 对欠税的非正常户，税务机关依法追征税款及滞纳金

    D. 已认定为非正常户的纳税人接受处罚、缴纳罚款、补办纳税申报后可以向税务机关申请解除非正常户的认定

3. 根据税收征收管理法律制度的规定，下列关于账簿和凭证管理的说法中，正确的有（　　）。

    A. 从事生产、经营的纳税人应当自领取营业执照或者发生纳税义务之日起 15 日内，按规定设置账簿

    B. 生产、经营规模小又确无建账能力的纳税人，可以聘请经批准从事会计代理记账业务的专业机构或者财会人员代为建账和办理账务

    C. 纳税人使用计算机记账的，无须向主管税务机关备案

    D. 账簿、记账凭证、报表、完税凭证、发票、出口凭证以及其他有关涉税资料应当保存 10 年

4. 根据税收征收管理法律制度的规定，下列关于发票的说法中，正确的有（　　）。

    A. 国务院税务主管部门统一负责全国的发票管理工作

B. 市以上税务机关可根据纸质发票管理情况以及纳税人经营业务需要，增减除发票联以外的其他联次，并确定其用途

C. 单位可以拒收电子发票

D. 所有单位和从事生产、经营活动的个人在购买商品、接受服务以及从事其他经营活动支付款项，应当向收款方取得发票

5. 下列关于税款征收主体的说法中，正确的有（　　）。

A. 除税务机关、税务人员以及经税务机关依照法律、行政法规委托的单位和人员外，任何单位和个人不得进行税款征收活动

B. 税务机关依照法律、行政法规的规定征收税款，不得违反法律、行政法规的规定开征、停征、多征、少征、提前征收、延缓征收或者摊派税款

C. 税务机关应当加强对税款征收的管理，建立健全责任制度

D. 税务机关应当按照国家规定的预算科目和预算级次及时缴入国库的范围仅包括税款

6. 下列关于税务机关核定应纳税额的方法中，说法错误的有（　　）。

A. 参照当地类似行业中经营规模和收入水平相近的纳税人的税负水平核定

B. 按照营业收入的方法核定

C. 按照耗用的原材料、燃料、动力等推算或者测算核定

D. 按照成本加费用的方法核定

7. 下列关于税款追缴的表述中，不正确的有（　　）。

A. 因税务机关责任，致使纳税人少缴税款的，税务机关在 3 年内可要求纳税人补缴税款，但不加收滞纳金

B. 因税务机关责任，致使纳税人少缴税款的，税务机关在 5 年内可要求纳税人补缴税款但不加收滞纳金

C. 对于纳税人偷税、抗税和骗取税款的，税务机关可以无限期追征税款

D. 因纳税人计算等失误，未缴或者少缴税款的，税务机关在 3 年内可以追征税款但不加收滞纳金；有特殊情况的，追征期可延长到 5 年

8. 税务机关拟对个体工商户业主王某采取税收

保全措施，王某的下列财产中，可以采取税收保全措施的有（　　）。

A. 价值 20 万元的小汽车

B. 价值 10 万元的金银首饰

C. 价值 2 000 元的电视机

D. 维持自己生活必需的唯一普通住房

9. 根据税收征收管理法律制度的规定，下列各项中，属于税收保全措施的有（　　）。

A. 要求纳税人以抵押的方式为其应当缴纳的税款及滞纳金提供担保

B. 书面通知纳税人开户银行或其他金融机构冻结纳税人的金额相当于应纳税款的存款

C. 扣押、查封纳税人的价值相当于应纳税款的商品、货物或其他财产

D. 依法拍卖纳税人的价值相当于应纳税款的商品，以拍卖所得抵缴税款

10. 根据税收征收管理法律制度的规定，下列关于纳税担保的说法中，正确的有（　　）。

A. 纳税保证为连带责任保证

B. 税务机关自纳税人应缴纳税款的期限届满之日起 60 日内有权要求纳税保证人承担保证责任

C. 税务机关未在纳税担保书上签字盖章的，不影响纳税保证的效力

D. 自然人不得成为纳税保证人

11. 根据税收征收管理法律制度的规定，下列各项中，属于纳税担保范围的有（　　）。

A. 税款

B. 实现税款的费用

C. 税款滞纳金

D. 实现税款滞纳金的费用

12. 根据税收征收管理法律制度，欠缴税款的纳税人因怠于行使到期债权，或者放弃到期债权，或者无偿转让财产，或者以明显不合理的低价转让财产而受让人知道该情形，税务机关可以依法行使（　　）。

A. 代位权　　　　　　B. 处罚权

C. 执行权　　　　　　D. 撤销权

13. 根据税收征收管理法律制度的规定，下列关于纳税抵押与纳税质押的说法中，错误的有（　　）。

A. 纳税人办理纳税抵押的财产，应当移交

给税务机关占有

B. 纳税抵押自税务机关在纳税担保财产清单上签字盖章之日起生效

C. 房屋建筑物可以作为纳税质押的财产

D. 税务机关应当自纳税人缴清税款及滞纳金之日起3个工作日内返还质物

14. 根据税收征收管理法律制度的规定，下列各项中，属于税务机关派出人员在税务检查中应履行的职责有（   ）。

A. 出示税务检查通知书

B. 出示税务检查证

C. 保守秘密

D. 出示税务人员工作证件

15. 根据税收征收管理法律制度的规定，下列关于重大税收违法失信主体信息公布说法中，正确的有（   ）。

A. 税务机关应当在作出确定失信主体决定前向当事人送达告知文书，告知其依法享有陈述、申辩的权利

B. 失信主体信息自公布之日起满2年的，税务机关在5日内停止信息公布

C. 税务机关应当在失信主体确定文书送达后的次月15个工作日内，向社会公布失信主体的有关信息

D. 税务机关对按规定确定的失信主体，纳入纳税信用评价范围的，按照纳税信用管理规定，将其纳税信用级别判为C级，适用相应的C级纳税人管理措施

16. 纳税人对税务机关的下列行为不服时，可以申请行政复议的有（   ）。

A. 确认征税范围的行为

B. 征收税款的行为

C. 颁布某项税收部门规章的行为

D. 责令提供纳税担保的行为

17. 根据税收征收管理法律制度的规定，关于税务行政复议管辖的下列表述中，正确的有（   ）。

A. 对两个以上税务机关以共同的名义作出的行政行为不服的，向共同上一级税务机关申请行政复议

B. 对被撤销的税务机关在撤销以前所作出的行政行为不服的，向继续行使其职权的税

务机关的上一级税务机关申请行政复议

C. 对税务机关作出的罚款决定和逾期不缴纳罚款加处罚款的决定都不服的，一并向作出行政处罚决定的税务机关的上一级税务机关申请行政复议

D. 对税务机关与其他行政机关以共同的名义作出的行政行为不服的，向其共同上一级行政机关申请行政复议

18. 根据税收征收管理法律制度的规定，纳税人对税务机关的下列行政行为不服，应当先申请行政复议，对复议决定不服，才可再次提起行政诉讼的有（   ）。

A. 没收违法所得

B. 加收滞纳金

C. 减税

D. 不依法履行行政赔偿义务

19. 根据税收征收管理法律制度的规定，下列关于首违不罚制度的说法中，正确的有（   ）。

A. 对当事人首次发生"税务行政处罚'首违不罚'事项清单"中所列事项且危害后果轻微的，不予行政处罚

B. 税务违法行为造成不可挽回的税费损失或者较大社会影响的，不能认定为"危害后果轻微"

C. 适用税务行政处罚"首违不罚"的，主管税务机关应及时作出不予行政处罚决定

D. 对适用税务行政处罚"首违不罚"的当事人，主管税务机关应采取签订承诺书等方式教育、引导、督促其自觉守法，对再次违反的当事人视严重程度可以不予以行政处罚

20. 纳税人发生偷税（逃税）行为时，税务机关可以行使的权力有（   ）。

A. 追缴税款　　　　　B. 加收滞纳金

C. 处以罚款　　　　　D. 处以罚金

三、判断题

1. 由海关负责征收的关税和船舶吨税以及海关代征的进口环节的增值税、消费税，依照法律、行政法规的有关规定执行。（   ）

2. 从事生产、经营的纳税人领取工商营业执照的，自领取工商营业执照之日起60日内申报

办理税务登记。　　　　　　（　　）
3. 任何单位和个人不得转借、转让、介绍他人转让发票。　　　　　　（　　）
4. 任何单位和个人不得窃取、截留、篡改、出售、泄露发票数据。　　（　　）
5. 对已在市场监管部门办理注销，但在金税三期核心征管系统 2019 年 5 月 1 日前已被列为非正常户注销状态的纳税人，主管税务机关可直接进行税务注销。　　（　　）
6. 纳税人应当在规定的时限内，向主管税务机关申报办理税务登记，如实填写税务登记表，并根据不同情况向主管税务机关如实提供证件和资料。纳税人提交的证件和资料不齐全或税务登记表的填写内容不符合规定的，税务机关应拒绝办理。　　（　　）
7. 电子发票的法律效力次于纸质发票，任何单位和个人不得拒收。　　　　（　　）
8. 经核准延期办理纳税申报、报送事项的，应当在纳税期内按照上期实际缴纳的税额或者税务机关核定的税额预缴税款，并在核准的延期内办理税款结算。　　（　　）
9. 欠缴税款 3 万元以上的纳税人在处分其不动产或者大额资产之前，应当向税务机关报告。　　　　　　（　　）
10. 因税务机关的责任，致使纳税人、扣缴义务人未缴或者少缴税款的，税务机关在 3 年内可以要求纳税人、扣缴义务人补缴税款，并按日加收滞纳金。　　（　　）
11. 需要领用发票的单位和个人，应当持设立登记证件或者税务登记证件，以及经办人身份证明，向主管税务机关办理发票领用手续。领用纸质发票的，还应当提供按照国务院税务主管部门规定式样制作的发票专用章的印模。　　　　　　（　　）

12. 已认定为非正常户的纳税人，就其逾期未申报行为接受处罚、缴纳罚款，并补办纳税申报的，纳税人应当通过税收征管系统的网站申请解除。　　（　　）
13. 加收滞纳金的起止时间，为法律、行政法规规定或者税务机关依照法律、行政法规的规定确定的税款缴纳期限届满之日起至纳税人、扣缴义务人实际缴纳或者解缴税款之日止。　　（　　）
14. 税务机关采取税收保全措施的期限一般不得超过 6 个月；重大案件需要延长的，应当报上级税务机关批准。　　（　　）
15. 纳税保证自纳税保证人签字盖章后生效。　　　　　　（　　）
16. 纳税人在规定的限期期满仍未缴纳税款的，经县以上税务局（分局）局长批准，中止保全措施。　　（　　）
17. 税收违法行为检举成功的，检举费用由国家承担。　　　　　　（　　）
18. 失信主体信息自公布之日起满 3 年的，税务机关在 5 个工作日内停止信息公布。失信信息公布期间，符合条件的失信主体或者其破产管理人可以向作出确定失信主体决定的税务机关申请提前停止公布失信信息。（　　）
19. 申请人可以在知道或者应当知道税务机关作出行政行为之日起 60 日内提出行政复议申请，因不可抗力或者被申请人设置障碍等原因耽误法定申请期限的，申请期限的计算不得扣除被耽误时间。　　（　　）
20. 纳税人采取欺骗、隐瞒手段进行虚假纳税申报或者不申报，逃避缴纳税款属于欠税行为。　　（　　）

本章习题参考答案及解析

一、单项选择题

1.【答案】C
【解析】税款征收权是征税主体享有的最基本、最主要的职权，包括依法计征权、核定税款权、税收保全和强制执行权、追征税款权等。

2.【答案】A

【解析】选项B，有独立的生产经营权、在财务上独立核算并定期向发包人或者出租人上交承包费或租金的承包承租人由承包承租业务发生地税务机关办理税务登记；选项C，境外企业在中国境内承包建筑、安装、装配、勘探工程和提供劳务的，由项目所在地税务机关办理税务登记；选项D，除国家机关、个人和无固定生产、经营场所的流动性农村小商贩外的非从事生产经营但依照规定负有纳税义务的其他纳税人，由纳税义务发生地税务机关办理税务登记。

3.【答案】B

【解析】账簿、记账凭证、报表、完税凭证、发票、出口凭证以及其他有关涉税资料应当保存10年；但是法律、行政法规另有规定的除外。

4.【答案】C

【解析】销售商品、提供服务以及从事其他经营活动的单位和个人，对外发生经营业务收取款项，收款方应当向付款方开具发票；特殊情况下，即收购单位和扣缴义务人支付个人款项时；国家税务总局认为其他需要由付款方向收款方开具发票的，由付款方向收款方开具发票。

5.【答案】B

【解析】选项A、C，纳税人享受减税、免税待遇的，在减税、免税期间应当按照规定办理纳税申报。选项D，经核准延期办理纳税申报、报送事项的，应当在纳税期内按照上期实际缴纳的税额或者税务机关核定的税额预缴税款，并在核准的延期内办理税款结算。

6.【答案】B

【解析】对账务不全，但能控制其材料、产量或进货物的纳税单位或个人，税务机关可依据正常条件下的生产能力对其生产的应税产品查定产量、销售额并据以征收税款，即查定征收，选项B正确。

7.【答案】C

【解析】纳税人与其关联企业未按照独立企业之间的业务往来支付价款、费用的，税务机关自该业务往来发生的纳税年度起3年内进行调整；有特殊情况的，可以自该业务往来发生的纳税年度起10年内进行调整。

8.【答案】B

【解析】发生纳税义务，未按照规定的期限办理纳税申报，经税务机关责令限期申报，逾期仍不申报的，由税务机关核定其应纳税额。

9.【答案】A

【解析】每一年度欠税应加收的滞纳金＝欠税金额×滞纳天数×0.05%。甲公司按规定最晚应于3月15日缴纳应纳税款，从3月16日开始计算滞纳金，截至4月25日，滞纳天数为41天（16＋25），滞纳金算式应为400 000×0.05%×41＝8 200（元）。

10.【答案】B

【解析】税务机关有根据认为从事生产、经营的纳税人有逃避纳税义务行为，在规定的纳税期之前经责令其限期缴纳应纳税款，在限期内发现纳税人有明显的转移、隐匿其应纳税的商品、货物，以及其他财产或者应纳税收入的迹象，责成纳税人提供纳税担保。

11.【答案】A

【解析】选项B，税务机关征收税款，税收优先于无担保债权，法律另有规定的除外。选项D，纳税人欠缴的税款发生在纳税人以其财产设定抵押、质押或者纳税人的财产被留置之前的，税收应当先于抵押权、质权、留置权执行。选项A、C，纳税人欠缴税款，同时又被行政机关决定处以罚款、没收违法所得的，税收优先于罚款、没收违法所得。

12.【答案】B

【解析】纳税质押是指经税务机关同意，纳税人或纳税担保人将其动产或权利凭证移交税务机关占有，将该动产或权利凭证作为税款及滞纳金的担保。纳税人逾期未缴清税款及滞纳金的，税务机关有权依法处置该动产或权利凭证以抵缴税款及滞纳金，选项A为纳税抵押的概念。纳税质押自纳税担保书和纳税担保财产清单经税务机关确认和质物移交之日起生效，选项C错误。纳税人提供质押担保的，应当填写纳税担保书和纳税担保财产清单并签字盖章，纳税担保财产清单应当写明财产价值及相关事项，选项D错误。

13.【答案】D

【解析】个人及其所扶养家属维持生活必需的住房和用品，不在税收保全措施的范围之内。

14.【答案】C

【解析】纳税人自结算纳税款之日起3年内发现多缴税款的，可以向税务机关要求退还多缴的税款并加算银行同期存款利息，税务机关应当自接到纳税人退还申请之日起30日内查实并办理退还手续。

15.【答案】B

【解析】虚开增值税普通发票100份以上或者金额400万元以上的；私自印制、伪造、变造发票，非法制造发票防伪专用品，伪造发票监制章的；税务代理人违反税收法律、行政法规造成纳税人未缴或者少缴税款100万元以上的；欠缴应纳税款，采取转移或者隐匿财产的手段，妨碍税务机关追缴欠缴的税款，欠缴税款金额100万元以上的均为失信主体，因此，选项B正确。

16.【答案】B

【解析】对国家税务总局的行政行为不服的，向国家税务总局申请行政复议。

17.【答案】A

【解析】行政复议机关应当自受理申请之日起60日内作出行政复议决定，选项A错误。

18.【答案】D

【解析】申请人可以在知道或应当知道税务机关作出具体行政行为之日起60日内提出行政复议申请。

19.【答案】D

【解析】行政复议应当当面或者通过互联网、电话等方式听取当事人的意见，并将听取的意见记录在案；因为当事人原因不能听取意见的，可以书面审理，选项D错误。

20.【答案】B

【解析】纳税人有骗税行为的，由税务机关追缴其骗取的退税款，并处骗取税款1倍以上5倍以下的罚款。

二、多项选择题

1.【答案】ACD

【解析】纳税主体的权利包括：知情权；要求保密权；依法享受税收优惠权；申请退还多缴税款权；申请延期申报权；纳税申报方式选择权；申请延期缴纳税款权；索取有关税收凭证的权利；委托税务代理权；陈述权、申辩权；对未出示税务检查证和税务检查通知书的拒绝检查权；依法要求听证的权利；税收法律救济权；税收监督权。选项B，属于征税主体的权利。

2.【答案】AD

【解析】选项A，纳税人未按照规定的期限进行纳税申报，经税务机关责令其限期申报，逾期仍不申报，税务机关可以收缴其发票或者停止向其发售发票；选项D，非正常户接受处罚、缴纳罚款、补办纳税申报，税收征管系统自动解除非正常状态，无须纳税人专门申请解除。

3.【答案】ABD

【解析】选项C，纳税人使用计算机记账的，应当在使用前将会计电算化系统的会计核算软件、使用说明书及有关资料报送主管税务机关备案。

4.【答案】AD

【解析】选项B，省以上税务机关可根据纸质发票管理情况以及纳税人经营业务需要，增减除发票联以外的其他联次，并确定其用途。选项C，电子发票与纸质发票的法律效力相同，任何单位和个人不得拒收。

5.【答案】ABC

【解析】税务机关应当将各种税收的税款、滞纳金、罚款，按照国家规定的预算科目和预算级次及时缴入国库，税务机关不得占压、挪用、截留，不得缴入国库以外或者国家规定的税款账户以外的任何账户，选项D错误。

6.【答案】BD

【解析】选项B、D，按照营业收入或者成本加合理的费用和利润的方法核定。

7.【答案】BD

【解析】选项B错误，因税务机关责任，致使纳税人少缴税款的，税务机关在3年内可要求纳税人补缴税款，但不加收滞纳金。选项D错误，因纳税人、扣缴义务人计算等失误，未缴或者少缴税款的，税务机关在3年内可以追征税款以及滞纳金；有特殊情况的，追征期可以延长到5年。

8.【答案】AB
【解析】个人及其所扶养家属维持生活必需的住房和用品，不在税收保全措施的范围之内。需要注意的是，个人及其所扶养家属维持生活必需的住房和用品不包括机动车辆、金银饰品、古玩字画、豪华住宅或者一处以外的住房。

9.【答案】BC
【解析】选项A属于责令纳税人提供纳税担保；选项D属于采取强制执行措施。

10.【答案】AB
【解析】纳税保证自税务机关在纳税担保书上签字盖章之日起生效，选项C错误。纳税保证人，是指在中国境内具有纳税担保能力的自然人、法人或者其他经济组织，选项D错误。选项A、B所述正确。

11.【答案】ABCD
【解析】根据税收征收法律制度的规定，纳税担保包括税款、滞纳金和实现税款、滞纳金的费用。

12.【答案】AD
【解析】欠缴税款的纳税人因怠于行使到期债权，或者放弃到期债权，或者无偿转让财产，或者以明显不合理的低价转让财产而受让人知道该情形，税务机关可以依法行使代位权、撤销权。选项A、D正确。

13.【答案】ABC
【解析】选项A，纳税抵押不转移抵押物的占有，纳税质押转移质物的占有；选项B，纳税抵押自抵押物"登记之日"起生效；选项C，纳税质押包括动产质押和权利质押，不动产只能抵押不能质押。

14.【答案】ABC
【解析】税务机关派出的人员进行税务检查时，应当出示税务检查证和税务检查通知书，并有责任为被检查人保守秘密；未出示税务检查证和税务检查通知书的，被检查人有权拒绝检查。

15.【答案】AC

【解析】选项B，失信主体信息自公布之日起满3年的，税务机关在5日内停止信息公布。选项D，税务机关对按规定确定的失信主体，纳入纳税信用评价范围的，按照纳税信用管理规定，将其纳税信用级别判为D级，适用相应的D级纳税人管理措施。

16.【答案】ABD
【解析】本题考查税务行政复议的范围。选项C，纳税人如果认为税务机关的行政行为所依据的规定不合法，可以向有关机关进行反映，或者在对行政行为申请行政复议时，一并向复议机关提出对该规定的审查申请，但不包括规章。

17.【答案】ABCD
【解析】上述选项均正确。

18.【答案】BC
【解析】选项B、C，属于征税行为，纳税人不服的，必须先申请行政复议，对行政复议决定不服的，可以向人民法院提起行政诉讼；选项A、D，均不属于征税行为，纳税人不服的，可以申请行政复议，也可以直接向人民法院提起行政诉讼。

19.【答案】BC
【解析】选项A，对当事人首次发生"税务行政处罚'首违不罚'事项清单"中所列事项且危害后果轻微的，在税务机关发现前主动改正或者在税务机关责令限期改正的期限内改正的，不予行政处罚。选项D，对适用税务行政处罚"首违不罚"的当事人，主管税务机关应采取签订承诺书等方式教育、引导、督促其自觉守法，对再次违反的当事人应严格按照规定予以行政处罚。

20.【答案】ABC
【解析】对于逃税行为，税务机关可以追缴税款和滞纳金，并处以罚款，但不能处以罚金，罚金属于刑事责任。

三、判断题

1.【答案】√
【解析】本题考查税收征收管理法的适用范围，该说法正确。

2.【答案】×

【解析】从事生产、经营的纳税人领取工商营业执照的，自领取工商营业执照之日起 30 日内申报办理税务登记。

3.【答案】√

【解析】本题主要考核"发票管理"知识点，该说法正确。

4.【答案】√

【解析】本题考查发票的使用和保管，题中所述正确。

5.【答案】√

【解析】本题考查优化税务注销登记程序的其他规定，题中所述正确。

6.【答案】×

【解析】纳税人应当在规定的时限内，向主管税务机关申报办理税务登记，如实填写税务登记表，并根据不同情况向主管税务机关如实提供证件和资料。纳税人提交的证件和资料不齐全或税务登记表的填写内容不符合规定的，税务机关应当场通知其补正或重新填报。

7.【答案】×

【解析】电子发票与纸质发票的法律效力相同，任何单位和个人不得拒收。

8.【答案】√

【解析】本题考查纳税申报的要求，表述正确。

9.【答案】×

【解析】欠缴税款 5 万元以上的纳税人在处分其不动产或者大额资产之前，应当向税务机关报告。

10.【答案】×

【解析】因税务机关的责任，致使纳税人、扣缴义务人未缴或者少缴税款的，税务机关在 3 年内可以要求纳税人、扣缴义务人补缴税款，但是不得加收滞纳金。

11.【答案】√

【解析】本题考查发票的领用，题中所述正确。

12.【答案】×

【解析】已认定为非正常户的纳税人，就其逾期未申报行为接受处罚、缴纳罚款，并补办纳税申报的，税收征管系统自动解除非正常状态，无须纳税人专门申请解除。

13.【答案】×

【解析】加收滞纳金的起止时间，为法律、行政法规规定或者税务机关依照法律、行政法规的规定确定的税款缴纳期限届满次日起至纳税人、扣缴义务人实际缴纳或者解缴税款之日止。

14.【答案】×

【解析】税务机关采取税收保全措施的期限一般不得超过 6 个月；重大案件需要延长的，应当报国家税务总局批准。

15.【答案】×

【解析】纳税保证自税务机关在纳税担保书上签字盖章之日起生效。

16.【答案】×

【解析】纳税人在规定的限期期满仍未缴纳税款的，经县以上税务局（分局）局长批准，终止保全措施，转入强制执行措施。

17.【答案】×

【解析】检举税收违法行为是检举人的自愿行为，检举人因检举而产生的支出应当由其自行承担。

18.【答案】√

【解析】本题考查重大税收违法失信主体信息管理，题中所述正确。

19.【答案】×

【解析】申请人可以在知道或者应当知道税务机关作出行政行为之日起 60 日内提出行政复议申请，因不可抗力或者其他正当理由耽误法定申请期限的，申请期限自障碍清除之日起继续计算。

20.【答案】×

【解析】纳税人采取欺骗、隐瞒手段进行虚假纳税申报或者不申报，逃避缴纳税款，属于偷税（逃税）行为。

第八章 劳动合同与社会保险法律制度

本章习题

一、单项选择题

1. 2024 年 3 月 1 日，甲公司与韩某签订劳动合同，约定合同期限 1 年，试用期 1 个月，每月 15 日发放工资。韩某 2024 年 3 月 10 日上岗工作。甲公司与韩某建立劳动关系的起始时间是（　　）。
   A. 2024 年 3 月 1 日
   B. 2024 年 3 月 10 日
   C. 2024 年 3 月 15 日
   D. 2024 年 4 月 10 日

2. 根据劳动合同法律制度的规定，下列情形中，用人单位与劳动者可以不签订书面劳动合同的是（　　）。
   A. 试用期用工　　　B. 非全日制用工
   C. 固定期限用工　　D. 无固定期限用工

3. 根据劳动合同法律制度的规定，关于劳动报酬支付的下列表述中，不正确的是（　　）。
   A. 用人单位可以采用多种形式支付工资，如货币、有价证券、实物等
   B. 工资至少每月支付一次，实行周、日、小时工资制的可按周、日、小时支付工资
   C. 对完成一次性临时劳动的劳动者，用人单位应按协议在其完成劳动任务后即支付工资
   D. 约定支付工资的日期遇节假日或休息日的，应提前在最近的工作日支付

4. 某企业实行标准工时制。2024 年 3 月，为完成一批订单，企业安排全体职工每个工作日延长工作时间 2 小时。关于该企业向职工支付加班工资的下列计算标准中，正确的是（　　）。
   A. 不低于职工本人小时工资标准的 100%
   B. 不低于职工本人小时工资标准的 150%
   C. 不低于职工本人小时工资标准的 200%
   D. 不低于职工本人小时工资标准的 300%

5. 甲公司职员钱某因工作失误给公司造成经济损失 20 000 元，已知钱某每月工资收入为 2 500 元，当地月最低工资为 1 800 元。根据劳动合同法律制度的规定，甲公司可从钱某每月工资中扣除的最高限额为（　　）元。
   A. 500　　　　　　B. 700
   C. 800　　　　　　D. 1 000

6. 周某于 2022 年 4 月 11 日进入甲公司就职，经周某要求，甲公司于 2023 年 4 月 11 日才与其签订劳动合同。已知周某每月工资为 4 000 元，已按时足额领取。甲公司应向周某支付工资补偿的金额是（　　）元。
   A. 0　　　　　　　B. 4 000
   C. 44 000　　　　　D. 48 000

7. 根据劳动合同法律制度的规定，下列选项中，属于劳动合同可备条款的是（　　）。
   A. 劳动保护和劳动条件

B. 劳动合同期限

C. 工作内容和工作地点

D. 补充保险和福利待遇

8. 根据劳动合同法律制度的规定，下列职工中，不属于用人单位经济性裁员应优先留用的是（　　）。

A. 与本单位订立无固定期限劳动合同的

B. 与本单位订立较短期限的固定期限劳动合同的

C. 与本单位订立较长期限的固定期限劳动合同的

D. 家庭无其他就业人员，有需要扶养的老人或者未成年人的

9. 甲公司职工周某的月工资为 6 800 元。已知当地职工基本医疗保险的单位缴费率为6%，职工个人缴费率为2%，用人单位所缴医疗保险费划入个人医疗账户的比例为30%。关于周某个人医疗保险账户每月存储额的下列计算中，正确的是（　　）。

A. 6 800 ×2% =136（元）

B. 6 800 × 2% + 6 800 × 6% × 30% = 258. 4（元）

C. 6 800 × 2% + 6 800 × 6% = 544（元）

D. 6 800 × 6% × 30% = 122. 4（元）

10. 职工出现伤亡的下列情形中，不属于视同工伤的是（　　）。

A. 在工作时间和工作岗位，突发疾病在 48 小时内经抢救无效死亡的

B. 在工作时间和工作场所内，因履行工作职责受到暴力伤害的

C. 在抢险救灾等维护国家利益、公共利益活动中受到伤害的

D. 在工作时间和工作岗位，突发疾病死亡的

11. 职工因工死亡的，其近亲属不可以从工伤保险基金中得到（　　）。

A. 一次性工亡补助金

B. 丧葬补助金

C. 供养亲属抚恤金

D. 慰问金

12. 王某因劳动合同终止而失业，已办理登记并有求职要求，此系王某首次失业，已知王某与用人单位累计缴纳失业保险费满 7 年。王某领取失业保险金的最长期限是（　　）个月。

A. 6　　　　　　　　B. 12

C. 18　　　　　　　 D. 24

二、多项选择题

1. 根据劳动合同法律制度的规定，下列各项中，属于劳动合同必备条款的有（　　）。

A. 服务期　　　　　C. 社会保险

B. 劳动报酬　　　　D. 劳动合同期限

2. 根据劳动合同法律制度的规定，关于用人单位和劳动者对竞业限制约定的下列表述中，正确的有（　　）。

A. 用人单位和劳动者约定的竞业限制期限不得超过 2 年

B. 用人单位应按照双方约定，在竞业限制期限内按月给予劳动者经济补偿

C. 竞业限制约定适用于用人单位与其高级管理人员、高级技术人员和其他负有保密义务的人员之间

D. 劳动者违反竞业限制约定的，应按照约定向用人单位支付违约金

3. 根据劳动合同法律制度的规定，下列情形中，劳动者可以单方面与用人单位解除劳动合同的有（　　）。

A. 用人单位业务违反法律规定

B. 用人单位以欺诈手段与劳动者订立合同

C. 用人单位未按照劳动合同约定提供劳动保护

D. 用人单位未按照劳动合同约定提供劳动条件

4. 根据劳动合同法律制度的规定，下列情形中，职工不能享受当年年休假的有（　　）。

A. 依法享受寒暑假，其休假天数多于年休假天数的

B. 请事假累计20天以上，且单位按照规定不扣工资的

C. 累计工作满 1 年不满 10 年，请病假累计 2 个月以上的

D. 累计工作满 20 年以上，请病假累计满 3 个月的

5. 根据劳动合同法律制度的规定，劳动者单方

面解除劳动合同的下列情形中，不能获得经济补偿的有（　　）。

A. 劳动者提前30日以书面形式通知用人单位解除劳动合同的

B. 劳动者因用人单位未按照劳动合同约定提供劳动保护而解除劳动合同的

C. 劳动者因用人单位未及时足额支付劳动报酬而解除劳动合同的

D. 劳动者在试用期内提前3日通知用人单位解除劳动合同的

6. 根据劳动合同法律制度的规定，关于劳务派遣的下列表述中，正确的有（　　）。

A. 劳动合同关系存在于劳务派遣单位与被派遣劳动者之间

B. 劳务派遣单位是用人单位，接受以劳务派遣形式用工的单位是用工单位

C. 被派遣劳动者的劳动报酬可低于用工单位同类岗位劳动者的劳动报酬

D. 被派遣劳动者不能参加用工单位的工会

7. 劳动者因用人单位拖欠劳动报酬发生劳动争议申请仲裁的，应当在仲裁时效期间内提出。关于该仲裁时效期间的下列表述中，正确的有（　　）。

A. 从用人单位拖欠劳动报酬之日起1年内提出

B. 从用人单位拖欠劳动报酬之日起2年内提出

C. 劳动关系存续期间无仲裁时效期间限制

D. 劳动关系终止的，应当自劳动关系终止之日起1年内提出

8. 根据劳动合同法律制度的规定，下列劳动争议中，劳动者可以向劳动仲裁部门申请劳动仲裁的有（　　）。

A. 确认劳动关系争议

B. 工伤医疗费争议

C. 劳动保护条件争议

D. 社会保险争议

9. 根据社会保险法律制度的规定，下列关于职工基本养老保险待遇的表述中，正确的有（　　）。

A. 对符合基本养老保险享受条件的人员，国家按月支付基本养老金

B. 参保职工因病死亡的，其遗属可以领取丧葬补助金

C. 参保职工非因工死亡的，其遗属可以领取抚恤金

D. 参保职工在未达到法定退休年龄时因病致残而完全丧失劳动能力的，可以领取病残津贴

10. 根据社会保险法律制度的规定，关于职工患病应享受医疗期及医疗期内待遇的下列表述中，正确的有（　　）。

A. 实际工作年限不足10年，在本单位工作年限不足5年的，医疗期间为3个月

B. 实际工作年限不足10年，在本单位工作年限5年以上的，医疗期间为6个月

C. 医疗期内遇劳动合同期满，则劳动合同必须续延至医疗期满

D. 病假工资可以低于当地最低工资标准支付，但不得低于当地最低工资标准的80%

三、判断题

1. 甲公司招用王某时，要求其缴纳600元的工作服押金，甲公司的做法不符合法律规定。
（　　）

2. 用人单位与劳动者约定服务期的，不影响按照正常的工资调整机制提高劳动者在服务期期间的劳动报酬。（　　）

3. 从事同类业务竞业限制期限不得超过1年。（　　）

4. 用人单位应当将直接涉及劳动者切身利益的规章制度和重大事项决定公示，或者告知劳动者。（　　）

5. 劳务派遣单位应当与被派遣劳动者订立1年以上的固定期限劳动合同。（　　）

6. 因企业自主进行改制发生的纠纷，不属于劳动争议。（　　）

7. 参加基本养老保险的个人，在未达到法定退休年龄时因病或者非因工致残完全丧失劳动能力的，可以领取病残津贴。（　　）

8. 失业保险费，由企业单方缴纳，个人不用缴纳。（　　）

9. 失业保险金自办理失业登记之日起计算。（　　）

10. 失业人员在领取失业保险金期间，应当积极接受职业介绍和职业培训，其中产生的费用补贴需由失业人员个人支付。（　　）

四、不定项选择题

1. 2024 年 1 月，甲公司与乙公司签订劳务派遣协议，派遣刘某到乙公司从事临时性工作。2024 年 5 月，临时性工作结束，两公司未再给刘某安排工作，也未再向其支付任何报酬。2024 年 7 月，刘某得知自 2024 年 1 月被派遣以来，两公司均未为其缴纳社会保险费，遂提出解除劳动合同。

要求：根据上述资料，不考虑其他因素，分析回答下列问题。

（1）关于甲公司、乙公司以及刘某之间劳务关系的下列表述中，正确的是（　　）。

　　A. 刘某与乙公司建立劳动合同关系

　　B. 刘某与甲公司建立劳动合同关系

　　C. 刘某与甲公司、乙公司均未建立劳动合同关系

　　D. 刘某将劳动力给付于乙公司

（2）刘某无工作期间报酬享有的下列表述中，正确的是（　　）。

　　A. 刘某不享有报酬

　　B. 乙公司应当按月向其支付报酬

　　C. 刘某享受报酬的标准为支付单位所在地的最低工资标准

　　D. 甲公司应按月向其支付报酬

（3）刘某解除与甲公司的劳动合同应采取的方式是（　　）。

　　A. 两公司均未为刘某缴纳社会保险费，刘某无须告知公司即可解除

　　B. 应提前 30 日通知公司解除

　　C. 可随时通知公司解除

　　D. 应与甲公司签订解除劳动合同协议，方可解除原先签订的劳动合同

（4）该劳动合同解除时经济补偿金支付的下列表述中，正确的是（　　）。

　　A. 甲、乙两公司均无须向刘某支付经济补偿金

　　B. 乙公司应向刘某支付经济补偿金

　　C. 甲公司应向刘某支付经济补偿金

　　D. 甲公司无须向刘某支付经济补偿金

2. 孙某曾应聘在甲公司工作，试用期满后从事技术工作，2 年后跳槽至乙企业成为该企业的业务骨干。甲公司为实施新的公司战略，拟聘请孙某担任公司高管。经协商，双方签订了劳动合同，约定：（1）劳动合同期限为 2 年，试用期为 3 个月；（2）合同期满或因其他原因离职后，孙某在 3 年内不得从事与甲公司同类的业务工作，公司在孙某离职时一次性支付补偿金 10 万元。

在劳动合同期满前 1 个月时，孙某因病住院。3 个月后，孙某痊愈，到公司上班时，公司通知孙某劳动合同已按期终止，病休期间不支付工资，也不再向其支付 10 万元补偿金。孙某同意公司不支付 10 万元补偿金，但要求公司延续劳动合同期至病愈，并支付病休期间的病假工资和离职的经济补偿。甲公司拒绝了孙某的要求，孙某半年后要求解除竞业限制。

已知：孙某实际工作年限 12 年。

要求：根据上述资料，不考虑其他因素，分析回答下列问题。

（1）对甲公司与孙某约定的劳动合同条款所作的下列判断中，正确的是（　　）。

　　A. 甲公司与孙某不应再次约定试用期

　　B. 甲公司与孙某可以再次约定试用期

　　C. 甲公司与孙某可以约定离职后在一定期限内不得从事同类行业

　　D. 甲公司与孙某约定离职后不得从事同类行业的时间超过法定最长期限

（2）孙某可以享受的法定医疗期是（　　）个月。

　　A. 1　　　　　　　　　B. 3

　　C. 6　　　　　　　　　D. 12

（3）对劳动合同终止及孙某病休期间工资待遇的下列判断中，正确的是（　　）。

　　A. 孙某与公司约定的劳动合同期满时，劳动合同自然终止

　　B. 孙某与公司的劳动合同期限应延续至孙某病愈出院

　　C. 公司只需支付孙某劳动合同期满前一个月的病假工资

　　D. 公司应支付孙某 3 个月病休期间的病假工资

（4）下列说法中正确的是（　　）。

　　A. 人民法院不应支持孙某解除竞业限制

经济法基础·过关一本通

的请求

B. 人民法院应该支持孙某解除竞业限制的请求

C. 甲公司应支付孙某离职的经济补偿

D. 甲公司不需支付孙某离职的经济补偿

3. 宋某2024年3月5日到甲公司面试应聘会计岗位。宋某在3月11日收到甲公司的录用通知，3月15日到岗上班，3月20日与甲公司签订劳动合同，合同期限3年，月工资7 000元，试用期3个月。试用期满宋某转正。

已知：宋某2024年月平均工资为8 000元；当地职工年度月平均工资为2 800元。

要求：根据上述资料，不考虑其他因素，分析回答下列问题。

（1）甲公司与宋某的劳动关系的建立时间是（　　）。

A. 3月5日　　　　B. 3月11日

C. 3月15日　　　　D. 3月20日

（2）试用期内甲公司应向宋某支付的工资为（　　）元。

A. 7 000　　　　B. 5 600

C. 4 900　　　　D. 3 500

（3）宋某2024年每月应缴纳的职工基本养老保险费的下列算式中，正确的是（　　）。

A. （2 800×3）×8% =672（元）

B. 8 000×8% =640（元）

C. （8 000×60%）×8% =384（元）

D. 7 000×8% =560（元）

（4）宋某上班途中因所乘坐公交车的交通事故摔伤手臂，下列表述中，正确的是（　　）。

A. 宋某上班途中摔伤手臂应认定为工伤

B. 宋某上班途中摔伤手臂应视为工伤

C. 宋某因摔伤手臂发生的医疗费应当从基本医疗保险基金中支付

D. 宋某因摔伤手臂发生的医疗费应当从工伤保险基金中支付

本章习题参考答案及解析

一、单项选择题

1.【答案】B

【解析】根据规定，用人单位自用工之日起即与劳动者建立劳动关系。

2.【答案】B

【解析】非全日制用工双方当事人可以订立口头协议。

3.【答案】A

【解析】工资应当以法定货币支付，不得以实物及有价证券替代货币支付。

4.【答案】B

【解析】用人单位依法安排劳动者在日标准工作时间以外延长工作时间的，按照不低于劳动合同规定的劳动者本人小时工资标准的150%支付劳动者工资。

5.【答案】A

【解析】因劳动者本人原因给用人单位造成经济损失的，用人单位可按照劳动合同的约定要求其赔偿经济损失。经济损失的赔偿，可从劳动者本人的工资中扣除。但每月扣除的部分不得超过劳动者当月工资的20%。若扣除后的剩余工资部分低于当地月最低工资标准，则按最低工资标准支付。

6.【答案】C

【解析】用人单位自用工之日起满1年未与劳动者订立书面劳动合同的，自用工之日起满1个月的次日至满1年的前一日（共11个月）应当向劳动者每月支付2倍的工资，并视为自用工之日起满1年的当日已经与劳动者订立无固定期限劳动合同，应当立即与劳动者补订书面劳动合同。甲公司应向周某支付工资补偿的金额：4 000×11 =44 000（元）。

7.【答案】D

【解析】除劳动合同必备条款外，用人单位与劳动者还可以在劳动合同中约定试用期、培训、保守秘密、补充保险和福利待遇等其他事项，称为可备条款。但约定事项不能违反法律、行政法规的强制性规定，否则该约定无效。

8.【答案】B

【解析】裁减人员时，应当优先留用下列人员：（1）与本单位订立较长期限的固定期限劳动合同的；（2）与本单位订立无固定期限劳动合同的；（3）家庭无其他就业人员，有需要扶养的老人或者未成年人的。

9.【答案】B

【解析】职工医疗保险个人账户的资金来源为个人缴费部分加用人单位强制性缴费的划入部分。本题中，周某个人医疗保险账户每月存储额 $= 6\,800 \times 2\% + 6\,800 \times 6\% \times 30\% = 258.4$（元）。

10.【答案】B

【解析】选项B，在工作时间和工作场所内，因履行工作职责受到暴力等意外伤害的，应当认定为工伤，而非视同工伤。职工有下列情形之一的，视同工伤：（1）在工作时间和工作岗位，突发疾病死亡或者在48小时内经抢救无效死亡的；（2）在抢险救灾等维护国家利益、公共利益活动中受到伤害的；（3）原在军队服役，因战、因公负伤致残，已取得革命伤残军人证，到用人单位后旧伤复发的。

11.【答案】D

【解析】职工因工死亡，或者伤残职工在停工留薪期内因工伤导致死亡的，其近亲属享受从工伤保险基金领取丧葬补助金、供养亲属抚恤金和一次性工亡补助金的待遇。

12.【答案】C

【解析】失业人员失业前用人单位和本人累计缴费满1年不足5年的，领取失业保险金的期限最长为12个月；累计缴费满5年不足10年的，领取失业保险金的期限最长为18个月；累计缴费10年以上的，领取失业保险金的期限最长为24个月。本题中，缴费满7年，领取失业保险金的期限最长为18个月。

二、多项选择题

1.【答案】BCD

【解析】服务期属于劳动合同的可备条款。

2.【答案】ABCD

【解析】（1）在解除或者终止劳动合同后，竞业限制人员到与本单位生产或者经营同类产品、从事同类业务的有竞争关系的其他用人单位工作，或者自己开业生产或者经营同类产品、从事同类业务的竞业限制期限，不得超过2年。（2）对负有保密义务的劳动者，用人单位可以在劳动合同或者保密协议中与劳动者约定竞业限制条款，并约定在解除或者终止劳动合同后，在竞业限制期限内按月给予劳动者经济补偿。（3）竞业限制的人员限于用人单位的高级管理人员、高级技术人员和其他负有保密义务的人员，而不是所有的劳动者。（4）劳动者违反竞业限制约定的，应当按照约定向用人单位支付违约金。

3.【答案】ABCD

【解析】劳动者可随时通知解除劳动合同的情形：（1）用人单位未按照劳动合同约定提供劳动保护或者劳动条件的；（2）用人单位未及时足额支付劳动报酬的；（3）用人单位未依法为劳动者缴纳社会保险费的；（4）用人单位的规章制度违反法律、法规的规定，损害劳动者权益的；（5）用人单位以欺诈、胁迫的手段或者乘人之危，使劳动者在违背真实意思的情况下订立或者变更劳动合同致使劳动合同无效的；（6）用人单位在劳动合同中免除自己的法定责任、排除劳动者权利的；（7）用人单位违反法律、行政法规强制性规定的；（8）法律、行政法规规定劳动者可以解除劳动合同的其他情形。

用人单位有上述情形的，劳动者可随时通知用人单位解除劳动合同。用人单位需向劳动者支付经济补偿。

4.【答案】ABC

【解析】职工有下列情形之一时，不享受当年的年休假：（1）职工依法享受寒暑假，其休假天数多于年休假天数的；（2）职工请事假累计20天以上且单位按照规定不扣工资的；（3）累计工作满1年不满10年的职工，请病假累计2个月以上的；（4）累计工作满10年不满20年的职工，请病假累计3个月以上的；（5）累计工作满 20 年以上的职工，请病假累计 4 个月以上的。

5.【答案】AD

【解析】用人单位应当向劳动者支付经济补偿的情形：（1）劳动者符合随时通知解除和不需事先通知即可解除劳动合同规定情形而解除劳动合同的；（2）由用人单位提出解除劳动合同并与劳动者协商一致而解除劳动合同的；（3）用人单位符合提前 30 日以书面形式通知劳动者本人或者额外支付劳动者 1 个月工资后，可以解除劳动合同的规定情形而解除劳动合同的；（4）用人单位符合可裁减人员规定而解除劳动合同的；（5）除用人单位维持或者提高劳动合同约定条件续订劳动合同，劳动者不同意续订的情形外，劳动合同期满终止固定期限劳动合同的；（6）用人单位被依法宣告破产或者用人单位被吊销营业执照、责令关闭、撤销或者用人单位决定提前解散而终止劳动合同的；（7）以完成一定工作任务为期限的劳动合同因任务完成而终止的；（8）法律、行政法规规定的其他情形。

6.【答案】AB

【解析】（1）选项 C，被派遣劳动者享有与用工单位的劳动者同工同酬的权利。用工单位应当按照同工同酬原则，对被派遣劳动者与本单位同类岗位的劳动者实行相同的劳动报酬分配方法；（2）选项 D，被派遣劳动者有权在劳务派遣单位或者用工单位依法参加或者组织工会，维护自身的合法权益。

7.【答案】CD

【解析】劳动关系存续期间因拖欠劳动报酬发生争议的，劳动者申请仲裁不受 1 年仲裁时效期间的限制；但是，劳动关系终止的，应当自劳动关系终止之日起 1 年内提出。

8.【答案】ABCD

【解析】劳动仲裁的范围主要指中华人民共和国境内的用人单位与劳动者发生的下列劳动争议：（1）因确认劳动关系发生的争议；（2）因订立、履行、变更、解除和终止劳动合同发生的争议；（3）因除名、辞退和辞职、离职发生的争议；（4）因工作时间、休息休

假、社会保险、福利、培训以及劳动保护发生的争议；（5）因劳动报酬、工伤医疗费、经济补偿或者赔偿金等发生的争议；（6）法律、法规规定的其他劳动争议。解决劳动争议的法律依据主要是《中华人民共和国劳动争议调解仲裁法》和《劳动人事争议仲裁办案规则》。

9.【答案】ABCD

【解析】职工基本养老保险待遇：（1）职工基本养老金。对符合基本养老保险享受条件的人员，国家按月支付基本养老金。（2）丧葬补助金和遗属抚恤金。参加基本养老保险的个人，因病或者非因工死亡的，其遗属可以领取丧葬补助金和抚恤金，所需资金从基本养老保险基金中支付。但如果个人死亡同时符合领取基本养老保险丧葬补助金、工伤保险丧葬补助金和失业保险丧葬补助金条件的，其遗属只能选择领取其中的一项。（3）病残津贴。参加基本养老保险的个人，在未达到法定退休年龄时因病或者非因工致残完全丧失劳动能力的，可以领取病残津贴，所需资金从基本养老保险基金中支付。

10.【答案】ABCD

【解析】（1）选项 A、B，实际工作年限不足 10 年的，在本单位工作年限不足 5 年的为 3 个月；5 年以上的为 6 个月。（2）选项 C，医疗期内遇劳动合同期满，则劳动合同必须续延至医疗期满，职工在此期间享受医疗期待遇。（3）选项 D，病假工资可以低于当地最低工资标准支付，但不得低于当地最低工资标准的 80%。

三、判断题

1.【答案】√

【解析】在订立劳动合同时，用人单位以担保或者其他名义向劳动者收取财物的，由劳动行政部门责令限期退还劳动者本人，并以每人 500 元以上 2 000 元以下的标准对用人单位处以罚款；给劳动者造成损害的，应当承担赔偿责任。

2.【答案】√

【解析】用人单位与劳动者约定服务期的，不

影响按照正常的工资调整机制提高劳动者在服务期期间的劳动报酬。

3.【答案】×

【解析】从事同类业务的竞业限制期限，不得超过2年。

4.【答案】√

【解析】用人单位应当将直接涉及劳动者切身利益的规章制度和重大事项决定公示，或者告知劳动者。如果用人单位的规章制度未经公示或者未对劳动者告知，该规章制度对劳动者不生效。

5.【答案】×

【解析】劳务派遣单位应当与被派遣劳动者订立2年以上的固定期限劳动合同。

6.【答案】×

【解析】因企业自主进行改制发生的纠纷，属于劳动争议，当事人不服劳动争议仲裁机构作出的裁决，依法提起诉讼的，人民法院应予受理。下列纠纷不属于劳动争议：（1）劳动者请求社会保险经办机构发放社会保险金的纠纷；（2）劳动者与用人单位因住房制度改革产生的公有住房转让纠纷；（3）劳动者对劳动能力鉴定委员会的伤残等级鉴定结论或者对职业病诊断鉴定委员会的职业病诊断鉴定结论的异议纠纷；（4）家庭或者个人与家政服务人员之间的纠纷；（5）个体工匠与帮工、学徒之间的纠纷；（6）农村承包经营户与受雇人之间的纠纷。

7.【答案】√

【解析】参加基本养老保险的个人，在未达到法定退休年龄时因病或者非因工致残完全丧失劳动能力的，可以领取病残津贴，所需资金从基本养老保险基金中支付。

8.【答案】×

【解析】职工应当参加失业保险，由用人单位和职工按照国家规定共同缴纳失业保险费。

9.【答案】√

【解析】题目表述正确。失业保险金自办理失业登记之日起计算。

10.【答案】×

【解析】失业人员接受职业介绍、职业培训的补贴由失业保险基金按照规定支付。

四、不定项选择题

1.（1）【答案】BD

【解析】在劳务派遣关系中，劳动合同关系存在于劳务派遣单位（甲公司）与被派遣劳动者（刘某）之间，被派遣劳动者不与用工单位（乙公司）签订劳动合同、发生劳动关系，但劳动力给付的事实则发生于被派遣员工（刘某）与用工单位（乙公司）之间。

（2）【答案】CD

【解析】劳务派遣单位（甲公司）应当按月向被派遣劳动者支付报酬，被派遣劳动者在无工作期间，劳务派遣单位应当按照所在地人民政府规定的最低工资标准，向被派遣劳动者按月支付报酬。

（3）【答案】C

【解析】选项C，用人单位未依法为劳动者缴纳社会保险费的，劳动者可随时通知用人单位解除劳动者合同，无须提前通知用人单位。

（4）【答案】C

【解析】选项C，经济补偿金是在劳动者无过错的情况下，用人单位（甲公司）与劳动者解除或者终止劳动合同时，应给予劳动者经济上的补偿。在本案例中，由于用人单位（甲公司）未依法为劳动者缴纳社会保险费，劳动者随时通知用人单位（甲公司）解除劳动合同后，用人单位（甲公司）应当向劳动者支付经济补偿金。

2.（1）【答案】ACD

【解析】根据规定，同一用人单位与同一劳动者只能约定一次试用期，所以，选项A正确。对负有保密义务的劳动者，用人单位可以在劳动合同或者保密协议中与劳动者约定竞业限制条款，并约定在解除或者终止劳动合同后，在竞业限制期限内按月给予劳动者经济补偿，所以，选项C正确。竞业限制期限，不得超过2年，所以，选项D正确。

（2）【答案】C

【解析】根据规定，实际工作年限10年以上的，在本单位工作年限不足5年的，医疗期为6个月，所以，选项C正确。

（3）【答案】BD

【解析】根据规定，企业职工在医疗期内，病假工资或疾病救济费可以低于当地最低工资标准支付，但最低不能低于最低工资标准的80%。医疗期内不得解除劳动合同。如医疗期内待遇合同期满，则合同必须续延至医疗期满，职工在此期间仍然享受医疗期内待遇。所以，选项B、D正确。

(4)【答案】BC

【解析】选项A、B，当事人在劳动合同或者保密协议中约定了竞业限制和经济补偿，劳动合同解除或者终止后，因用人单位的原因导致3个月未支付经济补偿，劳动者请求解除竞业限制约定的，人民法院应予支持。选项C、D，除用人单位维持或者提高劳动合同约定条件续订劳动合同，劳动者不同意续订的情形外，劳动合同期满终止固定期限劳动合同的，用人单位应当向劳动者支付经济补偿。

3. (1)【答案】C

【解析】选项C，用人单位自用工之日起即与劳动者建立劳动关系。

(2)【答案】B

【解析】选项B，劳动者在试用期的工资不得低于本单位相同岗位最低档工资或者劳动合同约定工资的80%（7 000 × 80% = 5 600（元）），并不得低于用人单位所在地的最低工资标准。

(3)【答案】B

【解析】选项B，职工基本养老保险费个人缴费，按照现行政策，职工个人按照本人缴费工资的8%缴费，记入个人账户。本人月平均工资高于当地职工月平均工资300%的，按当地职工月平均工资的300%作为缴费基数，2 800 × 3 = 8 400（元）＞8 000（元）。则宋某个人缴纳基本养老保险费为8 000 × 8% = 640（元），超过部分不计入缴费工资基数，也不计入计发养老金的基数。

(4)【答案】AD

【解析】选项A、B，在上下班途中，受到非本人主要责任的交通事故或者城市轨道交通、客运轮渡、火车事故伤害的应当认定为工伤。选项C、D，职工治疗工伤所需费用符合工伤保险诊疗项目目录、工伤保险药品目录、工伤保险住院服务标准的，从工伤保险基金中支付。

第三部分　模拟测试

2025 年度全国会计专业技术初级资格考试模拟试卷
经济法基础（一）

一、单项选择题（本类题共 23 小题，每小题 2 分，共 46 分。每小题备选答案中，只有一个符合题意的正确答案。错选、不选均不得分。）

1. 下列主体中，属于营利法人的是（　　）。
　　A. 基金会
　　B. 事业单位
　　C. 合伙企业
　　D. 有限责任公司

2. 甲公司因生产的奶制品所含食品添加剂严重超标，被市场监督管理局责令停产停业。甲公司承担的该项法律责任属于（　　）。
　　A. 刑事责任
　　B. 行政处分
　　C. 民事责任
　　D. 行政处罚

3. 根据支付结算法律制度的规定，下列关于票据背书效力的表述中，正确的是（　　）。
　　A. 背书人可以将票据金额部分背书转让给被背书人
　　B. 背书人可以将票据金额转让给两个被背书人
　　C. 出票人记载"不得转让"字样的，票据不得背书转让
　　D. 背书附有条件的，所附条件具有票据上的效力

4. 接受汇票出票人的付款委托，同意承担支付票款义务的人是（　　）。
　　A. 付款人
　　B. 承兑人
　　C. 背书人
　　D. 出票人

5. 下列支票结算的表述中，正确的是（　　）。
　　A. 甲企业向乙企业签发未记载收款人名称的支票，该支票无效
　　B. 甲企业签发的支票金额超过其付款时在银行存款金额，是签发空头支票
　　C. 甲企业在银行的存款不足以支付支票金额时，银行可以在见票时分期付款
　　D. 乙企业应自支票出票日起 1 个月内向银行提示付款

6. 根据增值税法律制度的规定，选择差额计税的旅游公司发生的下列支出中，在确定增值税销售额时可以扣除的是（　　）。
　　A. 支付的广告制作费
　　B. 替旅游者支付的酒店住宿费
　　C. 支付的导游工资
　　D. 支付的办公室租金

7. 甲酒厂为增值税一般纳税人，2024 年 8 月销售果木酒，取得不含增值税销售额 10 万元，同时收取包装费 0.565 万元、优质费 2.26 万元。已知果木酒消费税税率为 10%，增值税税率为 13%，甲酒厂当月销售果木酒应缴纳的消费税税额的下列计算中，正确的是（　　）。
　　A. （10 + 0.565 + 2.26）× 10% = 1.28（万元）
　　B. [10 + （0.565 + 2.26）÷（1 + 13%）] × 10% = 1.25（万元）
　　C. （10 + 0.565）× 10% = 1.06（万元）
　　D. [10 + 0.565 +（1 + 13%）] × 10% = 1.05（万元）

8. 某化妆品厂为增值税一般纳税人，2024年12月发生以下业务：8日销售高档化妆品400箱，每箱不含税价格600元；15日销售同类高档化妆品500箱，每箱不含税价格650元。当月以200箱同类高档化妆品与某公司换取精油作为生产资料。该厂当月应纳消费税（　　）元（高档化妆品消费税税率为15%）。

A. 84 750　　　　　　　　　　　　　B. 102 750

C. 103 500　　　　　　　　　　　　D. 104 250

9. 下列项目中，免征增值税的是（　　）。

A. 存款利息　　　　　　　　　　　B. 流动资金贷款利息

C. 学历教育收取的学费　　　　　　D. 非学历教育收取的学费

10. 根据企业所得税法律制度，对企业出资给非营利单位用于基础研究的支出，在计算应纳税所得额时可据实扣除，并可按（　　）在税前加计扣除。

A. 50%　　　　　　　　　　　　　B. 15%

C. 100%　　　　　　　　　　　　　D. 120%

11. 甲公司2024年度计入成本、费用的实发工资800万元，按照规定为员工缴纳社会保险费120万元，为员工支付补充养老保险10万元，补充医疗保险50万元，为员工支付商业保险2万元。根据规定，甲公司发生的保险费在计算企业所得税时准予税前扣除的金额是（　　）万元。

A. 170　　　　　　　　　　　　　B. 180

C. 182　　　　　　　　　　　　　D. 190

12. 甲公司2024年度利润总额是1 000万元，直接向贫困山区捐赠10万元，发生赞助支出8万元，通过当地县级人民政府捐赠20万元，在计算甲公司该年度企业所得税应纳税所得额时可以税前扣除的金额是（　　）万元。

A. 20　　　　　　　　　　　　　B. 30

C. 38　　　　　　　　　　　　　D. 120

13. 根据个人所得税法律制度的规定，下列做法不正确的是（　　）。

A. 在两处或者两处以上取得综合所得一定需要办理汇算清缴

B. 个人所得税以所得人为纳税人

C. 纳税人同时从两处以上取得工资、薪金所得，并由扣缴义务人办理专项附加扣除的，对同一专项附加扣除项目，纳税人只能选择从其中一处扣除

D. 个人所得税以支付所得的单位或个人为扣缴义务人

14. 2024年甲公司房产原值8 000万元，已提折旧2 000万元。已知房产税从价计征税率为1.2%，房产原值的扣除比例为30%，下列计算甲公司2024年应缴纳房产税税额的算式中，正确的是（　　）。

A. 8 000×1.2%＝96（万元）

B. （8 000－2 000）×（1－30%）×1.2%＝50.4（万元）

C. 8 000×（1－30%）×1.2%＝67.2（万元）

D. （8 000－2 000）×1.2%＝72（万元）

15. 2024年5月甲公司转让一幢办公楼，该办公楼于2012年购入，购买价为2 000万元。当月由政府批准设立的房地产评估机构评定并经当地税务机关确认，该办公楼的重置成本价为3 000万元，成新度折扣率为七成。在计算甲公司该业务土地增值税计税依据时，准予扣除的评估价格是（　　）。

A. 3 000×70%＝2 100（万元）

B. （3 000－2 000）×70%＝700（万元）

C. 3 000 ×（1 - 70%）= 900（万元）

D. 2 000 ×70% = 1 400（万元）

16. 根据车船税法律制度的规定，下列各项中，不属于车船税征税范围的是（   ）。

A. 用于耕地的拖拉机

B. 用于接送员工的客车

C. 用于休闲娱乐的游艇

D. 供企业经理使用的小汽车

17. 根据资源税法律制度的规定，下列各项中，不属于资源税征税范围的是（   ）。

A. 开采的原煤

B. 开采的原油

C. 以空气加工生产的液氧

D. 开采的天然气

18. 钱某因税收违法行为被 A 市 B 县税务局处以罚款，又因逾期不缴纳罚款被加处罚款，钱某对已处罚款和加处罚款都不服，欲申请行政复议。下列关于钱某行政复议申请的表述中，正确的是（   ）。

A. 应当一并向 A 市税务局申请行政复议

B. 应当就罚款决定和加处罚款决定分别向 B 县税务局和 A 市税务局申请行政复议

C. 应当就罚款决定和加处罚款决定分别向 A 市税务局和 B 县税务局申请行政复议

D. 应当一并向 B 县税务局申请行政复议

19. 按照规定甲公司最晚应于 2025 年 1 月 19 日缴纳应纳税款，甲公司因自身原因一直未缴纳。主管税务机关责令其于当年 2 月 28 日前缴纳并加收滞纳金。甲公司直到 2025 年 3 月 14 日才交纳税款，主管税务机关应对甲公司加收滞纳金的起止时间为（   ）。

A. 2025 年 1 月 20 日至 2025 年 3 月 14 日

B. 2025 年 3 月 1 日至 2025 年 3 月 14 日

C. 2025 年 1 月 19 日至 2025 年 3 月 14 日

D. 2025 年 2 月 28 日至 2025 年 3 月 14 日

20. 根据劳动合同法律制度的规定，用人单位招用劳动者的下列情形中，符合法律规定的是（   ）。

A. 甲公司招聘赵某，向其收取 800 元的工作服押金

B. 乙公司招用钱某，要求其如实说明与工作有关的自身基本情况

C. 丙公司与刚满 14 周岁的小孙签订劳动合同

D. 丁公司因李某信仰基督教而拒绝录用李某

21. 劳动合同期限 1 年以上不满 3 年的，试用期最长时间是（   ）个月。

A. 1

B. 2

C. 3

D. 6

22. 郑某 1999 年参加工作，2012 年转至甲公司工作，2024 年郑某患病住院，郑某可以享受的医疗期为（   ）个月。

A. 6

B. 9

C. 12

D. 18

23. 一次性工亡补助金，标准为上一年度全国城镇居民人均可支配收入的（   ）倍。

A. 5

B. 10

C. 15

D. 20

二、多项选择题（本类题共 10 小题，每小题 2 分，共 20 分。每小题备选答案中，有两个或两个以上符合题意的正确答案。请至少选择两个答案，全部选对得满分，少选得相应分值，多选、错选、不选均不得分。）

1. 下列各项中，属于民事责任的有（   ）。

　　A. 支付违约金 　　　　　　　　　　B. 继续履行

　　C. 没收财产 　　　　　　　　　　D. 罚款

2. 根据支付结算法律制度的规定，下列非现金支付工具中，属于结算方式的有（　　　）。

　　A. 票据 　　　　　　　　　　　　B. 银行卡

　　C. 汇兑 　　　　　　　　　　　　D. 委托收款

3. 下列属于无偿取得票据并享有票据权利的有（　　　）。

　　A. 丙慈善机构因赠与而取得转账支票

　　B. 甲税务局因征税而取得银行承兑汇票

　　C. 乙公司因销售货物而取得商业承兑汇票

　　D. 李某因继承而取得银行汇票

4. 下列各项中，在零售环节征收消费税的有（　　　）。

　　A. 高档化妆品 　　　　　　　　　B. 钻石

　　C. 超豪华小汽车 　　　　　　　　D. 卷烟

5. 根据企业所得税法律制度的规定，下列各项中，属于企业所得税纳税人的有（　　　）。

　　A. 有限责任公司 　　　　　　　　B. 合伙企业

　　C. 个体工商户 　　　　　　　　　D. 股份有限公司

6. 下列关于专项附加扣除的说法，符合个人所得税相关规定的有（　　　）。

　　A. 住房贷款利息扣除的期限最长不得超过 240 个月

　　B. 直辖市的住房租金支出的扣除标准是每月 1 500 元

　　C. 同一学历的继续教育扣除期限不得超过 36 个月

　　D. 赡养老人专项附加扣除的起始时间为被赡养人年满 60 周岁的当月

7. 下列各项中，不征收印花税的有（　　　）。

　　A. 甲公司与乙公司签订的货物运输合同

　　B. 会计咨询合同

　　C. 企业与主管部门签订的租赁承包合同

　　D. 电网与用户之间签订的供用电合同

8. 根据税收征收管理法律制度的规定，税务机关在发票管理中有权（　　　）。

　　A. 检查保管发票的情况

　　B. 调出发票查验

　　C. 向当事各方询问与发票有关的问题与情况

　　D. 查阅与发票有关的凭证、资料，但无权录像

9. 用人单位与劳动者终止劳动合同的下列情形中，用人单位需要支付劳动者经济补偿的有
（　　　）。

　　A. 用人单位被依法宣告破产而终止劳动合同的

　　B. 用人单位被吊销营业执照而终止劳动合同的

　　C. 用人单位被责令关闭而终止劳动合同的

　　D. 用人单位决定提前解散而终止劳动合同的

10. 下列情形中，仲裁员应当申请回避的有（　　　）。

　　A. 是本案当事人或者当事人、代理人的近亲属的

　　B. 与本案有利害关系的

　　C. 与本案当事人、代理人有其他关系，可能影响公正裁决的

　　D. 私自会见当事人、代理人，或者接受当事人、代理人请客送礼的

三、判断题（本类题共 10 小题，每小题 1 分，共 10 分。请判断每小题的表述是否正确。每小题答题正确的得 1 分，错答、不答均不得分，也不扣分。）

1. 没收非法财物属于刑事责任中的附加刑。 （ ）

2. 根据法的内容、效力和制定程序分类，可以把法分为根本法和普通法。 （ ）

3. 扣缴义务人首次未按照规定开具税收票证的，考虑其后果轻微，不予行政处罚。 （ ）

4. 票据被拒绝付款的，持票人应按照票据债务人的先后顺序依次行使追索权。 （ ）

5. 甲公司在乙银行开有基本存款账户。2024 年 3 月 2 日，该公司因贷款需要又在丙银行开立了一般存款账户。3 月 15 日，甲公司财务人员签发了一张现金支票，并向丙银行提示付款，要求提取现金 3 万元。丙银行工作人员对支票审查后，拒绝为甲公司办理现金支取业务。 （ ）

6. 纳税人销售货物、劳务、服务、无形资产或者不动产使用不同税率和征收率的，未分别核算销售额的，从高适用税率计征。 （ ）

7. 小张获得体育彩票中奖收入 20 000 元，则小张需要缴纳的个税是 20 000 × 20% = 4 000（元）。 （ ）

8. 耕地占用税以纳税人实际占用的耕地面积为计税依据，即经批准占用的耕地面积。 （ ）

9. 企业与主管部门签订的租赁承包合同不征收印花税。 （ ）

10. 劳动者开始依法享受基本养老保险待遇的，劳动合同终止。 （ ）

四、不定项选择题（本类题共 12 小题，每小题 2 分，共 24 分。每小题备选答案中，有一个或一个以上符合题意的正确答案，每小题全部选对得满分，少选得相应分值，多选、错选、不选均不得分。）

1. 2024 年 6 月，A 省县级财政部门在对某企业的检查中发现下列情况：

（1）该企业设有两套账簿，一套用于对外报送财务数据，另一套用于内部核算。

（2）受金融危机影响，该企业当年亏损较大，为达到预期业绩目标，单位负责人张某授意会计人员李某伪造会计凭证，虚增利润 100 万元。

（3）为掩盖违法行为，张某指使会计机构负责人刘某将以前年度伪造的有关会计资料予以销毁，情节严重，影响恶劣。

（4）单位负责人张某指使会计人员王某变更无形资产摊销政策以虚增利润，王某遵守原则予以抵制，后张某将其解聘。

（5）该企业以解约为要挟，要求 ABC 会计师事务所对其财务会计报告出具无保留审计意见。该事务所无奈出具了无保留审计意见。

要求：根据上述资料，不考虑其他因素，分析回答下列问题。

（1）针对资料（1），下列说法中，正确的是（   ）。

A. 没有违反《会计法》的规定

B. 属于私设账簿的行为，违反《会计法》的规定

C. 可对直接负责的主管人员和其他负责人处 2 万元罚款

D. 可对该企业处 10 万元罚款

（2）针对资料（2）、资料（3），下列说法中正确的是（   ）。

A. 可对该企业处 10 万元以上罚款

B. 可对张某处 5 000 元以上 5 万元以下罚款

C. 刘某是受张某指使进行销毁的，不应承担法律责任

D. 会计人员李某、会计机构负责人刘某 5 年内不得从事会计工作

（3）针对资料（4），下列说法中正确的是（   ）。

A. 可对张某依法给予处分

    B. 可对张某处 3 000 元以上 5 万元以下罚款

    C. 应恢复王某名誉及其原有职务、级别

    D. 可对王某给予一定金额的补偿金

(4) 针对资料（5），下列说法中正确的是（　　）。

    A. ABC 会计师事务所是在该公司的施压下出具审计意见，不是其本意表达，不承担法律责任

    B. 省级财政部门可以对 ABC 会计师事务所的上述行为实施行政处罚

    C. ABC 会计师事务所的做法不符合规定，应当承担法律责任

    D. 该企业的做法不符合规定，任何单位或者个人不得以任何方式要求或者示意注册会计师及其所在的会计师事务所出具不实或者不当的审计报告

2. 甲公司为增值税一般纳税人，主要从事大型机械设备制造和销售业务，2024 年 10 月有关经营情况如下：

(1) 购入原材料取得增值税专用发票注明税额 39 万元；进口检测仪器取得海关进口增值税专用缴款书，注明税额 26 万元。

(2) 报销销售人员国内差旅费取得网约车费增值税电子普通发票注明税额 0.09 万元；取得住宿费增值税普通发票注明税额 0.6 万元；取得注明销售人员身份信息的铁路车票，票面金额合计 10.9 万元；取得注明销售人员身份信息的公路客票，票面金额合计 5.15 万元。

(3) 采取分期收款方式销售 T 型大型机械设备一台，含增值税价款 226 万元，合同约定当月收取价款；采取预收货款方式销售 Y 型大型机械设备一台，设备生产工期 18 个月，合同约定本月应预收款含增值税价款 960.5 万元，甲公司当月实际收到该笔预收款。

(4) 支付境外乙公司专利技术使用费。合同约定含增值税价款 99.64 万元，乙公司在境内未设有经营机构且无代理人。

已知：销售货物增值税税率为 13%；销售无形资产的增值税税率为 6%；铁路旅客运输服务按照 9% 计算进项税额；公路旅客运输服务按照 3% 计算进项税额；取得的扣税凭证均符合抵扣规定。

要求：根据上述资料，不考虑其他因素，分析回答下列问题。

(1) 甲公司当月下列进项税额中，准予从销项税额中抵扣的是（　　）。

    A. 检测仪器的进项税额 26 万元

    B. 原材料的进项税额 39 万元

    C. 住宿费的进项税额 0.6 万元

    D. 网约车费的进项税额 0.09 万元

(2) 计算甲公司当月铁路车票和公路客票准予抵扣进项税额的下列算式中，正确的是（　　）。

    A. $10.9 \times 9\% + 5.15 \div (1 + 3\%) \times 3\% = 1.131$（万元）

    B. $109 \div (1 + 9\%) \times 9\% + 5.15 \times 3\% = 1.0545$（万元）

    C. $10.94 + 5.15 \times 3\% = 1.1355$（万元）

    D. $10.9 \div (1 + 9\%) \times 9\% + 5.15 \div (1 + 3\%) \times 3\% = 1.05$（万元）

(3) 计算甲公司当月销售大型机械设备增值税销项税额的下列算式中，正确的是（　　）。

    A. $226 \div (1 + 13\%) \times 13\% = 26$（万元）

    B. $960.5 \times 13\% = 124.865$（万元）

    C. $(226 + 960.5) \div (1 + 13\%) \times 13\% = 136.5$（万元）

    D. $226 \div (1 + 13\%) \times 13\% + 960.5 \times 13\% = 150.865$（万元）

(4) 计算甲公司支付专利技术使用费应代扣代缴增值税税额的下列算式中，正确的是（　　）。

    A. $99.64 \div (1 - 6\%) \times (1 + 6\%) \times 6\% = 6.7416$（万元）

    B. $99.64 \times 6\% = 5.9784$（万元）

    C. $99.64 \div (1 + 6\%) \times 6\% = 5.64$（万元）

    D. $99.64 \div (1 - 6\%) \times 6\% = 6.36$（万元）

3. 甲公司为居民企业。2024 年有关收支情况如下：

（1）取得产品销售收入 5 000 万元、转让机器设备收入 40 万元、国债利息收入 20 万元，客户合同违约金收入 2 万元。

（2）支付税收滞纳金 3 万元、银行加息 10 万元，向投资者支付股息 30 万元，向关联企业支付管理费 17 万元。

（3）发生业务招待费 50 万元，其他可在企业所得税前扣除的成本、费用、税金合计 2 600 万元。

已知：在计算企业所得税应纳税所得额时，业务招待费支出按发生额的 60% 扣除，但最高不得超过当年销售（营业）收入的 5‰。

要求：根据上述资料，分析回答下列问题。

（1）甲公司下列收入中，应计入企业所得税应纳税所得额的是（　　）。

    A. 转让机器设备收入 40 万元　　　　　B. 产品销售收入 5 000 万元

    C. 客户合同违约金收入 2 万元　　　　　D. 国债利息收入 20 万元

（2）甲公司下列支出中，在计算 2024 年度企业所得税应纳税所得额时，不得扣除的是（　　）。

    A. 税收滞纳金 3 万元

    B. 银行加息 10 万元

    C. 向关联企业支付的管理费 17 万元

    D. 向投资者支付的股息 30 万元

（3）甲公司在计算 2024 年度企业所得税应纳税所得额时，允许扣除的业务招待费是（　　）万元。

    A. 50　　　　　　　　　　　　　　　　B. 25.2

    C. 30　　　　　　　　　　　　　　　　D. 25

（4）甲公司 2024 年度企业所得税应纳税所得额是（　　）万元。

    A. 2 352　　　　　　　　　　　　　　　B. 2 387.69

    C. 2 407　　　　　　　　　　　　　　　D. 2 406.8

2025 年度全国会计专业技术初级资格考试模拟试卷
经济法基础（二）

一、单项选择题（本类题共 23 小题，每小题 2 分，共 46 分。每小题备选答案中，只有一个符合题意的正确答案。错选、不选均不得分。）

1. 甲公司与乙公司签订房屋租赁合同，约定甲公司承租乙公司某处库房，租期一年，租金 18 万元。引起该租赁法律关系发生的法律事实是（　　）。
   A. 租赁的某处库房
   B. 租金 18 万元
   C. 签订租赁合同的行为
   D. 甲公司和乙公司

2. 下列规范性文件中，效力等级最高的是（　　）。
   A. 工业和信息化部发布的《新能源汽车生产企业及产品准入管理规定》
   B. 国务院发布的《企业财务会计报告条例》
   C. 全国人民代表大会通过的《民法典》
   D. 财政部、国家税务总局发布的《增值税暂行条例实施细则》

3. 根据会计法律制度的规定，负责对一般会计人员办理会计工作交接手续进行监交的是（　　）。
   A. 纪检部门负责人
   B. 会计机构负责人
   C. 档案管理机构负责人
   D. 人事部门负责人

4. 根据会计法律制度的规定，下列各项中不属于会计核算内容的是（　　）。
   A. 资产的增减和使用
   B. 负债的增减
   C. 所有者权益的增减
   D. 财物的增减

5. 根据票据法律制度的规定，下列关于银行汇票出票金额和实际结算金额的表述中，正确的是（　　）。
   A. 如果出票金额低于实际结算金额，银行应按出票金额办理结算
   B. 如果出票金额低于实际结算金额，银行应按实际金额办理结算
   C. 如果出票金额高于实际结算金额，银行应按出票金额办理结算
   D. 如果出票金额高于实际结算金额，银行应按实际金额办理结算

6. 下列各项中，属于区别不同税种的重要标志是（　　）。
   A. 计税依据
   B. 纳税人
   C. 征税对象
   D. 税目

7. 下列行为中，不属于增值税视同销售行为的是（　　）。
   A. 将外购货物分配给投资者
   B. 将外购货物赠送给其他单位
   C. 将外购货物用于个人消费
   D. 将外购货物用于对外投资

8. 下列各项中，属于在零售环节征收消费税的是（　　）。
   A. 高档手表
   B. 金银首饰
   C. 白酒
   D. 电子烟

9. 根据关税法律制度的规定，原产地不明的进口货物适用的关税税率是（　　）。

    A. 协定税率   B. 最惠国税率

    C. 特惠税率   D. 普通税率

10. 根据企业所得税法律制度的规定，在计算企业应纳税所得额时，除国务院财政、税务主管部门另有规定外，有关费用支出不超过规定比例的准予扣除，超过部分，准予在以后纳税年度结转扣除。下列各项中，属于该有关费用的是（　　）。

    A. 工会会费   B. 社会保险费

    C. 职工福利费   D. 职工教育经费

11. 根据规定，在计算企业所得税应纳税所得额时，下列支出可以扣除的是（　　）。

    A. 向投资者支付的股息、红利等   B. 企业内营业机构之间的租金

    C. 赞助支出   D. 按照标准为职工缴纳的"四险一金"

12. 甲企业 2024 年初在生产经营的过程中，经批准向内部职工借入生产用资金 1 000 万元，该企业与职工的借贷是真实、合法、有效的且签订了借款合同，借款期限 1 年，支付借款利息 60 万元（金融企业同期同类贷款年利率 5%）。根据企业所得税法律制度的规定，甲企业在计算 2024 年企业所得税应纳税所得额时，可以在税前扣除的利息支出为（　　）万元。

    A. 60   B. 50

    C. 40   D. 55

13. 张某以私家轿车挂靠甲汽车出租公司，向甲汽车出租公司缴纳管理费，张某的运营收入比照（　　）项目征税。

    A. 劳务报酬所得   B. 工资、薪金所得

    C. 经营所得   D. 财产转让所得

14. 甲公司拥有一处原值 560 000 元的房产，已知房产税税率为 1.2%，当地规定的房产税扣除比例为 30%。甲公司该房产当年应缴纳房产税税额的下列算式中，正确的是（　　）。

    A. $560\ 000 \times 1.2\% = 6\ 720$（元）

    B. $560\ 000 \div (1 - 30\%) \times 1.2\% = 9\ 600$（元）

    C. $560\ 000 \times (1 - 30\%) \times 1.2\% = 4\ 704$（元）

    D. $560\ 000 \times 30\% \times 1.2\% = 2\ 016$（元）

15. 根据契税法律制度的规定，下列各项中，属于契税纳税人的是（　　）。

    A. 获得住房赠与的个人   B. 转让土地使用权的企业

    C. 抵押父母房子的子女   D. 出售房屋的个体工商户

16. 根据城镇土地使用税法律制度的规定，下列说法中，免征城镇土地使用税的是（　　）。

    A. 市区公园内附设照相馆使用的土地

    B. 县城水电站的发电厂房用地

    C. 市政街道的公共用地

    D. 盐场的生产厂房用地

17. 根据车船税法律制度的规定，下列各项中，属于非机动驳船计税依据的是（　　）。

    A. 艇身长度   B. 整备质量吨位数

    C. 辆数   D. 净吨位数

18. 根据印花税法律制度的规定，下列各项中，应缴纳印花税的是（　　）。

    A. 发电厂与电网之间、电网与电网之间书立的购售电合同

    B. 企业与主管部门签订的租赁承包合同

    C. 人民法院的生效法律文书

D. 分公司与分公司之间书立的作为执行计划使用的凭证

19. 税务机关责令某快捷酒店提供纳税担保，该酒店明确表示拒绝，根据税收征收管理法律制度的规定，税务机关依法经批准后可以采取的税款征收措施是（　　）。

    A. 核定其应纳税额   B. 采取税收保全措施

    C. 采取税收强制执行措施   D. 税务人员到饭店直接征收税款

20. 甲公司为员工王某支付培训费 15 000 元，约定服务期为 3 年。2 年后，王某以劳动合同期满为由，不肯再续签合同。王某应支付违约金（　　）元。

    A. 2 000   B. 3 000

    C. 5 000   D. 15 000

21. 用人单位发生合并或者分立等情况时，下列关于原劳动合同效力的表述中，正确的是（　　）。

    A. 继续有效   B. 失去效力

    C. 效力视情况而定   D. 由新的用人单位决定是否有效

22. 甲公司职工孙某已参加职工基本养老保险，月工资 15 000 元。已知甲公司所在地职工月平均工资为 4 000 元，月最低工资标准为 2 000 元。那么在甲公司每月应从孙某工资中扣缴基本养老保险费的下列算式中，正确的是（　　）。

    A. 4 000×8% =320（元）   B. 2 000×3×8% =480（元）

    C. 4 000×3×8% =960（元）   D. 15 000×8% =1 200（元）

23. 因特殊原因需要延长工作时间的，在保障劳动者身体健康的条件下延长工作时间，每月不得超过（　　）小时。

    A. 6   B. 12

    C. 24   D. 36

二、多项选择题（本类题共 10 小题，每小题 2 分，共 20 分。每小题备选答案中，有两个或两个以上符合题意的正确答案。请至少选择两个答案，全部选对得满分，少选得相应分值，多选、错选、不选均不得分。）

1. 下列选项中，属于法律关系主体的有（　　）。

    A. 股份有限公司   B. AI 机器人

    C. 基金会   D. 法院

2. 下列各项中，属于收入增减的有（　　）。

    A. 销售商品收入

    B. 提供服务收入

    C. 出租收入

    D. 以前年度损益调整等的增减变动

3. 甲公司持有一张付款银行为 P 银行的转账支票，财务人员到 P 银行提示付款时应当办理的手续有（　　）。

    A. 向 P 银行出示甲公司营业执照

    B. 填制进账单

    C. 在支票背面背书人签章栏加盖甲公司印章

    D. 将支票交付 P 银行

4. 根据增值税征税范围的规定，下列说法不正确的有（　　）。

    A. 融资租赁按"金融服务"缴纳增值税

B. 道路通行服务按"不动产租赁服务"缴纳增值税

C. 融资性售后回租按"租赁服务"缴纳增值税

D. 车辆停放服务按"有形动产租赁服务"缴纳增值税

5. 下列各项中，不属于数电票基本内容的有（　　）。

  A. 发票号码   B. 收款人

  C. 开票人   D. 购买方的开户银行

6. 根据企业所得税法律制度的规定，下列关于所得发生地表述正确的有（　　）。

  A. 销售货物所得，按照交易活动发生地确定

  B. 提供劳务所得，按照劳务发生地确定

  C. 转让不动产所得按照转让不动产的企业所在地确定

  D. 股息、红利等权益性投资收益所得按照分配所得的企业所在地确定

7. 根据个人所得税法律制度的规定，下列各项中，属于专项附加扣除的有（　　）。

  A. 按照规定缴纳的住房公积金 B. 3 岁以下婴幼儿照护支出

  C. 继续教育支出   D. 大病医疗支出

8. 根据土地增值税法律制度的规定，纳税人在计算房地产开发费用时，财务费用中的借款利息支出，凡能够按照转让房地产项目计算分摊并提供金融机构证明的，允许据实扣除，但不能计入利息支出扣除的有（　　）。

  A. 超过商业银行同类同期贷款利率计算的利息金额

  B. 超过国家规定上浮幅度的利息支出

  C. 超过贷款期限的利息部分

  D. 金融机构加罚的利息

9. 根据税收征收管理法律制度的规定，单位和个人使用发票时禁止的行为有（　　）。

  A. 转借发票   B. 以其他凭证代替发票使用

  C. 拆本使用发票   D. 篡改发票数据

10. 下列关于经济补偿金与违约金的特点表述中，正确的有（　　）。

  A. 经济补偿金是法定的

  B. 违约金是约定的

  C. 经济补偿金的支付主体只能是用人单位

  D. 违约金的支付者是双方主体

三、判断题（本类题共 10 小题，每小题 1 分，共 10 分。请判断每小题的表述是否正确。每小题答题正确的得 1 分，错答、不答均不得分，也不扣分。）

1. 法之间的规定不一致时，应当适用颁布、施行在后的法。（　　）

2. 捐助法人是营利法人。（　　）

3. 会计人员进行会计工作交接时，移交清册一般应填制一式三份，交接双方各执一份、存档一份。（　　）

4. 审计意见分为无保留意见、非无保留意见和否定意见。（　　）

5. 银行结算账户的存款人收到银行对账单或对账信息后，应及时核对账务并在规定期限内向银行发出对账回单或确认信息。（　　）

6. 票据债务人可以以自己与持票人的前手之间的抗辩事由，对抗持票人。（　　）

7. 原产于与中华人民共和国缔结或者共同参加含有关税优惠条款的国际条约、协定的国家或者地区且符合国际条约、协定有关规定的进口货物，适用特惠汇率。（　　）

8. 2024 年 1 月 1 日至 2027 年 12 月 31 日，对符合条件的从事污染防治的第三方企业减按 15% 的

税率征收企业所得税。   （   ）

9. 民航客机飞行中排放燃料废气等应税污染物的，暂予免征环境保护税。   （   ）

10. 劳动合同变更，应当采用书面形式。   （   ）

四、不定项选择题（本类题共12小题，每小题2分，共24分。每小题备选答案中，有一个或一个以上符合题意的正确答案，每小题全部选对得满分，少选得相应分值，多选、错选、不选均不得分。）

1. 2024年8月10日，甲公司向乙银行申请签发一张票面金额为50万元的银行本票用于向丙公司结算货款；后丙公司将该银行本票背书给丁企业。

要求：根据上述资料，不考虑其他因素，分析回答下列问题。

（1）下列银行本票结算使用的表述中，正确的是（   ）。

    A. 银行本票只能用于转账，不得用于支取现金

    B. 银行本票可以用于转账，也可以支取现金

    C. 银行本票只限于单位结算使用

    D. 银行本票单位和个人结算均可使用

（2）下列属于银行本票的基本当事人的是（   ）。

    A. 甲公司   B. 乙银行

    C. 丙公司   D. 丁企业

（3）乙银行签发银行本票必须记载的事项是（   ）。

    A. 确定的金额   B. 出票日期

    C. 出票人签章   D. 付款人名称

（4）如果丁企业未按照规定提示付款，下列法律后果的表述中，正确的是（   ）。

    A. 丁企业丧失票据权利

    B. 丁企业丧失追索权

    C. 丁企业丧失对前手的追索权

    D. 丁企业丧失对出票人以外的前手的追索权

2. 甲公司为增值税一般纳税人。主要从事化妆品生产和销售业务，2024年有关经营情况如下：

（1）销售自产高档美容化妆品，取得不含增值税销售额3 000 000元。

（2）将100套自产高档美容化妆品无偿赠送客户，当月同类化妆品不含增值税单价1 000元/套。

（3）将40套自产高档护肤类化妆品奖励给公司优秀员工，当月同类化妆品不含增值税单价500元/套。

（4）以银行存款5 000 000元投资乙商场。

（5）受托为丙公司加工一批高档修饰类化妆品，收取加工费开具增值税专用发票，注明金额250 000元，税额32 500元，丙公司提供材料成本600 000元；甲公司无同类化妆品销售价格。

（6）进口一批成套化妆品，关税计税价格935 000元，取得海关进口增值税专用缴款书。

已知：销售高档化妆品增值税税率13%，消费税税率15%，关税税率5%。取得的扣税凭证均符合抵扣规定。

要求：根据上述资料，不考虑其他因素，分析回答下列问题。

（1）甲公司当月下列业务中，应缴纳消费税的是（   ）。

    A. 将自产高档护肤类化妆品奖励给公司优秀员工

    B. 销售自产高档美容化妆品

    C. 将自产高档美容化妆品无偿赠送客户

    D. 以银行存款5 000 000元投资乙商场

（2）计算甲公司当月受托加工高档修饰类化妆品应代扣代缴消费税税额的下列计算公式中，正

确的是（　　）。

  A．（6 000 000 + 250 000）× 15% = 127 500（元）

  B．（6 000 000 + 250 000）÷（1 - 15%）× 15% = 150 000（元）

  C．6 000 000 × 15% = 90 000（元）

  D．（6 000 000 + 250 000 + 32 500）× 15% = 132 375（元）

（3）计算甲公司当月进口成套化妆品应缴纳消费税税额的下列计算公式中，正确的是（　　）。

  A．935 000 × 15% = 140 250（元）

  B．935 000 ÷（1 - 15%）× 15% = 165 000（元）

  C．（935 000 + 935 000 × 5%）÷（1 - 15%）× 15% = 173 250（元）

  D．（935 000 + 935 000）× 15% = 147 262.5（元）

（4）计算甲公司当月向税务机关缴纳增值税税额的下列计算公式中，正确的是（　　）。

  A．3 000 000 × 13% + 32 500 = 422 500（元）

  B．3 000 000 × 13% -（935 000 + 935 000 × 5%）× 13% = 262 372.5（元）

  C．（3 000 000 + 100 × 1 000）× 13% -（935 000 + 935 000 × 5%）× 13% = 275 372.5（元）

  D．（3 000 000 + 100 × 1 000 + 500 × 40）× 13% + 32 500 -（935 000 + 935 000 × 5%）÷（1 - 15%）× 13% = 287 950（元）

3. 张某任职于国内某化妆品公司，为我国居民纳税人，2024 年全年取得的收入如下：

（1）从化妆品公司取得基本工资 12 000 元/月，加班工资 1 000 元/月，独生子女费补贴 200 元/月，差旅费津贴 1 800 元/月，误餐补助 500 元/月。

（2）12 月份出租居住用房获得租金 3 500 元，当月发生修理费 1 000 元。

（3）购买赈灾彩票中奖收入 20 000 元，将 8 000 元用于对扶贫公益慈善事业进行捐赠。

（4）转让境内上市公司股票，取得转让收入 5 000 元；取得 A 股股息收入 500 元（持股 8 个月）。

（5）取得国债利息收入 1 000 元。

（6）在某单位兼职取得报酬 2 000 元/月。

已知：当地规定的社会保险和住房公积金个人缴存比例为：基本养老保险 8%，基本医疗保险 2%，失业保险 0.5%，住房公积金 12%。社保部门核定张某社会保险费的缴费工资基数为 10 000 元。

张某为独生女，其独生子正就读于高中二年级，张某当年接受计算机专业技术人员职业资格继续教育，并取得相关证书，支出为 5 000 元，经约定符合条件的子女教育专项附加扣除由张某一方按标准的 100% 扣除，继续教育专项附加扣除由张某本人扣除。

要求：根据上述资料，不考虑其他因素，分析回答下列问题。

（1）属于张某的"工资、薪金所得"应税项目的是（　　）。

  A．基本工资   B．加班工资

  C．独生子女费补贴   D．误餐补贴

（2）2024 年全年综合所得应缴纳个人所得税税额是（　　）元。

  A．3 540   B．4 800

  C．4 600   D．4 740

（3）张某 12 月份出租居住用房获得租金应缴纳个人所得税的计算公式是（　　）。

  A．（3 500 - 1 000 - 800）× 20%   B．（3 500 - 1 000 - 800）× 10%

  C．（3 500 - 800 - 800）× 20%   D．（3 500 - 800 - 800）× 10%

（4）张某购买赈灾彩票中奖后并将该收入进行部分捐赠，需要缴纳个人所得税（　　）元。

  A．0   B．2 800

  C．2 400   D．1 440

2025 年度全国会计专业技术初级资格考试模拟试卷

经济法基础（三）

一、单项选择题（本类题共 23 小题，每小题 2 分，共 46 分。每小题备选答案中，只有一个符合题意的正确答案。错选、不选均不得分。）

1. 下列自然人中，视为完全民事行为能力人的是（　　）。

    A. 某小学生赵某，10 周岁，多次获得奥数比赛奖金

    B. 某中学生钱某，15 周岁，靠网络写作赚取稿酬

    C. 某大学生孙某，16 周岁，靠餐厅打工贴补部分生活

    D. 某辍学打工学生李某，17 周岁，以开网约车赚取主要生活来源

2. 下列规范性文件中，属于行政法规的是（　　）。

    A. 国务院发布的《企业财务会计报告条例》

    B. 全国人民代表大会通过的《澳门特别行政区基本法》

    C. 全国人民代表大会常委会通过的《票据法》

    D. 财政部发布的《企业会计准则——基本准则》

3. 下列各项中，属于行政处罚的是（　　）。

    A. 没收非法财物   B. 支付违约金

    C. 没收财产   D. 撤职

4. 某地方财政部门进行执法检查时发现一家企业以虚假的经济事项编造会计凭证和账簿，并据此编制了财务会计报告。对此，财政部门对该企业的违法行为认定不正确的是（　　）。

    A. 变造会计凭证与会计账簿行为

    B. 伪造会计凭证行为

    C. 伪造会计账簿行为

    D. 提供虚假的财务报告行为

5. 下列各项中，不属于资产增减和使用的是（　　）。

    A. 无形资产购入   B. 融资租入

    C. 债务重组取得   D. 预收账款

6. 甲将一张 100 万元的汇票分别背书转让给乙和丙各 50 万元，根据规定，有关该背书效力的表述中，正确的是（　　）。

    A. 背书有效

    B. 背书无效

    C. 背书转让给乙的 50 万元有效，背书转让给丙的 50 万元无效

    D. 背书转让给乙的 50 万元无效，背书转让给丙的 50 万元有效

7. 某白酒生产企业为增值税一般纳税人，2024 年 10 月销售白酒取得不含税销售收入 80 万元，收取包装物押金 2.26 万元。当月没收 3 个月前收取的逾期未退还包装物的押金 5.4 万元，已知白酒增值税税率为 13%。则该白酒生产企业 2024 年 10 月的增值税销项税额为（　　）万元。

A. 13. 87
B. 10. 66

C. 13. 54
D. 12. 8

8. 下列业务中，一般纳税人允许开具增值税专用发票的是（　　）。

A. 向个人销售劳务

B. 向个体经营者零售烟酒、食品

C. 向一般纳税人销售货物

D. 向个人销售房屋

9. 某家电销售企业为增值税一般纳税人，2024 年 10 月销售 A 型空调 80 台，每台含税价款为 2 925 元，采取以旧换新方式销售同型号空调 20 台，每台旧空调作价 585 元，实际每台只收取现金价款 2 340 元。已知空调的增值税税率为 13%，则该企业当月上述业务增值税销项税额为（　　）元。

A. 38 731. 03
B. 33 650. 44

C. 44 928
D. 46 800

10. 下列各项中，应征收消费税的是（　　）。

A. 超市零售白酒

B. 汽车厂销售自产电动汽车

C. 地板厂销售自产实木地板

D. 百货公司零售高档化妆品

11. 根据城市维护建设税法律制度的规定，下列关于城市维护建设税税收优惠的表述中，不正确的是（　　）。

A. 对出口货物退还增值税的，可同时退还已缴纳的城市维护建设税

B. 海关对进口货物代征的增值税，不征收城市维护建设税

C. 对增值税实行先征后退办法的，除另有规定外，不予退还增值税附征的城市维护建设税

D. 对增值税实行即征即退办法的，除另有规定外，不予退还增值税附征的城市维护建设税

12. 依据企业所得税法的规定，企业购买专用设备的投资额可按一定比例实行税额抵免，该设备应符合的条件是（　　）。

A. 用于创业投资
B. 用于综合利用资源

C. 用于开发新产品
D. 用于环境保护

13. 某企业 2024 年度实现利润总额 40 万元，在营业外支出账户列支了通过公益性社会组织进行用于符合法律规定公益事业的捐款 10 万元。根据企业所得税法律制度的规定，在计算该企业 2024 年度应纳税所得额时，允许扣除的捐款数额为（　　）万元。

A. 10
B. 40×12% = 4.8

C. 10×12% = 1. 2
D. （40 - 10）×12% = 3. 6

14. 2024 年某居民企业主营业务收入 5 000 万元、营业外收入 80 万元，与收入配比的成本 4 100 万元，全年发生管理费用、销售费用和财务费用共计 700 万元，营业外支出 60 万元（其中符合规定的公益性捐赠支出 50 万元），2024 年度经核定结转的亏损额 30 万元。2024 年度该企业应缴纳企业所得税（　　）万元（适用的企业所得税税率为 25%）。

A. 47. 5
B. 53. 4

C. 60. 9
D. 54. 3

15. 2024 年 10 月，张某应聘在天津工作，因其在天津没有自有住房，经房屋中介介绍承租公寓房屋，月租金 3 500 元。根据个人所得税法的规定，张某的居民个人综合所得应纳税所得额专项附加扣除中住房租金可以扣除的标准是（　　）元。

A. 1 000
B. 1 100

C. 1 500   D. 3 500

16. 甲公司出售一处位于郊区的仓库，取得收入 160 万元（不含增值税），又以 300 万元（不含增值税）购入一处位于市区繁华地段的门面房。已知当地政府规定的契税税率为 4%，甲公司应缴纳契税税额的下列计算中，正确的是（　　）。

    A. 160×4% = 6.4（万元）

    B. （160 + 300）×4% = 18.4（万元）

    C. （300 – 160）×4% = 5.6（万元）

    D. 300×4% = 12（万元）

17. 根据城镇土地使用税法律制度的规定，下列土地中，不予免征城镇土地使用税的是（　　）。

    A. 林区育林地   B. 盐矿矿井用地

    C. 地质勘探施工用地   D. 水库办公用地

18. 根据耕地占用税法律制度的规定，纳税人应当自纳税义务发生之日起一定期限内申报缴纳耕地占用税，该期限为（　　）日。

    A. 30   B. 60

    C. 90   D. 180

19. 根据税收征收管理法律制度的规定，有关税务登记的下列表述中，正确的是（　　）。

    A. 纳税人应当自领取营业执照之日起 15 日内申报办理税务登记

    B. 纳税人税务登记内容发生变化的，应当重新办理税务登记

    C. 纳税人应当自"外营证"签发之日起 20 日内申请报验登记

    D. 符合简易注销条件的纳税人未办理过涉税事宜的，可免办清税证明直接申请办理注销登记

20. 胡某在甲公司已工作 10 年，经甲公司与其协商同意解除劳动合同。已知胡某在劳动合同解除前 12 个月平均工资为 7 000 元，当地人民政府公布的本地区上年度职工平均工资为 2 000 元。甲公司应向胡某支付的经济补偿金额是（　　）元。

    A. 20 000   B. 24 000

    C. 60 000   D. 70 000

21. 2024 年 10 月，张某到甲公司工作。2024 年 11 月，甲公司与张某口头商定将其月工资由原来的 7 200 元提高至 8 800 元。双方实际履行 3 个月后，甲公司法定代表人变更。新任法定代表人认为该劳动合同内容变更未采用书面形式，变更无效，决定仍按原每月 7 200 元的标准向张某支付工资；张某表示异议，并最终提起诉讼。关于双方口头变更劳动合同效力的下列表述中，正确的是（　　）。

    A. 双方口头变更劳动合同且实际履行已超过 1 个月，该劳动合同变更有效

    B. 劳动合同变更在实际履行 3 个月期间有效，此后无效

    C. 因双方未采取书面形式，该劳动合同变更无效

    D. 双方口头变更劳动合同但实际履行未超过 6 个月，该劳动合同变更无效

22. 根据社会保险法律制度的规定，下列关于失业保险待遇的表述中，正确的是（　　）。

    A. 失业人员领取失业保险金期间不享受基本医疗保险待遇

    B. 失业人员领取失业保险金期间重新就业的，停止领取失业保险金并同时停止享受其他失业保险待遇

    C. 失业保险金的标准可以低于城市居民最低生活保障标准

    D. 失业时用人单位和本人已经累计缴纳失业保险费满 6 个月的，失业人员可以申请领取失业保险金

23. 根据社会保险法律制度的规定，下列关于劳动能力鉴定的说法中，错误的是（　　）。

A. 生活自理障碍分为三个等级

B. 劳动功能障碍分为十个伤残等级，最重的为十级，最轻的为一级

C. 劳动能力鉴定是指劳动功能障碍程度和生活自理障碍程度的等级鉴定

D. 劳动能力鉴定标准由国务院社会保险行政部门会同国务院卫生行政部门等部门制定

二、多项选择题（本类题共 10 小题，每小题 2 分，共 20 分。每小题备选答案中，有两个或两个以上符合题意的正确答案。请至少选择两个答案，全部选对得满分，少选得相应分值，多选、错选、不选均不得分。）

1. 根据刑事法律制度的规定，下列关于刑事责任的表述中，正确的有（　　）。

A. 管制的法定量刑期为 6 个月以上 2 年以下

B. 拘役的法定量刑期为 1 个月以上 6 个月以下

C. 死刑不包括死刑缓期 2 年执行

D. 附加刑可以独立适用

2. 根据会计制度的规定，下列各项中，属于财务会计报告组成部分的有（　　）。

A. 年度财务预算　　　　　　　　B. 财务情况说明书

C. 会计报表附注　　　　　　　　D. 会计报表

3. 根据支付结算法律制度的规定，下列各项中，属于商业汇票持票人向银行办理贴现必须具备的条件有（　　）。

A. 票据未到期

B. 持票人与出票人或者直接前手之间具有真实的商品交易关系

C. 持票人是在银行开立有存款账户的企业法人或者其他组织

D. 票据未记载"不得转让"事项

4. 甲家具厂的下列业务中，属于视同销售货物征收增值税的有（　　）。

A. 将自产的家具赠送给客户　　　B. 委托乙家具城代销家具

C. 将自产的家具分配给股东　　　D. 外购食用油用于集体福利

5. 下列属于消费税征税范围的有（　　）。

A. 成品油　　　　　　　　　　　B. 微波炉

C. 小汽车　　　　　　　　　　　D. 实木地板

6. 根据企业所得税法律制度的规定，下列各项中，属于不征税收入的有（　　）。

A. 财政拨款

B. 国债利息收入

C. 接受捐赠收入

D. 依法收取并纳入财政管理的政府性基金

7. 扣缴义务人向居民个人预扣预缴个人所得税时，适用 20% 的比例预扣率的有（　　）。

A. 劳务报酬所得　　　　　　　　B. 稿酬所得

C. 特许权使用费所得　　　　　　D. 工资、薪金所得

8. 根据资源税法律制度的规定，下列各项中，免征资源税的有（　　）。

A. 在油田范围内运输原油过程中用于加热的原油

B. 从衰竭期矿山开采的矿产品

C. 从低丰度油气田开采的原油、天然气

D. 煤炭开采企业因安全生产需要抽采的煤成（层）气

9. 希望公司欠缴国家税款无力缴纳，税务机关拟对其唯一的门面房进行强制执行，经查希望公司欠高兴公司货款 200 万元，未提供任何担保；欠 A 银行贷款 300 万元，以该房产设定抵押担保并已

经登记；希望公司又因出售假冒伪劣商品行为被市场监督管理局处以罚款和没收违法所得。假如希望公司的上述行为均发生在欠税之前。根据税收征收管理法律制度的规定，下列说法中正确的有（　　）。

  A. 希望公司的税款优先于高兴公司的货款债权

  B. 希望公司的税款优先于 A 银行的贷款债权

  C. 希望公司的税款优先于市场监督管理局的罚款

  D. 希望公司的税款优先于市场监督管理局的没收违法所得

10. 根据社会保险法律制度的规定，女性职工年满 45 周岁，缴费满 15 年即可享受职工基本养老保险的情况有（　　）。

  A. 担任干部   B. 从事空乘工作

  C. 从事农药灌装工作   D. 因病经确认完全丧失劳动能力

三、判断题（本类题共 10 小题，每小题 1 分，共 10 分。请判断每小题的表述是否正确。每小题答题正确的得 1 分，错答、不答均不得分，也不扣分。）

1. 我国的法是广大人民的共同意志，体现了广大人民的根本利益。   （　　）

2. 非法人组织的财产不足以清偿债务的，其出资人不承担责任。   （　　）

3. 职工公出借款凭据，必须附在记账凭证之后。收回借款时，必须另开收据。 （　　）

4. 记账凭证填制完经济业务事项后，如有空行，应当自金额栏最后一笔金额数字下的空行处至合计数上的空行处划线注销。   （　　）

5. 甲企业出纳黄某在 2023 年 12 月 15 日将支票丢失，当天向付款人乙银行申请挂失止付；乙银行至 2023 年 12 月 26 日未收到人民法院的止付通知书，不再承担止付责任。 （　　）

6. 撤销银行结算账户时，应先撤销基本存款账户，然后再撤销一般存款账户、专用存款账户和临时存款账户。   （　　）

7. 纳税人因不可抗力造成购进的货物毁损灭失的，其购进时取得的增值税专用发票注明的税额不得从销项税额中扣除。   （　　）

8. 根据企业所得税法律制度的规定，在中国境内未设立机构、场所的非居民企业从中国境内取得的转让财产所得，应以收入全额为应税所得额。   （　　）

9. 产权未确定以及租典纠纷未解决的，暂不征收房产税。   （　　）

10. 劳动者对劳动争议的终局裁决不服的，可以自收到仲裁裁决书之日起 7 日内向人民法院提起诉讼。   （　　）

四、不定项选择题（本类题共 12 小题，每小题 2 分，共 24 分。每小题备选答案中，有一个或一个以上符合题意的正确答案，每小题全部选对得满分，少选得相应分值，多选、错选、不选均不得分。）

1. 2024 年 3 月甲公司在 A 市承接一项为期 2 年的建筑工程项目。5 月 10 日甲公司向乙公司签发一张支票用于结算劳务款项。乙公司于 5 月 13 日将支票背书转让给丁公司；丁公司于 5 月 22 日提示付款被付款银行拒绝。6 月 18 日委托其开户银行向丙公司电汇 100 万元用于结算材料款。

  要求：根据上述资料，不考虑其他因素，分析回答下列问题。

  （1）甲公司在 A 市承接一项为期 2 年的建筑工程项目可以开立的银行结算账户是（　　）。

  A. 基本存款账户   B. 一般存款账户

  C. 预算单位专用存款账户   D. 临时存款账户

  （2）丁公司提示付款的期限，下列说法不正确的是（　　）。

  A. 支票的提示付款期限自出票日起 10 日

  B. 支票的提示付款期限自票据到期日起 10 日

    C. 支票的提示付款期限自收到票据之日起 10 日

    D. 支票的提示付款期限自提示付款之日起 10 日

（3）丁公司被付款银行拒绝后，应当对丁公司承担票据责任的是（　　）。

    A. 出票人   B. 付款人

    C. 背书人   D. 承兑人

（4）甲公司 6 月 18 日委托其开户银行向丙公司电汇 100 万元的结算方式是（　　）。

    A. 委托付款   B. 委托收款

    C. 汇兑   D. 托收承付

  2. 甲商业银行 H 支行为增值税一般纳税人，主要提供相关金融服务。乙公司在 H 支行取得贷款，在该行办理票据贴现、资金结算和账户管理等业务，为甲商业银行 H 支行星级客户。甲商业银行 H 支行 2024 年第三季度有关经营业务的收入如下：

  （1）提供贷款服务，取得含增值税利息收入 9 505.6 万元。

  （2）提供票据贴票服务，取得含增值税利息收入 874.5 万元。

  （3）提供资金结算服务，取得含增值税服务费收入 37.1 万元。

  （4）提供账户管理服务，取得含增值税服务费收入 20 万元。

  要求：根据上述资料，不考虑其他因素，分析回答下列问题。

  （1）甲商业银行 H 支行 2024 年第三季度取得的下列收入中，应按照"金融服务——直接收费金融服务"税目计量增值税的是（　　）。

    A. 账户管理服务费收入 20 万元   B. 票据贴现利息收入 874.5 万元

    C. 资金结算服务费收入 37.1 万元   D. 贷款利息收入 9 505.6 万元

  （2）计算甲商业银行 H 支行 2024 年第三季度贷款服务增值税销项税额的下列算式中，正确的是（　　）。

    A. $(9\,505.6 + 874.5) \div (1 + 6\%) \times 6\% = 587.55$（万元）

    B. $37.1 \times 6\% + 20 \div (1 + 6\%) \times 6\% = 3.36$（万元）

    C. $37.1 \div (1 + 6\%) \times 6\% + 874.5 \times 6\% = 54.57$（万元）

    D. $(9\,505.6 + 37.1) \times 6\% = 572.56$（万元）

  （3）计算甲商业银行 H 支行 2024 年第三季度直接收费金融服务增值税销项税额的下列算式中，正确的是（　　）。

    A. $37.1 \div (1 + 6\%) \times 6\% + 20 \times 6\% = 3.3$（万元）

    B. $(37.1 + 20) \div (1 + 6\%) \times 6\% = 3.23$（万元）

    C. $(9\,505.6 + 37.1) \div (1 + 6\%) \times 6\% = 540.15$（万元）

    D. $874.5 \times 6\% + 20 \div (1 + 6\%) \times 6\% = 53.6$（万元）

  （4）下列业务中不属于贷款服务的是（　　）。

    A. 信用卡透支利息收入   B. 融资性售后回租

    C. 罚息   D. 固定存款利息收入

  3. 甲公司为居民企业，2024 年度相关财务收支情况如下：

  （1）销售商品收入 400 万元，出售一栋厂房收入 200 万元，国债利息收入 5 万元，接受捐赠收入 10 万元。

  （2）税收滞纳金 2 万元，赞助支出 20 万元，被没收财物的损失 15 万元，合同违约金 50 万元。

  （3）其他可在企业所得税前扣除的成本、费用、税金合计 300 万元。

  已知：甲公司 2012 年在境内 A 市登记注册成立，企业所得税实行按月预缴。

  要求：根据上述资料，不考虑其他因素，分析回答下列问题。

（1）甲公司取得的下列收入中，属于免税收入的是（　　）。

  A. 销售商品收入 400 万元　　　　　　B. 出售一栋厂房收入 200 万元

  C. 国债利息收入 5 万元　　　　　　　　D. 接受捐赠收入 10 万元

（2）甲公司在计算 2024 年度企业所得税应纳税所得额时，不得扣除的项目是（　　）。

  A. 税收滞纳金 2 万元　　　　　　　　　B. 赞助支出 20 万元

  C. 被没收财物的损失 15 万元　　　　　　D. 合同违约金 50 万元

（3）甲公司 2024 年度企业所得税应纳税所得额是（　　）万元。

  A. 260　　　　　　　　　　　　　　　　B. 290

  C. 295　　　　　　　　　　　　　　　　D. 315

（4）下列关于甲公司企业所得税征收管理的表述中，正确的是（　　）。

  A. 甲公司应当自 2024 年度终了之日起 6 个月内，向税务机关报送年度企业所得税申报表，并汇算清缴

  B. 甲公司企业所得税适用税率为 25%

  C. 甲公司应当于每月终了之日起 15 日内，向税务机关预缴企业所得税

  D. 甲公司 2024 年的纳税年度自 2024 年 1 月 1 日起至 2024 年 12 月 31 日止

2025 年度全国会计专业技术初级资格考试模拟试卷参考答案及解析

经济法基础（一）

一、单项选择题

1. 【答案】D

【解析】基金会、事业单位都属于非营利法人，合伙企业属于非法人组织，有限责任公司属于营利法人。

2. 【答案】D

【解析】责令停产停业，属于行政处罚。

3. 【答案】C

【解析】选项 A、B，将票据金额的一部分转让或者将票据金额分别转让给两人以上的，背书无效；选项 D，背书时附有条件的，所附条件不具有票据上的效力。

4. 【答案】B

【解析】承担付款责任的付款人和承兑人的定义是不同的，注意区分。选项 A，付款人，是指由出票人委托付款或自行承担付款责任的人。选项 B，承兑人，是指接受汇票出票人的付款委托，同意承担支付票款义务的人，是汇票主债务人。

5. 【答案】B

【解析】选项 A，支票的金额、收款人名称，可以由出票人授权补记，未补记前不得背书转让和提示付款。选项 B、C，出票人签发的支票金额超过其付款时在付款人处实有的存款金额的，为空头支票。签发空头支票是违法行为，单位或个人签发空头支票，不以骗取财物为目的的，由中国人民银行处以票面金额 5% 但不低于 1 000 元的罚款；持票人有权要求出票人赔偿支票金额 2% 的赔偿金。选项 D，支票的提示付款期限自出票日起 10 日。

6. 【答案】B

【解析】纳税人提供旅游服务可以选择以取得的全部价款和价外费用，扣除向旅游服务购买方收取并支付给其他单位或者个人的住宿费、餐饮费、交通费、签证费、门票费和支付给其他接团旅游企业的旅游费用后的余额为销售额。

7. 【答案】B

【解析】从价定率计征消费税的，计算公式为：应纳税额 = 销售额 × 比例税率。销售额是指为纳税人销售应税消费品向购买方收取的全部价款和价外费用，不包括应向购买方收取的增值税税款。本题中，销售果木酒的同时收取的包装物租金和优质费属于消费税的价外费用，应在价税分离后并入销售额征收消费税。应纳税额 = [10 + (0.565 + 2.26) ÷ (1 + 13%)] × 10% = 1.25（万元）。所以选项 B 正确。

8. 【答案】D

【解析】纳税人用于换取生产资料和消费资料、投资入股和抵偿债务等方面的应税消费品，应当以纳税人同类应税消费品的最高销售价作为计税依据计算消费税。该厂当月应缴纳消费税 = (600 × 400 + 650 × 500 + 650 × 200) × 15% = 104 250（元）。

9. 【答案】C

【解析】根据《营业税改征增值税试点实施办法》及相关规定，学历教育收取的学费免征增值税，存款利息不征增值税，流动资金贷款利息和非学历教育收取的学费征收增值税。要注意免征和不征收之间的区别。

10. 【答案】C

【解析】2022 年 1 月 1 日起，对企业出资给非营利性科学技术研究开发机构、高等学校和政府性自然科学基金用于基础研究的支出，在计算应纳税所得额时可按实际发生额在税前扣除，并可按 100% 在税前加计扣除。

11. 【答案】A

【解析】根据税法规定，企业按规定为员工缴纳的社会保险费 120 万元可以税前扣除；为员工支付的补充养老保险的税前扣除标准是不超过工资总额的 5%［800 × 5% = 40（万元）］，实际发生 10 万元，可以税前扣除 10 万元；为员工支付的补充医疗保险的税前扣除标准是不超过工资总额的 5%［800 × 5% = 40（万元）］，实际发生 50 万元，税前扣除 40 万元；为员工支付的商业保险不允许税前扣除。所以可以税前扣除的各项费用合计是 170 万元（120 + 10 + 40）。

12. 【答案】A

【解析】根据税法规定，企业直接向贫困山区的捐款不可以税前扣除，赞助支出不能税前扣除，通过公益性社会团体或者国家机关发生的捐赠不超过利润总额的 12%［1 000 × 12% = 120（万元）］可以扣除，企业实际通过政府发生的捐赠 20 万元，可以税前扣除。

13. 【答案】A

【解析】根据个人所得税法律制度的规定，在两处或者两处以上取得综合所得，且综合所得年收入额减去专项扣除的余额超过 60 000 元的需要办理汇算清缴。所以选项 A 说法不正确。

14. 【答案】C

【解析】从价计征的房产税应纳税额 = 应税房产原值 ×（1 − 扣除比例）× 1.2%。甲公司 2024 年应缴纳房产税税额 = 8 000 ×（1 − 30%）× 1.2% = 67.2（万元），选项 C 正确。

15. 【答案】A

【解析】旧房及建筑物的评估价格 = 重置成本价 × 成新度折扣率 = 3 000 × 70% = 2 100（万元），选项 A 正确。

16. 【答案】A

【解析】车船税的征税范围具体包括六大类，包括乘用车（选项 D）、商用车（选项 B）、挂车、其他车辆、摩托车和船舶（选项 C）。其中，其他车辆是指专用作业车、轮式专用机械车，但不包括拖拉机（选项 A）。所以，选项 A 不属于车船税的征税范围。

17. 【答案】C

【解析】选项 A、B、D，均属于资源税的征税范围。液氧、空气均不属于资源税的征税范围。

18. 【答案】A

【解析】对已处罚款和加处罚款都不服的，一并向作出行政处罚决定的税务机关的上一级税务机关申请行政复议。

19. 【答案】A

【解析】滞纳金按日加收，日收取标准为滞纳税款的万分之五。加收滞纳金的起止时间，为法律、行政法规规定或者税务机关依照法律、行政法规的规定确定的税款缴纳期限届满次日起至纳税人、扣缴义务人实际缴纳或者解缴税款之日止。

20. 【答案】B

【解析】选项 A 不符合法律规定，用人单位招用劳动者，不得扣押劳动者的居民身份证和其他证件，不得要求劳动者提供担保或者以其他名义向劳动者收取财物。选项 B 符合法律规定，用人单位有权了解劳动者与劳动合同直接相关的基本情况，劳动者应当如实说明。选项 C 不符合法律规定，根据劳动法规定，禁止用人单位招用未满 16 周岁的未成年人。文艺、体育和特种工艺单位招用未满 16 周岁的未成年人，必须依照国家有关规定履行审批手续，并保障其接受义务教育的权利。选项 D 不符合法律规定，劳动者就业，不因民族、种族、性别、宗教信仰不同而受歧视。故选择选项 B。

21.【答案】B

【解析】劳动合同期限 3 个月以上（含本数，下同）不满 1 年的，试用期不得超过 1 个月；劳动合同期限 1 年以上不满 3 年的，试用期不得超过 2 个月；3 年以上固定期限和无固定期限的劳动合同，试用期不得超过 6 个月。

22.【答案】C

【解析】实际工作年限 10 年以上的，在本单位工作年限 10 年以上 15 年以下的，医疗期为 12 个月。

23.【答案】D

【解析】一次性工亡补助金，标准为上一年度全国城镇居民人均可支配收入的 20 倍。

二、多项选择题

1.【答案】AB

【解析】选项 C，属于刑事责任；选项 D，属于行政责任。

2.【答案】CD

【解析】我国目前使用的人民币非现金支付工具主要包括"三票一卡"和结算方式；"三票一卡"是指三种票据（汇票、本票和支票）和银行卡，结算方式包括汇兑、托收承付和委托收款。

3.【答案】ABD

【解析】选项 C，是基于给付对价取得票据并享有票据权利。

4.【答案】BC

【解析】选项 B，金银首饰、钻石及钻石饰品、铂金饰品，在零售环节单环节征收增值税。选项 C，自 2016 年 12 月 1 日起，对超豪华小汽车，在生产（进口）环节按现行税率征收消费税基础上，在零售环节加征消费税。

5.【答案】AD

【解析】选项 B，个人独资企业、合伙企业，不适用《企业所得税法》，不属于企业所得税纳税义务人；选项 C，个体工商户不属于企业所得税纳税义务人。

6.【答案】ABD

【解析】选项 C，同一学历（学位）继续教育的扣除期限不能超过 48 个月。

7.【答案】BCD

【解析】选项 B，一般的法律、会计、审计等方面的咨询不属于技术咨询，其所立合同不贴印花。选项 C，印花税征税范围中的财产租赁合同，不包括企业与主管部门签订的租赁承包合同。选项 D，电网与用户之间签订的供用电合同不征收印花税；对发电厂与电网之间、电网与电网之间签订的购售电合同，应按购销合同征收印花税。

8.【答案】ABC

【解析】税务机关在发票管理中有权进行下列检查：（1）检查印制、领购、开具、取得、保管和缴销发票的情况（选项 A）；（2）调出发票查验（选项 B）；（3）查阅、"复制"与发票有关的凭证、资料（选项 D）；（4）向当事各方询问与发票有关的问题和情况（选项 C）；（5）在查处发票案件时，对与案件有关的情况和资料，可以记录、录音、录像、照相和复制。

9.【答案】ABCD

【解析】用人单位被依法宣告破产或者被吊销营业执照、责令关闭、撤销或者用人单位决定提前解散而终止劳动合同的，用人单位需要支付劳动者经济补偿。

10.【答案】ABCD

【解析】仲裁员有下列情形之一的，应当回避，当事人也有权以口头或者书面方式提出回避申请：（1）是本案当事人或者当事人、代理人的近亲属的；（2）与本案有利害关系的；（3）与本案当事人、代理人有其他关系，可能影响公正裁决的；（4）私自会见当事人、代理人，或者接受当事人、代理人请客送礼的。

三、判断题

1.【答案】×

【解析】本题考核法律责任的种类。附加刑包括：罚金、剥夺政治权利、没收财产、驱逐出境。没收非法财物属于行政责任。本题说法错误。

2.【答案】√

【解析】该表述正确。

3.【答案】×

【解析】扣缴义务人未按照《税收票证管理办法》的规定开具税收票证属于税务行政处罚"首违不罚"事项清单情形。如果其危害后果轻微，且在税务机关发现前主动改正或者在税务机关责令限期改正的期限内改正的，不予行政处罚。

4.【答案】×

【解析】持票人行使追索权，可以不按照票据债务人的先后顺序，对其中任何一人、数人或者全体行使追索权。

5.【答案】√

【解析】一般存款账户是因借款转存、借款归还和其他结算需要开立的银行结算账户。一般存款账户可以办理现金缴存，但不得办理现金支取。

6.【答案】√

【解析】未分别核算销售额的，从高适用税率计征，本题题干表述正确。

7.【答案】√

【解析】体育彩票中奖收入属于偶然所得，计算个税时不允许扣除任何费用，适用税率为20%，所以小张需要缴纳的个税 = 20 000 × 20% = 4 000（元）。

8.【答案】×

【解析】耕地占用税以纳税人实际占用的耕地面积为计税依据。实际占用的耕地面积，包括经批准占用的耕地面积和未经批准占用的耕地面积。

9.【答案】√

【解析】租赁合同征收印花税，但不包括企业与主管部门签订的租赁承包合同。

10.【答案】√

【解析】劳动者开始依法享受基本养老保险待遇属于劳动合同终止的情形。

四、不定项选择题

1.（1）【答案】BCD

【解析】设两套账属于私设会计账簿行为，可对直接负责的主管人员和其他负责人处5万元以下罚款，对单位处20万元以下罚款。

（2）【答案】D

【解析】伪造、变造会计凭证、会计账簿，编制虚假财务会计报告，隐匿或者故意销毁依法应当保存的会计凭证、会计账簿、财务会计报告的，由县级以上人民政府财政部门责令限期改正，给予警告、通报批评，没收违法所得，违法所得 20 万元以上的，对单位可以并处违法所得 1 倍以上 10 倍以下的罚款，没有违法所得或者违法所得不足 20 万元的，可以并处 20 万元以上 200 万元以下的罚款；对其直接负责的主管人员和其他直接责任人员可以处 10 万元以上 50 万元以下的罚款，情节严重的，可以处 50 万元以上 200 万元以下的罚款；属于公职人员的，还应当依法给予处分；其中的会计人员，5 年内不得从事会计工作；构成犯罪的，依法追究刑事责任。

（3）【答案】AC

【解析】单位负责人对依法履行职责、抵制违反《会计法》规定行为的会计人员以降级、撤职、调离工作岗位、解聘或者开除等方式实行打击报复的，依法给予处分；构成犯罪的，依法追究刑事责任。对受打击报复的会计人员，应当恢复其名誉和原有职务、级别。

（4）【答案】BCD

【解析】财政部门对会计师事务所出具审计报告的程序和内容进行监督，省、自治区、直辖市人民政府财政部门组织实施本行政区域内的会计师事务所执业质量检查，并依法对本行政区域内会计师事务所或注册会计师违反《注册会计师法》的行为实施行政处罚。

2.（1）【答案】AB

【解析】从销售方取得的增值税专用发票（含税控机动车销售统一发票，下同）上注明的增值税税额和从海关取得的海关进口增值税专用缴款书上注明的增值税税额，都是准予从销项税额中抵扣的进项税额。选项 A、B 正确。选项 C、D 是普通发票，不准抵扣。

（2）【答案】D

【解析】纳税人购进国内旅客运输服务未取得增值税专用发票的，按照下列公式计算进项税额：取得注明旅客身份信息的铁路车票的，其进项税额 = 票面金额 ÷（1 + 9%）× 9%；取得注明旅客身份信息的公路、水路等其他客票的，其进项税额 = 票面金额 ÷（1 + 3%）× 3%。

（3）【答案】C

【解析】增值税纳税义务的发生时间，规定如下：采取赊销和分期收款方式销售货物，为书面合同约定的收款日期的当天，无书面合同的或者书面合同没有确定收款日期的，为货物发出的当天；采取预收货款方式销售货物，为货物发出的当天，但生产销售工期超过 12 个月的大型设备、船舶、飞机等货物，为收到预收款或者书面合同约定的收款日期的当天。本题中，销售 T 型设备，合同确定了收款日期，因此，即 $226 ÷ （1 + 13\%）× 13\% = 26$ （万元）；销售 Y 型设备，生产工期超过 12 个月，因此为收到预收款的当天，即 $960.5 ÷ （1 + 13\%）× 13\% = 110.5$ （万元）。合计销项税额 $= 26 + 110.5 = 136.5$ （万元）。

（4）【答案】C

【解析】中国境外单位或者个人在境内发生应税行为，在境内未设有经营机构的，以其境内代理人为扣缴义务人，在境内没有代理人的，以购买方为扣缴义务人。应扣缴税额 = 购买方支付的价款 ÷（1 + 税率）× 税率，即 $99.64 ÷ （1 + 6\%）× 6\% = 5.64$ （万元）。

3.（1）【答案】ABC

【解析】国债利息收入属于免税收入，不计入企业所得税应纳税所得额。

（2）【答案】ACD

【解析】银行加息属于非行政性罚款，准予在税前扣除。

（3）【答案】D

【解析】在计算企业所得税应纳税所得额时，业务招待费支出按发生额的 60% 扣除（50 × 60%），但是最高不得超出当年销售（营业）收入的5‰（5 000×5‰）。

（4）【答案】C

【解析】甲公司该年度企业所得税应纳税所得额＝5 000（产品销售收入）＋40（销售机器设备收入）＋2（合同违约金收入）－10（银行加息）－25（业务招待费）－2 600（其他允许扣除的成本、费用、税金）＝2 407（万元）。

2025 年度全国会计专业技术初级资格考试模拟试卷参考答案及解析

经济法基础（二）

一、单项选择题

1. 【答案】D

【解析】签订租赁合同，在甲公司和乙公司之间建立了租赁法律关系，属于引起法律关系产生的法律行为。甲公司和乙公司是租赁合同的主体，交付某处库房的行为、收取/支付租金的行为是客体。

2. 【答案】C

【解析】选项 A、D 属于部门规章；选项 B 属于行政法规；选项 C 属于法律；效力等级：宪法 > 法律 > 行政法规 > 部门规章。

3. 【答案】B

【解析】一般会计人员办理交接手续，由会计机构负责人（会计主管人员）监交；会计机构负责人（会计主管人员）办理交接手续，由单位负责人监交，必要时主管单位可以派人会同监交。

4. 【答案】D

【解析】根据《会计法》的规定，对于资产的增减和使用，负债的增减，净资产（所有者权益）的增减，收入、支出、费用、成本的计算，财务成果的计算和处理等经济业务事项均应当办理会计手续、进行会计核算。

5. 【答案】D

【解析】选项 A、B，实际结算金额高于出票金额的，银行不予受理。选项 C、D，实际结算金额低于出票金额的，按实际结算办理结算，多余金额由出票银行退交申请人。

6. 【答案】C

【解析】征税对象又称课税对象，是纳税的客体。它是指税收法律关系中权利义务所指的对象，即对什么征税。不同的征税对象又是区别不同税种的重要标志。

7. 【答案】C

【解析】将自产、委托加工的货物用于集体福利或者个人消费，应视同销售；将购买货物用于个人消费，不属于增值税视同销售行为。

8. 【答案】B

【解析】金银首饰、钻石及钻石饰品、铂金饰品，在零售环节单环节征收增值税。

9. 【答案】D

【解析】选项 D，普通税率适用于原产于未与我国共同适用最惠国条款的世界贸易组织成员，未与我国订有相互给予最惠国待遇、关税优惠条款贸易协定和特殊关税优惠条款贸易协定的国家或者地区的进口货物，以及原产地不明的进口货物。

10. 【答案】D

【解析】税法规定除国务院财政、税务主管部门另有规定外，企业发生的职工教育经费支出，不超过工资薪金总额的8%的部分，准予扣除；超过部分，准予在以后纳税年度结转扣除。

11. 【答案】D

【解析】根据税法规定，不得税前扣除的支出包括：（1）向投资者支付的股息、红利等权益性投资收益款项；（2）企业所得税税款；（3）税收滞纳金；（4）罚金、罚款和被没收财务的损失；（5）超过规定标准的捐赠支出；（6）赞助支出；（7）未经核定的准备金支出；（8）企业之间支付的管理费、企业内营业机构之间的租金等；（9）与取得收入无关的其他支出。

12.【答案】B

【解析】该项借款利息支出在不超过按照金融企业同期同类贷款利率计算的数额的部分，准予扣除。利息扣除限额 = 1 000 × 5% = 50（万元），实际发生额 60 万元超过了扣除限额，甲企业可以在税前扣除的利息支出为 50 万元。

13.【答案】C

【解析】出租车属于个人所有，但挂靠出租汽车经营单位，出租车驾驶员从事客货运营取得的收入，比照经营所得项目征税。

14.【答案】C

【解析】甲公司拥有的房产应当从价计征房产税，甲公司该房产当年应缴纳房产税税额 = 应税房产原值 ×（1 − 扣除比例）× 税率 = 560 000 ×（1 − 30%）× 1.2% = 4 704（元），选项 C 正确。

15.【答案】A

【解析】选项 A，属于房屋赠与，属于契税的征税范围。选项 C，不属于契税的征税范围。选项 B、D，契税纳税人为承受方，转让方、出售方不缴纳契税。

16.【答案】C

【解析】选项 A，宗教寺庙、公园、名胜古迹"自用"的土地，免征城镇土地使用税；选项 B，水电站的发电厂房用地，生产、办公、生活用地，应征收城镇土地使用税，对"其他"用地给予免税照顾；选项 C，市政街道、广场、绿化地带等公共用地，免征城镇土地使用税；选项 D，盐场、盐矿的生产厂房、办公、生活区用地，应照章征收城镇土地使用税。盐场的盐滩、盐矿的矿井用地，暂免征收城镇土地使用税。

17.【答案】D

【解析】非机动驳船以净吨位数为计税依据，选项 D 正确。

18.【答案】A

【解析】发电厂与电网之间、电网与电网之间书立的购售电合同应缴纳印花税，选项 A 说法正确。租赁合同属于缴纳印花税范围，包括租赁房屋、船舶、飞机、机动车辆、机械、器具、设备等合同；还包括企业、个人出租店门、柜台等所签订的合同，但不包括企业与主管部门签订的租赁承包合同。人民法院的生效法律文书，分公司与分公司之间书立的作为执行计划使用的凭证不缴纳印花税。

19.【答案】B

【解析】税务机关责令具有税法规定情形的纳税人提供纳税担保而纳税人不能提供纳税担保的，经县以上税务局（分局）局长批准，税务机关可以采取税收保全措施。

20.【答案】C

【解析】根据劳动合同法律制度的规定，劳动合同期满，但是用人单位与劳动者约定的服务期尚未到期的，劳动合同应当续延至服务期满。王某违反服务期约定，应支付违约金。公司为其支付的培训费为 15 000 元，服务期为 3 年，每年分摊的费用 = 15 000 ÷ 3 = 5 000（元）。因为已履行了 2 年，所以，王某应支付的违约金数额 = 15 000 − 5 000 × 2 = 5 000（元）。

21.【答案】A

【解析】用人单位发生合并或者分立等情况，原劳动合同继续有效，劳动合同由承继其权利和义务的用人单位继续履行。

22.【答案】C

【解析】职工个人按照本人缴费工资的 8% 缴费。本人月平均工资高于当地职工月平均工资 300% 的，按当地职工月平均工资的 300% 作为缴费基数。在本题中，孙某应当缴纳的基本养老保险费 = 4 000 × 3 × 8% = 960（元）。

23.【答案】D

【解析】因特殊原因需要延长工作时间的，在保障劳动者身体健康的条件下延长工作时间，每日不得超过 3 小时，每月不得超过 36 小时。

二、多项选择题

1.【答案】ACD

【解析】法人（股份有限公司）、非营利法人（基金会）、特别法人（机关法人）均属于法人，是法律关系主体，智能机器人尚不属于法律关系主体。

2.【答案】ABCD

【解析】收入的增减，主要包括销售商品、提供服务、让渡资产使用权等主营业务收入，销售材料、代购、代销、代加工、代管、代修和出租等其他业务收入，非流动资产毁损报废收益、与企业日常活动无关的政府补助、盘盈利得、捐赠利得等营业外收入，以及以前年度损益调整等的增减变动。

3.【答案】BCD

【解析】持票人持用于转账的支票向付款人提示付款时，应在支票背面背书人签章栏签章，并将支票和填制的进账单送交出票人开户银行。

4.【答案】ACD

【解析】选项 A，融资租赁按照"租赁服务"缴纳增值税；选项 C，融资性售后回租按"金融服务——贷款服务"缴纳增值税；选项 D，车辆停放服务、道路通行服务（包括过路费、过桥费、过闸费等）等按照"不动产经营租赁服务"缴纳增值税。

5.【答案】BD

【解析】数电票的基本内容包括：发票号码、开票日期、购买方信息、销售方信息、项目名称、规格型号、单位、数量、单价、金额、税率/征收率、税额、合计、价税合计（大写、小写）、备注、开票人等，不包括收款人和购买方的开户银行。

6.【答案】ABD

【解析】根据企业所得税法律制度的规定，转让不动产的所得按照不动产所在地确定，所以选项 C 表述错误。选项 A、B、D 正确。

7.【答案】BCD

【解析】专项扣除，包括居民个人按照国家规定的范围和标准缴纳的基本养老保险、基本医疗保险、失业保险等社会保险费和住房公积金等（选项 A）。选项 B、C、D 属于专项附加扣除项目。

8.【答案】ABCD

【解析】财务费用中的利息支出，凡能够按转让房地产项目计算分摊并提供金融机构证明的，允许据实扣除，但最高不能超过按商业银行同类同期贷款利率计算的金额。财政部、国家税务总局对扣除项目金额中利息支出的计算问题作了两点专门规定：一是利息的上浮幅度按国家的有关规定执行，超过上浮幅度的部分不允许扣除；二是对于超过贷款期限的利息部分和加罚的利息不允许扣除。选项 A、B、C、D 均正确。

9.【答案】ABCD

【解析】任何单位和个人应当按照发票管理规定使用发票，不得有下列行为：（1）转借、转让、介绍他人转让发票、发票监制章和发票防伪专用品。（2）知道或者应当知道是私自印制、伪造、变造、非法取得或者废止的发票而受让、开具、存放、携带、邮寄、运输。（3）拆本使用发票。（4）扩大发票使用范围。（5）以其他凭证代替发票使用。（6）窃取、截留、篡改、出售、泄露发票数据。

10.【答案】ABC

【解析】违约金是约定的，是指劳动者违反了服务期和竞业限制的约定而向用人单位支付的违约补偿；违约金的支付主体是劳动者。

三、判断题

1.【答案】×

【解析】新法优于旧法，指同一国家机关的法之间规定不一致时，应优先适用颁布、施行在后的法。

2.【答案】×

【解析】捐助法人，是指具备法人条件，为公益目的以捐助财产设立的基金会、社会服务机构等组织。非营利法人是指为公益目的或者其他非营利目的成立，不向出资人、设立人或者会员分配所取得利润的法人。捐助法人属于非营利法人。

3.【答案】√

【解析】会计人员进行会计工作交接时，移交清册一般应填制一式三份，交接双方各执一份、存档一份。

4.【答案】×

【解析】审计意见的类型分为无保留意见和非无保留意见。

5.【答案】√

【解析】银行结算账户的存款人应与银行按规定核对账务。存款人收到对账单或对账信息后，应及时核对账务并在规定期限内向银行发出对账回单或确认信息。

6.【答案】×

【解析】票据债务人可以对票据债权人拒绝履行义务。票据债务人可以对不履行约定义务的与自己有直接债权债务关系的持票人进行抗辩。但不得以自己与出票人或者与持票人的前手之间的抗辩事由，对抗持票人。

7.【答案】×

【解析】原产于与中华人民共和国缔结或者共同参加含有关税优惠条款的国际条约、协定的国家或者地区且符合国际条约、协定有关规定的进口货物，使用协定汇率。原产于中华人民共和国给予特殊关税优惠安排的国家或者地区且符合国家原产地管理规定的进口货物，适用特惠税率。

8.【答案】√

【解析】题目表述正确。本题考核减低税率知识点。

9.【答案】√

【解析】机动车、铁路机车、非道路移动机械、船舶和航空器等流动污染源排放应税污染物的，暂予免征环境保护税。

10.【答案】√

【解析】变更劳动合同，应当采用书面形式。

四、不定项选择题

1.（1）【答案】BD

【解析】银行本票可以用于转账，注明"现金"字样的银行本票可以用于支取现金。单位和个人在同一票据交换区域需要支付各种款项，均可以使用银行本票。

（2）【答案】BC

【解析】票据基本当事人是指在票据作成和交付时就已经存在的当事人，包括出票人、付款人和收款人。本票的基本当事人有出票人（乙银行）与收款人（丙公司）。

（3）【答案】ABC

【解析】签发银行本票必须记载下列事项：表明"银行本票"的字样；无条件支付的承诺；确定的金额；收款人名称；出票日期；出票人签章。欠缺记载上列事项之一的，银行本票无效。

（4）【答案】D

【解析】银行本票持票人未按照规定提示付款的，丧失对出票人以外的前手的追索权。

2.（1）【答案】ABC

【解析】纳税人将自产应税消费品，用于非应税消费品、在建工程、管理部门、非生产机构、提供劳务、馈赠（选项C）、赞助、集资、广告、样品、职工福利、奖励（选项A）等方面，于移送使用时缴纳消费税。纳税人生产的应税消费品，于纳税人销售时缴纳消费税（选项B）。

（2）【答案】B

【解析】委托加工的应税消费品，按照受托方的同类消费品的销售价格计算纳税，没有同类消费品销售价格的，按照组成计税价格计算纳税。实行从价定率办法计征消费税的，其计算公式为：应纳税额＝组成计税价格×比例税率；组成计税价格＝（材料成本＋加工费）÷（1－比例税率）。

（3）【答案】C

【解析】纳税人进口应税消费品，按照组成计税价格和规定的税率计算应纳税额。从价定率计征消费税的，其计算公式为：应纳税额＝组成计税价格×消费税比例税率；组成计税价格＝（关税计税价格＋关税）÷（1－消费税比例税率）。

（4）【答案】D

【解析】将自产货物用于职工福利、无偿赠送，视同销售计征增值税＝（3 000 000＋100×1 000＋500×40）×13％。进口化妆品允许抵扣的增值税进项税额＝（关税计税价格＋关税）÷（1－消费税比例税率）×增值税税率＝（935 000＋935 000×5％）÷（1－15％）×13％。甲公司当月应纳增值税税额＝（3 000 000＋100×1 000＋500×40）×13％＋32 500－（935 000＋935 000×5％）÷（1－15％）×13％＝287 950（元）。

3.（1）【答案】AB

【解析】根据《个人所得税法》的规定，基本工资12 000元，加班工资1 000元，需要按照"工资、薪金所得"缴纳个人所得税。独生子女费补贴200元，差旅费津贴1 800元，误餐补助500元不缴纳个人所得税。

（2）【答案】A

【解析】①全年减除费用60 000元。②专项扣除＝10 000×（8％＋2％＋0.5％＋12％）×12＝27 000（元）。③每个子女每月2 000元的子女教育专项附加扣除符合标准；纳税人接受专业技术人员职业资格继续教育支出，在取得相关证书的年度，按照每年3 600元定额扣除。专项附加扣除＝2 000×12＋3 600＝27 600（元）。④根据《个人所得税法》的规定，居民个人的工资、薪金所得，劳务报酬所得应按纳税年度合并计算个人所得税，在某单位兼职取得报酬属于劳务报酬所得。以上收入均应计入综合所得纳税。应纳税所得额＝（12 000＋1 000）×12＋2 000×（1－20％）×12－60 000－27 000－27 600＝60 600（元）。⑤全年综合所得应缴纳个人所得税＝36 000×3％＋（60 600－36 000）×10％＝3 540（元）。

（3）【答案】D

【解析】根据《个人所得税法》的规定，出租住房适用10％的税率；收入小于4 000元时，可以扣除800元的费用；收入大于4 000元时，可以扣除20％的费用；实际发生的房屋修理费可以扣除，但是每月最多扣800元。张某出租居住用房需要缴纳的个人所得税是190元〔（3 500－800－800）×

10%]。

（4）【答案】B

【解析】根据《个人所得税法》的规定，个人将其所得对教育、扶贫、济困等公益慈善事业进行捐赠，捐赠额未超过纳税人申报的应纳税所得额30%的部分，可以从其应纳税所得额中扣除。张某购买彩票所得20 000元，超过1万元，应全额征收个人所得税。捐赠扣除限额是6 000元（20 000×30%），应纳税额是2 800元［（20 000－6 000）×20%］。

2025 年度全国会计专业技术初级资格考试模拟试卷参考答案及解析
经济法基础（三）

一、单项选择题

1. 【答案】D

【解析】选项 A、B、C 属于限制民事行为能力人，16 周岁以上的未成年人，以自己的劳动收入为主要生活来源的，视为完全民事行为能力人。因此选项 D 李某被视为完全民事行为能力人。

2. 【答案】A

【解析】选项 B、C 属于法律，法律由全国人大及其常委会制定。全国人民代表大会制定和修改刑事、民事、国家机构的和其他的基本法律。选项 D 属于部门规章，国务院各部、委员会、中国人民银行、审计署和具有行政管理职能的直属机构，可以根据法律和国务院的行政法规、决定、命令，在本部门的权限范围内，制定规章。

3. 【答案】A

【解析】选项 B，属于民事责任；选项 C，属于刑事责任；选项 D，属于行政处分。

4. 【答案】A

【解析】该企业的违法行为属于伪造会计凭证与会计账簿行为，而非变造。伪造会计资料是以虚假经济业务为前提，编制会计凭证、会计账簿。变造会计资料是指用涂改、拼接、挖补等手段来改变会计凭证、会计账簿的真实内容，以歪曲事实真相。

5. 【答案】D

【解析】资产的增减和使用，包括现金、银行存款等货币资金的收入、转存、付出、结存，以及存货、固定资产、无形资产、投资等的购入、自行建造、无偿取得、债务重组取得、融资租入、接受捐赠、出售、转让、抵债、无偿调出、捐赠、减值等。选项 D 属于负债。

6. 【答案】B

【解析】这个属于部分背书。部分背书是指将票据金额的一部分转让的背书或者将票据金额分别转让给两人以上的背书，部分背书属于无效背书。

7. 【答案】B

【解析】对销售除啤酒、黄酒以外的其他酒类产品而收取的包装物押金，无论是否返还以及会计上如何核算，均应并入当期销售额征收增值税，所以 10 月的销项税额 $= 80 \times 13\% + 2.26 \div (1 + 13\%) \times 13\% = 10.66$（万元）。

8. 【答案】C

【解析】选项 A、B、D 情形均不得开具增值税专用发票。

9. 【答案】B

【解析】采取以旧换新销售货物的，应按照新货物的同期销售价格确定销售额，不得扣减旧货物的收购价格，金银首饰以旧换新业务除外。销售额中含增值税价款需要换算为不含增值税价款。该企业当月的增值税销项税额 $= 2\,925 \times 100 \div (1 + 13\%) \times 13\% = 33\,650.44$（元）。

10. 【答案】C

【解析】白酒和高档化妆品在零售环节不征收消费税；电动汽车不属于消费税的征税范围。所以选项 C 正确。

11. 【答案】A

【解析】选项 A，对出口货物、劳务和跨境销售服务、无形资产以及因优惠政策退还增值税、消费税的，不退还已缴纳的城市维护建设税。

12. 【答案】D

【解析】企业购置并实际使用税法规定的环境保护、节能节水、安全生产等专用设备的，该专用设备的投资额的10%可以从企业当年的应纳税额中抵免。当年不足抵免的，可以在以后5个纳税年度结转抵免。

13. 【答案】B

【解析】企业发生的公益性捐赠支出，不超过年度利润总额12%的部分，准予在计算应纳税所得额时扣除。该企业全年扣除的捐款数额 $= 40 \times 12\% = 4.8$（万元）< 10 万元。

14. 【答案】B

【解析】企业通过公益性社会组织或者县级（含县级）以上人民政府及其组成部门，用于符合法律规定的慈善活动、公益事业的捐赠，不得超过年度利润总额的12%部分，准予扣除的捐赠限额 $=$
$(5\ 000 + 80 - 4\ 100 - 700 - 60) \times 12\% = 220 \times 12\% = 26.4$（万元）。

2024 年应纳税所得额 $= 220 + (50 - 26.4) - 30 = 213.6$（万元）。

2024 年应纳所得税额 $= 213.6 \times 25\% = 53.4$（万元）。

15. 【答案】C

【解析】纳税人在主要工作城市没有自有住房而发生的住房租金支出，可以扣除。直辖市、省会（首府）城市、计划单列市以及国务院确定的其他城市，扣除标准为每月1 500元。

16. 【答案】D

【解析】契税由房屋、土地权属的承受人缴纳。在本题中，甲公司出售仓库应由承受方缴纳契税，甲公司不必缴纳，但甲公司承受门面房权属时则应缴纳契税。甲公司购入门面房应缴纳的契税 $=$计税依据 $\times$ 税率 $= 300 \times 4\% = 12$（万元），选项 D 正确。

17. 【答案】D

【解析】选项 A、B、C，林区育林地、盐矿矿井用地、地质勘探施工用地，均可免征城镇土地使用税。水库办公用地须依照规定征收城镇土地使用税。

18. 【答案】A

【解析】耕地占用税的纳税人应当自纳税义务发生之日起30日内申报缴纳耕地占用税。

19. 【答案】D

【解析】选项 A，纳税人应当自领取营业执照之日起30日内申报办理税务登记。选项 B，纳税人税务登记内容发生变化的，需要对原有内容进行更改的，应当向主管税务登记机关申报办理变更税务登记。选项 C，纳税人应当自"外管证"签发之日起30日内，持"外管证"向经营地税务机关报验登记。

20. 【答案】C

【解析】劳动者月工资高于用人单位所在直辖市、设区的市级人民政府公布的本地区上年度职工月平均工资3倍的，向其支付经济补偿的标准按职工月平均工资3倍的数额支付，向其支付经济补偿的年限最高不超过12年。本题中，应支付的经济补偿金额 $= 10 \times 2\ 000 \times 3 = 60\ 000$（元）。

21. 【答案】A

【解析】变更劳动合同虽未采用书面形式，但已经实际履行了口头变更的劳动合同超过1个月，变更后的劳动合同内容不违反法律、行政法规且不违背公序良俗，当事人以未采用书面形式为由主张劳动合同变更无效的，人民法院不予支持。

22.【答案】B

【解析】选项 A，领取失业保险金期间享受基本医疗保险待遇。选项 C，失业保险金的标准，不得低于城市居民最低生活保障标准，一般也不高于当地最低工资标准，具体数额由省、自治区、直辖市人民政府确定。选项 D，失业保险金的领取条件之一是失业人员失业前用人单位和本人已经缴纳失业保险费满 1 年的。

23.【答案】B

【解析】劳动功能障碍分为十个伤残等级，最重的为一级，最轻的为十级。

二、多项选择题

1.【答案】BD

【解析】选项 A，管制的法定量刑期为 3 个月以上 2 年以下；选项 C，死刑包括死刑立即执行和死刑缓期 2 年执行。

2.【答案】BCD

【解析】财务会计报告应当包括：会计报表（会计报表应当包括：资产负债表、利润表、现金流量表及相关附表）；会计报表附注；财务情况说明书。

3.【答案】ABCD

【解析】商业汇票的持票人向银行办理贴现必须具备的条件有：（1）票据未到期（选项 A）；（2）票据未记载"不得转让"事项（选项 D）；（3）持票人是在银行开立存款账户的企业法人以及其他组织（选项 C）；（4）持票人与出票人或者直接前手之间具有真实的商品交易关系（选项 B）。

4.【答案】ABC

【解析】选项 A、B、C，将自产的家具赠送给客户、将货物交付其他单位或个人代销、将自产的家具分配给股东，均视同销售，征收增值税。选项 D，将外购食用油用于集体福利不属于视同销售，应作进项税额转出。

5.【答案】ACD

【解析】根据《消费税暂行条例》的规定，消费税的税目共有 15 个，分别为烟、酒、高档化妆品、贵重首饰及珠宝玉石、鞭炮烟火、成品油（选项 A）、摩托车、小汽车（选项 C）、高尔夫球及球具、高档手表、游艇、木质一次性筷子、实木地板（选项 D）、电池、涂料。选项 A、C、D 入选。

6.【答案】AD

【解析】国债利息收入属于免税收入，接受捐赠收入属于应税收入。

7.【答案】BC

【解析】扣缴义务人向居民个人支付劳务报酬所得、稿酬所得、特许权使用费所得，按次或者按月预扣预缴个人所得税。劳务报酬所得适用 20% ~40% 的超额累进预扣率，稿酬所得、特许权使用费所得适用 20% 的比例预扣率。工资、薪金所得适用 3% ~45% 的超额累进预扣率。

8.【答案】AD

【解析】选项 A，开采原油以及在油田范围内运输原油过程中用于加热的原油、天然气，免征资源税。选项 B，从衰竭期矿山开采的矿产品，减征 30% 资源税。选项 C，从低丰度油气田开采的原油、天然气，减征 20% 资源税。选项 D，煤炭开采企业因安全生产需要抽采的煤成（层）气，免征资源税。

9.【答案】ACD

【解析】选项 A，税务机关征收税款，税收优先于无担保债权，法律另有规定的除外；选项 B，纳税人欠缴的税款发生在纳税人以其财产设定抵押、质押或者纳税人的财产被留置之前的，税收应当先于抵押权、质权、留置权执行；选项 C、D，纳税人欠缴税款，同时又被行政机关决定处以罚款、没收违法所得的，税收优先于罚款、没收违法所得。

10.【答案】BCD

【解析】达到法定退休年龄时累计缴费满 15 年的，可按月领取养老金；从事井下、高温、高空、特别繁重体力劳动或其他有害身体健康工作的，退休年龄为男年满 55 周岁，女年满 45 周岁；因病或非因工致残，由医院证明并经劳动鉴定委员会确认完全丧失劳动能力的，退休年龄为男年满 50 周岁，女年满 45 周岁。

三、判断题

1.【答案】√

【解析】在当代中国，法是在中国共产党的领导下，保证人民的根本利益，保证人民当家作主的权利，保证人民民主专政政体和人民代表大会制度政体的社会规范，是中国特色社会主义道路、理论、制度、文化在法治上的集中体现。

2.【答案】×

【解析】非法人组织的财产不足以清偿债务的，其出资人或者设立人承担无限责任。

3.【答案】×

【解析】职工公出借款凭据，必须附在记账凭证之后。收回借款时，应当另开收据或者退还借据副本，不得退还原借款收据。

4.【答案】√

【解析】记账凭证填制完经济业务事项后，如有空行，应当自金额栏最后一笔金额数字下的空行处至合计数上的空行处划线注销。

5.【答案】√

【解析】付款人或者代理付款人自收到挂失止付通知书之日起 12 日内没有收到人民法院的止付通知书的，自第 13 日起，不再承担止付责任。

6.【答案】×

【解析】撤销银行结算账户时，应先撤销一般存款账户、专用存款账户、临时存款账户，将账户资金转入基本存款账户后，方可办理基本存款账户的撤销。

7.【答案】×

【解析】不可抗力造成购进货物毁损灭失，不属于非正常损失，其进项税额可以从销项税额中抵扣。非正常损失是指因管理不善造成的货物被盗、丢失、霉烂变质的损失以及因违法造成货物或不动产被依法没收、销毁、拆除的情形。

8.【答案】×

【解析】根据企业所得税法律制度的规定，在中国境内未设立机构、场所的非居民企业从中国境内取得的转让财产所得，应以收入全额减除财产净值后的余额为应税所得额。

9.【答案】×

【解析】产权未确定以及租典纠纷未解决的，由房产代管人或者使用人纳税。

10.【答案】×

【解析】劳动者对劳动争议的终局裁决不服的，可以自收到仲裁裁决书之日起 15 日内向人民法院提起诉讼。

四、不定项选择题

1. （1）【答案】D

【解析】临时存款账户是指存款人因临时需要并在规定期限内使用而开立的银行结算账户。

（2）【答案】BCD

【解析】支票的提示付款期限自出票日起 10 日。

（3）【答案】A

【解析】支票持票人超过提示付款期限提示付款的，付款人可以不予付款，付款人不予付款的，出票人仍应对持票人承担票据责任。

（4）【答案】C

【解析】汇兑是汇款人委托银行将其款项支付给收款人的结算方式。汇兑分为信汇、电汇两种。

2. （1）【答案】AC

【解析】账户管理和资金结算服务属于直接收费金融服务，贷款服务和票据贴现服务属于贷款服务。

（2）【答案】A

【解析】业务（1）、业务（2）属于贷款服务，且都是含税收入，销项税额 = （9 505.6 + 874.5）÷ （1 + 6%）× 6% = 587.55（万元）。

（3）【答案】B

【解析】业务（3）、业务（4）属于直接收费金融服务，且都是含税收入，销项税额 = （37.1 + 20）÷ （1 + 6%）× 6% = 3.23（万元）。

（4）【答案】D

【解析】固定存款利息收入不属于增值税征税范围。

3. （1）【答案】C

【解析】根据《企业所得税法》的规定，国债利息收入 5 万元属于免税收入。销售商品收入、出售厂房收入和接受捐赠收入属于应税收入。

（2）【答案】ABC

【解析】根据《企业所得税法》的规定，税收滞纳金、赞助支出、被没收财物的损失不允许税前扣除，合同违约金可以税前扣除。

（3）【答案】A

【解析】根据《企业所得税法》的规定应税收入是 610 万元（400 + 200 + 10），可以税前扣除的成本费用是 350 万元（50 + 300），所以甲公司的应纳税所得额是 260 万元（610 – 350）。

（4）【答案】BCD

【解析】根据《企业所得税法》的规定，企业应当自年度终了之日起 5 个月内，向税务机关报送年度企业所得税纳税申报表，并汇算清缴，结清应缴应退税款，选项 A 表述错误；居民企业应当就其来源于中国境内、境外的所得缴纳企业所得税，适用税率为 25%，选项 B 表述正确；按月或按季预缴的，应当自月份或者季度终了之日起 15 日内，向税务机关报送预缴企业所得税纳税申报表，预缴税款，选项 C 表述正确；纳税年度自公历 1 月 1 日起至 12 月 31 日止，选项 D 表述正确。